公安事件でたどる
日本近現代刑事法史

福島　弘 ［著］

中央大学出版部

はじめに

　明治改元（1868年）から150年の時が経過した。
　本書の研究対象は，日本近現代刑事法の歴史である。我が国は，明治元年以降，様々な法分野において，欧米の法体系を継受しつつ，独自の法展開を見せてきた。本書では，そのうちの刑事法について，組織法・手続法・実体法という各側面に留意しながら，その歴史的展開を論じるものである。
　刑事法の歴史的展開を追うに当たっては，立法の動きを押さえつつも，可能な限り個別具体的な刑事事件の動きについても追うこととした。法は，制定された法律の中だけにあるのではなく，個別具体的な刑事事件に適用されることによって初めて生きたものとなると考えるからである。
　本書では，刑事事件を取り上げる当たり，特に公安事件を追うこととした。そのような手法を採ることとしたのは，公安事件の裁判では，しばしば激しい法廷闘争が展開され，その中で刑事法の厳格な法解釈が求められ，生きた法が姿を現してきた感があるからである。そこでの争いは，刑事実体法上の犯罪構成要件をめぐる法解釈の争いであったり，刑事手続法上の被疑者・被告人の権利をめぐる法解釈の争いであったりし，例えば，被疑者・被告人らの正当な権利の範囲，逆にいえば権利の濫用・逸脱とされる限界が論じられてきた。公安事件は，刑事法に関する多くの限界事例を提供してきた感がある。
　公安事件は，国家の統治制度を破壊し，その基盤を揺るがし，あるいは社会の安全・安心を毀損しかねないものであり，しばしば凶悪重大事件でもあることから，個別具体的な公安事件の事実関係を，判決の事実認定に従って振り返ることは，凶悪重大犯罪の事件史を概観することにもつながることになる。公安事件を取り上げるということは，左翼過激派・右翼過激派らの主張にも目を向けることになるが，実際にあった犯罪の事実関係を知ることは，客観的な議論をするための土台にもなると思う。
　さて，本書で文献を引用するなどした際，著者の敬称を略させていただいた

非礼を，ここでお詫び申し上げる。また，文献を引用する際，適宜，歴史的仮名遣いを現代仮名遣いに変えたり，句読点を補ったり，漢数字を算用数字に変えたりした箇所があることもあらかじめお断りしておく。引用文献中の指示語等を私が補足説明する際には，「(引用者注)」という挿入句を入れることとした。公安事件の多くは歴史的事件となっていることから，判決文そのままに固有名詞を記載することとしたが，場合によっては，適宜，被告人名，事件関係者名等をA，B，Cなどの仮名に置き換えたところもある。引用文献中に引かれた下線は，私が引いたものであり，原文にはないものである。

　本書では，明治元年以降の刑事法の歴史的展開を総合的に振り返り，その時々に直面した歴史的課題は何だったのか，どのような解決策が模索されてきたのか，などの諸点について概観することを目的とした。個々の法律や判例，さらには個別具体的な刑事事件について，先達が積み上げてきた豊富な研究成果を汲み上げ切れていない憾みはあるが，類書の乏しいこのような研究分野において，本書のような研究成果を発表することにも一定の意義があるものと御理解いただき，御容赦願いたい。

　なお，本書において意見にわたる部分は，私の個人的見解であり，法務省・検察庁の見解ではないことを念のため付言しておく。

目　　次

はじめに ………………………………………………………………… i

第1編　本書の研究課題

第2編　明治新政府の下での刑事法の展開

第1章　新しい刑事法の制定 ………………………………………… 12
　第1節　緒　　論 …………………………………………………… 12
　第2節　大政奉還から廃藩置県まで ……………………………… 14
　第3節　廃藩置県から大審院設置まで …………………………… 16
　第4節　大審院設置から治罪法施行まで ………………………… 22
　第5節　治罪法施行から大日本帝国憲法施行まで ……………… 25

第2章　攘夷事件等 …………………………………………………… 33

第3章　東北戦争等 …………………………………………………… 38

第4章　西南戦争等 …………………………………………………… 42

第5章　自由党急進派らによる加波山事件等 ……………………… 51

第3編　大日本帝国憲法の下での刑事法の展開

第1章　新しい刑事法の制定 …………………………… 72
　第1節　緒　　論 …………………………………………… 72
　第2節　刑事組織法 ………………………………………… 77
　第3節　刑事手続法 ………………………………………… 82
　　第1款　明治23年刑事訴訟法
　　第2款　大正11年刑事訴訟法
　　第3款　陪　審　法
　　第4款　行政執行法
　第4節　刑事実体法 ………………………………………… 97
　　第1款　明治40年刑法
　　第2款　古典学派と近代学派との刑法論争（学派の争い）
　　第3款　罪刑法定主義の受容と動揺

第2章　兇徒聚衆・騒擾（騒乱）事件 ……………… 119

第3章　大逆事件 ……………………………………… 164

第4章　爆発物取締罰則違反事件 …………………… 182

第5章　選挙騒擾事件 ………………………………… 192

第6章　治安維持法違反事件 ………………………… 204

第7章　暴力行為等処罰に関する法律違反事件 …… 236

第 8 章　右翼急進派らによる反乱事件等 ……………………… 250

第 4 編　日本国憲法の下での刑事法の展開

第 1 章　新しい刑事法の制定 ………………………………… 304
　　第 1 節　緒　　論 ……………………………………………… 304
　　第 2 節　日本国憲法 …………………………………………… 307
　　第 3 節　刑事組織法 …………………………………………… 311
　　第 4 節　刑事手続法 …………………………………………… 318
　　　第 1 款　警察官職務執行法
　　　第 2 款　昭和 23 年刑事訴訟法
　　　第 3 款　起訴状一本主義の導入とその試練
　　　第 4 款　平成 15 〜 16 年司法制度改革
　　　第 5 款　平成 28 年司法制度改革
　　第 5 節　刑事実体法 …………………………………………… 385
　　　第 1 款　明治 40 年刑法の一部改正
　　　第 2 款　刑罰法規の必要性・相当性
　　　第 3 款　超法規的違法性阻却事由の理論と司法実務の混乱

第 2 章　いわゆる国鉄 3 大ミステリー事件
　　　　（電車転覆致死罪等）………………………………… 406

第 3 章　騒擾（騒乱）事件 ……………………………………… 427

第 4 章　破壊活動防止法違反事件 ……………………………… 452

第 5 章　公安条例違反事件等 …………………………………… 465

第6章	全学連による安保闘争	500
第7章	全共闘による東大事件等	517
第8章	連合赤軍によるあさま山荘事件等	538
第9章	東アジア反日武装戦線による連続企業爆破事件等	567
第10章	赤軍派によるよど号ハイジャック事件等	581
第11章	日本赤軍によるドバイ事件・ダッカ事件	597
第12章	日本赤軍によるハーグ事件・クアラルンプール事件	605
第13章	過激派集団らによる成田事件	613
第14章	オウム真理教教団による地下鉄サリン事件等	660

第5編　日本近現代刑事法の歴史を振り返る

主要参考文献 …………………………………………………… 703
事件・人名・事項索引 ………………………………………… 707
判例索引 ………………………………………………………… 727

第1編

本書の研究課題

本書の研究課題は，日本近現代刑事法の歴史である。
　刑事法とは何か。
　それに対する答えは，時代と国によって異なろう。日本の刑事法についても，その中身は時代により大きな変遷がある。それ故，日本の刑事法が現在のようなものとなった歴史を知るためには，まず，現在の刑事法を出発点とし，そこから過去に遡る必要がある。
　現在の日本では，法律上の事件といえば，民事事件，行政事件及び刑事事件の3種がある。民事事件とは，裁判所が審判する事件のうち，私法上の権利義務に関する事項を審判対象とするものをいい，行政事件とは，行政庁の公権力の行使に関する不服の訴訟その他公法上の法律関係に関するものをいい，刑事事件とは，裁判所が刑罰法令の適用いかんを審判対象とするものをいう[1]。
　刑罰法令とは，犯罪と刑罰に関する法令のことをいい，犯罪とは，刑罰を科せられる行為をいう[2]。
　現在の日本において，刑罰（刑）とは，刑法（明治40年法律45号）が定める主刑（死刑，懲役，禁錮，罰金，拘留及び科料）及び付加刑（没収）をいう（同法9条）。刑罰を科せられる犯罪行為は，刑法に定められる犯罪に限定されないが，いずれにしても法律によって規定されなければならない。すなわち，罪刑法定主義の原則が採用されている。
　罪刑法定主義の原則とは，行為のときに，その行為を犯罪とし，刑罰を科する旨を定めた成文の法律がなければ，その行為を処罰することができないとする原則をいう。単純化していえば，「法律なければ，犯罪なし。法律なければ，刑罰なし。」ということである。罪刑法定主義は，国民が自由に行動するために，何が犯罪であり，その犯罪にはどのような刑罰を科せられるのかについて，国民が事前に予告されている必要があるという自由主義的要請と，国民を統治する者は国民であり，国民による民主的コントロールを受けた立法権（国会）により犯罪と刑罰が定められる必要があるという民主主義的要請とに基礎付け

---

1) 高橋和之ほか編『法律学小辞典［第5版］』（平成28年，有斐閣）のうち，「民事事件」，「行政事件」及び「刑事事件」の項を参照されたい。
2) 前掲1) の「犯罪」の項を参照されたい。

られている³⁾。

　現在の日本における統治制度の骨格は，日本国憲法（昭和21年11月3日公布，昭和22年5月3日施行）が規定している。

　すなわち，国民は，自由かつ平等な存在であり（第3章），日本国の主権は，国民に存し（前文・1条），日本国民は，正当に選挙された国会における代表者を通じて行動し，国政は，国民の厳粛な信託によるものであって，その権威は国民に由来し，その権力は，国民の代表者がこれを行使し，その福利は国民がこれを享受する（前文）。国権の最高機関は，国会であり，これが国の唯一の立法機関である（41条）。国会は，衆議院と参議院の両議院でこれを構成し（42条），両議院は，全国民を代表する選挙された議員で組織し（43条），両議院の議員及びその選挙人の資格は，人種，信条，性別，社会的身分，門地，教育，財産又は収入によって差別してはならない（44条）。公務員を選定し，及びこれを罷免することは，国民固有の権利であり，公務員の選挙については，成年者による普通選挙を保障し，すべて選挙における投票の秘密は，これを侵してはならず，選挙人は，その選択に関し公的にも私的にも責任を問われない（15条）。

　国民は，法律の定める手続によらなければ，その生命若しくは自由を奪われ，又はその他の刑罰を科せられず（31条），実行の時に適法であった行為については，刑事上の責任を問われない（39条）。国会は，唯一の立法機関であって（41条），内閣は，憲法及び法律の規定を実施するために，政令を制定することができるが，特に法律の委任がある場合を除いては，罰則を設けることができない（73条6号）。すべて裁判官は，憲法及び法律に拘束される（76条）。地方公共団体は，法律の範囲内でしか条例を制定することができない（94条）。

　以上の日本国憲法における諸規定が，罪刑法定主義の法的根拠といえよう。

　罪刑法定主義は，法治主義の派生原則ともいえる。ここで，法治主義とは，行政権及び司法権が立法権に従わなければならないという原則をいう，と理解すべきものと考える⁴⁾。

　3）前掲1）の「刑」，「罪刑法定主義」の項を参照されたい。

法律には，組織法，手続法及び実体法がある。組織法とは，法人など（国家，会社など）の組織に関する法をいい，手続法とは，狭義では訴訟法のことをいい，広義ではこれに行政手続などの法も含められ，実体法とは，法律関係（権利義務，犯罪と刑罰など）の内容を定める法をいう[5]。

　現在の日本において，刑事組織法としては，裁判所法（昭和22年法律59号），検察庁法（同年法律61号）などがあり，刑事手続法としては，刑事訴訟法（昭和23年131号）などがあり，刑事実体法としては，刑法（明治40年法律45号）などがある。このほか，刑事法史を検討する上では，行政法の分野ではあるが，行政組織法としての警察法（昭和29年法律162号），行政手続法としての警察官職務執行法（昭和23年法律136号）なども重要である。

　現在の刑事手続の基本的事項については，刑事訴訟法により規定されており，これには，①捜査，②公判及び③刑の執行の各段階がある。捜査とは，犯人を捜索・保全し，また証拠を収集・保全する活動をいい，警察，検察官などの捜査機関がこれを行う。公判とは，公訴の提起以降，訴訟が終結するまでの訴訟手続をいう[6]。

　捜査のうち強制処分については，令状主義の要請に基づく司法統制がある。すなわち，日本国憲法によれば，何人も，現行犯として逮捕される場合を除いては，権限を有する司法官憲（裁判官）が発し，かつ理由となっている犯罪を明示する令状（逮捕状）がなければ，逮捕されない（33条）。何人も，理由を直ちに告げられ，かつ，直ちに弁護人に依頼する権利を与えられなければ，抑留又は拘禁（勾留）されず，また，要求すれば，その理由を直ちに本人及び弁護人の出席する公開の法廷で示してもらうことができる（34条）。何人も，その住居，書類及び所持品について，侵入，捜索及び押収を受けることのない権利

---

4) なお，ドイツ連邦共和国（西ドイツ）基本法（1949年（昭和24年）5月公布）の20条3項は，法治主義の原則を示すものと理解してよさそうだが，そこでは，「立法は，憲法的秩序に，執行権及び裁判は，法律及び法に拘束される」と規定されている。阿部照哉「比較憲法入門」（平成6年，有斐閣）332頁参照。
5) 前掲1)の「実体法」，「組織法」及び「手続法」の項を参照されたい。
6) 前掲1)の「捜査」，「公判」の項を参照されたい。

があり，第33条の場合を除いては，正当な理由に基づいて発せられ，かつ捜索する場所及び押収する物を明示する令状（捜索・差押え令状）がなければ，この権利を侵されない（35条）。同様の規定は，刑事訴訟法にも規定されている。

　公判は，裁判所による審判手続であり，事実認定，法令解釈及び量刑判断は，裁判所の専権事項である。すなわち，刑事訴訟法によれば，公訴は，検察官がこれを行うが（247条），検察官には，事実認定，法令解釈及び量刑判断に関する決定権がない。そして，裁判所は，被告事件について犯罪の証明があるとき，罪となるべき事実，証拠の標目及び法令の適用を示して，判決で有罪の言い渡しをし（335条），被告事件が罪とならないとき，又は被告事件について犯罪の証明がないときは，判決で無罪の言渡しをする（336条）。裁判所における審理は，三審制となっており，第一審の判決に対しては，これを不服とする検察官又は被告人・弁護人が控訴することができ（351条，372条等），高等裁判所の判決に対しては，これを不服とする検察官又は被告人・弁護人が最高裁判所に上告することができる（405条等）。刑を言い渡した判決が確定した場合，その裁判の執行は，検察官がこれを指揮する（472条）。

　このように，捜査では，裁判官により令状統制がなされ，公判では，裁判所により審判がなされる。

　これは，法の支配の原則の現れでもある。法の支配の原則は，中世イギリスのブラクトンが，「国王は何人の下にもいない。しかし，神と法の下にある。」と述べたところに本質があるとされ，ダイシーは，その内容として，すべての人が通常裁判所の裁判に服すること，通常裁判所による適正手続によらなければ刑罰を科せられないこと，国民の自由と権利が通常裁判所の裁判で決定されるべきことなどを指摘している。ここでは，法の支配とは，行政権が司法権に従わなければならないという原則をいう，と理解すべきものと考える。

　さて，日本国憲法によれば，最高裁判所（最高裁）は，法律が憲法に適合するかしないかを決定する権限を有する終審裁判所である（81条）。この権限は，最高裁のみならず，下級裁判所にもあるものと解釈されている。いわゆる法令審査権（違憲審査権）である。何故，裁判所が国会の制定した法律の効力を審査する権限を有するのか。それは，憲法の条規に反している法律は，その効力

を有しないのであり（98条），裁判官は，憲法を尊重し擁護する義務を負うため（99条），憲法違反の法律を適用して裁判をすることが許されないからである。

　以上概観したとおり，現在の日本における刑事法を支える原則としては，国民主権，議会制民主主義，法治主義（罪刑法定主義など），法の支配（令状主義など），それから立憲主義（裁判所による法令審査権など）があることが分かる。

　それらの原則に関わるものとしては，権力分立主義の原則がある。権力分立主義とは，国家作用を立法，行政及び司法の三権に分け，それぞれを担当する国家機関を分離独立させ，相互に牽制させることにより，特定の国家機関による専断を許さず，国民の自由を保障しようとする原則をいう[7]。

　但し，日本国憲法によれば，我が国では，議院内閣制が採用されており，完全な権力分立主義は採られていない。すなわち，内閣は，行政権の行使について，国会に対して連帯して責任を負う（66条）。国会は，その議決により，国会議員の中から内閣総理大臣を指名し（67条），他の国務大臣は，内閣総理大臣がこれを任命するが，その過半数は，国会議員の中から選ばなければならない（68条）。内閣は，衆議院で不信任の決議案を可決したときは，10日以内に衆議院が解散されない限り，総辞職をしなければならない（69条）のである。

　なお，日本国憲法の下での刑事法の展開については，改めて第3編第1章において，詳論することとする。

　さて，現在の日本における刑事法の来歴を知るためには，どこまで遡ればよいであろうか。

　刑事法の制定及び運用に当たっては，国家の統治制度の在り方が大きく関わるが，現在の日本における統治制度の基本的枠組みを定めるのは，「日本国憲法」（昭和21年11月3日公布，昭和22年5月3日施行）であり，その歴史を知るためには，広く会議を興し万機公論に決すべしと宣言した「五箇条の御誓文」（慶応4年＝明治元年），そして，国民が選挙により自らの代表者（国会議員）を帝国議会に送る権利を盛り込んだ「大日本帝国憲法」（明治22年2月11日公布，

　7）前掲1）の「権力分立主義」を参照されたい。

明治23年11月29日施行）などを追う必要がある。

　現在の日本における刑事組織法としては，裁判所法（昭和22年法律59号）などがあるが，その沿革をたどれば，裁判所構成法（明治23年2月10日公布，同年11月1日施行）などがある。

　現在の日本における刑事手続法としては，刑事訴訟法（昭和23年131号）などがあるが，その沿革をたどれば，治罪法（明治13年太政官布告37号），刑事訴訟法（明治23年法律96号），刑事訴訟法（大正11年法律75号）などがある。

　現在の日本における刑事実体法としては，刑法（明治40年法律45号）などがあるが，その沿革をたどれば，刑法（明治13年太政官布告36号）などがある。

　したがって，現在の刑事法の来歴を知るには，以上の憲法や諸法律が制定されるに至った経緯，その運用状況などを追う必要があることになり，明治元年以降を研究対象とすればよいことになろう。

　法は，国民と国家に関する規範であり，法規範の定立（立法）に関する問題が重要であることはいうまでもないが，その執行（行政・司法）に関する問題もそれに劣らず重要である。

　明治元年以降の我が国における刑事法（組織法・手続法・実体法）の歴史は，欧米の刑事法をいかに継受するかの歴史であったといえよう。我が国は，徳川幕府を倒した後，フランス法系・ドイツ法系の継受に努め，太平洋戦争の終結後は，アメリカ法系の継受に努めてきた。それは，単なる立法技術の導入にとどまらず，フランス法学・ドイツ法学やアメリカ法学を輸入することでもあった。但し，我が国は，外国法を継受しながらも，独自の法展開を見せているのであって，その点も見逃せない。

　そのため，本書では，刑事法の歴史をたどる際，立法史のみならず，犯罪史とりわけ公安事件史をも研究対象としている。

　ところで，公安事件とは何なのか。
　「公安」という言葉には，広義と狭義の2種類がある。
　広義の公安事件とは，刑事事件とほぼ同義である。例えば，内閣総理大臣の所轄の下に国家公安委員会が置かれ（警察法（昭和29年法律162号）4条），国家

公安委員会に警察庁が置かれ（15条），都道府県知事の所轄の下に都道府県公安委員会が置かれ（38条），警視庁（東京）及び道府県警察本部は，都道府県公安委員会の管理の下に，警察の事務をつかさどる（47条）こととされている。国家公安委員会は，国の「公安」に係る警察運営をつかさどり，警察教養，警察通信，情報技術の解析，犯罪鑑識，犯罪統計及び警察装備に関する事項を統轄し，並びに警察行政に関する調整を行うことにより，個人の権利と自由を保障し，「公共の安全と秩序」を維持することを任務としている（5条）。ここでいう「公共の安全と秩序」すなわち「公安」とは，暴力主義的破壊活動だけを念頭に置いているわけではなく，小さな万引き窃盗事件や，薬物使用事件，あるいは交通事件なども含めて考えていることが明らかである。要するに，警察法で使用されている「公安」という言葉は，広義の公安なのであって，その文脈に従えば，ここでいう公安を害する犯罪とは，刑事事件一般を指すものと理解してよいことになる。

　これに対し，本書で念頭に置く「公安」という言葉は，狭義の公安である。実は，狭義の公安に関する法的な定義規定はない。にもかかわらず，公安事件といえば，一般の刑事事件ではなく，特別な事件を意味するものと広く認識されている。

　「五箇条の御誓文」と「四民平等」のスローガンから始まり，大日本帝国憲法，そして日本国憲法へとつながる国家統治制度の根幹は，議会制民主主義の理念にあるといえよう。国民が自由かつ平等な存在であり，国民の自由な行動を保障するために国家があり，国民が国民を統治するために議会制民主主義がある。

　本書において，狭義の公安とは，日本国の統治制度，その基本秩序，あるいは公共空間の安寧秩序・平穏のことをいうものとし，公安事件とは，日本国の統治制度を破壊し，その基本秩序を紊乱し，あるいは公共空間の安寧秩序・平穏を乱す，ないしはそれらのおそれのある刑事事件（犯罪）のことをいうものとする。

　狭義の公安事件としては，刑法に規定される内乱罪，騒乱罪などのほか，後記第3編で取り上げるいわゆる公安条例違反事件なども含めて考えているが，

これらの犯罪に限定されるものではない。例えば，罪名としては単なる殺人事件，公務執行妨害事件等であっても，自由，平等，議会制民主主義といった価値観を否定するような政治目的により敢行される犯罪や，政治目的のためには手段を選ばない，すなわち暴力革命主義やテロリズムといった手段により敢行される犯罪などは，罪名いかんによらず，公安事件ということになる。

　何故，公安事件史を取り上げるのか。

　それは，公安事件では，徹底的に刑事法の解釈が争われ，法解釈の限界事例が提供されるからである。

　もともと，犯罪とは，多くの国民にとって自身の人生の中で出会うこと自体が希有な事象である。多くの国民は，犯罪を犯すことなく一生を送ることが通常であろうし，犯罪被害に遭うこともそれほど多くはないはずである。しかし，国民は，様々な価値観を有しており，各人が自由な活動を展開しようとすると，国民相互に意見対立や利害対立が生じる可能性がある。発生した紛争に対し，民事的な解決や行政的な解決を図ることもあるが，それでは適切な解決が得られないとき，国家により刑罰権が行使されることが考慮されることになる。もともと，刑事事件とは，限界的な事象なのである。

　公安事件は，そのような刑事事件の中でも特に限界的な事象である。公安事件の被疑者，被告人らは，組織的・継続的に活動するのが通例であり，捜査・公判の各段階を通じて，様々な権利主張をしてくる。被疑者，被告人，弁護人らの主張や行動は，権利である限り尊重されなければならない。問題は，それが権利の行使といえるのか，あるいは権利の濫用・逸脱となるのか，その判断の難しさであり，それに対する実務対応の難しさなのである。国会の制定した刑事法は，個別具体的な公安事件の中においてこそ，その真価を問われることになる。それ故に，公安事件史を取り上げることは，刑事法史を研究する上で有意義なものと考えられるのである。

　国家による刑罰権行使の在り方については，常により良いものへと改善していく努力が必要である。それは，時に，裁判所による判例変更によることもあるが，基本的には，国民の代表者で構成される国会が法律を改正することで成し遂げられる。個々の法律改正や判例変更は，様々な理由や経緯によるもので

あるが，公安事件の歴史は，その契機となっていることが少なくない。
　本書では，法律と判例の動きを追いながら，我が国における近現代刑事法の歴史を跡づけていくこととする。

第 2 編

明治新政府の下での刑事法の展開

第 1 章　新しい刑事法の制定

第 1 節　緒　　論

　徳川慶喜の大政奉還を受け，朝廷は，慶応3年（1867年）12月9日，天皇の親政と新政府の成立とを宣言した（王政復古の大号令）。なお，新政府が発足した当時の年号は慶応であるが，便宜上，本編の表題に明治新政府という名称を使用したことを，予めお断りしておく。

　誕生したばかりの新政府が直面した課題は，多数あったが，そのうちの大きなものとしては，以下の二つが挙げられよう。

　第1の課題は，日本国内全域の実効支配と，中央集権的な統治制度の確立であった。

　新政府が発足した時点では，未だ各藩が存在しており，徳川時代の法制度が機能していたのである。藩制度とは，地方分権の制度であった。例えば，各藩内で紛争や犯罪が発生した場合，その処断（裁判）は，各藩に任されており，幕府が干渉すべきものではなかった。各藩の実行力を究極的に支えていたものは，藩士らによる軍事力であり，それは，新政府が発足したからといって直ちに消滅したわけではない。新政府は，明治元年（1868年）の戊辰戦争において，奥羽越列藩同盟を軍事力で破り，函館戦争に勝利し，その上で，明治2年6月に版籍奉還を，明治4年7月に廃藩置県を各断行したが，それだけで中央集権的な統治制度が確立したわけではなかったのである。

　第2の課題は，国力において欧米列国に追いつき，これら列国との間の不平等条約を撤廃することであった。

　新政府が成立した当初，イギリスが新政府に好意的な姿勢を見せてはいたものの，フランスは，なお旧幕府系勢力にも視線を送るといった風な情勢であった。新政府としては，早期に列国からの干渉を除けるだけの経済力・軍事力を確立することが急がれたのであるが，それは一朝一夕になるものではなく，しばらくの間は列国に正当な政府として認めてもらうため，低姿勢をとることを甘んじなければならない場面も少なくなかった。不平等条約の撤廃は，遠い道

のりであったといえよう。

　新政府としては，これら対内的・対外的な課題に取り組むためにも，欧米流の諸制度の導入を急いだ。それは，多岐にわたったが，その中には，治安を維持し，紛争を処理するための国家機関・法制度の整備，すなわち，軍事力・警察力のほか，司法権の確立が必要であった。そのためには，世界に覇を唱える列国の諸制度に範を求めるしかないように見えた。欧米流の法制度を支えていた法理念といえば，三権分立，議会制民主主義，法治主義，法の支配などである。既に，明治天皇は，「五箇条の御誓文」を発し，「広く会議を興し，万機公論に決すべし。」と宣言され，欧米流の議会制民主主義への方向性を示していたのである。

　しかし，我が国では，長年にわたって欧米と異なる法制度を運用してきたため，欧米流の法制度を導入するといっても，その理解からして簡単なことではなかった。また，法制度を具体的に運用するための国家機関，すなわち軍隊，警察，裁判所等を整備するにつけても，人材・予算の確保が容易ではなかった。地方勢力の反乱や，政府部内での反目などがあったとき，刑法や刑事訴訟法などを制定するためにゆっくり時間をかけて議論を尽くすという余裕もなかったであろう。立ち上げ当初の新政府としては，勢い，専断的，武断的な対応をすることに傾きがちとならざるを得なかったように見える。

　しかも，新政府が採った具体的な諸政策は，そのまま内戦，内乱，テロなどを引き起こす原因となり得た。

　すなわち，長州藩が幕府を倒すために行動を起こした当初のスローガンは，いわゆる尊皇攘夷であった。征夷大将軍は，天皇から与えられた職にすぎず，大政をほしいままにする権限などない。また，中国・朝鮮・オランダ以外の夷狄（外国人）を国内に入れないというのが我が国における久しき慣例となっており，天皇の御意に背いてその慣例を変更すべき正当理由などない。したがって，朝廷の意向を無視して開国和親政策に踏み切った幕府は，朝廷に大政を奉還すべきであり，そうしない幕府は倒すべきである，というスローガンである。

　しかし，新政府を立ち上げた西南雄藩は，既に幕末の時点で開国和親政策に方針転換しており，依然として攘夷思想を保持する者たちは，このように心変

わりした新政府に対して不満を抱くことになる。

　また，新政府が，明治6年に徴兵令を，明治9年に廃刀令と金禄公債条令をそれぞれ発布したことにより，士族らは，武士（公務員）としての地位を奪われ，武器の所持を否定され，大きな収入源（給料）を奪われたのであるから，勢い新政府の諸政策に恨みを抱くことになる。

　五箇条の御誓文は民主主義を指向していたはずなのに，薩長藩閥が新政府を牛耳っているという現状は，自由と平等を求める者たちに反政府運動をとらせることになり，やがて，そうした動きの中から攘夷事件，新政府軍と旧幕府系諸藩軍との内戦，不平士族らによる反乱，自由党急進派らによる過激派事件などとなって現れることになる。

　このような様々な事件に対し，新政府は，どのように対処したのか。

　次節以下では，小田中聡樹の研究などを参考にしながら，新政府が制定した刑事組織法・刑事手続法・刑事実体法について，時代を追って見ていくこととする[8]。

第2節　大政奉還から廃藩置県まで

　新政府は，慶応4年（1868年）1月17日，三職分課を定め，司法機関として「刑法事務総督」及び「刑法事務掛」を置き，同年2月3日，三職八局制を定め，刑法事務課の名称を「刑法事務局」と改め，同年閏4月21日，政体書を発布して太政官の権力を三権（立法・行政・司法）に分け，刑法事務局を廃止して，司法機関として「刑法官」を設置し，同年10月晦日，刑事実体法として「仮刑律」を各府藩県に布達し（刑律仮定），同年11月3日，死（死刑）・流（島流し）・徒（強制的使役）・笞（竹片などで身体を打つこと）の4刑を定めるな

[8) 以下の本文記載は，個別の参照文献のほか，全体として，以下の文献などを参考にしている。最高裁判所事務総局「裁判所百年史」（平成2年），小田中聡樹「明治前期司法制度概説」（我妻栄「日本政治裁判史録　明治・前」（昭和43年，第一法規）533頁以下），小田中聡樹「明治後期司法制度概説」（我妻栄「日本政治裁判史録　明治・後」（明治44年，第一法規）572頁以下）

した。

　しかし，全国諸藩は未だ藩兵を抱え，藩主は領主としての軍事権・裁判権を行使しているという状態であり，新政府による中央集権的な軍事権・裁判権の確立などは覚束ない状態であった。

　新政府は，明治2年（1869年）2月24日，太政官を東京に移したのに伴い，東京刑法官を本官とし，同年5月22日，律令系の弾正台を設置し，同年7月8日，職員令の制定により刑法官を廃止して「刑部省」を設置し，明治3年5月25日，最初の刑事手続法である「獄庭規則」を定め，同年12月20日，刑事実体法として「新律綱領」を各府藩県に頒布し，旧幕府法及び仮刑律を廃止した。刑罰は，死・流・徒・杖（身体を打つことで，笞より一段重いもの）・笞の5刑とされた。

　しかし，刑部省は，律令体系下の弾正台との間で権限分配に争いがあるなど，政府部内での統一すら欠く状態であり，また，地方では，依然として府藩県が裁判権を行使するという状態であった。

　また，獄庭規則（全13条）によれば，その刑事手続は，江戸時代の奉行所による吟味と大差ないものであった。すなわち，罪人の最初の吟味については判事が出座し，下糺の節は解部が訊問し，拷問は判事以上の者が相議した上で行い，吟味が済んだら口書に書判，爪印又は実印をさせ，口書は解部が読み上げ，刑名宣告は判事が読み聞かせるとしたものであった。

　また，新律綱領は，罪刑法定主義を明確に否定し，「凡そ律令に該載し尽くさざる事理若しくは罪を断ずるに正条なきものは，他律を援引比附して，加うべきは加え，減すべきは減し，罪名を定擬して上司に申し，議定まって奏聞す。」と規定していたほか，遡及効も認めていた。なお，実際の刑事事件の裁判では「国事犯」として取り扱われたものもあったが，新律綱領に国事犯の定義規定などはなかった。

第3節　廃藩置県から大審院設置まで

第1款　刑事組織法

　政府は，明治4年（1871年）7月9日，弾正台と刑部省を廃止して「司法省」を設置し，司法省が刑事・民事の裁判権を所管することになる。そして，政府は，同月14日，廃藩置県を断行した。

　司法改革が大きく動き出すのは，江藤新平が司法卿になってからである。

　江藤新平は，明治5年4月27日，司法卿に就任すると，同年5月22日，「司法事務」を定め，同年8月3日，「司法職務定制」（司法職制章程）（明治5年太政官無号達）を制定した。この司法職務定制は，刑事組織法及び刑事手続法の意味合いをもったものであり，これにより，司法省のほか，5種の裁判所（司法省臨時裁判所，司法省裁判所，出張裁判所，府県裁判所及び区裁判所）並びに判事及び検事について，それぞれ規定が設けられた。

　これらの裁判所のうち，司法省臨時裁判所は，国家の大事に関する事件を審理する臨時の裁判所であり（44条），司法省裁判所は，上告審であり（47条），府県裁判所は，通常の第一審裁判所であり，区裁判所は，府県裁判所に属し笞・杖までの刑を断刑できる第一審裁判所であった（69条）。

　裁判官は，判事（大判事，権大判事，中判事，権中判事，少判事，権少判事）と解部（大解部，権大解部，中解部，権中解部，少解部，権少解部）とされた。

　なお，司法省は，全国の裁判所を統括し，その諸事務を掌るものとされた。そして，明治6年まで，上告審である司法省裁判所には所長が置かれず，司法卿（後の司法大臣）が同所長を兼任するものとされていた。

　司法職務定制では，検事についても規定された。すなわち，「第6章　検事職制」，「第7章　検事章程」が規定され，検事（大検事，権大検事，中検事，権中検事，少検事，権少検事）と検部（大検部，権大検部，中検部，権中検部，少検部，権少検部）が配置された（22条など）。その後，検事職制章程司法警察規則（明治7年1月28日）により，検部は廃止されて検事のみとなり，新たに司法警察官吏が設置され，検事がこれを総摂することとされた。

　検事は，公訴官とされたが，未だ公訴権の独占には至っていなかった。そし

て，検事と判事の職制分離が明記され，「検事は，裁判を求むるの権ありて，裁判をなすの権なし。故に，犯罪に向かいて意見を陳するには，判事の取舎に任し，論断処決は，判事の専任として，検事預かることを得ず。」(31条) と規定された。

検事の制度は，フランス法系に由来するようである。フランスでは，13世紀頃，「国王の代官（Procureur de roi）」と呼ばれる職が置かれ，これが裁判所に対して犯罪を摘発してその処罰を求め，刑事手続に関与し，罰金徴収や財産没収の執行などの職務に任じることとされた。国王の代官は，15世紀頃，訴追権を有するようになり，裁判官を監督し，裁判を執行する任務を持つようになり，さらに，フランス革命後，「共和国の代官」となり，公訴官であるとともに，公益の代表者とされたようである[9]。

なお，弁護士は，刑事に関する組織ではないが，本書では，便宜上，ここで論じることとする。

弁護士の前身と考えられるのは，代言人である。司法職務定制では，判事・検事に関する規定があるほか，「第10章 証書人，代書人，代言人職制」が規定されており，ここでいう証書人，代書人，代言人とは，それぞれ概ね後の公証人，司法書士，弁護士に相当するものと理解してよいと思われる。但し，その資格等に関する規定は設けられておらず，また，各区に代言人を置くと規定されたものの，全国的に代言人が置かれたという形跡はないようである[10]。

第2款 刑事手続法

刑事手続法でもある「司法職務定制」（明治5年太政官無号達）によれば，断獄順序は，初席，未決中，口書読み聞かせ，落着の4節とされた（52条第3）。

---

[9] 伊東勝「五訂検察庁法精義」（昭和49年7版，令文社）2～9頁，伊藤栄樹「新版検察庁法逐条解説」（昭和61年，良書普及会）1～3頁，司法研修所検察教官室「検察講義案（平成27年版）」3～4頁

[10] 本書では，代言人及び弁護士に関し，以下の文献などを参考にした。福原忠男「特別法コンメンタール 弁護士法」（昭和51年，第一法規）1～36頁，日本弁護士連合会調査室「条解弁護士法［第3版］」（平成15年，弘文堂）1～11頁，髙中正彦「弁護士法概説［第2版］」（平成15年，三省堂）1～24頁，207頁，234頁等。

また，拷問については，「犯罪の蹤跡すでに瞭然たるに，犯人白状せざれば，判事鞫問し，なお白状せざれば，これを拷問す。」（52条第12）とされていた。古来，洋の東西を問わず，有罪の心証が得られたか否かに関わらず，刑罰権行使の要件として自白を求めるという刑事裁判制度は珍しくなかったが，これも，江戸時代の遺風を思わせる。

　政府は，明治6年2月24日，刑事手続法として「断獄則例」（明治6年司法省達。全26則）を定め，「司法職務定制」と合わせて施行することになる。これらは，後の治罪法施行に至るまで，刑事手続の基本法となった。

　その断獄則例によれば，裁判の公正を示すため，新聞紙発兌人，戸長による法廷傍聴が許可された（1則，5則）。

　また，その刑事手続の概要は，次のとおりである。

　すなわち，判事は，囚人の貫跡，姓名，年齢及び祖父母・父母の存没，妻子の有無を問い，それからその犯罪の顛末を推訊する。解部は，囚人の供に随いてこれを詳記し，案成りて囚人を倉に包し，各官房に入れる。解部は，式により罪案を草して判事に呈する。判事は，これを検事に示し，再び堂（しらす）にのぼり，監視の検事と公同し，判事は，罰文を読了して，刑場に解す（6則）こととされた。

　そして，「改定律例」（明治6年6月13日）は，法定証拠主義を定めていた。すなわち，「凡そ罪を断ずるは，口供結案による。若し，甘結せずして死亡する者は，証左ありと雖も，その罪を論ぜず。」（318条）と規定されていた。口供結案とは，文字通り読めば，供述調書の作成のことであるが，司法職務定制による自白要件が撤廃されたわけではないので，口供結案とは，自白調書の作成を指すものと理解してよいであろう。

第3款　刑事実体法

　政府は，明治6年6月13日，刑事実体法として「改定律例」を頒布し，同年7月1日から，これを新律綱領と並び合わせて施行することとした。

　これにより，刑罰については，笞・杖・徒・流を「懲役」に一本化し（1条），終身懲役を新設し，従来の新律綱領で絞首とされていた罪の刑をほぼ「終身懲

役」に改めた（2条）。後者の改正点は，要するに，死刑に該当する罪を減らし，全体の刑罰を軽くしたわけである。

第4款　警察制度

政府は，近代的な警察制度を創設するに当たり，主として，フランス及びドイツといった大陸法系の制度を範とした。その契機となったのは，川路利良による明治6年の建議書である。川路は，ヨーロッパの警察制度を調査し，国家隆盛の必須条件として警察制度が必要であること，司法警察と行政警察とを分離し，行政警察は内務省の指揮下に置くこと，首都には内務省に直結する警察機関を置くことなどを主張した[11]。

政府は，川路の建議などを踏まえ，明治6年11月，内務省を設立し，その下に警保寮を移し，明治7年1月15日，内務省警保寮の下に東京警視庁を設立するとともに，各府県には警察部を設置した。警視庁の警視総監及び各府県知事は，いずれも国の機関として天皇によって任命され，内務大臣の指揮監督を受けることとされた。

そして，政府は，司法警察規則（明治7年太政官達14号）及び行政警察規則（明治8年太政官達29号）を定めた。

ここで，大陸法系と英米法系の警察制度の違いについて見ておこう。
大陸法系の警察制度の沿革は，15世紀フランスの王勅部隊に遡る[12]。
すなわち，フランス王シャルル7世（在位1422～1461年）は，恒常的な常備軍を組織化し，その一部を王勅部隊（後の国家憲兵隊）として治安維持に当てた。それまでの軍隊は，金銭で雇う傭兵軍であったが，訓練度が低く，また，規律の乱れが酷かったため，恒常的な別組織を構築することにしたのである。この新たな常備軍は，平時に治安維持という仕事を与えられたことにより比較的安定した上，治安維持のための新たな警察組織を整備するよりも財政的負担が小

---

11) 田村正博「三訂版　警察行政法解説」（平成8年，東京法令出版）48～49頁
12) 河上和雄ほか「講座　日本の警察　第1巻［警察総論］」（平成5年，立花書房）664頁以下［平沢勝栄・金重凱之執筆部分］

さかったわけである。

その後のフランス革命（1789年）は、旧体制を破棄する方向に進んだが、中央政府は、地方の自治を認めない方針をとり、王勅部隊を復活させ、さらに、ナポレオン（在位 1804～14年）は、パリに警視庁を置いた。ナポレオンは、制定法による法整備という方針を採用したが、このフランスの流儀は、ドイツなどヨーロッパ各国に影響を与えることになった。

これと異なるのが英米法系の警察制度である[13]。

イギリスでは、アングロ・サクソンの時代（6世紀～1066年）、タイシング（Tithing）と呼ばれる10家族単位の連帯責任により治安が保たれており、ノルマン征服（1066年）後も、同様の仕組みが続いた。17～18世紀頃から、職業的な夜警（Night Watch）が創設され、産業革命後の19世紀初頭、近代的な警察が創設されることになったのだが、警察官は、伝統的に市民に代わって治安維持に当たる存在にすぎず、市民がけん銃を所持しないのであれば、警察もけん銃を所持すべきではないという思考法を採った。中央集権的な警察組織を設けないという点については、財政上の問題もあっただろうが、イギリスの警察制度は、夜警から発達したため、地方ごとにばらばらの組織だったのである。

アメリカ各州は、イギリス法を継受しているが、市民が武器をとって先住民を追いやったというお国柄であり、市民がけん銃を所持するところでは、警察官もけん銃を所持してこれを使用するという風土になる。

以上が、大陸法系と英米法系の警察制度の違いといったところであるが、明治政府としては、大陸法系の警察制度を導入すること以外に選択肢はなかったように思われる。

というのも、日本の幕末・維新は、内戦、内乱、殺傷事件などが頻発した時代であり、政府としては、一刻も早く地方の藩兵を解散させ、浪人を取締り、中央集権的な治安制度を確立する必要に迫られていたからである。そのような情勢の中で、市民に武器の所持を認めるとか、地方に治安の維持を委ねるとか、英米法系の警察制度を導入していては、内戦、内乱、殺傷事件などがなくなら

13）前掲12）の平沢勝栄・金重凱之（平成5年）667頁以下

ないように思われたからである。

　さて，政府は，警察の職務執行について，司法警察規則（明治7年太政官達14号）及び行政警察規則（明治8年太政官達29号）を定めた。なお，これらの規則は太政官達であったが，大日本帝国憲法が公布され，また，帝国議会が開かれた後も，引き続き法律としての効力を有するものと解された（大日本帝国憲法76条）。
　警察作用について，司法警察作用と行政警察作用とを区別したわけである。
　司法警察とは，犯罪捜査活動を指すものと理解してよいであろう。すなわち，司法警察規則は，以下のように定める。
　　第10条　司法警察は，行政警察予防の力及ばずして，法律に背く者あるとき，その犯人を探索して逮捕するものとす。
　　第11条　司法警察の職務と行政警察の職務とは，互いに相牽連するを以て，一人にてその2箇の職務を行う者ありと雖も，基本務においては，判然区域ありとす。
　これに対し，行政警察の定義は，漠然としている。すなわち，行政警察規則は，次のように定めていた。
　　第1章　警察職務之事
　　　第1条　行政警察の趣旨たる人民の兇害を予防し安寧を保全するにあり。
　　　第3条　その職務を大別し四件とす。
　　　　第一　人民の妨害を防護すること
　　　　第二　健康を看護すること
　　　　第三　放蕩淫逸を制止すること
　　　　第四　国法を犯さんとする者を御密中に探索警防すること
　これによれば，行政警察作用は，犯罪の予防，鎮圧に止まらない内容となっており，相当に広範囲なものとなっている。
　行政警察規則には，次のような規定もあった。
　　第3章　巡査勤務方之事
　　　第24条　怪しき者を見認むるときは取糺して，様子により，持区出張

　　　　　　所に連行、あるいは警部に密報し、指図を受くべし。倉卒の取計
　　　　　　あるべからず。
　これは、いわゆる不審尋問及びそれに関連した警察権の行使に関する規定である。

　「怪しき者」という要件は、かなり漠然としている。これが現行の警察官職務執行法（昭和23年法律136号）のように「何らかの犯罪を犯し、又は犯そうとしている者」と規定されているのであれば未だしも、単に「怪しき者」というだけでは、国民の自由がどの程度制限されるのかあいまい不明確であり、警察権が濫用されたときには極めて危険なことになりかねない。

　刑事法の研究としては、司法警察作用のみを検討すれば足りそうなようにも見えるが、行政警察作用も検討すべきであろう。

　警察活動というのは、初期段階では行政警察作用だったとしても、その後の展開によっては司法警察作用に発展することがあり得るし、あるいは、行政警察作用としての側面を有するほか、同時に司法警察作用としての側面も有するという事態があり得るからである。また、後の時代を見れば、警察の組織やその活動範囲が拡張されていき、不適切な行政警察作用が展開され、結果として刑事裁判にはならずに終わったような事件であったとしても、これを等閑視するわけにはいかないように思うからである。

第4節　大審院設置から治罪法施行まで

第1款　刑事組織法

　政府は、明治8年（1875年）4月14日、元老院、地方官会議とともに、大審院を設置し、同年5月8日、解部を廃止して、判事（一等判事から七等判事）及び判事補（一級判事補から四級判事補）とし、同年5月24日、大審院職制、大審院章程など様々な職制・章程を制定した。

　このように、大審院・上等裁判所・府県裁判所（なお、明治9年9月13日、府県裁判所は、地方裁判所に改変される。）が設置されたことにより、三審制度が整備される端緒が開かれることになる。但し、刑事事件では二審制が採られてお

り，三審制が採られたのは民事事件だけであった。すなわち，法律上，民事事件では，府県裁判所から上等裁判所への控訴，さらには大審院への上告が認められていたが，刑事事件では，府県裁判所から大審院への上告が認められていただけであった。なお，明治9年9月27日，新たに区裁判所が設置されている。

　大審院は，「民事・刑事の上告を受け，上等裁判所以下の審判の不法なるものを破棄して全国法憲の統一を主持の所とす。」（大審院章程1条）とされるとともに，「国事犯の重大なるもの及内外交渉民刑事件の重大なるものを審判す。」（6条）とされた。但し，明治10年改正により，同章程6条のうち「国事犯の重大なるもの及」の字句が削除されることになる。その理由は，判然としないところがあるものの，字句を削除した時期が九州において佐賀の乱など不平士族による反乱が頻発し，やがて西南戦争が勃発した初期段階の頃であることからすれば，西南戦争の司法処理について，大審院ではなく，行政当局主導で処断すべきものと考えたからであろうと推察される。

　上等裁判所は，4か所に設置された（東京・大阪・長崎・福島。なお，明治8年8月12日，福島にあった上等裁判所は，宮城上等裁判所に移される。）。上等裁判所は，原則として，年2回，巡回裁判所を開き，死罪の獄を断ずることとされた（上等裁判所章程2条）。但し，死罪案を決するには，大審院の批可を要した（3条）。

　府県裁判所は，各府県に設置され，懲役以下の罪を審判した（府県裁判所章程1条）。終身懲役罪案を決するには，上等裁判所の批可を要した（5条）。

　検事の役割については，司法省検事職制章程（明治8年5月8日太政官達10号）において，公訴提起官であること，裁判の評議に加わらないこと，司法警察に関わることなどが規定された。すなわち，「検事は，弾告して判を求む。判事の裁判に服せざれば上告することを得。裁判の議に干冒し若しくは裁判の当否を論争することをえず。」（2条）。また，「地方の警察官吏は，検事の輔助として，現行罪犯を案検し，検事に逓送す。警察官吏は，検察の事務につき検事の管督を受け，その怠忽あれば，検事これを責戒す。」（7条）とされた。

　それまで，検事は，中央にいて，事件の都度，司法卿又は大検事の命を受けて裁判に立ち会っていたが，明治9年9月13日からは，全国の各裁判所に配

置されるようになったようである¹⁴⁾。
　代言人（後の弁護士）については，代言人規則（明治9年2月22日司法省布達甲1号）が定められ，代言人となるための資格要件が規定された。代言人になるためには，地方官による検査（代言人試験）を受け，免許（1年限り有効）を受けることとされ，懲戒処分は，裁判所が実施した。代言人は，司法省及び裁判所の代言人名表に登録されることとなるが，その住所は，裁判所の所在地区内に制限され，その職務については，地域的制限があった。また，代言人は，当初，民事訴訟を中心に考えられており，治罪法（明治13年太政官布告37号）が施行されるまで，刑事弁護は制度化されていなかったようである。
　我が国における刑事弁護は，明治8年2月の広沢真臣参議暗殺事件において，別局裁判規則により裁判所が「弁護官」を置いたのが最初であるといわれている。明治12年10月にも，この弁護官が置かれている。弁護官は，官吏であるが，職務内容は，刑事弁護であった。この間に各裁判所は，明治9年頃から，司法省に伺いを立て，その許可を受けた上で，個別具体的な刑事事件の被告人弁護のために代言人を付する運用をするようになったようである¹⁵⁾。

第2款　刑事手続法

　刑事手続法については，大審院設置後も，従前からの「司法職務定制」，「断獄則例」などが適用された。
　すなわち，判事は，公判において，囚人から犯罪の顛末を推訊（訊問）し，解部がこれを詳記（訊問調書を作成）することとされており（断獄則例6則），訊問してもなお白状せざれば，判事が拷問させることとなっていた（司法職務定制52条第12）。罪を断ずるには，口供結案（供述調書）によるべきこととされ（改定律例318条），法定証拠主義を採用していたわけである。
　ところで，判事職制通則（明治8年5月24日）は，解部を廃止し，公判での訊問に先立って裁判官が下調をするという制度を新設する。すなわち，「重罪

14）前掲9）の伊藤栄樹（昭和61年）3頁
15）前掲10）の福原忠男（昭和51年）5～8頁

及び犯情繁難なる者は，下調を行う。下調は，別廷において戸を鎖し，裁判官書記を引てこれを行う。下調おわり，罪案成りて，始めて公廷に付す。下調を行いし裁判官は，該案公廷の班に列せず。」(8条)。

さらに，糺問判事職務仮規則（明治9年4月24日）により，糺問判事が，各府県裁判所に置かれた。すなわち，糺問判事は，検視，臨検，差押え，被告人の呼び出し，勾引，勾留，糺問，口書作成，証人の呼び出し，訊問，口書作成などの権限を行使し，また，無罪の見込みのときは放免し，軽重罪の見込みのときは検事に還付するなど，後の予審判事に類似した職務を行うこととされたのである。

これら下調・糺問判事の制度は，後の予審制度を予想させるものである。

なお，政府は，明治9年6月10日，改定律例318条を改正して「凡そ罪を断ずるは証（引用者注：証拠）による。」とした。これは，自白がなくても，有罪の証拠があれば，断罪できることを明記したものであり，要するに，法定証拠主義を廃止したことを意味する。

さらに，政府は，明治12年10月8日，太政官布告（明治12年太政官布告42号）により，拷問を廃止した。

第3款　刑事実体法

刑事実体法については，大審院設置後も，従前からの「新律綱領」及び「改定律例」が適用された。

第5節　治罪法施行から大日本帝国憲法施行まで

第1款　刑事組織法

政府は，明治13年（1880年）7月17日，治罪法（明治13年太政官布告37号）を制定公布し，明治15年1月1日，これを施行した。同法は，主として刑事手続法と理解すべきものであるが，同時に，刑事組織法の内容をも合わせもったものと理解してよいと思う。

同法は，パリ大学名誉教授ギュスタフ・ボワソナードの草稿を基礎にして起

草されたものであり，ナポレオン編纂のフランス法典を模範としたものである。

　同法により，第一審裁判所として，3種の裁判所（違警罪裁判所（49条）・軽罪裁判所（54条）・重罪裁判所（71条・72条））が設置された。これは，後に述べる刑法（明治13年太政官布告36号）において，犯罪が3区分（違警罪・軽罪・重罪）されたことに対応して裁判所の事物管轄が定められたことによる。

　但し，太政官布告（明治14年9月20日，同年12月28日）により，当分の間，違警罪の裁判は，府県警察署又は警察分署が便宜取り計らって裁判し，その裁判に対しては上訴（控訴・上告）を許さないこととされ，違警罪即決例（明治18年9月24日）により，この制度が恒久化されている。犯罪に対する処断を警察が行うことについては，一瞬，違和感を覚えそうになるが，例えば，現在，道路交通法違反に対し，これを直ちに刑事手続に乗せるのではなく，まずは警察による行政手続で処理することとされているように（交通反則処理），比較的軽微な事件については，判事・検事の関与なしに処理するという法制度にも一定の合理性が認められることがあるので，違警罪即決例が直ちに不当な制度とも思えない。問題があるとすれば，それは，警察の処分に対する不服申立制度が整備されていないことと，警察活動に違法な点があっても，手続が不処分で終了したような場合，当該手続の透明性が確保されないことであろう。

　なお，皇室危害罪，不敬罪，内乱罪，外患罪，皇族が犯した重罪及び禁錮に当たるべき軽罪，勅任官が犯した重罪の裁判については，臨時に開かれる高等法院（83条）が管轄することとされた。但し，後に太政官布告（明治16年2月28日）が発せられ，これらの事件であっても，高等法院を開くのではなく，通常裁判所で裁判することができることとされた。

　これら第一審に対する控訴であるが，まず，当初は，違警罪裁判所の裁判に対しては始審裁判所（前の地方裁判所）へ控訴できることとされていたものの，前記のとおり，その後，太政官布告及び違警罪即決例により，上訴できないこととなる。次に，軽罪裁判所の裁判に対しては，控訴裁判所（控訴裁判所は，前の上等裁判所であり，東京，大阪，名古屋，広島，長崎，宮城，函館の7か所に設置された。）へ控訴できることとされ（54条，63条，338条，365条），さらに，重罪裁判所の裁判に対しては，控訴はできないものの，大審院への上告はできるこ

ととされた。なお，高等法院の裁判に対しては，上訴できないこととされた。

しかし，太政官布告（明治14年12月28日）により，当分の間，控訴は実施されないこととされてしまう。その後，軽罪に関する控訴規則（明治18年1月6日）により，軽罪に限り，裁判費用保証金を予納して控訴ができることとされた。

以上のように，政府は，三審制度を整備しようと努めてはいるが，その円滑な実施には至らなかったのである。

そのほか，捜査機関としては，検察官と司法警察官（警視，警部，区長，郡長など）があり，捜査指揮は，検事が行うこととされた。

また，改正された代言人規則（明治13年5月13日司法省布達甲1号）により，代言人（後の弁護士）となるには，検事が実施する全国統一の資格試験に合格し，免許（1年制免許）を得ることとされた。代言人は，各地方裁判所本支庁ごとに一の代言人組合を設立することとされ，強制的に代言人組合へ加入することとされた（強制加入制度）。

代言人は，民事訴訟を中心とするものとされており，刑事訴訟については，司法省の個別の許可が必要とされていたが，治罪法（明治13年太政官布告37号，明治15年1月1日施行）が制定されたことにより，刑事弁護人が制度として規定され，各裁判所に登録された代言人の中から弁護人が選任されることとなった[16]。

府県知事は，地方官官制（明治19年7月12日）により，府県警察事務とともに国事警察をも管理することとなった。また，府県知事は，従前から引き続いて，非常急変等の場合に分営の司令官に移牒して，出兵を請うことができるものとされた（8条）。

なお，明治15年9月，陸軍裁判所が廃止され，東京鎮台に軍法会議が置かれた。

---

[16] 前掲10）の福原忠男（昭和51年）8～10頁

第2款　刑事手続法

　刑事手続法としては，治罪法（明治13年太政官布告37号）が用いられた。
　その刑事手続の概要は，以下のとおりである[17]。

【捜査】
　捜査の指揮権は，検事にあり，司法警察官は，検事の指揮を受けた。
　現行犯の場合を除き，捜査機関に強制捜査権限はなかった。
　なお，拷問は，既に太政官布告（明治12年太政官布告42号）により廃止されていたが，実際に拷問が行われれば，それは，刑法（明治13年太政官布告36号）により犯罪（特別公務員暴行陵虐罪）として処罰されるものとされた。

【公訴】
　原則として，検察官による国家訴追主義・起訴独占主義が行われた。すなわち，「公訴は，犯罪を証明し，刑を適用することを目的とするものにして，法律に定めたる区別に従い，検察官これを行う。」（1条）。検事は，犯罪捜査終了のときは，重罪事件は予審請求，軽罪事件は軽重難易により予審請求又は軽罪裁判所に訴えをなした（107条）。
　起訴猶予制度はなく，起訴法定主義が採られていた。
　起訴独占主義には，例外もあった。すなわち，被害者らが告訴と共に私訴を予審判事に申し立てたときは，検察官の起訴がなくても，事件が受理された（110条。私訴）。「予審判事は，検事又は民事原告人の請求あるに非ざれば，予審に取り掛かることを得ず。」（113条）。しかし，「予審判事は，検事より先に現行の重罪・軽罪あることを知りたる場合において，その事件急速を要するときは，検事の請求を待たず直ちにその旨を通知し，予審に取り掛かることを得。」（201条），「前の場合においては，検事の起訴なしと雖も，予審判事，検証調書を作るを以て公訴を受理したるものとす。」（202条）とされた。

【予審】
　捜査記録等は，すべて予審判事に引き継がれる。
　予審は，公開されない。

17）佐々波與佐次郎「日本刑事法制史」（昭和42年，有斐閣）111～115頁

予審判事は，被告人の召喚，勾引，勾留及び訊問，証人の呼び出し，勾引及び訊問，捜索，差押え，検証，鑑定などの諸権限を有した。

　予審判事は，訊問の終了後，検事の意見を聴き，各裁判所へ移すか，免訴かを言い渡す。その際，事実認定・法令適用などの理由を付することとされた。

　予審段階において，弁護人選任権はなかった。

【公判】

　原則として，不告不理の原則又は弾劾主義が採られたが，附帯犯という例外もあった。すなわち，「裁判所においては，訴を受けざる事件につき裁判をなすべからず。但し，弁論により発見したる附帯の事件及び公廷内の犯罪についてはこの限りにあらず。」(276条)。

　捜査記録，予審調書等は，すべて公判裁判所に引き継がれた。

　公判は，原則として，公開される。すなわち，「重罪，軽罪，違警罪の訊問，弁論及び裁判言渡は，これを公開す。」(263条)。

　被告人には，弁護人選任権があり，重罪事件では，弁護人の選任が必要的とされ，被告人が弁護人を選任しないときは，裁判所が職権で弁護人を選任することとされた。但し，裁判所に所属する代言人がいない場合，治罪法が定める弁護人の規定は適用されないものとされた（明治15年1月15日太政官布告）。

　裁判の手順としては，まず，判事が，被告人に対して人定質問をなす。

　続いて，重罪事件では，書記において，検事の作成した公訴状を朗読し，軽罪事件では，検事が被告事件について陳述することとされた。

【証拠調べ】

　重罪事件では，公訴状朗読に引き続き，被告人訊問が行われる。

　重罪事件・軽罪事件いずれにおいても，予審調書の朗読がなされる。

　続いて，証人訊問，証拠物の取調べなどが行われることになるが，公判においては，職権主義が採用された。すなわち，「証人及び被告人は，裁判長に非ざればこれを訊問することを得ず。陪席判事及び検察官は，裁判長に告げ，証人及び被告人を訊問することを得。」(291条)とされた。

【判決】

　裁判所が刑を言い渡し，又は免訴を言い渡すには，事実認定及び法律適用の

理由を明示し，無罪を言い渡すには，犯罪の証憑がないことを明示することとされた。

【上訴】

先に刑事組織法のところで述べたとおり，治罪法は，二審制度ないし三審制度の実現に向けた趣旨を盛り込んではいたものの，実際には，円滑な上訴制度の運用に至らなかった。

すなわち，違警罪については，警察限りの即決処理で終結することとされ，軽罪については，裁判費用保証金を予納した場合に限って控訴が許され，重罪については，大審院への上告は認められたが，控訴はできないこととされたのである。

治罪法は，フランス法系を継受したものであり，中山善房の指摘などによれば，その特徴は，以下のとおりである[18]。

第1に，公訴の提起については，原則として，国家訴追主義・起訴独占主義が採られたが，例外として，附帯私訴などもあり，国家訴追主義は，徹底していなかった。

第2に，公判前に予審が置かれ，重罪については全件，軽罪については任意的に，それぞれ予審判事による予審がなされた。

第3に，公判手続については，公開主義・口頭弁論主義が採られ，弁護人を用いることが許された。

第4に，証拠の評価については，自由心証主義が採られた。

なお，明治16年8月4日に陸軍治罪法が，明治17年8月21日に海軍治罪法が，それぞれ制定されている。

---

18) 河上和雄ほか「大コンメンタール刑事訴訟法　第二版　第1巻」（平成25年，青林書院）6～7頁［中山善房執筆部分］

第3款　刑事実体法

　刑事実体法としては，刑法（明治13年太政官布告36号）が制定された。

　同法は，治罪法と同様，ボワソナード教授の草稿を基礎にして起草されたものであり，フランス法系の法典である[19]。

　なお，刑事法の名称についてであるが，古来，我が国では，刑事法のことを「律」と称しており，これは，刑事手続法及び刑事実体法をその内容とするものであった。江戸時代に編纂が始まった徳川光圀監修の「大日本史」では，「刑法」の用語も見えるが，これは，律と同義であり，刑事手続法及び刑事実体法をその内容とするものであった。このような用語法は，明治に入っても続いたが，明治13年，刑事手続法及び刑事実体法を制定するに当たり，前者を「治罪法」，後者を「刑法」と称し，両者を区別することとしたものである[20]。

　さて，明治13年刑法は，罪刑法定主義を宣言したものと理解してよいと思われる。すなわち，同法により，「法律に正条なき者は，何等の所為と雖も，これを罰することを得ず。」（2条）と明記されたわけである。但し，法律の意義として，民撰議院（衆議院）の議決を経たものという趣旨を含意させて理解する立場に立つのであれば，罪刑法定主義の実現は，帝国議会の設立を待たなければならないということになる。

　明治13年刑法により，犯罪は，その軽重により3区分された（重罪・軽罪・違警罪）（1条）。

　刑罰は，重罪の主刑として，死刑，無期徒刑，有期徒刑（12年以上15年以下），無期流刑，有期流刑（12年以上15年以下），重懲役（9年以上11年以下），軽懲役（6年以上8年以下），重禁獄（9年以上11年以下），軽禁獄（6年以上8年以下）が定められ（7条），軽罪の主刑として，重禁錮，軽禁錮，罰金が定められ（8条），違警罪の主刑として，拘留，科料が定められた（9条）。

　明治13年刑法の特色は，犯罪類型が細かく区分され，個々の犯罪に対する

---

[19] 以下の本文記載に当たっては，以下の文献などを参考にした。大塚仁ほか「大コンメンタール刑法　第二版　第1巻」（平成16年，青林書院）23頁以下［篠田公穂執筆部分］等

[20] 前掲17）の佐々波興佐次郎（昭和42年）66頁，98～100頁

法定刑の幅が狭いことであった。例えば，殺人については，謀殺罪（292条），毒殺罪（293条），故殺罪（294条），惨刻殺罪（295条），便利殺罪（296条），誘導殺罪（297条），誤殺罪（298条）などと細かく区分けされていた。

　未だ民撰議院ないし帝国議会は設立されていなかったものの，政府としては，ボワソナード教授に従ってフランス法系を導入し，刑罰権は法律に基づいて行使すべし，という趣旨を明記するとともに，量刑に関する司法裁量を限定的なものにしたわけである。

　なお，陸軍刑法・海軍刑法が，明治14年12月28日各交付され，翌15年1月1日各施行された。

　以上，明治新政府が制定した刑事組織法・刑事手続法・刑事実体法の変遷を見てきたが，次章以下では，この間に発生した個別具体的な公安事件について見ていくこととする。

第2章　攘夷事件等

第1節　緒　　論

　本章では，攘夷事件等を取り上げる。尊皇攘夷思想に与していた者たちは，夷狄（外国人）を排斥するためと称して，殺傷事件などの実力行使の挙に出た。このため，列国側は，新政府に対し，犯人らを厳しく処罰するよう求めることとなる。

　例えば，比較的大規模な攘夷事件としては，神戸事件及び堺事件などがある[21]。

　神戸事件の概要は，以下のとおりである。すなわち，備前藩兵らは，慶応4年（1868年）正月11日，西宮の警備に赴く途中，神戸居留地付近において，脇にたたずむアメリカ人に対し，土下座を要求したが，これに応じなかったため，アメリカ人に銃を向けて威嚇し，このアメリカ人はその場から逃走したものの，その後，備前藩兵らは，イギリス公使護衛騎兵2名と遭遇し，彼らの身分を質問した上，イギリス兵が連れていた日本人使用人2名に対し，銃を発射しようとしたものである。さらに，備前藩兵らは，一行の前を横切ろうとしたフランス人水兵2名に向けて銃を発射し，1名に軽傷を負わせ，その後，行き会う外国人に対して無差別に銃を発射したというものである。この神戸事件において，列国側は，備前藩兵らを追跡，敗走させるとともに，神戸を軍事統制下に置き，神戸港に停泊していた各藩船5隻を抑留している。

　堺事件の概要は，以下のとおりである。すなわち，神戸駐在フランス副領事ヴィオールらは，同年2月15日，堺を見物する予定を組んでおり，また，フランス軍艦デュプレイクス号は，同日，堺港を測量しつつ，来港予定のヴィオールらを迎える手はずとなっており，フランス側は，これらの予定を事前に新政府外交当局に伝え，その了解を得ており，しかも，そのことは，新政府か

---

[21] 田中時彦「備前・土佐藩兵発砲事件」（前掲8）の「日本政治裁判史録　明治・前」（昭和43年）9頁以下所収

ら土佐藩兵に対して事前に通達されていたところであったにもかかわらず、土佐藩兵らは、堺港にやってきたヴィオールらの立ち入りを阻止するとともに、上陸してきたフランス人水兵らに一斉射撃を浴びせ、11名を死亡させ、5名を負傷させたというものである。この堺事件のために、列国側は、大阪を退去し、領事館を撤去することを決めている。

　開国和親派の新政府大官が殺害された事件としては、横井小楠暗殺事件及び大村益次郎襲撃事件などがある[22]。

　横井小楠暗殺事件の概要は、以下のとおりである。すなわち、犯人ら6名は、いずれも藩士の出であり、いずれも尊皇攘夷思想の持ち主であったが、新政府の中にあって開国政策に最も影響力を及ぼしているのは参与横井小楠であると考え、明治2年（1869年）正月5日、京都御所の周辺を徘徊し、帰朝する横井を待ち受けていたところ、同日午後2時頃、横井が御所を退出し駕籠に乗って自宅に向かうのを認め、一斉にこれを襲い、駕籠から出て短刀で応戦する横井の首級を挙げたというものである。

　大村益次郎襲撃事件の概要は、以下のとおりである。すなわち、犯人ら8名は、いずれも攘夷主義に固執する藩士、郷士らであったが、新政府の中にあって開国政策の中心になっているのは大村益次郎であると考え、同年9月4日夕刻、大阪地方を視察するため京都に来ていた大村の宿泊先旅館を訪ね、面会を求めて同人の在宿を確認すると、2名が先に押し入り、大村及びその来客2名に対して斬りかかり、残りの6名は、同様に切り込んだり退路を待ち伏せるなどしたというものである。大村は、負傷したものの逃げ延びることができたが、来客2名は、殺害されている。

　このように外国人高官や開国和親派の政府要人が襲撃される事件が頻発し、絶えることがなかったのである。

　次節では、田中時彦の研究などを参考にして、前記神戸事件及び堺事件の後に発生したイギリス公使パークス襲撃事件について見てみる。なお、同事件以

---

22) 田中時彦「横井小楠暗殺事件」（前掲8）の「日本政治裁判史録　明治・前」（昭和43年）63頁以下所収）及び同「大村益次郎襲撃事件」（同102頁以下所収）

外にも著名又は重大な攘夷事件があったことを否定するものではないので，紹介する事件の過不足については，あらかじめご容赦願いたい。

第2節　イギリス公使パークス襲撃事件の概要

イギリス公使パークス襲撃事件（慶応4年2月23日）[23]

【事案】

　新政府は，慶応4年（1868年）正月15日，開国和親を宣言し，同年2月23日を期して，外国公使が天皇に拝謁する運びとなった。

　イギリス公使パークスは，同年2月23日午前8時，天皇に拝謁するため，書記官らとともに宿所の京都知恩院を出発し，肥後藩兵らの護衛により，京都御所に向かった。

　犯人2名は，以前から尊皇攘夷思想に与していたものであるが，同日，パークスら一行が通りかかった際，街道の群衆の中から躍り出て，大刀を振りかざして騎兵に斬りかかり，騎兵9名に重傷を負わせ，馬4頭を傷つけたというものである。

　犯人の一人は，その場で斬殺され，残りの一人は，イギリス側の衛兵によりその場で逮捕された。このとき，パークスは，隊列の後尾にいたため，難を逃れた。

【裁判経過等】

　イギリス側衛兵は，同2月23日，犯人の一人を逮捕し，公使館書記官サトウらにおいて，同人を取り調べた。

　その後，京都地方裁判所（後の京都府）は，イギリス側から犯人の引渡を受けて同人を訊問しているが，断決案（判決案）は立てていない。断決案については，司法当局（刑法事務局）が作成し，総裁局に対して断刑伺いの上申をし，総裁局がこれを専断決定している。なお，当時の「裁判所」とは，行政官庁の

---

[23] 以下の本文記載に当たっては，以下の文献を参考にした。田中時彦「英国公使パークス襲撃事件」（前掲8）の「日本政治裁判史録　明治・前」（昭和43年）25頁以下所収）

ことを指し，今でいう司法機関のことではない。

　ところで，総裁局の副総裁三条実美，同岩倉具視らは，同年3月1日，パークスに対し，連名書翰を渡すと共に，その日のうちにパークスを訪問した上，犯人らの士籍を削り，同人らを梟首（さらし首）に処する旨の判決案を提示し，その了解を得ている。

　刑法事務局は，同月4日，総裁局の決定に従い，生き残った犯人1名に対し，斬罪の上梟首を申し渡した。そして，刑法事務局は，既に死んでいる犯人1名に対しても，梟首を申し渡した。当時は，死者に対しても沙汰がなされており，ここにも，江戸時代の遺風を残していた。

第3節　司法権の独立いまだ遠し

　田中時彦は，この裁判について，次のような問題点を指摘する[24]。

　すなわち，①　この事件の判決が準拠した法令は，いかなるものであったのか明らかでない。②　判決内容を決定した主体は，司法当局ではなく，外交当局であった。③　その外交当局も，イギリス側の要求に従い，かつ，判決案について事前にイギリス側の了解を得ていた。明治新政府としては，国内の統治能力があることを列国に示し，その信頼を得ることにより，政府としての正当性を引き続き承認してもらいたいという意識があったが，新政府の立ち上げ当初の段階では，統治能力も十全ではなく，そのため列国に対して低姿勢となり，列国の意向に従うことが少なくなかった。それは，他方で，司法権の独立を自ら否定するという矛盾した行動でもあったという。

　田中時彦の指摘に同感である。

　新政府は，本件事件当時，刑罰権行使のための法制度を整備できていなかったのである。新政府は，本件事件の後，「政体書」（慶応4年閏4月）を発布して三権分立を宣言することになるが，刑事裁判を行うに当たって外交当局が主導したり，列国の意向を伺っているようでは，司法権の独立など実現できるも

---

24) 前掲23）の田中時彦（昭和43年）34〜35頁，41〜43頁

のではない。不平等条約の撤廃は，遠い先の話だったといえよう。

　また，本件事件の2年余り後，新政府は，「新律綱領」（明治3年12月）を各府藩県に頒布するが，そこでも明文で罪刑法定主義を否定している状況にあり，近代的刑事法の整備は進まなかった。なお，罪刑法定主義について補足すると，イギリスでは，近代に入っても，殺人罪のような重大犯罪ですら，その法源を判例法（コモンロー）に求めていたのであり，我が国において，明治初期の段階で，大陸法系の罪刑法定主義が整備されていなかったとしても，致し方なかったといえるかもしれない。

第3章　東北戦争等

第1節　緒　　論

　本章では，いわゆる戊辰戦争を取り上げたい。

　朝廷は，慶応4年（1868年）1月，徳川慶喜追討令を発し，その主要な戦力であった会津藩を賊（朝敵）として扱い，奥羽諸藩に対し，会津藩を討つよう命じた。

　これに対し，奥羽諸藩は，徳川慶喜と会津藩に対する寛大な処分を願う嘆願書を作ったが，容れられず，これにより奥羽越列藩同盟が成り，北進する政府軍との間で戦端が開かれた。これを東北戦争と呼ぶこととする。

　その逃走兵らは，北海道において新政府の樹立を宣言し，函館五稜郭に立て籠もるなどしたが，やがてこれも落城となる。これを函館戦争と呼ぶこととする。

　次節では，大島美津子の研究などを参考にして，東北戦争及び函館戦争の経過及びその裁判について見てみる。

第2節　東北戦争等の概要

東北戦争（慶応4年5月～9月）[25]

【事案】

　新政府は，慶応4年（1868年）正月15日，奥羽諸藩に対し，東海・東山・北陸三道の東征軍応援準備を命じ，同月17日，仙台藩に対し，会津藩を一手に征討するよう命じ，米沢・秋田・南部の諸藩に対し，仙台藩を応援するよう命じた。

　奥羽鎮撫総督府は，同年3月上旬，陸奥に到着し，同月26日，仙台藩に対

---

[25] 大島美津子「奥羽大同盟一件」（前掲8）の「日本政治裁判史録　明治・前」（昭和43年）45頁以下所収）

し，会津進撃を命じ，同年4月6日，秋田藩・津軽藩に対し，庄内藩征討を命じた。庄内藩の罪状は，同藩が鳥羽・伏見の戦いの後に，幕府権力の回復を唱えたこと，薩摩藩邸を焼き打ちしたことであった。

その後，戦争の回避をめぐって交渉が繰り返されたが，新政府の方針は変わらず，奥羽列藩同盟が成立した。

東征大総督が率いる官軍は，同年5月9日，会津に進撃し，さらに越後，秋田等へも進撃していった。最も激しい攻防戦があったのは，同年8月23日から9月22日までの間に繰り広げられた会津若松城戦であった。同年9月末，最後に残った庄内藩が降伏し，東北戦争は終結を迎えた。

【裁判経過等】

奥羽越の降伏した藩主，家臣らは，いずれも東京に召喚され，謹慎の身となり，その処分を待った。

新政府は，各公議人に対し，奥羽越諸藩の処分について意見書を差し出すよう命じた。公議人とは，全国各藩の代表者であり，各藩1～3名が割り当てられ，朝廷からの策問に答えることとされていた議事員のことをいう。しかし，各公議人から見るべき意見書は提出されなかったという。

刑法官は，議定，参与，行政官及び軍務官らと共に，議論を重ね，同年12月7日，天皇の名において，各藩主らの処分を申し渡した。

各家臣らの処分は，翌明治2年5月14日，軍務官の名において言い渡されている。

その処分は，藩主に軽く，家臣に重い，という内容であった。すなわち，会津藩主父子は永預け，他の藩主らは封土没収と謹慎などの比較的軽い処分で済んだのに対し，諸藩における首謀的な家臣らは，いずれも斬ないし永預けという厳しいものであった。

大島美津子は，東北戦争の処分において，次のような特質を指摘する[26]。

すなわち，① 新政府は，奥羽越諸藩の藩主・家臣らの処分について，全国諸藩の意見を聞いている。② そのような手続を踏んではいるものの，結局，

---

26) 前掲25) の大島美津子（昭和43年）56～57頁

処分を決定したのは，薩長土肥の雄藩の藩主・藩士らであった。しかも，裁判には，天皇の名を用いている。③　実質的に処分を決めたのは，本来の処分権者である刑法官ではなく，軍務官であった。④　藩主に対しては比較的寛大な処分がとられる一方，家臣らに対しては極刑等が科されている，などである。

函館戦争（明治2年4月～5月）[27]

【事案】

　征討軍参謀の西郷隆盛らは，慶応4年（1868年）4月4日，勝安房，山岡鉄太郎らと折衝し，江戸城の開城，徳川慶喜の謹慎，完全な武装解除（軍艦・兵器の引渡）などを約束させるに至った。

　しかし，旧幕臣海軍副総裁の榎本釜次郎（武揚）は，開陽艦に乗り込み，他に軍艦6艘を引いて房州館山に脱走し，一旦，品川に戻ったものの，同年8月19日夜，部下2000余名を8艦に分乗させ，密かに品川湾から脱走し，ここに決起した。

　榎本は，途中，仙台・会津の脱走兵らを加えつつ，同年10月18日，蝦夷地に着き，同年11月1日，函館に入港し，旧幕臣らが占拠していた五稜郭に入城し，その後，同月末までに，北海道全道を支配下に入れ，榎本は，ここに独立政権を宣言して，同年12月5日，士官以上の者を有権者とする投票により，自ら総裁に当選した。

　官軍の艦隊は，翌明治2年（1869年）3月9日，横浜を出港して函館に向かい，同年4月9日，北海道に上陸し，その後，各地で旧幕臣軍を打ち破り，五稜郭を包囲した。

　榎本らは，同年5月17日，官軍に降伏し，同月18日，五稜郭を開城し，ここに内乱の終局を見た。

【裁判経過等】

　榎本らは，函館の寺院に幽閉された後，同月23日，函館を出発し，同年6

---

[27] 大島美津子「函館戦争一件」（前掲8）の「日本政治裁判史録　明治・前」（昭和43年）87頁以下所収）

月29日,東京に搬送され,兵部省糺問所付属の仮監獄に入牢を命じられた。その他,脱走藩士らは,分散して入牢を命じられた。

糺問正は,明治5年正月6日,榎本に対し,「特命を以て親類へ御預け」とする処分をなした。要するに,処罰なしで釈放したのである。これには,北海道開拓次官で長官職を兼任していた黒田清隆の強い力添えがあったという。

大島美津子は,榎本らの処分に政治的な配慮が働いたという[28]。

すなわち,政府は,人材確保の観点から榎本らを助命したのであり,司法的処理よりも政治的処理を優先したものと理解できるという。

ちなみに,その後の榎本は,北海道開拓使,海軍中将(我が国最初の任官),駐露特命全権公使,外務大輔,海軍卿,清国特命全権公使,逓信大臣(初代),文部大臣,枢密顧問官,農商務大臣などの要職を歴任している。

第3節　法の支配いまだ遠し

東北戦争・函館戦争の裁判処理は,極めて政治的・軍事的な色彩が強いものだったといえよう。形式的には,刑法官(司法当局)が裁判したことになっているが,実質的には,軍務官が処分を決めたものである。事前に,全国諸藩から意見を聴取しているのも,政治的色彩が感じられる。

もともと,薩長雄藩側は,天皇の名の下に新政府を樹立し,その上で,旧幕藩勢力を軍事的に排斥する道を選んだものであり,両戦争の後始末が政治的・軍事的な色彩を帯びることになったのは自然な流れかもしれない。

しかし,お殿様に軽く,家臣に重いという判決は,未だ江戸時代の階級意識を根強く残しているかのようである。全国諸藩の意見を聴いた上で裁判するというのも,まるで列公会議を思わせるものがある。

これでは,裁判といっても,「人の支配」そのままであり,「法の支配」には程遠いといわざるを得ない。

---

28) 前掲27)の大島美津子(昭和43年)99頁

第4章　西南戦争等

第1節　緒　論

　政府の施策に不満を抱く士族らは，各地で反乱を起こすようになる。新政府軍と旧佐幕派らとの間で繰り広げられた東北戦争及び箱館戦争は，東北・北海道を中心とした内戦であったが，本章で取り上げるのは，九州を中心にして勃発した内乱，反乱，騒擾等である。

　大規模な反政府運動の先導をなしたのは，山口藩兵騒擾事件である[29]。

　山口藩兵騒擾事件の概要は，以下のとおりである。すなわち，山口藩兵ら千数百名は，明治3年2月，許可なく藩内に砲台を築き，関門を占拠し，街道を遮断して，藩政府に反抗し，藩庁を包囲するに及んだ。そして，同藩兵らは，これを討伐しようとした山口藩の軍隊と抗戦し，敗れたというものである。

　同事件の原因は，藩兵の解散にあった。すなわち，朝廷は，木戸孝允らが中心となり，明治2年11月29日，薩摩・長州両藩の兵力を御親兵とする旨の決定を出した。これは，各藩の藩兵を解散させるための準備行為的な施策であり，新政府直属の軍隊を創設する道を開くものであった。しかし，幕末維新の戦争等に参加した藩兵らは，その解散により失業の危機にさらされたのである。士族出身の藩兵らも，農家・商家出身の藩兵らも，今さら帰農・帰商する意識などなかった。藩兵になった者らは，それなりの特権意識を持つようになっており，藩兵の解散は，その特権意識を毀損するものであった。また，各地での戦争に関する論功行賞において，上官らを特権的に扱う門閥主義も，藩兵らの不満を爆発させる原因となったのである。

　この山口藩兵騒擾事件の後，その敗残兵が九州などに逃走し，山口藩による探索が行われたが，九州の諸藩が敗残兵の引渡を拒否するなどの事態も起こり，それに士族らの不満が重なって九州各地で不穏な動きが高まっていき，同様の

---

[29] 以下の本文記載は，以下の文献などを参考にした。田中時彦「山口藩兵隊騒擾事件」（前掲8）の「日本政治裁判史録　明治・前」（昭和43年）122頁以下所収）等。

反乱事件が頻発することになる。

　主な反乱事件を列挙すると，以下のとおりである。

　　山口藩兵騒擾事件（明治3年2月）

　　佐賀の乱（明治7年2月）

　　熊本神風連の乱（明治9年10月）

　　福岡秋月の乱（同月）

　　山口萩の乱（同月）

　　西南戦争（明治10年2月〜9月）

　一連の反乱事件を惹起させた背景事情については，征韓論争に通じるものがあったと理解してよいと思う。士族らは，藩兵の解散により失業の危機に直面し，また，士族としての特権を奪われることに不満を爆発させたわけである。彼らは，商工業ましてや農業などに身を置く気持ちなどなくなっており，軍人としての働き場を求めていたのである。そうした意識は，征韓論を生む背景になり，征韓論争に敗れた後は，実力行使の反乱に及ぶことにつながったということなのだろう。

　なお，この間にあって，政府内で独裁に近い権限を行使していた人物と評されたのは，大久保利通であり，大久保は，西南戦争の翌年である明治11年5月14日，士族らに襲撃されて斬殺された。この大久保利通襲撃事件は，政府関係者らに衝撃を与えたが，それでも政府の機能が失われることはなく，不平士族らによる過激行動も，ここに終わりを迎えることになった。

　次節では，田中時彦の研究などを参考にして，西南戦争の経過及びその裁判について見てみよう。

第2節　西南戦争の概要

西南戦争（明治10年2月〜9月）[30]

【事案】

　西郷隆盛，板垣退助，江藤新平，副島種臣らは，明治6年の政変により一斉に下野した。その後の各人の行動は，様々であった。

まず，板垣退助らは，高知県を中心とする「立志社」により議会制民主主義の実現を目指すこととし，明治7年，「民撰議院設立建白書」を政府に提出し，公議政治を信条として反政府運動を展開していく。

　次に，江藤新平は，明治7年2月15日，佐賀の乱に加わったが，鎮圧される。政府は，同年4月5日，佐賀裁判所を設置し，同裁判所は，同年4月13日，江藤に対し，除族の上，梟首（さらし首）を申し付けている。事件が大規模であったにもかかわらず，異常な早さで裁判が終結したといえよう[31]。

　これに対し，西郷隆盛は，明治7年6月，鹿児島で私塾「私学校」を開いて多くの門弟を抱え，これを銃隊学校と砲兵学校に分け，生徒に対し，軍事訓練，開墾，儒学，蘭学などの教科を科した。私学校の生徒らは，政府打倒の念に燃えていたという。

　さて，政府が，明治10年1月，鹿児島県海陸軍所の弾薬を搬出して大阪に搬送することを決めたところ，私学校生徒ら千数百名は，同月31日及び翌2月1日，同所の政府官吏を襲い，輸送中の武器弾薬を奪うに及んだ。

　この件に関し，鹿児島県令大山綱良は，政府官吏側には協力せず，逆に，私学校生徒らを支援した。

　この間，鹿児島県出身の内務省少警部は，私学校内部の離間工作の指令を受けつつ，鹿児島に帰郷していたところ，鹿児島県警察に逮捕されてしまい，激しい拷問を受けた末，西郷隆盛暗殺の密命を受けて鹿児島に赴いた旨の自白をし，その旨の口供書が作成され，これが県内に配布されるに至った。

　私学校生徒らは，西郷が兵を率いて政府に迫り政府の責任を問う，という名目を掲げ，国境を閉鎖して厳重なる検問を開始した。

　そこへ，内務省少書記官が艦船で琉球からの帰途，鹿児島に停泊したため，私学校生徒らは，この艦船を襲撃するに及んだ。

　海軍大輔の河村純義らは，政府により鹿児島へ派遣されたが，西郷との会見

---

30) 以下の本文記載は，以下の文献などを参考にした。田中時彦「西南戦争叛徒処分」（前掲8）の「日本政治裁判史録　明治・前」（昭和43年）395頁以下所収）等。

31) 大島太郎「佐賀の乱」（前掲8）の「日本政治裁判史録　明治・前」（昭和43年）338頁以下所収

が適わず，その間，私学校生徒らが艦船を襲撃したことから，河村は，西郷の反乱を確信して鹿児島を離れた。

西郷は，私学校兵1万3000人を率いて北上し，同年2月21日，熊本城に到着した。

鹿児島県令大山は，西郷に軍資金として官金15万円を提供し，県庁に炊き出し所を設けて食糧を提供し，さらには，九州各府県の鎮台に対して使いを送り，西郷軍への協力方を要請するなどした。

西郷起つとの報が伝わると，宮崎県，熊本県などからも兵が集まり，西郷軍は，総数3万人に達した。

朝廷は，京都行在所において，鹿児島の賊徒征討を布告し，有栖川宮を征討総督に任命し，参議黒田清隆，参議兼陸軍卿山県有朋，参議兼海軍大輔河村純義を参軍とし，総数約6万人の軍を現地に派遣した。軍の中には，徴兵令による平民も入っており，また，かつて東北戦争で薩摩に敗れた東北諸藩の旧佐幕派の士族らも加わっていた。

政府は，同年3月9日，元老院議官柳原前光を勅使とし，参軍黒田清隆を副使として，兵2000名を鹿児島に派遣した。

旧藩主の島津久光は，かつては西郷に挙兵を勧めたこともあったが，ここに至って中立の立場をとり，西南戦争の叛徒首領は，名実ともに西郷となった。

西郷は，熊本城を落とすことができず，田原坂の激闘で名将篠原国幹を失い，官軍の追撃を受けて城山に立て籠もり，同年9月24日，自決した。

西南戦争に投入された兵力を見ると，政府軍は，徴兵された平民を含む兵6万，大砲109門，小銃4万5000挺であったが，西郷軍は，士族を中心とした兵3万，大砲84門，小銃1万挺であった。戦争の優勝劣敗を分けたのは，小銃の差が大きかったという。

【裁判経過等】

司法卿大木喬任は，明治10年3月24日，右大臣岩倉具視に対し，鹿児島県令大山を国事犯に擬し，東京に臨時裁判所を開設したい旨の伺いを提出し，岩倉は，同月25日，これを決裁したことから，東京に臨時裁判所が開設される運びとなった。大木司法卿は，岩倉に対し，臨時裁判所の判事として，司法省

二等判事兼大審院長事務取扱らを任命した旨上申している。

　他方，太政大臣三条実美は，西南戦争の最中である同年4月2日，征討総督の有栖川宮に対し，本件の裁判権を委任した。これに対し，大木司法卿は，かかる裁判権の委任は全国的に統一的運用がなされるべき裁判管轄に混乱をきたす旨上申しているが，三条太政大臣は，その懸念には及ばない旨返答し，司法当局の意向を抑えている。

　征討総督府の下で開設される裁判所は，「九州臨時裁判所」と称され，長崎に設置された。裁判長には，元老院幹事・前司法大判事の河野敏鎌が任命され，現地に派遣された。

　九州臨時裁判所は，同年4月18日，裁判事務について，河野幹事に委任することを決め，そのことにつき三条太政大臣の了解を得た。これにより，河野幹事が実質的な意味で裁判長の役割を果たすことになる。

　政府は，九州臨時裁判所に対し，裁判で準拠すべき「特別刑律」を与えたようであるが，その詳細は分かっていない。

　鹿児島県令大山に対する審理は，当初，東京の司法臨時裁判所で行われていたが，有栖川宮総督の名で，同年5月17日，三条太政大臣に対し，大山を九州臨時裁判所へ引き渡してほしい旨上申がなされ，その了解が得られたことから，大山に対する事件は，東京から九州臨時裁判所へ移管された。これは，岩倉右大臣と大木司法卿が同年3月に決めた裁判管轄を，三条太政大臣と有栖川宮総督が覆したことを意味する。

　河野幹事は，太政官に対し，叛徒のうち軍人軍属に対しても裁判管轄を有するのか，あるいは陸海軍省が管轄するのか，伺いを提出した。伊藤参議は，同年8月26日，征討総督府の山県参軍に対し，軍人軍属であっても九州臨時裁判所が裁判管轄を有するということでよいか確認しているところ，山県参軍は，同日，軍人軍属に対しては軍律を適用すべきである旨返答をしている。伊藤は，管轄を聞いたのであるが，山県は，適用法令を答えるというすれ違いとなっている。いずれにしても，結果的に，軍人軍属であっても九州臨時裁判所で審判するということで処理されたようである。

　九州臨時裁判所の審判は，処刑2764名，免罪4万0349名，無罪449名，死

亡47名であった。処刑の内訳は，斬罪22名，懲役10年が31名，懲役7年が11名などであった。

　裁判が終結しないうちに西南戦争が終結しているので，征討総督府は，凱旋して引き揚げており，その後の裁判事務は，元老院の中に事務取扱局を設けて継続処理をしている。

　九州臨時裁判所は，明治10年9月30日，鹿児島県令であった大山綱良に対し，除族の上，斬罪を申し渡した[32]。

> 「その方儀，鹿児島県令奉職中，朝憲を憚らず，西郷隆盛等の逆意をたすけ，少警部中原尚雄等，隆盛を暗殺せんと謀りしとて，私学校の者共ほしいままに取り扱いたる口供を隆盛より受け取り，直ちにこれを印刷し，右の故をもって，隆盛等，政府へ訊問のため上京，同旧兵隊の者多数人数随行間属たる旨管下に布達し，なお人心を煽動するため専使と称し，各府県鎮台に属官等を派遣し，又は各課の属官等をして賊用に供せしむるのみならず，県庁現在の官金15万円余を隆盛等に相渡し，かつ県庁内2か所に焚き出し場を設け，官米をもって糧食を給する科により，除族の上，斬罪申し付ける。」

第3節　国事犯の事物管轄

　田中時彦は，西南戦争をめぐる裁判について，次のような特色を指摘している[33]。

　第1に，大審院が機能していなかった。すなわち，政府は，大阪会議により司法権の独立を指向することとしたはずであり，明治8年5月の大審院章程によれば，大審院は「国事犯の重大なる者及内外交渉民刑事件の重大なる者を審判す」（6条）とされたのであるが，同年7月の時点で，大審院の格は「開拓使の上，諸省の下」すなわち司法省よりも下位の官衙とされており，明治9年

---

32) 九州臨時裁判所明治10年9月30日判決（前掲8）の「日本政治裁判史録　明治・前」418頁）（西南戦争）
33) 前掲30）の田中時彦（昭和43年）407～417頁

10月に起きた熊本神風連の乱では，大審院ではなく，臨時裁判所が裁判に当たることとなり，さらに，明治10年2月の大審院章程の改正により，先の「国事犯の重大なる者及」の字句が削除され，西南戦争については，大審院ではなく，同年3月の時点では，司法省により設置された東京臨時裁判所が，その後の同年4月には，太政官により設置された九州臨時裁判所が裁判に当たることとされるなど，大審院が機能していないのである。

第2に，太政官が主導していた。すなわち，九州臨時裁判所の判事を選任したのは太政官であり，実質的な裁判長は，政府から派遣された河野幹事であった。総督府は，判事の任命をしていない。九州臨時裁判所は，司法当局・軍事当局の関与が排除されており，司法裁判・軍事裁判ではなかった。しかも，征討総督による専決がなされていたわけではなく，様々な点について政府の指揮を仰いでいたのである。例えば，総督府から政府に対し，叛徒に対して拷問を用いることの一般的な是非などについて請訓がなされており，政府からは，実際に用いる際に事前に申出をしてほしい旨指示されている。また，西南戦争の裁判では，太政官から「特別刑律」が与えられていたようである。

以上の田中時彦の指摘は，的を射ていると思う。

ところで，国家の大事に関する事件（国事犯）の事物管轄の定め方については，多くの変遷がある。

まず，「司法職務定制」（明治5年8月3日）によれば，国家の大事に関する事件については，臨時に開かれる司法省臨時裁判所が審判するものとされ，次に，「大審院章程」（明治8年5月24日）によれば，国事犯のうち重大なものは，大審院が審判することとされたが，西南戦争が勃発した初期段階の大審院章程改正（明治10年2月）により，大審院の事物管轄から，国事犯が外されることとなる。

後の治罪法（明治13年7月17日）によれば，皇室危害罪，不敬罪，内乱罪，外患罪，皇族が犯した重罪及び禁錮に当たるべき軽罪，勅任官が犯した重罪の裁判については，臨時に開かれる高等法院（83条）が管轄することとされたが，後に触れる福島事件の後，太政官布告（明治16年2月28日）により，これらの事件であっても，高等法院を開くのではなく，通常裁判所で裁判することがで

きることとされ，明治23年施行の裁判所構成法及び刑事訴訟法により，高等法院そのものがなくなるわけである。

このような変遷が起きるのも，国家の大事に関する事件（国事犯）については，その裁判の在り方自体が国家の大事となるからであろうと思う。

国事犯に対する裁判の在り方については，様々な考え方がありそうである。例えば，軍人でない高位の者が判事となり，首都などの大都市で裁判を開き，裁判結果に対する上訴（控訴・上告）を予定しない，すなわち慎重な1回限りの裁判で決着するという裁判の在り方もあり得ようし，通常裁判所が審判するという在り方もありそうである。特殊な裁判所を設けるという在り方は，古今東西を問わず存在したであろうし，比較対照として適切かどうか問題ではあるものの，例えば，太平洋戦争の終結後，連合国軍が東京裁判を開いて日本人を戦犯として裁判したときのような例もある。

もちろん，軍人軍属については，軍法会議を開くという制度もあり得るのだが，軍法会議は，一般国民を裁く場ではない。

軍人軍属でない一般国民による国事犯の事物管轄については，新政府において，臨時裁判所，大審院又は高等法院といった様々な裁判所が考えられてきた。

その問題の所在は，第1に，司法当局（裁判所）に任せるのか，軍当局（軍法会議など）に委ねるのか，行政当局が主導するのか，そもそも司法権の独立をどう考えるのかといった問題であり，第2に，上訴を認めるのか否か，といった問題である。その他，裁判手続をめぐっては，裁判の公開・非公開，弁護人の有無なども問題となる。

これらの諸問題については，いろいろな考え方があり得るところである。

このように意見が対立しかねない制度問題については，結局のところ，国民の代表で組織される国会での審議に任せるのが適切のように思われる。大規模な事件においては，被告人の数が多いために訴訟運営上の負担が大きく，時に激しい法廷闘争が展開されるおそれもあることから，傍聴人に対する措置を講じるだけでも大変な事態が想定される。それでも通常の第一審裁判所で対応するという考え方もある。特別な裁判所に対応させるべきだという考え方もある。要は，制度設計をするに当たり，適切な国家意思の形成過程が確保されること

が重要であり，最後は，国民の代表者による多数決で決するしかないように思われる。

第5章　自由党急進派らによる加波山事件等

第1節　緒　　論

　天皇が五箇条の御誓文を発し、「広く会議を興し、万機公論に決すべし」とされたことは、新政府が統治制度を構築する上で、最も重要な基本方針の一つとなった。

　これは、議会制民主主義を指向するものである。

　しかし、西郷隆盛、板垣退助、江藤新平、副島種臣らは、明治6年の政変により一斉に下野し、新政府は、大久保利通による独裁と評される状態にあり、万機公論に決するような状況ではなかった。

　板垣らは、明治7年、「民撰議院設立建白書」を政府に提出するなど、議会制民主主義の実現に向けて動き出すが、先に見たとおり、西日本においては、不平士族らによる軍事行動が起こったのである。江藤は、明治7年2月、佐賀の乱を起こしたものの、これに敗れ、西郷は、明治10年9月、西南戦争の果てに自決した。西南戦争において、政府軍の中には、徴兵令による平民が加わっており、かつて東北戦争で薩摩に敗れた東北諸藩の旧佐幕派の士族らも加わっていたという。

　明治11年、大久保は暗殺されるが、反政府運動がなくなったわけではない。

　東日本に目を転じると、軍隊の衝突といえる程度の大規模な事件は発生しなくなっているが、自由党急進派らによる過激な行動が頻発するようになる。主な事件を列挙すると、以下のとおりである。

　　福島事件（明治15年8月）

　　群馬事件（明治17年3月）

　　加波山事件（同年9月）

　　秩父事件（同年10～11月）

　　飯田事件・名古屋事件（同年12月）

　　大阪事件（明治18年5～11月）

　一連の事件を惹起させた背景事情については、様々な要因が重なっているよ

うに見える。一連の事件を先導する形になったのは，福島事件であるが，その背景には，旧鹿児島藩士であった三島通庸が福島県令に任命されたこと及びその施政に対する県民の憤りがあった。東日本といえば，東北戦争及び函館戦争が大きな爪跡を残しており，未だ薩摩・長州への恨みが癒やされていない時期にあった点も指摘しておきたい。但し，その後に発生した事件などを見ると，自由や民権という思想と関連する要素も皆無とは言えないが，むしろ，議会制民主主義や立憲主義に敵対するかのような要素も見えてくる。

　前章までに取り上げた各事件の頃と比べると，本章で取り上げる事件の頃までには，法制度の整備が相当に進んでいる。すなわち，新たに刑事手続法として治罪法（明治13年7月17日公布）が，そして刑事実体法として刑法（明治13年太政官布告36号）が，それぞれ制定されているのである。

　その刑法（明治13年太政官布告36号）についてであるが，「国事に関する罪」の章には，内乱罪の規定（121～128条）が設けられた。

　　　第121条　政府を顚覆し又は邦土を僭窃し，その他朝憲を紊乱することを目的となし，内乱を起こした者は，左の区別に従って処断す。
　　　　一　首魁及び教唆者は死刑に処す。
　　　　二　群衆の指揮をなし，その他枢要の職務をなしたる者は，無期流刑に処し，その情軽き者は有期流刑に処す。
　　　　三　兵器金穀を資給し，又は諸般の職務をなしたる者は，重禁獄に処し，その情軽き者は軟禁獄に処す。
　　　　四　教唆に乗じて附和随行し又は指揮を受けて雑役に供したる者は，2年以上5年以下の禁錮に処す。
　　　第125条　兵隊を招募し，又は兵器金穀を準備し，その他内乱の予備をなしたる者は，第121条の例に照らし，各一等を減ず。
　　　　　　　　内乱の陰謀をなし，未だ予備に至らざる者は，各二等を減ず。

　外患罪の規定は，以下のとおりである。

　　　第133条　外国に対し，私に戦端を開きたる者は，有期徒刑に処す。
　　　　　　　　その予備に止まる者は，一等又は二等を減ず。

　刑法の第2編（公益に関する重罪軽罪）第3章（静謐を害する罪）第1節に規定

された兇徒聚衆罪の規定は，以下のとおりである。

第 136 条　兇徒，多衆を嘯聚して暴動を謀り，官吏の説諭を受くると雖もなお解散せざる者，首魁及び教唆者は3月以上3年以下の重禁錮に処す。

附和随行したる者は2円以上5円以下の罰金に処す。

第 137 条　兇徒，多数を嘯聚して官庁に喧閙し，官吏に強逼し，又は村市を騒擾し，その他暴動をなしたる者，首魁及び教唆者は重懲役に処す。

その嘯聚に応じ煽動して勢を助けたる者は軽懲役に処し，その情軽き者は一等を減ず。

附和随行したる者は2円以上20円以下の罰金に処す。

第 138 条　暴動の際，人を殺死し，若しくは家屋，船舶，倉庫等を焼燬したるときは，現に手を下し及び火を放つ者を死刑に処す。

首魁及び教唆者，情を知って制せざる者もまた同じ。

次節では，裁判所の事実認定に従い，自由党急進派らによる事件のいくつかを見ていくこととする。

第2節　自由党急進派らによる加波山事件等の概要

福島事件（内乱の陰謀）（明治 15 年 8 月 1 日）[34]

【事案】

東京高等法院明治 16 年 9 月 1 日判決の事実認定によれば，事案の概要は，以下のとおりである。

被告人河野広中ら6名は，明治 15 年 8 月 1 日，福島県福島町無名館において，政府を顛覆することを目的とし，誓約書を作成し，内乱の陰謀をなした（内乱の陰謀）。

---

34) 東京高等法院明治 16 年 9 月 1 日判決（前掲 8）の「日本政治裁判史録　明治・後」36 頁以下）（福島事件）

被告人河野広中の供述によれば，誓約書の内容は，以下のとおりであり，他の被告人らも，概ね同旨を述べている。

第1　吾党は，自由の公敵たる擅制政府を顛覆して，公議政体を建立するを以て任となす。

第2　吾党は，吾党の目的を達するがため，生命，財産をなげうち，恩愛の繋縄を断ち，事に臨んで一切顧慮するところなかるべし。

第3　吾党は，吾党の会議において議決せる憲法を遵守し，ともに同心一体の働きをなすべし。

第4　吾党は，吾党の志望を達せざる間は，いかなる艱難に遭遇し，又幾年月を経過するも，必ず解散せざるべし。

第5　吾党員にして吾党の密事を漏らし，及び誓詞に背戻する者あるときは，直ちに自刃せしむべし。

【犯行に至る経緯，犯行後の状況等】

大島美津子の研究などを参考にすると，福島事件の犯行に至る経緯，犯行後の状況等は，以下のとおりである[35]。

すなわち，かねてから，福島県会議長の河野広中は，福島県における自由民権運動の指導者であり，同県は，東北のみならず東日本における自由民権運動の拠点でもあった。板垣退助らが明治14年10月に自由党を結成するや，河野らは，同年12月，自由党福島地方部を，翌15年2月，自由党会津支部を設立するなどした。

明治政府は，明治15年2月17日，三島通庸を福島県令に任命した。三島県令は，旧鹿児島藩士であり，明治7年，酒田（後の山形）県令を務め，米沢・福島間の道路（万世大路）を建設するなど，「土木県令」とも呼ばれており，明治15年2月，「自由党弾圧」と「道路開さく工事の成就」という2大政策を掲げ，福島県令として当地に赴任した。

三島県令は，着任後，会津若松から3方面（山形，東京及び新潟）へ続く幹線

---

[35] 大島美津子「福島事件」（前掲8）の「日本政治裁判史録　明治・後」（昭和44年）15頁以下所収）

道路（三方道路）の開設を宣言し，その工事を完遂するため，県民による賦役又は県民からの代人料徴発により工事を遂行する旨の計画を立て，会津六郡連合会を設置して県民の代表者を集め，県民負担を承認・可決させていったが，これに反対する自由党員に対しては，政談演説会の不許可，中止，解散などの措置をとった。

　三島県令は，同年4月，県会に増税案を提出したが，河野ら自由党員から非難され，同年5月，県会において全議案を否決されるや，府県制（明治14年太政官布告4号）33条2項に基づき，内務卿山田顕義に対し，原案執行の認可を要請し，その修正案につき認可を得た。

　これを受けて，河野らは，引き続き三島県令側との間で激しい応酬を交わし，同年8月1日，本件犯行（内乱の陰謀）に及んだわけである。

　河野らによる本件犯行後，会津の農民らは，実力行使に出る。

　すなわち，農民らは，三島県令に財産を差し押さえられるなどされて憤激しており，そのうちの農民2名が，同年11月20日，喜多方警察署に乗り込んだのである。しかし，乗り込んではみたものの，逆に逮捕されてしまう。

　このため，農民ら約2000名は，同月23日，被逮捕者2名が若松軽罪裁判所に護送されるのを阻止しようとして，「自由万歳」，「圧制撲滅」などの幟を掲げ，同地方面へ向かうなどしたが，警察に解散させられた。

　農民ら数千名は，同月28日午前9時頃，山刀，棍棒，熊手などを携帯して喜多方に集合し，一旦解散したものの，弾正ケ原に再集合して演説をなし，同日午後6時頃，再び喜多方へ向かい，喜多方警察署を包囲して投石を始めたが，警察官らから刀を振るわれ，農民5名が逮捕されたため，残りの農民らは，退散することになる。

　警察は，同月29日，自由党本部派遣員らを含む農民ら40数名を兇徒聚衆罪により逮捕したのを手始めに，その後，検挙を繰り返した。

【裁判経過等】

　予審を開いた福島始審裁判所若松支庁（軽罪裁判所）は，明治16年1月31日，河野ら58名につき，内乱罪に該当するとして，管轄違いの言い渡しをし，東京の高等法院へ転送した。国事に関する重罪犯などについては，高等法院の事

物管轄となっており，高等法院は，治罪法により設置された特別裁判所であった。

福島事件は，高等法院にとって国事犯第1号となった。なお，予審判事は，大審院判事2名が担当した。

高等法院は，明治16年9月1日，被告人河野ら6名に対し，前記内乱の陰謀を認定し，被告人河野に軟禁獄7年を，他の被告人5名に軟禁獄6年を，それぞれ言い渡した。本来，内乱罪の首魁は死刑であるが，被告人河野は，陰謀に止まったために二等を減じられ（刑法125条2項），さらに酌量減軽により二等を減じられたものである（89条，90条）。

福島事件の後，太政官布告（明治16年49号）により，「治罪法第83条に記載する事件につき高等法院を開かざるときは，通常裁判所において裁判することを得。」とされ，高田事件を最後に，以後，国事犯を審理するために高等法院が開かれることはなかった。そして，さらに後の明治23年，裁判所構成法及び刑事訴訟法が施行され，高等法院そのものがなくなるわけである。

加波山事件（強盗・同未遂・強盗教唆・故殺・同未遂・官吏抗拒等）（明治17年9月10日～同月25日）[36]

【事案】

加波山事件については，栃木重罪裁判所，千葉重罪裁判所，東京重罪裁判所及び甲府重罪裁判所の4つの裁判所において，分散して審判がなされ，明治19年7月3日（甲府重罪裁判所のみ同月5日），それぞれ判決が言い渡され，被告人らのうち7名に対して死刑が言い渡された。

栃木重罪裁判所明治19年7月3日判決の事実認定によれば，事件の中心人物であった被告人A及び同Bの犯罪事実は，以下のとおりである。

第1　被告人Aらは，共犯者らと共謀し，明治17年9月10日夜，それぞれ刀及び被告人Bらから受け取った爆発弾を携行し，東京神田区裏神保町

---

[36] 栃木重罪裁判所明治19年7月3日判決（前掲8）の「日本政治裁判史録　明治・後」62頁以下）（加波山事件）

の質商Ｃ方へ押し入り，Ｃを脅迫して金５円余を強奪した上，Ｃを縛してなお家内を捜索したが，表戸を叩く者の存在に驚いてその場から逃走し，なお被害者Ｃに追跡され，「強盗。」などと大声で叫ばれ，駆けつけた小川警察署の巡査らに取り押さえられそうになり，これに抗拒して，同巡査らに爆発弾を投げつけ，同巡査１名及び一般人２名に創傷を負わしめ，その場から逃走した（強盗・故殺未遂）。

第２　被告人Ａ，同Ｂらは，共犯者らを教唆して，同月23日午前６時頃，刀及び被告人Ｂらが製造した爆発弾を携行して，常陸国真壁郡本木村のＤ方へ押し入らせ，家人を脅迫して食事をなし，かつ，刀２本を強奪させた（強盗教唆）。

第３　被告人Ａらは，共犯者らと共に，同日午後11時30分頃，刀及び前記爆発弾を携行し，茨城県下妻警察署町屋分署へ押し入り，署内に爆発弾を投じ，官吏に暴行を加え，官金16円28銭５厘，サーベル及び刀合わせて６本，その他の物品を強奪した（強盗）。

第４　被告人Ａらは，共犯者らと共に，同日午後12時頃，刀及び爆発弾を携行し，同郡真壁町のＥ方へ押し入り，家人を脅迫して金20円を強取した（強盗）。

第５　被告人Ａらは，共犯者らと共に，財物を強取する目的で，同月24日午前１時頃，刀及び爆発弾を携行し，同郡桜井村のＦ宅へ押し入ろうとしたが，戸締まりが厳重な上，宅内から発砲されたため，爆発弾を投じたが，強盗の目的を遂げずに逃走した（強盗未遂）。

第６　被告人Ａらは，共犯者らと共に，同日午後10時30分頃，同郡長岡村において，茨城県警部補らに逮捕されそうになり，これを免れるため，臨時殺意をもって，爆発弾を乱投し，刀剣をもって乱撃し，巡査１名を故殺し，警部補ら４名に重軽傷を負わせたが，同人らを殺害する目的を遂げず，その場から逃走した（故殺・同未遂）。

第７　被告人Ａらは，共犯者らと共に，同日午後12時頃，刀及び爆発弾を携行し，同郡本木村のＧ方へ押し入り，家族を脅迫して食事をなし，かつ，脚半を強奪した（強盗）。

第8　被告人Aらは，共犯者らと共に，同月25日午後12時頃，同郡小栗村の旅店前等において，逮捕に駆けつけた同県警部らに対し，爆発弾を投げつけて抗拒し，逃走した（官吏抗拒）。

第9　被告人Bは，同年1月，行兇の用に供する目的をもって，共犯者らに対し，爆発弾の製造方法を教授し，同年7月，八丁堀三代町の旅舎において，被告人Aらと爆発弾を製造・使用すべきことを契約し，同年9月12日，共犯者らから受け取った薬品をもって爆発弾を製造し，これを共犯者らに交付し，前記第2ないし第5及び第7の各犯罪を教唆した（強盗教唆・同未遂教唆）。

第10　被告人Bは，かねて栃木県下都賀郡安塚村の平民から自由党本部へ寄付すべきものとして50円を預かっていたが，同年9月中に，同金員を爆発弾製造の用に費消した（横領）。

【犯行に至る経緯等】

　大島太郎の研究などを参考にすると，加波山事件の犯行に至る経緯，犯行後の状況等は，以下のとおりである[37)]。

　まず，本件加波山事件に先立ち，ロシアの過激派が，明治14年（1881年）3月，ロシア皇帝アレキサンダー二世を爆殺するという事件を起こすが，これは，日本における自由党急進派に大きな影響を与えたといわれている。

　また，先に見た福島事件は，明治15年8月になされた内乱の陰謀であったが，農民らによる実力行使は，同年11月まで続いていた。

　福島事件の原因ともなった三島県令は，明治16年10月30日，福島県令のほか，栃木県令をも兼ねることになった。

　福島事件の関係者らは，同年12月28日，三島県令を暗殺しようとしたが，果たせず，明治17年2月にも，三島邸を窺うなどしていたところ，被告人Bら栃木の自由党急進派は，こうした福島事件関係者らの動きに共鳴し，やがて，共に自由党本部を占拠するという挙に出る。

---

37) 大島太郎「加波山事件」（前掲8）の「日本政治裁判史録　明治・後」（昭和44年）43頁以下所収）

しかし，被告人Bらは，板垣退助総理から，本部からの退去を命じられただけでなく，退去しなければ警察の助けを要請するとまで言われ，ここに自由党本部と決裂することを決意する。

　そうしている間にも，政府は，明治17年1月21日付け太政官布告により，栃木県庁を栃木自由党の本拠があった栃木町から宇都宮へ移転することを発表し，三島県令は，同年3月，陸奥線開さく工事とともに，県庁，学校，監獄，警察などの新築工事にも着手した。

　被告人Bらは，三島県令による県庁移転工事などその施政のすべてに憤慨した。そして，福島や栃木のみならず，茨城，群馬，埼玉の自由党員らは，同年7月9日，筑波山に集まって秘密会を開いた。茨城の者らは，ここに革命軍の先鞭を付け，翌明治18年1月を期して関東で挙兵しようなどと提案したが，被告人Bら栃木の者らは，その話に具体性がないなどとして冷淡であり，むしろ政府要人の暗殺を決行することを中心に考えていた。

　被告人A，同Bらは，明治17年7月19日，薩長の元勲らが華族に列せられたことを祝う祝賀会の日を期して，これに出席する伊藤博文，黒田清隆，山県有朋らを爆殺する計画を立てたが，爆弾の製造が間に合わず，その日の爆殺は見送った。

　被告人Bは，硫黄，燐，塩酸などを入手し，独学で爆弾の製造を研究していたところ，同年8月20日，爆弾の製造実験に成功し，同年9月15日に開かれる宇都宮県庁の開庁式を期して，その参加者らを爆殺する計画を立てた。被告人Bらは，通称「八丁堀の梁山泊」において，「成敗を天に任せて断然宇都宮において暗殺主義を断行すること，この手段奏功の暁には直ちに方略を転じて挙兵の手段を確執すること」を決めた。製造された爆弾は，150個に及んだ。

　そして，被告人Aらは，同年9月10日，その軍資金を調達するため，前記第1の犯行に及んだが，その後，宇都宮県庁の開庁式が延期され，さらに，官憲の捜査が進められていることを知ったため，爆弾と食糧をもって加波山に向かい，前記第2ないし第8の各犯行に及んだものである。

　被告人Bは，この間の同年9月12日，誤って薬剤を破裂させて左手首を失う重傷を負ってしまい，前記第2ないし第8の各犯行には合流していない。

【裁判経過等】
　先の福島事件を審理した高等法院は，同事件を国事犯として審判したが，本件加波山事件を審理した四つの重罪裁判所は，本件を常時犯として審判した。本件の被告人らは，本件を常時犯としてではなく，国事犯として取り扱うよう求め，かつ，統一公判を要求したが，裁判所側は，それらの要求を認めず，本件を常時犯として，かつ，各地に分散して審判した。
　栃木重罪裁判所，千葉重罪裁判所，東京重罪裁判所及び甲府重罪裁判所の四つの裁判所は，明治19年7月3日（甲府重罪裁判所のみ同月5日），共犯者ら7名を死刑に，被告人Aら7名を無期徒刑に，被告人Bら4名に有期徒刑を各言い渡した。
　本件の中心人物であった被告人A及び同Bは，いずれも死刑を免れている。まず，被告人Aは，本来，死刑に処すべきところ，犯時16歳以上20歳未満であることをもって一等を減じられ，無期徒刑に処せられた。次に，被告人Bは，前記第1の犯行の後に爆発事故で重傷を負い，結果として本件各犯行の実行行為に加わらず，もっぱら教唆犯としての責任を問われ，有期徒刑15年に処せられたのである。
　被告人らは，上告したが，大審院は，同年8月12日，被告人らの上告を棄却した。

秩父事件（兇徒聚衆・強盗・殺人・放火）（明治17年10月14日，11月1日～5日）[38]

【事案】
　浦和重罪裁判所明治18年2月19日判決の事実認定によれば，秩父事件の首魁（党衆の総理に推戴されていた被告人）に対する犯罪事実の概要は，以下のとおりである。
　すなわち，埼玉県武蔵国秩父郡における党衆らは，明治16年12月以降，高

---

[38] 浦和重罪裁判所明治18年2月19日判決（前掲8）の「日本政治裁判史録　明治・後」82頁以下）（秩父事件）

利貸しの弊風を憎み，諸町に集会し，高利貸しらに対して年賦償却の談判を試みるも，容易に承諾を得られず，再三，警察から集会の解散を諭されていた。

　被告人は，党衆らから嘱望されて招待され，明治17年9月6日，阿熊村において，地元の党衆らから事情を聞き，助けを求められた。すなわち，翌7日に上吉田村に赴き，債権者らに対し，債務返済を4年間据え置き，40年賦とするよう迫り，地方庁に対しては，雑税の省減，学校の3年間閉鎖を請願するよう迫り，戸長らに対しては，村費省約を迫ってほしい，と求められたのである。

　被告人は，地元の党衆らに同情したものの，同6日の時点では，党衆らに対し，総代人を選んで平和的に官署に請願すべきことを諭して帰った。

　しかし，被告人は，再び地元の党衆らに招待され，同年10月12日，下吉田村において，党衆らから，大宮郷警察署に願書を提出したがこれを焼却され，債権者らから益々厳しく取り立てられているなどと聞かされたため，地元の党衆らである共犯者らと共に，同月14日，兇器を携帯し，横瀬村のＡ方及びＢ方に押し入り，家人を脅迫し，Ａ方において，金80円，槍4本，生糸，衣類等を強取し，Ｂ方において，金14円余，刀，雑品等を強取した（強盗）。

　被告人は，同年10月26日，下吉田村粟野山において，党衆らに対し，30日間決起を猶予するよう議するも，窮民らが家に帰らない状況にあり，再三，集会日数の短縮を促すも，窮民らが納得しないので，同年11月1日を期して決起することとした。

　被告人らは，明治17年11月1日，宿泊地を出発し，途中，陸軍省派遣官吏に出会い，同人と延見して事情を話し協力を求めたが，これを断られたため，非礼を謝して同人を放還した。

　被告人らは，これに先立ち，警官が派出されたことを聞き，阿熊村の耕地において，これを激撃し，清泉寺門前において，奮闘し，巡査1名を斬殺した（殺人）。

　被告人らは，官吏を殺害した以上，罪を免れることは不可能と悟り，益々殺気が加わり，場所を移動して，同日午後4時前，下吉田村椋神社境内において，党衆らのうち30余名をして，総理，副総理，参謀長，会計長，正副大隊長，

伝令使，小隊長などの職務を分任し，被告人は，総理に推戴された。被告人らは，高利貸しらに対し，債権の半額を放棄し，残額の支払を年賦とするよう求めることとし，応じてもらえない場合，高利貸しらの家屋を破壊し，証書を掠奪し，苛酷な債権者に対しては家屋を焼却すべきことを議決した。また，被告人らは，指揮命令に違反した者については斬に処すことなど五か条の規約を定めた。

被告人らは，部隊を2隊に編成したが，その一群が埼玉県巡査1名を傷つけ，土木官吏1名を捕らえ，合計2名を引致した。被告人らは，2名の住所，氏名を訊ね，同盟を説いたが，その際，服従しない土木官吏に対しては斬首を伝えて同意させた。

被告人らは，2隊に分かれて椋神社を出発し，小鹿野町に向かって進行する途中の下吉田村及び下小鹿野村において，家数軒に放火し，小鹿野町においても，放火し，小鹿野分署に侵入して器具を破壊し，文書を焼毀し，家数戸を破壊し，被告人は，終夜，諏訪神社境内に駐屯した（放火）。

被告人らは，翌11月2日，大宮郷に向かって出発し，観音堂の梵鐘を撞いて鬨を挙げ，大宮郷にちん入したが，その途中，高利貸しの一人を発見してこれを捕らえ，被告人の面前において，これを責め，所持金品及び貸金証書82通を強取した（強盗）。

被告人らは，秩父神社に移った後，さらに秩父郡役所に入り，ここを本拠としたところ，多方面から万を越える党衆が集まった。

被告人らは，大宮治安裁判所，警察署，貸金業者家宅などを破毀し，3戸に放火して焼毀した（放火）。

その間，貸金業者の一人から，金50円にて和解を求められたが，被告人らは，軍用資金1000円を出し，貸金の半額を放棄し，滞留中の糧食を弁ずるのでなければ承諾できない旨返答した。

被告人らは，別の貸金業者の家屋物品をも破壊した。

被告人らは，さらに別の貸金業者10名に迫り，軍資金と称して合計金3000円余を出させた。

被告人らは，翌11月3日朝，矢納村地方に警官・憲兵が襲来した旨の報に

接し，党衆らを3隊に分けて展開することとし，被告人の隊は，大宮郷に止まったが，そこへ寄居熊谷警察署及び電信鉄道を破却した旨の報が届き，部下党衆が勢いを得て出発しようとしたので，被告人も，前進を決意して皆野村に至ったが，途中，病を得て大野原村で療養するところとなり，党衆らは，荒川を隔てて憲兵と開戦するに至った。

被告人は，翌11月4日暁天，再び皆野村に赴いたが，大宮郷の住民に背後を襲われている旨の報が入り，また，各隊内にも叛徒が生まれている旨の報が入り，そのうち，官兵が大浜の渡頭を越えた旨の報が入った。

被告人は，ここに事成らざるを覚り，共犯者らと共に寺尾村山中に逃れた。

憲兵隊・軍隊は，翌11月5日，小鹿野町などに入り，県令吉田清英は，大宮郷に入り，概ね党衆らを鎮圧するに至った。

この間，被告人らの騒擾は，秩父郡・児玉郡に止まらず，上野国・信濃国にも突出していた（兇徒聚衆）。

その後，被告人は，さらに単身で浦山村山中に逃れたが，同年11月14日夜，黒谷村で逮捕された。

【犯行に至る経緯等】

大島太郎の研究などを参考にすると，秩父事件の犯行に至る経緯，犯行後の状況等は，以下のとおりである[39]。

すなわち，埼玉県秩父地方の農家は，古くから養蚕・絹織りを営んでおり，秩父は，関東でも八王子・青梅に次ぐ養蚕・機織業地帯であったところ，開国により生糸の輸出が始まると製糸会社が設立され，機械制工場が奨励され，好景気の中で繁栄していった。

しかし，明治15年の松方財政の影響などにより，明治16年にデフレの様相が目立ってくると，生糸の価格が下がる一方，増税となり，また，秩父新道建設工事のための賦役が課されるなど，農民への負担が増え，農民らは，高利貸しに頼ることになるが，そのために多額の借金を背負い，経済的に破綻する者

---

[39] 大島太郎「秩父事件」（前掲8）の「日本政治裁判史録　明治・後」（昭和44年）68頁以下所収）

が出てきた。

　この間，明治15年11月，秩父から2名の者が自由党に入党し，その後も，これに続く者が出た。秩父の自由党員らは，没落中小農民らであり，博打をうつ仲間でもあった。同人らは，自由党員でない困民らと提携しようとしたが，うまくいかず，明治17年初頭，秩父大宮郷で博徒をしていた被告人を自由党に入党させ，困民らと提携するために，被告人に協力を求めることになる。

　こうして，被告人は，自由党員や困民らと共に，本件秩父事件（兇徒聚衆・強盗・殺人・放火）を起こすことになった。犯行に加わった農民らは，刀や竹槍を携行していたという。

【裁判経過等】
　浦和重罪裁判所は，明治18年2月19日，被告人に対し，兇徒聚衆等により死刑を言い渡した。そのほか共犯者ら4名が死刑に処せられた。

大阪事件等（外患の予備・爆発物取締罰則違反・罪人隠避・罪人受蔵。但し，罪人蔵匿は無罪）（明治17年12月〜明治18年11月）[40]

【事案】
　第二期臨時大阪重罪裁判所明治20年9月24日判決によれば，大阪事件の事実関係は，以下のとおりである。

　被告人（大井憲太郎）は，旧自由党員であったが，日本政府の組織を変更して代議政体を設立せんことを企図したほか，朝鮮国が他国の干渉を受けて独立の対面を失い，朝鮮人が自由と安寧を自ら保ち得ないでいるのを憐れみ，朝鮮人を救護し朝鮮国の内治を改良せんことを企図した。

　被告人は，明治17年12月，Aが愛知県下で強盗をして逃走中であることを知りながら，Aを東京市神田区内に隠避させた（罪人隠避）。

　被告人は，明治18年9月，Bが秩父事件に加わり逮捕を逃れて逃走中であることを知り，Bを前記朝鮮計画に加えた（罪人受蔵。但し，罪人蔵匿は無罪）。

---

[40] 第二期臨時大阪重罪裁判所明治20年9月24日判決（前掲8）の「日本政治裁判史録　明治・後」109頁以下）（大阪事件等）

被告人は，明治18年5〜6月頃，東京府下谷区の被告人方において，度々同志と会合して前記朝鮮計画について謀議し，その役割分担として，被告人らにおいて，内地にあって金策その他の行動を担当し，共犯者らにおいて，渡韓し，檄文を宣布して朝鮮人を煽動し，在廷大臣を殺害し，政府を顛覆して新政府を立て，その後，日清韓3国の葛藤が生じれば我が国の内治改良を実現できるだろうなどと謀議した。

　その後，共犯者らにおいて，実行行為者の手配，爆発物製造のための薬品の購入，檄文の謄写，資金の調達，刀剣の入手などの準備行為を進めた。

　また，被告人は，同年10月22日，共犯者から金485円を預かり，同金員が強盗により奪取したものと知りながら，一部を共犯者に渡し，残部を再挙の費用に供するなどした（以上，外患の予備）。

　なお，爆発物取締罰則違反については，前記判決において無罪とされたものの，差し戻し後の名古屋重罪裁判所明治21年4月15日判決は，これを有罪とした。

　被告人は，明治18年11月14日，大阪府北区中之島の銀水楼において，共犯者らと会合し，協議を尽くすなどしていたが，同月23日，逮捕されるに至った。

【犯行に至る経緯等】

　大島美津子の研究などを参考にすると，大阪事件の犯行に至る経緯等は，以下のとおりである[41]。

　自由党は，明治15年の福島事件の後，合法派（星亨，板垣退助ら）と急進派（被告人大井憲太郎ら）とに分裂した。合法派は，国会開設を目指し，合法政党として議会制民主主義の実現を目指したが，急進派は，政府を倒すためには暗殺・挙兵も辞さないという路線を掲げた。

　その後，急進派の組織は，潰滅状態に向かう。すなわち，急進派は，明治17年3月に群馬事件，同年9月に加波山事件を起こし，自由党中央本部の合

---

41) 大島美津子「大阪事件」（前掲8）の「日本政治裁判史録　明治・後」（昭和44年）92頁以下所収）

法派が同年10月29日の党大会で解党を決定した後，同年11月に秩父事件が起こり，同年12月に飯田・名古屋事件が起こり，いずれの蜂起も失敗に終わり，これらに参加した急進派の多くは，投獄されるに至ったのである。

　このように国内での急進的活動に活路が見い出せなくなる中で，被告人大井憲太郎らは，国外に目を向け，「朝鮮改革」を計画することになる。

　明治17年当時，朝鮮を支配していたのは，閔政権であった。朝鮮には，清国軍と日本軍が駐留していたが，清国は，閔政権を支援し，日本は，金玉均らの国政改革派（独立党）を支援していた。金玉均らは，同年12月4日，京城でクーデターを起こしたが，閔氏らは，清国軍の支援により，再び王宮を占領して政権を奪い返し，金玉均らは，日本へ逃れた（甲申の乱）。このとき，日本軍が攻撃されただけでなく，日本公使館が破壊され，在留婦女子の何名かが暴行され，あるいは殺された。

　日本の新聞，自由党，改進党らは，日本政府の弱腰を批判した。実際，板垣退助らは，高知で義勇兵を編成して軍事訓練を実施したり，フランスから軍用資金を借りようと動いている。

　そして，被告人大井憲太郎ら自由党急進派も，板垣退助らとは別に，「朝鮮改革」を計画し，そこで改革を成功させた暁には，そのエネルギーを日本国内の改革に向けようと考え，本件大阪事件（外患の予備・爆発物取締罰則違反）に及んだものである。

【裁判経過等】

　予審の結果，被告人大井憲太郎ら58名は，外患の予備など国事犯の被告人として，他の7名は，強盗の被告人として，大阪重罪裁判所の公判に付された。なお，治罪法によれば，国事犯は，高等法院で審判されることとされていたが，明治16年太政官布告49号により，通常裁判所も，国事犯を裁判することが出来るようになっていた。

　第二期臨時大阪重罪裁判所は，人定質問，公訴状の朗読などをした後，被告人らを9組に分け，弁論を分離した。被告人・弁護人らは，統一公判を主張したが，裁判所は，これを除けた。

　公判審理は，判決言い渡しまで合計97回を数え，被告人訊問にも相当な時

間を割いているが，連続的な開廷により，迅速な裁判が実現できたと評価してよいと思う。すなわち，明治20年5月25日の第1回公判期日から同年9月24日の第97回公判期日（判決言渡し）まで，4か月にすぎなかった。被告人大井憲太郎に対する訊問は，第5回公判から第7回公判まで，相当な時間をとって継続的に実施されている。

　迅速な裁判が可能だった理由としては，いくつか考えられる。まず，文字通りの連続開廷が実施されたことである。次に，法制度上，捜査記録，予審調書などがそのまま公判裁判所に引き継がれるため，被告人の言い分は，訊問の中で十分に述べさせるとしても，証人訊問は，争点を中心にして実施することが可能だったからであろうと推察する。

　第二期臨時大阪重罪裁判所は，明治20年9月24日，被告人大井憲太郎ら3名に対し，外患予備等により軟禁獄6年の判決を言い渡した。科刑が最も重かったのは，強盗罪等に問われた共犯者に対する有期徒刑12年であった。被告人大井憲太郎は，外患予備・罪人隠避・罪人受蔵の各事実を認定されたが，爆発物使用・罪人蔵匿については証憑不十分により無罪を言い渡されている。

　被告人大井憲太郎ら4名は，有罪判決を不服として，上告した。

　上告審である大審院は，明治21年3月28日，原判決を破棄し，事件を名古屋重罪裁判所に移送した。

　差戻審である名古屋重罪裁判所は，同年4月15日，被告人大井憲太郎ら3名に対し，外患予備・罪人隠避・罪人受蔵に加え，爆発物取締罰則違反をも有罪認定した上，原判決より重い重懲役9年を言い渡した。

　被告人大井憲太郎ら3名は，その後，2回にわたって上告したが，大審院は，いずれも上告を除けている。最後の大審院判断（通じて3回目）は，明治22年1月31日である（上告棄却）。

第3節　爆発物取締罰則の新設

　政府は，明治17年，火薬類取締規則（明治17年太政官布告31号）とともに，爆発物取締罰則（同32号）を制定した[42]。

その契機となったのは，自由党急進派ら過激派による加波山事件（明治17年9月）であった。

加波山事件に先立ち，ロシアの過激派集団「虚無党」メンバーらが，明治14年（1881年），ロシア皇帝アレキサンダー二世を爆弾により暗殺するという事件を起こしているが，同事件が加波山事件などに影響を与えたとされており，加波山事件では，爆弾約150個が製造され，その一部が実際に使用されている。爆弾による政府要人の暗殺が企てられたのは，加波山事件が本邦初である。

当時，世界各国で，爆発物を用いた過激派事件への対応を急いでおり，イギリスでは，1883年（明治16年）爆発物法，ドイツでは，1884年（明治17年）「爆発物の犯罪的及び公共危険的使用取締法」などを制定していた。

明治政府も，加波山事件の発生を受け，イギリス爆発物法を参考にして，爆発物取締罰則を制定したわけである。

立法に携わった参事院は，「爆発物取締罰則説明」において，その立法趣旨を次のように説明している[43]。

「それ爆発物の使用いかんによりて，その国家に大害を与うるは，欧米各国の方に憂慮してこれを撲滅するに怠らざるところなり。およそ非常の大害あるものを禁遏せんと欲するには，また必ず特別の法律を以て処置せざるべからず。これすなわち本則を設くるの今日に必要なゆえんなり。本則において最も悪んで痛く禁遏を加えんと欲するの主眼は，爆発物を使用するの目的とその使用する物品とにあり。」

爆発物取締罰則（明治17年太政官布告32号）では，次のように定められた（その後の改正あり。）。

第1条　治安を妨げ又は人の身体，財産を害せんとするの目的を以て，爆発物を使用したる者及び人をしてこれを使用せしめたる者は，死刑

---

42) 以下の本文記載に当たっては，以下のような文献を参考にした。平野龍一ほか「注解特別刑法　第6巻　危険物編」（昭和61年，青林書院）爆発物取締罰則1頁以下［古田佑紀執筆部分］，伊藤榮樹ほか「注釈特別刑法　第七巻　公害法・危険法編」（昭和62年，立花書房）275頁以下［坪内利彦執筆部分］等

43) 日本近代刑事法令集下巻・司法資料別冊17号321頁

に処す。

第2条　前条の目的を以て爆発物を使用せんとするの際，発覚したる者は，無期徒刑又は有期徒刑に処す。

第3条　第1条の目的を以て爆発物若しくはその使用に供すべき器具を製造，輸入，所持し，又は注文をなしたる者は，重懲役に処す。

第4条　第1条の罪を犯さんとして脅迫，教唆，せん動に止まる者及び共謀に止まる者は，重懲役に処す。

第5条　第1条に記載したる犯罪者のため情を知りて爆発物若しくはその使用に供すべき器具を製造，輸入，販売，譲渡，寄蔵し，及びその約束をなしたる者は，重懲役に処す。

第8条　本則に記載したる重罪犯あることを認知したるときは，直ちに警察官吏若しくは危害を被らんとする人に告知すべし。違う者は，5年以下の重禁錮に処す。

第10条　本則に記載したる者には，刑法第80条及び第81条（引用者注：未成年者に対する刑の減軽規定）の例を用いず。但し，16歳未満にして是非弁別なき者は，刑法に従う。

　古田佑紀によれば，爆発物取締罰則の特色は，その厳罰性ではなく，未遂（2条），予備（3条），教唆，幇助，共謀（4条）等の行為を個別の法条によって細かく犯罪として定めたことにあるという[44]。

　すなわち，当時，刑法（明治13年太政官布告36号）に規定された現住建造物放火や謀殺の各法定刑も死刑のみとされており，爆発物使用罪（1条）の法定刑が死刑のみであったとしても，それだけで著しく重いとはいえないという。また，未成年者に対する刑の減軽をしないこととされたのは（10条），当時の自由民権運動の過激派らの中に年少者が多く含まれており，加波山事件の首謀者の一人も19歳であり，未成年者の刑を減軽すると，立法目的を達成できなかったであろうともいう。

　その後の大正7年改正により，爆発物使用罪（1条）の法定刑には，死刑の

---

[44] 前掲42）の古田佑紀（昭和61年）4〜5頁

ほか，懲役刑及び禁錮刑が加えられるなどして刑が軽減された。これは，大隈重信暗殺未遂事件の弁護人らにおいて，法定刑の引き下げを求める運動を展開した結果である。

　なお，爆発物取締罰則は，太政官布告であったが，大日本帝国憲法が公布され，また，帝国議会が開かれた後も，引き続き法律としての効力を有するものと解され（大日本帝国憲法76条），さらに，帝国議会において，明治41年及び大正7年と2度の改正をしたことにより，同罰則が法律としての効力を有することについては，争いのないものとなっている。

第3編

大日本帝国憲法の下での刑事法の展開

第1章　新しい刑事法の制定

第1節　緒　　論

　明治天皇は，明治22年（1889年）2月11日，憲法発布勅語を発し，「朕は，我が臣民の権利及び財産の安全を貴重し，及びこれを保護し，この憲法及び法律の範囲内においてその享有を完全ならしむべきことを宣言す。」とされ，大日本帝国憲法（以下，「明治憲法」ともいう。）を公布した（明治23年11月29日施行）[45]。

　明治憲法の起草に関わった枢密院議長の伊藤博文は，明治21年6月，枢密院における審議中，文部大臣森有礼から，憲法草案の内容を批判され，臣民（国民）は天皇に対して分際（責任）を負うのみであって，臣民が天皇に対して権利を有するという表現は穏当でない，などと抗議されたが，これに反論して，憲法を制定する意義は，君権を制限し，臣民（国民）の権利を保障する点にある旨主張している[46]。

　「森氏の説は，憲法学及び国法学に退去を命じたるの説というべし。抑憲法を創設するの精神は，第一，君権を制限し，第二，臣民の権利を保護するにあり。故に，もし憲法において臣民の権利を列記せず，ただ責任のみを記載せば，憲法を設くるの必要なし。」

　こうして，明治憲法は，日本臣民（国民）の権利（人権）を定めることとなったのである。

　明治憲法における人権規定の特色としては，日本国憲法（昭和21年11月3日公布，昭和22年5月3日施行）ほど詳細ではないものの，刑事手続に関して比較

---

[45] 大日本帝国憲法の解説としては，以下のような文献がある。伊藤博文著（宮沢俊義校註）「憲法義解」（昭和15年，岩波文庫），美濃部達吉「憲法撮要」（昭和元年訂正4版，有斐閣）等

[46] 宮澤俊義「法律学全集4　憲法Ⅱ［新版］」（昭和49年新版再版（改訂），有斐閣）182〜185頁，大石眞「日本憲法史［第2版］」（平成17年，有斐閣）198〜201頁等

的詳細な規定を定めたことが挙げられよう。

　　第23条　日本臣民は，法律によるにあらずして，逮捕，監禁，審問，処罰を受くることなし。

　　第24条　日本臣民は，法律に定めたる裁判官の裁判を受くるの権利を奪わるることなし。

　　第25条　日本臣民は，法律に定めたる場合を除くほか，その許諾なくして住所に侵入せられ及び捜索せらるることなし。

　人権の問題は，国民と国家との問題であり，国家の統治制度の在り方が関わってくるが，明治憲法は，この点とも関連して，三権分立を採用したものと理解することができる。

　　第37条　すべて法律は，帝国議会の協賛を経るを要す。

　　第55条　国務各大臣は，天皇を輔弼し，その責に任ず。

　　　　　すべて法律，勅令，その他，国務に関する詔勅は，国務大臣の副署を要す。

　　第57条　司法権は，天皇の名において法律により裁判所これを行う。

　　　　　裁判所の構成は，法律を以てこれを定む。

　まず，明治憲法上，天皇は，立法権を行う主体と規定されたものの（5条），帝国議会の協賛がなければ，立法権を行うことができず（同条，37条），立法手続としては，貴族院及び衆議院が法律案を議決した（38条）後，天皇が当該法律を裁可し，その公布及び執行を命じることとされ（6条），天皇は，命令をもって法律を変更することができないこととされたのである（9条）。要するに，立法権は，実質的に帝国議会がこれを行うこととされていたわけであり，実際に，天皇が帝国議会の議決した法律を裁可しなかったことは一度もない。ここに，議会制民主主義の理念を読み取ることができる。

　次に，大日本帝国は，天皇がこれを統治し（1条），天皇は，国の元首にして統治権を総覧する主体と規定されたものの（4条），統治権の行使は，憲法の条項によりこれを行うこととされ（同条），法律，勅令，その他国務に関する詔勅は，国務大臣の副署がなければならず（55条2項），天皇は，神聖にして侵すべからずとされる一方（3条），その責任は，天皇を輔弼する国務各大臣が任

ずることとされたのである（55条1項）。要するに，行政権は，実質的に国務各大臣がこれを行い，実質的な権限と責任の所在は，国務各大臣にあることとされたわけである。

さらに，司法権は，裁判所が法律により行うこととされ（57条），法治主義・法の支配が宣言されたわけである。

以上のとおり，明治憲法は，帝国議会が法律を制定し，行政機関及び裁判所が法律を執行するという議会制民主主義・法治主義の理念を採用したものと評価することができる。

明治憲法は，司法権の独立について特段の条文を用意していないが，司法権は裁判所がこれを行うものと規定した以上（57条），そこに外部からの干与，介入，圧力等を許容する余地はなく，司法権の独立を前提としているものと解されるが，司法権の独立を実務的に実現することは，それほど容易なことではなかった。

というのも，前編で見たとおり，個別具体的な事件においては，実質的に行政当局，軍務当局などが審判の在り方を左右することが少なくなかったからである。

そんな中で，明治憲法の制定後，比較的早い時期に司法権の独立を勝ちとった事件として有名なのが，大津事件である。

大審院明治24年5月27日判決によれば，大津事件の概要は，以下のとおりである[47]。

すなわち，被告人は，警衛中の巡査であったが，明治24年5月11日午後1時50分頃，滋賀県大津町において，来日中のロシア皇太子ニコラス・アレクサンドロヴィッチを殺害せんと意を発し，その頭部を帯刀で2回斬り付け，頭部に傷を負わせたというものである（謀殺未遂）。

田中時彦の研究などを参考にすると，裁判経緯等は，以下のとおりである[48]。

[47) 大審院明治24年5月27日判決（前掲8）の「日本政治裁判史録　明治・後」174頁）（大津事件）

すなわち，被告人は，検事の訊問において，犯行動機について，ロシアへの脅威を供述している。

　露国皇太子は，「我が日本天皇陛下に御対顔，御挨拶もなく，壇に鹿児島，大津に」来遊し，「我が日本国を横領せんとする野心あるをもって，近江等の地理を観察して，他日横領するの便宜に供せん」と企み，「若し，このまま露国皇太子を生かしてお還し申せば，他日必ず我が国を横領に来らるる御方なるをもって，我が国のため，やむを得ず，露国皇太子の生命を戴かざるを得ざる次第なり。」

予審を開始した大津地方裁判所の所長は，明治24年5月13日，大審院長児島惟謙に対し，本件犯行が通常謀殺罪に該当するので，同地裁で予審に着手した旨報告する。

しかし，外務大臣青木周蔵は，駐日ロシア公使らに対し，被告人を死刑に処す旨伝えており，松方首相，山田法相らは，本件事件につき通常謀殺未遂ではなく，皇族に対する罪を適用して被告人を死刑に処すべきであるとして，その実現に向けて動く。児島大審院長がこれに応じないと分かるや，山田法相は，京都に赴き，検事総長を説得し，大津地裁検事局の検事正をして，予審判事に対し，管轄違いの言い渡しをするよう請求させた。これを受けて，予審判事は，同月18日，管轄違いの言い渡しをし，予審を終結した。

こうして大津に大審院特別法廷が開かれることとなった。政府（山田法相，大木文相，陸奥農商務相ら）は，担当判事7名のうち4名の説得にかかり，本件に皇族に対する罪を適用して被告人を死刑に処すべきことを促した。

児島大審院長は，松方首相・山田法相に対し，抗議の意見書を提出する一方，担当判事らに対し，外国皇太子に対する謀殺事件が皇室に対する罪に該当するはずがないという法学界の通説を改めて述べ，その翻意を促した。

結論として，大審院明治24年5月27日判決は，被告人に対し，通常謀殺未遂により無期徒刑を宣告した。

48）田中時彦「大津事件」（前掲8）の「日本政治裁判史録　明治・後」（昭和44年）143頁以下

田中時彦は，大審院長が担当判事らを説得したこと自体にも問題はあるものの，それ以上に政府の干渉の方が問題であり，行政当局とりわけ外交当局が裁判に干渉するのを排除したこと，外国皇太子を皇室と同様に扱えば日本国の主権保持に障害となりかねなかったところ，これを回避できたことなど，本件判決には大きな意義があったことを指摘し，大津事件が司法権の独立のための礎石となったことを肯定する。

　田中時彦の指摘に同感である。

　思えば，第2編第2章で取り上げたイギリス公使パークス襲撃事件（慶応4年2月30日）において，政府は，事前にイギリス当局に対して判決案を示し，その了解を得た上で，司法機関に判決をさせていたのである。大日本帝国憲法が制定され，これから不平等条約（領事裁判権など）を撤廃していかなくてはならないというのに，ここでもまた，政府は，外国（ロシア当局）の事前了解を得た内容で判決をさせようとしていたわけである。

　司法権の独立は，実務上，多くの困難を乗り越えて実現されていくものであることが分かる。なお，領事裁判権が撤廃されるのは，明治27年，第二次伊藤内閣の外相陸奥宗光による日英通商航海条約の締結まで待たなければならなかった（明治32年発効）。

　次節以下では，小田中聰樹の研究などを参考にしながら，大日本帝国憲法の下で展開された刑事組織法・刑事手続法・刑事実体法について，見ていくこととする[49]。

---

49) 以下の本文記載に当たっては，個別の参考文献のほか，全体として，次のような文献などを参考にした。前掲8)の「裁判所百年史」（平成2年），小田中聰樹「明治後期司法制度概説」（前掲8)の「日本政治裁判史録　明治・後」（昭和44年）582頁以下所収，小田中聰樹「大正期司法制度概説」（我妻栄「日本政治裁判史録　大正」（昭和44年，第一法規）576頁以下所収），小田中聰樹「昭和期司法制度概説（一）」（我妻栄「日本政治裁判史録　昭和・前」（昭和45年，第一法規）579頁以下所収），小田中聰樹「昭和期司法制度概説（二）」（我妻栄「日本政治裁判史録　昭和・後」（昭和46年再版，第一法規）543頁以下所収）等

第2節　刑事組織法

第1款　裁　判　所

　これまで，刑事組織法及び刑事手続法として，フランス法系の治罪法（明治13年太政官布告37号）が施行されていたが，明治憲法の制定に伴い，治罪法が廃止され，民事裁判・刑事裁判に共通する司法組織法として，ドイツ法系をも踏まえた裁判所構成法（明治23年2月10日公布，同年11月1日施行）が制定された。

　裁判所構成法によれば，裁判所は，4種（区裁判所，地方裁判所，控訴院及び大審院）とされ（1条），三審制度が採用されることとなった。

　すなわち，区裁判所は，違警罪及び一定の軽罪の第一審を管轄し（16条），地方裁判所は，区裁判所及び大審院の権限に属しない事件の第一審を管轄し，また，区裁判所の控訴を管轄した（27条）。控訴院は，地裁の第一審判決に対する控訴及び地裁の第二審判決に対する上告を管轄し（37条），大審院は，皇室危害罪，不敬罪，内乱罪，外患罪，皇族の犯した禁錮以上に処すべき罪の第一審にして終審を管轄し，また，控訴院の第二審判決に対する上告審を管轄するものとされた（50条）。

　但し，違警罪については，警察官署による即決裁判がなされた。

　判事・検事になるためには，競争試験（判事検事登用試験）に合格し，3年間の実地修習をすることが必要とされた（57条，58条）。

　裁判所構成法については，大正2年に大きな改正があった。これは，山本内閣による行政整理の一環によるものであり，これにより区裁判所は128か所が廃止され，判事・検事の大幅な整理が行われ，休退職は229名，転補・転官は443名に及んだ。また，大審院法廷は，それまで7名により構成されていたが，同改正により5名になり，控訴院法廷は，それまで5名により構成されていたが，同改正により3名に減じた。

　さらに，裁判所構成法の大正3年改正により，実務修習及び考試制度が導入され（57条改正），その後の高等試験令（大正12年3月施行）により，判事・検事になるためには，高等試験司法科試験・実務修習・考試という段階を踏むこ

とが制度化された。

第2款　検　　事

　裁判所構成法により，各裁判所には，検事局が付置され，検事は，裁判所に対して独立して職務を行うことと規定された（6条）。また，検事は，裁判事務に干渉してはならないことも明記された（81条）。

　同法によれば，検事は，公訴官とされ，また公益の代表者とされている。すなわち，「民事地方裁判所を除く外，各裁判所に検事局を附置す。検事は，刑事に付き公訴を起こし，その取扱上必要なる手続をなし，法律の正当なる適用を請求し，及び判決の適当に執行せらるるやを監視し，又民事においても必用なりと認むるときは，通知を求め，その意見を述ぶることを得，又裁判所に属し若しくはこれに関する司法及び行政事件につき公益の代表者として法律上その職権に属する監督事務を行う。」（6条）こととされた。

　検事の資格等については，前款記載とおり，判事と共通していた。

第3款　弁　護　士

　弁護士制度は，刑事に関する組織ではないが，便宜上，ここで論じることとする。

　明治憲法の制定に伴い，弁護士法（明治26年3月4日法律7号）が制定されると，代言人制度に代わって，新たに弁護士制度が創設された。もともと，同法は，裁判所構成法，刑事訴訟法等と並んで制定されるはずであったが，様々な議論が出て成案が遅れたのである[50]。

　弁護士法の原案は，司法次官箕作麟祥が起草したものといわれており，同法は，概ねフランス法にならいつつ，フランス法における二元主義（法廷弁護士と事務弁護士との2区分）を採用せず，弁護士一元主義を採用したものであった。免許制を廃止して登録制とするなど，ドイツ1878年（明治11年）帝国弁護士法と類似する点があることも指摘されている。

50）前掲10）の福原忠男（昭和51年）11頁以下

同法により，弁護士になるためには，弁護士試験に合格することが必要とされたが，受験資格は男性に限定されていた（2条，4条）。弁護士は，弁護士会への加入を強制され（24条），弁護士会は，検事正の監督下に置かれた（19条）。

福原忠男は，明治26年弁護士法の特徴として，以下の点を指摘する[51]。

① 弁護士は，通常裁判所又は特別裁判所において，法律に定めた職務を行う（1条）ものと規定され，弁護士の職務が裁判所に限局された。
② 免許制を廃して登録制とした。
③ 登録後3年を経過しない弁護士は，大審院においてその職務を行うことを得ない（12条）ものとされ，審級的制限が設けられた。これは，控訴院判事及び大審院判事の資格との均衡を図ったものとされている。しかし，その後，衆議院議員の議員立法により，弁護士法の改正（明治33年法律16号）があり，審級的制限（12条）は削除された。
④ 代言人の監督は検事の監督下に置かれていたが，弁護士は，検事正の監督を受けるものとされ，検事正が，弁護士の登録事務を取り扱い，懲戒訴追の請求をなすものとされた。

その後，高等試験令（大正12年3月施行）により，弁護士試験は，司法科試験に統合された。

さらに，弁護士法の改正（昭和8年5月1日公布，昭和11年4月1日施行）により，女性にも弁護士資格が認められることとなり，また，司法官試補の制度にならい，弁護士試補として実務修習を行い，考試を経て弁護士となることとされ（2条，3条），弁護士名簿は，各地方裁判所ではなく，司法省に備えることとされた（8条）。弁護士会は，法人とされ（29条），司法大臣の監督下に置かれることとなった（34条）。

明治30年，「日本弁護士協会」が任意団体として設立され，弁護士制度の改善を目指す活動を始めるが，大正12年，東京弁護士会から第一東京弁護士会が分離創設され，それに伴い，新たに「帝国弁護士会」が設立された。その後，帝国弁護士会の主導により，昭和16年11月，「在野法曹時局協力連盟」が結

---

51) 前掲10) の福原忠男（昭和51年）14〜15頁

成された。さらに，昭和19年2月,「大日本弁護士報国会」が結成されて，同年4月，日本弁護士協会は解散している。

第4款　警察制度

　警察制度については，概ね前編で論じたとおりである。警察が行政組織であることはいうまでもないが，便宜上，刑事組織法の中で論じる。

　戦前の警察人事は，政権与党に左右され，政権交代ごとに人事が刷新されていたといわれるが，そのため，野党側の不正な選挙活動を取り締まることが警察の重要な任務の一つとされるなどし，その他政権与党の意向が強く影響したことは，警察の行政運営等に重大な弊害があったことが伝えられている[52]。

　ここで，特別高等警察（特高警察）についても触れておく。

　政府は，明治44年8月21日，警視庁（東京）に「特別高等課」を設置し，同盟罷業，爆発物，新聞雑誌等の検閲を管掌させた。なお，集会，多衆運動，結社等は，総監官房高等課が管掌した。

　さらに，政府は，明治44～45年，全国各府県に「高等警察課」を設置し，大正12年には，10府県（北海道，長野，神奈川，愛知，京都，大阪，兵庫，山口，福岡，長崎）に「特高警察課」を設置し，昭和3年，残りの全府県にも特高警察課を設置し，全国の主たる警察署に「特高係」を設置させた。

　警視庁（東京）では，昭和7年6月，特別高等課と外事課とを合わせて「特別高等警察部」が設置され，昭和8年10月，警視庁警務部に「特別警備隊」が設置された。

　日本の特高警察につき，ナチス・ドイツのゲシュタポ（秘密警察）との共通性を指摘する者もいるが，異なる点も多い。すなわち，日本の特高警察は，独立した国家機関ではなく，警察の内部組織であったため，独自の人事権・予算権を持っておらず，ゲシュタポのような強大な行政機関ではなかったのであり，また，後に触れるとおり，ドイツでは，刑法改正により罪刑法定主義が明文で否定されることになったのに対し，日本では，ドイツ法学の輸入にもかかわら

---

[52] 前掲11）の田村正博（平成8年）36～37頁

ず，大日本帝国憲法が明記した罪刑法定主義が維持され，特高警察は，罪刑法定主義の規律の下に置かれていたのである[53]。

まず，ナチス・ドイツのヒットラーは，親衛隊（S・S）を作って4個師団を設け，ヒムラーを親衛隊長にするとともに，その指揮下にゲシュタポ（秘密警察）を作った。ゲシュタポは，形式的には，一般警察の指揮下に入っているが，実質的には，ヒットラーの近衛警察であった。ドイツ国内10か所にラーゲルを設置し，親衛隊長ヒムラーの認定を受けて，各地の警察署長が，ユダヤ人，共産党員らを1か所当たり約1万2000人送り込んで収容し，ここでは，取調べもない，裁判もない，刑期もない，と言われていた。

日本の特高警察は，このような秘密警察ではなかった。また，その仕事の大きな部分は，日本共産党員を説得誘導して共産主義を捨てさせること，いわゆる転向させることにあった。事実上，特高警察が拷問をしたことも指摘されているが，法律上，拷問は禁止されており，それは犯罪であった。

小林五郎は，特高警察が拷問をしたことについて，これを非難するとともに，他方，特高警察らの心情的背景にも言及する[54]。

> 「特高警察官は，『天皇陛下の警察官』として，光栄ある国家秩序を守るべき最前衛に立つ戦士としての矜持と自負とを持たされていた。……彼等にとっては，彼等を目して『犬』と侮辱する対手は，まさしく『赤い国賊』だったのである。」

> 「『犬』と侮辱される味方は，しばしば逮捕に際して『赤い国賊』のピストルの餌食となった。捕り物は，生命がけである。」

> 「敵は，概ねピストルを持っている。こちらは人数こそ多いが，皆，素手で立ち向かうのだから，いつでも，顔面蒼白，油汗を流す。しばしば身体の震えの止まらぬ場合もあった。首尾よく逮捕し得て，初めてそれまでの無我夢中の危険を脱したことを知ってホッと一息吐く。かくして対決の『場』が，逮捕されて，なおかつ昂然たる者と，捕らえた勝利者とによっ

---

53) 以下の本文の記載に当たっては，以下の文献なども参考にした。小林五郎「特高警察秘録」（昭和27年，生活新社）等
54) 前掲53）の小林五郎（昭和27年）41〜42頁

て，警察署内へ持ち込まれる。ここに，拷問を招き易い凄愴な空気が生まれがちであった。」

「共産党の大物に対しては，拷問が行われたという例を聞かない。」

なお，警察ではないが，大正 10 年 4 月 26 日，陸軍軍法会議法及び海軍軍法会議法が制定されている。

第 3 節　刑事手続法

第 1 款　明治 23 年刑事訴訟法

　治罪法が廃止され，大日本帝国憲法下での新たな刑事手続法として，刑事訴訟法（明治 23 年法律 96 号）が制定された。同法は，ドイツ 1877 年裁判所構成法及び刑事訴訟法を一応参考にしたものの，依然として治罪法が基本となっており，これに若干の修正が加えられたものである[55]。

　なお，法典の名称についてであるが，古来，我が国では，刑事手続のことを訴又は断獄，民事手続のことを訟又は聴訟と称し，刑事手続法として，断獄律，断令などが存しており，江戸時代には，吟味という用語も使用されていたところ，明治 13 年の立法では，法典名として「治罪法」を用いることとし，刑事手続のことを「治罪」，民事手続のことを「訴訟」というようになったが，大日本帝国憲法の下で新たな立法をするに当たり，その名称について議論があり，法案審議委員会の委員長（山田顕義司法卿）の意見により，刑事においても，民事と同様に「訴訟法」という名称を採用することとしたようである[56]。

　明治 23 年刑事訴訟法による刑事手続は，概ね治罪法と同様であったが，以下のような改正点（ないし実務運用）もあった。

【予審】
　予審については，①　区裁判所に移すか，②　軽罪公判に付するか，③　重

---

55) 前掲 18) の中山善房（平成 25 年）7 頁，前掲 49) の小田中聰樹（昭和 44 年）586〜587 頁
56) 前掲 17) の佐々波與佐次郎（昭和 42 年）66 頁，101〜110 頁

罪公判に付するかの区分に従って，予審終結決定がなされることとされた。
【公判】
　治罪法の時代から，被告人には，弁護人選任権があり，重罪事件では，弁護人の選任が必要的とされていた。
　この点につき，明治32年の刑事訴訟法改正により，訴訟能力の劣っている者に対する官選弁護人付与など弁護人選任権の範囲が拡大した。
【証拠調べ】
　被告人・弁護人は，依然として，直接的に証人に訊問する権利が認められていなかったが，裁判長に求めて訊問してもらうこととされた。
【判決】
　治罪法の時代から，刑を言い渡し，又は免訴を言い渡すには，事実認定及び法律適用の理由を明示し，無罪を言い渡すには，犯罪の証憑がないことを明示することとされていた。
　この点につき，明治32年の刑事訴訟法改正により，「罪となるべき事実及び証拠によりてこれを認めたる理由を明示し，かつ，法律を適用し，その理由を付すべし。」とされ，判決理由の詳細化が求められた。
【上訴】
　軽罪のみならず，重罪についても控訴を許すこととした。
　控訴理由がないときは，控訴棄却とすることとされた。
　また，上告理由が整備された。

第2款　大正11年刑事訴訟法

　帝国議会は，明治23年刑事訴訟法を全面改正し，新たに刑事訴訟法（大正11年法律75号）を公布した。同改正は，ドイツ1877年刑事訴訟法及び1920年同法改正草案の影響下になされたものであり，我が国の刑事訴訟法がフランス法系からドイツ法系へ転換を遂げたものと理解されている。
　大正11年刑事訴訟法の手続の概要は，以下のとおりである[57]。
【捜査】
　検事・司法警察官の捜査権限が拡大された。

すなわち，検事は，被疑者が住居不定のとき，現行犯人がその場所にあらざるとき，被疑者が常習として強盗又は窃盗の罪を犯したときなど，一定の場合であって，急速を要し，判事の令状を得ることができない事件（いわゆる要急事件）については，令状なくして，被疑者の勾引，勾留及び訊問，捜索，押収，検証，証人訊問などを行うことができることとされた。

　司法警察官も，要急事件については，被疑者の勾引，勾留及び訊問を除いた強制処分をすることができることとされた。

　また，検事は，強制処分を必要とするときは，公訴提起前と雖も，予審判事又は区裁判所判事に対し，捜索，押収，検証，被疑者勾留（勾留期間は10日間），被疑者訊問，証人訊問，鑑定（裁判上の強制処分）を請求することができることとなった。

【公訴】

　国家訴追主義の原則が徹底された。すなわち，明治23年刑事訴訟法までは，附帯私訴の制度があったが，大正11年刑事訴訟法により，同制度が廃止され，「公訴は，検事これを行う。」（278条）とされたのである。

　また，起訴法定主義が改められ，起訴便宜主義が採用された。すなわち，明治23年刑事訴訟法までは，法律上，起訴法定主義が採用されており，その硬直性を修正するため，実務上，「微罪不検挙」という取扱いがなされるようになっていたところ，大正11年刑事訴訟法により，「犯人の性格，年齢及び境遇並犯罪の情状及び犯罪後の情況により訴追を必要とせざるときは，公訴を提起せざることを得。」（279条）と明記され，起訴便宜主義が正式に採用されることになったのである。

【予審】

　捜査記録等は，すべて予審判事に引き継がれる。

　予審における未決勾留日数は，原則として2か月とされた。但し，勾留更新

---

57) 牧野英一「刑事訴訟法」（昭和3年重訂，有斐閣），小野清一郎「刑事訴訟法講義」（昭和8年全訂第3版，有斐閣，前掲18）の中山善房（平成25年）8頁，前掲49）の小田中聰樹（昭和44年）583〜585頁，前掲17）の佐々波與佐次郎（昭和42年）116〜117頁

ができ，その回数に制限はなかった（113条）。

　予審においても，弁護人を選任することができるものとされた。これにより，弁護人は，予審手続において，①　公判において召喚し難いと思料される証人につき，予審判事が訊問する際，これに立ち会うこと，②　必要とする処分を予審判事に請求すること，③　予審判事の許可を受けて書類・証拠物を閲覧・謄写することなどが可能となった。但し，弁護人は，被告人訊問に立ち会うことはできず，また，勾留中の被告人との接見・信書往復が制限されることもあった。

【公判】

　捜査記録，予審調書等は，すべて公判裁判所に引き継がれる。

　また，審判は，公開される。

　被告人には，弁護人選任権があり，重罪事件では，弁護人の選任が必要的とされた。

　公判手続としては，まず，判事が，被告人に対して人定質問をなす。

　続いて，重罪事件では，書記が検事の作成した公訴状を朗読し，軽罪事件では，検事が被告事件について陳述する。

　引き続き，職権主義が採用されており，被告人訊問及び証拠調は，裁判長がこれをなすこととされていた（338条1項）。そして，陪席判事は，裁判長に告げて訊問することができ（同条2項），検事又は弁護人は，裁判長の許可を受けて訊問することができることとされていた（同条3項）。

【証拠】

　検事又は司法警察官が作成した聴取書については，供述者が死亡したとき，供述者を訊問できないとき，及び訴訟関係人に異議がないときに限り，証拠能力が認められることとされた（343条）。

　すなわち，かねてから，検事及び司法警察官は，法律上，現行犯の場合を除き，被疑者・参考人を呼び出して訊問する権限を有していなかったものの，事実上，これらの者から事情聴取を行って「聴取書」を作成し，これを証拠として提出するという実務運用を始めていたが，弁護人は，これに反対してその証拠能力を争ってきた。

この点につき，大審院明治25年6月30日判決[58]，同年7月12日判決[59]等は，検事又は司法警察官が作成した聴取書の証拠能力が一定の場合に制限されるべき旨判示するに至ったが，その反面解釈として，一定の要件のもとに証拠能力を認めることとなり，大正11年刑事訴訟法は，これら判例を踏まえて，聴取書の証拠能力について明文規定を設けることとしたのである。
　なお，予審調書や，いわゆる要急事件において検事が作成した訊問調書，及び検事が予審判事又は区裁判所判事に請求した被告人訊問（裁判上の強制処分）の調書については，その証拠能力に制限はない。

【判決】
　裁判所が有罪判決の言い渡しをするに当たっては，「法律上犯罪の成立を阻却すべき原由又は刑の加重減免の原由たる事実上の主張」に対する判断を示すべしとされた（360条）。

【上訴】
　上訴審における覆審主義の徹底が図られた。覆審とは，下級審における事実認定・法令適用の審判結果を前提とせず，上級審が改めて事実認定・法令適用などの審判をやり直す制度のことをいう。
　覆審は，基本的には控訴審において認められるものである。
　上告審は，全国の裁判所における法令解釈を統一することに基本的な意義があるわけだが，大正11年刑事訴訟法により，上告理由については，法令違反のほか，量刑不当，再審事由，重大な事実誤認が加わった。

　牧野英一は，大正11年刑事訴訟法について，その基礎概念として，職権主義，直接審理主義などについて解説する[60]。
　「三　実体的真実主義，職権主義
　　刑事訴訟法は既に存立せる事実の真相を発見するをもってその本旨とす

---

58) 大審院明治25年6月30日判決・法律新聞1875号4頁
59) 大審院明治25年7月12日判決（前掲49）の「日本政治裁判史録　明治・後」193頁）
60) 前掲57)の牧野英一（昭和3年）11～13頁

(略)。故に，一方においては，職権主義 Offizialprinzip を採り，裁判所の職権をもって審理を遂行し，当事者の私和（抛棄，和解，認諾）を認むることなし。検事は，公訴を取り消すことを得るも，その時期は，予審終結決定又は第一審の判決あるまでに限らる。又，手続をもって事実の断定を強制することを許さず。したがって，証拠の蒐集は，検事又は被告人の請求による外，職権をもってこれをなし，諸種の証拠の判断は，自由なる心証をもってこれをなし，法定の覊束を受くることなし（337）（自由心証主義……）。」

「四　直接口頭弁論主義

　実体的真実主義を貫徹するため，刑事訴訟法は，また直接審理主義 Unmittelbalkeit 口頭主義 Mündlichkeit 及び弁論主義 Contradiction を採る。即ち次の如し。
　……
　(1) 公判は，判事，検事，被告人出廷の上これをなす（329，320）。……
　(2) <u>裁判所は，直接に被告人を訊問す。</u>……
　(3) <u>当事者は，判事の面前において弁論をなす</u>（133 以下，345 以下）。」

　さて，次編で取り上げるとおり，太平洋戦争の終結後，アメリカ法系を継受した昭和 23 年刑事訴訟法が制定され，当事者主義が標榜されることになる。

　私見では，当事者主義とは，検察官と被告人・弁護人とが，対立当事者としてそれぞれの主張・立証活動を行い，裁判所が，第三者的立場から双方の主張・立証活動を踏まえて審判するという考え方をいうものと考えている。この点，論者によって多義的な用語法が用いられることがあり，例えば，当事者主義のことを適正手続とほぼ同義に用いる者もいるようなので，注意が必要である。

　牧野英一がいう職権主義とは，この当事者主義の対立概念と理解してよいと思われる。牧野英一は，大正 11 年刑事訴訟法の基礎概念として，弁論主義も指摘するが，そこでいう弁論主義とは，職権主義の下，検事と被告人・弁護人が，判事の前でそれぞれの主張を述べることができる，という内容にとどまっている。

牧野英一の解説は，明快である。直接主義は，裁判所が被告人を直接訊問するなど直接的に証拠資料を取り調べることを意味し，口頭主義及び弁論主義も，同じ文脈の中で用いられている。要するに，裁判所が公判の中心ということであり，これは，職権主義とつながる法概念なのである。

　ちなみに，法律学辞典でも同様の説明がある。すなわち，直接主義とは，刑事訴訟において，判決をする裁判官がその事件の法廷での弁論と証拠調べに自ら立ち会っていなければならないという原則をいう。また，公判中心主義とは，刑事事件の審理が裁判所の公判手続を主な舞台として行われるべきだとする考え方をいう[61]。

　このように，直接主義は，本来，職権主義の文脈で用いられる用語法なのであり，それは，公判中心主義と言い換えてもよい内容である。

　仮に，当事者主義を採るのであれば，当事者間において同意があれば，証拠調べなどは省略する，といった法制も立法化できそうなのだが，直接主義・公判中心主義の下では，当事者間において争いがなくても，裁判所が中心となって，公判で，直接，口頭による証拠調べが実施されることになる。

　戦後，直接主義と公判中心主義は，いずれも当事者主義と関連付けて理解されるようになるが，もともとは，大正11年刑事訴訟法の下での考え方である。直接主義が当事者主義と異なる考え方であることは，平野龍一も指摘するところであるが，公判中心主義も，当事者主義とは別物なのである。

　小野清一郎も，大正11年刑事訴訟法について，その基本原則として，弁論主義，職権主義，直接審理主義などについて解説する[62]。

　　「第一節　弁論主義」

　　「弁論主義（contradiction）とは，訴訟主義の第二の意義，即ち訴訟手続を当事者の弁論，即ち当事者相互にその主張をなし，かつ，その根拠を明らかにする行為によりて進行せしめんとする主義をいう。またこれを当事者主義（Parteiprozess）とも称する。この主義は，疑いもなく公判手続にお

---

61) 前掲1）の「直接主義」，「公判中心主義」の項を参照されたい。
62) 前掲57）の小野清一郎（昭和8年）416頁以下

ける第一の原則である。」

「イギリスの公判手続が徹頭徹尾当事者の弁論及び立証を主とし，裁判官は単に訴訟を指揮するのみであるに反し，大陸の刑事訴訟法は，その公判手続において著しき職権主義の色彩を有し，裁判所が職権をもって事実及び証拠の取調をなすことを認めているのである。第19世紀の経過において大陸の刑事訴訟は常に弁論主義化の傾向によって支配されたのであるが，それにも拘わらず，職権主義の伝統はなお維持され，イギリスにおけるがごとき公判手続，ことに当事者の反対訊問（cross-examination）は採用されるに至らなかった。」

「私は，国家絶対主義及び自由主義（個人主義）を共に止揚する文化主義的見地の下に，弁論主義が少なくとも現在の社会的事情の下において公判手続の指導原理であると考える。ただ実体的真実発見のためにこれを職権主義的に制限し，控制することによって，それが無内容なる弁論に終わらざらしむることを期すべきである。」

「公判における審判の対象は，検事の公訴提起によって限定され，その外に出づることを得ぬ。しかしながら，その限界内において，裁判所は，職権により事実及び証拠の取調をなすことを得るのみならず，また実に法律上その取調をなすの義務を負うのである。」

「第二節　口頭主義及び直接審理主義」

「口頭主義（Mündlichkeit）とは，専ら口頭により提供されたる訴訟資料に基づきて裁判をなすべきものとする主義をいう。これに対立する観念は，いうまでもなく書面主義であって，専ら書面に記されたる訴訟資料を裁判の基礎となすことをいうのである。」

「口頭主義は，口頭により提供された訴訟資料に基づきて裁判をなすべきことを要求する。しかる限り，その口頭供述を受領する裁判官は，終始同一の裁判官でなければならぬ。即ち公判裁判所を構成する判事は，審理の最初から判決を下すに至るまで同一であり，その親しく受領したる訴訟資料の全体に基づいて判決をなさねばならぬ。また，その公判手続は，継続して行わるることを要する。」

「かくのごとき口頭主義の要請は，左の二つの場合において公判手続の更新をなすべきことを規定せしむるのである。
一　開廷後，判事の更迭ありたるときは，公判手続を更新すべし。
　……
二　開廷後，被告人の心神喪失により公判手続を停止し，又はその他の事由により引き続き 15 日以上開廷せざりし場合においては，公判手続を更新すべし（第 353 条）。」

「口頭主義と密接の関係を有するは，証拠調に関する直接審理主義又は直接主義（Unmittelbalkeit）の原則である。直接主義とは，その基本観念よりいえば，証明すべき事項と裁判所の知覚との間における仲介を出来るだけ少なくすることによって事実認定の上における誤謬の原因を排除せんとすることである。この原則は，第一に，証拠方法は出来る限り犯罪事実に直接なるものを取調ぶべきことを要請する。……直接主義の原則より来る第二の要請として重要なるは，<u>およそ証拠方法は被告事件につき裁判をなす判事により直接に取調べらるることを要し，他の判事又はその他の官吏の取調べたる結果の報告によりて裁判をなすべきでない</u>ということである。この意味における直接主義は，陪審法においては証拠能力の制限にまで高められている。『証拠は別段の定ある場合を除くの外，裁判所の直接に取調べたるものに限る』（陪審法第 71 条）とあるものこれである。」

小野清一郎の解説は，分かりにくい。

まず，小野清一郎のいう弁論主義とは，戦後でいう当事者主義のことを指し，牧野英一のいう弁論主義とは異なるもののようである。

問題なのは，当事者主義（彼のいう弁論主義）が原則であるといっておきながら，結論として，当事者主義が職権主義により修正されるといっている点である。しかも，その理由を説明して，国家主義と個人主義という二つの立場を前提にして，両者を文化主義的に止揚するというのだが，その説明内容は，理解困難というほかない。

結局，大正 11 年刑事訴訟法の理解としては，牧野英一のいうとおり，職権主義・直接主義・公判中心主義といった原則を中心に理解するのが相当と思わ

れる。

　ここで，大正11年刑事訴訟法の理解として，戦後の視点にも触れておきたい。

　中山善房は，大正11年刑事訴訟法について，自由主義的な色彩が強く，以下のような特色があったと指摘している[63]。

① 　強制処分に対する規制の強化
② 　不告不理の原則の徹底
③ 　被告人の当事者としての地位の強化と弁護制度の拡充
④ 　上告理由の拡充

　平野龍一は，公判前の取調べについて，大陸法系の予審判事と英米法系の警察官とを対置した上で，予審判事による被告人の取調べが有罪立証のための決定的な証拠になっていたことを指摘し，これを問題視しており，大正11年刑事訴訟法に批判的のようである。

　但し，平野龍一は，その一方で，アメリカの警察官による取調べはもっと酷かったともいう[64]。

　「アメリカでは，検察官の制度を採用したほかは，ほぼイギリスの制度をそのまま受け継いでいた。ところが1931年，ウィッカーシアム委員会が，『法の執行における無法』という報告書を発表し，警察による多くの不法な捜査活動，とくに自白の強要が行われていることを明らかにし，世論にショックを与えた。そして，その対策として，フランスのように『捜査の司法化』をはかるべきかどうかが検討された。しかし，裁判官であっても，また黙秘権を告知したとしても，被疑者を強制的に取り調べるのは，憲法の保障する黙秘権の侵害ではないかという疑いがあり，その他強制権限の濫用がないとはいえない。だからといってフランスのように予審に弁護人の立会を認めると，十分に取調ができないので，予審をおく意味がない。こういう理由で，アメリカでは，『捜査の司法化』は採用されず，むしろ

---

63) 前掲18) の中山善房（平成25年）8頁
64) 平野龍一「刑事訴訟法概説」（昭和43年，東京大学出版会）6～7頁，176頁

警察の捜査活動を，とくに違法に収集された証拠は採用しないという方法などできびしく規制するという方法がとられた。」

「アメリカの連邦最高裁判所は，とくに1940年代になって，後者（引用者注：虚偽排除説と人権擁護説とのうちの後者）を強調し，警察官に『文化的な規準』を遵守させるために，自白の任意性という規準を用いはじめた。連邦の下級裁判所には，マックナップ・マロリー・ルールというものが適用される。アメリカでは，被疑者を逮捕したときはただちに裁判官のところに引致しなければならないが，それが遅延したときは，その間にした自白は『不当に長い抑留拘禁後の自白』として排除される。」

松尾浩也は，アメリカでは戦後も警察官による蛮行が繰り返されたという[65]。

「禁酒法は廃止されたのに，どうして警察と民衆との関係は好転しないのか。それにはいくつかの理由があるが，その第一の要因は，人種問題の激化である。第二次大戦を契機として，黒人の相当数は北部の大都市へ移住し，これにメキシコ系，プエルト・リコ系などのスペイン語種族が加わって，人種差別の場が広がった。また，南部でも，いわゆる公民権運動の浸透とともに対立抗争は激しくなり，警察権力は，そこではあからさまに差別的な社会制度の維持を目指して動いているといわれる。」

太平洋戦争の終結後に制定される刑事訴訟法（昭和23年法律131号）は，アメリカ法系の強い影響を受けたものと理解されており，フランス法系・ドイツ法系の予審制度を廃止し，それまで検事の補助官であった警察を第一次捜査機関として位置付けることになるが，この点については，次編で論じる。

第3款　陪　審　法

帝国議会は，大正11年刑事訴訟法の制定とほぼ同時期に，陪審法（大正12年法律50号）を制定した（昭和3年10月1日施行）。陪審制度は，司法の分野に国民参加を認めるものであり，英米法系の制度を我が国に導入したものと理解

---

65) 松尾浩也「刑事訴訟の原理」（昭和49年，東京大学出版会）154頁

されている[66]。

陪審法の概要は，以下のとおりである。
① 対象事件には，法定陪審事件（2条）と請求陪審事件（3条）があった。前者は，死刑又は無期の懲役若しくは禁錮に当たる事件であり，後者は，長期3年を超える有期の懲役又は禁錮に当たる事件で，地方裁判所の管轄に属するものにつき，被告人から請求があった事件である。

　皇室，内乱，外患及び国交に関する罪，騒擾罪等の事件は，対象事件から除外された（4条）。陪審法の改正（昭和4年4月4日）により，治安維持法違反の罪も，対象事件から除外された。

　被告人は，法定陪審事件であっても，陪審を辞退することができ，また，請求陪審事件であっても，請求の取り下げが認められており（6条），被告人が公訴事実を認めると，陪審の評議には付されなかった（7条）。
② 陪審員の資格は，30歳以上の男子であること，2年以上同一市町村に居住して直接国税3円以上を納めること，読み書きをなし得ることなどであった（12条）。
③ 陪審は，12名の陪審員で構成された（29条）。
④ 陪審に先立って，公判準備期日が開かれ（35条），争点を明らかにする目的から被告人訊問が行われたという。

　なお，起訴陪審（起訴するか否かを決定する予審。英米では，大陪審ともいう。）は採用せず，公判陪審（英米では，小陪審ともいう。）のみを採用した。
⑤ 証拠能力に関する規定は，直接審理を前提とするものとなっていた（71～75条）。
⑥ 裁判長は，弁論終結後，陪審員に対し，犯罪の構成に関し，法律上の論点，問題となるべき事実及び証拠の要領を説示し，犯罪構成事実の有無を問い，陪審員は，その過半数の意見により犯罪構成事実を肯定することができ，過半数に達しないときは犯罪構成事実を否定したものとされ，その評議結果を

---

[66] 河上和雄ほか「注釈刑事訴訟法［第3版］第1巻」（平成23年，立花書房）38～40頁［植村立郎執筆部分］

裁判所に答申する。
⑦　裁判所は，陪審の答申を不当と認める場合には，陪審を更新して他の陪審の評議に付することができた（77条，88条，91条，95条）。
⑧　陪審の答申を採択して事実の判断をした事件の判決に対しては，控訴することができなかった（101条）。
　　但し，適法に陪審を構成しなかったことなどを理由とする上告は可能であった（104条）。

　さて，帝国議会は，昭和18年，「陪審法の停止に関する法律」（昭和18年法律88号）により陪審制度の運用を停止することとした。
　この間に実施された陪審裁判は，合計459件（法定陪審事件が447件，請求陪審事件が12件）であり，そのうち，陪審の更新により無罪が覆って有罪となった事件が17件，陪審の更新によっても無罪が維持された事件が6件だったようである[67]。
　植村立郎は，陪審制度の問題点等について，以下のように指摘する[68]。
　すなわち，裁判所は，陪審の答申を不当と認めて陪審を更新し，新たな陪審に別の答申を求めることがあったが，その原因の一つとして，制度的な背景が考えられるという。陪審員は，法廷における証拠調べだけで心証を形成することになっていたが，裁判官は，捜査記録，予審調書等をすべて引き継いでおり，陪審員と裁判官とでは，心証形成にずれが生じ得るのであって，裁判官の視点からすると，陪審員の事実認定が不当に見える事態が生じかねないのだという。その他，陪審員や訴訟当事者の負担が大きかったこと，国民の間に陪審制度への理解が浸透しなかったことなどの問題もあり，陪審制度が停止されるに至ったのであろうという。
　植村立郎の指摘は，平成の時代に制度化される裁判員裁判の制度設計等に関しても，参考になるところである。

---

[67] 最高裁判所事務総局「我が国で行われた陪審裁判」（平成7年）
[68] 前掲66）の植村立郎（平成23年）40〜42頁

第 4 款　行政執行法

　行政執行法（明治 33 年法律 84 号）は，行政法であり，刑事法ではないものの，便宜上，ここで述べることとする。

　同法は，形式的には，一般行政法の一つということになりそうだが，実質的には，行政警察を念頭に置いて制定された法律と理解してよい。同法は，内務省警保局の立案に係るものでもある[69]。

　行政執行法の立案に関与した有松英義は，同法の目的が警察権限を創設するところにあり，警察権限の範囲を定め，その濫用・逸脱を規制し，臣民（国民）の権利・自由を保護することにより，立憲政治の精神に適うところとなる旨を説いた[70]。

　これに対し，内務大臣は，府県長官宛てに，行政執行法の権限規定（1 条）が創設規定ではない旨の訓令を発している（明治 33 年内務大臣訓令 610 号）。

　同法につき，警察権限を創設した規定ととらえるか，あるいは単なる注意規定にすぎないととらえるのか，その考え方の相違は，後の行政警察作用の在り方に影響を及ぼしたように思われる。

　もともと，行政警察権の範囲は，漠然としていたが，時代を経るに従って権限拡大の一途をたどったように見える。個別具体的な根拠規定がない限り警察は動けないという考え方を採用した場合，警察の運用上，現実的な不都合を生じることがあり得たかもしれないが，逆に，個別具体的な根拠規定がなくても警察は自由に動けるという考え方を採用した場合，警察権限の濫用・逸脱の有無・程度を判断することが難しくなり，国民の自由な活動を保障する上で支障が生じる可能性が生じかねない。そのバランスが問題となる。

　また，行政警察活動が司法警察活動に発展せずに終了した場合，捜査活動として把握されることはなく，ましてや刑事裁判になることもなく，その手続に検事・判事が関与することはないが，ここで問題になるのは，外部機関が関わらないために，仮に，違法な警察活動が行われたとしても，内部手続が不透明

---

69) 田宮裕ほか「大コンメンタール警察官職務執行法」（平成 5 年，青林書院）6 頁［河上和雄＝渡辺咲子執筆部分］
70) 有松英義「行政執行法講義」1 頁

なままに終わってしまいかねないということである。

　例えば，行政執行法は，以下のとおり，行政警察権の行使として，①予防検束，②仮領置，③立入り等の権限規定を設けていた。

　　第1条　当該行政官庁は，泥酔者，瘋癲者，自殺を企てる者，その他救護を要すると認むる者に対し，必要なる検束を加え，戎器，兇器その他危険のおそれある物件の仮領置をなすことを得。暴行，闘争その他公安を害するのおそれある者に対し，これを予防するために必要なるときもまた同じ。

　　　　前項の検束は，翌日の日没後に至ることを得ず。仮領置は，30日以内においてその期間を定むべし。

　　第2条　当該行政官庁は，日没後においては生命，身体又は財産に対し危害切迫せりと認むるときにあらざれば，現居住者の意に反して邸宅に入ることを得ず。但し，旅店，割烹店，その他夜間と雖も衆人の出入りする場所において，その公開時間内は，この限りにあらず。

　以上のとおり，予防検束（1条）については，公安を害するおそれがあると認められるとき，翌日の日没まで身柄を拘束することが許容されており，また，邸宅への立入り（2条）は，法定の要件がある場合，強制的になし得るものと解されており，かつ，昼間であれば無制限になし得るものとされていたが，これらの規定が濫用される危険が皆無とはいえないように思う[71]。

　大正11年刑事訴訟法の規定が適用されるのは，刑事手続に限られており，当該警察作用が行政警察作用である限り，同法が適用されることはないのであるが，当時は行政救済法なども整備されておらず，問題があったように思われる。

---

71) 田宮裕ほか「大コンメンタール警察官職務執行法」（平成5年，青林書院）348〜349頁［渡辺咲子執筆部分］

第4節　刑事実体法

第1款　明治40年刑法

　政府（司法省）は，明治13年刑法（明治13年太政官布告36号）を施行していたが，大日本帝国憲法が公布され（明治22年），帝国議会が開かれたことに伴い，刑法の改正に努めることになった。そして，明治24年，同34年，同35年及び同36年と，何度も帝国議会に刑法改正案を提出した。

　しかし，いずれの改正案も帝国議会において成案可決とならず，ようやく可決されたのが，現行の明治40年刑法（明治40年法律46号）である。

　明治40年刑法は，ドイツ法系を導入したものと言われており，後述する教育刑論の主張を立法化したという側面がある[72]。

　すなわち，明治40年刑法は，犯罪類型を包括的に規定し，法定刑の幅を広くしている。すなわち，従前行われていた重罪，軽罪及び違警罪の3区分は廃止され，刑罰の種類も簡素化され，刑罰のうち主刑は，6種とされた（死刑・懲役・禁錮・罰金・拘留・科料）。

　例えば，殺人について言えば，条文が一つになり（199条），明治13年刑法のような細かな犯罪類型はない。しかも，殺人の法定刑は，「死刑又は無期若しくは3年以上の懲役」という極めて幅の広いものとなった。法定刑の下限が懲役3年ということは，実刑ではなく執行猶予を付すことも可能であるということを意味する（25条）。要するに，下は執行猶予から上は死刑まで，裁判所の量刑判断につき裁量の幅を大きく拡張したということである。

　なお，違警罪に当たる軽微な犯罪は，刑法典から削除されている。

　その後，教育刑論の主張をさらに推し進めるかのように，たびたび刑法を抜本的に改正しようとする動きはあったものの，結局，大規模な改正がなされないまま時が経過している。

　まず，臨時法制審議会は，大正15年10月，「刑法改正の綱領」を決議した。

---

[72] 以下の本文記載に当たっては，以下の文献等も参考にした。大塚仁ほか「大コンメンタール刑法　第二版　第1巻」（平成16年，青林書院）24頁以下［大塚仁執筆部分］等

これは、醇風美俗の維持を基本理念として、社会防衛論に基づく刑事政策的見地を加味したものであった。

次に、同綱領が指導的役割を果たすことにより、「改正刑法仮案」（昭和15年4月25日発表）が作成された。改正刑法仮案では、安寧秩序に対する罪を新設するとともに、教育刑論に基づき、不定期刑、判決の宣告猶予、保安処分、保護観察などの諸制度を設けることを予定していた。

その後になされた刑法改正（昭和16年3月11日）では、人心惑乱目的・経済混乱誘発目的の虚偽事実流布罪（105条の2）、戦時虚偽事実流布罪（105条の3）、戦時国民経済運行阻害罪（105条の4）などが新設されたに止まっており、大規模な改正はなされていない。

なお、陸軍刑法及び海軍刑法が明治41年4月9日に公布され、同年10月1日から施行された。

第2款　古典学派と近代学派との刑法論争（学派の争い）

明治40年刑法は、ドイツ法系を継受したものであるが、それは、ドイツ刑法学を導入することも意味した。

そのドイツ刑法学界では、19世紀から20世紀にかけて、古典学派と近代学派の刑法論争（学派の争い）があり、それが他のヨーロッパ各国や日本にも波及し、近代学派の唱える教育刑論などが伝わったのである[73]。

まずは、大塚仁、前田雅英らの研究などを参考にして、学派の争いの意義を整理してみたい。なお、各学派及びその内部における各学説の相違点などについては、子細に見れば複雑極まりなく、それらの学派・学説の分類方法やその内容は、研究者によって見解の相違も大きいことから、本書では、大塚仁の整理を基本としつつ、最終的には私の責任において整理している。あらかじめご容赦願いたい。

まず、古典学派は、カント（1724年～1804年）、フォイエルバッハ（1775年

73）前掲72）の大塚仁（平成16年）10～23頁、前田雅英「刑法総論講義第4版」（平成18年、東京大学出版会）16～34頁など

〜1833年），ヘーゲル（1770年〜1831年），ビンディング（1841年〜1920年），ビルクマイヤー（1847年〜1920年）らが中心をなす。これらの見解を類型的に整理すると，その理論は，個人が自由意思を持つ理性人であり，個人が犯罪行為に及んだのは外部的に決定されたことではなく，自ら主体的に選択したものであり（非決定論），犯罪行為に及ぶことを選択した犯罪意思には，道義的非難が加えられ，そこに責任が生じるのであって（行為責任論，個別的責任論），刑罰とは，犯罪行為に均衡する犯人に対する害悪であり（応報刑論），また，一般人をして犯罪行為に及ぶのを防止するものだとする（一般予防論）。不定期刑は認められるべきではない，刑罰と保安処分とは性質が異なっている（二元説）などと主張することになる。その犯罪論は，行為の社会的危険性の程度に着目して可罰性を論じることになる（現実主義，客観主義）。日本では，大場茂馬（1869年〜1920年），小野清一郎（1897年〜1986年）らが古典学派とされている。

近代学派は，フェリー（1857年〜1929年），リスト（1851年〜1919年）らが中心をなす。これらの見解を類型的に整理すると，その理論は，個人がどのような行為に及ぶかは素質と環境により決定されているが（決定論），社会的危険性を発現させる行為者自身には，社会的責任があるのであって（行為者責任論，社会的責任論），刑罰とは，本能的な応報観念によるべきものではなく，一定の目的が存在するのであり，それは，犯罪者から社会を防衛するための処分であり（社会防衛論），そのために，犯人を教育して改善させ，その再社会化により再犯に及ぶのを防止するものだとする（教育刑論・特別予防論）。個々の犯罪者の社会的危険性の個性に着目するため，刑罰法令の法定刑の範囲は上下に拡張されるべきである，不定期刑を導入すべきである，刑罰と保安処分とは性質が類似している（一元説）などと主張することになる。その犯罪論は，行為者の社会的危険性の程度に着目して可罰性を論じるので，その徴表により行為者の社会的危険性の大きさが認められれば，行為それ自体の社会的危険性が大きくなくても，可罰性ありと論じることになる（徴表主義，主観主義）。日本では，勝本勘三郎（1866年〜1922年），牧野英一（1878年〜1970年）らが近代学派とされている。

各学派の理論的モデルの紹介としては，概ね以上のようになろうかと思うが，

これは，一つの整理にすぎない。

　ドイツにおける古典学派と近代学派とによる激しい刑法論争（学派の争い）は，その後，ヨーロッパや日本にも伝播したが，各学派内部の論者相互の相違にまで立ち入ると，その内容は不分明となっていき，各学説間の関係は複雑極まりない様相を呈する。

　例えば，リストは，近代学派と目され，刑罰論では，教育刑論をとる。極端な教育刑を想定すると，犯罪者に改善が認められない場合，刑罰を相当長期間にわたって継続することになり，不定期刑に結びつきかねないが，リストは，罪刑法定主義を重視し，その点では，古典学派のフォイエルバッハに近い。

　逆に，ビンディングは，古典学派の完成者と目され，刑罰論では，犯罪行為を選択したことに対する道義的責任を強調し，応報刑論をとる。応報刑論をとるのであれば，犯罪論において，罪刑法定主義を重視した理論をとることになりそうだが，ビンディングにとって，規範とは不文のものであり，法規はその規範を知るための一つの手段にすぎないともいい，書かれた条文は重視していないかのようなのである。

　このような状況では，そもそも，古典学派及び近代学派という純粋な理論モデルを想定してもよいのだろうかという疑念すら生じかねない。

　ここで，日本における代表的な学説として，泉二新熊，牧野英一及び小野清一郎を取り上げてみよう。

　泉二新熊は，学派の争いにつき折衷的な立場に立ち，応報刑論，一般予防論，特別予防論のいずれについても理由があることを認める[74]。

　　（刑罰権の根拠に関し）「法律上の見地より必要説を主張したるものは，ベンサム（Bentham）（英）一派なり。国家は，社会秩序の維持者にして，この維持のためには刑罰を行うの必要あり。すなわち<u>刑罰権は，社会秩序維持の必要に起因するものなり</u>とするを要旨とす。

　　……

　　現今の法律観念としては，刑罰権の根拠は，必要説にて説明するをもっ

---

[74] 泉二新熊「刑法大要」（昭和9年全訂増補30版，有斐閣）15～16頁，21～22頁

て足る。」

（刑罰権の目的に関し）「これを要するに，刑罰は，犯罪予防の手段にして応報なり。予防は，特別の方面に限らずして，一般の方面を併せて観察せざるべからず。しかして，予防的応報刑の程度は，犯罪行為に表示されたる犯人の非社会性を標準となすべきものなるが故に，行為を度外視して絶対的に犯人の性格のみを標準となすべきものにあらず。そもそも社会の活現象は複雑多端にして，これを対象とする刑罰の任務もまた多方面ならざるべからず。要は，調和にあり。極端の応報主義，事実主義又は極端の特別予防主義，人格主義は共に実際の社会現象に応用すべからざる空論なり。しかして，我が現行刑法のごときは旧刑法に比し遙かに多くの点において特別予防主義の要求を容れたること疑いなしといえども，かくのごとき片面観を貫徹したるものにあらずして，結局，折衷的見地を採りたるものと認むるを可とす。しかれども，新派の学者は，現行刑法をもって絶対的に主観主義なりと認め，旧派の学者は，これをもって絶対的に応報主義なりと解するもののごとし。蓋し，互いに観察点を異にするより生ずる当然の結論なりといえども，予輩の採らざるところなり。」

泉二新熊は，実務家であり，その見解は，常識的で穏当な内容となっている。司法実務の立場ともいえよう。

牧野英一は，目的刑論を採り，矯正可能な者に対する刑罰と，矯正不能な者に対する保安処分とを容認する[75]。

「目的刑主義は，刑罰が犯罪人の意思にいかなる影響を及ぼすべきかを考えて，犯罪人を矯正可能の者と矯正不能の者とに区別することになった。これが刑事政策の第一歩であった。そうして，別に環境が犯罪人に及ぼす影響を論ずることによって，刑罰の外に，広く刑事政策の見渡しを考えることになった。

　さて，矯正可能の者に対してはそれを矯正することを考えねばなるまい。かくして，応報という考え方に代えて改善という思想が構成されるこ

---

[75] 牧野英一「刑法総論」（昭和15年，有斐閣）19～20頁，23頁

とになった。そうして，矯正不能の者に対しては，加害を不能にならしめるがために，これを社会から隔離することが考えられねばならぬ。かくして，又，害悪を科するという考え方に代えて，排害，すなわち侵害を不能ならしめる処分という思想が成立せしめられることになった。」

「さて，国家が国家を全からしめるためには，国民のすべてに対し，その志を遂げて倦まざらしむるの政治を行わねばならぬ。そうして，その間において，犯罪人は，犯罪人ながら，やはり，また国民であることを考えねばならぬ。わたくしは，神を論ずるの資格はないのであるし，法律論のここに神を論ずることを好まないのであるが，しかし，神は最後の一人をも捨てないということを聞いている。国家も，また，この点においては神の仕事を追うているのである，といってもいいのではなかろうか。犯罪人をも，国家の懐に収容して，これを自己に同化させるというところに，刑政上，国家の国家らしき任務があるのである，ということを考えたい。そうして，それは，審きをなすの神の立場を自己に僭するのでなく，最後の一人をも救わんとする神に従うの点において，国家の倫理的構成を全うするものであると考えるべきではなかろうか。」

牧野英一は，学者であり，世界最先端のドイツ法学理論を採り入れ，教育刑論に傾いたというのも理解できるところではある。

一般的には，泉二新熊が応報刑論を重視し，牧野英一が教育刑論を採ったものと理解されることが多く，両者は，しばしば対置されてきた。

私見では，応報刑論は，自由主義につらなる小さな国家論を念頭に置き，教育刑論は，社会主義につらなる大きな国家論を念頭に置いているものと理解している。応報刑論及び教育刑論は，立場が異なるものの，いずれも「国家」と「国民」の存在を念頭に置いた理論であり，同じ土俵の上での意見対立といえる。国民が国民を統治するという国家論に立つとき，自由主義的な方向に舵を取るのか，社会主義的な方向に向かうのかは，国民の代表である国会が決めるべきものであろう。

私自身は，自由主義につらなる応報刑論を重視した方向で刑罰権の行使を考えるべきであると考えるが，明治40年刑法が教育刑論を採り入れていること

は間違いなく，国民の代表である国会が決めたことは，最終的な国家意思となる。その意味では，牧野英一の立場は理解できるものである。

問題は，小野清一郎である。

小野清一郎は，応報刑論を採るといいながら，一般予防論・特別予防論を突き抜けて，さらには共同社会における倫理や人格の完成までをも刑法の目的に取り込む[76]。

「端的に私の見解を述ぶるならば，私は，刑罰をもって不法にしてかつ道義的に責任ある行為としての犯罪に対する法律上の制裁として国家により行為者に科せらるべき法益の剥奪であり，その意味において，その本質は，正に応報であると信ずるものである。」

「いわゆる一般予防は，物質的な威嚇に流れてはならぬ。……人格の道義的責任を条件として科刑し，かつその執行が結局，道義的意識の覚醒によって国民的共同社会の存在を維持し，完成せんとする目的を有するものなることを明らかにせねばならぬ。」

「いわゆる特別予防は，単に実証主義的に考えられた危険性又は悪性（Pericolosità）を有する個人を改善し，又はその加害を排除するだけのものではない。……私は，更に一歩をすすめて，国民的共同社会における倫理的主体としての真の意味における人格を完成する点にその最後の目標をおくべきものであると信ずる。」

「私は，将来における全法律秩序の進化は，一般文化の発展を目的とする共同社会を目標としていると信ずるものであるが，刑事制度も，その理念の下に形成されなければならぬ。就中，社会的生存利益を保護するのみでなく，その文化的高揚を重んずる刑法であらねばならぬ。支配社会的威力主義でなく，利益社会的功利主義でなく，共同社会的文化主義が刑法の指導精神であらねばならぬ。しかして，その意味において，私は，道義的責任に基づく法律的応報による共同社会的文化への転向をもって刑法の核心をなすものであると信ずるものである。」

---

76) 小野清一郎「刑法講義」（昭和7年，有斐閣）12頁，16～18頁，25～26頁

小野清一郎は，牧野英一を乗り越えたいがために応報刑論を採り，教育刑論を批判したのかもしれないが，子細に見れば，実質的に教育刑論を排除していないどころか，教育刑論を超えた独自の目的論に突き進んでいるのである。
　小野清一郎が持ち込んだのは，国家でもなく，国民でもない，「共同社会」という概念である。小野清一郎は，共同社会という概念について定義付けをしていないが，それが倫理や人格の完成と結びつくというのだから，小野清一郎がいう共同社会とは，単なる国民の集合体ではなく，倫理的な意味合いを含んだ集団を指しているかのようでもある。
　これは，普通の教育刑論と異なり，国民の精神内部に国家が介入することを許容しかねず，国民の自由を大きく侵害しかねない危険性をはらんでいるように思う。
　確かに，応報刑論でも教育刑論でも，「社会」という用語法は使用する。国民の自由な活動は，家族，会社，地域，地方，国家など様々な規模で展開されるであろうから，日常用語として社会という言葉を用いることは許されよう。刑罰とは，国民の安全・安心を守るものであるという言われ方もするが，社会が国民の自由な活動の場であると考えれば，刑罰とは，社会の安全・安心を守るもの，治安を維持するものである，という言い方も不自然ではない。
　しかし，応報刑論でも教育刑論でも，そこに倫理や人格の完成など国民の精神内部に介入するようなことまでは想定していない。応報刑論は，犯罪者が自由意思によって選択した行為の責任を問い，行為に見合った責任を科すだけの話である。教育刑論は，犯罪者に矯正教育を施すことに主眼を置いており，そこには，被害者の心情を思いやるなどの教育も含まれるのだが，矯正教育は，あくまでも犯罪者が再び犯罪を犯すことのないよう，再犯防止に力点を置いた内容となっており，再び社会に戻ったとき，安全・安心な社会を再生することを目指しているのにすぎないのであって，国民の倫理や人格の完成などにまで国家が踏み込もうというのではない。また，社会防衛論の中には，犯罪者は，自由意思によって犯罪を犯したのではなく，遺伝と環境により犯すべく犯罪を犯したのだ，という決定論に立つ者もいるくらいなのである。
　これに対し，小野清一郎は，犯罪者に対して道義的意識を覚醒させ，倫理的

主体としての人格を完成させ，文化的高揚を重んじ，共同社会を完成させることを目指し，共同社会的文化主義を刑法の指導精神とするという。

小野清一郎の真意は，不分明なところもあるが，これでは，国家が国民の自由に介入する度合いが大きすぎるように思う。

国民は，自由かつ平等な存在であり，それぞれ価値観などは多様であってよいはずであり，国民相互に意見対立・利害対立が生じ，国民の生命・身体・自由・名誉・財産などに危害が加えられるようなとき，まずは民事的救済・行政的対応が考えられ，それでは不十分なときに刑罰権の行使が考えられるのであるが，応報刑論でも教育刑論でも，あくまで国民の安全・安心を守るという枠内での理論にすぎない。国家が国民の精神内部にまで介入しかねない理論は危険であろう。

いずれにしても，刑法論争（学派の争い）は，往々にして議論が混乱しがちな契機を含んでいたように思う。

どうして，古典学派と近代学派をめぐる各論者の見解が錯綜し，複雑極まりない様相を呈すことになったのか。

それは，諸学派・諸論者の見解を整理する際に，「目的」の有無・内容をもって大きな分類基準にしたからではなかろうか。

近代学派からすると，古典学派は，犯罪行為に報いを与えるという単純な応報刑論に見えてしまい，そこには目的がないかのように見えたかもしれない。

しかし，応報刑論にも，目的はあるはずである。

あらゆる立法行為には，必ず立法目的がある。刑罰法令も，同様であろう。応報刑論であれば，そこには正義を実現すべきだ，あるいは国民の応報感情を満足させるべきだという目的を看取できると思う。例えば，「法を犯した者には報いがあるべきだ。」，「そんなことをしたやつは許せない。」などといった素朴な国民感情を立法・司法・行政に反映させることも，刑罰法令の目的として認知してよいように思うのである。

近代学派は，科学的視点をもって古典学派を乗り越えようとし，犯罪の予防・犯罪者の更生に目を向け，刑罰権の行使がどのような役割・機能・効果を果たすのか，果たしてきたのか，果たすべきなのかを追求したのである。

それが，社会防衛論となり，また教育刑論となって理論化されることになった。

ところが，この社会防衛論・教育刑論は，一旦，理論化されてしまうと，その理論が一人歩きを始めてしまう契機をはらんでいた。

応報刑論から遮断されたところで社会防衛論・教育刑論を展開すると，どんなに凶悪重大な犯罪をしても，再犯のおそれがないのであれば，寛大な刑罰でよいのではないか，どんなに軽微な犯罪であっても，矯正可能性が小さいのであれば，長期間にわたる矯正教育（懲役・禁錮）を施すべきではないのか，といった理屈が生じてしまうのである。

応報刑論の理念を軽視するようになると，国家が国民に介入する度合いが際限なく大きくなっていきかねない。

つまり，応報刑論と教育刑論とは，目的のある・なしにより対立するものとして理解すべきものではないのである。教育刑論は，応報刑論を修正する理論にすぎない。刑事責任は行為に見合ったものでなければならず，このことは，応報刑論のみならず，教育刑論を採る場合にも考慮しなければならない共通の前提のはずなのである。

国民が国民を統治するという国家観に立てば，教育刑論とは，国家が国民に対してどこまで行刑サービスを提供するのか，という社会主義の文脈における刑事政策事項なのである。

私見では，刑法論争（学派の争い）の背景にあって重要な視点は，目的論の採否ではなく，自由主義と社会主義との価値観の相違に起因する政策判断だったように思う。

国家が国民の精神活動に対してどこまで介入してよいのか，という視点があれば，小野清一郎のような学説は，かなり危険なものであることが容易に分かる。逆に，自由主義の価値に目がいかず，国家は国民に対して何ができるのか，という視点を極限まで追求すると，論者の善意にもかかわらず，いや論者が善意かつ純真であればあるほど，国民の人格改造に手を染めることにつながりかねない。これは，問題と言わざるを得ない。

以上，ここまでは，主として刑罰論を中心に刑法論争（学派の争い）の意義

を見てきたが，次款では，犯罪構成要件の解釈の在り方，すなわち罪刑法定主義に対する姿勢の問題を取り上げたい。

第3款　罪刑法定主義の受容と動揺

ここでは，日本における罪刑法定主義の受容と動揺について見ることにするが，そのためには，まず，我が国が本格的な刑法を導入するに当たって参考にしたフランス法系から見てみたい。

フランスは，制定法主義の国である。フランス革命の矛先は，国王のみならず，裁判所へも向けられていた。フランス人権宣言（1789年）は，「何人も犯罪の前に制定公布され，かつ適法に適用された法律によらなければ処罰されない。」（8条）旨，罪刑法定主義を明記した。ナポレオン刑法典（1810年）も，「どのような違警罪，軽罪，重罪も，犯される前の法律によって明言されていない刑罰をもって罰することはできない。」（4条）旨明記していた。司法権は，立法権に従うべしとの思想である。

日本の明治13年刑法（明治13年太政官布告36号）は，このフランス法系を継受したものであり，次のように，罪刑法定主義を明記した。

　　第2条　法律に正条なき者は，何等の所為と雖も，これを罰することを得ず。

　　第3条　法律は，頒布以前に係る犯罪に及ぼすことを得ず。

大日本帝国憲法（明治22年）も，「日本臣民は，法律によるに非ずして，逮捕，監禁，審問，処罰を受くることなし。」（23条）と定め，罪刑法定主義を定めたものと理解できる。

第1編で論じたとおり，罪刑法定主義の原則とは，行為のときに，その行為を犯罪とし，刑罰を科する旨を定めた成文の法律がなければ，その行為を処罰することができないとする原則をいう。簡単にいえば，「法律なければ，犯罪なし。法律なければ，刑罰なし。」ということである。

一般的には，罪刑法定主義の派生原則として，①　慣習刑法の排除（法律主義），②　刑法の不遡及（遡及処罰の禁止），③　絶対的不確定刑の禁止，④　類推解釈の禁止の4原則が挙げられ，近年では，さらに，⑤　刑罰法規の明確性，

⑥ 刑罰法規の内容の適正の原則も含まれる，と理解されているようである[77]。

実務上，罪刑法定主義の派生原則のうち特に問題となりがちなのは，類推解釈の禁止の原則である。

罪刑法定主義を標榜する立場では，拡張解釈は許されるが，類推解釈は許されないという仕切りになる。一般に，目的論的に犯罪構成要件を解釈する場合，法の趣旨や目的に応じて，法規の用語の意味を通常より限定的に解釈したり（縮小解釈），逆に，これを拡張的に解釈したり（拡張解釈）することがある。これに対し，類推解釈とは，法文に規定されている構成要件事実と，問題とされている実際の事実との間に，形式文言上のずれはあっても，両者の間に刑罰法令の趣旨や目的から見て共通の要素があると認められるとき，前者の法規を後者の事実に適用するための法解釈をいうものと理解されている。拡張解釈と類推解釈は別物だということである[78]。

こうして，我が国は，フランス法系を継受したことにより，罪刑法定主義を受容することになり，大日本帝国憲法の制定と国会の開設により，議会制民主主義と法治主義が本格的に始動することになったのである。

しかし，日本の法学界は，やがてドイツ法学への傾倒を見せ始める。

当時，世界の先進国といえば，イギリス及びフランスと見られていたが，やがて，後進国であったドイツ，アメリカ及びロシアが頭角を現し始める。

19世紀ヨーロッパにおける軍事・政治情勢は，ドイツ優位に展開し，ドイツにおける学問は，理系・文系を問わず，世界の最先端を走るものと目され，啓蒙主義・科学主義の風潮から，法学の分野でも，ドイツ法学が優れたものであるとの理解が広がったように思われる。

そんなドイツからは，マルクスによる共産主義革命理論が生まれるが，実際

---

77) 以下の本文記載は，次の文献などを参考にしている。大塚仁ほか「大コンメンタール刑法第二版第1巻」（平成16年，青林書院）29頁以下，33頁以下［篠田公穂執筆部分］

78) 前掲19) の篠田公穂（平成16年）39頁以下

に革命をなし遂げたソヴィエト・ロシアは，1926年刑法において，以下のとおり，罪刑法定主義を否定するに至った。

> 第6条　社会的に危険な行為とは，ソヴィエト体制に向けられ，又は，労働者・農民の権力が共産主義体制への移行期にあたって設定した法秩序に違反する，すべての行為若しくは不行為をいう。

> 第16条　何らかの社会的に危険な行為が，この法典に直接規定されていない場合には，それに対する責任の根拠及び範囲は，この法典の中，その種類において，もっとも近似する罪を規定している条項によって定められる。

ソヴィエト・ロシアでは，あらゆる分野に共産主義イデオロギーが浸透したが，その実態は，共産党による一党独裁であり，さらにいえば，スターリン独裁であった。自由主義社会を標榜する欧米各国は，ソヴィエト・ロシアの政治体制を危険視しながらも，反面，ソヴィエト・ロシアが推進した政治・経済・社会など様々な分野における制度改革に一定の科学的根拠があるように理解する者も少なくなく，これを意識した欧米各国においても，計画経済を取り入れるなど，いわゆる大きな政府への傾斜が始まる。

ヒトラーが率いるナチス・ドイツでも，刑法が改正され，ソヴィエト・ロシアと同様に，罪刑法定主義を否定することになる。

> 第2条　法律において，可罰的なものと宣言された行為，又は，刑罰法規の基本概念及び健全な民族感情に従って処罰に値する行為をした者は，罰せられる。
>
> 　その行為に直接適用される刑罰法規が存しないときは，その行為は，これに対して最も適当な基本概念をもった法律によって処罰される。

なお，ナチスとは，Nationalsozialistすなわち国民社会主義者のことであり，共産主義者を批判するとともに，資本主義者をも批判していた。

日本の明治40年刑法（明治40年法律46号）は，フランス法系の明治13年刑法を廃止し，ドイツ法系を継受したものである。

明治40年（1907年）頃といえば，未だ前記ソヴィエト・ロシア刑法やナチ

ス・ドイツ刑法は制定されていないものの，ヨーロッパでは，社会主義が広がりを見せた時代であった。

すなわち，イギリスでは，1871年，労働組合法が成立して労働組合が合法化され，1884年，社会民主連盟及びフェビアン協会が結成され，1893年，独立労働党が結成され，1900年，これら3団体が結合して労働代表委員会が生まれ，1906年，これが改称されてイギリス労働党となった。フランスでは，1905年，社会主義各派が連合して統一社会党が結成された。ドイツでは，1890年，社会主義者鎮圧法が廃止され，社会民主党が成立し，同党は，1891年，カウツキーがマルクス主義に立脚し，エルフルト綱領を起草し，これが採択された。ロシアでは，1898年，レーニンらがロシア社会民主労働党を結成し，そのほか，1901年に社会革命党が，1905年に立憲民主党が結成されるなどし，日露戦争中の1905年，血の日曜日事件を契機にロシア第一革命が勃発した。

日本では，日露戦争の終結に伴うポーツマス講和条約において，ロシアから賠償金が取れなかったなどとして不満が爆発し，明治38年（1905年），日比谷焼き討ち事件が起こった時代である。

ドイツの刑法学界では，刑罰の目的について，応報刑論よりも教育刑論が強まった頃であり，民事法や行政法の分野でも，あるいは政治学・経済学の分野でも，社会主義的な見解が主流となり，福祉国家観とともに大きな政府が展開された時代である。

我が国は，未だ大きな政府へと転換を遂げていたわけではないが，そのような時代のドイツ法系を継受し，日本の刑法学界は，ドイツ刑法学を輸入したわけである。

そして，明治40年刑法は，明治13年刑法が明記していた罪刑法定主義を条文から削除したのである。但し，大日本帝国憲法は，依然として罪刑法定主義を明記しており（23条），罪刑法定主義が直ちに否定されることになったわけではない。

罪刑法定主義をめぐる日本の刑法学界の動きとして，泉二新熊，牧野英一及び小野清一郎を取り上げてみたい。

泉二新熊は，明治40年刑法の施行下においても罪刑法定主義が通用していることを解説する。実務家として，常識的な態度といえよう[79]。

　「刑罰法令は，法文として形式化したる刑法なるが故に，これを形式的刑法と称することあり。しかれども，罪刑法定主義を採用する成文法国にありては，刑罰法令すなわち刑法にして，刑罰法令以外に刑法ありとするの見解を採用すべきにあらざるが故に，刑罰法令を刑法と称するは毫も失当にあらず。」

　「かくのごとく本邦においては，現今，他の文明諸国におけると同じく，罪刑法定主義すなわち成文法なければ犯罪なく又刑罰なしとの原則を採用するが故に，成文法にあらざれば，刑罰規定の法源たるを得ず。」

　これに対し，牧野英一は，罪刑法定主義が憲法上の原則ではないといい，類推解釈を許容し，さらには，国家が国民の行動を統制すべきであるとまでいう[80]。

　「第一に，罪刑法定主義は，憲法上の原則でないということである。憲法第23条は，刑罰法規が法律上の根拠を持たねばならぬことを規定しただけのものである。それで，もし，法律が刑罰法規の内容を慣習又は条理に譲る場合においては，その慣習又は条理が刑罰法規の淵源となるのだということを考えておかねばならぬ。」

　「第四に，罪刑法定主義は，従来，制限機能のものとして考えられて来た。すなわち，裁判官の権限を確定することによって，国家の権力を制限しようというのである。これは，19世紀当初における立憲思想において一般に考えられていたところであり，国家は法律によってのみ行動するものであるという意味において，それを法治国の原理とするのである。しかし，今日では，法律に対し，その制限機能よりも促進機能を重要視することになりつつあるのである。国家は，なるべく国民の自由なる行動に事を放任するというものでなく，国家みずから進んで国民の行動を指導し統制せね

---

[79] 前掲74）の泉二新熊（昭和9年）34頁，37～38頁
[80] 前掲75）の牧野英一（昭和15年）116～118頁，120～121頁

ばならぬ，ということになり，従来の法治国思想に対して更に文化国思想ということを考えることになった。」

「要するに，従来の考え方において，刑法の解釈をもって厳格ならざるべからざるものとなすのは，刑法に類推解釈を許さず，ということになるのである。蓋し，類推解釈は，単純に形式的に事を運ぶものではないので，その方法が弛緩するにおいては，その影響するところが甚だ危険であるといわねばならぬ。されば，19世紀の当初において，人権の保障のため罪刑法定主義が樹立されるや，同時に，刑法にも解釈の特殊性ということの考えられたのは，思想の傾向として，もとより理解し得るところである。しかし，今や，刑政における官憲の濫用ということが，革命前の時代のように恐れられているのでないことを考え，同時に，法律の解釈ということの論理的意義を新たに科学的に反省しなおすにおいては，刑法の解釈の特殊性ということは，大いに考え改められねばならぬ。……われわれは，刑法の解釈に対し，人為的な制限を附して考えるというような挙に出てはならぬ。類推解釈もまた論理的な方法である限りは，刑法においてもまた許容されねばならぬ。」

「わたくしから見れば，ナチス・ドイツの刑法新第2条は，刑法に対する解釈の方法として，わたくしの多年主張し来たったところを明文に現しただけのものであり，そうして，見方によっては，わが判例ないしフランスの判例などの現に実行し来たれるところである。」

牧野英一は，近代学派に立つ学者であるから，量刑判断と同様，法令解釈についても，司法裁量の範囲を拡大する方向に傾斜したのかもしれない。

しかし，大日本帝国憲法は，国民の自由と平等を宣言しており，自由主義を基調としているはずなのであって，議会制民主主義・法治主義・罪刑法定主義の原則を軽視する理論には問題があるといえよう。

さらに問題なのは，小野清一郎である。

小野清一郎は，法令解釈に当たり，厳格な態度を採るべきではなく，自由な解釈により社会生活及び文化の理念といった，自由主義よりも高次の目的を目指すべきだという[81]。

「法律学的解釈は，法律の規範としての意味内容を如実に認識することをその目的とする。そのためには，第一に分析的に，個々の法律につきその直接目的とする社会的利益の保護，更にすすんではその全文化における意義を考察することにより，法規の具体的意味を明らかにすることを必要とし，第二に総合的に数多の法規につきその間における内面的意味連絡を考察することにより，法律の実体的論理を体系的に認識せねばならぬ。」

「私はあくまでも国家の立法的機構を基本としてその立法による実証的規定を形式的淵源とする解釈的概念構成を試むると同時に，その概念構成を社会生活及び文化の理念により実質的に指導することによりてのみ現行法を如実に認識し得ると信ずるものである。」

「従来刑法の解釈は特に厳格なることを要するという考えが行われている。これは近世の自由主義的思想に基づくものであり，その根拠としてしばしば罪刑法定主義が援用される。しかし，刑法の任務は必ずしも一方的に個人の自由のみを保護するにあるのではない。むしろ，刑罰による社会的生活及び文化の保護をもってより高次の目的となすべきである。殊に罪刑法定主義は，その赤裸々なる意味において，必ずしもしかく法律解釈の自由を制限すべきことを意味するものではない。刑法における総則規定は全く必然的に自由なる解釈を必要とするが，その各則規定，即ち個々の刑罰法規もまたその保護せんとする法益を指導観念として具体的に妥当する意味内容が確定されなければならぬ。」

　小野清一郎は，古典学派を自称する学者でありながら，自由の理念や罪刑法定主義に批判的であり，その理論は，不可解としかいいようがない。

　国民が自由かつ平等の存在であり，国民が自由な活動を展開する場が社会であり，そこで形成されるものが文化だ，というのならば，問題はない。

　しかし，小野清一郎は，国民の自由よりも重視すべき社会的生活や文化があるというのだから，そこでいう社会や文化というのは，国民個々人の集合体のようなものを想定しているのではないのだろう。自由主義よりも社会主義に傾

---

81) 前掲 76) の小野清一郎（昭和 7 年）31 ～ 32 頁

斜したものの言い方である。

　小野清一郎の問題性は，牧野英一のように社会主義への傾斜を明確に肯定するのではなく，一見，自由主義に立脚しているように見せかけて，実際には，自由主義を否定しているところにある。理論が幻惑的なのである。

　いったい，刑事法は，どのような理念に基づいて運用していくべきものなのか。
　ここで，国会による法治主義の理念と，裁判所による法の支配の理念について，改めて考えてみたい。
　第 1 編で論じたとおり，「法治主義」とは，行政権及び司法権が立法権に従わなければならないという原則をいい，「法の支配」とは，行政権が司法権に従わなければならないという原則をいう，と理解すべきものと思料される。しばしば法治主義と法の支配とは，概念が混乱しがちであるが，両者は歴史的背景も趣旨も異なっているように思う。
　大陸法系では，ナポレオン法典を典型例として，国会による法治主義が推進され，制定法による法整備が進められた。民事・刑事を問わず，個別具体的な争訟事件が発生する前に，あらかじめ一般的抽象的な法規範を定め，裁判所はそれを適用するだけであるという理念モデルである。フランス革命では，裁判所に対する不信感が爆発した感がある一方で，議会万能主義に傾いていった経緯があり，これは，議会制民主主義・法治主義・罪刑法定主義といった諸概念につながるものと理解できる。一般的に，ドイツ法は，フランス法とは異なるものであるという理解が行われているかもしれないが，制定法による法整備という点では，フランス法系を継受したものと理解してよいと思われる。明治政府は，そのような大陸法系を導入してきたわけである。
　これに対し，英米法系では，裁判所による法の支配が行われ，例えば，イギリスでは，20 世紀に入っても，長い間，殺人罪を規定する成文法が存在せず，判例法である普通法（コモンロー）によって殺人罪などの兇悪重大犯罪が処罰されてきたのであるが，そのこと自体が人権侵害であるとはみなされていない。現代でも，独占禁止法の分野などでは，日米欧のいずれにおいても，その犯罪

構成要件が抽象的な規定振りとなっているところ，アメリカの裁判所は，絶えず判例法を形成して司法主導のルール作りを進める一方，日本やヨーロッパでは，そのような手法に馴染めず，アメリカの判例を後追いしつつ，行政によるガイドライン作りを進めているといった感がある。

　思うに，大日本帝国憲法の時代から，日本の国家統治の基本構造は議会制民主主義にあり，議会制民主主義の帰結の一つである法治主義・罪刑法定主義という理念は，譲れない法概念である。

　但し，法治主義・罪刑法定主義を基本理念にするとしても，制定法では，一般的抽象的な規定振りとなるから，事前にあらゆる個別的具体的な事件を予想することはできず，実際の裁判では，法令の解釈適用が争われる事態が生じ得るのであり，大陸法系の「制定法主義」の理念は重要であるものの，英米法系の「判例法主義」の理念にも一定の有効性があることを認めないわけにはいかない。

　しかし，ここで注意しなければならないのは，裁判所万能主義を是認するわけにはいかないということである。

　裁判所の判断が誤っていることもあり得るのである。事実認定については，再審公判により有罪確定判決が覆されることもあるし，また，法令解釈について，判例変更がなされることもある。また，もっと極端な例をいえば，かつて，ソヴィエト共産党は，共産党執行部に反対する者を弾圧するために，恣意的な法運用をすることを裁判所に命じていたようであるが，このような法運用が是認されてよいはずがない。アメリカ政府は，太平洋戦争中，アメリカ在住の日系人を強制収容したり，その資産を凍結するなどしているが，アメリカの裁判所は，このような人権侵害から日系人を守ってくれたわけではない。裁判所の機能にも限界があるのである[82]。

　ここにおいて，改めて問題の所在が明らかになってくる。

　国民は，自由かつ平等な存在であり，自由な活動を展開するが，国民相互の間では，様々な意見対立・利害対立から紛争が生じかねず，一定の行為（作為・不作為）に対しては，民事的又は行政的対応にとどまらず，それを犯罪と規定して一定の刑罰を科す必要が出てくるが，議会制民主主義の理念によれ

ば，いかなる行為に対して刑罰権を行使するのかという犯罪構成要件（刑事実体法）は，国会が法律によって定めるほかない（法治主義・罪刑法定主義）。

　他方，個別具体的な刑罰権行使の可否及び内容については，司法機関（裁判所）が判断するところであり，事実認定にしても法令解釈にしても，一定の司法裁量を認めざるを得ず，また，判例法による法創造機能を否定するわけにはいかない。上告審が判断した法令解釈は，当該個別具体的な事件においては最終判断であり，国会ですら個別具体的な事件における判決を覆すことはできず，下級審は，将来的にも上告審の判断（判例法）に従わざるを得ない。

　その上で，国会は，裁判所の法令解釈が相当でないと判断するのであれば，裁判所の法令解釈を否定するための新たな法律を制定することが可能である。それが議会制民主主義であり，法治主義・罪刑法定主義の帰結である。判例法の国とされる英米でも，制定法が判例法に優位することは自明の理である。犯罪と刑罰は，国会が制定する法律によって規定され，裁判所による法令の解釈適用を通じて実現されるのであり，判例法の在り方に問題があると考えるのであれば，国会は，当該法律を改廃したり，新たな法律を制定したりして，当該判例法を無効化することもできるわけである。

　ここに，制定法と判例法の動的な円環が生まれることになる。立法権行使と司法権行使との間には，一定の緊張関係が存在するのであり，罪刑法定主義は，司法運用の中で絶えずその真価が問われるということである。一般法学では，法源には制定法や判例法などがあり，前者は後者に優位するなどと単純に並記されるが，その背後には，立法と司法による動的な緊張関係が存在しているわけである。

　以上，罪刑法定主義の動的意義として指摘しておきたい。

---

82) ナショナル・ロイヤーズ・ギルドは，1937年（昭和12年）にアメリカで設立された弁護士らの組織（全国法曹界）であるが，太平洋戦争中，アメリカ政府が日系アメリカ人に対して不法な強制収容や不動産侵奪等に及んだ際，同ギルドがこのようなアメリカ政府の措置に抗議しなかったことについて，それが同ギルドの怠慢であり，不名誉なことであったと，後に自戒をこめて述懐している。ナショナル・ロイヤーズ・ギルド著（小田成光・入倉卓志訳）「We Shall Overcome ―アメリカ法曹　人権擁護の五〇年―」（平成3年，日本評論社）33～35頁

さて，話を刑法論争（学派の争い）に戻したい。

ドイツ法系を継受した明治40年刑法は，フランス法系を継受した明治13年刑法と異なり，近代学派の理論が相当反映されたものとなっている。この点は，否定できない。

すなわち，例えば，明治13年刑法では，殺人罪といっても1種類ではなく，その犯行態様の違いなどにより多くの犯罪構成要件を用意していたが，明治40年刑法では，殺人罪を1種類に統合した上で，その法定刑の範囲を広げ，上限では死刑，下限では情状酌量により執行猶予を付すことまで可能とした。国会は，形式的には，罪刑を法定したとはいうものの，実質的には，裁判所に相当大きな裁量を与えたのである。

さらに，刑法の条文自体がこのように緩やかな規定振りになっているのに加えて，先に触れたとおり，刑法学界では，類推解釈を禁止すべきではないという見解まで出現するに至る。また，近代学派は，類推解釈の問題とは別次元においても，独自の犯罪構成要件論を展開する。

例えば，未遂犯とは，「犯罪の実行に着手しこれを遂げざる者」（平成7年法律91号による改正前の刑法43条）をいうとされるが，近代学派は，その徴表により行為者の社会的危険性が認められれば，未遂犯の成立を肯定すべきであるなどと主張した（未遂犯における徴表説）。

しかし，刑罰法令を全体として眺めたとき，犯人が犯罪を企ててから犯罪を成し遂げるまでの間には，「陰謀」，「予備」，「実行の着手（未遂犯）」，「結果の発生（既遂犯）」等の諸段階が想定されるのであり，予備と未遂との区別を考えただけでも，そこには実行の着手という行為概念が不可欠であり，徴表があれば未遂犯として処罰すべきだなどといった近代学派の法解釈は，実定法規の解釈として無理があろう。

また，教唆犯とは，「人を教唆して犯罪を実行せしめたる者」（同61条）をいうとされるが，近代学派は，正犯が犯罪の実行行為に着手していなくても，人を教唆していれば，教唆犯の成立を肯定すべきだと主張した（共犯の従属性の否定）。

しかし，共犯の従属性の要否についても，刑法は，「人を教唆して犯罪を実

行せしめた」と規定しているのであるから，犯罪を実行せしめていない段階では，文言解釈上，教唆犯が成立しないことは動かし難いように思われる。

　要するに，近代学派からの提言は，実定法規の解釈としてかなり無理があるのである。判例が追随しないゆえんであろう。

　結果が発生した場合に限って処罰するのか，未遂でも処罰すべきなのか，さらには予備・陰謀の段階をも処罰するのか，といった問題や，正犯が犯罪の実行に着手していない段階でも，教唆や共謀をした者を処罰できるのか，といった問題については，基本的には，国民の代表である国会が決定すべきことである。それが議会制民主主義であり，法治主義・罪刑法定主義である。

　近代学派は，ヨーロッパにおいて社会主義が隆盛した時代に勢いをもったのだが，ソヴィエト・ロシアやナチス・ドイツの例をみるまでもなく，罪刑法定主義の否定は，国民の自由に対して脅威となろう。

　以上見てきたとおり，自由主義を守る法治主義・罪刑法定主義の意義は重要であり，これを社会主義的な視点から修正するのは危険である。また，裁判所の司法裁量に対して過度に楽観的な期待をするのも同様に危険であろう。

　したがって，慣習刑法の排除（法律主義）や類推解釈の禁止といった罪刑法定主義の派生原則は，今後ともその意義を十分認識していく必要がある。

　さて，刑法学界では，刑罰法規の明確性や，その内容の適正さ（必要性・相当性）といった問題についても，罪刑法定主義の派生原則として論じることがある。

　しかし，これらの問題は，犯罪と刑罰を法律により規定すべきであるという罪刑法定主義の問題なのではなく，むしろ，国会が制定する法律の違法性・妥当性を問う問題のように見える。

　これらの問題は，裁判所に法令審査権があることを明記した日本国憲法（昭和21年11月3日公布）の施行後に，憲法問題として裁判で争われることになるのであって，日本国憲法の下での刑事法の展開として，次編で改めて論じることとしたい。

第2章　兇徒聚衆・騒擾（騒乱）事件

第1節　緒　　論

　大日本帝国憲法の制定により，ようやく明治維新後の国家体制が整うようになり，帝国議会による立法が相次ぎ，議会制民主主義がその定着に向けて動き出す。

　新政府は，東北戦争により旧幕府系諸藩を討ち，西南戦争により九州の不平士族らを一掃し，自由党急進派らによる過激行動も鎮圧し，それぞれの刑事裁判にも決着がついたことから，今後，政策等の対立による戦いは血を流し合うのではなく，その戦場を議会の場に移して，言論による戦いが始まることが期待された。

　しかし，国民は，自由な活動を展開し始めるが，未だ普通選挙は実現に至っておらず，政治・経済・社会等の様々な場面において国民の意見対立・利害対立が生じたとき，議会制民主主義の枠外で，国民が多衆をなして実力行使に及ぶという事態が止まらなかったのである。

　そこで，本章では，兇徒聚衆罪及び騒擾罪（騒乱罪）を取り上げる。

　兇徒聚衆罪は，明治13年刑法（明治13年太政官布告36号）の第2編（公益に関する重刑罪）第3章（静謐を害する罪）第1節に規定された犯罪類型であり（136条，137条），これについては，前編第5章で取り上げたとおりである。

　明治40年刑法（明治40年法律45号）に規定された騒擾罪（騒乱罪）は，この兇徒聚衆罪の趣旨を継承した犯罪類型と理解されている。

　　第106条　多衆聚合して暴行又は脅迫をなしたる者は，騒擾の罪となし，
　　　　　　左の区別に従って処断す。
　　　　一　首魁は1年以上10年以下の懲役又は禁錮に処す。
　　　　二　他人を指揮し，又は他人に率先して勢を助けたる者は，6月以
　　　　　　上7年以下の懲役又は禁錮に処す。
　　　　三　附和随行したる者は，50円以下の罰金に処す。

　太平洋戦争終結前における兇徒聚衆事件（明治13年刑法136条等）及び騒擾

(騒乱) 事件 (明治 40 年刑法 106 条等) としては，以下のようなものがある。
　足尾鉱毒兇徒聚衆事件 (明治 33 年 2 月)
　日比谷焼き討ち事件 (明治 38 年 9 月)
　足尾鉱山暴動事件 (明治 40 年 2 月)
　第一次憲政擁護騒擾事件 (大正 2 年 2 月)
　米騒動事件 (大正 7 年 8 ～ 9 月)
　小作争議
　労働争議
　次節以下では，裁判所の事実認定に従い，個別具体的事件を見ていくこととする。

　なお，ここで取り上げた事件は，必ずしも兇徒聚衆事件・騒擾 (騒乱) 事件の代表的なものであることを意味するものではないし，また，ここで取り上げた事例の他にも著名又は重大な事件があったことを否定するものではない。紹介する事件の過不足については，あらかじめご容赦願いたい。

第2節　明治13年刑法下での日比谷焼き打ち事件等の概要

足尾鉱毒兇徒聚衆事件 (兇徒聚衆, 治安警察法違反, 官吏抗拒等) (明治 33 年 2 月 13 日) [83]

【事案】
　大審院明治 35 年 5 月 12 日判決が引用する予審終結決定書によれば，犯罪事実の概要は，以下のとおりである。
　被告人らは，渡良瀬川沿岸の住民であったが，足尾銅山より流下する鉱毒被害の善後処分に関し，関係地人民一同が上京して官省，議会等に請願をなすことに決し，明治 33 年 2 月 12 日夜，群馬県邑楽郡渡良瀬村の雲龍寺に集会し，その人員 800 名に上り，翌 13 日天明を待って出発しようとするに当たり，館

---

[83] 大審院明治 35 年 5 月 12 日判決・大審院刑事判決禄 8 輯 5 巻 105 頁 (足尾鉱毒兇徒聚衆事件)

林警察署長から，集会政社法に基づき集会の解散を命じられたが，この命令に応じなかったのみならず，解散命令に反抗し，同署長らをして空しく立ち去るのやむを得ざるに至らしめた。

　被告人らは，同月13日，集会者の人員が2000名余りに達し，同日午前8時，前記雲龍寺を出発するに臨み，警察官に反抗してその警戒線を破って前進すべきことを演説し，集合した多衆の暴動を教唆し，同寺を出立して進行し，同日午前9時30分，館林町に入り，被告人らのうち一部の者は，200名ばかりを同行させ，邑楽郡役所の表門内に闖入し，玄関前に至り，高声にて「郡長，出ろ。鉱毒に心配するか，責任をもって答えろ。」などと罵するも，郡長が不在であったため，さらに，館林警察署の表門前に至り，署内へ乱入しようとすると，巡査らに遮られたため，ここに一場の喧噪を生じ，被告人らのうち3名は，巡査に手を挙げたため，巡査らに取り押さえられて署内に引き入れられたが，多衆は，一時にかちどき声を発して門内に乱入し，被告人ら数名は，同署玄関前に進んで暴言を放ち，引致された3名の放還を要求し，警察官ら十数名は，これを防止するに途なく，終にその要求に応ずるのやむを得ざるに至った。

　被告人ら一行は，さらに川俣村に向かって前進し，同村の人家近傍において，多数の警察官らが警戒しているのを認め，馬船1艘を載せた荷車2両を先に押し出し，同船の左右に竹竿（長さ1丈5尺ばかり）を付してその先端を前にし，同荷車を押して石橋に向かい，一団50〜60名が突進し，多衆もこれに続いて前進しようとした（以上につき，兇徒聚集，治安警察法違反，官吏抗拒等）。

　しかし，結果として，被告人らは，警察官らに遮られ，終に退却潰走した。

【犯行に至る経緯，裁判経過等】

　小田中聡樹の研究などを参考にすると，犯行に至る経緯及び裁判経過などは，以下のとおりである[84]。

　古河市兵衛は，明治10年以後，足尾銅山を経営するようになるが，その廃水は，渡良瀬川に流された。渡良瀬川は，群馬県・栃木県をぬって流れ，利根

84）小田中聡樹「足尾鉱毒兇徒聚衆事件」（前掲49）の「日本政治裁判史録　明治・後」（昭和44年）285頁以下所収）

川に合流していたが，やがて魚が捕れなくなり，明治21年以後は，洪水があると田畑から作物がとれないという現象が生じていた。

栃木県選出の代議士田中正造は，明治24年12月の第二回帝国議会において，政府（第一次松方内閣）に対し，足尾銅山の鉱毒問題を訴え，その被害救済と将来的な対策を求めたのを手始めに，その後も，同様の訴えを繰り返した。

しかし，政府は，様々な措置を講じるものの，抜本的な解決に向けた実効的な行動を採るまでには至らなかった。また，栃木県・群馬県の地元では，有力者らにおいて，足尾銅山の閉山論に反対し，損害賠償金による和解を進める動きが進行した。

これに対し，農民らは，鉱業の停止を要求するようになり，明治31年2月，代表75名が上京し，政府（第3次伊藤内閣）に請願し，同年9月，代表50名が上京し，農商務大臣大石正巳（第1次大隈内閣）と会見するなどした。

こうした経緯を経て，農民らは，再び上京して政府に請願しようと決意するが，それに先立ち，地元の郡役所や警察署等において，本件犯行（兇徒聚衆等）に及んだものである。

第一審は，前橋地方裁判所でなされた。第1回公判は，明治33年10月10日であり，判決言い渡しは，同年12月22日の第16回公判であった。同判決では，被告人51名のうち，29名が有罪（官吏抗拒・治安警察法違反など。兇徒聚衆は無罪。），22名が無罪となった。

これに対し，検察側・被告人側，双方が控訴した。

第二審判決は，東京控訴院明治35年3月15日判決である。同判決も，兇徒聚衆罪が無罪である旨判示した。兇徒聚衆罪が無罪となった理由は，①　被告人らが雲龍寺を出発する際，被告人らにおいて暴動する意思が存在しなかった，②　その後，一部の人士が暴動をなしたとしても，集合全体が兇徒聚集に変じたものではなかった，というものであった[85]。

これに対し，検察側が上告した。

---

85) 東京控訴院明治35年3月15日判決（前掲49）の「日本政治裁判史録　明治・後」319頁）（足尾鉱毒兇徒聚衆事件）

大審院明治35年5月12日判決は、以下のとおり、兇徒聚衆罪の法解釈を示して、無罪判決を破棄し、事件を宮城控訴院に移送した。
　「然れども、兇徒聚衆罪は、多衆がその共同意志をもって暴動行為をなすによりて成立するものなれば、暴動をなさんとする多衆の意志は、必ずしもその集合の初めにおいて存在することを要せず。多衆が暴動をなすの目的をもって集合したるにあらず、又集合当時において多衆間に何ら暴動をなすの意思なしとするも、その後に至りその間に暴動の意志を生じ共同して暴動をなしたるときは、兇徒聚集罪は完全に成立すべし。したがって、その根源において平穏なる多衆の集合といえども、多衆の意志如何により何時にても兇徒聚衆に変ずることを得べく、又その集合が挙げて兇徒聚衆に変ぜざるも、その一部人士の間に暴動の意志を生じ、現に暴動をなしたるときは、その暴動に干与したる者等の間において兇徒聚衆罪の成立することを妨げざるものとす。故に、<u>多数の人が現に暴動をなしたる場合に、暴動に干与したる者が多衆にしてその間に意志の合同あるにおいては、兇徒聚衆罪は完全に成立すべく、多衆間に暴動の予謀ありたるや否や、暴動の意志は多衆集合の初めより存在せしや否や、暴動に干与したるものは集合したるものの全部なるや若しくはその一部なるやは、毫も犯罪の成立に影響を及ぼすことなしとす</u>。」
　移送後の宮城控訴院明治35年12月25日判決は、検察官による控訴を棄却し、公訴不受理を言い渡した。その理由は、検事が作成した予審請求書が検事の自署によるものでなく無効であるから、本件事件では適法な公訴の提起がなかったことになるというものであった[86]。

福岡県川會村小作争議事件（兇徒聚衆）（明治35年2月4日～5日）[87]
【事案】

---

86) 宮城控訴院明治35年12月25日判決（前掲49）の「日本政治裁判史録　明治・後」332頁）（足尾鉱毒兇徒聚衆事件）
87) 大審院判決明治37年5月31日・大審院刑事判決禄10輯1225頁（福岡県川會村小作争議事件）

大審院明治37年5月31日判決によれば，事案の概要は，以下のとおりである。

被告人ら40名は，明治35年2月3日，福岡県浮羽郡川會村の門ノ上支部において，川會村，竹野村及び柴苅村の小作人らを集合させ，小作米の低減を請求するため，各区の小作人ら数百名を門ノ上に嘯集して騒擾をなし，もって地主に暴威を示し，小作米低減を強請することを決定した。

被告人らは，翌2月4日，惣代迎の名目で，主丸町に集会して同夜を明かし，前日の決議の実行を評議するとともに，同4日午後11時から翌5日午前3時半までの間，小作人ら数百人とともに，地主ら数軒の家宅を襲撃し，その家屋，器具を毀壊したほか，現場に出張した警部に対して暴行をなすなどして騒擾暴動に及んだ（兇徒聚衆）。

【裁判経過等】

第一審判決は，福岡地方裁判所が言い渡し，第二審判決は，長崎控訴院が明治36年12月28日に言い渡した。

被告人側は，有罪判決を不服として上告し，弁護人は，本件行為については治安警察法により処罰すべきであり，兇徒聚集罪を適用すべきではない旨主張した。すなわち，治安警察法17条2項では，「耕作の目的に出づる土地賃貸借の条件に関する承諾を強ゆるため相手方に対し暴行脅迫し，若しくは公然誹毀することを得ず」と定められており，その違反を問えば足りる旨主張したのである。

これに対し，大審院明治37年5月31日判決は，被告人らによる本件行為が村落の静謐を害したものと認め，被告人側の上告を棄却した。

「原判決の認むるところによれば，本件は，被告等において多数の小作人を嘯集し村落を騒擾し暴動をなすに至らしめたるものにして，その目的は，例え地主に対し小作米の減額を承諾せしむるに在るも，相手方たる地主に対し暴行脅迫をなしたるに止まらず，村落の静謐を害したるものなれば，その所為は，治安警察法の支配を受くべきものにあらずして，刑法第137条前段の犯罪（引用者注：兇徒聚衆罪）を構成するや論なきを以て，本論旨は上告の理由なし。」

日比谷焼き打ち事件（兇徒聚衆）（明治38年9月5〜6日）[88]

【事案】

東京地方裁判所明治39年7月10日判決の事実認定によれば，犯罪事実の概要は，以下のとおりである。

明治38年9月5日午後1時，東京市日比谷公園において，日露講和条約反対の国民大会が開かれたが，警察官は，同公園の門に木柵を結び，公衆の入園を許さなかった。

この処置に不満を抱いた者らは，同大会の終了後も公園正門の外を徘徊し，同日午後2時頃，正門前の内務大臣官邸の裏門及びその周辺において，講和条約の関係者の梟首（さらし首）を画いた貼り紙をすると，ここに群衆が集まって喧騒し，群衆は，同貼り紙を剥がそうとする警察官との間で紛擾を生ぜしめ，警察官がこれを剥がして内務大臣官邸内に入るや，益々騒擾を加え，多衆共同して，邸内に石を投じ，あるいは門扉を破壊し，邸内に闖入せんとした。

群衆は，警察官から抜剣して制止されるや，一層激昂し，肉迫して同官邸に迫り，門側の巡査詰め所に火を放ち，あるいは官邸内の官舎や厠を焼毀した。

群衆は，同日夕方，軍隊が同官邸を警衛するに至ると，場所を移動し，西日比谷巡査詰め所を焼毀し，さらに数派に分かれ，一群は芝方面に向かい，一群は新橋方面に向かい，さらに分派を繰り返し，あるいは新たな加入者を加え，あるいは脱退する者があったものの，暴動団体は，継続して沿道の警察署，警察分署を襲撃し，巡査派出所を破壊・焼毀し，翌6日にわたり，東京市内各所の警察署，巡査派出所に多衆の兇徒襲来し，ことに日比谷公園，四谷見附，外神田警察署，牛込警察署付近に群衆が集まり，日比谷公園付近においては，電車を破壊・焼毀し，牛込警察署及び神田警察署付近においては，これら警察署を襲撃し，神田警察署に近い警察分署，巡査派出所を焼毀し，また，浅草公園においては，耶蘇教伝道師が前日の暴動を非難する説教をしていたことから，これに激し，浅草区内の福音伝道館を襲って同所に闖入し，浅草本所及び下谷

88）東京地方裁判所明治39年7月10日判決（前掲49）の「日本政治裁判史録　明治・後」413頁）（日比谷焼き討ち事件）

の各教会堂を襲撃し，一群は，本郷警察署を襲撃し，一部は，小石川区御殿町方面への進行途中の沿道の巡査派出所を破壊・焼毀するなどした。

被告人らは，助勢者・附和随行者などとして，この暴動に加わったものである（兇徒聚衆）。

【犯行に至る経緯，裁判経過等】

雨宮昭一の研究などを参考にすると，犯行に至る経緯及び裁判経過等は，以下のとおりである[89]。

本件に先立ち，ロシアは，明治33年（1900年）4月8日，清国との間で満州還付条約を締結し，満州からロシア軍を撤退することを約したが，この条約を守らなかったどころか，ロシア軍を増強するに至り，さらに，清国に対し，7か条を要求して内政に干渉した。

こうしたロシアの動きは，日英米との間で利害の対立を生んだが，藩閥政府の桂内閣（寺内陸相・山本海相）は，開戦に慎重な態度を採り続けていた。

しかし，対ロ強硬派の憲政本党の代議士，新聞記者，弁護士らにおいて，明治36年4月，「対外硬同志会」を結成し，後にこれを「講話問題同志連合会」と改称し，ロシアとの開戦を強く主張し，政府の対ロ外交を軟弱として批判し，世論にも訴えた。なお，多くの国民は，戦争が不景気を挽回する好機となることを期待したという。

政府は，明治37年，ロシアに宣戦布告し（日露戦争），その後，同戦争に勝利し，ポーツマス講和交渉に臨むこととなった。

講話問題同志連合会は，明治38年8月29日，講和会議における最終妥結の報を聞き，その結果が同連合会の希望するところとかけ離れていることに不満を抱き，同年9月5日，日比谷公園において，講和反対の「国民会議」を開催した。

国民会議の開催を知った数万の民衆は，同9月5日，日比谷公園の周辺に集まり，園内に入ろうとして，これを阻止しようとした警察官らと乱闘になった

---

[89] 雨宮昭一「日比谷焼打事件」（前掲49）の「日本政治裁判史録 明治・後」379頁以下所収）

ものの，一部の民衆らは，公園内になだれ込んだ。

このようにして，本件犯行（兇徒聚衆）が敢行されることになった。

東京での暴動は，同年9月5月から同月7日まで続き，内務大臣官邸が襲撃され，官邸内の建物がいくつか放火されたほか，外務省も襲撃され，警察署2か所，警察分署9か所，派出所，交番所260余所が焼き打ち・破壊の被害を被ったという。放火には石油が用いられ，民家の類焼は53戸に及んだ。その他，講和条約を支持した新聞社（国民新聞社），これと関係するものと見られた出版社（秀英社）が襲撃され，また，教会13か所，電車15台が焼き打ちされたという。

戒厳令が施行されたのは，この間の同月6日午後11時である。

この暴動は，各地に波及した。同月7日夜から8日未明にかけて，神戸市内において，派出所3か所が破壊され，あるいは投石された。同月12日夜から13日朝にかけて，横浜市内において，派出所8か所が焼き打ちされ，2か所が破壊された。

講和反対の大会・演説会は，1道3府42県の郡市町村に及び，講和反対決議の数は，230余件に達したという。

本件事件の第一審（前記東京地方裁判所明治39年7月10日判決）では，明治39年5月23日の第1回公判から，同年7月10日の第13回公判における判決言い渡しまで，公判が13回開かれた。

判決結果は，有罪87名，無罪13名，不論罪1名，死亡による公訴権消滅1名であった。有罪のうち，有期徒刑（12年）4名，重懲役（10年ないし9年）4名，重禁錮（8年ないし1年6月）32名，重禁錮・付執行猶予（重禁錮1年ないし10月・いずれも執行猶予2年）29名，罰金（20円ないし2円）18名であった。

被告人ら10名が控訴し，うち2名について執行猶予が言い渡されたが，その余の控訴は棄却ないし却下された。

雨宮昭一は，この事件に関して，いくつか問題点を指摘する。

第1に，捜査・起訴が粗雑であったという。検事調書，証拠資料などが簡単であり，検事は，一応の嫌疑者を全部起訴し，予審において証拠が収集されることが慣例になっていたという。その結果，警視庁が検挙したのは1700余名

であったのに，予審請求が308名，現行犯処分とされた115名のうち90名が予審免訴となり，公判でも無罪が出て，有罪になったのは87名にすぎないという。

　第2に，捜査当局が治安警察法，行政執行法，道路通行規則，違警罪即決処分などによる濫用的な手法をとった可能性を指摘する。

　第3に，政治的な判断があったという。すなわち，政友会は，国民のエネルギーを利用して桂首相の藩閥勢力を弱体化させ，桂首相に接近しつつ，政友会の勢力を増大させたのである。事件後，弁護士，新聞社，代議士らは，警視庁廃止運動を展開するが，内務大臣となった原敬は，警視庁を存続させつつ，その人事を一新し，藩閥政府側の人員を大幅に更迭したという。また，本件裁判は，一般群衆を被告人とし，その結論が有罪判決であったが，他方，国民大会幹部らを被告人とする別の裁判では，無罪が言い渡されており，検察内部では，法律上，後者の無罪判決には疑問があるとの意見もあったが，第一次西園寺内閣は，閣議において，国民大会幹部らに対する無罪判決につき，控訴の当否を検討した上，結局，控訴しないことにしたのだという。

　思うに，雨宮昭一の指摘は，傾聴に値するものであるが，全面的な賛同ができないところもある。

　第1点であるが，明治23年刑事訴訟法は，原則として，検事・司法警察官に強制処分権を与えておらず，起訴法定主義が採用されていたのであり，被告人訊問などは，予審判事・公判判事が中心となって実施することが想定されていたのである。実務運用上，検事・司法警察官による事実上の事情聴取がなされるようになり，その聴取結果が「聴取書」として作成され，これが証拠請求されるようにはなるが，法律上，この聴取書に証拠能力が付与されることになるのは，大正11年刑事訴訟法が施行されてからのことである。起訴法定主義が改められ，起訴便宜主義が採用されたのも，同様である。予審判事・公判判事による証拠調べに先立ち，検事や警察がどこまで捜査を遂げるべきなのかは，立法政策の問題であろう。

　第2点であるが，捜査当局らによる濫用的な実務運用の手法については，今後も，正確な歴史的事実を調査し続け，将来的にあるべき法制度を検討し続け

るべきであるという点において，重要な指摘だと思う。

　第3点であるが，政治権力が検察権・警察権の行使に影響を及ぼすようなことは，あってはならないことである。捜査，事件処理，公判遂行等に関し，政治介入を排斥し，厳正公平・不偏不党であるべきことは，当然のことである。本件事件をめぐって政治的な動きがあったという雨宮昭一の指摘は，重要な指摘だと思う。

横浜暴動事件（兇徒聚衆）（明治38年9月12日～13日）[90]

【事案】
　大審院明治39年7月2日判決によれば，犯罪事実の概要は，以下のとおりである。
　被告人らは，明治38年9月12日夜から翌13日朝までの間，横浜市において，数千の民衆と共同して，暴動をなし，千秋橋巡査派出所を打ち倒して，同派出所に石油を用いて放火するなどした（兇徒聚衆）。

【裁判経過等】
　第一審判決は，横浜地方裁判所が言い渡し，第二審判決は，東京控訴院が明治39年5月12日に言い渡した。
　被告人側は，有罪判決を不服として上告し，本件行為が兇徒嘯集罪に該当しない旨主張した。すなわち，刑法138条1項では，「暴動の際，家屋，船舶，倉庫等を焼毀したる時は，火を放った者は死刑に処す」と定められているが，打ち倒された巡査派出所は家屋や倉庫に該当せず，また，同条の適用に問擬されている被告人1名は，放火の実行行為に及んでいない旨主張したのである。
　これに対し，大審院明治39年7月2日判決は，被告人らによる本件行為が村落の静謐を害したものと認め，被告人側の上告を棄却した。
　「而して，焼毀したる物体を船舶又は家屋，倉庫のみに定限したるものにあらざることは，法文に『家屋船舶倉庫等』とあるによりて明らかなり。蓋し，等の字を用いたるは，船舶と同視すべき汽車，電車の類，家屋，倉

90）大審院明治39年7月2日判決・大審院刑事判決禄12輯800頁（横浜暴動事件）

庫に準ずべき橋梁，桟橋その他の工作物をも包含せしむるの趣旨に外ならず。然れども，等の字を広義に解釈し，動産に拡充するはその当を得たるものというを得ず。故に，本来，一箇の建造物なりしも暴動以外の原因によって土地と分離し既に建造物たるの性質を失い動産となりたるものを焼毀したる時は，本条の適用を受くる限りにあらず。然れども，<u>一団の暴徒の起こるありて，その暴動者中，甲が焼毀の目的をもって建造物を土地より分離し，他の暴動者乙，これに火を放つときは</u>，もとより甲乙は，共同一体となり，行動するものなれば，焼毀の行為を甲乙間に分担するものに外ならずして，<u>共に刑法第138条第1項の制裁を免るるを得ず。</u>」

山梨県南都留郡税務署兇徒聚衆事件（兇徒聚衆，官文書毀棄）（明治38年9月26日）[91]

【事案】

大審院明治40年3月15日判決によれば，事実関係は，以下のとおりである。

本件に先立ち，谷村税務署は，第9区衛生事務所及び甲斐絹同業組合事務所において，納税所を設け，織物の査定，徴税をなしていた。

被告人ら数十名は，納税期日，納税支所の設置等の施策に憤怒し，「税務署のやつらをたたんでしまえ。」などと声を上げ，明治38年9月26日早朝から同日午後4時までの間，継続して，山梨県南都留郡の田町納税所，仲町納税所，谷村税務署等を襲撃し，木柵，戸，障子を破壊し，さらに事務室に乱入し，机，硝子戸，文書，器具を毀損し，また，税務吏員に対し，「殴打し，殺害すべし。」，「殴れ，やっつけてしまえ。」と脅迫し，税務署の簿冊等を川の中に投棄するなどした（兇徒聚衆，官文書毀棄）。

【裁判経過等】

第一審判決は，甲府地方裁判所が言い渡し，第二審判決は，名古屋控訴院が明治40年2月4日に言い渡した。

---

[91] 大審院明治40年3月15日判決・大審院刑事判決録13輯257頁（山梨県南都留郡税務署兇徒聚衆事件）

被告人側は，有罪判決を不服として上告し，事実認定等を争った。

これに対し，大審院明治40年3月15日判決は，原判決の事実認定等を是認して，被告人側の上告を棄却した。

足尾鉱山暴動事件（兇徒聚衆）（明治40年2月4日～6日）[92]

【事案】

宇都宮地方裁判所明治40年9月7日判決の事実認定によれば，事実関係は，以下のとおりである。

古河市兵衛の設立した古河鉱業株式会社は，栃木県上都賀郡足尾町において，足尾銅山を経営し，4か所に分画し，鉱夫数千人を雇用し，順調であったが，市兵衛の病没後，物価高騰の折，鉱業所長が代わり，鉱夫に対する処遇が苛酷となり，役員の命に従わざれば下山処分（解雇処分）とされたため，鉱夫の間に不平が生まれた。

被告人N（判決書での職業は，雑貨商）は，労働者保護を唱道し，「労働同志会」を組成し，杭夫らを多数入会させたが，杭夫らが飯場頭らの反抗に畏れをなして脱会していったため，同組織は瓦解した。

被告人M（判決書での職業は，新聞売捌業）は，かつて北海道夕張炭山において，労働者保護の目的なりと称して，「大日本労働至誠会」を創設し，会員の募集に尽力したが，意の如くならず，夕張炭山会社の重役から多額の金を借り，将来は農業に従事するといって同地を去り，明治39年10月，足尾銅山に来て，被告人Nらと相謀り，同年12月5日，「大日本労働至誠会足尾支部」を設立し，被告人Mが自ら支部長となり，以後，演説会を開いて賛同者を募り，「杭夫にしていわゆる下山処分にあわば，幾千の杭夫といえども，これを北海道に伴い行くべし。」などと告げ，これにより，被告人である杭夫らは，飯場頭から「箱」と称する金銭出納管理権を取り戻し，飯場頭の勢力を減殺し，かつ，飯場割の規制を廃止せんとし，あるいは坑内見張所を破壊して役員を脅かさんと

---

[92] 宇都宮地方裁判所明治40年9月7日判決（前掲49）の「日本政治裁判史録　明治・後」445頁）（足尾鉱山暴動事件）

議するなど始めた。

　被告人である杭夫ら多数は，明治40年2月4日，相集まりて，同日午前8時過ぎから同日午後8時にわたり，通洞（引用者注：足尾銅山の一画をなす坑所の所在地）において，坑内各所の見張所，附属物，巡視見張所，倉庫などを破壊するに至り，翌5日午前8時過ぎ以降，別の坑内でも同様の破壊行為が続き，翌6日午前8時過ぎから，本山坑内の見張所を破壊し，建物を破壊し，倉庫内から酒を取り出してこれを飲み，鉱業所長の役宅に闖入し，同所長を数名で乱打し，これに創傷を負わせて昏倒させ，同日午後10時までの間に，本山坑場の役宅，医局員宅，附属建造物合計65棟を破壊し，そのうち48棟を焼毀し，兇徒の一部は，勢いに乗じて，付近の民家に闖入し，3棟を破壊し，もって暴動をなした（兇徒聚衆）。

【犯行に至る経緯，裁判経過等】

　小田中聡樹の研究などを参考にすると，犯行に至る経緯及び裁判経過等は，以下のとおりである[93]。

　日本における金属鉱山の労働形態については，江戸時代以来，友子同盟という杭夫の自助救済組織があったが（元老―中老―新大工），明治時代に入り，これに飯場制度が加わった。飯場制度とは，飯場頭が，杭夫の雇用，指揮監督，賃金管理などを行う制度であり，飯場頭は，箱（会計）を管理し，中間搾取をしていたという。

　このため，鉱山を経営する会社は，杭夫を直接雇用しておらず，飯場頭を通じて，杭夫らに仕事を請け負わせていた。その後徐々に，会社側は，杭夫を直接雇用するようになるのであるが，明治40年当時の金属鉱山においては，飯場制度が50％，飯場制度と直轄制度の併用が25％に止まるという状態だったようである。

　被告人M，Nらは，明治39年12月5日，「大日本労働至誠会足尾支部」を設立するが，その全国組織があったわけではなく，組織は足尾支部だけであっ

---

[93] 小田中聡樹「足尾銅山暴動事件」（前掲49）の「日本政治裁判史録　明治・後」（昭和44年）424頁）

た。

　被告人M，Nらは，同支部を結成して以後，10数回に及ぶ演説会を開き，杭夫らに対し，飯米の改良（南京米を日本米にせよ），賃上げ，保安設備の充実などを訴え，会社（古河鉱業）を批判した。

　こうした動きを背景として，友子組合の委員らが被告人らとは別に会社に対して請願書を出したりもしたが，多数の杭夫らは，本件犯行（兇徒聚衆）に及んだのである。

　被告人ら杭夫は，本件犯行当日である明治40年2月4日午前8時半頃，坑内の見張所数か所を石やダイナマイトで破壊したが，午前10時半頃には，飯場に戻り，小暴動で終わった。

　被告人ら杭夫は，翌2月5日朝，就業せずに火薬庫付近で火をたき，抗口見張所を破壊し，電話線を切断するなどしたが，この日も，その後，飯場に戻り，小暴動で終わった。

　被告人ら杭夫は，翌2月6日，本件犯行における最大の暴動に及ぶ。午前9時頃，ダイナマイトを爆発させたのを合図に，倉庫，抗場，撰鉱事務所などを破壊し，その後，一団は，500〜600余名となり，鉱業所長宅を襲撃し，同所長に暴行を加えるなどし，さらに午後4時頃から，放火を始めた。夜になると，全山は，無政府状態となり，警察によっても鎮圧できない状態となった。

　栃木県知事は，第一師団長に出兵を要請することとし，翌7日，高崎第15連隊から派遣された中隊約300名が足尾に到着し，全山に戒厳令をしき，事態が鎮静化に向かう。

　それでも，被告人ら杭夫の一部には，ダイナマイトを持って坑内に立て籠もる者もおり，同月10日，警察の決死隊が組織され，ようやくこれらの立て籠もり犯を検挙することに成功したものである。

　第一審である宇都宮地方裁判所明治40年9月7日判決では，大日本労働至誠会足尾支部の幹部であった被告人M，Nら5名に無罪が言い渡され，一般杭夫らのみが有罪を言い渡された。

　検察側・被告人側，双方が控訴したが，第二審である東京控訴院明治41年2月8日判決は，いずれの控訴も棄却した。無罪が維持された理由は，被告人

N, Mらが杭夫らに述べた演説などが本件暴動に関係していたとしても，未だ教唆行為をしたとまでは認定できず，被告人N, Mが本件犯行の首魁・教唆者とは認められないというものであった。

検察側は，幹部らに対する無罪判決を不服とし，被告人側は，一般杭夫らの有罪判決を不服とし，それぞれ上告した。弁護人側は，兇徒聚集罪においては，首魁が存在することが必要であるところ，本件では首魁が無罪となった以上，兇徒聚集罪は成立しないなどと主張した。

これに対し，大審院明治41年4月14日判決は，① 無罪を言い渡した原判決に理由齟齬は認められない，② 兇徒聚集の成立に首魁の存在は不要である旨判示して，検察側・被告人側のいずれの上告も棄却した[94]。

すなわち，原審で無罪とされた被告人N, 同Mらについては，次のように述べて，原審判断を維持した。

「被告等が暴動教唆をなしたりとの事実を判定すること敢えて難しからざるべしと雖も，原院は，その職権に属する証拠判断の権能に基づき，右証言と供述は本件暴動教唆の事実を判定するの資料としては十分ならず，単に上叙の事実を認むるの資料たるに過ぎずと判断したること，原判文上，毫も疑いを容るべきなきを以て，原判決には本趣意所陳のごとき理由齟齬の不法なし。」

また，原審で有罪とされた被告人らについては，以下のような理由を判示して，原審の判断を是認した。

「元来，同条（引用者注：明治13年刑法136条，137条）の規定を設けたる所以のものは，社会の静謐を害すべき暴挙を防止せんとするの趣旨にあるを以て，多衆相集まり暴動を謀り，又は，官庁に喧鬧し官吏に強逼し，又は村市を騒擾するごとき暴動を敢えてしたる以上は，その暴動が首魁ありて決行せられたると，多衆相期せずして聚合し共同の意思を以て右暴動行為をなしたるとにより，これに対する制裁を異にすべき理由毫も存せず。何

---

[94] 大審院明治41年4月14日判決・大審院刑事判決禄14輯396頁（足尾鉱山暴動事件）

となれば，その社会の静謐を害する点に至りては，その間寸毫の差異存せざればなり。故に，同条は，多衆聚合してなしたる暴動にして苟も社会の静謐を害すべきものなる以上は，首魁の有無に拘わらず，すべてこれを処罰するの法意なりと解するを至当とす。」

第3節　明治40年刑法下での第一次憲政擁護騒擾事件，米騒動事件等の概要

第一次憲政擁護騒擾事件（騒擾，放火未遂，建造物損壊）（大正2年2月10～11日）[95]

【事案】

大審院大正3年4月1日判決に引用されている原判決の事実認定等によれば，事実関係は，以下のとおりである。

第30回帝国議会は，大正2年2月10日，その第2次停会期を終え，再び開会されることとなったが，これより先，当時の政界が内閣に加えた非難は，ようやく民衆の世論を喚起し，憲政擁護を名として内閣に反抗する団体の多数を生じ，ここに騒擾の端が啓け，漸次，その勢いをなし，東京全市の静謐を攪乱するに当たり，被告人らは，この騒擾に加わったものである。

多衆らは，同日午後2時頃から翌11日午前にわたり，都新聞社及び国民新聞社を襲い，さらに，数団に分かれ，各意の向かうところに従い，各所の警察署23か所，巡査交番所数十か所等を襲撃し，投石，破壊，放火等の暴行を逞しくし，もって東京全市の静謐を攪乱した（騒擾，放火未遂，建造物損壊）。

その際，被告人Aは，同年2月10日午後11時30分頃から，多衆らが住吉町巡査交番所に投石し，これを倒壊させ，焼毀している際，これら多衆に対し，「やっつけろ。」などと声援し，その後，これら多衆らと共に，親父橋巡査交番所を襲い，多衆らが同交番所を倒壊し，焼毀する際，「やれ，やれ。」などと叫

---

95) 大審院大正3年4月1日判決・大審院刑事判決録20輯417頁（第一次憲政擁護騒擾事件）

んで助勢し，次いで，江戸橋巡査交番所に押し寄せ，多衆らが同交番所を押し倒すや，自らマッチで放火してこれを焼毀し，さらに，永代橋巡査交番所を襲撃し，多衆らが同交番所を放火しようとして果たさなかったのを見て，「意気地のないことだ。やっつけてしまえ。」などと叫んで率先助勢した。

被告人Bは，尾張町巡査交番所及び竹川町巡査交番所付近の騒擾に加わったものである。

被告人Cは，やまと新聞社前の騒擾に加わり，多衆に率先して，あるいは投石し，あるいは木片を火中に投げ込み，あるいは木材を振るって同新聞社の周囲の鉄冊を破壊し，もって助勢した。

【犯行に至る経緯，裁判経過等】

雨宮昭一の研究などを参考にすると，犯行に至る経緯及び裁判経過等は，以下のとおりである[96]。

すなわち，山県有朋・桂太郎を中心とする藩閥官僚・陸軍は，かねてから2個師団の増設を求めていたが，第二次西園寺内閣（政友会）が財政上の理由などからこれに反対したため，陸相が辞職し，陸軍からの後任者推薦を拒否した。

これにより，第二次西園寺内閣は，大正元年（1912年）12月5日，総辞職となる。

政友会は，「閥族打破・憲政擁護」をスローガンに各地で演説会，市民大会，県民大会などを繰り返し，同月14日，政友会（尾崎行雄ら），国民党（犬養毅ら）らが集まって時局対策有志懇談会が開かれ，ここに「憲政擁護会」が結成された。

元老会は，このような憲政擁護運動が展開される中，首相候補者の選定に難航した挙げ句，同月21日，ようやく第三次桂内閣が親任されることになる。

憲政擁護大会は，同月19日，東京の歌舞伎座で第1回大会が開かれ，翌大正2年1月12～13日，大阪でも憲政擁護大会が開かれ，同月24日，東京で第2回憲政擁護大会が開かれた。

---

96) 雨宮昭一「第一次憲政擁護運動」（前掲49）の「日本政治裁判史録　大正」（明治44年）13頁以下所収）

政友会・国民党は，同年2月5日，衆議院で内閣不信任案を提出した。
　護憲派の代議士らは，同月10日，上野公園や神田の錦輝館で国民大会を開き，その後，代議士らを先頭に，数万の民衆が，国会議事堂を目指し，これを包囲した。民衆の中には，「都下大学憲政擁護連盟」の学生ら多数が含まれていた。
　こうして，本件騒擾事件に及ぶこととなる。
　民衆らは，政府を支持した都新聞，国民新聞を襲撃したほか，印刷工場を破壊し，やまと新聞，報知新聞，読売新聞，二六新聞なども次々に襲撃し，夜になると，警察署・交番（京橋，芝，神田，本郷，下谷，浅草，赤坂，麹町）をも襲撃するようになり，上野警察署が放火・破壊され，そのほか12署が一部破壊され，交番48か所が焼き打ちされ，交番38か所が破壊され，新橋から下谷に至る幹線道路の交番は，ほとんど破壊された。市電は，26台が投石により窓ガラスなどが破壊され，市電一切の運転が中止された。
　東京衛戍総督は，同日午後7時，第1師団から1個大隊を，近衛師団から歩兵部隊を出動させ，警視総監は，同日午後8時半，警官に対して抜剣を命じたため，民衆らは，同日午後9時半頃，ようやく引き揚げることになり，翌11日午前2時頃，暴動がおさまったという。
　検挙された者253名，後に起訴された者153名であった。
　桂内閣は，これに先立つ同月7日，新党（立憲同志会）の設立を発表し，政友会に対抗しようと考えたが，本件騒擾事件を受け，同月11日，辞表を提出してここに内閣総辞職となった。
　東京における暴動は，各地に波及した。大阪では同月11日，神戸では同月13日，広島では同月16日及び同月23日，京都・長崎では同月17日に暴動が起こり，新聞社，代議士宅，派出所，電車などが襲撃された。
　同月11日，桂内閣の総辞職とともに，海軍大将山本権兵衛が次期首相に決まり，政友会がこれに協力する動きを見せると，民衆らは，政友会が軟化したとして，これに対しても各地で反対運動・騒擾事件を起こした。
　話を東京での第一次憲政擁護騒擾事件に戻すと，第一審の東京地方裁判所大正2年4月29日判決では，懲役刑が29名（そのうち騒擾・放火が19名，率先助

勢が10名），そのうち8名が執行猶予，罰金刑（附和随行）が89名，無罪が15名であった。

　有罪判決を受けた被告人のうち27名が控訴した。

　第二審の東京控訴院大正2年10月21日判決では，多くの被告人が減刑された。

　そのうち被告人7名は，さらに上告した。弁護人らの主張は多岐にわたったが，例えば，①　本件では首魁の存在が認定されていないので，騒擾罪（騒乱罪）は成立しない，②　被告人らが本件騒擾に参加する以前の暴動について，共同意志・共同行為があったと認定するに足りる証拠が示されていない，③　新聞社数社，警察署23か所，巡査交番所数十か所等を襲撃しただけで東京全市の静謐を撹乱したと評価するのは，不当な事実認定である，④　放火や建造物損壊は騒擾罪に包含されるべきものであって，別罪を構成するものではない，などの主張がなされた。

　大審院大正3年4月1日判決は，以下のとおり，①　騒擾罪が成立するためには，首魁の存在を要しない，②　原判決は，被告人らが本件騒擾に参加する以前の暴動についてまで責任を問うものではない，③　本件の事情を勘案すれば，東京全市の静謐を撹乱したと認定するのが相当である，④　放火や建造物損壊などの犯罪は，騒擾罪に包含されるものではなく，別罪を構成する，などの法解釈を示して，被告人側の上告を棄却した。

　「原判決が首魁の存在を認めざりしは，事実，首魁と認むべきもの無かりしが故なり。而して，刑法第106条にいわゆる騒擾罪は，多衆の共同の意思をもって共同して暴行又は脅迫をなすにより成立し，首魁の有無はその成立の要素にあらざるをもって，原判決が被告等において多衆と共同の意思をもって暴行をなしたる事実を認定したる以上は，首魁の存在を認定せずと雖も，これを騒擾罪なりと判定するにおいて毫も不法にあらず。」

　「原判決を査するに，本件被告のうち，あるいは多衆集団が未だ分かれて数団とならざる以前において，あるいはその以後に引き続き，あるいは分かれて数団となりたる後個々の集団に加わり，本件犯罪を犯したるものなる旨認定し，最後の種類に属する者については，その個々の集団に加わり

たる後の行為に対してのみ責任を負わしめたるものにして，その以前における集団又は別個の集団の行為とは全然関係を有せざるをもって，これらの騒擾罪については責任を負わしめたるものにあらず。而して，被告Aは，最後の種類に属するものにして，その行為にして本件犯罪を構成するものとなしたる以上は，同人等に全然関係なき他の集団と共同の意思をもって共同して暴行をなしたる事実あることを認定するの必要あることなし。したがって，この点に関する証拠もまたこれを挙示するを要せず。」

「例え東京市の一部分において行われたる多衆聚合の暴行と雖も，その事件の性質により全市の静謐はこれがために撹乱せらるることあるは論をまたず。原判決を通読すれば，本件の暴行は，全市に行われたるにあらずと雖も，その性質は正に全市の静謐を撹乱するに足るべきものなること明瞭なり。而して，この事実に対する原判決列挙の証拠に徴すれば，この事実を認定するに余りあるをもって，所論のごとき不法ありというを得ず。」

「騒擾罪の一要素たる暴行は，常に放火，破壊等に限るものにあらず。他の罪名に触れざる程度のものと雖も，いやしくも騒擾を来すものたる以上は，騒擾罪の要素を構成するに足るをもって，<u>放火，破壊等の行為は，騒擾罪に包含せられて別罪を構成せずというを得ず。したがって，その暴行にして同時に他の罪名に触るるときは，刑法第54条により処断せざるべからず</u>をもって，この趣旨に出でたる原判決は相当にして，論旨は理由なし。」

広島憲政擁護騒擾事件（騒擾）（大正2年2月16日及び同月23日） [97]

【事案】

　大審院大正3年10月19日判決によれば，事実関係は，以下のとおりである。

　広島市においても，大正元年末以来，政変に胚胎したる東京その他の都市における騒擾にならい，いわゆる官僚党と目せられる中国新聞社及び同社社長宅

---

97) 大審院大正3年10月19日判決・大審院刑事判決録20輯1884頁（広島憲政擁護騒擾事件）

等を襲い，暴行をせんとする機運があった。

　被告人は，大正2年2月16日夜，広島市内の神明座で開催された政談演説会において，穏やかならざる聴衆に対し，粗暴な言を用いて演説をし，聴衆をして，「中国（引用者注：中国新聞社）を焼き討ちせよ。Y（引用者注：同社社長）を打ち殺せ。」などと叫ばせるほどに騒然とさせた。

　被告人は，同月23日夜，同様の演説会において，「東京その他において官僚党に属する代議士や新聞社を焼き打ちせしが，広島市における官僚党の代議士は何人なりや。その新聞は何社なりや。」などと言い，もって中国新聞が官僚党機関用新聞なること，同社及び同社社長宅を攻撃すべきこと等を暗示し，演説の最後に，「自分は，新聞社を破壊せよと勧むるものにあらず。」と結んではいるものの，その粗暴な言により聴衆を刺激・激励し，聴衆をして，「中国を焼き打ちせよ。Yを打ち殺せ。」などと叫ばせるほどに騒然とさせた。被告人は，群衆に対し，「前へ進め。」と号令して指揮し，群衆らは，その指揮に応じて喧騒しつつ，中国新聞社前及びY宅前を数回往復し，勢いに乗じて，付近を通過中の電車5台，巡査派出所等に投石するなどした（騒擾）。

【裁判経過等】

　第一審は，広島地方裁判所でなされ，第二審は，大正3年7月10日，広島控訴院で判決が言い渡された。

　有罪判決に対し，被告人側が上告した。上告理由の一つは，被告人が群衆に号令し，それにより群衆が中国新聞社及び同社社長宅前を数回往復し，電車数台及び巡査派出所に投石した事実は認めるが，これだけの事実では，未だ社会的平和を害し多数人民の感覚を撹乱するに至っておらず，騒擾罪にいう暴行・脅迫には当たらないというものであった。

　大審院大正3年10月19日判決は，以下のとおり判示して，被告人側の上告を棄却した。

　「原判決には，論旨所掲のごとく事実を認定しありて，右事実の認定によれば，群衆の行為により公共の騒擾を惹起し，社会的平和を損壊したるものなること自ずから明らかなるをもって，本論旨は，上告の理由なし。」

福岡検米反対騒擾事件（騒擾）（大正3年11月22日）[98]

【事案】

　大審院大正4年11月2日判決によれば，事実関係は，以下のとおりである。

　福岡県糸島郡農会は，福岡県知事に対し，米穀検査規則の施行につき差し支えない旨の答申を出していた。

　被告人らは，検米反対農民団の委員らであり，郡農会の出した前記答申を取り消させたいと考えていたが，大正3年11月22日に福岡県糸島郡前原町にあった郡役所において検米問題に関する町村長会が開催される予定であることを知るや，この機会をとらえて，郡農会の議員を兼ねていた町村長らに対し，同答申の取消決議をさせようと企て，同日午前10時頃，同農民団の委員約200余名を召集し，さらに多数の農民らを参集させ，農民ら約500〜600名と共に糸島郡役所に押し寄せた。

　被告人らは，郡農会議員（町村長）らに対し，郡農会の開催方を交渉し始めたが，やがて多数農民らが，警察官の制止をきかず，暴言を放ち，喊声を揚げ，喧騒を極めるのみならず，農民らの一部が，郡役所内に乱入して暴行を逞しくし，農民団の要求を容れなければ郡農会議員の身に危害が及ぶべき気勢を示した。

　被告人らは，農民らの暴威を利用し，郡農会長及び同会議員らに対し，郡農会を開会して前記答申の取消を決議するよう迫り，終に郡農会を開催させてその旨決議させ，さらに，農民らが，「口だけでは不可なり。書面に認め示せ。」などと迫り，庶務課長をして答申取消の旨を認めさせ，群衆にこれを告知するに至らせた（騒擾）。

【裁判経過等】

　第一審は，福岡地方裁判所でなされ，第二審は，大正4年7月7日，長崎控訴院で判決が言い渡された。

　有罪判決に対し，被告人側が上告した。上告理由の一つは，騒擾罪（刑法

---

98) 大審院大正4年11月2日判決・大審院刑事判決録21輯1831頁（福岡検米反対騒擾事件）

106条）が成立するためには，① 暴行脅迫をする目的をもって多数が聚合すること，② 公務員から３回以上にわたって解散命令を受けても解散しなかったこと，③ そして，暴行・脅迫に及んだこと，これらの要件すべてを満たす必要があるものと解すべきところ，本件では，暴行・脅迫をする目的で聚合したわけではなく，また，３回以上に及ぶ解散命令があった旨の事実認定もされていない，したがって騒擾罪は成立しない，というものであった。

　大審院大正４年11月２日判決は，① 暴行・脅迫の目的があること，② ３回以上の解散命令に従わなかったことの２点は，多衆不解散罪（107条）の構成要件であり，現実に暴行・脅迫に及んだことが前提となる騒擾罪（106条）の構成要件ではない旨判示して，被告人側の上告を棄却した。

　「然れども，刑法第107条の罪は，暴行脅迫をなすの目的をもって聚合せる多衆が当該治安警察吏員の解散命令を受くること３回以上に及びてなお解散せざることにより直ちに成立すべきも，進んで現に暴行脅迫をなしたる場合においては，右第107条の適用を離れて同第106条の騒擾罪成立すべき関係あるに止まり，右第106条の罪は，常に必ず第107条の罪をその前提要件とするものにあらず。すなわち第106条の罪は，多衆衆合せること及び暴行脅迫をなすことによりて成立すべく，而してその多衆が初めより暴行脅迫の目的を抱きて聚合することを要せざるや論をまたず。故に第106条適用の基本として農民多衆聚合及びその暴行脅迫の事実のみを認定するに止め，所論（一）（二）の事実を判示せざりし原判決にいささかの瑕疵あることなし。」

米騒動事件全体について（騒擾，恐喝，放火，殺人等）（大正７年８～９月）[99]

　米騒動は，大正７年８月以降，全国的に発生した騒擾事件であり，本書では，奈良，安濃津，和歌山，新潟及び福岡の各地方裁判所で審判された各事件を取り上げることとするが，各事件を紹介するに先立ち，松尾浩也の研究などを参

---

[99] 松尾浩也「米騒動」（前掲49）の「日本政治裁判史録　大正」（昭和44年）167頁以下所収」

考にして，その全体像について見てみる。

第一次世界大戦中の大正5年，大隈内閣に代わり，陸軍大将の寺内正毅が首相となって新内閣を成立させた。

同大戦中は，物価が高騰を始め，米価も暴騰した。米価は，大正5年8月に摂津米1石当たり13.95円だったのが，大正6年8月には21.5円となり，大正7年8月には41.6円になった。

同大戦中の大正6年（1917年），ロシア革命が起きている。

寺内内閣は，農商務省令（いわゆる暴利取締令）を公布するなどの対策を講じたものの，目に見えた大きな効果が現れなかったところ，大正7年7月，シベリア出兵に関してアメリカとの合意が成立したことにより，出兵近しとの報道もあり，米相場は暴騰し，同年7月18日，堂島取引所の期米取引が停止されるに至った。

さて，富山県下新川郡魚津町の漁民の女性達約60人は，同町の魚津漁港から米が出港されるのに反対するため，同年7月23日朝，海岸に集まったものの，警察から穏やかに制止されて退散し，その日は終わる。同町では，同年8月下旬まで，同様の集まりがある都度，警察に解散させられるなどの騒ぎが繰り返されてはいるが，大きな暴動には至っていない。

この騒ぎは，周辺に波及し始め，同年8月3日以降では，次第に騒ぎの規模，地域が拡大し，手段がエスカレートしていった。参加者は，当初，女性らが中心であったが，やがて数百名を超える規模となっていき，資産家や米穀商を襲撃するようになる。地域は，富山県内各地に及んだ。それでも，起訴されるほどの事件に発展したものは少なかった。

ところが，大阪朝日新聞，大阪毎日新聞などマスコミ各社において，これらの事件を「越中女一揆」として全国的に報道したところ，情報の伝達速度は迅速であり，あっという間に全国各地で暴動が発生していくことになる。

最盛期の同年8月9日から同月17日までの間には，北は東北地方の仙台，福島から，西は九州地方の門司，戸畑まで，多くの都市で暴動が発生した。発生した場所は，農村地帯にも及んだが，激しい暴動が起きたのは，都市部であり，特に，名古屋，京都，神戸，大阪などでは，米穀商が襲われただけでなく，

巡査派出所，電車，造船所，新聞社，貿易商（神戸の鈴木商店本社など）等が襲撃され，投石されたり，焼き打ちにあったり，建物が破壊されたりした。暴動の主体は，男性中心となっており，学生や労働者が多く加わっていて，人数は，数千名に及ぶ規模となっていた。同人らは，警察による警戒線を突破すると，各所で無警察状態を出現させた。

前年に起きたロシア革命は，日本における学生運動・労働運動に対して大きな影響力があったと考えられている。

各県知事は，警察では対応しきれないとの判断から，軍隊の派遣を要請するに至る。陸軍省は，当初，慎重な態度をとっていたが，結局，同年8月11日から同年9月12日までの間，全国約100か所において，延べ5万7000名の兵力を投入し，暴動を鎮圧することになる。

なお，東京でも暴動は発生しているが，様相が若干異なっている。すなわち，東京でも，約2000名の群衆が，同年8月13日夜から同月16日夜までの間，日比谷公園の周辺において，店舗などに投石するなどし，軍隊も出動している。しかし，東京では，警視庁が迅速・的確な警備活動を展開し，激しい暴動を発生させずに止めているのであり，軍隊による鎮圧という事態にはならなかった。警視庁は，日比谷焼き打ち事件を教訓とし，そのときの経験を生かしたのである。

同年9月12日，北九州の三池炭田における炭鉱労働争議が平穏化して以降，全国的に暴動は沈静化しており，これをもって一連の米騒動は終結したものと見られている。名称は米騒動であっても，途中から，米が目的とは言えない様相を呈していたのである。

同年9月末，寺内内閣に代わり，原敬首相による政友会内閣が発足した。

一連の事件により，全国で，予審請求6240名，略式命令請求1536名。公判に付された者が5985名，免訴その他が255名。各地裁での公判は，概ね連続開廷が実施された。

罪名は，騒擾罪の率先助勢が多かったが，中には殺人，放火，強盗などの刑事責任を問われた者もいた。有罪となった被告人には，概ね有期懲役刑が言い渡されているが，兇悪重大事件を犯した被告人には，死刑や無期懲役が言い渡

されている。

奈良米騒動事件（騒擾，恐喝）（大正7年8月14日）[100]
【事案】
　大審院大正8年5月17日判決によれば，事実関係は，以下のとおりである。
　大正7年夏，米価の暴騰に基因する騒擾が全国各地に勃発し，奈良市においても，同年8月13日夜，市民数十名が聚合し，米価値下げ交渉のため，米穀商に押し寄せたが，その筋の警戒により空しく解散した。
　被告人は，同13日夜の騒擾が効を奏しなかったのは集団の人数が少なかったからであると考え，貼り紙をして人数を集め，奈良市においても騒擾を惹起し，各米穀商を恐怖せしめ，白米の廉売をなさしめようと企て，同月14日朝，「米高に付き意見あるものは十四日午後七時赤堂に集合」なる貼り紙4枚を，路傍の電柱ほか3か所に貼付し，同日夜，これら貼り紙を見聞した市民約1000名を奈良市公園内の赤堂前に集合せしめ，群衆の一団は，同日午後10時頃，市内の米穀商数軒を襲い，2時間にわたってわいわい声を揚げ，「是非25銭くらいに引き下げねばならぬ。諸君，どうですか。」，「賛成，賛成。」，「やるべし，やるべし。」などと言い合い，あるいは投石し，あるいは格子戸をガタガタ言わせ，米穀商を脅迫して白米の廉売をなさしめた（騒擾，恐喝）。
【裁判経過等】
　第一審は，奈良地方裁判所でなされ，第二審は，大正8年2月25日，大阪控訴院で判決が言い渡された。
　有罪判決に対し，被告人側が上告した。上告理由の一つは，被告人において多衆を指揮統率したという事実はないから，被告人は首魁ではなく教唆者に止まる，被告人を首魁と認定した原判決は誤りである，という点にあった。
　大審院大正8年5月17日判決は，騒擾を首唱画策するなどした者は首魁であり，首魁たるためには多衆を指揮統率したことを要しない旨，騒擾罪の法解釈を示して，被告人側の上告を棄却した。

100）大審院大正8年5月17日判決・大審院刑事判決録25輯644頁（奈良米騒動事件）

「単に他人に対し,騒擾行為をなすことを教唆してその実行をなさしめたるに止まらず,騒擾を惹起する目的を以て自ら首唱画策し,首謀者として行動したる結果,予期のごとく多衆聚合して暴行脅迫をなすに至りたる以上は,例えその多衆を指揮統率せず,又その全体の上に実力を有せず,はたまた自ら暴行脅迫をなさざるも,刑法第106条第1号にいわゆる首魁をもって論ずべきものにして,原判示によれば,……というにありて,被告Aが共謀者Bと共同一体の関係において判示騒擾の首謀者として行動したるものにして,単に騒擾を教唆したる者にあらざること明瞭なれば,原判決が被告Aを騒擾罪の首魁をもって論じたるは相当にして,所論のごとき違法の裁判にあらず。論旨は理由なし。」

安濃津米騒動事件(騒擾,恐喝)(大正7年8月14日) [101]

【事案】
　大審院大正8年5月19日判決によれば,事実関係は,以下のとおりである。
　被告人らは,大正7年8月14日以降,数日間にわたり,住民数十名よりなる多衆の首魁となり,これを引率し,順次,米穀商3軒の家に押し寄せ,店内に入り,米の廉売を迫り,店頭に押し寄せた群衆と相呼応し,もし要求を容れざるときは身体,財産等に危害を及ぼすおそれあるべきことを暗示し,もって米穀商らを威迫して廉売を承諾せしめ,白米2俵を寄付させてこれを住民24名に配布し,上白米1升を金27銭5厘で廉売させ,時価1石36円の玄米44俵分を1俵25円の割合をもって住民らに廉売させた(騒擾,恐喝)。

【裁判経過等】
　第一審は,安濃津地方裁判所でなされ,第二審は,大正8年3月10日,名古屋控訴院で判決が言い渡された。
　有罪判決に対し,被告人側が上告した。上告理由の一つは,恐喝罪につき,第一審では,財産上不法な利益を得たとして刑法249条2項を適用したが,第

---

101) 大審院大正8年5月19日判決・大審院刑事判決録25輯657頁(安濃津米騒動事件)

二審では，財物を交付させたとして同条1項を適用しており，擬律が異なっているのに，第二審が第一審を破棄しなかったのは失当である，という点にあった。

大審院大正8年5月19日判決は，刑法249条の1項と2項の関係につき，両者の罪質・刑期・罪名は同一であり，同一の処罰規定と解される旨判示して，被告人側の上告を棄却した。

>「刑法第249条の第1項と第2項とは，罪質を同じ，刑期を同じくするものにして，これを包括して罪名を同じくする同一の処罰規定と認むべきものとす。故に，第一審と第二審とが共に均しく同法第249条に該当する犯罪事実を認定する場合は，両者は，事実認定の趣旨を同じくするを以て，この点は，第二審において第一審判決を取り消すの理由とならず。」

和歌山米騒動事件（騒擾，住居侵入，恐喝，殺人）（大正7年）[102]

【事案】

大審院大正8年5月23日判決によれば，事実関係は，以下のとおりである。

被告人ら2名は，多衆とともに，数か所の米穀商の住居に押しかけ，各住居に侵入し，数人を恐喝し，白米（内地米）を1升25銭の割合にて値下げして売り渡すことを承諾せしめ，もって財産上の不法利益を自己が取得し，又は多衆に取得せしめたほか，1名を殺害し，数名の財物を損壊するなどした（騒擾，住居侵入，恐喝，殺人）。

【裁判経過等】

第一審は，和歌山地方裁判所でなされ，第二審は，大正8年2月27日，大阪控訴院で判決が言い渡された（被告人2名をいずれも死刑）。

これに対し，被告人側が上告した。上告理由の一つとして，被告人Aは，犯行当時，犯行現場におらず，本件一連の犯行の犯人ではない旨主張した。

大審院大正8年5月23日判決は，原判決の事実認定を是認して，被告人側

---

[102] 大審院大正8年5月23日判決・大審院刑事判決録25輯673頁（和歌山米騒動事件）

の上告を棄却した。

「右は原判示に副わざる事実を主張し，原審の職権に属する証拠調の程度及び事実の認定を非難し，延てその擬律を攻撃する趣旨に帰着するを以て，適法の上告理由とならず。」

新潟米騒動事件（騒擾）（大正7年8月17日）[103]

【事案】

大審院大正8年6月23日判決によれば，事実関係は，以下のとおりである。大正7年8月，米価暴騰のため，各地に騒擾が起こり，人心は動揺した。

被告人Aは，同月16日夜，新潟市内の3か所に，「十七日夜市民白山公園に来たれ」という趣旨の貼り紙をしたところ，同月17日夜，同公園に多数の市民が集まった。

被告人Bは，同日午後8時30分過ぎ，同公園において，集まった群衆に対し，「東京，大阪，福島地方にては，米価騰貴のため暴動起こり，福島地方にては，第二師団の砲兵出動せりとのことなるが，新潟は，高田師団遠きため，容易に来たり得べくもあらず。今夜は，願随寺と白山とで集まりたるもの相合して暴動をなすことなるが，いよいよ決行するならば，巡査を縛し，鐘を叩き，多数の聚合するをまち，C（引用者注：新潟市の富豪Cを指す。）だ，Cだと言えば，衆皆そこに向かうべし。」旨演説して激励したところ，被告人Bは，同日午後9時頃，巡査に派出所まで引致されてしまった。

この演説の際，被告人Dは，群衆に対し，「米価1升36銭なり。」，「この米価暴騰の際，Cは妾を蓄え，芸妓に浮かれ，贅沢を極めおれり。よろしく同家を打ち壊すべし。余は18歳なるが，誰か司令官となるものあらば，率先して暴動をなすべし。監獄に入るは辞するところにてあらず。」などと演説して群衆を激励し，被告人Eは，「やれ，やれ，大いにやれ。騒動だ，騒動だ。鐘，太鼓のごときは旧式なり。文明的にラッパに限る。片端から放火せよ。」と煽動し，被告人Aも，米商の不当なる行動を指摘した。

103）大審院大正8年6月23日判決・大審院刑事判決録25輯800頁（新潟米騒動事件）

公園において盆踊りをしていた群衆も，同日午後10時頃，前記群衆に加わり，その折，長岡市のFが焼き打ちに遭ったことを伝える者がいて，被告人らは，これを大声で群衆に報告したところ，群衆は，「長岡にてなせしならば，新潟にてもなすべし。」と呼号し，これに乗じて，被告人ら十数名は，「やれ，やれ。」と叫びつつ，率先して駆け出し，群衆ら約200名は，喊声を揚げつつこれに続き，新潟市横堀通りの人家に砂利を投じ，Cの元手代だったG宅に瓦礫を投じ，障子のガラス10枚を破壊し，C方へ押し寄せ，同家や，群衆を制止しようとした警察官に対し，盛んに瓦礫を投じ，付近住家のガラス等を破壊し，もって騒擾をなしたものであり，被告人らは，本件騒擾を率先助勢した（騒擾）。

【裁判経過等】

第一審は，新潟地方裁判所でなされ，第二審は，大正8年2月27日，東京控訴院で判決が言い渡された。

有罪判決に対し，被告人側が上告した。上告理由の一つとして，被告人Bは，本件犯行直前，白山公園で演説をした後，巡査に引致されてしまい，自身は本件騒擾に加わっていないから，自身の行為は，治安警察法違反に問われることはあっても，騒擾罪を構成するものではない旨主張した。

大審院大正8年6月23日判決は，被告人Bが事前に多衆を煽動鼓舞している以上，その後の行動を共にしていなくても，率先助勢罪の刑責を免れない旨，騒擾罪の法解釈を判示して，被告人側の上告を棄却した。

「按ずるに，<u>刑法第106条第2号にいわゆる率先して勢を助けたるものとは</u>，他人を指揮するにあらず，又，附和随行するにあらずして，広く衆に抽んでて，特に騒擾の勢を増大する行為をなしたるものを指称し，特に多衆の先頭に立ちて，あるいは共同して暴行脅迫をなし，あるいは多衆を激励して暴行脅迫をなさしむる者のみの謂にあらずして，<u>多衆が一集団を成し，将に暴行脅迫を開始せんとするに臨み，その集団に向かい，その決行を促す趣旨の演説をなし，もってこれを煽動鼓舞し，よって多衆をして勢を得て目的の場所に向かい殺到し，暴行脅迫をなすに至らしめたる者のごときもまたこれに属するものというべく</u>，縦し，聚合の場所において，叙

上の行為をなしたるに止まり，爾後，暴行脅迫をなしたる多衆と行動を共にせざるときと雖も，その行為は，集団の暴行脅迫の行為と相まって騒擾罪を構成するものと解するを相当とす。蓋し，多衆の暴行脅迫をなす勢を増大する行為は，暴動を以てすると，言語を以てするとにより，又は，暴行脅迫の決行中においてすると，その事前においてするとにより，若しくは暴行脅迫の決行の現場においてすると，その以前，集団の聚合したる場所においてするとにより，その効果を異にすべきものにあらざればなり。」

福岡米騒動事件（騒擾，住居侵入，建造物損壊，傷害，公務執行妨害，放火）（大正7年8月16日〜17日）[104]

【事案】

大審院大正9年3月2日判決によれば，事実関係は，以下のとおりである。

被告人らは，大正7年8月16日夜から翌17日にかけて，多衆らと共に，騒擾行為に及んだ（騒擾）。

被告人Aは，同月16日午後9時頃，多衆約200〜300名と共に，米穀商B方に押し寄せ，群衆に対し，「やれ，やれ。打ち壊せ。」と叫んで屋内に闖入し，多衆らは，B方2階の天井板を突き破り，若しくは突き外すなどした。

被告人Cは，米穀商D方を襲ったが，既に別隊が先着していたため，一部の群衆を指揮し，「わっしょ，わっしょ。」と掛け声をかけつつ，米穀商E方ほか数軒に殺到し，あるいは表戸を破壊し，あるいは表戸を切り開け，屋外若しくは屋内に侵入し，白米1升につき15銭又は20銭にての廉売方を強要した。

被告人Cは，同日午後10時過ぎ頃，戸畑倉庫運輸株式会社の倉庫付近において，群衆に対し，「倉庫を破壊せよ。」と叫び，群衆20〜30名と共に，同倉庫の外柵に迫り，被告人Fは，同日午後11時過ぎ頃，多衆を指揮して，同倉庫から，焼酎甕8個及び米約88俵を担ぎ出さしめた。

被告人Cは，多衆に対し，「今一度，分配所に行け。」と叫ぶなどした。

被告人Cは，群衆が米穀商B方に引き返してこれを破壊する際，群衆に対

---

[104] 大審院大正9年3月2日判決・大審院刑事判決録26輯118頁（福岡米騒動事件）

し，「やれ，やれ。」と叫んで声援した。

　被告人Gは，翌17日午前2時頃，米穀商B方前において，数千名の群衆に交わって喧噪中，被告人Hが巡査に捕縛されたのを目撃して大いに憤怒し，被告人Hを奪取せんと謀り，率先して巡査に肉迫し，多衆らと共に巡査を取り巻き，「いかなる理由にて逮捕せしや。逮捕したる巡査を打ち殺せ。」などと脅迫し，多衆らと共にその捕縄を引っ張って被告人Hを奪取し，これを付近のI方に担ぎ込み，Iを脅迫して包丁を強取し，被告人Hの捕縄を切断してこれを解放した（公務執行妨害。なお，予審では，包丁の強取について強盗が認定されているが，第一審及び第二審では，強盗の成否について判断が示されていない。）。

　被告人Gは，再び同派出所を襲い，群衆の前方に出て，警察官らに対し，「縛られた男は俺が解きやりたるが，その捕縄はここに持ちおる。」などと叫び，警察官らに反抗する気勢を示した。

　多衆らは，同派出所の階上・階下のガラス障子各2枚を破壊するなどした。

　多衆らは，同日午前3時頃，再び米穀商D方に押し寄せ，「放火せよ，放火せよ。」と叫んだが，その際，被告人Jらは，共に米穀商D方を焼毀しようと企て，火を点じた提灯を持ってDの長男が住居しているD方店舗内に這い入り，被告人Kに同提灯を交付し，被告人Kにおいて，D方内の空俵の下に同提灯を挿入して火を放った（放火）。

【裁判経過等】

　第一審は，福岡地方裁判所でなされ，第二審は，大正8年10月27日及び同年12月5日，長崎控訴院で各判決が言い渡された。

　有罪判決に対し，被告人側が上告した。上告理由の一つとして，弁護人は，共同正犯が成立するためには，①　共同認識と，②　共同実行の二つの要件が必要であるのに，被告人Jには，これらの要件が欠如している旨主張した。

　「共同実行正犯は，数人が共同の認識，すなわち犯人自身の行為と他人の行為とが相まって犯罪事実を実現するものなることの認識をもって，犯罪の実行に関与するを要するものにして，共同認識又は実行関与のいずれかの一を欠如せる場合においては，実行正犯の成立することを得ざるはもちろんなり。

……
　Kの放火は，全く同人の発意に出て，……被告Jは，毫もこれに関与せざりしことは，一点の疑いを容れざるのみならず，また，これらの者と被告Jとの間に通謀又は共同認識の存在したることを認むべき何等の事実並びに証拠を発見する能わず（数人間に通謀ある場合においては，そのうちの一人をして実行せしむるも，なお共謀者の各自を実行正犯とする旨の御院判例『明治44年刑事判決禄1618頁』ありと雖も，通謀の事実証拠，絶対にこれなく，いわんや共同認識の存在すら認定すべき事実証拠なき本件にありては，前記判例を応用すべき場合に属せざるやもちろんなり。）。」
　大審院大正9年3月2日判決は，被告人が共同認識を有していたことが証拠上認定できるなどと判示して，被告人側の上告を棄却した。
　「原判決の事実理由及びこれに対する証拠理由……等によれば，被告Jが K……と所論放火行為につき共同認識ありたる事実は，これを確知することを得べきをもって，本論旨は理由なし。」

原敬首相私邸及び政友会本部向けデモ行進騒擾事件（騒擾，暴行，侮辱，治安警察法違反）（大正9年2月22日）[105]

【事案】
　大審院大正12年4月7日判決によれば，事実関係は，以下のとおりである。
　被告人Aは，大正9年2月22日午後4時頃，懇親会の散会を告げると，学生連盟の一団は，「これより原首相の私邸に赴き，勧告するところあり。」などと称して旗を立て，被告人Aらは，これら学生数百名の先頭に立って場外に出て，芝公園の増上寺山門付近に至るころ，ようやく殺気を帯びてきて，Bが駆け足を譜にしてラッパを吹奏したため，さらに気勢を増し，原敬首相私邸に殺到しようとした。
　巡査数十名は，予めこのことを予期して芝公園第5号地角において，学生ら

---

105) 大審院大正12年4月7日判決・大審院刑事判例集2巻4号318頁（原敬首相私邸及び政友会本部向けデモ行進騒擾事件）

を制止する目的で警戒線を張っていた。

　学生ら群衆は，千数百名に増加していたところ，喊声を挙げ，警官隊に突進し，あるいは旗竿を横たえて警官隊を押しつけ，遂に警戒線を突破し，原首相邸に迫り，喊声を発し，あるいは同所を警戒していた巡査に対し，「突き倒せ。打ち倒せ。」と叫び，あるいは旗竿をもって巡査を突き倒し，暴行を逞しくした。

　被告人Ａは，この間の同日午後4時過ぎ頃，これら群衆の先頭に立って原首相邸の門前に迫り，同所を警戒していた警察官に対し，「首相に面会せざれば，一歩も退かず。国民が首相に面会せんとするに，これを妨ぐる法なし。」と叫んで，警察官らを押し除け，率先助勢した。

　立憲労働党員は，同日午後5時頃，大旗を携え，東京市芝区の政友会本部に至らんとし，500〜600人の群衆と共に会場を出て，同区御成門電車停留場付近に行った際，巡査約50名余りが警戒線を張って群衆を制止しようとするや，群衆は，これを突破せんとし，あるいは喊声を挙げて突貫し，あるいは警察官に対し，投石して暴行を逞しくした。

　被告人Ｃは，同日午後5時過ぎ頃，群衆が御成門電車停留場付近の警戒線を突破せんとして警察官らと抗争している際，巣鴨行き電車の運転手台に立ち，山高帽を打ち振りながら，「やれ，やれ。」と連呼し，かつ，下車の上，同警戒線に来て，群衆の先頭に立ち，警戒線を突破せんとして警察官らとしきりに抗争し，もって率先助勢した。

【裁判経過等】

　第一審は，東京地方裁判所でなされ，第二審は，名古屋控訴院でなされた。
　有罪判決に対し，被告人側が上告した。上告理由の一つとして，弁護人は，本件では，一地方における公共の静謐が侵害された事実がないので，騒擾罪は成立しない旨主張した。

　大審院大正12年4月7日判決は，騒擾罪が成立するためには具体的に公共の安寧を害すべき危険が発生することまでは要しない旨判示して，被告人側の上告を棄却した。

　「騒擾罪は，多衆聚合して暴行又は脅迫をなすによりて成立するものにし

て，かかる行為は，自ら公共の平安を害すべき危険性を有するものなりと雖も，各場合において，<u>具体的にかかる結果の発生することは同罪の成立要件に非ず</u>。原判示によれば，被告等は，多衆聚合して暴行の行われたる際，率先助勢の行為をなしたるものなるが故に，その所為は，刑法第106条第2号の罪を構成することもちろんにして，原判決の擬律は，違法に非ず。論旨理由なし。」

大阪労働争議騒擾事件（騒擾）（大正12年5月22日）[106]

【事案】

　大審院大正13年7月10日判決によれば，事実関係は，以下のとおりである。

　大阪府西成郡神津町所在の工場の経営者は，製品過剰のため，大正12年5月14日，臨時休業をなすべき旨を発表し，同月19日，職工の賃金を2～3割方低下させ，かつ，一部の職工を解雇する旨宣言した。

　一部の職工は，日本労働総同盟伸銅組合に加入し，同組合第22支部を創立していたが，経営者の処置の非違を難じ，これに対抗し，同組合本部の応援を得て，職工の大部分を同組合に加入させ，翌20日，協議の末，従来の請負制度を撤廃して日給制度となすこと，賃金を値上げすること，解雇手当制度を設けること，その他の待遇改善等，7か条の事項を文書（要求書）に記載し，これを工場支配人を介して工場主に提出し，翌21日，組合員相互に激励演説をなし，その団結を強固にし，要求の貫徹に務め，職工らの中から交渉委員，伝令係，訪問係，訪問係長，使係，会計係，書記係等を選定した。

　職工らは，翌22日，工場主から，前記要求の大部分を拒絶する旨の回答があったため，これに大いに激昂し，同労働組合本部からの来援者及び職工ら70～80名は，工場に押し寄せ，工場支配人に対し，再考を求めたが，これを拒否されたため，工場主と直接交渉しようとし，伸銅工組合支部の旗を押し立て，労働歌を唱い，工場主方に向かい，天神付近から，「わっしょ，わっしょ。」

106）大審院大正13年7月10日判決・大審院刑事判例集3巻8号564頁（大阪労働争議騒擾事件）

と掛け声し，駆け足にて，工場主方に殺到し，その邸内に闖入し，投石をし，ガラス窓，植木鉢等を損壊し，騒擾をなした。

　被告人らは，この騒擾に加わっていたものである。

　被告人A，B及びCは，いずれも伸銅工組合の理事にして，本部からの応援者であったが，同月20日，前記7か条の要求書を提出したほか，翌21日，工場主方住居に押し寄せて暴行をなすことを首唱，画策し，翌22日，職工らに対し，「今や要求容れられず，暴力に訴うるのほか途なき」旨を演説して煽動し，職工らと共に，工場主方に押し寄せ，同邸内に侵入したものであり，いずれも首魁である。

　被告人Dは，日本労働総同盟大阪合同労働組合員にして，職工団の応援者であったが，同月22日，工場主方に殺到して故なく邸内に侵入し，多衆に率先して，投石し，旗槍にてその表側窓ガラスを破壊するなどしたものであり，率先助勢者である。

【裁判経過等】

　第一審は，大阪地方裁判所でなされ，第二審は，大阪控訴院でなされた。

　有罪判決に対し，被告人側が上告した。上告理由の一つとして，弁護人は，本件では，一地方における公共の静謐が侵害されていないので，騒擾罪は成立しない旨主張した。

　大審院大正13年7月10日判決は，騒擾罪は多衆衆合して暴行脅迫をなすにより成立し，その地方の静謐を現実に害することを要件とするものではない旨判示して，被告人側の上告を棄却した。

　　「刑法第106条の騒擾罪は，同条の規定によるときは，多衆集合して暴行又は脅迫をなすによりて成立するものにして，旧刑法第137条の規定とその趣を異にし，特に官庁に喧鬧し，官吏に強逼し，又は村市を騒擾する等のことを要せざるものなれば，その所為の結果，特に当該地方における静謐を害することを要件とするものに非ず。蓋し，法律がかくのごとき所為を普通暴行脅迫罪の外，騒擾罪として処罰するゆえんは，地方の静謐又は公共の平和を害する虞あるがためなるも，その所為自体において，当然地方の静謐又は公共の平和を害する虞あるものとして，特に現実かくのごと

き具体的結果の発生を必要とするものに非ざればなり。而して，多衆の中に加わりたる者は，たとえ自ら暴行脅迫の行為をなさざるも，共同の力を利用し，暴行脅迫をなすの意思を以てこれに加わりたる以上，外部に対しては，現実暴行脅迫をなしたる者と共に，一団として集団そのものが暴行脅迫をなすものと認められ，ここに地方の静謐又は公共の平和を害する危険性を帯ぶるに至るを以て，これを包括して騒擾罪として処罰する趣旨なること疑いを容れず。」

佐賀小作争議事件（騒擾，恐喝未遂）（大正14年10月18日）[107]

【事案】
　大審院昭和2年4月5日判決によれば，事実関係は，以下のとおりである。
　佐賀県三養基郡では，小作田が小作人数に比して過少であったため，小作料が過重となっており，小作人は，その負担に困憊していたところ，大正13年秋，同郡鳥栖町に，日本農民組合三養基郡連合会本部が設置され，小作料軽減運動が開始されるに及び，小作人の大多数は，同連合会の宣伝に共鳴し，挙げてこれに加盟入会し，一致協力して，地主に対し，小作料3割減を要求したが，地主側の容れるところとならなかったため，ここに小作料全部不納同盟を締結し，その要求の貫徹を期した。
　他方，地主側は，地主組合，地主連盟を組織してその結束を強固にし，小作人らへの対策として，債務不履行を原因として耕作地の賃貸借契約を解除し，耕作田の返還を迫って小作人を駆逐し，朝鮮人を使用して耕作させることなどを宣伝した。
　この間，数次の和解調停もその効なく，両者相対峙して毫も譲らず，小作争議は，漸次，深刻を加えてきたが，大正14年8月末，地主は，進んで小作人に対し，耕作田の明渡しの仮処分を実行し，既に植え付け除草を終えた稲田を引き上げ，次いで，同年10月中旬に至り，稲立毛又は有体動産の仮差押えを

---

[107] 大審院昭和2年4月5日判決・大審院刑事判例集6巻3号128頁（佐賀小作争議事件）

執行したため，小作人は，たちまち生活の脅威を感じ，地主に対する感情を更に悪化させ，怨嗟，悲憤の声が各所に起こり，そのため人心が動揺し，すこぶる不穏の形勢を呈するに至った。

　前記連合会本部は，同 10 月 18 日，青年多衆を相率いて地主宅に殺到し，これを脅迫して小作料の軽減を強要するにしかずとの謀議をなし，これを青年部員らに伝達し，青年部員ら百数十名は，各自杖様の竹木を携え，同日午後 8 時過ぎ頃，参集の上，同日午後 8 時半頃，同郡田代村方面に進発し，国道筋を南下して，鉄道線路踏切付近から，ラッパを吹鳴し，喊声を揚げ，順次，地主方を襲撃し，「開けろ，開けろ。」，「やれ，やれ。」などと絶叫し，門扉，障壁，格子等を蹴り，又は乱打して毀損し，かつ，威嚇的言辞を連呼して，喧騒を恣にして小作料の軽減を要求した。

　さらに，熱狂した群衆の一部約 40 〜 50 名は，同日午後 10 時頃，同郡基山村の地主方にも殺到し，前同様，暴行，喧騒を恣にして小作料の軽減を要求した。

　しかし，地主らが不在であったか，あるいは要求が拒絶されたため，小作料の減額という所期の目的を遂げなかった（以上につき，騒擾，恐喝未遂）。

　被告人ら 26 名は，以上の騒擾行為等に加担したものである。

【裁判経過等】

　第一審は，佐賀地方裁判所でなされ，第二審は，長崎控訴院でなされた。

　有罪判決に対し，被告人側が上告した。上告理由の一つとして，弁護人は，本件小作料減額要求については，騒擾罪に包含されるものであり，別に恐喝未遂罪を構成するものではない旨主張した。

　大審院昭和 2 年 4 月 5 日判決は，本件行為につき，騒擾罪のほか恐喝未遂罪も成立する旨判示して，被告人側の上告を棄却した。

> 「暴行脅迫を構成要素とする犯行は，数多存するを以て，<u>多衆聚合して暴行脅迫をなしたる場合においては，この 1 個の行為に基づき発生する事実は，必ずしも騒擾罪に該当するもののみに止まらず，暴行脅迫を構成要素とする他の各種の犯罪の成立を認むべきことあるべし</u>。かくのごとく騒擾以外の事実が騒擾罪とその性質を異にするものある以上は，その事実を騒

擾罪の範囲に包容せしめこれを不問に付し去るべきに非ずして，その事実に該当する罪名に触るるものとして処断せざるべからず。」

新潟小作争議事件（騒擾，傷害，公務執行妨害）（大正15年4月28日）[108]

【事案】

　大審院昭和2年12月20日判決によれば，事実関係は，以下のとおりである。

　被告人らは，いずれも日本農民組合に加入し，その新潟県連合会に属していた。

　新潟県中蒲原郡新津町の小作人らは，地主らに対し，大正14年度の小作料につき3割の減額を要求して同盟し，小作米を納入しなかった。

　このため，地主は，小作人17名に対し，大正15年3月8日，新潟地方裁判所より有体動産の仮差押え決定を得て，小作人ら所有の玄米及び白米合計139俵，その他の有体動産を仮差押えし，さらに，同年4月8日，同仮差押えに係る米穀につき，新潟区裁判所から換価命令を得て，同月28日にその競売をすることとした。

　被告人Aは，日本農民組合新潟県連合会の新津郷連合会副支部長であったが，同月26日，下興野青年会場において，新津郷各支部役員会を開き，協議の結果，競売当日には各支部組合員ら多数で競売場に参集し，小作人らにおいて出来る限り廉価にて仮差押え米を競落すべきことを決議し，各組合員らに通知した。

　そうしたところ，同月27日，隣村でも小作人に対する仮差押え米の換価競売事件があり，同小作人側が地主側と協議の上4斗入り玄米1俵を金4円の廉価で競落したとの報に接し，被告人らは，隣村と同様，仮差押え米を同じ廉価で競落するよう地主や執達吏と交渉することとした。

　被告人Bは，中蒲原郡4か町村の農民組合の事実上の支部長であった者であるが，同月28日朝，多数の小作人が参集したところにやって来て，数十名

---

108) 大審院昭和2年12月20日判決・大審院刑事判例集6巻12号533頁（新潟小作争議事件）

の組合員に対し,「現在の法律は,有産階級の人々によって作られたるものなれば,吾ら小作人が法廷戦において敗るるはむしろ当然なり。吾ら無産階級は,宜しく一致団結してこの難局に当らざるべからず。検束くらいを怖れては何事もなし得ざるべし。」との演説をなし,所期の目的を遂行するためには組合員らの団結力にまつべく,必要あらば直接行動に出るのもやむを得ないという趣旨を暗示して,参集者多数を激励した。

同28日正午頃,新潟区裁判所の執達吏及び地主の代理が競売の場所に到着するや,参集していた小作人ら約200名は,陸続として同家の内外に集合し,被告人Aら数名は,同家において,執達吏及び地主代理との間で,隣村の例を挙げ,仮差押え米1俵8円の廉価で協定競落させてほしい旨交渉したが,容易に容れられないため,小作人ら多数は,大いに喧噪し,被告人Aらが更に交渉を継続するも,地主代理が要求を拒絶して立ち帰ろうとしたため,小作人らは,「是非,極まりを付けてくれ。」,「帰してはならぬ。」などと叫び,あるいは「負けろ。」,「殴るぞ。」,「やれ,やれ。」などと怒号し,すこぶる喧騒を極めたところ,被告人Cは,その場において,多衆に率先し,地主代理の背後から,その頭部を手拳で殴打するや,多衆らも,一時にその場に殺到して地主代理を乱打し,同人が警戒中の警察官の保護の下に遁走しようとするや,これを追い,制止しようとする警察官を遮り,警察官に組み付いて公務の執行を妨害し,戸外において,地主代理を捉え,更に殴打を加え,戸内に引き戻し,同人に加療約3週間を要する打撲傷を負わせ,あるいは茶の間の囲炉裏の灰を掴んで室内に撒き散らし,あるいは囲炉裏の鉄瓶を室内に投げ打つ等の暴行を逞しくして騒擾をなした(騒擾,傷害,公務執行妨害)。

【裁判経過等】

第一審は,新潟地方裁判所でなされ,第二審は,東京控訴院でなされた。

有罪判決に対し,被告人側が上告した。上告理由の一つとして,弁護人は,他の者が地主代理を殴打した後,これに附随して被告人A及びBが同人を殴打しただけのことであって,被告人A及びBが他の者に率先して地主代理を殴打したわけではないので,これは率先助勢行為には該当しない旨主張した。

大審院昭和2年12月20日判決は,率先助成行為が騒擾の途中でなされたと

しても，率先助成行為を認定する妨げにはならない旨判示して，被告人側の上告を棄却した。

「騒擾罪における暴行が率先助勢たるには，該暴行が騒擾の当初に行わるることを必要とせず。その中途において行わるるも，多衆にぬきんでて騒擾の勢を助勢したるときは，すなわち率先助勢の行為ありたるものとなすを妨げず。しかして，原判決の挙示せる証拠によれば，被告人A，同Bは，判示騒擾に際し，判示の率先助勢行為ありたる事実を証明するに十分なるを以て，論旨は理由なし。」

横浜労働争議事件（騒擾）（大正15年12月9日）[109]

【事案】

大審院昭和5年4月24日判決によれば，事実関係は，以下のとおりである。

横浜市鶴見区の日本鋳造株式会社の職工200余名は，「日本労働評議会」所属の関東金属労働組合に加入していたが，職工間に軋轢が生じ，大正15年10月頃，そのうちの約50名が別の団体「共誠会」を組織するや，評議会側の職工らの中には，共誠会側の職工を目して会社の御用党であるとし，その作業を妨害する者も出てきた。

同会社が，同年11月23日及び翌24日，評議会側の主謀者ら十数名を解雇したため，被告人らは，同会社に対し，同人らの復職を要求したが，容れられず，遂に，評議会側の職工らは，同月27日，同盟罷業を決行し，争議団本部及び警備隊詰め所を置き，人事係，書記，伝令等の各係を設け，警備隊を2分隊とし，1分隊を各7班に分け，結束を固めて同会社に対抗した。

しかし，共誠会側の職工らが，依然として出勤して作業を継続したため，同盟罷業の目的を遂げることができず，被告人らは，同年12月8日夜，翌朝を期して共誠会側の職工らを襲撃することを謀議し，各班の編成替えをし，翌9日午前8時頃，評議会側の職工ら約70余名は，街路において，出勤途中の共

---

109) 大審院昭和5年4月24日判決・大審院刑事判例集9巻4号265頁（横浜労働争議事件）

誠会側の職工ら約50名を襲撃し，薪又は棒をもって殴打し，あるいは投石し，付近の民家のガラス戸，雨樋等を破壊し，数名に傷害を負わせた（騒擾）。

【裁判経過等】

第一審は，横浜地方裁判所でなされ，第二審は，東京控訴院でなされた。

有罪判決に対し，被告人側が上告した。上告理由の一つとして，弁護人は，被告人ら4名は前夜の謀議に参与したものの，当日の現場では多衆らに対して具体的方法を指示したわけではないので，指揮者には該当しない旨主張した。

大審院昭和5年4月24日判決は，他人を指揮したというためには現場で指揮をとる必要はなく，事前謀議の段階で指揮をとった場合であっても指揮者と認定するに妨げない旨判示して，被告人側の上告を棄却した。

「いやしくも騒擾の謀議に参与し，議長として暴動の議をまとめ，かつ，自ら多衆各班の編成替の衝に当たりて班長を指名し，又は右編成替に当たりて各班長となり，班員を統率して暴動の現場に臨み，予期のごとく多衆聚合して暴行又は脅迫をなすに至らしめたる者は，たとえ現場において多衆に対し行動の具体的方法を指示せざりしとするも，なお刑法第106条第2号前段にいわゆる他人を指揮したる者というを妨げず。蓋し，同法条第2号前段にいわゆる他人を指揮したる者とは，多衆聚合して暴行又は脅迫をなすに際し多衆の一部若しくは全部に対し指揮を司る者を指称するものにして，これが指揮を司る行為は，多衆暴行又は脅迫の決行中現場においてすると，またその事前他の場所においてするとにより，その効果を異にすべきものに非ざればなり。」

第4節　兇徒聚衆罪・騒擾（騒乱）罪の法解釈

明治13年刑法における兇徒聚衆罪については，学説上，そもそも同罪は，官憲に対する反抗を内容とする暴動であり，政治目的などの一定の目的のもとに，組織性を持って行動に及び，かつ，具体的な危険を生じさせた場合にのみ同罪が成立する，との見解も有力であった[110]。

しかし，同罪は，明治13年刑法の第2編（公益に関する重刑罪）第3章（静謐

を害する罪）に規定されているとおり，その保護法益は，公権力や統治制度そのものではなく，公共の平和・社会の平穏であると考えられ，判例上，同罪が成立するためには，多衆が一定の目的の下に集合する必要はなく，多衆が組織化されている必要もなく，例えば，首魁がいなくてもよいのであって，また，同罪は，抽象的危険犯であって，具体的な危険の発生は不要であると解されてきた。

その後，明治憲法の制定を契機として，明治40年刑法が成立した。

明治40年刑法における騒擾（騒乱）罪は，文言上，明治13年刑法における兇徒聚衆罪と異なる規定ぶりとなったが，これは，判例の趣旨に沿う表現ぶりを採用したものと考えられており，両罪は，基本的に同じ内容の犯罪なのであって，以前の兇徒聚衆罪の趣旨が後の騒擾（騒乱）罪に継承されたものと理解された。

刑法改正政府提出案理由書は，この点を強調する内容となっている[111]。

　「現行法（引用者注：明治13年刑法）は，本章の罪を兇徒聚衆の罪と称し，兇徒，多衆を嘯聚して暴動をなす場合の規定なりといえども，ただその用語，不当なるのみならず，その趣旨に至りては，広く内乱の目的を除き総てその他の目的をもって多衆聚合し暴行又は脅迫をなす場合に適用せんとすること明白なり。故に改正案は，その趣旨によりて語句を改変したり。」

次編第3章において，日本国憲法の下での騒擾（騒乱）事件を取り上げるが，同所で紹介するとおり，最高裁も，大審院判例を継承している。

しかし，結論を先取りすれば，戦後の下級審は，形式上，大審院判例・最高裁判例を正面から否定はしないものの，実質上，これに従わない法解釈を展開することになる。すなわち，戦後の下級審は，起訴された被告人らについて，

---

110) 以下の本文記載に当たっては，次の文献などを参考にした。大野平吉ら「総合判例研究叢書　刑法（18）」（昭和38年，有斐閣）63頁以下，団藤重光「注釈刑法（3）各則（1）」（昭和40年，有斐閣）145頁以下［団藤重光執筆部分］，大塚仁ら「大コンメンタール刑法　第二版　第6巻［第73条〜第107条］」（平成11年，青林書院）348頁以下［松本光雄執筆部分］など

111) 高橋治俊・小谷二郎「刑法沿革綜覧」（大正12年，清水書店）2171頁

各人が首魁，指揮者，率先助成者，付和随行者のいずれに該当するのかを具体的に問い，多衆が集合したといえるか否かの認定に当たっては，人数のみならず，組織力の有無・程度，攻撃対象いかん，凶器の有無・種類・数量などを考慮すべきであるとし，かつ，時間的・場所的な連続性の中で「集団の同一性」を肯定できなければならないとし，この間の共同意思・故意の認定を厳密に問うことにより，実質的には，騒擾（騒乱）罪が目的犯・組織犯・具体的危険犯であるかと見まがうほどの運用をするようになるのである。

　こうした戦後の下級審の動きは，実質的に，明治13年刑法の兇徒聚衆罪に関する有力学説を実現したかのようであると評してもよいように思う。

　戦後の下級審の動きは，最高裁判例を変更させるに足るものではなかったが，裁判の長期化と相まって，騒擾（騒乱）罪による捜査・公判に大きな支障となった。

　その対応として，検察官において，起訴する被告人の範囲を絞り込むなどの工夫もなされたが，結局，同罪による逮捕，勾留，起訴といった手続の利用を阻むことになっていき，傷害罪，公務執行妨害罪などの別罪による立件で対応するようになっていくのである。

第 3 章　大 逆 事 件

第 1 節　緒　　論

　古今東西を問わず，国家元首（国王，大統領など）の生命，身体等に対する加害行為については，特別の罰則が設けられる例が少なくない。国家元首が国王である場合，王室メンバーらも同様に保護されることが通常である。
　明治13年刑法は，皇室に対する罪（116条～120条）を設けたが，その趣旨は，明治40年刑法にも引き継がれ，皇室に対する罪として，以下のとおり，規定された。

　　　第73条　天皇，太皇太后，皇太后，皇后，皇太子又は皇太孫に対し，危
　　　　　害を加え，又は加えんとしたる者は，死刑に処す。
　　　第74条　天皇，太皇太后，皇太后，皇后，皇太子又は皇太孫に対し，不
　　　　　敬の行為ありたる者は，3月以上5年以下の懲役に処す。
　　　第75条　皇族に対し，危害を加えたる者は，死刑に処し，危害を加えん
　　　　　としたる者は，無期懲役に処す。
　　　第76条　皇族に対し，不敬の行為ありたる者は，2月以上4年以下の懲
　　　　　役に処す。

　これらのうち第73条及び第75条の罪については，大審院が，第一審にして終審として特別の事物管轄を持った（裁判所構成法（明治23年法律6号）50条2号）。
　著名な大逆事件としては，以下のものがある。
　　幸徳事件（明治41年7月～明治43年5月）
　　虎ノ門事件（大正12年12月27日）
　　桜田門外事件（昭和7年1月8日）
　次節では，裁判所の事実認定に従い，これら大逆罪に関する事件を見てみたい。

第2節　幸徳事件等の概要

幸徳事件（大逆罪）（明治41年7月～明治43年5月）[112]

【事案】
　大審院明治44年1月18日判決によれば，事実関係は，以下のとおりである。
　被告人幸徳伝次郎（秋水）は，つとに社会主義を研究し，明治38年，北米合衆国に遊び，同地の社会主義者と交わり，遂に無政府共産主義を奉ずるに至り，帰朝するや，専ら同主義の伝播に力を致し，同主義者の間にすこぶる重んぜられ，隠然その首領たる観あり。
　無政府共産主義者らは，明治41年6月22日に錦輝館赤旗事件と称する官吏抗拒及び治安警察法違犯事件が発生し，主義を同じくする者らが獄に投ぜられ，有罪判決を受けるや，これに大いに憤慨し，その報復を口にする者あり。
　無政府共産主義者らは，国家権力を破壊せんと欲さば，まず元首を除くにしくはなしとなし，神聖侵すべからざる聖体（天皇）に対し兇逆をたくましうせんと欲した。
　被告人幸徳伝次郎は，前記赤旗事件が起こるや，同年7月，帰省中の高知県幡多郡中村町を発ち，無政府共産主義者ベートル，クロポトキン原著の稿本を携え，上京の途に就き，途中，和歌山県東牟婁郡新宮町を訪ね，共犯者らと会見し，政府の迫害甚だしきにより反抗の必要なることを説き，同年8月，新宮を去り，箱根の林泉寺に被告人内山愚童を訪ね，前記赤旗事件に対する報復の必要なることを談じ，上京後，無政府共産主義者らに対し，暴力による反抗が必要なる旨を唱道した。
　被告人森近運平は，大阪で社会主義を奉じて大阪平民新聞あるいは日本平民新聞を発刊していたが，同年9月，上京して被告人幸徳伝次郎宅に客居するようになる。
　被告人宮下太吉は，同内山愚童が出版した小冊子「入獄記念無政府共産」に

---

112) 大審院明治44年1月18日判決（前掲49）の「日本政治裁判史録　明治・後」559頁）（幸徳事件）

傾倒していたが，帝国の革命を行わんと欲すればまず大逆を犯し人民忠愛の信念を殺ぐにしかず，そのためには爆裂弾を造り大逆罪を犯さん，一朝東京に事あらば直ちに起ってこれに応ずべしと決意し，同年11月13日頃，その旨記した書面を被告人森近運平に送った。

　被告人幸徳伝次郎は，同森近運平から同書面を見せられた。

　被告人幸徳伝次郎は，余命永く保つべからざることを知りおり，心大いに決するところあり，同年11月19日，同森近運平らに対し，赤旗事件連累者の出獄を待ち，決死の士を数十人募り，富豪の財を奪い，貧民を賑わし，諸官衙を焼毀し，当路の顕官を殺し，かつ，宮城に迫りて大逆罪を犯すことを説き，決死の士を募らんことを託した。

　被告人幸徳伝次郎は，同年12月，訪ねてきた被告人管野すがから，爆裂弾をもって大逆罪を犯し革命の端を発せんと欲する旨を図らるや，同女に対し，被告人宮下太吉が爆裂弾を造る計画があること及び事起こるときは紀州と熊本から決死の士が出ることを告げた。

　被告人幸徳伝次郎は，明治42年1月14日，訪ねてきた同内山愚童に対し，欧字新聞に載った爆裂弾図を貸与し，観覧させた。被告人管野すがは，翌15日，訪ねてきた同内山愚童に対し，爆裂弾あらば一身を犠牲にして革命運動に従事すべき旨を告げた。

　被告人宮下太吉は，同年6月6日及び7日，同幸徳伝次郎及び同管野すがを訪ね，逆謀の経路を詳説した後，転勤先である長野県東筑摩郡中川手村の製材所に赴任し，その後，同製材所の職工等に対し，無政府共産主義を鼓舞する一方，爆裂薬の原料として塩酸カリを買い入れ，鶏冠石を購入するなどした。

　被告人新村忠雄は，同成石平四郎との間において，二人挺身して大逆罪実行の衝に当たらんことを約していたところ，同年9月上旬頃，同管野すがに呼ばれて上京した。

　被告人幸徳伝次郎，同管野すが及び同新村忠雄は，同幸徳伝次郎方において相議し，明治43年秋を期して爆裂弾を用いて大逆罪を遂行せんことを定めた。

　被告人新村忠雄は，長野県東筑摩郡東川手村に同宮下太吉を訪ね，大逆罪決行のことを告げ，同宮下太吉から，爆裂薬製造の経験者から説明を徴したいこ

と及び必要な薬研を希望することを告げられ，帰京して，被告人幸徳伝次郎に対し，その旨を伝えた。

　被告人幸徳伝次郎は，明治 42 年 10 月，同奥宮健之に対し，爆裂弾の製造法を問い，同人から，塩酸カリと金硫黄との調製割合や，金属製円筒に鋼鉄片を装填すべきことなどを通知され，他の情報と合わせ，同新村忠雄を通じて，爆裂弾の製造に当たっていた同宮下太吉にこれを通告した。

　被告人宮下太吉は，同年 11 月 3 日，長野県東筑摩郡において，爆裂弾を製造し，山中で投てき実験をしたところ，爆発の効力甚だ大であり，その結果を被告人新村忠雄を介して同幸徳伝次郎らに伝えた。

　被告人宮下太吉は，その後も，爆裂弾の製造を続け，同年 12 月 31 日，上京した。

　被告人幸徳伝次郎は，明治 43 年 1 月 1 日，自宅において，同管野すが，同新村忠雄及び同宮下太吉と会合するなどし，その後も，爆裂弾の実験や役割の分担などを話し合うなどした（以上，大逆罪）。

【犯行に至る経緯，裁判経過等】

　雨宮昭一，小田中聡樹，松尾浩也などの研究を参考にすると，犯行に至る経緯，裁判経過等は，以下のとおりである[113]。

　被告人幸徳伝次郎は，明治 4 年，高知県中村に生まれ，明治 21 年，大阪で中江兆民の学僕として仕えるようになり，その後，上京して新聞記者をするなどしたが，明治 31 年，片山潜らの「社会主義研究会」に参加し，明治 34 年，我が国で初めての社会主義政党「社会民主党」設立の発起人になるなどした。

　被告人幸徳伝次郎は，世論が対ロシア開戦に傾く中，ロシアとの戦争に反対した。

　桂内閣は，当初，対ロシア開戦に慎重な姿勢を示していたものの，結局，明治 37 年（1904 年），ロシアと開戦するに及び（日露戦争），これに勝利したものの，ポーツマス講和条約において，ロシア側に譲歩した内容で条約を妥結する

113）前掲 89）の雨宮昭一（昭和 44 年）379 頁以下，前掲 49）の小田中聡樹（昭和 44 年）438 頁，松尾浩也「大逆罪」（前掲 49）の「日本政治裁判史録　明治・後」（昭和 44 年）544 頁以下所収）

ことになった。

　このため，対口強硬派の憲政本党の代議士，新聞記者，弁護士らが政府の方針に反対して「国民会議」を開き，その結果，明治38年9月，日比谷焼き打ち事件が起き，桂内閣は，明治39年1月，総辞職し，政友会の政府（西園寺公望首相，原敬内務大臣）が成立した。

　日本社会党は，明治40年2月の足尾鉱山暴動事件の直後に，第2回党大会を開き，同事件が軍隊により鎮圧されたことを非難したが，同大会では，議会政策派（片山潜ら）と直接行動派（幸徳秋水，山川均，大杉栄，荒畑寒村ら）とが激しく対立した。

　被告人幸徳伝次郎（秋水）は，同大会において，議会政策派を激しく批判した。

　「田中正造翁は，最も尊敬すべき人格である……然るに，この田中正造翁が20年間議会において叫んだ結果は，どれだけの反響があったか，諸君，あの古河の足尾銅山に指1本さすことが出来なかったではないか，しかして足尾の労働者は，3日間にあれだけのことをやった，のみならず，一般の権力階級を戦慄せしめたではないか，（拍手）暴動は悪い，しかしながら議会20年の声よりも3日の運動に効力のあったことだけは認めなければならぬ」

　西園寺内閣は，明治40年2月，治安警察法8条2項を発動し，安寧秩序を保持するため必要なる場合に該当するとして，日本社会党の結社を禁止するなどした後，明治41年7月，政権を桂内閣に明け渡した。

　被告人幸徳伝次郎は，このような時期である明治41年7月，高知県から上京した上，本件犯行に及んだものである。

　長野県松本警察署は，被告人宮下太吉がブリキ缶を注文しているなどの情報を掴み，明治43年5月25日，同人を検挙の上，鶏冠石粉末，塩酸カリ，ブリキ缶などを押収し，さらに，長野県内にいた被告人新村忠雄らを検挙するに至った。

　その後，警察の捜査は，東京のほか，和歌山県，熊本県，大阪方面，箱根林泉寺などにも及び，本件事件は，予審を経て，事物管轄を有する大審院が審判

することとなった。

　大審院は，特別部を構成し，明治43年12月10日から同月24日まで，連日公判を開廷して証拠調べを終え，同月25日，検察官による論告が行われ，被告人ら26名全員に死刑が求刑され，同月27日から同月29日までの3日間にわたり，弁護人11名による弁論が行われ，明治44年1月18日，判決が言い渡された。

　判決結果は，被告人幸徳伝次郎ら24名が死刑，残り2名が有期懲役（大逆罪の犯意を認めず，爆発物取締罰則違反による有罪宣告）であった。

　裁判所構成法（明治23年2月10日公布，同年11月1日施行）によれば，皇室危害罪，不敬罪，内乱罪，外患罪，皇族の犯した禁錮以上に処すべき罪の第一審にして終審の事物管轄を有していたのは，大審院であり（50条），本件幸徳事件については，大審院判決により終結を見た。

虎ノ門事件（大逆罪）（大正12年12月27日）[114]
【事案】

　大審院大正13年11月13日判決によれば，事実関係は，以下のとおりである。

　被告人難波大助は，その曾祖父が維新の際に王事に尽くし，父が衆議院議員である，歴史上由緒ある難波家の四男として，山口県熊毛郡周防村に生まれ，大正6，7年頃においては，乃木将軍の死後に我が国が軽佻に流れていると慷慨するほどであったが，大正6年2月に母を失い，その後，上京と帰郷とを繰り返すうち，大正8年，たまたま住居のあった四谷区谷町の付近に貧民窟があるのを目撃し，また，世界大戦の後を受けてロシアとドイツの帝政が崩壊してソヴィエト・ロシア政府が組織されるなどの事態に触れ，皇室に対する従来の信念に動揺を来すに至り，大正9年の第42回帝国議会において議場が混乱し議員が普通選挙反対の演説をするのを聴き，これに大いに憤慨し，さらには同年5月に帰省した際，選挙に当たって確固たる主義政見のない父に対しても反

114）大審院大正13年11月13日判決（前掲49）の「日本政治裁判史録　大正」478頁）

感を抱き，大正10年頃から，雑誌「改造」，「解放」，社会主義に関する著書，ロシアの小説などを耽読するように至り，社会主義思想が脳裏に浸潤するに至った。

　被告人難波大助は，私有財産制及び家族制度を呪詛し，また，大正10年発売禁止となった雑誌「改造」の4月号に掲載された文章を読んでロシア国のテロリストに同情し，ロシア国の革命もテロリストの痛烈な行動に負うところがあったと共鳴し，同年4月，幸徳事件の判決を掲載した当時の新聞を尋ねて読み，幸徳ら一派を憐れむとともに，決死の覚悟をもって自ら暴力即時遂行者になろうと決意するに至った。その後，社会主義者の講演会に赴いた際，臨監警察官が演説を中止させ解散を命じるのを見て，社会主義者が直接行動の手段に出るのは官憲が自ら招いたことであって，社会主義者らの責任ではないと思惟した。

　被告人難波大助は，父兄から痛切な訓戒を受け，大正11年4月，早稲田高等学院に入学したものの，学課を怠り，暴力社会主義者及び無政府主義者の著作を耽読し，社会の変革は暴力によるほかないとの信念を強固ならしめ，大正12年2月，退学して労働者となり，労働の辛苦，生活の困憊により有産者に対する反抗の情を激しくし，同年5月，病を得て帰省し，マルクスの「共産党宣言」を熟読し，その後も上京と帰省を繰り返し，同年9月の大震災に際して官憲の採った措置を快しとせず，遂に暴力遂行の計画を決然敢行せんとし，皇室と共産的思想とは両立すべからずと妄断し，言論によっては効果少なしとなし，皇族に対し危害を加えて共産主義の決意を示し，もって権力階級と戦い，権力階級・資本家による労働者・社会運動者に加える圧迫を除去し，反動団体の暴状に対して反省を促し，皇室中心主義の信念を放擲せしめんことを目的とし，犯行の機会を窺った。

　被告人難波大助は，大正12年12月，山口県内において，大型散弾を買い求め，同月22日，弾薬実包5個及び自宅にあった杖銃を携帯して家を出て，京都に滞在したが，同月27日の帝国議会開院式に皇太子殿下が行啓されるを知り，殿下に危害を加えんことを決意し，同月26日，京都を出発し，同月27日午前8持20分，東京駅に到着した。

被告人難波大助は，大正12年12月27日午前10持40分頃，芝区内を御召自動車が過ぎる際，路傍の群から警戒線を突破し，皇太子殿下に向けて杖銃を発射し，その散弾で自動車の窓ガラスを破壊し，車内に飛散させたが，殿下には恙あらせられなかった（大逆罪）。

【裁判経過等】
　田中時彦の研究などを参考にすると，裁判経過等は，以下のとおりである[115]。

　本件事件に先立ち，大正天皇ご病気のため，大正10年11月，裕仁皇太子殿下が摂政に就任されており，新聞各社は，本件襲撃が国家元首の代理者に対する不敬行為であり，かつ重大なる反逆行為であるとして，これを古今未曾有の不祥事件として報道した。

　本件事件のため，第二次山本権兵衛内閣は総辞職し，清浦奎吾内閣が成立した。また，警視総監ら警備当局者も，引責免官が続出したという。

　被告人は，警視庁に護送された後，東京地方裁判所に送致され，皇室に対する罪として，特別な事物管轄を有する大審院検事局に送致され，その後，大審院に対して予審請求がなされ，大審院の公判に付された。

　大審院特別法廷での審判は，第1回公判が大正13年10月1日であった。現行犯人逮捕の事案であったこともあり，基本的な事実関係に争いはなく，翌2日，特別法廷の審理が終了した。

　被告人は，最終陳述において，支配階級が言論を圧迫し続ける限り，今後もテロリストが続出するであろうなどと自説を展開した。

> 「日本の支配階級は，我々の理想を無視し，現在の如く言論を圧迫し，主義者を虐げることを続けるときは，『テロリスト』は続出し，皇室は『テロリスト』の暗殺の標的となり，皇室は終にロシアと同一の運命に陥ることは必然である。故に，皇室の安泰を図るは，支配階級が共産主義者に対する態度如何にありと思うのである。」

---

115) 田中時彦「虎ノ門事件」（前掲49）の「日本政治裁判史録　大正」（昭和44年）439頁）

「言論の自由が許されたならば，日本における社会的革命は，比較的に徐々に行われると思う。要するに，共産主義者が希望するところは英国のそれを希望し，ロシアを真似るのは本意ではない。日本の支配階級は社会主義に対する言論の自由を認められんことを切望するのである。」

大審院は，大正13年11月13日，被告人に死刑を言い渡した。

被告人は，判決が下された後，大声で「日本無産労働者，日本共産党万歳，ロシア社会主義ソビエト共和国万歳，共産党インターナショナル万歳」を三唱したという。

桜田門外事件（大逆罪，爆発物取締罰則違反）（昭和7年1月8日）[116]
【事案】

大審院昭和7年9月30日判決によれば，事実関係は，以下のとおりである。

被告人は，朝鮮京城府龍山の資産家の次男に生まれた朝鮮人であり，幼時は安逸の生活を送ったが，長ずるに及び家運が傾き，私立文昌学校（普通学校4年程度）を終えただけで，就職の途を講じなければならなくなり，いくつかの職を転々とした後，大正14年11月，大阪に渡来したところ，朝鮮と同様，日本においても，内地人との間で給与その他に差別待遇のあることに失望していた折，昭和3年11月7日，御大典を拝観しようと京都に赴いた際，挙動不審との理由で京都五条警察署に検束され，他の日本人が即日釈放されたのに，自分のみ翌日まで検束されたのは民族的偏見に基づく差別であり，不当な弾圧であるなどと不満の情を深めた。

被告人は，その後，大阪市，東京市等で職を転々としたが，上海においてイギリス人が経営する電車会社では朝鮮人を優遇するとの話を耳にし，昭和5年12月，上海に渡航し，昭和6年春，フランス租界内にあった民団事務所（朝鮮人仮政府）を訪ね，そこでは就職の斡旋をしてもらえなかったものの，民団事務所に出入りするうちに団長と会見を重ね，朝鮮独立問題のために一身を賭

---

[116] 大審院昭和7年9月30日判決（前掲49）の「日本政治裁判史録　昭和・前」396頁）（桜田門外事件）

すことを決意し，団長から，天皇陛下に対し危害を加えるという所説を説かれて，これに賛同し，団長に対し，爆弾及び資金の供給を促し，昭和6年12月13日，フランス租界内において，団長から，旅費その他の費用として支那貨300ドルの資金を受け，同月15日，団長から，手榴弾の携帯方法・使用方法の説明を受け，同月17日，手榴弾2個の交付を受け，同日，氷川丸に乗船して神戸に渡来した。

　被告人は，同月22日以降，東京市浅草区内の旅館に投宿し，新聞報道により，翌昭和7年1月8日に代々木練兵場において陸軍始観式が挙行されることを知り，その機会に大事を決行せんことを予定した。

　被告人は，昭和7年1月8日，手榴弾2個を携帯し，省線原宿駅前付近に赴くも，警察官吏の出入りを見て場所を変更することとし，赤坂見附が行還幸の順路になっていることを聞知し，赤坂見附に赴くも，行幸時も還幸時も空しく機会を逸してしまったことから，自動車を賃して警視庁付近に先回りし，警視庁玄関前において，奉拝者に混じって陛下の到着を待ち，同日午前11時45分頃，到着した一行のうち第二両馬車が御料車であると誤認し，天皇陛下に危害を加える意思をもって，手榴弾1個を同馬車に向けて投てきし，これを同馬車付近で炸裂させ，同馬車の胴底等に損傷を加え，また，御旗捧持下士官及び前衛騎兵の各乗馬も負傷させ，御料車に危険を生じさせたが，陛下には恙あらせられなかった（大逆罪・爆発物取締罰則違反）。

【犯行に至る経緯，犯行後の状況，裁判結果等】

　許世楷の研究などを参考にすると，犯行に至る経緯，犯行後の状況，裁判結果等は，以下のとおりである[117]。

　上海居住の朝鮮人らは，大正8年4月，フランス租界内に大韓民国臨時政府を樹立したが，同臨時政府内では，親米派（李承晩ら）と親露派（李東輝ら）とが対立し，大正14年3月，李承晩が免職されるなど，内部分裂を深め，やがて，民族派（李東寧ら）と共産派（呂運亨ら）とが対決するようになった。

---

117) 許世楷「桜田門外大逆事件」（前掲49）の「日本政治裁判史録　昭和・前」383頁以下所収）

昭和6年9月18日，満州事変が勃発すると，中国人の間に反日的気運が盛り上がるが，前記臨時政府は，これを契機として飛躍の機会を掴もうとし，その国務会議において，日本に対するテロ工作の特務機関を設けることとした。
　同特務機関の設置責任者は，民団事務所の団長でもあったところ，同団長は，昭和6年，民団事務所を訪れた被告人と親しくなり，被告人に対し，天皇暗殺の任に就くよう説くこととなった。
　こうして，被告人は，本件犯行（大逆罪・爆発物取締罰則違反）に及ぶことにしたものである。
　警視総監は，本件事件の警備上の責任を問われて懲戒免官になっているが，犬養毅首相は，辞職せずに留任したため，後々，世論の非難を浴びることとなる。
　中国国民党の機関誌「民国日報」や「晨朝日報」などは，日本が朝鮮民族を圧迫したために本件事件が発生したのであり，かかる事件が起きたのも当然のことであると論評した。
　本件事件の10日後である昭和7年1月18日，上海において日本人僧侶が襲撃されるという事件が発生したため，日本人居留民は，上海で抗議集会を開き，自身らの保護を求めて日本軍の出動を要請した。
　同月28日，上海事件が勃発するが，その最中の同年4月29日，前記民団事務所の団長が派遣した朝鮮人テロリストが，天長節祝賀会場において爆弾を投てきし，日本から上海に派遣されていた軍司令官陸軍大将を爆殺し，ほか数名に傷害を負わせる事件が発生した（上海爆弾事件）。
　フランス租界の官憲も，この上海爆弾事件を受け，朝鮮人ら臨時政府関係者を保護しないこととしたため，同臨時政府関係者らは，中国各地へ潜伏し，国民党政府の軍官学校（士官学校に相当）で軍事訓練を受けるようになった。
　さて，本件事件の裁判であるが，被告人は，現行犯人逮捕されており，予審でも公判でも犯行を認めていたことから，事実認定上の争いはなく，被告人は，法廷において，「後悔しております。」と述べている。
　大審院は，昭和7年9月30日，被告人に死刑を言い渡した。

第3節　大逆事件の理論的背景

　国内において，社会変革とりわけ国家の統治制度を根本的に変革することを望む者が増加していった場合，古今東西を問わず，国家元首（国王，大統領など）の生命を奪うことを含め，暴力革命を目指すことがある。明治時代以降でいえば，ロシア革命が世界に及ぼした影響は計り知れず，前節で見たとおり，日本でも大逆事件が起きている。

　日本における大逆事件の思想的背景としては，イデオロギーや民族意識などが認められる。ここでのイデオロギーとは，マルクス主義の延長線上にある暴力革命主義思想のことであり，いわゆる極左暴力主義である。

　ところで，大逆事件の理論的背景には，日本に特殊な問題が潜んでいるように思われる。それは，天皇ないし天皇制についての理解の仕方に関する問題である。

　日本の歴史上，天皇（上皇や法皇を含む。）が実際問題として政治責任を問われるような時代があった。例えば，中世では，後鳥羽上皇による承久の変や，後醍醐天皇による挙兵など，天皇が文字通り主役を演じた時代があり，その結果として，天皇が京都を離れた生活を強いられる事態が生じたりしたわけである。

　しかし，戦国時代以降，日本では，天皇が実質的な政治権力を行使することはなく，政治責任を問われる存在ではなくなるのである[118]。

　例えば，織田信長，豊臣秀吉，徳川家康らは，形式的には，天皇から権限を与えられているのであるが，実質的には，天皇の財政的基盤を支え，天皇を利用し，右大将，関白，征夷大将軍等の職に就いていた存在であった。天皇は，国家権力の正当性の根拠ではあり得ても，国家権力を現実に行使する機関ではなくなっており，天皇が現実の政治において責任を問われることはなくなったのである。

---

118) 以下の本文記載は，次のような文献などを参考にしている。村上重良「日本史の中の天皇」（平成15年，講談社学術文庫）144～163頁等

今谷明の研究によれば，天皇が自身の行為の結果から免責されることが規範化する端緒となったのは，明応2年（1493年）のクーデター事件である。すなわち，細川成元は，クーデターを起こして将軍足利義稙を廃立させたところ，後土御門天皇がこれに立腹して退位しようとしたが，側近の甘露寺親長が天皇を慰留して「武家がいかなる難題を持ち掛けようとも，天皇はそれに従わなければなりません。」と諭したというのである。要するに，天皇は，武家の言うとおりに動くべきであり，そのためには政治的発言等において前言撤回の豹変も許される，というより，天皇は時の権力者の言うとおりに動かなければならないということなのである。これは，武家を政府や国民に言い換えれば，そのまま象徴天皇制の論理となる[119]。

　特に，江戸幕府は，「禁中並びに公家諸法度」を定めるなどして，天皇は専ら学問をせよ，という態度を執り続けた。江戸時代の天皇の仕事のうち，三つの重要な仕事とは，作暦，改元及び叙位任官であったが，いずれにしても名目的な仕事に限られた。江戸幕府は，幕末期に開国和親方策をとり，諸外国との通商条約を締結するに当たり，攘夷派を抑えるために天皇の許可（勅許）を得ようとしたが，勅許が得られなかった。しかし，大老井伊直弼は，安政5年（1858年），勅許を得ないまま幕府の独断で日米修好通商条約を調印したのである。孝明天皇は，極端な外国嫌いで，攘夷を望んだといわれているが，それでも，幕府は，開国に踏み切っているのである。

　飛鳥井雅道の研究によれば，王政復古の大号令（慶応3年，1867年）についても，明治天皇は，時の実力者の言うがままに動いている。すなわち，慶応3年12月9日，薩摩らの藩兵がすべての宮門を固め，赦免されたばかりの岩倉具視が参朝し，初対面の明治天皇と顔を合わせ，王政復古の大策を断行することをここで初めて奏し，天皇は，言われたとおりに御学問所で勅諭を発したのである。この王政復古は，宮廷内クーデターであるが，これを遂行したのは岩倉らであり，明治天皇ではない[120]。

---

119) 今谷明「信長と天皇」（平成14年，講談社学術文庫）100頁
120) 飛鳥井雅道「明治大帝」（平成14年，講談社学術文庫）127～133頁

大日本帝国憲法についても，欽定憲法とされながら，実質的に動いていたのは伊藤博文らであり，完成した同憲法が天皇の権限を制約し，国民の権利を保障するために制定されたものであることについては，第1章で論じたとおりである。
　以上のとおり，天皇は，戦国時代以来，象徴的役割を果たしているにすぎず，政治の実権を握っていなかったことから，その政治責任が問われることもなくなっていたのである。
　にもかかわらず，極左暴力主義者らは，天皇の生命を狙おうとする。これは，彼らが，ヨーロッパから直輸入したマルクス主義ないしロシア革命思想に眩惑され，実際にあった日本の歴史や国家統治制度の在り方を正確に理解できていなかったためであろう。
　共産主義・マルクス主義の理論家らの具体的な著作を見ても，明治維新の意義，近代天皇制の意義等の理解は一様ではなく，混乱気味である。
　マルクス主義者であった野呂栄太郎（明治33年～昭和9年）は，日本共産党（コミンテルン日本支部）の外郭的な研究機関である「プロレタリア科学研究所」（昭和4年創立）の指導的地位に就き，労農派と論争しているが，その見解として，明治以後の日本では金融資本が農民らを支配しており，これを可能にしたのが最高の土地領有者である天皇であり，天皇制であったという[121]。
　「明治維新の土地変革の特質は，一方，封建的土地領有権を，すなわち領主権を絶対専制××［君主］の領土権に統一するとともに，他方，農民的土地占有者にその土地の売却，質入れ，賃貸等々一種の物権的処分権――従って，それはやがてブルジョア的私有権にまで発展した所の――を認めたという点にある。」
　「金融資本は，農業に依存し，これを収奪し，そして人口の半数を占める農民を政治的に支配し，従属せしめることなしには，経済上，政治上におけるその覇権を獲得し，維持することはできなかったし，また今後もでき

---

121) 野呂栄太郎「初版　日本資本主義発達史（下）」（昭和58年，岩波文庫）203頁，209頁

得ない。金融資本のかかる支配を媒介し，可能にしているもの，それは，一方においては，最高の土地領有者として直接農民の上に君臨している所の半封建的な絶対×××［君主制］機構の国家であり，他方においては，小農民の間に介在し，彼らに寄生し，彼らと直接の生産および交換関係に入っていた所の，地主，高利貸，商人および中小産業資本家等々である。」
　しかし，金融資本による農民支配の基盤となったのが天皇の土地領有権であったという野呂栄太郎の見解に対しては，共産主義者内部からも批判が少なくなかった。
　「日本資本主義発達史講座」（昭和7年5月〜昭和8年8月，岩波書店）に論文を発表していた山田盛太郎は，土地領有権に関する論争を乗り越え，新たな見解として，金融資本の成立過程を端的に表現するのが鉄道の国有化であったという[122]。
　「軍事的警察的，金融資本的，統制の実現＝鉄道国有。当初より官行の郵便，電信電話に対する軍事的保安的統制の完全はいうまでもないが，軍事警察輸送機構（鉄道）に対してのその軍事的保安的の統制企図は，早くより現れ，まず，軍部の鉄道計画参画の形態となり，後，漸次，鉄道国有への傾向促進として現れ，すなわち，私設鉄道買収法案＝鉄道公債法案（明治24年），鉄道敷設法（同25年），鉄道国有法案＝私設鉄道買収法案（同33年）として現れ，ついに，鉄道国有法（同39年）の制定となるに至る。……換言すれば，当該の統制態と相関の軍事的半農奴制的金融資本の成立。以上の二点に要約せられている。日本資本主義の基本的特質はここにも自己の姿を現し，その脆弱性を孕む。」
　「日本での産業資本の確立過程（明治30年ないし40年頃）は，自由な労働者と自由競争の資本との生産によって特徴づけられるものでなく，それは，半隷農制的年貢徴収と半隷奴制的労役との相関を編制づける所の，また，産業資本確立と帝国主義転化とを同時的に規定づける所の，過程として現れ，したがってそれはただちに，日本での金融資本成立確立の過程の，す

---

[122] 山田盛太郎「日本資本主義分析」（昭和52年，岩波文庫）132〜133頁，200頁

なわち，日露戦争前後ことに鉄道国有（同39年）に表現せられた所第一階梯的端初的形態における金融資本成立過程と，および，世界大戦中ことに軍需工業動員法（大正7年）に表現せられた所の第二階梯的本格的形態における金融資本確立過程と，以上の半農奴制的軍事的金融資本［半農奴制的軍事的統体ならびに巨大財閥の圧倒的な役割の下での独占，銀行資本と産業資本との合生］の成立確立の過程の，基礎規定として現れる。」

　しかし，金融資本の成立を鉄道国有化と結びつけようとする山田盛太郎の見解も，論旨が判然としない。

　日本の大企業が日本経済に強い影響力を与えていたことは間違いないが，大企業の活動が国家（独占）主義ないし帝国主義などとといった言葉で語られるとき，その理解は一層困難なものとなろう。

　また，帝国主義という用語法は，単なる国家主義ではなく，天皇の存在を前提とする用語法であるから，仮に，鉄道の国有化が金融資本と国家主義との結びつきを体現しているのだと仮定したとしても，それが天皇制と結びつくというためには，さらなる論証を要しよう。

　結局，日本における共産主義・マルクス主義の理論家らは，何故，日本で社会改革をする上でフランス革命やロシア革命のような過激主義による王制，帝制又は天皇制の廃止を実行しなければならないのかを論証できているわけではない。

　それにもかかわらず，極左暴力主義者らは，明治維新後の国家体制をもって絶対君主制が確立されたものであると盲信したわけである。勢い，天皇の生命を奪うことが社会変革の手段として位置づけられてくることになる。

　逆に，極右暴力主義者らは，天皇との直接的なつながりを確立できれば，すべての社会変革がうまくいくかのような盲信をしていると言えよう。その詳細については，本編第8章で触れるが，彼らは，明治維新後の国家体制として，本来，絶対君主制が確立されるべきなのに，元老・重臣，政党幹部，財閥役員などの奸臣が天皇親政を排除し，国政をほしいままにしているものと決めつけた上，奸臣らの生命を奪うことが社会変革の手段として選択されることになるのである。

このように見てくると，極左と極右は，一見すると180度違った方向を向いているように見えて，その実，類似している側面を有しているともいえるのである。すなわち，いずれも天皇ないし天皇制を絶対的なものとして認識しており，天皇の生命を奪うか，逆に，天皇を奉戴して奸臣らの生命を奪うか，形式的には，真逆の立場にあるように見えて，実際には，いずれも議会制民主主義を否定し，武器を使用して殺人等の犯行に及ぶことをも含めて社会変革を実行しようとするのであり，目的のためには手段を選ばないという過激思想であるという点では共通しているのである。ちなみに，右翼思想家と目される北一輝や大川周明らは，いずれも若かりし頃，マルクス主義に耽溺していたようである。

これに対し，大日本帝国憲法は，国民が自由で平等な存在であることを前提とし，国民が自由な活動を展開するために国家が存在し，国家と国民とは同時的な存在であって，国家意思の形成には，議会制民主主義による政治過程が用いられるべきこと，国民の権利を保障するためには天皇の権限が制約されるべきことを規定しているのである。

このような国家体制を暴力により破壊しようとする者たちの行動に対しては，刑罰権行使の必要性・相当性が認められる限り，これを処罰することは当然のことと言えよう。そして，明治13年刑法や，明治40年刑法において，皇室に対する罪が設けられたのにも，理由があることなのである。

ところで，皇室に対する罪の規定（明治40年刑法第73条～第76条）は，太平洋戦争終結の後に削除された（昭和22年法律124号。同年10月26日公布，同年11月15日施行）。これは，連合国軍最高司令部の意向を受けてのものである。

日本政府は，昭和20年8月14日，連合国に対し，ポツダム宣言を受諾する旨を伝え，昭和天皇は，翌15日，終戦詔書を発しているが，連合国軍最高司令部は，同年10月4日，日本政府に対し，政治的，市民的，宗教的自由に対する制限撤廃の覚書を出し，昭和天皇は，昭和21年元旦，神格否定の詔書を発し，その後，連合国軍最高司令官が，日本政府に対して憲法改正を促したことにより，帝国議会において，国民主権を明記し天皇が日本国の象徴であり日本国民統合の象徴である旨宣言した日本国憲法案が可決され，昭和天皇の裁可

を経て，日本国憲法は，同年11月3日に公布され，昭和22年5月3日に施行されるに至る。

　このような経過の後，刑罰権の行使によって皇室を守るとしても，皇室に対する罪のような特別規定は必要ないのではないかとの政治判断がなされ，皇室に対する罪の規定が削除されることになった。そのような内閣及び国会の判断には，一定の合理性があるといわざるを得ない。

　但し，第1節で論じたとおり，国家元首らを特別に保護するという刑事法制は，古今東西を問わず存在するのであり，皇室に対する罪の規定を削除することが絶対的に必要だったかといえば，ことはそう単純ではないように思う。

第4章　爆発物取締罰則違反事件

第1節　緒　　論

　爆発物取締罰則が制定される契機になったのは，自由党急進派らによる加波山事件の発生であった。同罰則の制定経緯等については，前編第5章で論じたとおりである。
　本章では，大日本帝国憲法の下で発生した同罰則違反事件について，取り上げることとする。
　次節において，裁判所の事実認定に従い，個別具体的な事件を見ていくが，ここで取り上げた事例の他にも著名ないし重大な事件があったことを否定するものではない。

第2節　大隈重信暗殺未遂事件等の概要

大隈重信首相暗殺未遂事件（爆発物取締罰則違反，殺人未遂）（大正5年1月12日）[123]

【事案】
　東京地方裁判所判決によれば，事実関係は，以下のとおりである。
　被告人福田和五郎は，20余年，新聞雑誌記者として政治的論説に筆を執り，民族膨張，大帝国建設の思想を抱懐し，皇室中心主義，大帝国主義の鼓舞に努めていたが，現内閣成立以来，その施政にあきたらず，ことにいわゆる対支外交，大浦前内務大臣不起訴，乃木伯爵家再興等の諸問題に関し，政府の党路は，上に，補弼の大任にもとり，下に，国民の指導を誤るものありとし，自らその更迭を企図するに至ったが，衆議院は政府の与党が多数を占め，新聞雑誌もまたその施政を云為するものなく，民心は萎縮して容易に覚醒せず，到底言論を

---

[123] 東京地方裁判所判決（前掲49）の「日本政治裁判史録　大正」152頁。なお，判決年月日不詳）（大隈重信首相暗殺未遂事件）

もって国論を喚起し，内閣更迭の目的を達するの難きを思い，むしろ非常の手段に訴えてでも，民心を激励せしむるにしかずとなし，その素志を貫徹せんため，爆裂弾を使用して内閣総理大臣伯爵大隈重信に危害を被らしめんことを計り，その兇行に供するため，大正4年12月，共犯者らに対し，支那革命のために使用するものと称して爆裂弾10個の製造を依頼し，ひそかに同志を物色して機会の到来を窺っていた。

被告人下村馬太郎は，かねて同福田和五郎と相知の間柄であったが，同じく現内閣の諸政にあきたらず，その更迭を欲し，大隈重信暗殺の固き決心を有していた。

被告人福田和五郎らは，大正5年1月2日，東京市京橋区内において，大隈重信暗殺計画を謀議し，同下村馬太郎において爆裂弾による兇行の実行の任に当たるべきことを決した。

被告人福田和五郎は，同月4日，同下村馬太郎らに対し，擲弾5個及び自爆弾1個を交付した。

被告人下村馬太郎は，その後，大隈重信が大正5年1月12日夜に宮中に参内することを知るや，その帰路を襲って殺害しようと決意し，同日午後10時55分頃，牛込区内において，大隈重信が自動車で同所に差しかかった際，爆弾を相次いで投てきし，1個は自動車の前部に，他の1個は自動車の右側に命中したが，いずれも不発に終わった（爆発物取締罰則違反・殺人未遂）。

【裁判経過等】

雨宮昭一の研究などを参考にすると，犯行に至る経緯及び裁判経緯等は，以下のとおりである[124]。

大隈重信首相は，大正3年4月，第二次内閣を組閣し，山県有朋ら元老と意を通じ，政友会系の地方官を更迭するとともに，2個師団の増設を目指した。議会で，増設案が政友会，国民党などによって否決されるや，大隈首相は，衆議院を解散した。当時の選挙は，与党有利になるといわれており，実際，選挙

---

[124] 雨宮昭一「大隈首相暗殺未遂事件」（前掲49）の「日本政治裁判史録　大正」（昭和44年）135頁以下所収）

によって政友会は議席を減らし，与党は，絶対多数を獲得し，2個師団の増設を可決するに至る。

そのため，政友会は，政府批判を展開することになるが，そこには，国家主義者，右翼，大陸浪人なども連なっていた。

実行犯である被告人下村馬太郎は，「立憲青年自由党」の幹事長であり，機関誌「自由評論」の記者でもあった。立憲青年自由党は，第一次憲政擁護騒擾事件に加わっていた「都下学生憲政擁護連盟」の青年，学生らを中心とした組織であった。立憲青年自由党の指導役には板垣退助，顧問には頭山満（玄洋社幹部）が就き，役員には政友会の代議士らが名を連ねた。なお，機関誌「自由評論」は，日本軍の一部が青島を攻略する際にイギリス軍の指揮下で行動していた旨のスクープ記事を掲載したため，立憲青年自由党の総理などが海軍刑法違反・出版法違反により検挙されている。

さて，主犯である被告人福田和五郎は，日本電報通信社の社員であり，政治的論説を書いていた。本件では，爆弾の入手，資金の調達などを担い，主犯と目されている。

第一審の東京地方裁判所は，被告人福田和五郎及び同下村馬太郎に対し，いずれも無期懲役を言い渡した。

第二審の東京控訴院は，原判決を破棄し，被告人福田和五郎及び同下村馬太郎に対し，いずれも懲役15年を言い渡した。

大審院大正6年3月13日判決は，手続違反により，原判決を破棄し，事件を名古屋控訴院に移送した。

差し戻し後の名古屋控訴院大正6年12月26日判決は，被告人福田和五郎に対し，懲役15年を言い渡した。

これに対し，被告人福田和五郎らが上告した。その上告理由は，発火装置が不備なる本件物については爆発物に該当するものとは認められないなどというにあった。

大審院大正7年5月24日判決は，爆発物取締罰則1条にいう爆発物の定義を示して弁護人の主張を排斥したが，原判決後に同罰則の改正（大正7年法律34号）があったため，新法を適用すべきことになるとして，原判決を破棄し，

被告人福田和五郎に対して禁錮8年を言い渡し，その利益は上告せずに刑が確定していた被告人下村馬太郎にも及ぶとされ（刑訴法289条2項），被告人下村馬太郎に対しても禁錮8年を言い渡した[125]。

「按ずるに，爆発物取締罰則にいわゆる爆発物とは，化学的その他の原因によりて急激なる燃焼爆発の作用を惹起し，もって公共の平和を撹乱し又は人の身体財産を傷害損壊し得べき薬品その他の資料を調和配合して製出せる固形物若しくは液体を指称するものにして，その爆発物たるには，自然に爆発作用を起こすと，他の物との衝突摩擦によりて爆発するとを問わず。爆発物中に爆発を惹起すべき装置の存在することを要するや論をまたず。」

「所携鑑定の趣旨は，本件擲弾は，発火装置不備なるを以て，普通人の力を以てしては投てきによりこれを爆発せしむること容易ならずと雖も，強弱中度の男子が有する力の約1倍半を以て堅硬なる物体に対して投てきすれば，爆発することあるべく，決して絶対的に爆発不能なるに非ずとの意に外ならず。その他，原判決に援用せる鑑定中には，機械力によりて前掲強弱中度の男子が有する投てき力の1倍半に相当する作用を遂行せしめ得べき旨の説示ありて，判示擲弾の爆発不能にあらざることを説明せり。既に判示擲弾にして，その性質装置において絶対的に爆発不能に非ずとすれば，たまたま投てき力の微弱なるため，若しくは投てきの目的たりし物体の堅硬を欠きたるため爆発作用を惹起せしめ能わざりしとするも，これ相対的関係に止まり，右擲弾を爆発可能性を有するものとして爆発物を以て論ずるを妨ぐべきに非ず。」

「爆発物取締罰則第1条にいわゆる爆発物の使用とは，同条所定の目的を達するがために爆発可能性を有する物件を爆発すべき状態に措くの謂にして，現実に爆発することを必要とせず。」

---

[125] 大審院大正7年5月24日判決・大審院刑事判決録24輯613頁（大隈重信首相暗殺未遂事件）

朝鮮人殺傷目的ダイナマイト譲与事件（爆発物取締罰則違反等）（犯行年不祥）[126]

【事案】

　大審院大正9年10月2日判決によれば，事実関係は，以下のとおりである。

　Aは，6月2日午後4時頃，鉱業所の飯場において，杭夫のBから，「ダイナマイトをくれ。鮮人より家屋に火を点けられ，傷つけられ，殺され等して，他に防衛の手段のなきときにのみ使用するのである。」と申し出られ，礦務課長Cに伺いを立て，同課長から，「渡せ。」と言われたものの，一度は断ってBを帰宅させたが，約30分後，BがDと共に再訪し，Bから前記同様の申し出をされ，Aは，これを断ったが，Bが容易に承諾しなかったところ，当時，多数の朝鮮人が来襲する旨の流言等があり，杭夫らが勝手に多数のダイナマイトを持ち出したら一大事であると思い，Aは，B及びDに対し，「坑外事務所に両名とも待ちおれ。」と言い，老年の被告人Eの意見を仰ぐために坑内事務所へ向かったが，被告人Eは，坑内事務所に不在だった。

　Aは，再び坑外事務所に戻ると，そこに被告人Eがいたので，「Eさん，BがDと来て，ダイナマイトを出してくれと言うておるが，いかがでしょうか。」と言ったが，被告人Eは，「それは，やられぬ。」と言うので，Aは，Dに対し，「おまえが聞くとおり，やられぬとのことである。私は知らぬ。」と言って，貯炭場に出た。

　その後，被告人Eは，若礦主Fの命により，Bからの懇請を受け，Bらにおいて朝鮮人土工らが来襲した際には鉱業用ダイナマイトを使用して彼らに危害を加えんとする目的をもっている情を知りながら，共謀の上，Bに対し，被告人Eが鉱業所坑内事務所に保管していた鉱業用ダイナマイト30発，雷管，導火線等を譲与した（爆発物取締罰則違反）。

　礦務課長Cは，6月3日夜，「火事じゃ。」という声を受け，大勢の杭夫に命じて事務所の前まで行かせた。現場では，「火事の方はよいから，警戒せよ。」との声が上がったが，結局，本件ダイナマイト30発は，使用されなかった。

---

[126] 大審院大正9年10月2日判決・大審院刑事判決録26輯687頁（朝鮮人殺傷目的ダイナマイト譲与事件）

【裁判経過等】
　第一審は，安濃津地方裁判所でなされ，第二審は，大正9年5月31日，名古屋控訴院で判決が言い渡された。
　これに対し，被告人側が上告した。上告理由の一つは，爆発物取締罰則1条が爆発物を使用した者を罰する旨定め，同5条が同1条の犯罪者に爆発物等を譲与等した者を罰する旨定めていることから，譲与を受けた者が未だ爆発物を使用していない場合，譲与した者を罰することはできないという主張であった。
　大審院大正9年10月2日判決は，爆発物取締罰則5条の法解釈を示し，爆発物が譲与された後，それが使用されていなくても，譲与行為が犯罪になる旨判示して，弁護人らの主張を排斥した。
　「爆発物取締罰則5条にいわゆる犯罪者中には，同第1条の犯罪を遂げたる者のみならず，将来これを実行せんとするものを包含すと解すべきことは，同罰則が帝国治安の維持及び人の身体，財産の保護を立法の趣旨とせることに鑑み，かつ，罰則第2条ないし第4条の規定に参酌してまた疑いを容れざるところなれば，論旨は理由なし。」

井上準之助邸爆破事件（爆発物取締罰則違反）（昭和6年5月2日）[127]

【事案】
　大審院昭和8年6月5日判決によれば，事実関係は，以下のとおりである。
　実行行為者は，被告人Aである。
　被告人Bは，皇室中心主義を奉ずる愛国社の同人，同Cは，雑誌「日本及日本人」を発行する政教社の同人である。被告人Aは，同Cと行動を共にしてきたものである。
　被告人らは，いずれもいわゆる大陸積極政策を主張し，ロンドン条約絶対反対を唱え，民政党内閣の外交政策が軟弱外交であるとして反対運動を展開してきたものであるが，同ロンドン条約による軍縮に基づく減税案が第59回帝国

---

[127] 大審院昭和8年6月5日判決・大審院刑事判例集12巻9号726頁（井上準之助邸爆破事件）

議会に提出されるや，これを阻止しようと企て，開会中であった昭和6年2月11日，他の同志らと共に，倒閣維新連盟を組織し，民政党内閣倒壊の気勢を挙げたが，議会は無事終了し，被告人らの言動も効を奏せずに終わったため，被告人らは，ますます民政党内閣に対して不満の念を高めた。

被告人Aは，昭和6年3月下旬，東京市芝区内の桜田館内の白王社において，被告人Bと会って時事を談じた際，同Bに対し，内閣に一大衝動を与え，かつ社会的にも反響を及ぼす意図があることを漏らし，同年4月11日頃，同Bから，ダイナマイト2本，雷管2本及び導火線1本の譲与を受け，同月中下旬頃，被告人Cから，ダイナマイトの使用方法について教示を受け，同年5月1日，メーデーの示威運動を見物していよいよ犯行の決意を固め，閣僚中最も世人注視の的となっている大蔵大臣井上準之助に脅威を与えるのが最も効果的であると考えた。

被告人Aは，同月2日午後10時10分，治安を妨げる目的をもって，東京市麻布区内の井上大臣方正門附属物置の土台下の溝穴に爆発装置を施したダイナマイト2本を設置してこれを爆発させ，同物置土台の一部，外壁，羽目板を破壊し，物置内のガラス戸及び道路を隔てた久邇宮別邸門脇番屋の窓ガラス等を破壊し，もって治安を妨げた（爆発物取締罰則違反）。

【裁判経過等】

第一審は，東京地方裁判所でなされ，第二審は，東京控訴院でなされ，被告人Aを懲役5年に，同Bを懲役3年に，同Cを懲役2年に各処した。

これに対し，被告人側が上告した。

弁護人は，上告理由として，①　原判決は，被告人らにおいて治安を妨げる目的があった旨認定しているが，その判示は抽象的概念の指摘に止まり，具体的事実を認定するものではないから，原判決には理由不尽の違法がある，②　原判決は，被告人Cが同Aによる爆破行為を幇助したものと認定すると同時に，被告人Cが同Aの企図を警察官吏等に告知しなかったとして，告知義務違反の刑責も問うているのであるが，幇助犯に告知義務を肯定した原判決には法令解釈の誤りがある旨主張した。

大審院昭和8年6月5日判決は，①　治安を妨げる目的の存在について，原

判決の説示に不適切なところはない旨判示して，この点に関する被告人らの主張を排斥する一方，②　ダイナマイト爆破の幇助犯に告知義務を科した点については，原判決の法令解釈に誤りがあり，所論には理由がある旨判示して，原判決中，被告人Ｃに関する判決部分を破棄し，同被告人を懲役1年10月に処するとともに，被告人Ｃが同Ａの企図を警察官等に告知しなかった点については無罪を言い渡した。

　「被告人Ａ等の意図たる，単に井上準之助個人に対し脅威を加えんとするにあらずして，ダイナマイトのごとき爆発物を帝都における大蔵大臣の私邸に装置，爆発せしむることにより，社会を驚かし，人心に不安を惹起せしめ，よって以て倒閣運動に資せんとするにありたりとなせるものなれば，原判決は，被告人Ａ等の行為が治安を妨ぐる目的の下になされたることを具体的に説明して余りあり。」

　「案ずるに，爆発物取締罰則第8条は，同法第1条ないし第5条の犯罪あることを認知したる者に対し，直ちにこれを警察官吏又は危害を被らんとする人に告知すべき義務あることを認むるも，右の義務者中には，同法第1ないし第5条の犯罪者自身を含まざるものと解すべきものなることは，同条の文理上これを肯定するを妥当とするのみならず，犯人に対し自己の犯したる罪を他人に告知すべき義務を科し，その義務違反に対し刑罰を以て臨むの失当なるは，一般条理上，明白なるところなるが故に，法の精神は，犯人以外の者に右の告知義務を認めたるものと解するを正当なりとす。しかして，数人が共同して同法第1条ないし第5条の犯罪を行いたるときは，各共犯者は，共同正犯たると，教唆犯たると，従犯たるとを問わず，互いに共同一体の関係にあるものにして，共犯者の犯罪を告知することは，結局，自己の犯罪を告知することに帰するものなるが故に，共犯者の犯罪についてもまた，告知義務を認めざること，法の精神なりと解せざるべからず。」

第3節　爆発物取締罰則違反の法定刑の引き下げ

　爆発物取締罰則は，大正7年に改正され，法定刑が引き下げられた。これは，大隈重信首相暗殺未遂事件の裁判係属中に，被告人下村馬太郎の弁護人鈴木富士弥らが，法律改正に尽力した結果によるものである。

　同弁護士らは，同事件の裁判係属中，同罰則の全廃を議会に提案し，大正6年7月12日，衆議院において満場一致の可決となったものの，貴族院で審議未了となった。

　同弁護士らは，同罰則の全廃を諦め，改正の特別委員として法定刑を引き下げる改正案を再び議会に提案し，貴族院では反対意見もあったが，大正7年3月7日，両議院で可決となったのである。

　ところで，爆弾は，特定人の殺害を企図する場面で用いられることもあるが，その性質上，不特定多数の人を巻き込んで殺傷することが見越された道具であり，重大な結果が生じるのが通常である。また，殺害の手段として爆弾を用いれば，殺害対象者にそれほど接近せずに，かつ，けん銃使用の場合のような専門的な技術がなくても比較的容易に殺害の目的を達成できる可能性が高く，さらには，時限式発火装置や遠隔式発火装置などを使用すれば，殺害の日時・場所を容易にコントロールできる上に，犯人として検挙される危険を相当程度に回避することが可能となり得る。

　このように，爆弾の使用は極めて悪質な犯罪であり，これに重い刑罰を科すことの必要性・相当性は容易に認められるところである。

　したがって，爆発物使用罪（1条）は，制定当初，これに死刑をもって臨むこととしたのであり，その立法趣旨には一定の合理性があったと思う。

　もちろん，国家意思の形成は，議会における審議を経て，多数決により結論を出すべきものであるから，大正7年改正により，爆発物使用罪の法定刑を引き下げ，死刑又は無期若しくは7年以上の懲役又は禁錮に処すものとしたことにも，一定の合理性があったとは思う。

　それが議会制民主主義である。

　但し，違和感はある。

世論は，大隈内閣の政策に不満を抱いたというが，時の内閣を更迭するために首相を爆殺してよいわけがない。では，テロリストには，どのような科刑が妥当なのか。改正前の罰則では，爆発物使用罪に対して死刑のみを科していたが，減刑は可能であった。実際，第一審は，大正7年改正前の罰則を適用した上，主犯者に対し，1等を減じて無期懲役を言い渡し，第二審は，2等を減じて懲役15年としていたのである。大審院は，改正後の罰則を適用して，禁錮8年にしたのであるが，これは法定刑の最下限に近い量定である。
　刑事裁判は，国民の自由な活動を守り，国民の暮らす社会の治安を維持する役割を持っているのであるから，法令の解釈や刑の量定に当たり，国民の意識から乖離するわけにはいかないとは思う。
　しかし，仮に，議会制民主主義に否定的な急進派が，政府を打倒するためには首相を殺害することもやむなしと考え，実際にテロ行為に及んだ場合に，国民の一部が犯人らを助けてあげよう（不起訴，減刑ないし無罪など）という方向に動き，世論がそれに引っ張られるような情勢となったときに，議会や裁判所がそれを是認するかのごとき姿勢を示してしまえば，大きな政治問題が起こるたびに要人テロが繰り返されるという事態が生じかねないことを恐れるのである。
　目指すべきは，急進派（当然のことながら，右翼・左翼を問わない。）による過激行動に同情することではなく，議会制民主主義を実効あらしめることであり，また，普通選挙を実現することであったように思われる。過激な暴力主義者らに対して寛刑で臨むことは，いつか議会制民主主義の崩壊に至らないとも限らないのである。

第5章　選挙騒擾事件

第1節　緒　論

　帝国議会が設置されたことにより，制限選挙とはいえ，国民は，衆議院議員選挙を通じて，自らの代表者を帝国議会に送り込むことができるようになった。国民が国民を統治するという議会制民主主義の定着に向けて，動き出したわけである。

　ところで，議会で多数を占めた政党が内閣を組閣するといういわゆる議院内閣制の運営が事実上軌道に乗り始めると，議会での論戦とともに，まずもって衆議院議員の選挙戦が重要ということになる。

　憲政会と政友会の争いは，その支援者どうしの争いを引き起こすことになったが，その争いとしては，選挙買収などの犯罪だけでなく，時には，暴行脅迫を伴う選挙妨害，しかもそれが集団によって引き起こされるという事態も生じた。また，開票後，支援していた候補者が落選したとなれば，敵対する当選人やその支援者らに対して集団で暴行脅迫を加えるという事態も生じたのである。

　明治40年刑法（明治40年法律45号）が規定する騒擾罪（106条など）については，既に第2章第3節で取り上げたが，これとは別に，衆議院議員選挙法も，騒擾罪の規定（92条）を設けていた。

　　第88条　選挙に関し，左の各号に掲ぐる行為をなしたる者は，2年以下の禁錮又は300円以下の罰金に処す。
　　　　一　選挙人，議員候補者又は選挙運動者に対し，暴行若しくは脅迫を加え，又はこれを拐引したるとき
　　　　二　選挙人，議員候補者若しくは選挙運動者の往来の便を妨げ，又は詐偽の方法を以て投票若しくは選挙運動を妨げなさしめ，若しくは止めしめたるとき
　　　　三　選挙人，議員候補者若しくは選挙運動者又はその関係ある社寺，学校，会社，組合，市町村等に対する用水，小作，債権，寄付その他利害の関係を利用して，選挙人，議員候補者又は選挙運動者

を威逼したるとき

第92条　多衆聚合して第88条第1号又は前条の罪を犯したる者は、左の区別に従って処断す。
　一　首魁は、1年以上7年以下の禁錮に処す。
　二　他人を指揮し、又は他人に率先して勢を助けたる者は、6月以上5年以下の禁錮に処す。
　三　附和随行したる者は、50円以下の罰金又は科料に処す。
　　　第88条第1号又は前条の罪を犯すため、多衆聚合し、当該公務員より解散の命を受くること3回以上に及ぶも、なお解散せざるときは、首魁は、2年以下の禁錮に処し、その他の者は、50円以下の罰金又は科料に処す。

　明治40年刑法の騒擾罪（106条）と衆議院議員選挙法の騒擾罪（92条）とを比較すると、後者の方が、法定刑が軽いことが分かる。例えば、前者の騒擾首魁は、1年以上10年以下の懲役又は禁錮なのに対し、後者の騒擾首魁は、1年以上7年以下の禁錮となっている。
　個別具体的な裁判において、法定刑の違いは量刑の判断枠組みとして重要なものであるから、勢い、被告人・弁護人側としては、刑法ではなく、衆議院議員選挙法を適用すべきである旨法律上の主張を展開することになる。
　次節では、裁判所の事実認定に従い、個別具体的事件を見ていくこととする。
　なお、ここで取り上げた事例の他にも著名又は重大な事件があったことを否定するものではない。紹介する事件の過不足については、あらかじめご容赦願いたい。

第2節　選挙騒擾事件の概要

富山県衆議院議員選挙騒擾事件（騒擾）（大正9年5月11日）[128]

【事案】
　大審院大正10年9月26日判決によれば、事実関係は、以下のとおりである。
　Aは、大正9年5月10日施行の衆議院議員選挙において、富山県第4区

（下新川郡三日市町）から憲政会派として立候補した者であり，同町民の多数は，Aの後援会，革新団，青年団等として，Aを支援していた。

これに対し，三日市町長Bは，政友会派であり，Aのために尽力しないどころか，かえって同郡入善町の政友会派の立候補者Cを応援した。

被告人らは，Aのために選挙運動をしており，同町長Bに対し，同町内においては中立の態度を執るよう要求し，同町長Bから承諾の意思を示されていた。

しかし，同町長Bは，同町内において，Cのための選挙事務所を設けるなどし，Cのために極力選挙運動をしたため，憲政会派と政友会派の競争が激甚を極めるに至った。

Aを支援していた被告人らは，日頃から，同町長Bの町政に不満を抱いていた上，前記選挙運動に関する約束に違反する行動を取られたため，憤慨の念を禁じ難かったところ，同月11日正午頃，開票の結果，A落選の報に接するや，感情が激発し，同日午後8時頃から，同町内に集合して喧噪するうちに，その数400～500名に達するや，その勢に乗じ，「B万歳，C万歳。B，入善町に行け。Bの馬鹿野郎。」などと呼号，罵倒し，B宅に投石し，さらに，被告人らを含む群衆は，Cの選挙事務所だった数軒の各宅前に至り，前同様に喧噪し，投石し，そのガラス戸等を破壊し，再びB宅に引き返して前同様の行為をなし，次いで，群衆の一部は，他の群衆と合同しつつ，同日午後11時過ぎ頃まで，町内を進行して前同様の行為を繰り返し，さらに，家人を突き倒したり，殴打して傷害を負わせたりした（騒擾）。

【裁判経過等】

第一審は，富山地方裁判所でなされ，第二審は，大正10年6月10日，名古屋控訴院で判決が言い渡された。

有罪判決に対し，被告人側が上告した。上告理由の一つは，被告人らの騒擾行為については衆議院議員選挙法92条（選挙騒擾罪）を適用すべきだったのに，

128）大審院大正10年9月26日判決・大審院刑事判決録27輯602頁（富山県衆議院議員選挙騒擾事件）

原判決が刑法 106 条（通常の騒擾罪）を適用したのは誤りであるという点にあった。

大審院大正 10 年 9 月 26 日判決は，選挙終了後の騒擾行為については，衆議院議員選挙法 92 条が適用されない旨判示して，弁護人らの主張を排斥した。

「第 92 条の罰則は，選挙の執行に影響を及ぼすべきことを目的としたる騒擾行為に限り適用すべき制裁法規にして，選挙終了後の騒擾行為に適用すべきものにあらずと解するを相当とす。原判示によれば，被告等の騒擾行為は，大正 9 年 5 月 10 日を以て施行せられたる富山県第 4 区における衆議院議員の選挙につき翌 11 日開かれたる選挙会において開票の結果を発表したる後，すなわち選挙の終了後になされたるものなること判文上明瞭なれば，縦し右騒擾の原因が右選挙に存したればとて，これがため被告等の行為を選挙に関するものとして，前掲第 92 条を適用すべきにあらず。」

秋田県衆議院議員選挙騒擾事件（騒擾，住居侵入，公務執行妨害）（大正 9 年 5 月 22 日～23 日）[129]

【事案】

大審院大正 11 年 12 月 11 日判決によれば，事実関係は，以下のとおりである。

大正 9 年 5 月 10 日施行の衆議院議員選挙において，開票の結果，秋田県第 2 区では，政友会派の候補者 A が当選し，憲政会派の候補者 B が落選した。

B 派は，開票中，南秋田郡長らの行動に疑惑を容れるべき点が多かったと唱え，その説が郡内に伝わり，特に土崎港町においては，その声が甚だ多かったため，A 派と B 派の反目は，ますます激烈となった。

その結果，同月 22 日，同町の蒼龍寺において，町民大会が開催されるや，参集した多数住民は，他郡の住民である A が当選し，同町の住民である B が落選したことに憤慨し，被告人 C が，演壇に立って論を進めようとした際，

---

[129] 大審院大正 11 年 12 月 11 日判決・大審院刑事判例集 1 巻 11 号 741 頁（秋田県衆議院議員選挙騒擾事件）

A派の運動員であったDから悪罵されるや，会衆は，喧噪して鎮まらなくなり，警察署長から解散を命ぜられたことに対しても反感を抱くに至り，会衆は，ますます激昂，混乱し，ここに騒擾の端を開き，各所に格闘が起こり，警察官及びDに対し，罵声を放ち，逸走するDを追跡して襲撃し，Dが巡査に護衛されて警察署に逃げ入るや，D方に押し寄せ，さらに，別のA派運動員E方にも殺到するなどし，翌23日午前1時頃まで，暴行脅迫を逞しくした（騒擾等）。

その際，被告人Fは，D方前において，「警察署長は馬鹿だ。巡査も馬鹿だ。Dは町民の意思に反する町賊なり。この家は泥棒をして建った家なり。」などと叫び，さらに，D邸内に侵入し，同家正面の窓を目がけて石・木片を投げつけ，もって他人に率先して騒擾の勢を助けた（騒擾，住居侵入）。

被告人Gは，群衆とともに，D方ほか3軒宅に押し寄せ，ことにH方住宅内において，群衆の暴行を警戒していた巡査に対し，縁側にあった框材（2寸角，長さ6尺くらい）を投げつけ，もって巡査の公務執行を妨害し，I方奥庭に侵入し，縁側にあった掛け軸を庭に投げ捨て，もって他人に率先して騒擾の勢を助けた（騒擾，住居侵入，公務執行妨害）。

【裁判経過等】

第一審は，秋田地方裁判所でなされ，第二審は，宮城控訴院でなされた。

有罪判決に対し，被告人側が上告した。上告理由の一つは，本件では，住居侵入・公務執行妨害について公訴提起がなされていないにもかかわらず，原判決が騒擾罪の他に住居侵入・公務執行妨害を認定したのは違法である，という点にあった。

大審院大正11年12月11日判決は，以下のとおり，住居侵入罪・公務執行妨害罪などの他罪が騒擾罪とは別に成立する旨判示した上で，被告人側の上告を棄却した。

「騒擾罪は，多衆共同して暴行又は脅迫をなすにより成立するものにして，その成立要素たる行為は，他の罪名に触れざる程度の暴行脅迫なるを以て足りとなすが故に，もしその暴行脅迫にして他の罪名に触るる場合においては，その行為は，騒擾罪を成立せしむると同時に，他の罪名に触るるものとす。これ当院の判例としてつとに示すところなり。」

同判決の趣旨は，判然としないところがある。起訴状に，住居侵入・公務執行妨害といった罪名が記載されていなくても，両罪に該当する具体的事実が記載されていれば，両罪を起訴したものととらえ，両罪を認定しても違法ではないという趣旨であろうか。

福島県県会議員選挙騒擾事件（衆議院議員選挙法違反，公務執行妨害，傷害，建造物損壊）（大正12年9月18日）[130]

【事案】

大審院大正13年6月5日判決によれば，事実関係は，以下のとおりである。

大正12年9月25日施行の福島県県会議員の選挙に関し，同県安達郡第1区においては，政友会・憲政会両派の競争が激甚なる気勢を示していた。

被告人両名は，同区から憲政会公認候補として立候補したAの選挙運動員として，同郡由井村における投票を極力憲政会派に収め，もってA候補の当選を期せんと画策してその運動に努めていた折り，同区から政友会公認候補としてBが立候補し，同月18日午後6時頃，Bによる政見発表の演説会が開催される旨の宣伝が伝わるや，同演説会を妨害しようと企てた。

同演説会では，同日午後7時頃，その運動員Cにより開会の辞が述べられ，運動員たる弁士D，Eらによる応援演説や，B候補による政見発表に関する演説がなされた。同日午後7時半頃には，会場及びこれに接する屋外街路等に至るまで，聴衆が数百名に達していた。

その際，一部の群衆は，「人身攻撃をするな。馬鹿野郎。引きずり出せ。」などと叫び，他の群衆もまた，これに呼応し，あるいは「政友会，横暴，泥棒野郎。政友会を倒せ。」などと怒号し，あるいは「やっつけろ。Dを引きずり出せ。打ち殴れ，打ち殺せ。Bの馬鹿野郎，引きずり出せ。」などと罵声を発し，あるいは時ならず喊声を揚げ，もって喧噪を極め，大声，叱咤に応じ，演説中の弁士に肉迫してこれを脅迫する者も出た。さらには，警察官らが制止するや，

---

130) 大審院大正13年6月5日判決・大審院刑事判例集3巻6号462頁（福島県県会議員選挙騒擾事件）

群衆らは、警察官を殴打して負傷せしめ、あるいは会場の板橡を踏み破り、電灯を消灯し、若しくはその笠を投げつけ、あるいはB候補の一行を待ち合わせていた自動車に投石してこれを破損させ、運転士Fに傷害を負わせ、ひそかに逃走しようとしたB候補及びその運動員たる弁士らに対し、土石を投げつけて暴行を逞しくし、もって本件県会議員選挙に関し、多衆聚合し、騒擾をなした。

被告人両名は、この騒擾の際、これに加わり、各犯行をなしたものである。

被告人Gは、弁士Hが演説を始めるや、「貴様は、三月も入獄したる者なれば、貴様の演説を誰が信用するか。演説を止めよ。」などと罵倒し、弁士Iの演説には、「人身攻撃をするな、馬鹿野郎。」と大声した。

また、被告人両名は、弁士Jの演説には、こもごも「貴様も演説を止めよ。貴様の演説など聴く者があるか。野郎、引きずり出せ。」と叫び、被告人Kは、弁士Dの演説中、「泥棒野郎。」などと暴言を吐き、群衆に対し、手を振りながら、「やっつけろ、やっつけろ。」と連呼し、弁士Jの演説中、群衆が喧嘩した際、被告人Gは、ゴム靴を携えながら、被告人Kと共に、弁士Jに肉迫して同人を脅迫した。

さらに、同演説会に臨監していた二本松警察署の警部補、巡査らが、群衆の喧嘩を制止するや、かえってこれに反抗し、被告人両名は、群衆と共に、同警部補を殴打し、もって警察官の公務執行を妨害するとともに、同警部補に加療約2週間を要する傷害を負わせ、同警部補を救護しようと駆けつけたB候補の運動員Lに対し、被告人Gは、格闘をなし、被告人両名は、群衆と共に、運動員Lを殴打し、よって運動員Lに加療約2週間を要する傷害を負わせ、被告人Kは、群衆と共に、演説会会場となった建造物の一部である長板橡の数か所を踏み破って破損させるなどしたものである（以上につき、衆議院議員選挙法違反、公務執行妨害、傷害、建造物損壊）。

【裁判経過等】

第一審は、福島地方裁判所でなされ、第二審は、宮城控訴院でなされた。

有罪判決に対し、被告人側が上告した。上告理由の一つは、本件において、選挙法違反の騒擾罪が成立する以上、これとは別に公務執行妨害、傷害及び建

造物損壊の成立することはない、というものであった。
　大審院大正13年6月5日判決は、選挙法違反の騒擾罪が成立しても、これと同時に他罪が成立することを妨げるものではない旨判示し、被告人側の上告を棄却した。

>「衆議院議員選挙法第92条第1項、第88条第1号の犯罪成立要素たる行為は、他の罪名に触れざる程度の暴行脅迫を以て足るが故に、<u>もし、その暴行脅迫が、一面、公務の執行妨害、傷害若しくは建造物損壊等いやしくも他の罪名に触るる場合には、その行為は、1個なるも、右選挙法違反罪成立すると同時に、これら諸種の罪名に触るるものとして処断せざるべからず</u>。蓋し、右選挙法の規定が保護せんとする法益は、暴行脅迫に基づく選挙の自由公正に対する侵害に存し、刑法上、公務執行妨害罪、傷害罪若しくは建造物損壊罪等において各保護せんとするものと全くその法益を異にするが故に、同時にこれら諸種の法益を侵害せる以上は、同一の暴行脅迫に基づくの故を以てその一のみを論じて他を不問に附すべき事由毫も存せざるを以てなり。」

静岡県衆議院議員選挙騒擾事件（騒擾）（大正13年5月11日）[131]

【事案】
　大審院大正14年12月4日判決によれば、事実関係は、以下のとおりである。
　大正13年5月10日、衆議院議員選挙が施行された。
　同選挙の静岡県第5区（駿東郡沼津市）から立候補したAの選挙運動員及びその同情者数百名は、翌11日、同選挙結果を知るため、休憩所に指定されていた沼津市濱道通国技館に集まり、候補者Aの当選を期待していたが、午後に至り、当選の見込みがないことが確実となるに及んで動揺し始め、数名の者は、立って悲痛の演説をなした。
　参集者らは、一旦、同館を退散した後、同日午後5時頃、千本濱観音堂境内

---

131) 大審院大正14年12月4日判決・大審院刑事判例集4巻12号719頁（静岡県衆議院議員選挙騒擾事件）

に集合し，当選者であるBに対し辞職するよう勧告すること，B派の運動員である県会議員，市会議員らにも公職を辞するよう勧告すること，B派の選挙違反を摘発することなどを決議，協定し，同日午後6時頃，沼津城内のB選挙事務所があった旅館に喊声を挙げて殺到し，数十名の者は，同旅館入口のガラス戸を破壊して表土間に乱入し，B及びB派幹部らに面会を強請し，その不在である旨聞かされるや，群衆の一部は，B派の他の運動員宅を襲うために出発した。

被告人らは，残留者の代表として，前記旅館に入って室内を捜索していると，たまたまB派幹部運動員数名が筋向かいの別の旅館で会食中であるのを覚知した。群衆は，同旅館を包囲し，同幹部運動員に会見を求め，群衆中の数十名は，同旅館内に闖入し，主人を殴打し，足蹴にし，同旅館のガラス障子，格子戸等を破壊し，B派幹部運動員らを捜索し，各所に隠れていたB派幹部運動員らを探し出し，あるいは殴打して負傷せしめ，あるいは2階欄干の外に吊り下げる等の暴行を加え，投票買収の自白を強要し，あるいは当選者Bの辞職勧告方を迫り，その間，被告人らは，同旅館2階縁先から路上の群衆に向かい，室内の状況を報告し，路上の群衆は，これに呼応して喧騒し，ようやく同日午後10時頃になって，鎮静した（以上につき，騒擾）。

【裁判経過等】

第一審は，静岡地方裁判所でなされ，第二審は，東京控訴院でなされた。

有罪判決に対し，被告人側が上告した。弁護人は，上告理由の一つとして，本件では衆議院議員選挙法の罰則規定を適用すべきであり，原判決が刑法106条（騒擾罪）を適用したのは誤りである旨主張した。

「衆議院議員選挙法は，特別法なり。しかして，その罰則は，一般選挙に関して行わるべき各種の行為に対して必要なる処罰規定を設けたるものにして，刑法系統に属すべきものにあらずと思惟す。何となれば，この特別法の設けたる趣旨は，選挙の公正を保持すると同時に，選挙に関する行為は，政治的色彩を有し，憎むべき非社会性の発現と見るを得ざるを以て，一般の場合において刑法が重き懲役刑を科すべき行為についても，すべてこれに科するに軽き禁錮又は罰金刑を以て定め，もって立法の精神を明ら

かにせり。かくのごとく選挙に関する行為は，破廉恥罪と異なり，その発露する精神の基礎は，国家観念にあり。これ選挙法は，処罰規定を設け，ある種の行為に対しては，一般刑法の適用を除外して，仮に，外形上，刑法の罰則に類似するものありと雖も，これが適用を排除するの趣旨なりと思惟す。いわゆる特別法の観念ここにありといわざるべからず。しからば，原判決が右所為に対して刑法の規定を適用処断したるは違法にして破棄を免れずと信ず。」

大審院大正 14 年 12 月 4 日判決は，衆議院議員選挙法罰則 92 条について，投票後における犯行には適用がない旨判示して，被告人側の上告を棄却した。

「特別法たる衆議院議員選挙法罰則所定の犯罪行為については，普通刑法に適条存するも，その適用なきこと論なしと雖も，<u>同法罰則第 92 条に規定せる多衆聚合して同第 88 条第 1 号所定の行為をなしたる罪は，投票の終了せざる以前における犯行につき適用あるも，その以後における犯行に適用なしと解せざるべからざる</u>を以て，本件のごとき被告人の騒擾行為が投票後に係る場合にあっては，選挙法罰則を適用せず刑法第 106 条の規定により処罰したる原判決は，相当なり。本論旨は理由なし。」

第 3 節　選挙騒擾事件に適用される特別法

選挙に関連して騒擾事件が発生した場合，衆議院議員選挙法の騒擾罪と明治 40 年刑法の騒擾罪とのいずれが適用されるべきか。例えば，選挙期間中の騒擾事件は，選挙法違反の騒擾罪に該当するとしても，選挙が終わった後の騒擾事件についても，同罪が成立するのか，あるいは，一般刑法の騒擾罪が成立するのか。

この点に関し，例えば，前述の静岡県衆議院議員選挙騒擾事件（大審院大正 14 年 12 月 4 日判決）の弁護人らは，選挙後の騒擾行為についても選挙法違反の騒擾罪として処断すべきである旨主張した。その方が法定刑が低く被告人に有利であるという理由もあったが，選挙に関する騒擾事件は，政治的色彩を有しており，憎むべき破廉恥犯とは罪質が異なっており，そのことは選挙期間中で

あろうと選挙後であろうと同じではないか，という主張であった．

　しかし，大審院は，前節で見たとおり，選挙期間中の騒擾事件には選挙法違反の騒擾罪，その後の騒擾事件には明治40年刑法の騒擾罪がそれぞれ適用される旨判示し，両罪の成否に関し，時期的な判断基準を採用して適用範囲を区分した．

　この大審院判例は，妥当な法解釈であると思われる．

　というのは，衆議院議員選挙法は，「選挙人，議員候補者又は選挙運動者」に対する暴行，脅迫等を処罰対象としており（88条），条文上，選挙期間中の行為を処罰対象としていると読むのが自然だからである．

　但し，前記弁護人らの主張には，考えさせられる点もある．

　それは，立法論として，選挙期間中の騒擾事件と選挙が終わった後の騒擾事件とを区別する理由があるのか，という点である．選挙活動に対する妨害行為も，選挙結果を覆そうとする行為も，その可罰性はそれほど変わらないように思われるので，この点に限っていえば，弁護人らの主張には，傾聴に値する点があるといわざるを得ない．

　そうすると，そもそも選挙活動を妨害するような騒擾行為に対し，一般刑法の騒擾罪よりも軽い特別法で臨むという立法政策が妥当なのかという，新たな問題の所在が見えてくる．

　思うに，大日本帝国憲法は，議会制民主主義を理念としていると解されるが，議会制民主主義において特に重要な政治過程は，選挙戦と国会論戦である．どちらも重要であるが，国会で多数を占めた政党が内閣を組閣するという議院内閣制が軌道に乗り始めると，選挙戦の重みは，一層増すことになる．

　選挙妨害を目的とした選挙期間中の騒擾行為も悪質であるが，選挙結果に不満を抱いてこれを覆す目的でなした騒擾行為も同様に悪質である．また，選挙期間中であろうと，選挙が終わった後であろうと，手段として暴行・脅迫などの実力行使に及んでいる以上，いずれの騒擾行為も議会制民主主義に対する毀損行為であり，社会的な許容範囲を超えていると言わざるを得ない．

　なお，第2章で見たとおり，足尾鉱毒兇徒聚衆事件（明治33年2月），日比谷焼き討ち事件（明治38年9月），第一次憲政擁護騒擾事件（大正2年2月），米

騒動事件（大正7年8～9月）などにつき，一般刑法犯の騒擾罪が適用されているが，これらの騒擾事件において，政治的な目的があったからといって，それだけで刑を軽くする理由にはならないであろう。むしろ，騒擾事件は，もともと政治的な目的をもって敢行されることが少なくない犯罪類型なのであって，政治的な目的をもって騒擾行為に及んだ場合の方が，その計画性，組織性，結果の重大性等の諸事情に鑑みて，可罰性が高いという見方もあり得るところである。

　すると，選挙活動を妨害する騒擾行為の場合も，あるいは選挙結果を覆そうとした騒擾行為の場合も，いずれも一般刑法犯の騒擾罪として処罰すれば足りるという立法政策もあり得たものと考えられる。

　もっとも，選挙期間中の騒擾行為や選挙後の騒擾行為に対してどのような刑罰で臨むべきかは，帝国議会の決すべき事項であり，前記選挙法の規定ぶりについては，一定の合理性があったとは考えられる。

第6章　治安維持法違反事件

第1節　緒　論

　帝国議会は，大正14年に治安維持法（大正14年法律46号。昭和3年緊急勅令129号等による改正あり）を制定した。同法は，共産主義を標榜する団体などを念頭においた法律と考えてよいと思う[132]。

　大正6年（1917年）に起きたロシア革命は，その後，ロシア共産党による独裁体制を樹立し，大正8年，コミンテルン（第3インターナショナル）を結成した。このロシア革命は，マルクス主義の理論を現実世界において実現することの可能性を実証したものと評価され，日本においても，学生運動・労働運動に大きな影響を与えたと考えられている。

　第2章で触れたとおり，大正7年8月には，日本で米騒動が起きているが，これは，当初，富山県内の女性らによる騒ぎに止まっていたものの，まもなくその性質を変え，名古屋，京都，神戸，大阪などを中心とした都市暴動となって全国的な騒擾事件に拡大し，巡査派出所，電車，造船所，貿易商（神戸の鈴木商店本社など），新聞社などが襲撃され，場所によっては放火や殺人に及ぶものも現れ，軍隊による鎮圧を要請せざるを得ないほどになるが，そこには，学生や労働者らが参加していたのである。

　山川均，堺利彦らは，大正8年，マルクス主義を掲げて「社会主義研究」を発刊し，大正9年，マルクス主義者，無政府主義者などを「日本社会主義同盟」として大同団結させるに至った。

　そして，大正11年（1922年），日本共産党が，結成されることになる[133]。

　日本共産党の正式名称は，コミンテルン日本支部である。戦後の日本共産党

[132) 治安維持法に関する文献としては，以下のものなどがある。中澤俊輔「治安維持法」（平成24年，中公新書）等
[133) 日本共産党については，以下のような文献なども参考にした。立花隆「日本共産党の研究（一）～（三）」（昭和58年，講談社学術文庫），産経新聞政治部「日本共産党研究　―絶対に誤りを認めない政党」（平成28年，産経新聞出版）等

中央委員会は，次のようにいう[134]。

> 「コミンテルンは 1922 年の第二回拡大執行委員会で綱領作成の作業にとりかかり，その一環として日本共産党綱領作成のための委員会をつくり，片山潜の参加のもとに，日本共産党綱領草案の起草をすすめた。党は，その年の 11 月にひらかれたコミンテルン第四回大会に，高瀬清，川内唯彦を派遣し，日本共産党の成立を報告した。コミンテルン大会は，これを承認し，党は，コミンテルン日本支部・日本共産党として正式に認められた。」

ソヴィエト・ロシアの指導者レーニンは，国家というものが階級支配の産物であり，被抑圧階級を解放するためには暴力革命しかないという[135]。

> 「国家は階級対立の非和解性の産物であり，その現れである。」

> 「マルクスによれば，国会はまさに階級支配の機関であり，一つの階級による他の階級の抑圧の機関であり，階級の衝突を緩和しつつ，この抑圧を合法化し強固なものにする『秩序』を創出するものである。」

> 「被抑圧階級の解放は，暴力革命なしには不可能であるばかりでなく，さらにまた，支配階級によってつくりだされ……ている国家権力装置を廃絶することなしには不可能であるということが，それである。」

> 「マルクスの考えは，労働者階級は『できあいの国家機構』を粉砕しうちくだくべきであって，それをそのまま奪取するにとどまってはならない，という点にあるのである。」

> 「『官僚的＝軍事的国家機構をうちくだく』というこのことばのうちには，国家に対するプロレタリアートの革命における任務の問題についてのマルクス主義の主要な教訓が簡潔に表現されている。」

市川正一も，戦前の日本共産党の結成目的がプロレタリア独裁であり，その手段が武器をとることを含むものであったという[136]。

---

134) 日本共産党中央委員会「日本共産党の六十五年（上）」（昭和 63 年，日本共産党中央委員会出版局）25 頁
135) レーニン「国家と革命」（昭和 32 年，岩波文庫）17～19 頁，57～58 頁
136) 市川正一「日本共産党闘争小史」（昭和 51 年第 31 刷，大月書店，国民文庫）64～65 頁

「コミンテルン規約には前文においてその目的をつぎのごとくいっている。これは同時に日本共産党の目的でもある……

『コミンテルンはあらゆる手段をもってしても，武器をもってしても，国際ブルジョワジーの倒壊と国家の完全なる廃棄の過度段階としての国際的ソヴィエト共和国の建設とのためにたたかうことを目的とする。』……

コミンテルンはその成立のはじめから一貫した明白な目的をもっており，それを公に大衆のまえにしめし世界的プロレタリア独裁のためにたたかってきたのである。この同じ目的，根本綱領を日本共産党がその成立の最初からもっていたことは当然である。」

このように，日本共産党は，武力による革命を目的として結成された結社であった。

大正 12 年 12 月，日本共産党による事件ではないものの，虎ノ門事件が発生し，御召自動車で移動中の皇太子が襲撃され，杖銃が発射されて車内に散弾が撃ち込まれており，幸いにして大事に至らなかったものの，朝野を震撼させることとなる。そして，警備の責任などを問われ，第二次山本権兵衛内閣は，総辞職せざるを得なくなった。

代わって成立した清浦奎吾内閣は，短命に終わり，総選挙で大勝利を収めた護憲三派（憲政会，政友会及び革新倶楽部）による政党内閣が，大正 13 年 6 月に成立する。

この護憲三派内閣（加藤高明首相）のもとで，大正 14 年，普通選挙法とともに，治安維持法が成立することになる。

制定当初の治安維持法（大正 14 年法律 46 号）の規定は，次のとおりであった。

第 1 条　国体を変革し又は私有財産制度を否認することを目的として，結社を組織し又は情を知りてこれに加入したる者は，<u>10 年以下の懲役又は禁錮</u>に処す。

前項の未遂罪は，これを罰す。

治安維持法は，昭和 20 年 10 月に廃止されるまでの間，複数回の改正を受けている。

一度目の改正は，緊急勅令（昭和 3 年勅令 129 号）によるものである。共産党

員らが大量に検挙された三・一五事件を契機にして，田中義一内閣が法案を提出したものの，帝国議会で審議未了となったため，昭和3年6月29日，緊急勅令により改正法が公布され，即日施行されたものである。その改正の要点は，結社を組織した者に対する刑罰として，死刑・無期懲役・無期禁錮を科すことを可能とするものであった。

> 第1条　国体を変革することを目的として結社を組織したる者又は結社の役員その他指導者たる任務に従事したる者は，死刑又は無期若しくは5年以上の懲役若しくは禁錮に処し，情を知りて結社に加入したる者又は結社の目的遂行のためにする行為をなしたる者は，2年以上の有期の懲役又は禁錮に処す。
>
> 　私有財産制度を否認することを目的として結社を組織したる者，結社に加入したる者又は結社の目的遂行のためにする行為をなしたる者は，10年以下の懲役又は禁錮に処す。
>
> 　前2項の未遂罪は，これを罰す。

ところで，国体の意義については，大審院昭和4年5月31日判決がこれを明らかにしている[137]。

> 「我が帝国は，万世一系の天皇君臨し，統治権を総覧し給うことを以て，その国体となし，治安維持法のいわゆる国体の意義またかくの如く解すべきものとす。」

宮澤俊義らの整理によれば，戦前の憲法学説も同旨であり，国体とは，主権の所在によって生ずる国家体制の区別をいい，例えば，君主主権であれば君主国体，国民主権であれば共和国体などとされ，政体とは，主権の行使の態様によって生ずる国家体制の区別をいうもの（例えば，専制政体か，立憲政体かなど）とされていた[138]。

要するに，天皇制の廃止が企てられない限り，議会制民主主義が廃止されて

---

137) 大審院昭和4年5月31日判決・刑集8巻7号317頁
138) 宮澤俊義＝芦部信喜「全訂　日本国憲法」（昭和53年第2版（全訂版），日本評論社）47頁，清宮四郎「法律学全集3　憲法Ⅰ［第三版］」（昭和54年第三版，有斐閣）184頁

も，それだけでは国体の変革には当たらない，という理解が，議論の前提となっていたわけである。

　二度目の改正（昭和16年法律54号）は，結社の範囲を拡大したほか，二審制を採用し，また，予防拘禁制度を導入するなどしたものであった。

　　第1条　国体を変革することを目的として結社を組織したる者又は結社の役員その他指導者たる任務に従事したる者は，<u>死刑又は無期若しくは7年以上の懲役</u>に処し，情を知りて結社に加入したる者又は結社の目的遂行のためにする行為をなしたる者は，<u>3年以上の有期の懲役又は禁錮</u>に処す。

　　第7条　<u>国体を否定し又は神宮若しくは皇室の尊厳を冒涜すべき事項を流布すること</u>を目的として結社を組織したる者又は結社の役員その他指導者たる任務に従事したる者は，<u>無期又は4年以上の懲役</u>に処し，情を知りて結社に加入したる者又は結社の目的遂行のためにする行為をなしたる者は，<u>1年以上の有期懲役</u>に処す。

　　第10条　私有財産制度を否認することを目的として結社を組織したる者又は情を知りて結社に加入したる者若しくは結社の目的遂行のためにする行為をなしたる者は，10年以下の懲役又は禁錮に処す。

　なお，昭和16年3月1日，第76回帝国議会貴族院において，治安維持法改正法律案特別委員会の委員長が同委員会における審議結果を報告しているが，そこでは，国体の概念について，前記大審院判例を踏まえた説明がなされている[139]。

　　「本法案は，国体変革に関する行為につき特にその罰則を強化し，現在の実情に即して思想犯罪の処理の敏活適正を図り，その予防及び鎮圧の作用を一層効果的ならしめんとするの趣旨に出たものであって，これが質疑の要点も国体及び政体に関する事項並びに思想問題の根本解決に集中せられた観があり，委員の国体・政体に関する質問に対し，政府は，国体の意義

---

139) 前掲17) の佐々波與佐次郎（昭和42年）70頁

は既に確立せり，大審院の判例によればわが帝国は万世一系の天皇君臨し統治権を総覧し給うことを以てその国体とすと決定せられているが故に，治安維持法におけるいわゆる国体の意義も，またかくの如く解すべきである。政体は統治権の作用を意味し，立憲政治又は憲法上の各種機関による統治権が行使せらるる形を意味するものである，従って，政体の変革と国体の変革とは同一ではない，政体なる語はその内容が曖昧で如何なる範囲の事項を以て政体となすかを確定すること困難であると答弁し，なお民族独立運動に関し，その範囲如何・自治運動はこれを包含するやとの質問に対し，政府は，民族運動にして本邦に触るる範囲は国体変革すなわち統治権排除の場合に限るのであり，自治運動は必ずしも直ちに本邦に触れるものではないと答弁されている。最後に，採決の結果，原案を可とする者多数を占め，同委員会においては，原案通り可決した」

すなわち，議会制民主主義，三権分立，司法権の独立などの統治制度が変革されても，天皇制さえ変革されなければ，国体の変革には該当しないという限定的な解釈により，治安維持法の適用範囲が絞り込まれていたわけである。

次節では，裁判所の事実認定に従い，治安維持法違反の罪に関する個別具体的事件を見ていく。

なお，次節で取り上げた事例が代表的なものであることを意味するものではないし，また，ここで取り上げた事例の他にも著名ないし重大な事件があったことを否定するものではない。

第2節　日本共産党員等による治安維持法違反事件等の概要

京都学連事件・大阪共産党事件（治安維持法違反）（大正14年頃，昭和3年頃）[140]

【事案】

大審院昭和5年5月27日判決決定に引用された第二審判決によれば，事実関係は，以下のとおりである。

日本学生社会科学連合会（以下，「学連」という。）は，大正11年末，東京市

において組織され，各大学，専門学校における学生，生徒の社会科学研究会の連合組織にして，当初，学生連合会と称し，大正13年9月中，東京帝国大学において，第1回大会を開催し，便宜上，全国を関東，関西及び東北の3地方連合会に分け，大正14年7月中，京都帝国大学において，第2回全国大会を開催し，同年末には，加盟校数が50余校，会員数が千数百名を数えるに至った．

被告人らは，学連の関東地方連合会に属する東京帝国大学の学生，関西地方連合会に属する京都帝国大学，同志社大学の学生，大阪外国語学校，神戸高等商業学校の生徒，第三高等学校の中退者らであり，いずれもマルクス主義，レーニン主義の革命思想を抱懐していたものである．なお，相被告人らは，明治学院の生徒であった．

被告人らは，我が国における私有財産制度を否認する目的をもって，マルクス主義，レーニン主義の革命思想に基づき，学生運動に従事することを企て，その啓蒙活動に従事していたが，無産者階級に対する教育（プロレットカルト又はプロカル）に関し，あるいは校内における会員の研究及び生活方法に関し，あるいは校内における学生運動の方策に関し，具体的，発展的に種々協議をなし，もってその目的たる事項の実行に関し，協議をなした．

被告人らは，大正14年9月20日，京都帝国大学社会科学研究会本部において，プロカル（無産者教育）運動をするについてのテーゼ（綱領）及び教程を作成することとし，同年10月4日，17日及び18日，同テーゼに関し，教育の原則をマルクス主義，レーニン主義に則り，闘士の訓練，反帝国主義，日和見主義の排除，都市労働者と農民との共同戦線を目的とすること，教育の方法を同僚式，討論式とし，日常現実の問題と結びつけ，全出席者の平均水準を標準とすることについて，又，教程に関し，都市労働者の部と農民の部とに2大別し，各部につき更に章，節を分かち，マルクス主義，レーニン主義の文献を掲げ，その配列順序等を定めること等につき，それぞれ協議した（以上，京都学

---

140) 大審院昭和5年5月27日判決決定・大審院刑事判例集9巻6号369頁（京都学連事件・大阪共産党事件）

連事件)。

　日本共産党なる秘密結社は，大正 12 年の検挙に遇い，大正 13 年 2 月頃に解散決議をしたものの，大正 14 年 8 月頃には，「社」なる隠語の下に党員数を増し，大正 15 年 12 月 4 日，山形県下五色温泉の旅館において，第 1 回大会を開催して宣言規約等を明定し，昭和 2 年中，同党の幹部数名が，ロシア入りしたところ，コミンテルン（国際共産党）中央部から，日本共産党の方針に関して批判を受け，これに基づき，同年末から翌昭和 3 年春にかけて，なかんずく昭和 3 年 2 月の衆議院議員総選挙の期間中を利用し，全国各地の工場を「細胞」と称する組織単位とする党員の編成替え（再組織・再建設）を企て，無産大衆に対し，公然と日本共産党の名の下にその主義政策を発表し，急速に党の拡大を計るに至った。

　日本共産党は，その成立の当初から，我が国労働者階級を解放するためには，唯一，マルクス主義，レーニン主義を指導精神とする共産主義社会の建設しか方法がないとし，資本私有を禁止して，生産手段を社会の公有とすること，すなわち我が国における私有財産制度を否認することをその究極根本の目的とし，この目的達成に至る段階方法としては，プロレタリア（無産階級なかんずく近代的労働者階級）独裁の樹立，したがって該階級独占の政治支配にあらざる一切の政治権力を排除するにありとし，しかも，我が国現在の歴史的段階においては君主制の撤廃，すなわち我が国体を変革することをその当面の主要な目的とし，このため，暴力革命を遂行することをも辞せずとし，自らを精鋭なる軍隊に比し，内にあっては，革命的労働者の覇権の下に貧農大衆との同盟を作ろうとしてひたすら階級闘争の激化に努め，外にあっては，国際共産党と相通じて世界無産階級革命の一支隊をもって任じ，東京市所在のロシア大使館その他において国際共産党から資金の提供を受けていたものである。

　しかして，日本共産党の組織としては，その成立の当初から，中央部を東京に置いてこれを最高の機関とし，全国各地に数名の党員からなる「細胞」を作ってこれを末端機関とし，後には，中央部と細胞との連絡統制機関として，関東，関西，九州，北海道等の各地方委員会，その下に大阪，京都等，各地方委員会，さらにその下に各地区委員会等を順次設置し，党以外の団体内におい

ては，党員をしてフラクション（分派）を構成せしめ，これらの組織的活動により，上下左右相呼応して，本件検挙に至るまで，前記目的の達成を図ってきたものである（以上，大阪共産党事件）。

　被告人らは，かかる日本共産党へ加入し，目的遂行を図ってきたものである（治安維持法違反）。

【裁判経過等】

　被告人Aは，京都学連事件について，大正15年1月26日に起訴され，昭和2年5月30日に京都地方裁判所で第一審判決の言い渡しを受け，大阪共産党事件については，昭和3年4月13日に起訴され，昭和4年2月1日に大阪地方裁判所で第一審判決の言い渡しを受け，大阪控訴院は，両事件を併合審理して連続犯と認定した上，被告人Aに懲役6年を言い渡した。

　大審院昭和5年5月27日判決決定は，京都学連事件と大阪共産党事件とが1個の連続犯であり，本件は同一事件について2個の公訴提起があった場合であるとして，後になされた大阪地裁への公訴を棄却した。

　「原判決の確定せる事実によれば，右両事件（引用者注：京都学連事件及び大阪共産党事件）における公訴事実は，相合して連続の一罪を成すものなるが故に，同被告人に関しては，同一事件，事物管轄を同じくする2個の裁判所に繋属した事実あるものといわざるべからず。……かくのごとく同一事件につき2個の公訴，併存せる以上，原審が右2事件を併合審理するに当たりては，宜しく同法（引用者注：刑事訴訟法）第406条を準用し，後の大阪共産党事件の公訴を棄却するの決定をなすべきに，事ここに出でざりしは失当たるを免れざるものというべし。」

メーデー事件等（治安維持法違反，公務執行妨害，殺人未遂，傷害）（昭和5年5月1日等） [141]

【事案】

　大審院昭和7年4月28日判決に引用された第二審判決によれば，事実関係は，以下のとおりである。

　日本共産党は，我が国家存立の大本たる君主制を廃止して国体を変革し，私

有財産制度を否認し，無産階級独裁を経て，共産主義社会の実現を目的とする秘密結社にして，第三インターナショナルの指示を受け，その日本支部として活動してきたが，昭和3年3月15日以来，数次の検挙後，なお残党員によりその組織整備の拡大に努力してきた。

　日本共産青年同盟は，青年独自の立場において日本共産党と同一の目的の実現を期する秘密結社にして，共産青年同盟インターナショナルの日本支部として，その指導の下に青年独自の立場において前記目的の実現に努力してきた。

　日本労働組合全国協議会（以下，「全協」という。）は，日本化学労働組合，日本金属労働組合，その他の産業別労働組合を統制する連合体であって，前記両結社の目的を支持し，その指導下に，主として経済闘争の手段により前記結社の目的達成を期するものであった。

　被告人Aは，尋常小学校卒業後，大正12年5月，日本石油株式会社に雇われ，昭和4年3月，日本労働総同盟神奈川石油労働組合日石支部に加入し，その後，支部幹事となったが，やがて同組合の方針に反対するようになり，日本共産党，日本共産青年同盟及び全協の各目的に深く感動し，昭和5年1月，被告人Dと共に，日本共産青年同盟員京浜地区オルグの指導を受け，その機関誌「タンク」を発行し，同年2月上旬，日本共産青年同盟への加入を求め，その承認を得る手続中となった。

　被告人Aは，昭和5年2月中旬以降，横浜市，川崎市において，前記京浜地区オルグから，日石工場細胞の組織を命じられ，被告人Dらと共に，日本共産青年同盟への加入方を勧誘するようになった。

　被告人Aは，同年4月上旬以降，上層部から，メーデー対策等に関して指示を受け，他の被告人らと同志の会合を重ね，赤色自衛団の組織の必要，メーデーを暴徒化する武装デモの決行等に関し，指導，協議をなし，「日本共産党日本共産青年同盟の旗の下に」，「天皇を親玉とする資本家　地主の政府を倒せ」等の標語を掲げた機関誌「赤タンク」を発行し，これを日石工場の職工ら

---

141) 大審院昭和7年4月28日判決・大審院刑事判例集11巻8号530頁（メーデー事件等）

に配布し，前記目的の宣伝，煽動に務めた（以上につき，治安維持法違反）。

　被告人Ｂは，高等小学校を卒業している。

　被告人Ｃは，高等小学校１学年修了。

　被告人Ｄは，尋常小学校を卒業している。

　被告人Ｅは，東京帝国大学文学部仏文科を卒業している。

　被告人Ｆは，尋常小学校を卒業している。

　被告人Ｇは，中学校５学年中退。

　被告人Ｈは，高等小学校１学年中退。

　被告人ら（被告人Ｃを除く。）は，数名と共謀の上，昭和５年５月１日に川崎市内においてメーデーが挙行されることを奇貨とし，この機会に武装デモを敢行しようと企て，同年４月30日，全協の中央常任委員会から，メーデー闘争に関する指令書の交付を受け，同志をもって行動隊を組織し，これを３隊（アジプロ隊，破壊隊及び武器隊）に分け，隊員各自が武器を用意し，メーデー当日朝に横浜市鶴見区内の神社に参集し，同所に参集する日石工場の職工らに竹槍等を供与して武装化し，日石工場等を襲撃し，次いでメーデー示威行進を暴徒化することなどを謀議し，スローガンを墨書した長旗８本を作成した。

　被告人らは，翌５月１日午前８時過ぎ頃，東京からの来援者を迎えて合計19名となり，その場で，全協の一員は，被告人らに対し，「いよいよ武装デモを決行することになりたるについては，日石及びスタンダードの職工が潮田神社に参集する故，皆は，まず同神社に赴き，彼らをアジプロし，その際，竹槍等の武器を渡してこれを武装させ，直ちに日石工場を襲撃してこれを破壊し，居残りの職工を武装デモに獲得したる上，ライヂングサン及び東京ガスの従業員を指導し，さらに右翼だら幹共のデモに打ちかかれ。」，「もし右行動の際，同志中に裏切り者あらば，互いに刺殺し，又，吾々同志の行動に対し反抗する者あらば，これを殺すも可ならん。諸君は，決死の覚悟をもって武装デモを敢行すべき。」旨を告げて激励した。

　被告人らは，行動隊員を前記３隊（アジプロ隊，破壊隊及び武器隊）に編成し，長旗８竿を押し立て，竹槍約80本を携え，その他，けん銃，匕首等の兇器を所持し，同日午前９時過ぎ頃，前記神社境内に至ったが，既に日石工場の職工

らがメーデー参加のため立ち去っていたため，予定を変更し，同職工らを追跡し，赤旗の歌を高唱し，川崎市内の神社において，同所に参集していた約2300余名のメーデー参加団体を認め，その中に乱入した。

その際，被告人Aは，警戒取締中の神奈川県警警部に制止され，逮捕されそうになるや，5連発けん銃を発射して同警部を狙撃し，その左頸部に銃創を負わせ，さらに，別の警部補に追跡されるや，同警部補を狙撃し，その左頬部に擦過傷を負わせ，もって警察官らの公務執行を妨害したが，殺害の目的は遂げなかった（治安維持法違反，公務執行妨害，殺人未遂）。

被告人Bは，同Aがメーデー副指揮者（日本労働総同盟幹事）に取り押さえられているのを目撃するや，同Aを逃走させるため，メーデー副指揮者に対し，その後頭部を鉄製角鑢で強打し，傷害を負わせた（治安維持法違反，傷害）。

【裁判経過等】

第一審は，横浜地方裁判所でなされ，第二審は，東京控訴院でなされた。被告人Aは懲役15年，被告人Bは懲役5年，被告人C，D及びEは各懲役4年，被告人Fは懲役3年，被告人Gは懲役2年6月，被告人Hは懲役2年に各処せられた。

有罪判決に対し，被告人側が上告した。弁護人は，上告理由の一つとして，① 共産青年同盟及び全協は，日本共産党からの指示等によって受動的に活動していたにすぎず，独立して国体の変革及び私有財産制度の否認を目的とする結社には該当しない，② 昭和3年以来，官憲による暴力的弾圧があり，また，暴力団による暴行，白色テロル等が横行したため，労働者は，仕方なくけん銃，匕首等の武器を取っているのであり，これは正当防衛である，などと主張した。

大審院昭和7年4月28日判決は，① 治安維持法にいう結社とは，必ずしもその結社独自の力によりその目的の実現をなし得る組織体であることを要せず，他の同一目的を有する結社と相まってその目的を実現せんとする結社もまた，同結社に該当する，② 被告人らが武装したことは，防衛目的だけでなされたものとは認定できない旨判示し，弁護人の主張を排斥した。

「治安維持法にいわゆる国体の変革，私有財産制度の否認を目的とする結社とは，必ずしもその結社独自の力によりてその目的の実現をなし得る組

織体たることを要せず。他の同一目的を有する結社と相まって右の目的の実現をなす結社もまた，みぎにいわゆる結社たるものとす。原判決が証拠により認定したるところは，日本共産青年同盟は，青年独自の立場において国体の変革，私有財産制度の否認を目的とする日本共産党と同一の目的の実現を期する結社なりというにあるを以て，日本共産青年同盟が治安維持法第1条第1項，第2項にいわゆる結社に該当すること疑いなく，しかして，仮に，所論のごとく該同盟が日本共産党との関係において常に受動的立場にありとするも，右の事情は，叙上の理に照らし毫も該結社の右の性質を害するものにあらず。」

「被告人等が武装したることは，所論のごとく単に全国協議会所属労働組合員のメーデー参加を妨ぐる官憲の不当なる弾圧を防衛する目的のみに出でたりというを得ず。又，右のごとく被告人等のメーデー示威運動参加が全国協議会の指令に基づきなされたるとするも，これがため被告人等の行動を日本共産党，日本共産青年同盟の目的遂行のためにする行動なりと認定することを妨ぐるものにあらず。」

和歌山隠れ家事件等（治安維持法違反，傷害）（昭和5年2月頃，同月24日）[142]

【事案】
　大審院昭和8年7月6日判決に引用された第二審判決によれば，事実関係は，以下のとおりである。
　被告人Aは，国士舘大学に在学中の昭和3年9月頃から，無産階級解放運動に志し，日本労農党，日本労働組合同盟東京第6区連合会及び同同盟内の反対派たる全国委員会関東委員会等の各書記であったもの，被告人Bは，長野県立高等女学校を卒業後，上京し，昭和4年2月頃から，印刷所で働くようになり，その後，日本共産党中央委員長と知り合い，同年8月，その内縁の妻となったもの，被告人Cは，東京帝国大学経済学部に在学中の昭和3年4月頃

---

[142] 大審院昭和8年7月6日判決・大審院刑事判例集12巻13号1154頁（和歌山隠れ家事件等）

から，同大学内新人会，経済学部読書会等に加入し，マルクス主義，レーニン主義の研究に努める傍ら，学内外における左翼運動に関係し，同年 8 月頃，東京合同労働組合書記となり，次いで同組合執行委員長となったものである。

　被告人 A は，日本共産党が我が立憲君主制を廃止し，私有財産制度を否認し，もって共産主義社会の建設を目的としていることに共鳴していたが，昭和 5 年 1 月 23 日，和歌山県海草郡和歌浦町にあった日本共産党中央委員長らの隠れ家に到り，以来，同所に居住するに及び，同党のために努めんと決意し，同年 2 月上旬から同月 23 日までの間，同中央委員長の指示に従い，しばしば東京市，大阪市等に赴き，党員としての連絡，党勢の聴取報告等の任務に従事し，もって同党の目的遂行のためにする行為をなした（治安維持法違反）。

　被告人 B は，前記中央委員長の内縁の妻として同棲中，昭和 4 年 9 月頃から昭和 5 年 2 月頃までの間，数回にわたり，静岡県，兵庫県，和歌山県等において，日本共産党中央委員長，中央委員らのため，隠れ家を物色準備して同人らを匿い，その家事一切を担当し，同人らの党活動の便を図り，さらに，同人らの命を受け，東京市，その他に赴き，党員らと連絡し，かつ，党員らを介して多額の活動資金を調達し，これを中央委員長らに交付し，もって日本共産党の目的遂行のためにする行為をなした（治安維持法違反）。

　被告人 C は，かねて日本共産党が前記目的を有することに共鳴していたが，昭和 4 年 6 月末頃，東京市牛込区早稲田高等学院付近の街路において，日本共産党中央委員長から勧誘を受けて，同党に加入し，同年 12 月頃，同党東京地方委員長に就任し，東京地方における党勢の拡張に努め，昭和 5 年 1 月 12 日頃から 4 日間にわたり，和歌山県海草郡西脇野村の当時の日本共産党本部において開催された同党全国会議（拡大プレナム）に参加し，同党の活動方針等の討議，決定に参加し，また，中央委員候補者に選挙され，同時に，京浜地方組織責任者となり，同月 19 日から，京浜地方における党員獲得に努め，特に同年 2 月施行の衆議院議員総選挙の際，党中央本部の決定に基づき，いわゆる選挙闘争を開始し，同党組織の拡大に努めた（治安維持法違反）。

　被告人ら 3 名は，昭和 5 年 2 月 24 日午前 5 時頃，和歌山県海草郡和歌浦町の隠れ家において，大阪府警部補ら 20 数名に逮捕されたが，その際，逮捕を

免れる目的で，同警部補らに対し，各自けん銃を乱射し，よって，同警部補ら3名に銃創を負わせた（傷害）。

【裁判経過等】
　第一審は，大阪地方裁判所でなされ，第二審は，大阪控訴院でなされ，被告人A及び同Bを各懲役6年に，被告人Cを懲役12年に各処した。
　有罪判決に対し，被告人側が上告した。
　被告人Bは，上告理由として，日本共産党は労働者等を搾取する資本家等と闘っているところ，これを抑圧する治安維持法に正当性はない，などと主張した。

　「共産党は，プロレタリアートの正当なる権利を主張し，闘っているのであります。したがって，日本共産党の目的達成に努力することは，何等犯罪ではないと信じております。ただ，ブルジョア法律，特に治安維持法がこれを犯罪として処罰することを要求するのですが，この治安維持法には，我々は，絶対に反対する者であります。何故なら，治安維持法は，資本家，地主，政府が，労働者，農民を搾取するための一つの有力なる武器に過ぎないからであります。その証拠には，労働者，農民が自己の地位を自覚し，ようやくその力が台頭して来たとき，すなわち昭和3年の春，緊急にこの治安維持法は改められました。左翼化せる労働者，農民の力を頭から抑圧するにより，有効なるように改められたのです。この理由から，『犯意継続の上云々』の理由は，正当でないと思うのであります。」

　大審院昭和8年7月6日判決は，国民には法律に従う義務がある旨判示し，被告人Bの主張を排斥した。

　「我が日本臣民たる者は，何人と雖も現行法律に服従すべきものにして，これを否定することは，国法の許さざるところなれば，この服従義務を否認する論旨は，到底上告適法の理由とならず。」

川崎第百銀行大森支店襲撃事件等（治安維持法違反，窃盗，私文書偽造，同行使，建造物侵入，強盗，同予備）（昭和7年10月6日等）[143]

【事案】

　大審院昭和11年5月28日判決に引用された第二審判決よれば，事実関係は，以下のとおりである。

　被告人は，昭和5年4月，早稲田大学に入学し，第三学年時に中退したが，その間，共産主義に共鳴して，左翼運動家に対し運動資金を提供するようになり，日本共産党が国際共産党の日本支部であり，革命により国体を変革し，私有財産制度を否認し，プロレタリアートの独裁を樹立し，共産主義社会を実現することを目的とする秘密結社であることを知りながら，同党を支持し，その拡大強化を計ろうと決意した。

　被告人は，昭和6年4月から同年10月までの間，日本共産党に対し，合計約180円を活動資金として提供した（治安維持法違反）。

　被告人は，同年10月末頃，日本共産党に加入した（治安維持法違反）。

　被告人は，同年11月頃から昭和7年4月頃までの間，日本共産党中央委員会技術部の指導の下に，同技術部住宅部員となり，同党員の住宅集会場アドレスの設定等に努めた（治安維持法違反）。

　被告人は，昭和7年5月から同年6月中旬頃までの間，前記技術部印刷部責任者となり，日本共産党第一秘密印刷所の建設に援助を与え，さらに，第二秘密印刷所及び第三秘密印刷所の建設計画にも関与し，印刷技術者の養成を計画したほか，第一秘密印刷所の建設責任者に対し，建設資金を交付した（治安維持法違反）。

　被告人は，同年6月中旬から同年7月中旬までの間，前記技術部内の特別資金局責任者をしていたが，日本共産党の活動資金の獲得に努め，富豪の子弟らをして，その父兄の資財を持ち逃げさせるなどの犯罪手段を採らせるという指導方針を樹立し，同年6月下旬頃，Aを指導し，東京市淀橋区内のAの実父

---

[143] 大審院昭和11年5月28日判決・大審院刑事判例集15巻11号715頁（川崎第百銀行大森支店襲撃事件等）

方において，同実父所有に係る日本毛織会社ほか4社の株券70枚（670株）及び同実父の実印を窃取させ，大久保駅付近において，別の共犯者に対し，同株券を交付して現金化を命じ，同人をして，Aの実父名義の白紙委任状10数通を偽造させ，同市日本橋区の株式現物店において，同店店員に対し，同偽造委任状を交付して行使せしめ，前記窃取に係る株券を代金合計4万7500円で売却する契約を締結し，受領金の内金3万円を日本共産党の活動資金として供与し，また，同年7月上旬頃，部下の内妻Bを同市日本橋区内のパリ社交倶楽部にダンサーとして入所させ，B女が同倶楽部に出入りする富豪と情交を結ぶや，同年8月上旬頃，B女を指導し，相手の富豪から金員を拠出させるよう依頼するなどした（窃盗，私文書偽造，同行使，治安維持法違反）。

日本共産党は，昭和6年9月以降に勃発した満州事変及び上海事変を契機として，第二次世界大戦及び国内革命に至るものと考え，これを世界ソヴィエト革命の勝利に導くことを重大任務とし，この闘争のためには膨大な費用を必要としたため，従来からの党費，寄付金，出版物購読料等の収入では対応できないとして，レーニンの活動を模倣し，外面的には日本共産党と無関係を装いながら極秘に強盗，恐喝等の犯罪手段により同党の活動資金を獲得するための戦闘的技術団を作った。

被告人は，日本共産党中央委員の指導を受け，前記資金集めの方針に賛同し，昭和7年7月下旬頃，前記技術部を解消して新たに特別資金部を結成し，暴力的犯罪のほか，知能的犯罪にも及ぶこととし，さらに，同年8月16日，党事務所において，同党中央委員会家屋資金部の局員らと協議の上，前記特別資金部を解消して新たに同党中央委員会家屋資金局を組織し，同局内に資金部，家屋部等を置き，同資金部内に資金部，経営部及び事業部を置くこととなった際，被告人は，同資金部及び経営部の責任者になるなどした。

被告人は，同経営部の責任者として，同経営部内を4部（拐帯部，銀行会社部，倶楽部結婚部及び資料調査部）に分け，拐帯部には，銀行・会社の富豪子弟や労働者をして内部資金を拐帯させるなどさせ，銀行会社部には，銀行重役を窮地に陥れて資金を出させるなどさせ，倶楽部結婚部には，結婚を仲介して結婚資金を没収するなどさせ，資料調査部には，これら3部の援助をさせることとし

た（以下は，具体的な治安維持法違反）。

　被告人は，共謀の上，昭和7年7月中旬頃，静岡市内のCをして，その実父の所有する銀行預金4700円を払い戻させ，そのうち4000円を党に供与させた（窃盗）。

　被告人は，共謀の上，同年8月中下旬頃，東京市小石川区内の銀行を襲撃することとし，実行行為者Dらを手配し，けん銃数丁を準備したが，実行犯らが指定の日時に集合しなかったため，強盗予備に止まった（強盗予備）。

　被告人は，共謀の上，同年8月25日，同銀行の労働者Eをして，同銀行の金庫内から現金1万0174円を窃取させ，これを党の活動資金にした（窃盗）。

　被告人は，共謀の上，同年9月中，Fをして，新潟県中蒲原郡に住むFの実兄から財産分与を受けさせ，Fから，現金1000円を受け取り，これを党に供与させた（治安維持法違反）。

　被告人は，共謀の上，同年9月下旬頃，前記銀行を再び襲撃することとし，実行行為者Gらを選定し，同年10月1日午前1時20分頃から同日午前2時頃までの間，同銀行に，けん銃数丁を携行したGらを向かわせたが，Gらが強盗の機会を窺っているうちに機を失したため，強盗予備に止まった（強盗予備）。

　被告人は，共謀の上，東京市大森区内の川崎第百銀行大森支店を襲撃することとし，実行行為者Hらを選定し，同年10月6日午後4時頃，Hらにおいて，同銀行に侵入し，けん銃2発を発射し，出入口に立ち塞がり，支店長らに銃口を向けて脅迫し，現金3万1779円を強取し，そのうち3万1679円を党の活動資金として供与させた（建造物侵入，強盗）。

　被告人は，共謀の上，同年10月上旬頃，岡山市内の銀行を襲撃して現金50～60万円を強奪する計画を立てるなどしたが，その後，共犯者Iらが逮捕されたため，計画を具体化せずに終わった（強盗予備）。

　被告人は，同年7月中旬頃，軍事部に転ずる頃，新宿駅付近・高田馬場駅付近において，Jらを勧誘して，日本共産党に入党させた（治安維持法違反）。

【裁判経過等】

　第一審は，東京地方裁判所でなされ，第二審は，東京控訴院でなされ，被告

人は，懲役12年に処せられた。

　有罪判決に対し，被告人側が上告し，弁護人は，原判決が窃盗及び強盗の共謀共同正犯を認めたのは判例違反である旨主張した。

　大審院昭和11年5月28日判決は，窃盗罪又は強盗罪の謀議に関与した者は実行行為を分担しなくても共同正犯の責任を負う旨判示して，弁護人の主張を排斥した。

　「およそ共同正犯の本質は，二人以上の者，一心同体のごとく互いに相寄り相援けて各自の犯意を共同的に実現し，もって特定の犯罪を実行するにあり。共同者が皆既成の事実に対し全責任を負担せざるべからざる理由ここに存す。もしそれその共同実現の手段に至りては必ずしも一律に非ず。あるいは共に手を下して犯意を遂行することあり。あるいはまた共に謀議を凝したる上，その一部の者においてこれが遂行の衝に当たることあり。その態様同じからずといえども，二者均しく協心協力の作用たるにおいてその価値異なるところなし。したがって，そのいずれの場合においても，共同正犯の関係を認むべきを以て原則なりとす。但し，各本条の特別の規定によりこれと異なる解釈を下すべき場合の存するは言うをまたざるところなり。しかして窃盗罪並びに強盗罪の共同正犯関係は，殺人，傷害及び放火等の罪におけると同じく，上叙原則に従うべきものにして，これが例外をなすべき特質を存するものに非ず。すなわち，二人以上の者，窃盗又は強盗の罪を犯さんことを謀議し，そのうちある者において，これを実行したるときは，爾余の者もまたよって以て自己の犯意を実現したるものとして共同正犯たるの責を負うべきものと解せざるべからず。本院従来の判例は，初めいわゆる知能犯と実力犯とを区別し，前者については，実行を分担せざる共謀者をも共同正犯とし，後者については，実行を分担したる者に非ざれば共同正犯となさざるの見解を採りたるも，近来，放火罪，殺人罪等のごときいわゆる実力犯についても，概ね上叙原則の趣旨を宣明せるに拘わらず，窃盗罪並びに強盗罪の共同正犯については，むしろ例外的見地を採用し，実行分担者に非ざればこれが共同正犯たるを得ざるものとなしたること，所論のごとしといえども，これを維持すべきに非ず。しか

れば則ち，原判決が被告人に対し所論のごとき事実を認定し，窃盗罪の共同正犯及び強盗罪の共同正犯として処断したるは，まことに正当にして，これを攻撃する論旨は，理由なきものなりとす。」

スパイ査問事件（その1）（治安維持法違反，監禁，傷害）（昭和9年1月12日〜2月17日）[144]

【事案】

大審院昭和12年9月13日判決に引用された第二審判決によれば，事実関係は，以下のとおりである。

被告人Aは，昭和4年4月，東京帝国大学法学部に入学した後，共産主義を信奉するに至り，昭和7年3月，同大学を卒業した。

他の被告人らは，同大学経済学部の卒業者，同学部の中退者，青山学院高等学部の中退者，宮城県立女子専門学校の卒業者らである。

被告人らは，いずれも日本共産党が国際共産党の日本支部であり，革命的手段により国体を変革し，私有財産制度を否認して，無産階級独裁の政府を樹立し，共産主義社会を実現することを目的とする結社であることを知りながら，これを支持し，その拡大強化を図ることを企てた。

被告人Aは，昭和6年9月下旬，日本共産党資金網東大班の責任者からの依頼により，同班法学部責任者となり，昭和7年1月頃までの間，同大学生3名を指導して党資金の獲得に努め，同月下旬，東京市神田区付近の街頭において，同責任者から日本共産党への加入方の勧誘を受け，数日後，これを承諾して同党に加入した（治安維持法違反）。

被告人Aは，昭和8年12月下旬，日本共産党機関誌「赤旗」号外により指令を受けた後，同Bから，Cのスパイ嫌疑事情を告げられ，昭和9年1月5〜6日頃，両国駅付近の喫茶店において，同Bらと相会し，ここに中央部の指令に基づき，Cを査問断罪すべく，その委員会の組織，査問方法等を協議，

---

[144] 大審院昭和12年9月13日判決・大審院刑事判例集16巻15号1257頁（スパイ査問事件）

決定し，同月12日，被告人Ｂらにおいて，Ｃを同市豊島区内のアジトに連行し，翌13日，麻縄，針金等を用いてＣの手足を緊縛した上，同年2月17日までの間，同家の六畳間押し入れ内にＣを押し込め，被告人らにおいて，これを監視してＣを不法に監禁し，その間，数回にわたり，同室において，実包を装填したけん銃を示し，Ｃに対し，喧騒等の場合はその生命を奪うべき旨を告げ，手又は金槌でＣの頭部，大腿部等を殴打し，その他極めて残忍執ようなる暴行を加え，Ｃを極度に畏怖させて査問を敢行したが，その目的を達せず，終に，同月17日の朝，上部の指示に基づき，同六畳間において，硫酸をもってＣの前額部に一文字の烙印を施し，以上の暴行によりＣに傷害を負わせた上，同市王子区まで護送して釈放した（治安維持法違反，監禁，傷害）。

【裁判経過等】

　第一審は，東京地方裁判所でなされ，第二審は，東京控訴院でなされ，被告人は，懲役3年に処せられた。

　有罪判決に対し，被告人側が上告した。弁護人は，本件監禁・傷害が日本共産党の純然たる内部行為であり，これをもって治安維持法にいう目的遂行行為ないし運動と評価することはできないから，本件監禁・傷害をもって目的遂行行為と認定した原判決は誤りである旨主張した。

　大審院昭和12年9月13日判決は，スパイの嫌疑がある者につき，日本共産党上層部の指令に基づいて査問するに当たり，その査問方法として不法監禁又は傷害に及んだ行為は，同党の目的遂行のためにする行為に該当する旨判示して，弁護人の主張を排斥した。

> 「治安維持法第1条に結社の目的遂行のためにする行為といえるは，結社の目的遂行に資すべき一切の行為を指称するものなるを以て，原判示のごとく，日本共産党員中，スパイの嫌疑ある者を同党上部の指令に基づき査問するに際し，これが査問方法として不法監禁又は傷害をなしたる所為は，すなわち同党内部の粛清を図り，その組織の強化に資するゆえんなりというべく，したがって，右不法監禁又は傷害は，一面，刑法各該当法条に触るると共に，他面，同党の目的遂行のためにする点において，治安維持法第1条にも触るるものと解すべし。原判決は，叙上説明と同旨に出てまこ

とに相当なり。論旨理由なし。」

天理本道事件（治安維持法違反，不敬罪）（昭和 10 年 3 月頃〜夏頃）[145]
【事案】
　大審院昭和 16 年 7 月 22 日判決に引用された第二審判決によれば，事実関係は，以下のとおりである。
　大西愛次郎は，元天理教布教師であったが，その後，その教典である「御筆先」及び「御指図」の研究に没頭し，大正 2 年，天啓により，自己が天理教のいわゆる甘露臺にして教祖の後継者であることを自覚したとし，大正 14 年 5 月，奈良県北葛城郡磐城村内に天理研究会を創設してその主催者となり，天理本道を標榜して，天理教の教義に独自の解釈を下すとともに，天理教の信徒を誘引して天理本道に転心させようと努めた。
　大西愛次郎の称するところによれば，天理教は，世界の創造主である月日雨神が教祖（中山みき）に顕現して創始した世界統治の大道であり，甘露臺は，天啓により教祖の後継者として我が国を統治し，もって世界を統一支配すべき天命を負う者であり，かつ，我が国現下の情勢は，未曾有の国難に遭遇するものであり，かかる国難の襲来は，皇室が神意に反して統治した結果なのであるから，この窮状を打開して人類の理想社会を実現するためには，全国民が神憲を体して速やかに甘露臺の支配に隷属しなければならないとのことであった。
　大西愛次郎は，このように称して皇室を誹謗し，我が国体を変革しようとし，甘露臺世界を実現する手段として，自己の教説の宣伝普及に努め，現下の国難に乗じ，国民の国体観念を撹乱して民心を収攬し，遂に我が国の統治権を掌握しようとしたものであり，昭和 3 年 3 月，同教説を宣伝普及する目的で，「研究資料」と題する内容不敬にわたる文書を執筆し，遍く世上に頒布するなどしたため，同年 4 月，検挙され，天理研究会の組織も一旦潰滅した。
　しかし，大西愛次郎が，昭和 5 年 12 月，大審院において，心神喪失を理由

---

145) 大審院昭和 16 年 7 月 22 日判決・大審院刑事判例集 20 巻 16 号 447 頁（天理本道事件）

に無罪判決を言い渡されるや，各地に離散した信徒が再び集まり出した。

　信徒幹部らは，昭和6年1月頃から昭和10年1月頃までの間，大阪市住吉区内に信徒足留場所・受付所を開設して信徒らの結集連絡を図り，教団復活の機運が醸成されるや，再び甘露臺世界の建設運動を開始するため，同年2月頃，同市西成区内の大西愛次郎方において，同人及び信徒幹部らが協議の上，同年5月頃，同市住吉区内に事務所を開設して，天理教本部に対し，大西愛次郎こそが神格者たる甘露臺，世界の統治者であるとし，我が国体を変革し，同人が独裁統治する社会を実現する目的をもって，いわゆる「匂掛」その他の宣伝方法により，我が国民の国体観念を撹乱することを当面の任務とする結社「天理本道」の結成を遂げ，同年末頃までに，役員の配置，信徒の取締り，内規の判定等をなすなど，その組織を整備拡充し，以来昭和13年11月頃までの間，その目的達成に努めていた。

　被告人Aは，山口県内の高等小学校を卒業後，家業の農業を手伝い，大正7年12月，小倉歩兵第14連隊に入営し，歩兵一等卒として満期除隊して帰郷した後，各地を転々としたが，昭和6年2月頃，天理本道の教義に接し，同年5月，大阪に行きて天理本道に入信し，以後，天理本道事務所及び大西愛次郎宅において，同人に面接し，幹部らから教義を受講し，また，各種の教義書を読んだ結果，同人が真に教祖の後継者にして甘露臺であるとして，天理本道の教義こそ世界統治の正道であると盲信し，殉教の熱意を有するに至り，昭和10年5月頃，天理本道の結成を見るや，被告人Aは，その頃，同結社が前記不法の目的及び任務をなすものであることを知悉しながら，これに加盟し，かつ，その目的遂行のためにする行為をなし，天皇及び神宮に対し不敬の行為をなした（治安維持法違反，不敬罪）。

　被告人Bは，大阪市内の高等小学校を卒業後，ガラス店店員となったが，昭和6年1月，心臓病に罹患して両親の元へ帰郷し，その静養中，天理本道の信者であった両親に勧められるまま，朝夕，自宅内の祭壇に礼拝勤行するようになったところ，漸次快方に向かったため，これが神の奇蹟にして天理十柱の神の守護によるものであると信じ，遂に天理本道に入信するに至り，昭和7年1月23日から昭和12年12月末までの約6年間にわたり，奈良県北葛城郡磐

城村内の大西愛次郎前邸の改築に際し，いわゆる「日の寄進」なる労働奉仕をなし，その間，各種の教義書を読み，あるいは同様の信徒らから教義の解説を聴くなど，ひたすら教義の研究をなし，昭和10年春頃，その教義が我が国体と相容れないことを知って進退に煩悶した末，遂にこれを克服し，以後，一意教義の研鑽に専念し，最高幹部らの知遇を得，あるいは地方「匂掛」の組織班に加わり，あるいは地方状勢視察係に挙げられるなど，重要な地位を占めるに至り，被告人Bは，昭和10年3月頃，天理本道が前記不法の目的を有するものであることを知悉しながら，これに加盟し，かつ，その目的遂行のためにする行為をなし，天皇及び神宮に対し不敬の行為をなした（治安維持法違反，不敬罪）。

同様にして，被告人C及び同Dも，昭和10年5月頃ないし同年夏頃，それぞれ天理本道に加盟し，かつ，その目的遂行のためにする行為をなし，天皇及び神宮に対し不敬の行為をなした（治安維持法違反，不敬罪）。

【裁判経過等】

第一審は，山口地方裁判所でなされ，第二審は，広島控訴院でなされ，被告人A，同B及び同Cはいずれも懲役3年に，被告人Dは懲役2年に，各処せられた。

有罪判決に対し，被告人側が上告した。弁護人は，天理本道のいう天然自然の理が荒唐無稽なものであり，これによって国体を変革することなど不可能であって，天理本道に加盟しても治安維持法違反にはならない旨主張した。

> 「国体変革を目的とした結社ではない。目的とは，行為者自己の意思によって実現せんとするものである。すなわち，目的実現と行為者の意思との間に必然の連繋がなければならぬ。……本件天理本道にいわゆる甘露臺世界すなわち大西愛次郎が我が大日本帝国の統治権者たるに到るべきは，天理本道にいうところの天然自然の理であり，そは必至の現象を，その間に施すべき人為的必要事もまたその余地もない。すなわち，天理本道にあっては，国体変革の目的は，当初より存在の余地がないのである。」

> 「目的の達成が不能である。……秘密結社日本共産党のごときその綱領の実現手段は，精緻巧妙を極め，暴力革命をも敢えて辞せざる方針で，目的

の実現性極めて強力なるものがあるに比し，天理本道においては，その目的達成のために採るところの手段は，天理本道教義の宣伝啓蒙運動で，その教義の内容は，天然自然の理によって大西愛治郎が甘露臺世界の統率者すなわち我が国引いて世界の統治権者たるべきであるとなすもので，その天然自然の理なるものには，何ら理論的根拠もなく，荒唐無稽もここに到っては極まれりというべく，方今の文化社会において，かくのごとき低調盲昧な教義に説伏される者があり得ようか。これ本道の目的実現行為が全く結果発生力を欠如せりというゆえんである。」

大審院昭和16年7月22日判決は，結社加入罪（治安維持法1条）が成立するためには国体変革という目的遂行のためにする手段が適切にして実現可能性のあるものであることを要しない旨判示して，上告を棄却した。

「治安維持法にいわゆる結社とは，特定多数人が共同の目的を遂行せんがため，任意に結成せる継続的団体をいうものにして，原判決は，天理本道が不逞にも国体の変革を目的とするこの種の団体なることを認定したる趣旨なること，判文上極めて明白なると同時に，原判決挙示の証拠に徴すれば，原審のなしたる右の認定は，輙くこれを肯定するに足り，記録を査するも，その認定に重大なる誤謬あることを疑うべき顕著なる事由あることなし。」

「同法第1条の結社組織罪若しくは結社加入罪は，いやしくも同法条の規定するがごとき目的を有する結社を組織し，又はかかる目的を有する結社なることの情を知りてこれに加入したるときは，直ちに成立し，その結社の目的遂行のためにする手段がその遂行に適切にして可能なることは必ずしも成立要件に非ざるが故に，本件において，天理本道が国体の変革を目的とするものにして，被告人等がその情を知りてこれに加盟したること，判示のごとくなる以上，たとい天理本道の目的遂行のためにする手段がこれただ荒唐無稽なる教義の宣伝流布に過ぎずして，到底忠良なる国民を説伏するの力なく，万古不易の国体を動かすに足らざるものなること，所論のごとくなりとするも，前記結社加入罪の成立を断ずるに毫も妨げあることなし。」

スパイ査問事件（その2）（治安維持法違反，銃砲火薬類取締法違反，監禁致死，死体遺棄，監禁致傷）（昭和8年12月23日〜昭和9年1月14日）[146]

【事案】

　大審院昭和17年12月23日判決によれば，事実関係は，以下のとおりである。

　被告人は，大正10年4月，東京帝国大学に入学したが，その頃，京都帝国大学教授河上肇の著書等を読んでこれに共鳴し，同教授を慕って，大正12年4月，同大学に転学し，河上教授の指導下にマルクス主義経済学を研究する一方，他の者らと「皇民会」なる研究団体を組織し，マルクス主義の研究に従事し，同年中に，皇民会を解散して「京都帝国大学社会科学研究会」を創立し，同時に，「学生社会科学連合会」に加盟し，京都地方における労働組合，農民組合とも連絡をとり，鋭意，理論の研究と実践に努めたが，大正15年1月，いわゆる京都大学生事件（京都学連事件）に連座して検挙されたため，一時，運動を中止せざるを得なくなったが，昭和3年9月，日本共産党員の野呂栄太郎の紹介により，産業労働調査所員となり，野呂らと共に共産主義運動に必要な基礎的資料の調査収集に従事中，日本共産党がコミンテルンの日本支部であって，革命的手段により我が国体を変革し，私有財産制度を否認し，プロレタリアートの独裁を樹立し，これを通じて共産主義社会を実現することを目的とする秘密結社であることの情を知りながら，同党を支持することを決意し，昭和6年7月末頃，東京市本郷区内の当時の野呂栄太郎止宿先において，野呂の勧誘に応じて日本共産党に加入し，以来，昭和9年2月27日に検挙されるまでの間，専ら党の中枢部にあって鋭意党勢の拡大強化に努めてきた。

　日本共産党にあっては，昭和7年10月30日のいわゆる熱海事件（一〇・三〇事件）以来，大小の党員の検挙が相次ぎ，昭和8年5月上旬には同党中央委員らの検挙もあり，また，これに関連して党員Aに対する査問事件等も起こり，党内が著しく動揺混乱し，党の中央部内にスパイが潜入しているとの疑

---

[146] 大審院昭和17年12月23日判決・大審院刑事判例集21巻24号615頁（スパイ査問事件）

いが生じていたところ，同年11月末頃，同党中央委員の野呂栄太郎が検挙されるに及び，同党の首脳部であるBらは，同じく同党の中央委員であったC及びDの両名が官憲と相通じてスパイ活動をしている疑いがあるとし，被告人も，Bらの見解を聞くに及んでC及びDをスパイ嫌疑により査問する必要があるものと認め，ここに，被告人を含むBら4名は，本件犯行の共謀を遂げ，同4名をもって査問委員会を構成することとし，査問アジトとして，東京市小石川区内の2階建て貸家を借り受け，査問で用いる威嚇用具として，けん銃，出刃包丁，薪割り用斧等を準備した。

　被告人らは，共謀の上，昭和8年12月23日午前10時過ぎ頃，B及び被告人において，C及びDを同アジトに誘致し，針金細引等を用いて両名の手足を緊縛し，覆面，猿ぐつわを施した上，同アジトの押し入れ内に押し込んで不法に監禁し，同23日及び翌24日の両日，C及びDを交互に押し入れから引き出し，両名に対し，スパイであることを白状しなければ生命，身体に危害を加えかねない態度を示し，特に同24日は，Cに対し，その足に炭団火を押し付け，あるいは腹部に硫酸を注ぐなど，殊更に執ような暴虐方法を用いて査問を敢行し，同24日午後1～2時頃，Cが隙を窺って逃走を企てるや，被告人らは，Cを組み伏せ，大声を発し死力を尽くして抵抗するCを押さえ付け，その際の格闘によりCの頭部，顔面，胸部，腹部，手足等に多数の傷害を負わせ，外傷性虚脱死（外傷性ショック死）により急死させ，翌25日午前4時頃，共犯者らにおいて，Cの死体を同アジト床下に埋没して遺棄し，Dについては，翌昭和9年1月14日，同市目黒区内の別のアジトに移転するまでの間，前記小石川区内のアジトにおいて，不法に監禁した（治安維持法違反，銃砲火薬類取締法違反，監禁致死，死体遺棄，監禁致傷）。

【裁判経過等】
　第一審は，東京地方裁判所でなされ，第二審は，東京控訴院でなされ，被告人は，懲役5年に処せられた。
　有罪判決に対し，被告人側が上告し，弁護人は，鑑定書に誤記がある，公判廷に鑑定書を顕出するための手続に違法がある，などと主張した。
　大審院昭和17年12月23日判決は，これら弁護人の主張を排斥し，上告を

棄却した。

第3節　治安維持法に対する評価

　大日本帝国憲法は，議会制民主主義・自由主義経済を踏まえた統治制度を採用したものと考えられる。国民は，自由で平等な存在であり，自由な活動を展開しようとするが，多様な価値観・利害関係を有しているから，意見対立・利害対立が生じがちである。国民相互の間で発生する様々な法的紛争に対し，いかなる行為規範・裁判規範を定立すべきかは，選挙により選ばれた国民の代表者が，国会の審議を通じて，決定していくこととされている。これが議会制民主主義である。

　ところで，特定のイデオロギー団体や宗教団体は，時に議会制民主主義・自由主義経済と相容れないことがある。イデオロギーや宗教は，唯一絶対的な価値観を有することが少なくなく，これが机上の学問であるうちは問題が現実化しないが，社会活動として展開されることになると，他人の価値観・意見に対して不寛容となり，自己らの有する価値観を現実世界に実現しようとして，時に議会制民主主義を否定し，目的のためには手段を選ばないという事態が生じかねない。

　したがって，イデオロギー団体や宗教団体の活動が国民の自由な活動を妨げ，国民の生命，身体，自由，名誉，財産等に危害を及ぼしかねない行動に出る限り，当該行動に対して民事制裁や行政処分を科し，時に刑事罰を科すことも，考えられてよいはずである。

　本章で取り上げた治安維持法については，帝国議会で審議の上，制定されたものであり，一定の合理性があったものと考えてよいと思うが，問題がないではない。

　中澤俊輔は，①　国体の概念が漠然としていて，拡大適用がなされた，②　暴力や不法行為がなくても，結社に加入しただけで処罰の対象となった，などの諸点を問題として指摘する[147]。

　中澤俊輔の指摘には，傾聴に値する点も多いが，問題がないではない。

第1に，治安維持法は，国体の変革を目的とする結社の構成員らを処罰対象としているが，国体概念は，それほど漠然としているとは思われない。
　政府も大審院判例も，国体が天皇制を意味するということで解釈を固定させており，一般国民の立場に立っても，大きな疑義が生じるようには思えない。
　古今東西において，国家の権力者（国王，大統領など）に対する加害行為を特別に罰する例は少なくない。天皇は，戦国時代以来，実質的に象徴天皇になっていたものと評価できるが，一国の元首であることに変わりはなく，「君主は君臨すれども統治なし。」という言葉もある。天皇に危害を加えることを目的とするような結社の構成員らを処罰対象にすること自体は，問題とは思えない。
　むしろ，法解釈としては，国体概念が狭すぎる感すらある。すなわち，天皇制さえ攻撃しなければ，議会制民主主義などの統治制度を破壊することを目的としても，それは国体の変革ではなく，政体の変革にすぎず，治安維持法の対象外である，とされているのである。取締りの必要性があるのならば，政体（議会制民主主義など）の変革を目的とする結社の構成員らを処罰対象とすることも考えられてよかったはずである。
　治安維持法は，私有財産制度を否認する目的の結社の構成員らをも処罰対象としているため，独自の立法価値があるようにも見えるが，国体（天皇制）の変革を目的とする結社の構成員らを処罰したいだけなのであれば，皇室に対する罪（刑法73条〜76条。後に昭和22年法律124号により刑法から削除された。）などを適用すれば足りるのであって，治安維持法による取締りの意義は乏しかったように思われる。
　第2に，治安維持法は，暴力行為などに及んでいなくても，結社を組織したり，これに加入したりするだけで，処罰対象としているが，そのような規定ぶり自体は，立法技術としてそれほど大きな問題とは思われない。
　すなわち，当該結社が国体（天皇制）の変革・私有財産制度（国民の財産権）の否認を目的としており，目的達成のための手段として暴力主義を標榜していて，天皇や国民の生命，身体，自由，名誉，財産等を侵害する危険があるのな

---

147) 前掲132) の中澤俊輔（平成24年）63頁等

らば，当該結社の組織行為やこれへの加入行為自体を処罰対象とすることに必要性・相当性がある，という判断は，あり得ると思う。天皇が殺害されたり，資本主義が否定されたり，結果が発生するまで処罰できない，という決まりはないはずである。未遂犯まで処罰する，あるいは準備罪でも処罰する，などの判断は，国民の代表者らで構成される帝国議会（国会）の立法裁量であろう。

　問題なのは，治安維持法の処罰対象が，暴力主義を標榜する結社の構成員らに限定されていないことであろう。

　これでは，暴力革命主義を標榜しているイデオロギー団体だけでなく，現実的な暴力行為に及ぶとは考え難い宗教団体までもが処罰対象とされてしまう。

　天皇制，資本主義制度などを変革したいという意見を持つこと自体は，国民の自由であり，議会制民主主義の政治過程（選挙及び国会審議）を通じて，これを実現するのであれば，特段の問題はないはずである。

　治安維持法の法文は，暴力という手段によらずに国体や私有財産制度の廃止を目的とする結社まで処罰対象とすることになるのであり，その必要性につき問題がある。

　しかも，刑罰として死刑を含めたことについては，相当性に問題があると言わざるを得ない。

　但し，立花隆が指摘するとおり，治安維持法により死刑にされた者は，一人もいない[148]。

　日本の伝統では，「お前の敵は殺せ。」ではなく，「お前の敵は抱き込め。」の論理が働くのだという。ナチス・ドイツでは，共産党員を多数処刑しているが，戦前日本では，教化善導方式が採られていたのである。もちろん，当局による虐殺死がないではないが，その数は，ナチス・ドイツによる処刑者の数には及ばないし，そもそも虐殺行為は，犯罪行為（公務員暴行陵虐罪）であり，治安維持法が許容するものではない。司法省・内務省は，治安維持法による死刑を出さないよう合意し，それゆえに共産党員に対する転向政策に努めたのだという。

　以上，帝国議会が治安維持法を制定したことについては，一定の合理性が

---

[148] 前掲133）の立花隆（昭和58年）（二）巻343～347頁

あったとは考えられるが，問題があったことも事実である。

　内務省・司法省において，それほどの厳罰化を考えていないのであれば，何故，皇室に対する罪などとは別に，治安維持法が制定され，厳罰化されていったのか。

　中澤俊輔の研究などを参考にすると，治安維持法の制定と改正は，政治の流れの中にあり，また日ソ関係と連動しているようである[149]。

　まず，清浦内閣は，大正13年（1924年），日ソ国交回復交渉を開始する。その後の護憲三派内閣（加藤首相，若槻内相，小川法相）は，日ソ両国が互いに相手国の政治・社会を破壊する目的で宣伝を行わないことなどを条件として協定を結ぶ方針を採った。これは，ソ連・コミンテルンなどによる日本国内での共産主義活動を禁止するためである。

　しかし，ソ連政府は，コミンテルンとの関係を全面的に否定し，日本政府の要請に応えようとしなかった。

　このため，加藤内閣の下，大正14年，治安維持法が制定される運びとなるのである。コミンテルンの日本国内での活動を抑え込むためである。

　コミンテルンは，ソ連（スターリン）の従属機関であったが，昭和2年（1927年），日本共産党（コミンテルン日本支部）に対し，理論的指導者であった福本和夫の理論（福本イズム）を完全否定し，「日本に関するテーゼ」（二七年テーゼ）を与え，福田らは罷免される。日本共産党は，コミンテルンの一支部であり，人事も闘争方針もコミンテルンの指示どおりであった。

　ところで，二七年テーゼには，君主制の廃止が明記された。これは，天皇制の廃止を明文化したということである。

　田中義一内閣（鈴木喜三郎内相，原嘉道法相）は，昭和3年，共産党による独裁政治の樹立方針に反対声明を発する。そして，治安維持法違反に対する刑罰を重くするなどの改正案を国会に提出するが，審議未了となったため，緊急勅令（昭和3年勅令129号）による改正がなされたのである。

　但し，国会で熱い論戦が交わされたのとは対照的に，内務省・司法省では，

---

149) 前掲132）の中澤俊輔（平成24年）31～63頁，95～118頁，170～181頁

死刑の適用には消極的であったという。

その後の昭和16年改正（昭和16年法律54号）では，結社の範囲を拡大したほか，二審制を採用し，また，予防拘禁制度を導入するなどしている。

昭和16年改正の背景を外観すると，まず，昭和12年6月，第一次近衛文麿内閣が発足するが，同年7月，日中戦争が勃発し，近衛首相は，戦線を収拾しようとしてこれに失敗し，戦線を拡大させてしまう。昭和15年7月，第二次近衛内閣が発足し，同年10月，大政翼賛会が発足するが，これに対しては，無任所大臣の平沼騏一郎や商工大臣小林一三らからも批判が出る。近衛首相は，日中戦争の長期化や大政翼賛会などに対する批判を浴びる中，治安維持法の昭和16年改正をすることになる。

改正後の同年4月，外務大臣松岡洋右は，モスクワで日ソ中立条約を締結するが，同条約を契機とする共産主義の台頭への懸念については，改正済みの治安維持法による取締りにより担保されることが期待されたものと思われる。

このように治安維持法の成立と改正は，政治の流れの中にあり，日ソ関係が連動していたようである。

太平洋戦争終結後の昭和20年10月，連合国総司令部は，東久邇内閣に対して人権指令を出し，幣原喜重郎内閣の下で，治安維持法の廃止が決定される。

アメリカは，第二次世界大戦中，ソ連と共に連合軍を組んでおり，治安維持法の廃止に向けた動きを見せたわけだが，その後，ソ連との冷戦に入り，共産主義に対する強硬な姿勢をとるようになり，日本では，破壊活動防止法の制定が議論されるようになるのだが，それについては，次編第4章で論じることとする。

第7章　暴力行為等処罰に関する法律違反事件

第1節　緒　　論

　暴力行為等処罰に関する法律（大正15年法律60号）は，大正末期に多発した集団的暴力行為に対処するために制定されたものとされている[150]。
　同法は，制定当初，以下のように規定されていた。
　　第1条　団体若しくは多衆の威力を示し，団体若しくは多衆を仮装して威力を示し，又は凶器を示し若しくは数人共同して刑法第208条第1項（引用者注：暴行罪），第222条（引用者注：脅迫罪）又は第261条（引用者注：器物損壊罪）の罪を犯したる者は，3年以下の懲役又は500円以下の罰金に処す。
　　　　　常習として前項に掲ぐる刑法各条の罪を犯したる者の罪もまた前項に同じ。
　その後，犯罪類型の追加や，法定刑の加重など，種々の改正が行われている。
　次節では，裁判所の事実認定に従い，暴力行為等処罰に関する法律違反の罪に関する個別具体的事件を見ていく。
　なお，次節で取り上げた事件が同法違反事件の代表的なものであることを意味するものではないし，また，ここで取り上げた事件の他にも著名ないし重大な事件があったことを否定するものではない。取り上げた事件の過不足については，ご容赦願いたい。

第2節　小作争議事件等の概要

千葉小作争議事件（集団的脅迫）（昭和6年5月19日）[151]
【事案】
　大審院昭和6年12月21日判決によれば，事実関係は，以下のとおりである。
　被告人ら4名は，昭和6年6月10日頃まで存在した政党である「労農党」に加入していたところ，被告人Aは，同年4月10日，千葉県香取郡栗源町内

の水田に関し，地主と小作人（労農党員）との間に紛争が生じ，地主が同水田への立入禁止仮処分手続に及んだ旨を聞知し，その後，地主に対し，紛争の調停解決のため仮処分を取り消すよう勧告したが，地主がこれに応じなかったため，同年5月18日，同県印旛郡久住村内において，労農党千葉県支部連合会書記の被告人Bと協議の上，付近在住の同党員を誘って示威運動を行い，これによって小作人に有利に紛争の解決を遂げようと企て，同日及び翌19日，労農党千葉県連合会香取支部地域内の労農党員にその趣旨を伝達した。

　被告人Aらは，同19日午後5時頃，同党員数名とともに出発し，途中，他の労農党員と会合して総数20余名となり，被告人Aは，一同の者に対し，「C（地主）方門前に赴きて大声を発し，かつ，門戸，雨戸等を叩きてなるべく地主を脅すよう努むべく，これがためには未だ棒を所持せざるものは，これを用意するよう」申し聞かせ，かつ，自ら音頭をとり，メーデー歌を唱え，一同これに和して出発し，被告人らは，同日午後8時50分頃，地主方表門前に至り，「立禁などされてたまるものか。酷い地主だ。」，「立禁などされては，小作人は死んでしまうではないか。」，「悪地主，出てこい。」，「強欲地主」，「馬鹿野郎，出てこい。」，「打ちのめす。」，「万歳」，「わっしょい，わっしょい。」などと大声を挙げ，かつ，所持していた棒等をもって門扉，雨戸等を叩き，一旦，立ち去ったものの，門前に人声の接近を感じるや，再び引き返し，前同様に叫び，叩く等の所為に及び，再び立ち去ろうとしたが，そこへ至った被告人Bら数名と会合し，同日午後9時30分頃，またも門前に引き返し，前同様の行為に及び，その都度，同宅を損壊し，身体に危害を加えるべき気勢を示し，もって，多数共同して前記地主及びその家人を脅迫した（集団的脅迫）。

【裁判経過等】
　第一審は，八日市場区裁判所でなされ，第二審は，千葉地方裁判所でなされ，被告人A及び同Bは各懲役6月に，同Cは懲役5月・執行猶予3年に，同D

---

150) 伊藤榮樹ほか「注釈特別刑法　第二巻　準刑法編」（昭和57年，立花書房）221頁以下［内田文昭執筆部分］
151) 大審院昭和6年12月21日判決・大審院刑事判例集10巻12号819頁（千葉小作争議事件）

は懲役3月・執行猶予3年に各処せられた。

　有罪判決に対し，被告人側が上告した。弁護人は，上告理由の一つとして，小作争議は経済的な団体交渉であり，群集心理に支配されるものであるから，個人に対して刑事責任を問うべきではない旨主張した。

　「実際上の問題としても，小作争議における地主に対する行動は，断じて脅迫にあらず。そは，経済的交渉の激発せられたるものにすぎず。既に経済的交渉が団体的形式を採らざるを得ざる以上，多数の衆合は，もとより予定されおるところのものなり。しかも，交渉の断絶も又やむを得ざるものなり。そのとき団体的形式をとる交渉の主体が群集心理に支配せらるる，また自然の勢のみ。故に，争議の余沫たる個人の暴行脅迫は，単に結果として考察すべきものにあらず。犯罪の主体は，群衆にして，個人にあらず。犯罪原因は，個人の犯罪動機にあらずして，群集心理なり。されば，法律上も，群集心理に基づく犯罪に対しては，個人的犯罪と区別して論ずるを正当とす。」

　大審院昭和6年12月21日判決は，小作争議であるからといって脅迫罪ないし集団的脅迫罪（暴力行為等処罰に関する法律違反）の処罰を免れることはできない旨判示し，弁護人の主張を排斥した。

　「刑法第222条第1項は，汎く生命，身体，自由，名誉又は財産に対し害を加うべきことを以て人を脅迫したる者を処罰する旨規定するを以て<u>小作争議における行動又は群集心理に基づく行動なりと雖も</u>，いやしくも同条所定の害悪を加うべきことを以て人を脅迫したるときは，<u>同条の脅迫罪成立すること論をまたず</u>。又，暴力行為等処罰に関する法律第1条には，汎く団体若しくは多衆の威力を示し，団体若しくは多衆を仮装して威力を示し，又は兇器を示し若しくは数人共同して刑法第208条第1項，第222条又は第261条の罪を犯したる者を処罰する旨を規定し，小作争議の場合を除外したる趣旨の見るべきものなく，又，小作争議は，常に必ずしも違法性なきものということを得ざるをもって，小作争議に際し同条所定の行為をなしたる者と雖も，同条の処罰を免れざるものとす。」

秋田小作争議事件（恐喝，多衆の威力を示して集団的暴行）（昭和5年9月9日，同月21日及び同月23日）[152]

【事案】

大審院昭和7年3月18日判決によれば，事実関係は，以下のとおりである。

被告人Aは，全国農民組合秋田県連合会山本郡出張所の主任，被告人Bは，平素，農民運動に従事していた闘士であった。

被告人らは，昭和5年8月末頃，全国農民組合下岩川支部において，各地主に対し，小作人のための稲架用杭の給与方を要求したが，地主等が容易に承諾しないため，同年9月8日，組合員らにおいて地主Cと交渉したところ，地主Cから翌9日に諾否の回答をする旨の言明を得たが，同9日，地主Cからの回答が延期されたため，被告人らは，地主Cが小作人に不利益な処置を執るものと考え，深く反感を抱き，かくなる上は，組合員多数で地主C方に押しかけ，同措置を詰責するとともに，多数の威力により地主Cを畏怖させ，被告人らの要求を承諾させようと企て，同日夕刻から，組合員多数と共に，相前後して地主C方居宅に至り，同人に対し，前記回答の延期処置が不都合であることを難詰するとともに，即時に稲架用杭の給与を承諾すべき旨強要し，同宅内外に殺到していた農民多数が，地主Cに対し，悪罵怒号して承諾を迫り，あるいは農民歌を高唱して喧噪し，あるいは同宅ガラス戸を破壊して暴行をなしたのに乗じ，被告人らは，地主Cの身辺に肉迫し，机を叩き，「やってしまえ。」と言い，地主Cを蹴り，その肩を押し，顔面を殴打し，支部旗の竿竹を地主Cの面前に突き出し，その場にやって来た同村農会技術員を押し倒すなどの暴行をなし，地主Cの身体等に危害の及ぶべき気勢を示し，よって，同人をして畏怖のあまり，即時，小作地1反歩につき稲架用杭5本宛てを給与すべき旨を承諾させ，小作人らをして財産上不法の利益を得させた（恐喝）。

地主Dも，稲架用杭の給与方の要求に応じなかったため，被告人らは，組合員多数の威力により地主Dを畏怖させ，その承諾をさせようとし，同年9

---

[152] 大審院昭和7年3月18日判決・大審院刑事判例集11巻3号190頁（秋田小作争議事件）

月21日午後6時半頃，組合員数名と共に，地主D方に至ったが，同人が病気を理由に面会を避けたため，その妻を介して地主Dと交渉中，同日午後9時過ぎまでの間に，組合員ら数十名が，同宅に押し寄せてきて，あるいは同宅内に押し入って承諾を迫って悪罵し，あるいは戸外にあって農民歌を高唱しつつ板塀を叩いて一部を破壊し，あるいは庭先の門を乗り越えて宅裏に至り，寝室の雨戸を叩くなどの暴行，喧騒を極めたのに乗じ，被告人らは，「かくのごとき形勢なるをもって，遷延するにおいては，多衆はなお暴行を加うるに至るべし。」と告げ，地主Dを畏怖させ，よって同人をして，前同様，小作人らに対する稲架用杭の給与方を承諾させ，もって小作人らをして財産上不法の利益を得させた（恐喝）。

　地主Eは，平素，小作人らに対して冷酷なため，深く恨まれていたところ，全国農民組合下岩川支部は，同年9月上旬から，同人に対し，毛見を願い出ていたが，容易にその取り計らいをしないため，被告人らは，この際，組合員多数と共に，多衆の威力を示し，地主Eをして管理人を辞任させようとし，同月23日，組合員数十名と共に，下岩川村の寺院から俗に「だみ」と称する棺を載せる葬具を持ち出し，これを地主E方に担ぎ込み，多衆の威力を示し，同人に対し，管理人辞任の書面の提出方を迫り，同人がこれに応じないと，被告人らは，組合員らに対し，「料理せよ。」などと暴行開始の趣旨を命令し，地主Eの手を捕らえ，被告人Fは，同人を後方から押し，座敷から引き出さんとし，もって暴行した（多衆の威力を示して集団的暴行）。

【裁判経過等】
　第一審は，秋田地方裁判所でなされ，第二審は，宮城控訴院でなされ，被告人Aは懲役1年に，被告人Bは懲役6月に各処せられた。その余の被告人らには執行猶予が付された。

　有罪判決に対し，被告人A側が上告した。弁護人は，上告理由の一つとして，被害者Dに対する恐喝行為につき，告知した害悪が第三者（農民ら）による暴力行為であり，これでは被告人Aによる脅迫は成立しないのであり，逆に，被告人Aは被害者Dに対し要求に応じれば利益になる旨の注意をしたにすぎないから，被告人Aに恐喝罪を認定した原判決は誤りである旨主張した。

大審院昭和7年3月18日判決は，犯人が第三者（農民ら）の威力により地主を恐喝して小作人に財産上不法の利益を得さしめた以上，犯人と第三者（農民ら）との間に共謀関係がなくても，恐喝罪が成立する旨判示し，弁護人の主張を排斥した。

> 「いやしくも不法に人を畏怖せしむるに足るべき害悪を告知し，よって財産上不法の利益を得，又は他人をしてこれを得しめたる以上は，その害悪の告知が犯人において直接に危害を加うべしというに非ずして，第三者の行為による害悪の来るべきことを通告するにある場合と雖も，恐喝罪は成立し，しかも，この場合において，犯人と該第三者との間に共謀関係あることを必要とするものに非ず。……被告人Aと右暴行組合員等との間に共謀関係あると否とを問わず，上叙の理由により，同被告人の右判示行為が恐喝罪を構成することもちろんにして，原判決には，所論のごとく擬律錯誤の違法あることな（し）」

山形小作争議事件（脅迫，団体の威力を示して暴行，集団的暴行，示兇器脅迫）（昭和4年2月21日，同年3月10日，昭和5年3月30日，同年4月15日）[153]

【事案】

　大審院昭和7年4月25日判決によれば，事実関係は，以下のとおりである。

　被告人は，大正15年3月，日本農民組合山形県連合会に加入し，その執行委員に挙げられたが，同年8月，同連合会から分裂して庄内耕作連盟を組織してその常務理事となり，同年12月，これとは別に庄内耕作販売利用組合を組織してその理事を兼ね，昭和4年8月，庄内耕作連盟と日本農民組合山形県連合会とを合同して山形県農民組合とし，その執行委員に挙げられ，さらに，昭和5年2月，山形県農民組合から分裂して新たに山形県労働農民組合を組織してその執行委員となるなどし，もって農民運動に従事していた。

　被告人は，昭和3年12月，山形県飽海郡北平田村の農民Aから，AとB

---

[153] 大審院昭和7年4月25日判決・大審院刑事判例集11巻7号494頁（山形小作争議事件）

との間で所有権の帰属を争っていた宅地及び農地につき、その管理方を委任され、以来、同紛争に干渉し、Ｂと交渉を重ねていたが、Ｂが被告人との約束を無視して酒田区裁判所から仮処分命令を発してもらい、係争地に自由に出入りするようになったことを聞知し、昭和４年２月２１日、Ｂ方に赴き、同係争地に立ててあった仮処分命令の立て札を引き抜き、Ｂ方土間にいたＢの長男Ｃに対し、「誰がこの立て札を立てたか。」といい、これを靴で踏み破り、Ｃの胸部をつかみ、「この野郎、殺してしまう。」と叫び、もって同人に危害を加える態度を示して脅迫した（脅迫）。

被告人は、昭和３年１２月、同郡一條村において、Ｄから、Ｄの父がＥに売り渡し、さらにＥがＦに転売した宅地２７０坪を買い戻してほしい旨依頼され、これを承諾し、昭和４年３月１０日、２名を連れて買受人Ｆ方に赴き、Ｆに対し、「自分は工作連盟の甲という者なり。」と告げ、宅地買い戻しの交渉をしたが、Ｆがその要求に応じないため、「馬鹿野郎。欲張り野郎。」と怒号し、Ｆが危害を加えられんことを慮って台所に逃げると、Ｆを追跡し、その胸倉を掴み、茶の間に連れ戻し、足を掛けて引き倒し、もって団体の威力を示して暴行を加えた（団体の威力を示して暴行）。

被告人は、昭和５年３月３０日午前１０時頃、農民組合員１名と共に、Ｂ方に赴き、その雇い人Ｇらが耕作していた桑畑へ突入し、Ｇの肩を押さえ、堆肥塚の穴（深さ１尺、水深約１寸）に突き落とした上、Ｇの腰部を２～３回踏みつけ、Ｂ方から出てきたＨに対し、「この野郎が一番よろしくない。」と叫びながら、その両腕を押さえ、路傍の堰（幅４尺、水深２尺くらい）に突き落とそうとし、あるいは更に水溜まりに押し倒そうとし、かつ、その横腹を５～６回蹴り、もって二人共同して暴行を加えた（集団的暴行）。

被告人は、昭和５年３月下旬頃、同郡中平田村において、小作人Ｉから、ＩがＪに対して一時的に預けていた小作田３反歩をＪから取り戻してほしい旨依頼され、同年４月１５日頃、同田地に赴き、Ｊから同田地を転借していたＫの雇い人に対し、「馬耕を中止せよ。」と迫り、洋服のポケットからナイフを取り出して振り上げ、「中止せざれば馬の手綱を切るぞ。」と怒鳴りつけ、暗に身体等に危害を加えん態度を示し、もって兇器を示して脅迫した（示兇器脅迫）。

【裁判経過等】

　第一審は，山形地方裁判所でなされ，第二審は，宮城控訴院でなされ，被告人は懲役8月に処せられた。

　有罪判決に対し，被告人側が上告した。弁護人は，上告理由の一つとして，被害者Fに対して団体の威力を示して暴行した旨の犯罪事実につき，被告人が団体を名乗って紛争の交渉をしたことは事実だが，本件犯行は団体による暴行ではなく，被告人単独による暴行にすぎないから，これに暴力行為等処罰に関する法律を適用した原判決は誤りである旨主張した。

　大審院昭和7年4月25日判決は，団体の威力を示して交渉したところ，相手方がこれに応じないため，強いて交渉を継続するために暴力を用いた場合であっても，団体の威力を示して暴行したものに該当する旨判示し，弁護人の主張を排斥した。

> 「暴力行為等処罰に関する法律第1条第1項にいわゆる団体の威力を示して刑法第208条の暴行罪を犯したるとは，その暴行行為自体が団体の威力を示してなされたる場合のみならず，団体の威力を示してある行為をなすに際し，その行為を遂行する手段として暴行の行われたる場合をも指すものとす。……被告人は，耕作連盟なる団体を背景とし，その威力を示して，Cに対し交渉をなし……結局，被告人は，団体の威力を示してなしたる交渉を強いて継続せしむる手段として右暴行に及びたりと認むるを相当とし，したがって，叙上の理由により，被告人の行為は，団体の威力を示して暴行罪を犯したるものに該当（す）」

新潟（三條）小作争議事件（集団的器物損壊，飲料浄水汚穢，傷害）（昭和6年7月29日，同年9月6日）[154]

【事案】

　大審院昭和7年6月15日判決によれば，事実関係は，以下のとおりである。

---

154) 大審院昭和7年6月15日判決・大審院刑事判例集11巻11号848頁（新潟（三條）小作争議事件）

被告人らは，全国農民組合新潟県連合会三條出張所に所属する組合員である。
　新潟県南蒲原郡本成寺村の地主が，昭和6年6月，その田地を自作するという名目の下に，小作人から同田地を返してもらったが，その後，これを自作しないで第三者に小作させ，以前の小作人から再小作したい旨要求されても，これに応じなかった。
　前記組合は，以前の小作人を応援することとして争議団本部を設置し，被告人Aらは，その幹部等に選任され，地主との交渉を重ねたが，容易に解決の糸口が見つからなかった。
　被告人A，同Bらは，同年7月28日午後10時頃，会合し，地主を困惑させて反省させ，争議の解決を図るしかないと協議し，翌29日深更を期して，組合員らにより地主に対するいわゆる「天狗降ろし」を実施することを決議し，組合員らに通知した（集団的器物損壊・飲料浄水汚穢の教唆）。
　実行担当者の被告人Eらは，組合員らと共に，同29日午後10時頃，同郡福島村の信越線踏切付近に集合し，いわゆる「天狗降ろし」と称して地主方に人糞を撒き，飲料用の井戸に人糞を投入することなどを謀議協定し，同日午後11時頃，地主方に赴き，肥料溜から人糞1桶を汲み取り，これを地主方の飲料用の井戸内に投入し，畑のキュウリを掘り返して枯死させ，田圃道にあったハシゴを取り壊して田圃内に投げ入れ，屋敷内の小屋から車体（解体されてあったもの）を持ち出して用水池に投入し，表口ガラス戸を揺り壊し，宅内に人糞1桶を投げ入れて氾濫させ，軒先にあった車輪2個を用水池に投げ入れるなどした（集団的器物損壊，飲料浄水汚穢）。
　被告人Bは，前記教唆行為（集団的器物損壊・飲料浄水汚穢の教唆）により起訴され，その保釈中である同年9月6日，再び地主方に到り，地主の長男と面会しようとして，地主の妻と口論となり，同女を引き倒し，その腰部を殴打し，同女に打撲傷を負わせた（傷害）。
【裁判経過等】
　第一審は，三條区裁判所でなされ，第二審は，新潟地方裁判所でなされ，被告人A，同B，同C及び同Dは各懲役3月に，被告人E，同F及び同Gは各懲役2月に処せられた。

有罪判決に対し，被告人側が上告した。

弁護人は，上告理由として，① 被告人Aらは，被告人Eらに対して「天狗降ろし」を教唆したが，その具体的内容については実行行為者らに一任していたところ，「天狗降ろし」は器物損壊行為を含むものではないから，その点について被告人Aらが教唆犯の刑責を負うべき理由はない，② 暴力行為等処罰に関する法律は，非合法・反社会的な団体又は多衆の行為について適用されるべきものであるところ，全国農民組合は無産階級小作農民の利益を擁護するための合法的な組織であるから，被告人Aらに同法を適用した原判決は誤りである旨主張した。

大審院昭和7年6月15日判決は，① 天狗降ろしには，非犯罪的行為のみならず，器物損壊行為も含まれており，被告人Aらには同教唆犯が成立する，② 数人共同して暴力行為等をなしたときは，集団的暴力行為等が成立する旨判示し，弁護人の主張を排斥した。

「原判決に挙示せる各証拠を総合するときは，原判決の認定せる被告人等の住所地方においていわゆる『天狗降ろし』なる悪戯は，犯罪を構成するに至らざる行為とともに，器物毀棄罪を成すべき行為をも包含するものなること明瞭（である）」

「原判決によれば，被告人等は，団体若しくは多衆の威力を示し，又は団体若しくは多衆を仮装して威力を示し，よってもって刑法第261条（引用者注：器物損壊罪）の罪を犯したるものに非ずして，数人共同して同条の罪を犯したりとする趣旨なれば，被告人等の属する全国農民組合が所論の如く合法的のものなると否と，又，反社会的のものなると否とを問わず，暴力行為等処罰に関する法律第1条第1項に該当するや言をまたず。」

新潟（高田）小作争議事件（団体の威力を示して脅迫，出版法違反）（昭和6年5月1日，同年11月25日，同年11月23日）[155]

【事案】

大審院昭和7年12月17日判決によれば，事実関係は，以下のとおりである。

被告人Aらは，全国農民組合新潟県連合会高田出張所の書記等であった。

新潟県中頸城郡和田村の小作人らは，昭和6年1月以来，地主らから，田地の返還方を請求されていたため，前記組合の応援を得て，同田地を継続して耕作するための交渉を重ねてきた。

　被告人ら組合員は，同年5月1日，高田市から和田村までの間，メーデー行進に参集したが，メーデー終了後，前記小作人の耕作権を確立する目的で小作地の共同田打ちをし，その勢いに乗じ，地主らに対し，団体の威力を示して畏怖させ，小作地返還の要求を放棄させようと企て，同日午後4時頃，メーデー歌を高唱しながら地主ら各居宅を各1周し，各宅地内に至り，下見板，雨板，壁板を三本鍬で叩きつけ，靴で蹴り，大勢で「馬鹿野郎。」と怒号し，下見板に石・土塊を投げつけるなどし，地主ら一家の身体，財産に危害を加えかねない態度を示して脅迫した（団体の威力を示して脅迫）。

　和田村では，同年度，不作であったため，被告人らは，同年11月2日，地主らに対して小作料の7割減免を要求しようと決議し，以来，地主らに対し，同減免交渉を重ねていたが，解決に至らずにいた。同年11月25日，同村の農民学校において，農村問題時局批判演説会が開催され，組合員140〜150名が参集したが，被告人らは，同演説会の終了後，同日午後10時半頃，団体の威力を示して各地主らを畏怖させ，小作料減免問題を小作人側に有利に解決しようと企て，同青年部員らと共に，メーデー歌を高唱しながら，同村内の各地主ら居宅の周囲を練り歩いて示威運動し，各居宅のガラス，戸間口，玄関，縁側などに投石し，「悪地主B」などと怒号し，家の板塀を土足で踏みつけ，手で叩き，家の板塀を旗竿で突き，納屋に棒（長さ約1尺5寸）を投げつけ，納屋の下見板に投石し，雨戸に身体を打ち付けるなどし，小作料7割減免の要求に応じなければ，地主ら一家の身体，財産等に危害を加えかねない態度を示し，地主らを脅迫した（団体の威力を示して脅迫）。

　被告人Cは，同年11月19日，前記高田出張所において，「戦争で苦しむものは無産大衆だ。戦争でもうける者は資本家だ。金持どもの利益のための満州

155）大審院昭和7年12月17日判決・大審院刑事判例集11巻22号1888頁（新潟（高田）小作争議事件）

出兵，絶対反対」，「戦争で死ぬのは誰だ？ もうけるは誰だ」などと記載したビラ48枚を謄写版で印刷し，その発行の3日前までに内務省に届出せず，かつ，同ビラに発行者の氏名，住所及び発行年月日を記載しないで，同月23日午前1時から午前2時までの間，高田市内の砲兵連隊・歩兵連隊の各営門に通じる街路の電柱に同ビラを貼付してこれを発行した（出版法違反）。

【裁判経過等】

　第一審は，高田区裁判所でなされ，第二審は，新潟地方裁判所でなされ，被告人らに対し，懲役3月，懲役2月（付執行猶予），罰金30万円又は罰金20円等を言い渡した。

　有罪判決に対し，被告人ら12名が上告した。

　弁護人は，上告理由の一つとして，被告人Cが電柱に貼付したビラは製本されたものでなく，出版法3条にいう文書図画に該当しないから，同条を適用した原判決は誤りである旨主張した。

　大審院昭和7年12月17日判決は，1葉の紙片と雖もこれに文書又は象形をもって一定の思想の表白せられるものなるにおいては，出版法3条に規定する文書に該当し，また，これを電柱に貼付する行為は同法3条にいわゆる発行に該当する旨判示して，弁護人の主張を排斥した。

栃木小作争議事件（団体の威力を示して脅迫，けん銃携帯）（昭和7年1月6日）[156]

【事案】

　大審院昭和8年5月17日判決によれば，事実関係は，以下のとおりである。

　被告人Aは，全国農民組合栃木県連合会書記長兼争議部長，被告人Bは，同連合会執行委員兼地区オルガナイザーであった。

　被告人両名は，昭和6年12月，組合員である小作人ら数名から，同年度の小作料の減免に関する地主との交渉を依頼され，翌昭和7年1月6日，小作人らを同道して地主方に赴き，その長男らに対し，「昭和6年度の小作料を各8

156）大審院昭和8年5月17日判決・大審院刑事判例集12巻7号579頁（栃木小作争議事件）

割方減額せられたい。」旨要求したが，同人らから，「小作料問題に関しては小作人自身と直接交渉すべく，第三者たる被告人等の介在を拒否する。」旨告げられるや，同人に対し，「小作人等が，地主との交渉を自分等の農民組合に依頼し，自分等は，小作人の代理人として来たりたるものにより，自分等と折衝し，小作料の減額を承諾すべし。」，「これが要求に応ずるまでは，小作米の支払をなさざるはもちろん，小作地の返還をも拒絶すべし。」，「右のごときは，小作争議における自分等組合の戦術なり。したがって，小作争議においては，長引けば長引くほど，小作人に有利なる条件をもって解決を告ぐるが通常の事例なり。現に，Ｃのごとき県会議長の要職にある人物すら，自分等組合と小作争議をなしたる結果，2年間も小作米の支払を受け得ざるのみならず，又，小作地の取り戻しをもなし得ざる状態にあり。県下数百の吾々農民組合と対抗しては，到底勝つ見込みなし。」と申し向け，被告人らの小作料減額の要求に応じなければ財産上の損害を蒙る旨暗示し，もって農民組合たる団体の威力を示して脅迫した（団体の威力を示して脅迫）。

被告人Ａは，同犯行の際，警察の許可を受けないで，けん銃1丁を携帯した（銃砲火薬類取締法違反）。

【裁判経過等】

第一審は，宇都宮地方裁判所でなされ，第二審は，東京控訴院でなされ，被告人Ａを懲役6月・3年間執行猶予に，被告人Ｂを懲役3月・3年間執行猶予に各処した。

有罪判決に対し，被告人側が上告した。弁護人は，上告理由として，被告人両名による本件言動が脅迫行為に該当しない旨主張した。

「我が国現行の法制上，労働争議権又は同盟罷業権は，法律の上に明定せられずと雖も，労働争議調停法，小作調停法等によりて黙認されおることは争いなきところなりとす。しかも，治安警察法第17条が大正15年法律第58号をもって廃止せられたることは，また反面より同盟罷業，小作争議の合法性を法律によりて認めたるものと解せざるべからず。しかも，改正前の治安警察法第17条第2項には『耕作の目的に出づる土地賃貸借の条件に関し承諾を強ゆるがため相手方に対し暴行脅迫し，若しくは公然誹

毀することを得ず。』とありしを削除したる所以のものは，小作条件の交渉に当たり，特殊の脅迫を法律において規定して処罰せざることを明示したるものなり。かくのごとく，小作争議権が，たとえ裏からにしても，認められ来たりたる法律進化の過程を正当に理解するにおいては，少なくとも不法手段を明示又は暗示するがごとき害悪の通知に非ずして平和的なる普通の争議そのものの実例を引用して地主の反省を促すがごときは，社会通念上，脅迫に非ずと思料す。」

大審院昭和8年5月17日判決は，被告人らによる本件言動が脅迫に該当する旨判示した原判決に誤りはない旨判示し，弁護人の主張を排斥した。

第3節　暴力行為等処罰に関する法律違反の罪の運用状況等

暴力行為等処罰に関する法律違反事件としては，事実上，小作争議に関連した事件が多い印象である。

弁護人らは，小作争議に同法を適用すべきでない旨主張してきたが，判例は，「農民組合」又は「農民ら」であっても，該当事実が認められる限り，同法にいう「団体」又は「多衆」として処罰し得ることを認めている。

思うに，小作争議に関連しているからといって，農民らが地主らに対して暴行，脅迫，器物損壊等の行為に及ぶことを社会的に許容すべき理由はないから，判例の結論は，相当であろう。

第8章　右翼急進派らによる反乱事件等

第1節　緒　　論

　本章では，右翼急進派らによる事件を取り上げる。右翼急進派らによる事件は，左翼急進派らによる事件よりも時代的に後発の印象があるが，その点については，右翼の思想背景として，第3節で触れることとする。

　右翼急進派らによる事件としては，以下のようなものがある。

　　財閥安田善次郎殺害事件（大正10年9月）
　　大杉栄殺害事件（大正12年9月）
　　内閣総理大臣浜口雄幸襲撃事件（昭和5年11月）
　　血盟団事件（昭和7年2～3月）
　　五・一五事件（昭和7年5月）
　　神兵隊事件（昭和8年7月）
　　陸軍軍務局長永田鉄山殺害事件（昭和10年8月）
　　憲法学者美濃部達吉博士狙撃事件（昭和11年2月）
　　二・二六事件（昭和11年2月）
　　神風隊事件（昭和20年8月）

　右翼急進派らによる事件は，陸軍刑法・海軍刑法（反乱など）に該当する場合もあったが，一般刑法犯（殺人など）として処分される場合もあった。軍人軍属によるものか，一般国民によるものかなどの事情を踏まえ，軍法会議又は通常裁判所で審判されたのである。

　関連しそうな条文を見てみよう。

　明治40年刑法（明治40年法律45号）では，内乱につき，以下のように規定されていた。

　　第77条　政府を顚覆し，又は邦土を僭窃し，その他朝憲を紊乱することを目的として暴動をなしたる者は，内乱の罪となし，左の区別に従って処断す。
　　　一　首魁は，死刑又は無期禁錮に処す。

二　謀議に参与し，又は群衆の指揮をなしたる者は無期又は3年以上の禁錮に処し，その他諸般の職務に従事したる者は，1年以上10年以下の禁錮に処す。
　　三　付和随行し，その他単に暴動に干与したる者は，3年以下の禁錮に処す。
　　前項の未遂罪はこれを罰す。但し，前項第3号に記載したる者はこの限りに在らず。
　第78条　内乱の予備又は陰謀をなしたる者は，1年以上10年以下の禁錮に処す。
　第79条　兵器，金穀を資給し又はその他の行為を以て前2条の罪を幇助したる者は，7年以下の禁錮に処す。

海軍刑法（明治41年4月9日公布，同年10月1日施行）では，反乱につき，以下のように規定されていた。

　第20条　党を結び，兵器を執り，反乱をなしたる者は，左の区別に従って処罰す。
　　一　首魁は死刑に処す。
　　二　謀議に参与し又は群衆の指揮をなしたる者は，死刑，無期若しくは5年以上の懲役又は禁錮に処し，その他諸般の職務に従事したる者は，3年以上の有期の懲役又は禁錮に処す。
　　三　附和随行したる者は，5年以下の懲役又は禁錮に処す。

戦時刑事特別法（昭和17年2月23日公布，同年3月21日施行）では，以下のように規定されていた。

　（戦時放火罪）
　第1条　戦時に際し，灯火管制中又は敵襲の危険その他人心に動揺を生ぜしむべき状態ある場合において，火を放ちて現に人の住居に使用し又は人の現在する建造物，汽車，電車，自動車，艦船，航空機若しくは鉱抗を焼毀したる者は，死刑又は無期若しくは10年以上の懲役に処す。
　　戦時に際し，灯火管制中又は敵襲の危険その他人心に動揺を生ぜ

しむべき状態ある場合において，火を放ちて現に人の住居に使用せず又は人の現在せざる建造物，汽車，電車，自動車，艦船，航空機若しくは鉱抗を焼毀したる者は，無期又は3年以上の懲役に処す。

前項の物，自己の所有に係るときは，1年以上の有期懲役に処す。但し，公共の危険を生ぜざるときは，これを罰せず。

第1項及び第2項の未遂罪は，これを罰す。

第1項又は第2項の罪を犯す目的を以てその予備又は通謀をなしたる者は，10年以下の懲役に処す。

（戦時国政紊乱目的殺人罪）

第7条　戦時に際し，国政を紊乱することを目的として人を殺したるものは，死刑又は無期の懲役若しくは禁錮に処す。

第1項の罪を犯す目的を以てその予備又は陰謀をなしたるものは，2年以上の有期の懲役又は禁錮に処す。

第1項の罪を犯すことを教唆し又は幇助したる者は，被教唆者又は被幇助者その実行をなすに至らざるときは，2年以上の有期の懲役又は禁錮に処す。

第1項の罪を犯さしむるため他人を煽動したる者の罰もまた前項に同じ。

次節では，裁判所の事実認定に従い，右翼急進派らによる反乱事件等を見ていくこととする。なお，次節で取り上げた事件の他にも著名ないし重大な事件があったことを否定するものではない。

第2節　二・二六事件等の概要

大杉栄殺害事件（殺人）（大正12年9月16日）[157]

【事案】

第一師団軍法会議大正12年12月8日判決によれば，事実関係は，以下のとおりである。

被告人A（甘粕正彦）は，東京憲兵隊渋谷分隊長兼麹町分隊長，被告人Bは，

同憲兵隊本部特別高等課係の職を各奉じ，各職務に従事していた。

　被告人Aは，かねて社会主義に関し研究を遂げた結果，社会主義が国家に対し有害なことを認め，ことに無政府主義者はすべての権力を否認し我が国体と相容れざる主張にして，これら主義者の言動は放任すべきものにあらずとの信念を懐くに至った。

　大正12年9月1日，関東地方に未曽有の大震災が起こった際，朝鮮人らがこれを好機として放火・暴動の挙に出るとの流言が宣伝され，同月2日，大正12年勅令399号が布告されたが，以来，各所に殺人，放火等の事実が頻発し，帝都及びその付近の住民の不安・興奮が極に達して，世態の変移が予測し難いものがあり，これらの徒の背後には社会主義者が活動しているとの世評が専ら行われた。

　被告人Aは，種々の情報を耳にし，社会主義者の多くが警察に検束されたにもかかわらず，最も危険視する無政府主義者の巨頭である大杉栄が検束されていないのを知るに及び，同人一派が軍隊の撤去後いかなる行為に出るとも計り難しとなして，この際同人を殺害するは国家の禍根を剪除する所以なりと信じ，被告人Bに意中を漏らし，また，大杉栄が夕刻に小児を伴って戸山ケ原を散歩するという情報があったこともあり，断然同人を殺害すべきことを決意し，被告人A及び同Bは，共謀の上，同月15日午後5時半頃，情を知らない部下の被告人C及び同Dを伴って東京府豊多摩郡淀橋町内の大杉栄の居宅付近を張り込んだが，殺害の目的を遂げなかった。

　被告人A及び同Bは，翌16日午後2時半頃，被告人C及び同Eを伴って再び大杉栄の居宅付近に至り，同人の帰宅を待ち受けていたところ，同日午後5時頃，同人が小児（甥。当時7歳）と共にやってきたので，取り調べたきことがある旨を告げ，東京憲兵隊に誘致し，同日午後8時頃，使用されていなかった応接室に大杉栄を連れ込み，椅子に座らせ，被告人Bにおいて，同人と対談し，被告人Aにおいて，同日午後8時半頃，同室に入り，同人の後方

---

157) 軍法会議大正12年12月8日判決（前掲49）の「日本政治裁判史録　大正」433頁）（大杉栄殺害事件）

からその咽喉部を右前腕で締め付け，椅子から落ちた同人の背骨に右膝を当てて強圧し，同人を窒息死させて殺害した（殺人）。

被告人Ａは，同Ｂと協議した結果，大杉栄の妻も主義を同じくすることから，被告人Ａにおいて同女を殺害することとしたが，甥の殺害には躊躇した。被告人Ｂは，甥を放置すれば事件の発覚が速くなるおそれがある旨主張し，同男子の殺害を同Ａに同意させたが，両名とも自ら手を下すことを欲しなかったため，被告人Ｃ及び同Ｄを分隊事務室に呼び寄せ，同男子の殺害を命じた。

被告人Ａは，その後，元憲兵隊長室において，大杉栄の妻に対し，２，３質問し，同女が現時の混乱状態を喜ぶ状あるを見て，殺害すべきことの誤らざるを確認し，一旦同室を出た上，同日午後９持30分頃，元特別高等係事務室において，被告人Ｂにおいて，同女と対談し，被告人Ａにおいて，同女の後方からその咽喉部を右前腕で締め付けるなどして同女を窒息死させて殺害した（殺人）。

被告人Ｄは，大杉栄の甥に対し，その咽喉部を右前腕で圧し，被告人Ｃは，その両手を圧し，同男子を窒息死させて殺害した（殺人）。

【犯行に至る経緯，裁判経過等】

田宮裕の研究などを参考にすると，犯行に至る経緯及び裁判経過等は，以下のとおりである[158]。

本件に先立ち，幸徳秋水ら24名は，明治44年１月18日，大審院において，大逆罪により死刑を言い渡され，処刑されていた。その後，日本の社会主義運動は，冬の時代を迎えたといわれる。

そんな時期にあって，大杉栄は，荒畑寒村らと並び，無産運動に影響力のある指導者であった。

さて，大正12年９月１日正午少し前頃，相模湾の北西部を震源地とするマグニチュード7.9の大地震が発生し，関東地方は大きな震災に見舞われた（関東大震災）。東京では，全市の６割以上に当たる40余万戸の家が火災に遭い，

---

[158] 田宮裕「甘粕事件」（前掲49）の「日本政治裁判史録　大正」（昭和44年）412頁所収）

9万人以上が圧死又は焼死したという。交通や通信も途絶え，正確なニュースが伝わらない状況であった。

　もともと，同年8月29日は日韓併合記念日であり，朝鮮人にとっての屈辱日，同年9月2日は国際青年デーであり，警察は，以前から警戒態勢を敷いていたが，関東大震災が発生するや，富士山爆発，大津波，皇太子行方不明，朝鮮人の来襲，社会主義者の陰謀など根拠のない流言が広まった。

　各地では，青年団，在郷軍人会などが中心になって自警団が組織されたが，自警団員らは，それぞれ日本刀，竹槍，鳶口，鎌などで武装し，要所に検問所を設け，通行人を尋問し，時には殺害に及ぶなどした。

　そのため，政府は，同年9月2日夕方，戒厳令を施いた。

　警察は，自警団の取締りに奔走するが，民衆らの暴走は止まらず，ようやく殺戮行為などが止んだのは，同年9月7日頃のことであった。

　本件事件が発生したのは，このような時期であった。

　被告人らによる大杉栄に対する検束は，正当理由のない明らかな違法行為であった。

　当時大杉栄を尾行する任に就いていた淀橋警察署の刑事は，同人が憲兵隊に検束されたのを認め，警視総監に報告する。警視総監は，内務省警保局に通じる一方，戒厳司令官にも善後策を求めたが，事実関係は判明しなかった。

　山本首相は，後藤新平内相から報告を受けて驚き，田中義一陸相に事実関係の調査を命じる。これにより，被告人らの犯行が確認され，閣議では，後藤内相が，田中陸相に対し，本件は人権蹂躙だとして陸軍を厳しく非難した。

　そのため，陸軍側は，戒厳司令官を引責辞任させ，被告人らを軍法会議にかけることにしたのである。

　軍法会議の審理は，同年10月8日に第1回公判が開かれ，同年11月24日の第6回公判において検察官の論告が行われ，同日から翌25日の第7回公判にかけて弁護側の弁論が行われた。

　第一師団軍法会議大正12年12月8日判決は，被告人Aに懲役10年，同Bに懲役3年，同C及び同Dは罪となるべき事実を知らずに犯したものとして刑法38条1項前段により無罪，同Eは情を知って見張りをしていたことを認

めるべき証拠が不十分であるとして無罪を各言い渡した。

　田宮裕は，被告人らの刑が軽すぎると指摘するが，同感である。

　主犯が問われた犯罪は，3名を殺害するという凶悪重大事件であったが，言い渡された刑罰は，懲役10年という寛刑であった。

　一般論として，裁判は，個別具体的な情状を踏まえてなされるものであり，軍法会議も，これと同様であるから，その判決内容に対して安易な批判をすべきではない。

　しかし，本件判決を読み，本件犯行の態様，結果の重大性，犯行の動機等を見る限り，死刑又は無期懲役の選択を検討してしかるべき事案だったように思われる。

　軍隊は，国民の安全・安心を守るための国家機関であり，国民が自由な活動を展開する上で極めて重要な役割を果たす。本件事件当時，未だ普通選挙は実現されていないとはいえ，議会制民主主義により，国民が国民を統治するという制度作りが目指されていたはずであり，軍隊は，国民のために活動する存在でなければならない。軍人は，当時の国民にとって職業上の選択肢の一つでもあった。議会制民主主義・法治主義を採用するということは，軍隊も，帝国議会の制定する法律の範囲内で行動しなければならないということである。

　そして，軍人軍属らが故意に違法行為に及んだ場合，それに対して厳正公正な措置を講じる必要がある。講じるべき措置が，司法機関による刑事裁判であろうと，軍法会議による裁判であろうと，厳正公正であるべきことに変わりはない。軍隊のような強い公権力を行使する国家機関の違法行為に対して厳正な措置を講じないでおけば，やがて議会制民主主義・法治主義の理念は崩壊していくことであろう。

　刑罰権の行使には，行為に見合った責任を課す（応報）という意義があるほかに，犯人に矯正教育を施したり（特別予防），他の者が模倣して同種犯罪に及ぶのを抑止したり（一般予防）するといった意義もある。仮に，軍人軍属らによる犯罪に対し，寛刑を科して終わらせるようなことがあれば，一般予防の効果は失われ，第二，第三の同種犯罪が繰り返されるという事態にならないとも限らない。

刑罰権の行使に当たっては，行為に見合った責任を負わせるべきであろう。

浜口雄幸襲撃事件（殺人未遂）（昭和5年11月14日） [159]
【事案】
　東京地方裁判所昭和7年4月22日判決によれば，事実関係は，以下のとおりである。

　被告人A及び同Bは，いずれも思想団体「愛国社」の同人であり，愛国社は，岩田愛之助を盟主とし，東京市麹町区に事務所を有し，大陸積極政策の遂行及び共産主義の撲滅等を主義綱領としていた。

　被告人Aは，昭和4年の浜口内閣の成立後，政友会の院外団体が主催した演説会を聴き，また，政友会が発行したパンフレット等を閲読したことにより，民政党内閣（浜口首相）が金解禁を断行した時機を誤ったために幾多の不祥な事態を惹起せしめたとの念を有するに至り，昭和5年7月頃から，前記岩田，被告人B，その他の愛国社同人に接近し，深刻な不景気のために失業者，倒産者，犯罪者らが続出する世相を見て，ますます浜口内閣に対する不満の情を強めつつあったところ，ロンドン条約に関し，外交が軟弱で，統帥権の干犯があるなどの問題が提起されるや，浜口内閣に対し大いに憤慨し，その結果，もし浜口内閣が倒壊すれば，積極政策を標榜する政友会内閣が組閣されるだろうと思い，昭和5年10月12〜13日頃，愛国社事務所において，浜口内閣を倒壊する手段として，時の内閣総理大臣浜口雄幸を殺害せんことを決意した。

　被告人Aは，昭和5年10月中旬頃，湘南鎌倉における浜口首相の別荘付近を徘徊したり，同別荘と横浜間の道路を実地踏査したり，決行の機会を窺っていたが，同月23日，新聞報道により，浜口首相が軍備縮小に関するラジオ放送のため出張先から同月27日午後4時55分東京駅着の列車で帰京することを知り，その機会に決行しようと考え，被告人Bに対し，浜口首相殺害の決意及びその決行計画を告げ，同月27日朝，同Bにおいて，愛国社事務所から，

---

[159] 東京地方裁判所昭和7年4月22日判決（前掲49）の「日本政治裁判史録　昭和・前」379頁）（浜口雄幸襲撃事件）

モーゼル式8連発けん銃を携帯し，共に，東京府荏原郡目黒町内の庭園内において，同けん銃の試射を行い，実包6発を装填した同けん銃を携帯し，同日夕刻，東京駅の降車ホームにおいて，下車した浜口首相に約3尺の距離まで近付いたものの，決行に及べなかった。

被告人Aは，同年11月1日，新聞報道により，浜口首相が同月14日午前9時東京駅発の列車で陸軍特別大演習陪観に出発することを知り，その機会に決行しようと決意し，被告人Bにその旨告げ，同Bから，実包6発を装填した前記けん銃の貸与を受け，これを携帯し，同月14日午前8時55分頃，東京駅乗車ホームにおいて，浜口首相に対し，約7尺の距離から同首相の上腹部を狙って1発射撃し，下腹部に創傷を負わせた。

浜口首相は，昭和6年8月26日，左側横隔膜下の放線状菌病性化膿症，限局性腹膜炎及びこれに続く隣接諸臓器の罹患により死亡した。

【犯行に至る経緯，裁判経過等】

松尾浩也の研究などを参考にすると，犯行に至る経緯及び裁判経過等は，以下のとおりである[160]。

遡って第一次世界大戦中，ヨーロッパ主要国が金の輸出を制限ないし禁止するに及んだところ，大正6年（1917年）9月，アメリカも，金輸出禁止に踏み切ったため，寺内内閣も，これにならった。

その後，同大戦も終結し，欧米各国は，金本位制に復帰していった。

しかし，日本では，大正12年9月，関東大震災に被災し，流通困難な手形（震災手形）が約21億円に膨らんでおり，日本銀行は，そのうち約4億3000万円余を再割引したもののその処理が進まず，日本経済が停滞していたため，歴代内閣は，金解禁を重要課題としつつも，これをなし得ずにいた。

そこで，若槻内閣は，震災手形の問題を解決して経済活動の安定を図るため，震災手形のうち1億円を政府補償とし，残りを政府貸付とする旨の法律案を提出し，昭和2年（1927年）3月，議会両院の可決を得るなどしたが，同年4月，

---

[160] 松尾浩也「浜口雄幸襲撃事件」（前掲49）の「日本政治裁判史録　昭和・前」359頁以下所収）

貿易商である鈴木商店の倒産が表面化し，これと深い取引関係にあった台湾銀行が経営危機に陥り，金融恐慌が拡大したことから，若槻内閣は，金解禁に着手できないまま，総辞職に追い込まれた。

あとを受けた政友会内閣（田中義一首相，高橋是清蔵相）は，日銀及び台湾銀行に巨額の特別融資補償を与え，金融恐慌を沈静化させたが，対中積極政策を方針としており，満州事変の責任者を厳重に処罰されたいとの御意に応えられず，昭和4年7月，天皇の信任を失って辞職した。

あとを受けた民政党内閣（浜口雄幸首相，井上準之助蔵相）は，金解禁に対する強い断行論（銀行業界，海運業界，貿易業界，日本商工会議所など）を受け，昭和4年11月，金解禁の大蔵省令を公布し，昭和5年1月，これを施行した。その結果，証券市場が値崩れし，企業倒産が相次ぎ，労働争議が頻発したが，財界・言論界は，概ね政府の施策を支持した。

さて，政府（浜口首相，幣原喜重郎外相）は，軍備縮小を方針としており，元首相の若槻礼次郎を首席全権としてロンドン軍縮会議に送り，昭和5年4月，大型巡洋艦の保有率を対米6割とするなどの内容で妥結した。野党（政友会）は，議会において，政府（民政党）が軍令部の意向に反する条約を締結して軍縮に及んだことが統帥権の干犯に当たるとして強い非難を加え，軍部も，政府の方針に強く反対したが，議会与党の民政党は，臨時議会を乗り切り，ロンドン条約の成立を見た。

これに対し，右翼急進派である被告人らは，浜口首相の施策に不満の情を募らせ，本件犯行に及んだわけである。

第一審である東京地方裁判所昭和7年4月22日判決は，殺人（既遂）を認定し，被告人Aに死刑，同Bに懲役13年を言い渡した。

有罪判決に対し，被告人側が控訴した。弁護人らは，事実関係について，本件銃創と被害者死亡との間に因果関係はない旨争い，量刑については，刑が重すぎる旨主張した。

第二審である東京控訴院昭和8年2月28日判決は，弁護人らの主張を容れて原審を破棄し，罪名を殺人未遂に改めたが，量刑は，原審の死刑判決を維持した。

これに対し，被告人側が上告した。弁護人の上告趣意書には，以下のとおり，過激な論調の量刑意見が展開された。

「動機は，統帥権を干犯し，枢密院会議を欺瞞したる大奸を斃し，以て正気尚神州に存するを明にすると共に，不戦屈敵の条約を締結したる責任者を屠りて，来たるべき太平洋戦争の血祭りに挙げ，以て祖国を泰山の安きに擁護せんとする崇高なる道義に出で，その結果は僅かに殺人未遂に終わりたるにも拘わらず，これに科するに冷血無慈悲なる死刑を以てせんとは」

上告審である大審院昭和8年11月6日判決（裁判長泉二新熊）は，被告人側の上告を棄却しているが，その際，殺人未遂に対して死刑を科した点に関連して，次のように判示した。

「<u>刑の軽重は，必ずしも犯罪の動機の一点のみを標準として抽象的にこれを論断すべきに非ず。さらに，犯人の性格，被害者の地位，犯罪により法律秩序に及ぼしたる影響の程度，将来における予防警戒上の関係，その他，主観・客観の両方面における諸般の情状を較量して各犯人につき個別的にこれを決定するを正当なりとす。</u>」

「内閣総理大臣の職務たるや，入りては，大権の補弼をするの重責を有し，出でては，国務総理の大任を帯び，その地位たるや至尊の御親任を辱うする者に非ざればこれに在るべからず。その極めて枢要の国家機関たること，敢えて一言を要せず。暴力を以てこれを動かさんとするがごときは，忠誠なる我が国民の採るべき途に非ず。又，社会上，政治上の大問題は，その原因複雑を極め，その処理の影響至大にして，国家の安危これに繋がることあり。」

「被告人の犯行たるや，その動機において国法上及び道義上の非難に値し，かつ，その性格の凶暴を徴表するものあり。又，その結果において，国法の威厳を損じ，公共の秩序を紊るの甚だしきものにして，その社会民心に及ぼす影響著しきものありというべく，すなわち本件犯行は，その情状すこぶる重く，その罪責甚大なること明白なり。」

松尾浩也は，一連の裁判が概ね正々堂々と行われたと評価する。

血盟団事件（殺人）（昭和7年2月9日及び同年3月5日） [161]

【事案】

　東京地方裁判所昭和9年11月22日判決によれば，事実関係は，以下のとおりである。

　被告人井上昭（日召）は，群馬県利根郡川場村において医師の四男に産まれ，同県立中学校を卒業し，明治42年（1909年），専門学校に入学したが，現在の教育道徳はすべて支配階級が無自覚なる一般民衆を制縛し搾取するためのものに他ならずとなし，明治43年8月，専門学校を中退し，満州に渡って南満洲鉄道株式会社の社員となる傍ら，陸軍参謀本部の諜報勤務に従事し，大正2年（1913年），北京に到り，大総統袁世凱の軍事顧問陸軍砲兵大佐の許で諜報勤務に従事し，日独戦争の際には天津駐屯軍付き軍事探偵となり，その後，山東革命奉直戦争等にも関与し，大正7年暮れ頃以降，天津等において，諜報勤務に従事していたが，大正9年暮れ頃，帰国した。

　被告人井上昭は，我が国情を見て，社会主義者の増加，支配階級の横暴等を憂慮しつつ，大正11年春頃から，郷里に戻り，日夜，法華経の題目を唱え，自己修養の結果，宇宙全一の審理を体得したとして，大正13年9月，上京し，その頃，日蓮の教義に関する著作を読み，身延山等において，日蓮の教義を研究した結果，日蓮の教義と自己の肉体とを武器にして，自ら国家革新運動に参加せんと決意し，「護国聖社」を結成するなどした。

　被告人井上昭は，昭和3年（1928年）暮れ頃から，茨城県東茨城郡磯浜町の立正護国堂に籠もるようになり，宇宙人生観として，森羅万象は宇宙全一であり，人間も宇宙と一如であることを悟り，大衆と苦楽を共にする菩薩道に立脚した生活をなすべきであると観じ，また，国家観として，我が国体は天照大神の御精神の具現であり，三種の神器は大乗仏教にいわゆる体相用三位一体の関係にあり，国民は神人一如の天皇の赤子であるから，君と民との間に何ものの存在をも許さず，国民は自らの未完成を国家と共に完成せんことを念願し，さ

---

161) 東京地方裁判所昭和9年11月22日判決（前掲49）の「日本政治裁判史録　昭和・前」440頁）（血盟団事件）

らにはこれを世界に及ぼして，世界人類の平和を招来すべきであり，これこそが日本精神であると観じた．

被告人井上昭は，我が国情を批判して，明治維新以来の支配階級が個人主義・資本主義の原理をもって指導原理としたために，農村は疲弊し，都市の商工業者や労働者が困窮し，ここに昭和維新を要望する国民の血の叫びとなっているのであって，これに対して学者，宗教家らはなすところなく，また，社会民主主義，社会主義及び共産主義のごときも，徒に支配階級と抗争し，かえって混乱と紛糾を助長する滅亡道なのであって，かかる行き詰まりを根本的に打開するためには，前記日本精神を指導原理とすべきであり，大慈悲心を持ち，革命に生きることこそが唯一絶対の道であると確信した．

被告人井上昭は，昭和5年10月頃，立正護国堂を去って上京し，昭和6年10月頃までの間に，学生同志，海軍側同志らを獲得し，会合を開き，かつ，海軍側同志に対し，非合法運動に使用すべきけん銃の調達を命じるなどした．

被告人井上昭は，自ら中心となって国家革新を目的とする一団を形成したが，昭和6年10月頃の我が国情を眺めるに，対外的には，ロンドン海軍条約で失敗した上，満洲事変の勃発を契機として国際情勢が悪化する一方，対内的には，依然として政党，財閥，特権階級が私利私欲に耽って国民大衆の経済的苦難を顧みない現状にあり，かかる現状を打開し，国民大衆の要望に応えるためには，既成政党を打倒し，自ら革命の犠牲的捨て石となり，国民大衆の覚醒を促し，昭和維新の気運を促進せざるを得ないが，最大の効果を収めるためには，政治・経済機構の中枢をなす巨頭を暗殺するほかないと決意した．

被告人井上昭は，共犯者らと協議を重ね，当初は昭和7年2月11日の紀元節を期して暗殺計画を実行に移すこととし，手順としては，まず民間側同志が暗殺を決行し，続いて海軍側同志が決起することとし，暗殺の対象としては，政友会の犬養毅，鈴木喜三郎ら，民政党の若槻礼次郎，井上準之助，幣原喜重郎ら，三井財閥の池田成彬，団琢磨ら，三菱財閥の各務謙吉ら，特権階級の西園寺公望，牧野伸顕ら，安田財閥の者，住友財閥の者，大倉財閥の者，警視総監などを選定した．

この間にあって，被告人井上昭は，ブローニング小型3号けん銃9挺，ユニ

オン型けん銃1挺及び実弾800発余を調達しており，各担当者らに指示して，各対象人物らの動静を探索させ，同年2月7日以降に暗殺をなし得る見込みが付いた場合には，各自けん銃を受け取りに来た上，各自で実行に及ぶべきことなどを指示した。

　被告人小沼正は，茨城県那珂郡の生まれであるところ，同井上昭らと共謀の上，昭和7年2月9日午後8時頃，東京市本郷区内の小学校通用門付近において，同校で開かれる選挙演説会に出演するためやってきた井上準之助（民政党）に対し，被告人井上昭から事前に受け取っていたけん銃を3発発射し，同人を胸腹部重要内蔵の損傷により死亡させて殺害した（殺人）。

　被告人菱沼五郎は，茨城県那珂郡の生まれであるところ，同年2月18日，川崎市内の小学校において，事前に共犯者から受け取ったけん銃及び実弾を携帯し，同校で開かれる推薦演説会に出演するためやってくる鈴木喜三郎（政友会）の来場を待ったが，同人が出演しないこととなり，暗殺決行の機会を得られなかった。

　被告人菱沼五郎は，同井上昭らと共謀の上，同年3月5日午前11時25分頃，三井銀行に出勤してきた三井合名会社理事長の団琢磨に対し，その右胸部にけん銃を押し当てて射撃し，同人を心臓創傷による出血のため死亡させて殺害した（殺人）。

【裁判経過等】

　雨宮昭一の研究などを参考にすると，裁判経過等は，以下のとおりである[162]。

　概して，本件裁判の公判は，弁護人天野辰夫らにより荒れる法廷となった。弁護人天野辰夫は，右翼的な思想の持ち主と評されており，後に触れる神兵隊事件の首謀者でもある。

　第一審である東京地裁の第1回公判は，昭和8年6月28日である。

　被告人井上昭の弁護人らは，同年7月3日の第3回公判において，裁判長に

---

[162] 雨宮昭一「血盟団事件」（前掲49）の「日本政治裁判史録　昭和・前」（昭和45年）400頁以下所収）

対し，右陪席が裁判中に悪戯をしていたとして抗議し，裁判長の見解を質したが，返答のないまま裁判を続行されたため，さらに，公判後，東京地方裁判所所長宇野要三郎に会見し，右陪席の更迭を迫った。

弁護人らの主張によれば，本件事件の右陪席は，三・一五事件の陪席判事も務めているところ，雑誌において，確信犯に対する行刑上の意見を発表し，大逆事件であっても死刑にせずに教育刑をもってする方が妥当であることもあるとの意見を抱懐している上，三・一五事件の判決において，共産党員に対する極めて同情的な判示を記載し，また，本件血盟団事件においては，審理中，居眠り，あくび，文書読みなどをしている，ということであった。

宇野所長は，同弁護人らによる右陪席更迭の要求を断った。なお，宇野所長は，後に触れる神兵隊事件で裁判長を務めることになり，その法廷において，被告人となった天野辰夫と再び対峙することになるが，そこでも被告人天野辰夫の攻勢に押されている。

さて，弁護人天野辰夫らは，神兵隊事件が発覚した翌日である同年7月12日，本件事件（血盟団事件）の第5回公判において，東京地裁に対し，本件事件を担当している裁判長以下3名の裁判官の忌避を申し立てた。

裁判所は，当該申立が訴訟を遅延する目的のみをもってなされたものであることが明白であるとして，却下した。弁護人らは，即時抗告したが，東京控訴院は，同抗告を却下した。

被告人井上昭らは，同年7月28日の第12回公判において，裁判長及び右陪席に対する忌避の申立をする。

被告人井上昭らの主張によれば，裁判長らは，日蓮聖人の教義，日本精神，大日本帝国の国体等に関する理解が不十分であり，審理に当たっては，事実認定及び法令解釈を専らとし，本件犯行の動機，被告人らの国家観，人生観等に無関心で，審理が不十分である，ということであった。

裁判所は，忌避の申立を却下するが，裁判長は，その後，同年7月31日に予定されていた次回公判を無期延期とし，さらに，同年8月16日，市ヶ谷刑務所に収監されていた被告人井上昭を訪ね，今後の審理の在り方について要望を聞こうとしたが，相手にされなかった挙げ句，弁護人から，裁判長と被告人

井上昭とのやり取りを公表され，その内容が東京朝日新聞に報道されてしまい，宇野所長が弁明に努める事態となった。

東京控訴院は，同年8月29日，忌避申立に対する即時抗告を棄却したが，第一審の裁判長は，公判紛糾の責任と健康上の理由をもって判事を辞職した。

本件血盟団事件において，公判が紛糾している一方で，後から始まった五・一五事件の公判では，被告人らが法廷で自らの主義・主張を宣伝し，これが新聞報道等により広まり，一般国民の中にもその犯行動機に同情を寄せるものが多くなり，減刑・保釈運動が盛んに行われるようになっていった。

同年11月9日，本件血盟団事件の新しい裁判長が決まり，右陪席・左陪席も更迭された。

新しい裁判長は，昭和9年3月27日，公判を再開し，円満な公判進行の中，被告人らの訊問を丁寧に実施し，証拠調べを終えるまでに62回の公判審理（更新前から合算すると74回）を実施した。減刑嘆願書は，30万に上ったという。

その後，論告・弁論などを経て，昭和9年11月22日の第92回公判において，第一審判決が言い渡された。検察側は，被告人ら14名のうち被告人井上昭ら4名に対して死刑を求刑したが，第一審判決は，同4名のうち，被告人井上昭ら3名に無期懲役，残り1名に懲役15年を言い渡した。これについては，寛大な判決であると新聞報道されている。

検察側は，死刑求刑が容れられなかったため，控訴を検討したものの，人心の状態などをも踏まえて控訴を断念したようである。

雨宮昭一は，本件事件を含めた裁判の一般的傾向として，「右翼に甘く，左翼に厳しい」本質が認められるといい，また，被告人らが「国体」の擁護論を展開したときに，裁判所が被告人らに迎合せざるを得ない可能性があったと指摘する[163]。

思うに，「国体」とは，極端にいえば，天皇制を指すだけの法概念であって，統治制度の具体的な在り方を示すものではない。当時，統治制度の在り方は，「政体」と呼ばれていたが，大日本帝国憲法が採用していたのは，議会制民主

---

163) 前掲162)の雨宮昭一（昭和45年）432頁以下

主義であった。

　井上昭ら右翼急進派の思想で問題なのは，一つには，国体護持だけを強調し，天皇と国民とが直接結ばれるような国家体制が構築できれば，すべてうまくいくかのような幻想を抱いていたことである。日本のような人口の多い国家において，国家意思を決定し，それを執行していくためには，複数の国家機関が必要であり，権限の分掌が必要である。天皇がいればそれだけですべて事が済むというわけにはいかない。井上昭は，日蓮宗の教義などを持ち出し，宗教的な国家観・人生観を語るが，その主張する統治制度の中味は，曖昧かつ趣旨不明である。

　国家の統治制度（政体）については，大日本帝国憲法に規定があり，天皇の権限を制約し，臣民（国民）の権利を保障するという趣旨の下で，議会制民主主義の理念が明記されているのである。

　井上昭らの思想が問題だったのは，憲法が明記する政体（統治制度）に批判的だったことに加え，もう一つには，自己らの目的を実現するためには，政府要人らの暗殺テロという暴力主義を手段としてもよいと考えていたことである。

　大日本帝国憲法が採用する議会制民主主義・法治主義の本質は，選挙と国会審議を通じて国家意思を決定し，行政機関・司法機関は，立法機関の制定した法律に従うべきであるという点にある。

　井上昭らの思想は，議会制民主主義を否定し，これを暴力主義で破壊しようとするものであり，強い非難が加えられてしかるべきところである。天皇を礼賛すればすべて許されるかのような主義・主張を許すわけにはいかない。

　本件事件（血盟団事件）において，裁判所は，被告人等から国体論を持ち出されるなどして追い込まれ，訴訟進行の停滞と裁判官の更迭という事態に陥ったのであるが，裁判所としては，国体論などに動じることなく，法と証拠により毅然たる訴訟指揮を行うべきであったと思われる。

五・一五事件（反乱罪）（昭和7年5月15日） [164]

【事案】

　五・一五事件については，陸軍軍人，海軍軍人及び民間人の共謀による犯行であったため，その裁判は，陸軍軍法会議，海軍軍法会議及び通常裁判所の三つに分かれた。

　東京地方裁判所昭和9年2月3日判決によれば，民間人の被告人らによる犯罪事実の概要は，以下のとおりである。

　被告人橘孝三郎は，明治45年（1912年），茨城県立水戸中学校を卒業し，大正元年9月，第一高等学校に入学し，大正4年（1915年）3月，同校を中退し，茨城県東茨城郡常盤村に帰農して農業経営を始め，大地主義，兄弟主義，勤労主義を唱え，また，その前後を通じ，世を挙げて西洋唯物文明に酔いしれ，愛国同胞精神が失われているとして，世の現況を憂い，愛郷主義を信条として，いわゆる兄弟村農場を完成させ，「愛郷会」及び「愛郷塾」を設立し，農村子弟の薫育に没頭するに至った。

　被告人橘孝三郎は，国家の革正を志し，国民共同体王道国家の理念を以て，現下の国情を眺めるに，農村の疲弊は甚だしく，その原因は西洋唯物文明の成熟に酔い，愛国同胞精神を失い，支配階級である政党，財閥及び特権階級が互いに相結託して私利私欲を逞しくしているからに外ならず，農民の窮乏を救い，国家の危機を脱するためには，非常手段により支配階級に打撃を与えるしかないとの思想を抱懐するに至った。

　ところで，これとは別に，井上昭（日召）らは，いわゆる「一人一殺主義」の下に，昭和7年（1932年）2月9日，井上準之助を暗殺し，同年3月5日，団琢磨を暗殺したが（血盟団事件），その一味は間もなく検挙されるに至った。

　井上昭と通じていた海軍中尉古賀清志，同中村義雄らは，同志と共に井上昭の後を継いで，引き続き，手榴弾及びけん銃等の非常手段による支配階級に対する一撃を計画し，同年3月21日以降，東京都豊多摩郡大久保内等において，

---

[164] 東京地方裁判所昭和9年2月3日判決（前掲49）の「日本政治裁判史録　昭和・前」530頁）（五・一五事件）

この計画に参加する同志を集めていたが，古賀清志は，同月下旬頃，愛郷塾に被告人橘孝三郎を訪ね，同被告人に対し，その計画を打ち明けた。

被告人橘孝三郎は，古賀清志らの計画に参加することを承諾し，以後，同年5月上旬頃までの間，愛郷塾生らを同計画に加担させた。

被告人橘孝三郎，古賀清志，中村義雄らは，相連絡し，結局，海軍将校ら及び陸軍士官候補生らにおいて，首相官邸，内大臣官邸，政党本部，警視庁，大銀行等を手榴弾及びけん銃等で襲撃し，内閣総理大臣犬養毅を殺害し，これを阻止する者も射殺し，他方，被告人橘孝三郎ら民間人においては，東京市内外に電力を供給していた重要な変電所数か所を襲撃し，帝都の暗黒化を図り，人心を混乱状態に陥れ，国家革正の計画を推進することを決定した。

古賀清志ら海軍将校，陸軍士官候補生らは，4組に分かれ，昭和7年5月15日午後5時過ぎ頃から，けん銃，手榴弾等を携え，実行に移った。

第1組は，東京市麹町区の内閣総理大臣官邸に到り，警固中の警視庁巡査をけん銃で狙撃し，官邸内日本間において犬養首相を射撃し，日本間玄関前において警視庁巡査を狙撃し，同月16日午前2時35分頃，犬養首相を銃創に起因する出血により脳圧迫症呼吸及び心臓麻痺により死亡させ，同月26日，巡査1名を銃創による急性腹膜炎により死亡させて各殺害し，巡査1名に対しては貫通銃創を負わせたものの，死亡させるには至らなかった（殺人・同未遂）。

第2組は，同月15日，同市芝区の内大臣官邸に赴き，手榴弾を官邸内に投てきして炸裂させ，これを阻止しようとした警視庁巡査をけん銃で射撃し，同人に対し，貫通銃創を負わせたものの，死亡させるには至らなかった（殺人未遂・爆発物取締罰則違反）。

第3組は，同月15日，同市麹町区の立憲政友会本部に至り，手榴弾を正門玄関目がけて投てきし，これを炸裂させた（爆発物取締罰則違反）。

第1組，第2組及び第3組は，その後，合流し，同区内の警視庁に赴き，警視庁の建物目がけて手榴弾を投てきし，これを炸裂させたほか，同所に居合わせた警視庁書記長及び読売新聞記者に対し，けん銃で狙撃し，それぞれ貫通銃創の傷害を負わせたものの，死亡させるには至らなかった（殺人未遂・爆発物取締罰則違反）。

第4組は，同月15日午後7時頃，同市麹町区内の三菱銀行に到り，銀行建物目がけて手榴弾を投てきし，これを炸裂させた（爆発物取締罰則違反）。

　被告人橘孝三郎ら民間人は，同月15日午後7時15分頃から，東京府豊多摩郡淀橋町（後の東京市淀橋区）所在の東京電灯株式会社の淀橋変電所，東京府南葛飾郡小松川町（後の東京市江戸川区）所在の同社亀戸変電所，埼玉県北足立郡鳩ヶ谷町所在の同社鳩ヶ谷変電所及び東京府北豊島郡尾久町（後の東京市荒川区）所在の鬼怒川水力電気株式会社の東京変電所に対し，それぞれ手榴弾を投てきし，うち淀橋変電所及び鳩ヶ谷変電所に投てきした手榴弾のみ炸裂させることができた（爆発物取締罰則違反）。

　別に行動していた共犯者は，同月15日午後7時頃，東京府豊多摩郡代々幡町（後の東京市渋谷区）の元陸軍中尉であった西田税方において，同人に対し，けん銃で狙撃し，弾丸数発を命中させ，銃創を負わせたが，殺害の目的を遂げなかった（殺人未遂）。

　被告人大川周明は，山形県立庄内中学校，第五高等学校を経て，明治44年7月，東京帝国大学文科大学哲学科を卒業し，その後，インド哲学から近世植民政策の研究に進み，その研究が南満洲鉄道株式会社に認められ，大正8年，同社東亜経済調査局調査課長に就任し，昭和6年頃，同調査局が独立して財団法人東亜経済調査局となるや，その理事長となった。その一方で，日本の歴史を研究し，最近の国情については，支配階級が相結託し，天皇と国民とを阻隔し，民衆を圧迫し，国家存立の大義を誤っていることから，その革正を図らなければならないとの信念を抱き，大正14年，「行地社」を創立して機関誌「月刊日本」を創刊し，昭和7年2月，「神武会」を設立し，維新日本の建設を企図していた折り，同年3月下旬以降，海軍中尉古賀清志，同中村義雄らの訪問を受け，同人らから，手榴弾及びけん銃等を使用して政党，財閥等に一撃を加え，国家革正の烽火をあげることを告げられた上，その援助を懇請されるや，これを容れた。

　被告人大川周明は，昭和7年4月3日から同年5月13日までの間，自宅において，古賀清志に対し，武器として，けん銃5挺及び実弾約125発，費用として，現金6000円を供与するなどし，もって，古賀清志，被告人橘孝三郎ら

の殺人，殺人未遂及び爆発物取締罰則違反の各犯行を容易ならしめ，これを幇助したものである（殺人幇助，同未遂幇助，爆発物取締罰則違反幇助）。

なお，後述のとおり，以上の擬律判断については，上告審において，反乱ないし反乱幇助に変更されている。

【裁判経過等】

第一審は，東京地方裁判所でなされ，被告人橘孝三郎に対し無期懲役を，被告人大川周明に対し懲役15年を言い渡すなどした。

第二審は，東京控訴院でなされ，原判決を破棄して擬律を変更し，殺人・殺人未遂・爆発物取締罰則違反に加えて，騒擾罪を認定した上，被告人大川周明を禁錮7年に減刑するなどした。

これに対し，被告人側が上告した。弁護人らは，上告理由の一つとして，海軍軍人らによる本件犯行（五・一五事件）が海軍刑法20条の罪（反乱罪）に該当するものであり，これを以て騒擾罪と認定した原判決は誤りである旨主張した。

「(5) これを要するに，被告人大川周明は，古賀，中村らのいわゆる五・一五事件犯行を幇助せること前示のごとく，而して右犯行が海軍刑法第20条の2の反乱罪に該当すること明らかにして，しかのみならず，反乱罪は，軍人たる身分により構成すべき特別の犯罪たること前示のごとくなるを以て，被告人大川周明は，刑法第65条第1項に則り，反乱罪の共犯者として処罰せらるべきものなり。」

この点に加えて，弁護人らは，海軍軍人らによる本件犯行については，既に軍法会議により事実（反乱罪）が認定され，その既判力が生じているから，これと異なる事実（騒擾罪）を認定した原判決は誤りである旨主張した。

「司法権は，天皇の名において法律により裁判所これを行うものなることは，大日本帝国憲法第57条の定むるところにして，司法裁判所を分かちて通常裁判所と特別裁判所との二つとなすと雖も，司法権は，唯一にして無二なること例えば天日のごとし。故に，通常裁判所の行う司法権と特別裁判所の行う司法権との間に矛盾あるべき理なし。……古賀清志及び中村義雄は，同一行為につき既に昭和8年11月9日特別裁判所なる東京軍法

会議において，党を結び兵器を執り反乱をなし謀議に参与したるものとして，各海軍刑法第20条第2号前段に該当するものとして判決を受け，該判決は既に確定し，同人等に対し現にその刑の執行中なることは，顕著なる事実なり。……東京軍法会議が反乱罪を以て判決したるところは，これを原審裁判所が判決を以て騒擾罪となすと雖も，その反乱罪たることに微動だになく，これに矛盾する騒擾罪の認定は，当然無効に帰せざるべからず。」

　以上の主張とは矛盾するが，弁護人らは，海軍軍人らによる本件犯行が内乱罪に該当するものであり，これを以て騒擾罪と認定した原判決は誤りであるとも主張した。弁護人らは，原審においても，同旨を主張しており，本件犯行が内乱罪だとすれば，その審判は大審院の特別管轄となり，下級裁判所での審判は管轄違いである旨主張していたのである。

「本来，五・一五事件は，故藤井少佐の思想に始まり，権藤成郷の自治主義の影響を受けて発育し，井上日召の情熱により活動力を加えたるものなることは，全記録を通しこれを看取することを得べし。これらの思想によれば，今日の内閣制度，今日の議会制度は，これをそのままに承認することを許さざるなり。内閣制度，議会制度は，自由主義の所産なるを以て，自由主義及びそのコロラリーたる資本主義に改革の斧を加えんとする者は，右等の制度をそのままに承継することを許さざるなり。正犯被告等の思想が右のごときものなりしに止まらず，具体的に本件の成行を調査するも，単に暗殺行為により内閣の更迭を図り現内閣に代うるに首相及び閣僚の人物を代えたる他の内閣の出現を求めたるものにあらざることを証明することは，極めて容易なり。」

　これに対し，大審院昭和10年10月24日判決は，弁護人の主張の一部を容れ，原判決を破棄して自判し，本件犯行（五・一五事件）が反乱罪である旨判示した上，被告人大川周明を禁錮5年に処するなどさらに減刑した[165]。

---

165) 大審院昭和10年10月24日判決・大審院刑事判例集14巻22号1267頁（五・一五事件）

その理由であるが，まず，同判決は，海軍軍人らによる本件犯行が反乱罪に該当するものであり，これを以て騒擾罪に止まる旨判示した原判決は誤りであり，また，殺人・爆発物使用などの行為は反乱行為に吸収される旨判示した。

「右事実によれば，海軍軍人古賀清志，中村義雄……は，相結束し，陸軍士官候補生……外10名，元陸軍士官候補生……，民間側同志十余名と提携し，集団的にそれぞれ部署を定め，手榴弾，けん銃等の兵器を使用し，内閣の首班たる総理大臣，その他内大臣，警視庁等に対し，反抗的に殺傷その他の暴動をなしたるものなれば，幸いにしてその規模未だ大ならずと雖も，海軍軍人，党を結び，これに陸軍軍人及び軍人に非ざる者，加担して兵器を執り，反乱をなしたるものというべく，就中，海軍軍人古賀清志，中村義雄両名は，主として同志の糾合，連絡，実行計画の起案，武器及び資金の調達等の任に当たり，その他本件犯罪遂行につき画策謀議をなしたるものなれば，右両名の行為は，本件犯行の謀議に参与したるものとして，海軍刑法第20条第2号前段に該当する反乱罪を構成するものというべく，これを以て単に海陸軍人及び軍人に非ざる者，多衆聚合して暴行又は脅迫をなしたる騒擾罪を構成するに止まるものと見做すを得ず。」

「反乱罪における反乱行為の際，人を殺害し又手榴弾のごとき爆発物を使用するは，その常態なるを以て，かかる殺人及び爆発物使用の行為のごときは，性質上，当然反乱行為に包括吸収せらるるものにして，殺人及び爆発物取締罰則違反の想像的競合犯を構成するものに非ず。」

但し，同判決は，原判決が軍法会議の事実認定（反乱罪）と異なる事実認定（騒擾罪）をしたからといって，それだけで原判決が誤りであるとはいえないとし，この点に関する弁護人の主張を排斥した。

「よって按ずるに，本件正犯たる海軍軍人古賀清志，同中村義雄等は，東京軍法会議において，その行為は海軍刑法第20条第2号前段に該当するものとして反乱罪を以て処罰せられ，該判決，既に確定したるとするも，通常裁判所において被告人等の罪を断ずるに当たりては，たとえ被告人等が右正犯を幇助したる従犯なりとするも，右軍法会議の確定判決における正犯に対する犯罪事実の認定，法律の適用に覊束せらるるものに非。通常

裁判所は，その自由なる判断により被告人等に対する事実の認定，法律の適用をなすべきものとす。」

次いで，同判決は，海軍軍人らによる本件犯行が内乱罪に該当するものではない旨判示し，弁護人の主張を排斥した。

「刑法第77条にいわゆる朝憲を紊乱するとは，国家の政治的基本組織を不法に破壊することをいい，政府の顛覆，邦土の僭窃のごとき，その例示的規定なりと解すべく，従って，政府の顛覆とは，行政組織の中枢たる内閣制度を不法に破壊するごときことを指称するものと解するを相当とす。しかして，集団的の暴動行為あるも，これにより直接に朝憲紊乱の事態を惹起することを目的とするに非ずして，これを縁由として，新たに発生することあるべき他の暴動により朝憲を紊乱する事態の現出を期するがごときは，これを以て朝憲を紊乱することを目的として集団的暴動をなしたるものと称するを得ず。……<u>首相を斃すがごときは，場合によりひいて内閣の瓦解を来す虞なきには非ざるも，これただ内閣閣員の更迭を来すのみにして，内閣制度を根本的に破壊するものに非ざれば，未だこれを以て刑法第77条にいわゆる政府を顛覆する行為なりと称するを得ず</u>。」

【犯行に至る経緯，裁判経過等】

田中時彦の研究などを参考にして，改めて，犯行に到る経緯及び裁判経過等を見てみたい[166]。

昭和6年9月，満洲事変が勃発し，第二次若槻内閣が倒れると，同年12月，犬養内閣が組閣された。

犬養首相は，荒木貞夫を陸軍大臣として入閣させる。荒木陸相は，陸軍内で過激な動きを見せていた「皇道派」の巨頭と目されており，犬養首相は，陸軍内の過激な動きを収める意図があったようである。

海軍内で過激な動きを見せていた「艦隊派」の一部は，国会改造主義者の井上昭（日召）を盟主とする直接行動に関して盟約を交わしていたが，上海事変

---

[166] 田中時彦「5・15事件」（前掲49）の「日本政治裁判史録　昭和・前」（昭和45年）462頁以下所収）

への出征などが重なり，井上昭らが昭和7年2月〜3月に血盟団事件を起こした際，その挙に参加できなかった。

古賀清志ら海軍側は，井上昭の提唱する「一人一殺主義」を姑息な手段とみなしており，これに代えて集団テロ行為によるべきものと考えていた。

古賀清志，中村義雄ら海軍士官は，陸軍士官候補生や，民間人らにも声をかけたが，その声かけに積極的に応じたのは，被告人橘孝三郎の「愛郷塾」であった。また，被告人大川周明は，陸軍と近い関係にあり，実行行為には参加しなかったものの，資金・武器の援助には積極的に応じた。

このような経緯を経て，本件事件（五・一五事件）が起こされる。

結果として，犬養首相及び巡査1名が殺害され，巡査2名，警視庁書記長1名，読売新聞記者1名及び西田税が負傷した。実行行為者らは，本件犯行当時，東京市内において，「民衆よ！　この建設を念願しつつ先ず破壊だ！　凡ての現存する醜悪な制度をぶち壊せ！」などと記載された檄文を散布している。

警視庁は，事件発生直後から徹夜で，1万人体制で首都の警備に当たり，憲兵隊も，警備に当たったが，海軍・陸軍関係の被告人らがすべて憲兵隊に自首したことから，その後の殺傷事件は続かなかった。

翌5月16日，首相を失った内閣は，総辞職となり，元老西園寺公望は，海軍の過激派を顧慮して海軍大将斎藤実を後継首相に推薦し，挙国一致内閣が成立することになる。

海軍出身の斎藤内閣は，農村救済策などを推進していくことになるが，荒木陸相は，引き続き内閣に留まり，以後，陸軍の発言力が強くなっていく。

本件事件（五・一五事件）の裁判は，陸軍軍法会議，海軍軍法会議及び通常裁判所の三つに分かれた。

陸軍軍法会議では，検察官が，被告人11名に対し，いずれも陸軍刑法25条（反乱罪）を適用して各禁錮8年に処すべき旨の論告・求刑をしたところ，陸軍軍法会議は，昭和8年9月19日，被告人全員を禁錮4年に処した。

判決の科刑が求刑の半分というのは，刑が軽い感があるが，これに対し，検察官は，上訴していない。

海軍軍法会議では，検察官は，陸軍軍法会議の時とは異なって本件犯行の重

大性を強調し，被告人10名に対し，反乱罪又は反乱予備罪を適用した上，首魁1名及び謀議参加者のうち情重き2名については死刑，謀議参加者のうち情軽き3名については無期禁錮を求刑するなどしたが，海軍軍法会議は，昭和8年11月9日，首魁及び謀議参加者のうち情重き1名に禁錮15年，他の謀議参加者には禁錮13年ないし同10年を言い渡した。

　死刑求刑に対して有期禁錮の判決というのは，刑が軽い感があるが，検察官は，上訴していない。

　民間人の被告人に対する裁判は，東京地方裁判所で行われた。第1回公判は，昭和8年9月26日であり，その後，23回の審理をし，それを踏まえて論告・弁論がなされ，昭和9年2月3日，判決が言い渡された。

　検察官は，その論告において，被告人らが憂国の情から本件犯行に及んだとしても，非合法手段に訴えることの非を論じ，被告人橘孝三郎に対し無期懲役，同大川周明に対し懲役15年を各求刑するなどしたところ，東京地裁は，昭和9年2月3日，被告人橘孝三郎に対して無期懲役，同大川周明に対して懲役15年と，いずれも求刑どおりの判決を言い渡した。

　これに対し，被告人橘孝三郎らは，控訴せずに刑に服した。

　被告人大川周明は，懲役15年を不服として控訴し，控訴審において，禁錮7年に減刑され，大審院において，さらに禁錮5年に減刑されている。

　思うに，現職の内閣総理大臣を含む2名を殺害し，5名に対する殺人未遂を犯し，その手段として手榴弾及び拳銃を使用するという凶悪重大事件において，組織性・計画性も明白である以上，極刑の選択が考えられてしかるべきである。

　にもかかわらず，本件において，一人として死刑に処せられなかったのは，あまりにも寛刑にすぎて，異様な感すらある。

　このような寛刑で済まされるようでは，刑罰権による一般予防効果など皆無なのであって，第二，第三の反乱やクーデターを誘発しかねないといえよう。

神兵隊事件（殺人予備・放火予備）（昭和8年7月11日）[167]

【事案】
　大審院昭和16年3月15日判決によれば，事実関係は，以下のとおりである。

被告人Ａ（天野辰夫）は，大正8年，東京帝国大学を卒業し，弁護士となったものであるが，その在学中から，同大学教授である上杉慎吉の門に入り，その学説を信奉して天皇主権説を採り，天皇機関説に反対していたものであり，君民一体の天皇政治を完成させるため，日本主義皇道を行動原理とし，昭和4年頃，「愛国勤労党」を組織し，いわゆる昭和維新を目標として，皇道の宣布・実践を目的とする愛国運動に従事するようになった。

　被告人Ａの認識によれば，近時，国民は，自由主義思想に感染し，民主主義的法律制度及び資本主義的経済組織を無批判に模倣し，憲法は，起草者の誤りにより人民の自由保障と議会の権能強化に重きを措き，そのために天皇機関説的言動が天下を風靡し，議会中心政治の弊を馴致し，政党は，財閥・特権階級と結託し，いわゆる血盟団事件，五・一五事件等の先駆的同志が相次いで決起したにもかかわらず，反省することなく，天皇機関説的言動を恣にし，皇国は，ロンドン条約の締結，国際連盟からの脱退の機運等により国際的危機に直面しているとの思いを抱いていた。

　被告人Ａは，皇国の危機を救うためには，斎藤実内閣を倒し，皇族を首班とする臨時非常時内閣を組織し，君民一体の天皇政治を確立する必要があり，その目的達成の手段としては，武装蜂起もやむを得ざるところと決意し，昭和8年1月頃以降，同志を募り，謀議を重ね，斎藤首相以下の閣僚を殺害し，帝都を動乱化して戒厳令を施行し，皇族を首班とする臨時非常時内閣を成立させることとし，そのための資金調達，実行部隊の組織等の準備行為をし，最初は，同年7月7日午前11時を期して暴動を起こそうとしたが，同志中に動揺があったため，計画を延期し，次に，行動隊の組織を変更し，同年7月11日午前11時を期して暴動を起こすこととし，その際には斉藤首相以下の閣僚を殺害し，同官邸に放火した上，立憲政友会本部及び立憲民政党本部を襲撃して放火し，さらに海軍大将山本権兵衛，立憲政友会総裁鈴木喜三郎，立憲民政党総裁若槻礼次郎，内大臣牧野伸顕の各邸宅・官邸を襲撃し，同人らを殺害し，邸

167）大審院昭和16年3月15日判決・大審院刑事判例集20巻9号263頁（前掲49）の
　　「日本政治裁判史録　昭和・後」43頁）（神兵隊事件）

宅・官邸を放火し，日本勧業銀行を占拠して同所に神兵隊本部を設けて籠城し，戒厳令を施行させる，などの暴動計画を決定し，同月10日夜，東京市渋谷区の明治神宮講会館等において，待機の姿勢に移り，ここに準備完成して命令一下暴動まさに勃発すべき情勢が切迫したが，同月11日未明，首脳部や行動隊に属する数十名が検挙されたため，前記暴動計画は実行するに至らずに止んだものである。（殺人予備・放火予備）。

被告人A（天野辰夫）は，本件暴動計画の首脳者で，被告人Bらと共にその謀議を遂げ，その実行方法の大綱を策定したものである。

被告人Bは，中学時代から国家主義思想を抱いており，かつて南満州鉄道株式会社従業員養成所に学び，その後，盟友井上昭（日召）らと共に国家改造運動に志し，新日本建設同盟結成のために奔走し，上海に渡り，亜洲大同連盟に関与してきたものである。

被告人Cは，私立国士舘大学高等部を卒業した後，建国会に入って建国新聞を編集し，次いで，明徳会に入って明徳論壇を編集し，昭和6年11月6日，生産党関東本部理事，昭和8年2月，同関東本部青年部長となったものである。

被告人Dは，予備陸軍中佐であり，平素，現下日本の国情を憂慮していたものである。

その他の被告人らは，小学校の卒業者，中学校の卒業者，中学校の中退者，東京帝国大学の中退者，私立福岡商業学校の中退者，私立明治大学の卒業者，高等簿記学校の卒業者，国士舘大学の在学生，大阪市立商業学校の卒業者，大阪市立工業学校の卒業者，福岡県の市立専修学校の中退者，陸軍曹長などであった。

【裁判経過等】

本件は，大審院の特別権限に属する内乱予備罪として，公判開始決定があった事件である。

検事は，本件事件が内乱予備罪に該当する旨主張し，弁護人は，被告人らが正当防衛等により無罪である旨主張した。

これらの主張に対し，大審院昭和16年3月15日判決は，内乱予備罪の成立を否定し，本件が殺人予備罪・放火予備罪に該当する旨判示した上，被告人ら

44名に対し，いずれも刑の免除を言い渡した。

「検事は，本件暴動計画は政治の中枢たる政府を顛覆し，その他憲法及び諸般の制度を根本的に不法に変革せんことを目的としてなされたるものなるが故に，内乱予備罪を構成する旨主張するを以て，案ずるに，内乱罪の成立には朝憲紊乱の目的あるを要す。しかして，<u>刑法にいわゆる朝憲紊乱とは，皇国の政治的基本組織を不法に変革することをいうものにして，朝憲紊乱の一として刑法に例示せらるる政府の顛覆もまたこの意義に解すべく，したがって単に時の閣僚を殺害して内閣の更迭を目的とするに止まり，暴動によりて直接に内閣制度その他の朝憲を不法に変革することを目的とするものに非ざるときは，朝憲紊乱の目的なきものとして，内乱罪を構成せざる</u>ものと解すべきこと，さきに当院の判例とせるところなり。（略）したがって，本件暴動計画は，内乱予備罪を構成せざるものといわざるべからず。検事の主張はこれを採用せず。」

「弁護人は，本件行動は判示のごとき事情により皇国の国体が蹂躙せられ，皇国が非常の危局に瀕したるを以て，国体を防護し，皇国を富嶽の安きに置き，その永遠の発展を期するがため，これをなしたるものなれば，正当防衛若しくは緊急避難として無罪たるべく，仮に，正当防衛若しくは緊急避難としてこれを論ずることを得ずとするも，自救行為若しくは法律上正当なる行為として無罪たるべきものなる旨主張するを以て，案ずるに，……本件行動は，畏くも輦轂の下において，皇都を戒厳令下に導き，これを擾乱の巷と化せしむる虞ありて，公安を紊乱し，法律秩序を害すること尠少ならざるを以て，公安の確保，法律秩序の維持を目的とする法律においてこれを許容すべきいわれなきが故に，本件行動を目して法律上正当なる行為ということを得ざるものとす。」

「本件は，事未然に発覚し，何ら流血の惨害を見ることなくして止むを得たる事実にして，上記判決理由に説示せるごとく，その動機，原因並びに目的において憫諒すべきものあり。且つ又，本件発生後における皇国内外の著しき事情の変更その他諸般の情状に鑑み，各被告人に対し，いずれも同法（引用者注：刑法）第201条（引用者注：殺人予備罪），第113条（引用者

注：放火予備罪）各但し書きを適用し，その刑を免除するを相当とす。」
【犯行に至る経緯，裁判経過等】

　大島美津子の研究などを参考にして，改めて，犯行に到る経緯及び裁判経過について見てみよう[168]。

　本件事件に先行して，四つのクーデター計画が発覚ないし実行に移されているが（三月事件，十月事件，血盟団事件及び五・一五事件），その背景には，農村の窮状があった。すなわち，昭和4年，世界恐慌が起こり，その不況の影響が日本経済にも及び，昭和5年のいわゆる豊作飢饉（生糸価格と米価の大暴落）及び昭和6年の冷害大凶作により，東北地方の農村では親子心中，娘の身売り，学童の欠食などの悲惨な状況に追い込まれていることが新聞報道されていた。

　いずれのクーデター計画においても，青年将校，兵士らが関わってくる。それは，軍人の多くが農村の出身者であり，農村の窮状を何とか救済したいとの思いを強くする一方，政治家らが実効的な政策を打ち出せていないとの思いがあり，議会制民主主義には期待できないとの急進的な思考が広がったからであろうと思われる。

　三月事件及び十月事件では，北一輝，大川周明らの民間人右翼思想家らが軍中央部の決起を期待して計画したものであったが，いずれも未発のうちに露見して失敗している。

　血盟団事件及び五・一五事件では，その失敗を踏まえ，井上昭（日召）及びその同調者らが，軍中央部の力に依拠することなく，青年将校らの実力行使により国民の覚醒を期待して昭和維新を実現しようとしたものであったが，これまた失敗に終わった。

　本件事件（神兵隊事件）は，井上昭らによる昭和維新の企図を引き継いだものである。

　被告人天野辰夫は，井上昭と旧知の間柄であり，血盟団事件の勃発後，井上昭に対し，割腹自殺を思い止めて自首するよう説得し，その際，井上昭から，

---

[168] 大島美津子「神兵隊事件」（前掲49）の「日本政治裁判史録　昭和・後」（昭和46年）24頁以下所収）

同事件に続く計画を打ち明けられ，後事を託されている。なお，被告人天野辰夫は，先に触れたとおり，血盟団事件の弁護人として，激しい法廷闘争を展開することになる。

被告人天野辰夫は，自身が満洲旅行で不在中に五・一五事件が勃発したことを知り，これを遺憾に思うが，その後，本件事件（神兵隊事件）に及ぶことになったのである。

犯行当日の昭和8年7月11日は，陸軍士官学校の卒業式であり，天皇の行幸が予定されていたことから，警視庁は，明治神宮付近においても，警戒のための特別検索を実施していたところ，被告人らの集合を不審と見て本件事件を探知することとなり，明治神宮講会館に一斉に踏み込み，本件事件の幹部や行動隊の数十名を逮捕するに至った。

被告人天野辰夫は，事件後，逃走したが，同年10月6日，ハルビン領事館警察署に自首している。

大審院は，昭和11年12月17日，公判開始決定を出し，昭和12年11月9日，第1回公判が開始された。

裁判長は，宇野要三郎であった。宇野裁判長は，血盟団事件が東京地裁に係属していた当時，同地裁所長であり，血盟団事件の弁護人であった被告人天野辰夫から，血盟団事件の裁判長らを更迭するよう強く迫られるなどしていた。

天野辰夫は，本件事件（神兵隊事件）の公判において，被告人でありながら，宇野裁判長に対して攻勢を強めていく。被告人天野辰夫は，裁かれる者ではなく，逆に裁判官らを裁く者のようであったとは，大島美津子の解説である。

被告人天野辰夫らは，裁判を国体明徴の戦場であると唱え，裁判長に対する忌避問題，審理拒否問題などを折り込み，そのため公判がしばしば休廷となるなど訴訟の進行は渋滞した。

まず，被告人天野辰夫は，公判担当の岩村検事を攻撃する。すなわち，岩村検事は，天皇機関説に関して美濃部達吉博士を起訴猶予に処していたが，被告人天野辰夫は，岩村検事が国体不明徴の元凶であると非難し，岩村検事から交替した三橋市太郎検事に対しても，激しく執ような攻撃を加え，三橋検事に天皇機関説を信奉しない旨明言させる。さらには，本件事件の公訴権を放棄する

よう迫った。

　次に，被告人天野辰夫は，宇野裁判長に対しても，天皇機関説を否定するよう求める。

　　「神兵隊事件は，もし国体が明徴であったとしたら起こらなかった事件である。国体が不明徴である現状を打開しようというのが，我々の目的であった。そして，国体不明徴の根源は，煎じつめれば，天皇機関説に帰着する。」

　　「本事件は，天皇機関説が正しいかどうか，国体違反であるかどうかという問題に根元的に切実な関係をもっている故に，これに関する裁判長の信念を伺いたい。」

　宇野裁判長は，被告人天野辰夫に迫られ，天皇機関説が国体違反の邪説であると明言してしまう。

　被告人天野辰夫らは，これに喜び，訴訟進行に協力的な態度を採ったため，以後の公判が順調に進行していくことになるが，その後，牧野伸顕，真崎甚三郎，山本達雄，荒木貞夫，若槻礼次郎，鈴木喜三郎，西園寺公望，幣原喜重郎，美濃部達吉らの証人尋問を請求したところ，宇野裁判長から却下されたため，裁判長忌避の申立をするなどし，再び法廷が荒れ，公判が3か月余り休廷した。

　被告人天野辰夫は，公判が再開されても，天皇機関説の論者らを法的に処罰しない限り訴訟進行に協力できないなどと主張して，法廷は荒れた。

　検事による論告・求刑は，昭和15年10月25日の第99回公判に行われた。被告人天野辰夫に対しては，禁錮5年が求刑された。なお，論告の際，被告人天野辰夫は，美濃部達吉らを処罰できないような検事による論告は認められないなどと述べ，被告人ら全員が，裁判長の許可なく，退廷してしまった。三橋検事は，宇野裁判長に対し，被告人らの在廷を命ずるよう求めたが，宇野裁判長は，被告人ら不在のまま，論告・求刑を行わせている。

　弁護人らによる弁論は，同年11月22日から11回にわたって行われた。

　判決言い渡しは，昭和16年3月15日の第116回公判であった。事件発生から8年が経過していた。前記のとおり，被告人ら44名に対し，いずれも免訴が言い渡された。

三橋検事は，後に，この免訴判決を次のように批判している。
「子供だましの判決。社会が右翼化していたので，それに迎合した政治的判決だ。」
大島美津子も，同判決が政治的色彩の強い判決であったと指摘する。

思うに，先に血盟団事件のところでも述べたとおり，大日本帝国憲法は，議会制民主主義・法治主義を理念としているのであり，憲法は，天皇の権限を制限するために制定されたものである。

被告人天野辰夫は，議会制民主主義を批判し，憲法起草者が誤っていたなどと主張しているが，その主張に根拠のないことは，明白であろう。

裁判長としては，法と証拠に基づき，毅然とした態度で訴訟指揮をすべきだったように思う。また，殺人・放火が予備に終わったとはいえ，免訴を言い渡すような有利な事情があったようには思われない。

二・二六事件（反乱罪）（昭和11年2月26日～29日）[169][170]

【事案】

東京陸軍軍法会議昭和11年7月5日判決によれば，被告人村中孝次，同磯部浅一，同香田清貞，同安藤輝三，同栗原安秀らに対する犯罪事実の概要は，以下のとおりである。

被告人村中，同磯部，同香田，同安藤，同栗原らは，陸軍士官学校に学んで以来，深く尽忠報国の志を固めていたが，昭和5年のロンドン条約問題，昭和6年の満洲事変等を契機とする一部識者の意見が軍内に興り，満洲事変の根本的解決を要望する機運等に刺激され，軍内外の一部に起こった急進的思想の影響を受け，この間，軍隊教育に従事し，兵の身上を通じて農山漁村の窮乏等を知り，国防の第一線に立つ兵らの後顧を憂いた。

被告人らは，この非常時局に際し，元老，重臣，官僚，軍閥，政党，財閥等

---

[169] 東京陸軍軍法会議昭和11年7月5日判決（前掲49）の「日本政治裁判史録　昭和・後」202頁）（二・二六事件）
[170] 二・二六事件については，以下の文献なども参考にした。高橋正衛「二・二六事件」（平成6年増補改版，中公新書）

のいわゆる特権階級が，国体の本義に悖り，大権の尊厳を軽んじ，私利私欲を図っているとし，一君万民たるべき皇国本来の姿を顕現させるため，これら特権階級を打倒して急激に国家を革新する必要があると痛感し，自らを維新の志士をもって任ずるに至り，軍内にいわゆる同志の横断的団結をあえてするに至って，益々同志の指導獲得に努めた。

　被告人らは，この前後から，北輝次郎（北一輝）及び西田税との関係交渉を深め，その思想に共鳴するに至ったが，特に，北輝次郎著「日本改造法案大綱」の文筆に眩惑され，国法を蔑視するに至り，また，昭和7年の血盟団事件及び五・一五事件の決起に刺激され，益々国家革新の決意を固め，前記目的達成のためには，非合法手段もまた辞すべきにあらずとなし，軍紀軍律上許されない統帥の根本を紊り，兵力の一部を僭用するのもやむなしとの危険思想を包蔵するに至った。

　被告人らは，昭和8年頃から，一般同士との連絡を図り，また，相互会合を重ね，直接行動の目標及び実行方策に関して意見を交換するとともに，資金の調達，不穏文書の頒布等をなし，同志の獲得に努めるほか，一部被告人らは，軍隊教育の際，下士官兵に革新思想を注入していたが，被告人村中，同磯部らは，反乱陰謀に関連する不穏文書を頒布したとして，昭和10年，官を免ぜられ，上司から前記運動を抑圧されるや，これに反発し，その運動を尖鋭化させ，さらに，相沢中佐が単身で永田中将を殺害するという挙に出た事件に感動し，被告人らは，一部の重臣らがロンドン条約以来，兵馬大権を干犯する元凶であるにもかかわらず，合法的にこれらを打倒することができないことから，国法を超越し，直接行動をもって天誅を加えるしかなく，これは非常時における義挙であるとし，この挙に出れば人心を是正し，国防の充実，国民生活の安定を達成できるとして，「日本改造法案大綱」の主旨に則りつつ，軍上層部を推進していわゆる昭和維新を実現しようと企図した。

　昭和10年12月，第一師団が近く満洲に派遣される旨の報が伝わるや，被告人村中，同磯部，同栗原は，第一師団が満洲に渡る前に，在京の同志により速やかに軍を挙げる必要があると考えた。

　被告人村中，同磯部，同香田，同安藤，同栗原らは，本件の首謀者となって，

昭和11年2月18日頃以降，謀議を重ね，襲撃の目標，方法，時期等について検討し，近衛歩兵第3連隊，歩兵第1連隊及び歩兵第3連隊の各一部兵力を出動させることとして，同月26日午前5時を期して一斉に決起し，内閣総理大臣岡田啓介，大蔵大臣高橋是清，内大臣斎藤実，侍従長鈴木貫太郎，前内大臣牧野伸顕，西園寺公望，教育総監渡辺錠太郎を殺害し，また，警視庁，陸軍省，参謀本部，陸軍大臣官邸を占拠し，陸軍大臣に対し事態を収拾して維新に邁進することなどを要望するなどの行動計画を決定し，かつ，合言葉として「尊皇討奸」の語を用いることとした。

　被告人栗原らは，昭和11年2月25日夕方，弾薬庫等からけん銃，機関銃空包，代用発煙筒等を取り出し，同日午後8時頃，他中隊から軽機関銃6丁等を借り受け，同日午後11時頃，弾薬庫から小銃，機関銃，けん銃の各実包を搬出し，翌26日午前2時30分頃，所属の歩兵第1連隊機関銃隊の下士官らに対し，決起趣意書を読み上げ，昭和維新を断行するため総理大臣官邸を襲撃することを告げ，下士官兵ら約300名を指揮し，兵器弾薬を携行し，同日午前4時30分頃，兵営を出発し，同日午前5時頃，東京市麹町区の内閣総理大臣官邸に到着し，邸内に侵入し，官邸詰めの巡査部長を軍刀で刺突して殺害し，別の巡査を軍刀で斬り付けて殺害し，中庭に隠れていた秘書官事務嘱託を小銃で射撃して殺害し，別の巡査2名の腹部等に銃剣等を突き刺して殺害したが，前記秘書官事務嘱託が岡田首相であると誤信したため，岡田首相を殺害するには至らなかった。

　別の被告人らは，同年2月25日夜，歩兵第1連隊機関銃隊に至り，被告人栗原から，小銃実包1440発，けん銃3丁，けん銃実包50発を受領し，帰隊後，近衛歩兵第3連隊第7中隊将校室において，実行方法等について協議し，翌26日午前4時頃，下士官兵ら約120名に非常召集をかけ，軽機関銃4丁，小銃約100丁，同実包千数百発，けん銃数丁，同実包約100発，梯子等を携行し，同日午前4時30分頃，兵営を出発し，同日午前5時頃，東京市赤坂区の大蔵大臣高橋是清の私邸に到着し，同邸宅前路上に軽機関銃隊を配置して憲兵，警察官らの出動に備えた上，同邸宅内に侵入し，2階十畳の間において，臥床中の高橋蔵相の掛け布団を払いのけ，「天誅」と叫びつつ，けん銃数発を発射し，

同人に銃創を負わせた上，軍刀で斬り付けて刺突し，高橋蔵相を殺害した。

別の被告人らは，同年2月25日午後11時頃，歩兵第3連隊第1中隊将校室において，実行方法等について協議し，翌26日午前2時頃，同第1中隊全員に起床を命じ，出動準備をなし，第2中隊及び配属の機関銃隊の各一部と共に舎前に整列させ，払暁を期して昭和維新の断行に邁進する旨及び本件計画の概要等を告げ，下士官兵ら約200名を指揮し，機関銃4丁，軽機関銃8丁，機関銃実包・軽機関銃実包各二千数百発，小銃130～140丁，同実包約6000発，けん銃十数丁，同実包約500発，発煙筒等を携行し，同日午前4時20分頃，兵営を出発し，同日午前5時頃，東京市四谷区の内大臣斎藤実の私邸に到着し，一部は，同邸外において，機関銃分隊，軽機関銃分隊及び小銃分隊の各若干による警戒に当たり，一部は，同邸内に侵入し，寝室において，起きて来た斎藤内大臣に対し，けん銃及び軽機関銃で各射撃し，斎藤内大臣を殺害したほか，同人の危害を防ごうとした妻春子に対し，銃創を負わせた。

さらに，同被告人らの一部約30名は，軍用自動貨車に搭乗し，同日午前6時過ぎ頃，東京市杉並区の教育総監渡辺錠太郎の私邸に到着し，同邸内に侵入し，軽機関銃で玄関扉を射撃して破壊し，玄関内に闖入したところ，邸内から射撃があったので，さらに，けん銃，小銃及び軽機関銃で射撃し，寝室内に侵入し，渡辺総監に対し，けん銃及び軽機関銃で射撃し，さらに，軍刀をもって同人の頭部を斬り付け，同人を殺害した。

被告人安藤は，同年2月25日夜，週番司令室において，士官らを集め，明朝を期して昭和維新を断行することなどを指示し，弾薬庫から機関銃実包8500発，軽機関銃実包約1万5000発，小銃実包約3万5000発，けん銃実包約2500発，発煙筒等を搬出させ，各部隊にそれぞれ交付させ，翌26日午前3時頃，下士官兵ら約200名の非常呼集を行い，機関銃4丁，同実包約2000発，軽機関銃5丁，同実包千数百発，小銃約130丁，同実包約9000発，けん銃十数丁，同実包約500発を携行し，同日午前3時30分頃，兵営を出発し，同日午前4時50分頃，東京市麹町区の侍従長官邸に到着し，同官邸の表門及び裏門付近の道路上に機関銃を配置して外部を警戒させ，兵らと共に同邸内に侵入し，8畳間において，兵らにおいて，侍従長鈴木貫太郎に対し，各けん銃を発

射し，被告人安藤において，同人に止めを刺そうとしたが，妻孝子の懇請により，これを止めたため，鈴木侍従長を殺害するに至らなかった。

　別の被告人らは，同年2月26日午前午前2時頃，歩兵第3連隊第7中隊，第3中隊及び第10中隊の下士官兵ら約500名の非常呼集を行い，機関銃8丁，同実包約4000発，軽機関銃十数発，同実包約1万発，小銃数百丁，同実包約2万発，けん銃数十丁，同実包千数百発を携行し，同日午前4時30分頃，兵営を出発し，同日午前5時頃，東京市麹町区の警視庁前に到着し，道路上数か所に機関銃分隊，軽機関銃分隊及び小銃分隊の各若干を配置し，三宅坂，虎ノ門，日比谷方面に向かう各要所に歩哨を立て，警視庁特別警備隊屯所に対し，機関銃，軽機関銃若干を向けてこれを包囲し，警視庁屋上に軽機関銃分隊，小銃分隊の各若干を配置し，電話交換室に一部を配置し，警視庁特別警備隊長等に対し，決起の趣旨を告げ，警視庁を占拠して，警察権の発動を阻止した。

　別の被告人らは，同年2月26日午前2時30分頃，歩兵第1連隊第11中隊下士官室において，下士官ら十数名を集め，決起趣意書を配布して読み聞かせ，昭和維新断行の趣旨を告げ，同日午前4時頃，下士官兵ら約170名の非常呼集を行い，ここでも昭和維新断行の趣旨などを告げ，被告人村中，同磯部，同香田らと共に，機関銃2丁，同実包約1000発，軽機関銃4丁，小銃約150丁，同実包約1万発，けん銃12丁，同実包約200発を携行し，同日午前4時40分頃，兵営を出発し，同日午前5時頃，東京市麹町区の陸軍大臣官邸に到着し，同官邸，陸軍省，参謀本部の各門前等に機関銃分隊，軽機関銃分隊等を配置し，歩哨を立て，各出入りを禁止したほか，陸軍省通信所の通信業務を停止した。

　被告人栗原らは，同年2月26日午前9時頃，下士官兵ら約50名を指揮し，機関銃1丁，軽機関銃2丁等を携行し，軍用自動車3両に分乗して，東京市麹町区の東京朝日新聞社に到着し，同社前に機関銃，軽機関銃を配置した上，社内に侵入し，従業員らに対し，「国賊朝日新聞社を膺懲す。速やかに屋外に出づべし。」と脅迫し，従業員ら約300名の退去を命じ，2階活版工場内に侵入し，活字ケースを覆すなどし，その業務を一時不能ならしめ，次いで，東京日日新聞社，時事新報社，国民新聞社，報知新聞社，電報通信社等の各社を廻り，決起趣意書を配布して，同書に掲載された内容を要求するなどした。

共犯者（後に死亡）は，同年2月25日夜，歩兵第1連隊機関銃隊において，集合した兵2名及び民間同志5名を指揮し，軽機関銃2丁，小銃，けん銃，日本刀等を携行し，翌26日午前0時40分頃，自動車2両に分乗して出発し，同日午前5時頃，神奈川県湯河原町内の貸別荘に到着し，同別荘に滞在中の牧野伸顕を殺害しようとして捜索したが，同人を発見できなかったため，同人を焼き殺そうとして，同別荘に放火し，よって同別荘を焼毀し，この間，護衛の巡査1名を射撃して殺害し，付き添いの看護婦1名に銃創を負わせ，消火のために駆けつけた民間人1名に銃創を負わせたが，牧野伸顕を殺害するに至らなかった。

引き続き，被告人栗原らは，首相官邸を占拠し，同安藤らは，陸軍省付近を占拠し，他の共犯者らにおいて，警視庁，陸軍大臣官邸を占拠し続けた。

一方，被告人香田，同村中，同磯部らは，同年2月26日午前5時頃，陸軍大臣官邸において，陸軍大臣川島義之との面会を強要し，同官邸内に武装の兵を配置し，同日午前10時頃，応接室において，面会に応じた川島大臣に対し，被告人香田において，一同を代表して決起趣意書を朗読するとともに，これまでの各所襲撃の状況を説明した後，要望事項書を提出し，被告人村中及び同磯部と共にこれを説明し，速やかに参内して実状を奏上して御裁断を仰ぐことを要望し，また，陸軍大将真崎甚三郎らを招致して事態の収拾に当たらせることを要請した。

しかし，川島陸相は，陸軍大臣官邸を出たまま，正午に至るも帰邸しなかった。

かえって，同官邸にやって来た陸軍少将山下奉文から，川島陸相の起案という一文を読み聞かせられ，それが，先に川島陸相に要望した具体的内容を実現するものではなかったため，被告人香田，同村中，同磯部らは，宮中にいる陸軍首脳部に直接意見を上申しようとして，自動車で宮中に赴こうとしたが，平河門で阻止されてしまった。

一方，警備司令官の方針に基づき，被告人らの部隊は，同日夕方から，歩兵第1連隊長の指揮下に入れられた。

被告人香田，同村中，同磯部，同栗原らは，同日夜，陸相官邸において，同

官邸にやってきた軍事参議官林銑十郎，真崎甚三郎，荒木貞夫らに対し，川島陸相に対して要望したのと同様の要望をなし，決起した部隊を義軍と認めるよう要請したが，要領を得なかった。

翌2月27日早朝，戒厳令が施行されたが，被告人らの部隊は，引き続き歩兵第1連隊長の指揮下の状態を持続させられたため，被告人らは，情勢が好転したものと判断した。

被告人村中は，同日朝，満井佐吉らの勧告を受け，一部の被告人らに対し，陸軍省，参謀本部の占拠を解放しようと提案したが，一同の容れるところとならず，結局，首相官邸及び新議事堂付近に部隊を集結することに決め，被告人村中，同香田らは，戒厳司令部に到り，司令官香椎浩平，参謀長安井藤治らに対し，決起の趣旨等を述べ，現状を是認されなければ軍隊相撃の危険があることを説いた。

さらに，被告人村中，同磯部らは，北輝次郎（北一輝）から電話で，事態収拾を真崎大将に一任すべき旨を教示され，これを被告人香田，同栗原らに伝えてその同意を得，同日午後4時頃，陸相官邸において，参集した軍事参議官真崎甚三郎らに対し，事態の収拾を同軍事参議官に一任することなどを要請したが，逆に，同軍事参議官らから，歩兵第1連隊長の命に従って部隊を撤退させる必要があるなどと説示された。

被告人村中，同香田らは，翌2月28日朝，戒厳司令官が勅命を奉じ占拠部隊をして速やかに歩兵第1連隊兵営付近に集結せしめようとして，中尉に対して占拠部隊を率いて歩兵第1連隊長の指揮に入って行動すべき旨の電話通達をしたことを了知するや，これに激昂し，同第1連隊長に対して抗議した。既に，被告人らを速やかに原所属に復帰させるようにとの奉勅命令が発せられていたにもかかわらず，被告人らの感情の激化が甚だしかったため，同第1連隊長は，同奉勅命令を被告人らに伝達するのを保留してしまった。

被告人村中，同香田らは，同日午前10時頃，第1師団司令部に到り，参謀長に対し，奉勅命令が下令されないよう斡旋方を陳情した。

被告人村中，同磯部，同香田，同栗原らは，陸相官邸に帰邸後，来邸した山下奉文から，奉勅命令の実施が近いのは確実である旨の通達を受けた。被告人

村中らは，自決の決心をするも，北輝次郎（北一輝），西田税らから電話による激励を受け，また，一部被告人らから，原隊復帰命令は大御心にあらざるべしとの主張もあり，そうこうするうちに，外部部隊に包囲され攻撃の徴候があるとの情報もあり，心境一変し，占拠地区を固守して抗戦しようと決意し，同日夕から，首相官邸，新議事堂，陸軍省，山王ホテル等に位置して戦闘準備をなした。

戒厳司令官香椎浩平は，包囲部隊に対し，翌2月29日朝を期して一斉に占拠部隊を掃討するよう下令したが，被告人らは，ラジオ放送，散布ビラ等により奉勅命令の実施を確知し，かつ，包囲部隊が迫ってくるのを目撃し，抵抗を断念して，下士官兵らを帰営させ，同日夕，東京衛戍刑務所に強制収容されるなどした（以上，反乱罪）。

【裁判結果】

東京陸軍軍法会議昭和11年7月5日判決（裁判長判士陸軍騎兵大佐石本寅三）は，被告人村中，同磯部，同香田，同安藤，同栗原らを反乱罪の首魁として死刑に処した。

> 「被告人らが国家非常の時局に当面して激発せる慨世憂国の至情と，一部被告人らがその進退を決するに至れる諸般の事情とについては，これを諒とすべきものありと雖も，その行為行動たるや，聖論に悖り，理非順逆の道を誤り，国憲国法を無視し，しかも建軍の本義を紊り，いやしくも大命なくして動かすべからざる皇軍を借用し，下士官兵を率いて反対行為に出でしがごときは，赫々たる国史に一大汚点を印せるものにして，その罪まことに重かつ大なりというべし。」

【犯行に至る経緯，裁判経過等】

田中時彦の研究などを参考にして，改めて，犯行に到る経緯及び裁判経過等について見てみる[171]。

二・二六事件の首魁らは，いわゆる皇道派の陸軍青年将校らであった。

---

171) 田中時彦「二・二六事件」（前掲49）の「日本政治裁判史録　昭和・後」（昭和46年再版）141頁以下所収）

皇道派は，窮乏下にあった農村を救うためには改革が必要であり，元凶である元老・重臣，政党，財閥などの中間勢力を排除し，天皇と国民とを直結した政治体制を構築する必要があると考えていた。

　皇道派の巨頭と目されていたのは，五・一五事件前の犬養内閣（政友会）から同事件後の斎藤内閣にかけて陸軍大臣を務めた荒木貞夫であった。

　しかし，荒木陸相は，農村の救済を第一義といいながら，ソ連との対決を訴えて重工業を振興させようとも考えており，その主張する政策は矛盾していて現実性に乏しく，閣内での指導力を失う中で陸相を辞任していく。

　後任の陸相である林銑十郎大将は，昭和9年3月，統制派の幕僚と見られていた永田鉄山少将を軍務局長に抜擢し，林・永田のラインで人事などを動かしていくことになる。

　統制派も，皇道派と同様に国家が非常時にあり，この現状を乗り切ることを考えるが，皇道派と異なっていたのは，非合法手段に訴えないという点であった。統制派は，資本主義を容認しつつ，これを修正して国家統制を行うことを考えていた。

　また，統制派の中心人物であった永田鉄山は，朝鮮に民族自決権を与えるべきこと，満洲問題における関東軍を統御する必要があること，軍は憲法問題に干与すべきでないことなどの合理的な政治意見を持っていた。

　さて，陸軍省は，昭和10年4月2日付けで，皇道派系の青年将校であった村中孝次（陸軍歩兵大尉），磯部浅一（陸軍一等主計）らを停職処分にする。その理由は，昭和9年11月，士官学校内において，五・一五事件に類似したクーデター計画を企てたというものであった（士官学校事件）。

　村中，磯部らは，同事件が統制派によるねつ造事件であるとして，統制派を非難する怪文書類を作成して配布するという文書闘争を展開したが，そのために，昭和10年8月2日，官を免ぜられる。

　林陸相は，昭和10年7月15日，三長官会議を開き，皇道派の期待を一身に集めていた教育総監の真崎甚三郎を更迭した（真崎教育総監更迭問題）。この人事については，岡田首相も賛成し，また，元老西園寺らにも好評であったという。

福山連隊付きの相沢三郎は，真崎甚三郎を崇敬する皇道派の人物であったが，真崎教育総監更迭問題に憤慨し，また，自らも台湾歩兵第1連隊への転任命令を受けたため，昭和10年8月22日，統制派の中核であり林陸相を動かしていると見られていた永田軍務局長を殺害するに至る（永田軍務局長刺殺事件）。

　永田軍務局長刺殺事件の裁判では，鵜沢総明が被告人相沢三郎の弁護人，陸軍大学校教官の満井佐吉中佐が特別弁護人となり，被告人相沢三郎らは，法廷闘争を展開する中で，真崎教育総監更迭問題を取り上げ，統制派を非難し，昭和維新断行の必要性を訴えるなどした。

　被告人村中孝次らは，相沢の法廷闘争に加わることに没頭したが，被告人磯部浅一らは，法廷闘争から離れ，政府閣僚らを殺害して軍政府を樹立する可能性を検討するようになり，その後，被告人村中孝次，同磯部浅一，同香田清貞，同安藤輝三，同栗原安秀らが中心となって本件事件（二・二六事件）を敢行することになる。

　本件事件（二・二六事件）の計画が急速に具体化していくのは，昭和11年2月初めであったが，それは，同年3月頃をもって，皇道派系が多く所属していた第1師団が満洲へ派遣される旨内定したという事情が背景にある。

　被告人らは，北輝次郎（北一輝）の著書「日本改造法案大綱」を愛読し，その思想的影響を強く受けていた。北輝次郎は，皇道派系の青年将校らとほとんど会合していないというが，腹心の西田税を介して彼らと通じていた。また，北輝次郎は，本件事件が時期尚早であったとも述べるが，彼らがいう国家改造の実現については，これを待望していたところである。

　被告人らは，真崎甚三郎を首相に据えた内閣の誕生を検討していたようであるが，結局，昭和維新の夢は瓦解することになる。

　本件事件（二・二六事件）により，内大臣斎藤実，大蔵大臣高橋是清，教育総監渡辺錠太郎が殺害され，侍従長鈴木貫太郎が重傷を負った。4日間にわたり，首相官邸，陸相官邸，警視庁などが占拠され，この間，新聞社なども襲撃されている。

　岡田内閣は，昭和11年3月1日，東京陸軍軍法会議に関する緊急勅令案を閣議決定し，同月4日，枢密院の可決を得，勅令21号として公布，即日，施

行された。

　同勅令により，二・二六事件に関する被告事件は，軍人軍属のみならず，民間人も含め，すべて東京陸軍軍法会議が管轄することになり，長官は陸軍大臣とされた。同軍法会議は，陸軍軍法会議法にいう「特設軍法会議」（同法6条）とみなされることになったため，弁護人の選任が許されず（同法93条），審判は非公開とされ（同法417条），上訴が認められないものとなった（同法418条）。

　同年3月9日，広田内閣が成立した。

　本件事件により起訴された者は165人，不起訴となった者は1409人。被告人ら165人の公判は，その地位，行為内容等により23組に分けられたようである。

　被告人磯部は，法廷闘争を展開した。その主張内容としては，本件反乱部隊が後に戒厳部隊に編入された上，反乱部隊は原所属に復帰するようにとの奉勅命令が下達されていなかったため，それらの事情を考慮すべきであるなどというものであったが，本件反乱を正当化できるような訴えではなかった。

　東京陸軍軍法会議昭和11年7月5日判決は，被告人17名に死刑，被告人5名に無期禁錮を言い渡した。被告人磯部，同村中らは，軍人軍属ではなく，常人であったので，刑法65条1項の身分犯規定が適用されている。なお，その他の兵の多くは，執行猶予付き軽禁錮又は無罪であった。

　被告人北輝次郎及び同西田税に対しては，昭和12年8月14日，死刑判決が言い渡された。

　近衛文麿は，広田首相，林首相の後を承けて内閣総理大臣となったが，杉山陸相に対し，被告人真崎甚三郎の有罪は疑問ではないかと問い，結局，東京陸軍軍法会議は，被告人真崎甚三郎に無罪を言い渡している。

　一連の裁判を通じて，死刑は19名，無期禁錮は7名であった。

　田中時彦は，本件裁判の特質として，①　本件軍法会議に陸軍当局の強い干与があり，西南戦争に類似した行政裁判の色彩があった，②　本件軍法会議が陸軍内から皇道派を一掃するという政治目的を達成する手段となった，③　北輝次郎及び西田税も首魁のメンバーに含める一方，真崎甚三郎を無罪とすることにより，本件事件が陸軍上層部とは無関係であるという印象を作出すること

に成功した，などの諸点を挙げる。

　田中時彦による③の指摘などは，傾聴に値しよう。北輝次郎らが有罪なら真崎甚三郎も有罪，真崎甚三郎が無罪なら北輝次郎らも無罪ではないか，という指摘である。

　但し，真崎甚三郎の処分についてはひとまず措くとすれば，本件事件の首謀者らに対して極刑を選択したのは，妥当な判断だったと思われる。二・二六事件の裁判結果が，統制派の意向に沿う内容だったとしても，それと裁判の公正さとは，別途に考えるべきであろう。本件犯行の計画性・組織性，犯行結果の重大性などに鑑みれば，首謀者らを極刑に処したのは，合理的な判断であったと思料されるのであり，このことは，本件軍法会議の背後に政治的な動きがあったこととは無関係に評価されてよいと思う。

　ところで，本件事件の裁判手続については，これを「特設軍法会議」として，弁護人なし・公開せず・上訴不可という扱いにしており，その適正手続いかんが問題となろう。

　軍人軍属らが関わる軍法会議では，時に，非公開・上訴不可という選択がなされることに合理性があることもあり，それだけで直ちに問題であるとはいえない。

　しかし，陸軍省は，刑の執行後，死刑判決が言い渡されたこと及び死刑が執行されたこと程度の記者発表しかしなかったため，国民は，事件の詳細を知ることができなかった。

　推察するに，軍当局は，弁護人を付与したり，裁判を公開したりすれば，新聞報道を通じて被告人らの言い分が宣伝され，少なからぬ国民が被告人らに同情し，減刑嘆願の運動が起こることを予想し，これを回避しようとしたのではないかと思われる。実際，本件に先立つ血盟団事件，五・一五事件，神兵隊事件などでは，多くの国民がマスコミ報道を通じて被告人らの言い分に耳を傾け，これに同情を寄せ，裁判は，異例と思われるほどの寛刑で済まされているのである。

　確かに，当時の日本では，反乱行為等に対して国民の同情が広がり，寛刑が続くような状況となっており，その後も，同様の反乱行為等が繰り返されるお

それはあり，陸軍省の心配も分からないではない。

しかし，国民が国民を統治するという議会制民主主義を採用する以上，国家意思を決定するのは究極的には国民なのであり，裁判を非公開とするにしても，判決確定後は，速やかな情報公開がなされるべきであったように思われる。

なお，高橋正衛は，二・二六事件の際，奉勅命令（天皇による直接的な命令）が速やかに下達されていない点を問題視しており，傾聴に値する[172]。

すなわち，天皇から，反乱軍は速やかに原隊に戻れという趣旨の奉勅命令が発せられたにもかかわらず，これが速やかに被告人らに下達されていないのである。奉勅命令は，天皇から，参謀総長（実際には参謀次長），戒厳司令官，第一師団長，連隊長まで下達されたものの，そこで止まってしまう。また，被告人らは，奉勅命令が下達されたという情報を耳にしても，これを信じようとしない。これは，どういうことなのか，と。

思うに，被告人らは，一君万民の皇国を現出させることを企図したといいながら，実際には天皇の意向に沿わない行動をとったのであり，また，これを抑えようとした皇国軍の内部にも，天皇の意向を速やかに伝えようとしない者がいたということである。大日本帝国憲法は，勅令であっても国務大臣の副署を要する旨規定しており（55条），天皇は，自由に権限を行使できるわけではなかったが，それでも，本件事件の際，その奉勅命令は，参謀総長（実際には参謀次長）が允裁を受けていたのである。上命下服が厳守されるべき陸軍内部において，正式な奉勅命令が被告人らに速やかに下達されなかったということは，大問題であると言わざるを得ない。

神風隊事件（戦時国政紊乱目的殺人予備罪・戦時放火罪）（昭和20年8月15日）[173]

【事案】

大審院昭和21年3月25日判決によれば，事実関係は，以下のとおりである。

被告人A，同B，同C及び同Dは，いずれも横浜工業専門学校の第3学年

---

172) 前掲170) の高橋正衛（平成6年増補改版）99頁以下，219頁以下
173) 大審院昭和21年3月25日判決・大審院刑事判例集25巻1号3頁（神風隊事件）

に在学中のもの，被告人Eは，同専門学校第2学年を修了後に東京工業大学の第1学年に進んだものであるが，被告人Aら5名は，かねて大東亜戦争の前途を憂慮し，内外の重大時局に対処すべき学徒の使命に関し深甚の考慮を廻らしていたところ，同専門学校の先輩にして東京警備軍第三旅団隷下旭部隊横浜隊隊長である陸軍大尉甲と接触し，その熱烈なる憂国の言説を聴くに及び，いよいよ憂国の至情を激成されるに至り，昭和20年6月頃から，同専門学校の母校生徒を中心とする同志的雰囲気を醸成し，隘路の研究，打開の努力等に傾注していった。

　被告人Fは，筏回漕会社の現場監督として，前記陸軍大尉甲の所属する部隊に材木を納入していたものである。

　被告人Gは，多年，自動車運転に従事してきたもので，横浜市営電車及び乗合自動車の労働争議を指導した経験もあったところ，近年，前記陸軍大尉甲と相知るに及び，同人に傾倒し，親交を深めていたものである。

　被告人ら7名は，昭和20年8月14日夜，前記陸軍大尉甲から，「我が国が近々連合国に対し無条件降伏をなさんとする機運濃厚なるも，かくては皇国の滅亡は必至なるべく，これを防止せんがためには，非常手段により鈴木貫太郎を首班とする内閣を打倒するとともに，重臣層の勢力を排除，駆逐して，新たに強力内閣を樹立し，その指導下に国家の総力を挙げて徹底抗戦に邁進する以外に途なき」旨を説示されるや，その所説に賛同し，甲の指揮に従い，内閣総理大臣・重臣の暗殺その他の直接行動に参加することを決意するに至り，翌15日午前2時頃，横浜市鶴見区内に集合し，甲から，「Aら民間側参加者は，国民神風隊として結束し，甲指揮下の兵と協同して，前記企画達成に当たるべく，右兵は，内閣総理大臣官邸等の焼き打ちを行い，D及びGを除く爾余のAらは，主として内閣総理大臣等の暗殺を担任し，Dは，機銃係として軽機関銃による援護射撃の補助に当たるべき」旨指示を受けて，これを承諾し，被告人Aは槍様の兇器を，同B及び同Eは各日本刀を，同Cは軍刀を，同Fはけん銃を，それぞれ甲から授与され，甲の指揮に従い，一同同所を出発した。

　被告人Aらは，昭和20年8月15日午前4時20分頃，鈴木総理を殺害する目的をもって，東京都麹町区永田町の内閣総理大臣官邸に至り，前記兇器を携

帯して邸内に乱入し，鈴木総理を探索するも，不在であったため，同所を引き揚げ，引き続き，同日午前5時10分頃，同都小石川区内の鈴木総理私邸に至り，前記兇器を携帯して邸内に乱入し，鈴木総理を探索するも，発見できなかったため，同所を引き揚げた（戦時国政紊乱目的殺人予備）。

この間，陸軍大尉甲指揮下の兵士らは，重油を用いて鈴木総理らが現に住居に使用する木造2階建ての私邸に放火していたが，その際，被告人らは，これに協力してマッチで室内の障子に点火し，あるいは燃焼中の布切れで室内の衣類等に点火し，あるいは室内の襖を取り外してこれを火炎に接置して引火させるなどし，兵士らと共に鈴木総理の私邸を焼毀した（戦時放火罪）。

さらに，被告人らは，同日午前5時40分頃，枢密院議長平沼騏一郎を殺害する目的で，同都淀橋区内の平沼議長私邸内に至り，前記兇器を携帯して邸内に乱入し，平沼議長を探索するも，発見できなかったため，同所を引き揚げた（戦時国政紊乱目的殺人予備）。

この間，陸軍大尉甲指揮下の兵士らは，重油を用いて平沼議長らが現に住居に使用する木造2階建ての私邸に放火していたが，その際，被告人らは，これに協力して窓の障子を取り外してこれにマッチで点火し，あるいは炭火入りのコンロを台所から室内に搬入し，あるいは屋外の貨物自動車から邸内に放火用の重油を運搬し，あるいは室内の雑誌や掛け軸を火炎に投入するなどし，平沼議長の私邸を焼毀した（戦時放火罪）。

被告人Gは，本件犯行に先立ち，陸軍大尉甲の指示に基づき，本件犯行に用いる乗用自動車，貨物自動車を配車したり，甲を乗用自動車に乗せて，鈴木総理官邸，同私邸，平沼議長私邸に順次運ぶなどした。

【裁判経過等】

第一審は，東京地方裁判所でなされ，被告人ら7名をいずれも懲役5年に各処した。

有罪判決に対し，被告人側が上告した。弁護人らは，①　本件放火罪は，兵士らにより敢行され，既に独立燃焼が始まった後に，被告人らがその火勢拡大を助勢しただけであるから，被告人らは，共同正犯ではなく，幇助犯に止まる，②　被告人Dは，実行行為を担当しておらず，その補助役にすぎなかったから，

幇助犯に止まる，③　被告人Ｇは，本件殺人予備・放火の実行行為に全く関与しておらず，配車等の後方支援をしただけであるから，幇助犯に止まるなどと主張した。

　これに対し，大審院昭和21年3月25日判決は，被告人Ｄ及び同Ｇを含めた被告人らすべてが殺人予備・放火の実現に援助を与えるに止まらず，自らその企図を達成しようとする意図の下に謀議していることから，共同正犯の成立が認められる旨判示して，上告を棄却した。

　「よって按ずるに，原審は，被告人等7名は，それぞれ判示のごとく甲の説示に賛同し，同人の企図する内閣総理大臣鈴木貫太郎及びその他の重臣の暗殺並びに首相官邸等の放火の直接行動に協力参加せんことを決意し，その指揮下の兵と協同して前記企図達成に当たることとなり，各自その分担に係る判示行為に出でたるものと認定し，すなわち被告人等が，共謀の上，判示殺人予備若しくは放火を敢行したりとする趣旨なることまことに明らかにして，これらの事実は，原判決挙示の証拠によりて優にこれを認定するに足るものとす。上告趣意にいうごとく被告人等が単に論旨記載の各個の行為に出でたるに止まり他の被告人及び兵士等の殺人予備及び放火につき共謀存せざりしとなすがごときは，原判決の認定に副わざるところなり。しかして，被告人Ｇを除くその余の被告人が，放火既遂罪の責任を負担すべきはもちろん，たとい被告人Ｄにおいて，所論のごとく首相その他の重臣を探索せず，同Ｇにおいては，右首相官邸等に侵入せず，かつ，放火の現場に赴かざりしとするも，右被告人両名の意図においては，他の被告人及び兵士等が本件殺人予備及び放火を敢行するに当たり単にこれが実現につき援助を与うるに止まらず，自ら進んで該企図達成に協力参加せんとするにありたること，原判示のごとくなる以上，<u>これら被告人等は，他の共犯者の行為を通し，右殺人予備及び放火につき自己の犯意の実現を図りたるものなるが故に，これらの行為につき共同正犯の成立を見るは当然にして</u>，被告人等7名が判示事実の共同正犯として殺人予備及び放火既遂罪の責任を負担すべきこと論をまたず。」

第3節　右翼急進派らの思想

　内乱罪，反乱罪等の法運用について語るためには，日本における右翼思想について見ておく必要があろう[174]。

　幕末・維新の混乱期以降，国内には，東北戦争，箱館戦争，西南戦争のような内戦のほか，多くの騒擾（騒乱）事件，殺傷事件等が繰り広げられたが，少なくとも明治13年刑法が制定された当初は，暴力行為の背景に主義・思想があったとしても，それらの事件を右翼か左翼かという二分法で把握しようとすることはなかったように思う。

　もともと，左翼・右翼という言葉は，フランス革命に由来する。フランス革命後の国民公会において，議長席から見て左側（左翼）に急進的なジャコバン派が席をとり，右側（右翼）に穏健的なジロンド派が席をとったことから，急進派を左翼，穏健派を右翼と呼ぶようになったのである。

　しかし，左翼・右翼といった区分は，相対的な区分法である上，地理的・歴史的にも変容が生じ得ることから，その用語法を用いるときは，定義付けが重要である。

　日本における右翼思想の源流は，幕末の尊皇攘夷運動にあると言われているようだが，右翼思想の定義付けは，それほど容易ではないように思われる。

　例えば，尊皇攘夷運動といえば，天皇中心主義・外国人排斥主義を意味するように見えるが，その運動を推進していたはずの長州藩士らは，対英戦争に敗北すると直ちに開国派に転じており，逆に，佐幕派らと思われる藩士らが，外国人を斬り付けるなどの行為に及ぶこともあったのである。薩摩・長州の藩士らを主体とする明治政府は，欧化政策を進めており，右翼団体というべき玄洋社（明治14年，創設）や黒龍会（明治34年，玄洋社から分かれて結成）らの多くも，大陸に渡って活動しており，外国政府・外国人との交流を抜きにしては，政治，経済，社会，文化等あらゆる分野で活動ができない状況になっていたのである。

---

174) 本文の記載は，以下の文献等を参考にしている。園田一裕「右翼運動の歴史と現状」513頁以下（河上和雄ほか「講座　日本の警察　第四巻［防犯保安警察・警備警察］」（平成5年，立花書房）所収）

また，日本で生まれた右翼思想家の中には，若かりし頃，マルクス主義に耽溺していた者も少なくなく，左翼思想家との共通点も少なくない。

　推察するに，日本で右翼思想が強く意識されることになったのは，左翼思想の高揚への反発ないし反作用であったように思う。ロシア革命の後，日本にコミンテルン日本支部（日本共産党）が生まれ，過激な左翼思想が活発になっていくのに反発する形で，過激な右翼思想が形成されていった感があるのである。フランス革命時の用語法によれば，過激な右翼思想というのは，おかしな用語法ともいえるが，日本では，過激な左翼思想と180度正反対の思想として，これまた過激な右翼思想というものが観念されることになる。

　すなわち，大正3年（1914年），第一次世界大戦が勃発すると，日本は，未曾有の好景気に沸いたが，大正7年に同大戦が終結すると，不景気に見舞われ，加えて，大正12年には関東大震災が発生し，やがて昭和恐慌の嵐が吹き荒れる中，自由主義・民主主義を謳う大正デモクラシーの思想が盛んになる一方，過激な左翼思想も活発となり，米騒動，小作争議，労働争議などが広がり，暴力革命主義の共産主義に反対する立場から過激な右翼思想が台頭してきたものと理解してよいように思う。

　ここで難しいのは，国民生活の向上という点に限れば，左翼と右翼の目指す目的が一見すると同じように見えることである。右翼思想家としては，北一輝や大川周明らが有名である。北一輝の「日本改造法案大綱」では，私有財産の制限，大規模な生産手段の国有化などが語られ，その内容は，社会主義と呼べるものとなっている。また，大川周明の「日本精神研究」も同様である。彼らは，日本社会の現状を憂い，とりわけ農村の窮状を憂慮していたが，かかる現状に至った原因を分析した結果，それは資本家らが経済を支配し，国民の多くを犠牲にして大利を得ているという現状認識があったようである。これでは，マルクス主義と変わらないように見えるが，実際のところ，北一輝や大川周明らも，青年時代にはマルクス主義に傾倒していたようである。

　左翼であっても右翼であっても，それぞれに穏健派が存在し，また，急進派ないし過激派が存在する。そして，左翼過激派も右翼過激派も，いずれも目的達成のためには手段を選ばず，暴力をもってしても国家体制の変革（革命ない

し維新)を成し遂げようとする点では変わらないように思う。

　日本における左翼過激派と右翼過激派とが相容れない核心的部分は，国際共産党（コミンテルン）ないしロシアとの関係性であろう。左翼過激派も右翼過激派も，いずれも日本の現国家体制が諸問題の元凶であると認識しており，その破壊を目標とするのであるが，その目的遂行に当たり，左翼過激派は，ロシア革命を範とし，とりわけ日本共産党（コミンテルン日本支部）は，コミンテルンの方針を唯一絶対のものとして，そこから資金援助を受け，その指導の下に日本の国家体制を破壊する道を選んだため，天皇制の廃止も目標としたのに対し，右翼過激派は，これに反発し，ロシアの対外政策が信頼できないものであるとして，ロシアを敵視し，自らの正当性の根源を天皇に求めたわけである。

　左翼過激派は，マルクスの著作などを通じて自らを理論武装し，学生や都市労働者を中心にして同志を集めることになるが，右翼過激派は，天皇と国民とを直接結べばすべてが解決するかのような情緒に訴えるところがあり，困窮している農村出身の軍人らから同志が集まることになる。

　右翼過激派は，左翼運動家を攻撃することもあろうが，その運動の本線は，暴力による政府の転覆であり，大日本帝国憲法が定めた国家体制（議会制民主主義など）の破壊であった。右翼過激派らは，天皇を信奉するような言辞を繰り返すが，その実，天皇の御意に反する行動をとっていたわけである。

　このように，フランス革命期に生まれた左翼・右翼という概念は，もともとは急進派・穏健派という区分けから始まっているのだが，日本では，ロシアないし国際共産党（コミンテルン）に対する姿勢，そして天皇ないし天皇制に対する姿勢から，左翼・右翼の概念対立が始まったようであり，右翼においても急進派が存在することになるのである。

　裁判所としては，このような右翼急進派らによる犯罪行為に対し，法と証拠にのっとり，毅然たる態度で訴訟指揮をなすべきであるし，適正手続を保障しつつ，行為に見合った量刑判断をしていくことが求められたのである。

　大日本帝国憲法は，議会制民主主義を採用し，国民の代表が送り込まれる帝国議会において，法律の制定という形式により，国家意思が決定されていくことを想定しているのであるが，このような国家体制を破壊しようとする者たち

を厳正公正に処罰することは，議会制民主主義・自由主義経済を支える上で極めて重要なことである。右翼に甘く，左翼に厳しいなどと揶揄されることのないような法運用が求められていたといえよう。

第4編

日本国憲法の下での刑事法の展開

第1章　新しい刑事法の制定

第1節　緒　　論

　アメリカ，イギリス及び中華民国は，太平洋戦争の終結に先立つ昭和20年（1945年）7月26日，いわゆるポツダム宣言を発し，アメリカ軍は，同年8月6日及び9日，広島及び長崎に原爆を投下し，ソ連軍は，同月8日，日ソ不可侵条約を破棄して日本に宣戦布告してきた。

　日本政府は，同月14日，連合国側に対し，ポツダム宣言を受諾する旨を伝え，昭和天皇は，翌15日，このことを伝える終戦詔書を発した。

　戦後の日本政府が直面した課題は，多数あったが，そのうちの大きなものとしては，以下の二つが挙げられよう。

　第1の課題は，可及的速やかに，連合国とりわけアメリカの要求する諸改革を断行し，アメリカ軍による占領から脱して独立を回復し，国際社会に復帰することである。

　連合国最高司令官マッカーサーは，日本政府に対し，軍隊の解散，警察組織の地方分権化（市警察・町警察）を初めとして，様々な分野にわたって法制度の改革を要求してきた。総司令部幕僚部民政局が取りまとめた憲法草案（マッカーサー草案）には，国民主権，戦争の放棄，内閣制度，裁判所による法令審査権，国会の特別多数決により違憲判決を覆せることなどの諸規定が盛り込まれていた。刑事法の分野では，基本的人権の保障の観点から，ドイツ法系の大正11年刑事訴訟法について抜本的な改正が求められた。我が国では，刑事法に限らず，法制度全般にわたり，戦前は，主としてフランス法系・ドイツ法系を継受してきたが，戦後は，アメリカ法系を継受する流れとなるわけである。

　第2の課題は，経済の再建である。

　我が国は，太平洋戦争前，アメリカからの石油の輸入が全面禁止とされるなど，長期間にわたる経済封鎖を受けて物資が乏しくなっており，とりわけ戦争中のアメリカ軍による空爆により，軍事施設だけでなく，一般民家を含む全国各都市が焼け野原とされるなどし，国民の衣食住は，窮乏を極めていた。戦後，

連合国総司令部は，日本政府に対し，財閥の解体，労働組合の創設，農地解放などの経済改革を求めたが，経済改革は新たな混乱を生み，従来からの物流の仕組みは機能せず，政府の統制が効かない闇市が開かれ，市場経済は混乱していた。食糧・エネルギーの確保は急務であったが，その対応は困難を極め，戦争前のような貿易立国への道は，はるかに遠かった。

　戦後の政府としては，これら対外的・対内的な課題に取り組むためにも，アメリカに頼るしかなかったように思われる。アメリカ政府は，我が国の法制度改革に力を入れるだけでなく，必要な物資の供給にも大きな支援をしてくれた。もともと，大日本帝国憲法は，国民の自由と平等を守り，議会制民主主義，三権分立，法治主義，法の支配などの法理念を指向していたものと理解できるところであり，その点に関する憲法改正には，抵抗感はなかったように思われる。また，国民の多くは，それまでの長い戦争にうんざりしており，戦争の放棄についても，当然のこととして受け入れたように思う。

　しかし，我が国は，明治維新以来，欧米流の近代化を目指し，主に大陸法系の法制度を継受し，長年にわたる政治・行政・司法の実務運用が積み重ねられていたため，そこへアメリカ法系の法制度を導入するといっても，簡単なことではなかった。とりわけ，税法，会社法，独占禁止法，証券取引法等の分野では，法的思考法の大転換が求められた。アメリカ流の刑事訴訟法の導入も同様である。また，新たな法制度を作っても，それを実行に移すに当たって，人的・物的・予算的な確保も容易ではなかった。政府としては，憲法を初めとして，諸法律の制定・改廃に当たり，じっくり時間をかけて議論を尽くすという余裕もなかったはずである。その上，軍隊を解散し，警察組織を弱体化させたとき，我が国の対外的な防衛と，対内的な治安維持において，政府が責任をもった対応をなし得るのかという現実的な問題もあった。政府としては，連合国総司令部の要求に応えつつも，日本の実状を踏まえた現実的な対応が求められたように思われる。

　政府の諸施策は，アメリカの要求にどこまで応じられるのかといった側面と，アメリカに対する国民の様々な思いをどこまで汲むのかといった側面，これら両極面から指弾を受けかねない危うさを抱懐していたといえよう。

すなわち，戦前の国民の中には，日露戦争後の講和に関してアメリカによる干渉があったために日本の国益が損なわれたではないか，その後，アメリカによる経済封鎖があったために日本の石油備蓄が底を尽きそうになったのであり，経済が行き詰まる前に対米開戦に踏み切ったのもやむを得ないのではないか，しかし，アメリカと戦争をしても勝てるはずがない，先行きが見えない対米交渉はどうなってしまうのか，などと思っていた者もおり，対米開戦から太平洋戦争の終結までの間，鬼畜米英をスローガンのように口にしていた国民が少なくなかったのにも，それなりの理由があったわけである。また，アメリカ軍による空襲，原爆投下，沖縄市街戦などにより，現実に多くの国民が命を奪われ，生き残った国民も苦しい生活に追い込まれていたのである。その上，戦後は，アメリカ軍が我が国内に基地用地を占有し，アメリカ軍人軍属らによる犯罪も多発するようになっており，アメリカに感謝する国民も少なくなかったが，それとは異なる思いの国民も少なくなかったと思われるのである。

　また，戦後は，公務員・民間人を問わず，戦争に協力的であったと連合国総司令部から認定された者らが政府や企業から追放されることとなり，また，多くの復員軍人は帰国しても職がなく，そんな中，労働運動が頻発していくのである。国民の中には，我が国の復興に当たり，アメリカとの友好関係を軸としていくしかないと考える者が多かったと思われるが，逆に，ソ連との友好関係を軸としていくべきだと考える者もいたわけである。

　このような動きの中で，様々な意見対立・利害対立が交錯し，一部の国民は，政府が対米従属的であるとしてこれに不満を抱き，特に，過激派らは，政府の諸施策に反対するため，あるいは政府を倒すため，さらには暴力主義革命を成し遂げるため，時に殺傷事件等の犯罪行為にも及ぶこととなる。

　このようにして発生していく様々な刑事事件に対し，戦後の政府，国会，警察当局や，裁判所など司法関係者らは，どのように対応してきたのか。

　次節以下では，最高裁判所事務総局「裁判百年史」などを参考にしながら，戦後に制定された日本国憲法，そして同憲法の下で制定された刑事組織法・刑事手続法・刑事実体法について，順次，見ていくこととする[175]。

第2節　日本国憲法

　昭和天皇は，昭和21年11月3日，日本国民の総意に基づき，新日本建設の礎が定まるに至ったことを深くよろこび，枢密顧問による諮詢及び大日本帝国憲法73条に基づく帝国議会による議決を経た同憲法の改正を裁可し，日本国憲法を公布した（昭和22年5月3日施行）[176]。

　日本国憲法は，国民主権を明記し（前文，1条），国民が国民を統治するという議会制民主主義の理念を明らかにした。

　　「日本国民は，正当に選挙された国会における代表者を通じて行動し，……ここに主権が国民に存することを宣言し，この憲法を確定する。……そもそも国政は，国民の厳粛な信託によるものであって，その権威は国民に由来し，その権力は国民の代表者がこれを行使し，その福利は国民が享受する。」（前文）

　この議会制民主主義の理念は，大日本帝国憲法が採用した理念でもあった。

　このような大日本帝国憲法の改正，日本国憲法の制定は，連合国総司令部が日本政府に対して憲法改正の基本原則を示したことに端を発するものであった。

　まず，最高司令官マッカーサーは，昭和21年2月，総司令部幕僚部民政局長ホイットニーに対して憲法改正の要件を記したメモ（マッカーサー・ノート）を手渡しているが，そこには，「天皇制の存続を前提として，天皇を国の元首とするが，その権能は憲法の定めにしたがい，国民に責任を負うものとする」旨が記載されていた。

　次に，民政局長ホイットニーの下，民政局のケーディス大佐，ハッシー中佐及びラウエル中佐の3名からなる運営委員会は，同月，日本国憲法案（マッ

---

175) 以下の本文記載は，個別の参照文献のほか，全般にわたり，前掲8)の「裁判所百年史」（平成2年）などの文献を参考にしている。
176) 日本国憲法の成立史については，以下のような文献を参考にした。前掲46)の大石眞（平成17年）319頁以下，前掲138)の宮澤俊義＝芦部信喜（昭和53年第2版（全訂版））1～19頁，前掲138)の清宮四郎（昭和54年第三版）44～53頁，佐藤功「日本国憲法概説〈全訂新版〉」（昭和49年全訂新版，学陽書房）42～54頁等

カーサー草案）をとりまとめ，最高司令官マッカーサーの承認を得て，民政局長ホイットニーは，これを国務大臣松本烝治及び外務大臣吉田茂に手交したが，そこには，国民主権が明記され，「天皇は，日本国の象徴であり，日本国民統合の象徴である。」（1条）などと記載されていた。

日本政府は，「国体」の護持を条件にしてポツダム宣言を受諾しており，マッカーサー草案の内容には衝撃を受けた。天皇制が維持されるとはいえ，主権者が国民であるという文言を憲法に明記することは，これまでの価値観をひっくり返すものであった。天皇は，統治せずとも君臨しているべき存在と考えられてきたからである。

この象徴天皇制と国民主権をめぐっては，日本国憲法の成立後も，種々の議論を巻き起こすことになる。

しかし，法律的に見れば，天皇制の実質に大きな変更があったとは思えないのである。

前編第1章第1節で見たとおり，大日本帝国憲法は，国民の権利を保障し，天皇の権限を制約するために制定されたものである。「国体」とは，天皇制とほぼ同義であるが，その天皇制は，実質的にはすでに象徴天皇制であった。国家の具体的な統治制度の在り方などは，「政体」と呼ばれていたが，その実質は，議会制民主主義であった。帝国議会の議決がなければ，法律は成立しないのであり，逆に，帝国議会が議決すれば，事実上，法律は成立するのであり，天皇が法律案を裁可しなかったことは一度もない。

日本国憲法の下，天皇は，象徴とされ（1条），国政に関する権能を有しない（4条）こととされたが，依然として，国会の召集・衆議院の解散（7条），内閣総理大臣・最高裁判所長官の任命（6条）などの国事行為をなす主体である。

国民主権とされながら天皇制が存続することに違和感をもった国民も一部にはいたかもしれないが，天皇を日本国の象徴であり日本国民統合の象徴として仰ぎつつ，実質的には国民の代表で構成される国会が国家意思を決定する，すなわち究極的な主権者が国民なのだ，というありのままの政体を明文化することに，多くの国民が納得したのではないかと思う。

さて，日本国憲法には，裁判所の法令審査権が明記され，また，刑事手続に

関する比較的詳細な規定が設けられた。これらは，日本国憲法の特色の一つといえるものである。

　すなわち，第1に，司法権は，すべて最高裁判所及び法律の定めにより設置される下級裁判所に属し，特別裁判所は，これを設置することができないこととされ（76条），最高裁は，一切の法律，命令，規則又は処分が憲法に適合するかしないかを決定する権限を有する終審裁判所とされた（81条）。この法令審査権は，下級裁判所も行使することができるものと解されている。というのは，憲法は，国の最高法規であって，その条規に反する法律等の全部又は一部は，その効力を有しないのであり（98条），裁判官は，憲法を尊重し擁護する義務を負うから（99条），憲法に違反する法令を個別具体的な訴訟事件に適用することが許されないが，このことは，最高裁の裁判官であろうと下級裁判所の裁判官であろうと変わらないからである[177]。

　なお，理論的には，大日本帝国憲法の下でも，裁判所には法令審査権があると解釈してよいように思うが，判例上，裁判所は，法律に対する実質的審査権を有しないものと解されていた[178]。

　第2に，日本国憲法は，刑事手続に関し，大日本帝国憲法と比べ，比較的詳細な規定を設けた[179]。

　その具体的な規定内容は，以下のとおりである。

　すなわち，何人も，法律の定める手続によらなければ，その生命若しくは自由を奪われ，又はその他の刑罰を科せられない（31条。刑事手続法定主義）。

　何人も，現行犯として逮捕される場合を除いては，権限を有する司法官憲が発し，かつ理由となっている犯罪を明示する令状によらなければ，逮捕されない（33条。令状主義）。何人も，理由を直ちに告げられ，かつ，直ちに弁護人に依頼する権利を与えられなければ，抑留又は拘禁されない。また，何人も，正

---

[177] 最高裁昭和25年2月1日判決・刑集4巻2号73頁等参照
[178] 大審院昭和12年3月3日判決・刑集16巻193頁，行政裁判所昭和2年12月27日判決・行録38輯1330頁等。
[179] 前掲46）の宮澤俊義（昭和49年新版再版（改訂））419頁以下，前掲176）の佐藤功（昭和49年全訂新版）180～195頁等

当な理由がなければ，拘禁されず，要求があれば，その理由は，直ちに本人及びその弁護人の出席する公開の法廷で示されなければならない（34条）。何人も，その住居，書類及び所持品について，侵入，捜索及び押収を受けることのない権利は，正当な理由に基づいて発せられ，かつ捜索する場所及び押収する物を明示する令状がなければ，侵されない（35条。令状主義）。公務員による拷問は，絶対にこれを禁ずる（36条）。

何人も，裁判所において裁判を受ける権利を奪われない（32条）。すべて刑事事件においては，被告人は，公平な裁判所の迅速な公開裁判を受ける権利を有する（37条1項，82条）。刑事被告人は，すべての証人に対して審問する機会を充分に与えられ，又，公費で自己のために強制的手続により証人を求める権利を有する（37条2項）。刑事被告人は，いかなる場合にも，資格を有する弁護人を依頼することができる。被告人が自らこれを依頼することができないときは，国でこれを附する（37条3項）。

何人も，自己に不利益な供述を強制されない。強制，拷問若しくは脅迫による自白又は不当に長く抑留若しくは拘禁された後の自白は，これを証拠とすることができない。何人も，自己に不利益な唯一の証拠が本人の自白である場合には，有罪とされ又は刑罰を科せられない（38条。黙秘権など）。

残虐な刑罰は，絶対にこれを禁ずる（36条）。何人も，実行の時に適法であった行為又は既に無罪とされた行為については，刑事上の責任を問われない。又，同一の犯罪について，重ねて刑事上の責任を問われない（39条。二重危険の禁止）。何人も，抑留又は拘禁された後，無罪の裁判を受けたときは，法律の定めるところにより，国によりその補償を求めることができる（40条。刑事補償）。

このような日本国憲法の規定を踏まえ，国会は，刑事組織法・刑事手続法・刑事実体法を整備していった。

すなわち，国会は，裁判所法（昭和22年法律59号），検察庁法（同年法律61号），警察法（昭和22年法律196号，昭和29年法律162号），刑事訴訟法（昭和23年法律131号），警察官職務執行法（同年法律136号），少年法（同年法律168号），弁護士法（昭和24年法律205号）等を制定していったのである。

なお，刑法（明治40年法律45号）については，部分的な改正をしただけで，大きな改正はしていない。

第3節　刑事組織法

第1款　裁判所

　国会は，日本国憲法の制定に伴い，民事裁判・刑事裁判に共通する組織法として，裁判所法（昭和22年法律59号）を制定した。

　戦前，判事と検事は，ともに裁判所構成法により規定されており，従前から，裁判官と検察官とは独立して職務を遂行するものとはされてきたものの，日本国憲法の制定に伴い，裁判所は，司法大臣の行政監督権から離れて独立し，検察は，裁判所検事局から独立して検察庁という組織となり，相互の分離独立が強化されることになったため，準拠法も，裁判所法と検察庁法とに分けられた。

　裁判所法によれば，裁判所は，4種とされ，最高裁判所（東京の1か所）のほか，高等裁判所（全国に8か所。東京，大阪，名古屋，広島，福岡，仙台，札幌，高松），地方裁判所（同50か所。都府県に各一つ，北海道に四つ），家庭裁判所（同50か所）及び簡易裁判所が設置された（2条など）。

　裁判所は，一切の法律上の争訟を裁判し，その他法律において特に定める権限を有する（3条）。最高裁判所は，上告について裁判する（7条）。高等裁判所は，地裁の第一審判決，家裁の判決及び簡裁の刑事に関する判決に対する控訴について裁判権を有し，また，刑法77条～79条（内乱罪）に係る訴訟の第一審について裁判権を有する（16条）。地方裁判所は，罰金以下の刑に当たる罪以外の罪に係る訴訟の第一審，簡裁の判決に対する控訴等について裁判権を有する（24条）。家庭裁判所は，少年法で定める少年の保護事件の審判の権限を有する（31条の3）。簡易裁判所は，罰金以下の刑に当たる罪等について第一審の裁判権を有することとされた（33条）。

　最高裁判所長官は，内閣の指名に基づいて，天皇がこれを任命する。最高裁判事は，内閣でこれを任命する（39条）。高等裁判所長官，判事，判事補及び簡裁判事は，最高裁の指名した者の名簿によって，内閣でこれを任命する（40

条)。

　判事補は，司法修習生の修習を終えた者の中からこれを任命する（43条）。司法修習生は，司法試験に合格した者の中から，最高裁がこれを命ずる（66条）。
　最高裁判所事務総局「裁判所百年史」は，新しい裁判所制度の特質として，第1に，司法権の拡大，第2に，司法権の独立の強化を挙げる[180]。
　すなわち，第1に，司法権の拡大としては，以下の3点を指摘する。
① 戦前の行政裁判所制度を廃止し，行政事件訴訟も通常の民事裁判所が審判することとされた。
② 戦前の軍法会議，皇室裁判所等の特別裁判所を廃止し，これらが管轄していた事件も通常裁判所が審判することとされた。
③ 日本国憲法は，一切の法律，命令，規則又は処分が憲法に適合するかしないかを決定する権限を裁判所に与えた。
　第2に，司法権の独立の強化としては，以下の4点を指摘する。
① 大日本帝国憲法も，裁判官の独立を保障していたが，日本国憲法は，「すべて裁判官は，その良心に従い独立してその職権を行い，この憲法及び法律にのみ拘束される。」（76条3項）と規定して，その趣旨を明確にし，裁判所法は，「裁判官は，公の弾劾又は国民の審査に関する法律による場合及び別に法律で定めるところにより心身の故障のために職務を執ることができないと裁判された場合を除いては，その意思に反して，免官，転官，転所，職務の停止又は報酬の減額をされることはない。」（48条）とし，身分保障を拡充した。
② 大日本帝国憲法の下では，裁判所及び検事局に関する規則は，司法大臣が定めることとされ，大審院が事務章程を定めるときは司法大臣の認可を受けることとされていたが，日本国憲法の下では，「最高裁判所は，訴訟に関する手続，弁護士，裁判所の内部規律及び司法事務処理に関する事項について，規則を定める権限を有する。」（77条1項）と規定された。
③ 大日本帝国憲法の下では，司法行政権は，司法大臣が掌握していたが，日

---

180) 前掲8) の「裁判所百年史」（平成2年）196～200頁

本国憲法の下では，最高裁判所以下の裁判所に属することとされ，裁判所の予算も，独立して国の予算に計上することとされた。
④　裁判所と検察庁が完全に分離された。

第2款　検　察　官

　検察官及び検察庁については，検察庁法（昭和22年法律61号）が制定された[181]。

　検察庁法によれば，検察庁は，裁判所に対応して4種（最高検察庁，高等検察庁，地方検察庁及び区検察庁）が設置され（1条），最高検は最高裁に，各高検は各高裁に，各地検は各地裁に，各区検は各簡裁に，それぞれ対応する（2条）。検察官は，検事総長，次長検事，検事長，検事及び副検事とされた（3条）。

　検察官は，戦前と同様，公訴官であり，公益の代表者とされた。すなわち，検察官は，刑事について，①　公訴を行い，②　裁判所に法の正当な適用を請求し，かつ，③　裁判の執行を監督し，又，④　職務上必要と認めるときは，裁判所の権限に属するその他の事由についても，裁判所に，通知を求め，又は意見を述べる（4条）。検察官は，⑤　いかなる犯罪についても捜査をすることができる（5条）。

　なお，戦前は，個別具体的な刑事事件の捜査について，検事が警察を指揮することとされていたが，後述するとおり，戦後は，警察が検察から独立した第一次的な捜査機関とされたことから，検察は，場合によっては第二次的な捜査機関に変わったものと理解してもよいと思われる。

　検事は，判事補と同様，司法試験に合格後，司法修習生の修習を終えた者の中からこれを任命する（18条）。

　司法研修所検察教官室は，我が国の検察制度の特色として，次の3点を挙げる[182]。

①　我が国の検察官は，自ら被疑者・参考人を取り調べるなど，証拠の収集を

181）前掲9）の伊藤榮樹（昭和61年）3～11頁，前掲9）の司法研修所検察教官室（平成27年）4頁
182）前掲9）の司法研修所検察教官室（平成27年）5～7頁

直接かつ積極的に行っている。
② 我が国の検察官は，的確な証拠によって有罪判決が得られる高度の見込みのある場合に限って起訴することとしている。
③ 起訴便宜主義が採られている。

我が国の検察制度は，フランス法系・ドイツ法系を継受したものである。検察制度は，戦後のアメリカ法系の継受を踏まえつつも，長年にわたる実務運用の中で日本独自の制度を形成してきたものといえる。

第3款　弁護士会及び日本弁護士連合会の自治権の強化

弁護士会及び日本弁護士連合会は，刑事に関する組織ではないが，便宜上，ここで論じることとする。

日本国憲法の制定に伴い，弁護士法（昭和24年法律205号）が制定され，各弁護士会及び日本弁護士連合会が創設された。同法は，裁判所法や検察庁法と並んで制定される予定であったが，様々な意見がなかなか一致を見ず，その制定が遅れたのである[183]。

福原忠男は，昭和24年弁護士法の特徴として，以下のとおり，弁護士会及び日本弁護士連合会の自治権が強化された点を指摘する[184]。
① 行政官庁及び裁判所による弁護士及び弁護士会に対する監督権を否定し，弁護士会及び日本弁護士連合会の自治権を強化した。
② 弁護士の登録事務及び弁護士名簿の管理等については，司法省（法務省）ではなく，全国の弁護士・弁護士会をもって組成される日本弁護士連合会がこれを所管することとした。
③ 弁護士に対する懲戒裁判制度を廃止して，弁護士会及び日本弁護士連合会が各弁護士に対して懲戒権を持つこととした。

このような弁護士会及び日本弁護士連合会の自治権の強さは，世界に例をみない日本独自のものである。

---

183) 前掲10) の福原忠男（昭和51年）20～36頁，前掲10) の日本弁護士連合会調査室（平成15年）6～11頁，前掲10) の髙中正彦（平成15年）8～17頁
184) 前掲10) の福原忠男（昭和51年）23頁

戦前において，すでに判事及び検事の資格試験と弁護士の資格試験とが一本化されていたが（高等試験司法科試験），戦後，これが司法試験となり，さらに，昭和24年弁護士法により，司法官試補と弁護士試補という二つの制度が一本化され，判事，検事及び弁護士に共通の司法修習制度が創設された。

第4款　警察の地方分権化

　警察は，戦後，検察から独立した第一次的捜査機関とされるなど，その職務執行における権限強化が図られたが，その一方で，連合国軍総司令部の方針により，その組織における地方分権化が図られるなど，組織の弱体化が強いられた。

　太平洋戦争終結後の警察改革の基本方針は，連合国軍最高司令官であるマッカーサー元帥及びその部下職員らの意向によって決定付けられているが，彼らの基本的な認識では，戦前の日本が警察国家であり，警察が政治，経済及び社会のあらゆる活動を支配しているものと映っていたようである[185]。

　連合国軍総司令部は，昭和20年（1945年）9月，「降伏後における米国の初期の対日方針」を発表し，個人の自由及び権利そして民主主義を保護するために，司法と警察組織を改革することを明らかにした[186]。

　そして，連合国軍総司令部は，昭和21年3月，元ニューヨーク市警察局長ヴァレンタインを団長とする都市警察改革企画団と，ミシガン州警察部長オランダーを委員長とする地方警察企画委員会を招聘し，それぞれの調査団が日本の警察制度の調査研究を進め，ヴァレンタインは，同年6月，公選の市長が任免する警察部長によって警察を管理すべきことなどを報告し，オランダーは，同年7月，内閣総理大臣が上院の同意を得て国家地方警察長官を任命し，全国6区に国家地方警察本部の支部を置くべきであることなどを報告した[187]。

　総司令部の民政局は，自治体警察を中心とした地方分権化を進めることとし，

---

185) 総司令部民政局編纂「日本警察制度の再編成」（警察研究25巻3・4号参照）
186) 河上和雄ほか「講座　日本の警察　第一巻［警察総論］」（平成5年，立花書房）39頁以下「末井誠史・島根悟執筆部分」
187) 田上穣治「法律学全集12－Ⅰ警察法［新版］」20頁（昭和58年，有斐閣）

マッカーサーは，昭和22年9月16日，片山総理大臣宛の書簡において，民主警察の基本方針を示し，警察の地方分権化，公安委員会の設置，警察権限の制限等を求めた[188]。

同マッカーサー書簡は，民政局の主張に従ったものであり，① 行政庁長官の下に高度に中央集権化された警察組織を維持することは許されないこと，② 警察権は市及び町に委ねられ，市及び町は独立の自治体警察を維持し，市長又は町長が議会の同意を得て任命する3人の民間人からなる委員会が警察の長を任免すること，③ 中央集権的に規制された国家警察が生まれるのを防ぐため，国家地方警察と自治体警察との間に指揮命令関係を認めないことなどを基本方針としたものである[189]。

このマッカーサー書簡の方針に従い，法案作成・審議がなされ，国会において，警察法（昭和22年法律196号）が制定されたのである。

その警察法の前文には，民主的な警察を目指す趣旨（警察法の目的）が明記された。

「国民のために人間の自由の理想を保障する日本国憲法の精神に従い，又，地方自治の真義を推進する観点から，国会は秩序を維持し，法令の執行を強化し，個人と社会の責任の自覚を通じて人間の尊厳を最高度に確保し，個人の権利と自由を保護するために，国民に属する民主的権威の組織を確立する目的を以て，ここにこの警察法を制定する。」

そして，昭和22年警察法によれば，警察の責務は，① 国民の生命，身体及び財産の保護に任じ，② 犯罪の捜査，被疑者の逮捕，及び③ 公安の維持とされ（1条），具体的には，① 公共の秩序の維持，② 生命及び財産の保護，③ 犯罪の予防及び鎮圧，④ 犯罪の捜査及び被疑者の逮捕，⑤ 交通の取締り，⑥ 逮捕状，勾留状の執行その他の裁判所，裁判官又は検察官の命ずる事務で法律をもって定めるもの，とされたのである（2条）。

この昭和22年警察法の特色は，一つには，戦前の警察が管轄していた衛生，

---

188) 前掲187）の田上穣治（昭和58年）21頁，前掲69）の河上和雄＝渡辺咲子（平成5年）4～5頁
189) 前掲186）の末井誠史・島根悟（平成5年）41頁以下。

労働など多くの行政権限を他の行政機関等に移管し，警察の権限を司法警察に傾かせるとともに，検察から独立した捜査権限を確立することにあった。もう一つには，戦前の国家警察を改め，市町村に警察組織を持たせ，国民・住民の代表としての公安委員会を市町村，都道府県及び国に置き，警察を民主的にコントロールすることにあった[190]。

しかし，誕生した自治体警察（市警察・町警察）は，職務遂行上の能力に限界があった上，自治体は，財政上の負担に耐えかねるといった情勢であった。当初，1386町村に自治体警察が設置され，その単純平均定員は，10人弱であった。そこでは，人事の停滞，広域犯罪の鎮圧困難，警察維持に対する財政困難等の大きな問題を抱え，埼玉，福島，大阪など地方の治安悪化が取り上げられ，昭和27年に発生した大規模な騒擾事件，とりわけメーデー騒擾事件では，首都の治安に関して内閣総理大臣の責任が追及されるほどであった[191]。

このため，警察の民主化と地方分権の趣旨を維持しながら，同時に，市町村の自治体警察を都道府県警察に統合し，その幹部を国家公務員とし，政府が広域的な犯罪事件につき道府県警察を指揮監督できることを目指して，警察法の全面的な改正が実現したのである（昭和29年法律162号）[192]。

現在，日本の治安は，世界的に見て極めて良好であると言われ，その原因についても研究がなされている。しかし，幕末・維新の混乱期のほか，戦後の混乱期など，治安が悪化した時期もあったのである。

平沢勝栄・金重凱之によれば，日本と同じ島国であるイギリスも，1970年代前半まで治安は極めて良好であり，その理由として，①　島国であり，外国人の流入が少なかったこと，②　経済的な繁栄が続いていたこと，③　銃器・薬物に対する取締りが厳しかったこと，④　学校教育によりルールを守る習慣が醸成されたことや，スポーツを通じての心身の健全化などが上げられたという[193]。

---

190) 前掲11) の田村正博（平成8年）39～42頁
191) 前掲187) の田上穣治（昭和58年）26～27頁。
192) 前掲11) の田村正博（平成8年）42～46頁
193) 前掲12) の平沢勝栄・金重凱之（平成5年）683頁以下

ところが，イギリスでは，1970年代後半から治安が悪化しており，その原因として，①　旧英国領からの移民，外国人労働者の流入により人種問題が深刻化したこと，②　経済の悪化，とりわけ若年層における失業率が増加したことなどが上げられているという。

　思うに，外国人が流入すれば，国民と異なる言語，文化，宗教，イデオロギー等が流入してくることになるから，様々な場面で，国民と外国人との間の，そして出入国管理行政の在り方などをめぐる国民どうしの，さらには外国人どうしの，様々な意見対立・利害対立が発生する可能性が高まるであろうし，そうなれば，それに応じて紛争や犯罪が発生する可能性が高まるのは当然のことになる。

　日本では，幕末維新前後の時代と同様に，太平洋戦争前後の時代にも，欧米やロシアなどから，日本とは大きく異なる言語，文化，宗教，イデオロギー等が大量に流入しており，価値観の大きな変動の中で紛争や犯罪が多発することになったのも，当然のことのように思われる。

　現在，日本は，世界的に極めて治安の良い国であると見られるようになったとはいえ，外国人の流入の動きなどもあり，将来もこのまま治安を維持していけるかどうか，予断を許さないように思われる[194]。

　しかし，少なくとも，現在の日本社会が世界的に見ても極めて安全・安心であると評価されるに至ったのは，それを支えた国民性とともに，警察による多大なる努力が大きな原動力となったことを正当に評価すべきように思う。

第4節　刑事手続法

第1款　警察官職務執行法

　国会は，戦後，警察官職務執行法（昭和23年法律136号）を制定した。同法は，警察活動に権限を与え，またこれを規制する行政手続法の一つであり，刑事手

---

194) 名和振平「わが国における外国人労働者の増加と治安に及ぼす影響」57頁（河上和雄ほか「講座　日本の警察　第四巻［防犯保安警察・警備警察］」（平成5年，立花書房）所収）

続法ではないが，便宜上，ここで論ずることとする。

同法によれば，警察権行使の目的は，① 個人の生命，身体及び財産の保護，② 犯罪の予防，③ 公安の維持，並びに④ 他の法令の執行等であり，同法は，その目的遂行に必要な手段を定めたものということになる（1条）。

さて，同法案の国会審議の際，国家地方警察本部長官は，その提案理由を説明しているが，それは，日本国憲法の施行に伴い，戦前の行政執行法及び行政警察規則が廃止ないし失効したため，それらに代わる法律が必要になったということである[195]。

> 「御承知の通り新警察法には，警察官及び警察吏員の職務執行上の権限や責任に関する具体的な規定はまったくこれを包含していないのであります。従来は行政執行法及び行政警察規則において，警察官の職務執行の心得や，権限，責任等を規定いたしておったのでありますが，その形式も内容もいささか新憲法の精神にふさわしくないものがありますので，先般御審議の結果行政執行法は廃止せられたわけでありまして，このために警察官等の行う保護や犯罪防止のための立ち入りや，緊急の場合におけるやむを得ざる措置について，新たに法的の根拠を設ける必要が生ずるに至ったのであります。」

警察官の職務執行に関する行政手続法を制定することは，国民の自由な活動を保障するために重要である。というのは，一方で，同法は，国民の生命，身体及び財産を保護するための根拠規定となり，他方で，同法が職務執行の法律要件・法律効果を定めることにより，個別具体的な警察権力の行使について，その必要性・相当性を判断する基準が明確化され，違法な警察活動の抑制につながるからである。

しかし，警察作用の根拠規定を設けることに対しては，一部の国民から強い批判が起きた。警察官職務執行法を定めることが，国民の自由な活動を保障するために必要だという発想ではなく，逆に，警察に権力行使の根拠を与えること自体を嫌悪し，立法化それ自体を拒否する動きがあったのである。その結果，

---

195) 第2回国会昭和23年6月15日衆議院治安及び地方制度委員会議録38号5頁

昭和22年警察官職務執行法は，戦前の行政執行法及びアメリカ1942年統一逮捕法を参照して最小限度の事項を定めるに止まってしまったのである[196]。

このような反対意見・反対運動の在り方は，その後の実務で多くの問題が生じる遠因になっているように思われる。

政府は，昭和33年，警察官職務執行法の改正案を国会に提出し，国民に対し，左翼・右翼等による集団的暴力行動に適切に対応するため，同法を改正する必要があることを訴えた[197]。

「近時，一部の組織や集団が，公然と法秩序を無視し，ために，市民の基本的人権の侵される事例が相ついで発生していることは，心ある国民の，ひとしく憂うるところである。すなわち，一方においては，少年犯罪の激増，あるいは昨春の別府事件をはじめとする無頼の暴力や右翼団体の挑発があり，他方，勤務評定，道徳教育講習会等に対する反対闘争や，王子製紙苫小牧工場争議等の手近な例にみられる如く，本来その職場と関係のない外部指導者の扇動のままに，集団的暴力により，組合運動の名の下においては何事もなしうるという態度をもって，闘争のための闘争を繰り返し，裁判所の決定の執行をすらはばみ，およそ法治国家においては，到底考えられないような事態を生じている。」

「このような市民の基本的人権の侵害や，公共の秩序破壊のとうとうたる風潮に対し，民主的社会の静穏を求める見地から，警察の無力を嘆ずる声を聞くことは既に久しい。しかるに，現行の警察官職務執行法の下においては，このような集団的暴力が予見されつつも，事前に適切な予防措置を講じえず，勢いのおもむくところ，多数が激突する不幸な事態を免れない。今国会に政府が提出した警察官職務執行法の改正案は，このような事例にみられる現行法の不備にかんがみ，警察本来の使命に基づき，個人の生命，身体，財産の保護と，公共の安全，秩序の維持を期し，最小限必要とする規定の整備を図るため，国家公安委員会において，諸外国の立法例をも参

---

196) 上原誠一郎「警察官職務執行法解説」（昭和23年，立花書房）24頁，前掲69) の河上和雄＝渡辺咲子（平成5年）9～10頁
197) 政府声明（昭和33年10月28日官報9556号517頁）

しゃくし，年余にわたる検討をとげ，成案を得たものである。」

「政府は，本改正案が国会において正常に審議されることを強く期している。国民各意におかれても，最近の左右両翼による集団的暴力行動の実相を直視せられ，政府が本改正案を提出するにいたった真意とその内容を，十分理解せられるよう，念願してやまない。」

政府提案の具体案では，① 所持品検査，② 取り上げた兇器の保管手続，③ 自殺のおそれのある者の保護など，様々な改正案を提案している。

しかし，野党各党は，政府による昭和33年改正案が警察官の権限強化につながるという理由からこれに反対し，そのため，国会審議は難渋し，国会の会期延長をめぐる紛議のため，審議未了となって廃案となったのである[198]。

このため，警察官の職務執行の必要性・相当性をめぐる判断基準について，立法によるルール作りができなくなり，その後，司法によるルール作りが展開されることになる。すなわち，判例法の形成である。例えば，個別具体的な刑事裁判において，自動車の停止，所持品検査，現行犯の制止，大学構内への立入りなどの可否が争われることとなったわけである。

警察権力を敵視する者らは，国会を闘争の場と考えて法案に反対し，また，法廷を闘争の場ととらえて荒れる法廷を現出させたのである。

以下では，判例法として決着のついた争点の一部を概観することにする。

第1に，自動車停止の可否の問題がある。自動車停止のうち，特に，不審事由の有無を問わず，無差別に自動車を停止させる一斉検問については，その可否が大きな問題となった。

警察官職務執行法には，職務質問をするために人を停止させることについてしか規定されておらず，自動車の停止については規定がない。

> 第2条　警察官は，異常な挙動その他周囲の事情から合理的に判断して何らかの犯罪を犯し，若しくは犯そうとしていると疑うに足りる相当な理由のある者又は既に行われた犯罪について，若しくは犯罪が行

---

198) 警察庁警察史編さん委員会「戦後警察史」（昭和52年）452頁，前掲69）の河上和雄＝渡辺咲子（平成5年）15～16頁

われようとしていることについて知っていると認められる者を停止させて質問することができる。

学説は，一斉検問が許されないという消極説と，これを許容する積極説に分かれ，積極説は，その法的根拠を憲法（31条又は33条・35条）に求める説，警察法2条に求める説，警察官職務執行法2条に求める説等に分かれた[199]。

最高裁昭和55年9月22日決定は，酒気帯び運転被告事件において，一斉検問を許容した。その根拠は，警察法2条に求められたものと理解されている[200]。

「警察法2条1項が『交通の取締』を警察の責務として定めていることに照らすと，交通の安全及び交通秩序の維持などに必要な警察の諸活動は，強制力を伴わない任意手段による限り，一般的に許容されるべきものであるが，それが国民の権利，自由の干渉にわたるおそれのある事項にかかわる場合には，任意手段によるからといって無制限に許されるべきものでないことも同条2項及び警察官職務執行法1条などの趣旨にかんがみ明らかである。……警察官が，交通取締の一環として，交通違反の多発する地域等の適当な場所において，交通違反の予防，検挙のための自動車検問を実施し，同所を通過する自動車に対して走行の外観上の不審な点の有無にかかわりなく短時分の停止を求めて，運転者などに対し必要な事項についての質問などをすることは，それが相手方の任意の協力を求める形で行われ，自動車の利用者の自由を不当に制約することにならない方法，態様で行われる限り，適法なものと解すべきである。」

第2に，所持品検査の可否の問題がある。警察官職務執行法が規定するのは，職務質問についてだけであり，所持品検査については規定がない（2条1項）。

学説は，所持品検査が許されないという消極説と，これを許容する積極説に分かれ，積極説は，その法的根拠を警察法2条に求める説，警察官職務執行法2条に求める説等に分かれた[201]。

最高裁昭和53年6月20日判決は，米子銀行強盗事件において，警察官職務

---

199) 前掲71) の渡辺咲子（平成5年）152〜155頁
200) 最高裁昭和55年9月22日決定・刑集34巻5号272頁（酒気帯び運転事件）
201) 前掲71) の渡辺咲子（平成5年）157〜165頁

執行法2条による職務質問に附随する所持品検査を認めた[202]。

「警職法は，その2条1項において同項所定の者を停止させて質問することができると規定するのみで，所持品の検査については明文の規定を設けていないが，<u>所持品の検査は，口頭による質問と密接に関連し，かつ，職務質問の効果をあげるうえで必要性，有効性の認められる行為であるから，同条項による職務質問に附随してこれを行うことができる場合がある</u>と解するのが，相当である。」

第3に，現行犯の鎮圧の可否の問題がある。警察官職務執行法が規定するのは，犯罪の予防・制止についてであり，犯罪の鎮圧については明記していない。

第5条　警察官は，犯罪がまさに行われようとするのを認めたときは，その予防のため関係者に必要な警告を発し，又，もしその行為により人の生命若しくは身体に危険が及び，又は財産に重大な損害を受ける虞があって，急を要する場合においては，その行為を制止することができる。

学説は，概ね犯罪の鎮圧を肯定するものの，その法的根拠を警察法2条に求める説，警察官職務執行法5条に求める説，刑事訴訟法の現行犯に関する規定に求める説等に分かれ，下級審判例も分かれている[203]。

第4に，大学構内への立入りの可否の問題がある。警察官職務執行法は，立入りについて規定する。

第6条（1項は省略）

興行場，旅館，料理屋，駅その他多数の客の来集する場所の管理者又はこれに準ずる者は，その公開時間中において，警察官が犯罪の予防又は人の生命，身体若しくは財産に対する危害予防のため，その場所に立ち入ることを要求した場合においては，正当の理由なくして，これを拒むことができない。

警察官が東京大学構内で開催された演劇会場内へ立ち入り，それに気付いた

---

202) 最高裁昭和53年6月20日判決・刑集32巻4号670頁（米子銀行強盗事件）
203) 前掲71) の渡辺咲子（平成5年）331〜344頁

被告人らが警察官に対して有形力を行使したため，被告人らの行為が公務執行妨害に当たるとされた事件（東大ポポロ劇団事件）において，大学自治の観点から警察官による立入りの可否が争われ，東京高裁昭和31年5月8日判決は，警察官らによる立入りが違法である旨判示した。

最高裁昭和38年5月22日判決は，同事件において，原判決を破棄し，警察官らによる立入りが適法である旨判示した[204]。

「学生の集会も自由と自治を認められるものであるが，真に学問的な研究またはその結果の発表のためのものでなく，実社会の政治的社会的活動に当たる行為をする場合には，大学の有する特別の学問の自由と自治は享有しない。とくに一般の公衆の入場を許す場合は，むしろ公開の集会とみなされるべきである。」

以上，簡単に概観したように，個別具体的な警察作用をめぐる適法性判断については，裁判所による判例形成の中で，具体的なルール作りが展開されてきている。判例法によるルール作りも重要な法運用である。

しかし，議会制民主主義・法治国家の在り方として，警察権力の行使をめぐる要件・効果を定めるに当たっては，国会による立法によるのが本筋のようにも思える。仮に，警察権の行使に根拠を与える立法それ自体を敵視し，改正の提案がある度に，提案の趣旨を冷静に見ようともせず，改正それ自体に反対するような動きがあったとしたら，問題であろう。さらには，そのような反対運動それ自体が個別具体的な刑事事件に発展し，かつ，法廷闘争と称して荒れる法廷を現出するようなことがあったとしたら，一層問題であるといわざるを得ない。

第2款　昭和23年刑事訴訟法

国会は，日本国憲法の制定に伴い，刑事手続法として，刑事訴訟法（昭和23年法律131号）を制定した。

同法によれば，刑事手続の概要は，以下のとおりである[205]。

---

204) 最高裁昭和38年5月22日判決・刑集17巻4号370頁（東大ポポロ劇団事件）

【刑事訴訟法の目的】

　刑事訴訟法は、刑事事件につき、公共の福祉の維持と個人の基本的人権の保障とを全うしつつ、事案の真相を明らかにし、刑罰法令を適切かつ迅速に適用実現することを目的とする（1条）。

【弁護人】

　被疑者又は被告人は、何時でも弁護人を選任することができる（30条）。被告人が貧困その他の事由により弁護人を選任することができないときは、裁判所は、その請求により、被告人のため弁護人を附しなければならない（36条）。裁判所は、必要と認めるとき、被告人に弁護人を附することができる（37条）。

　身体の拘束を受けている被疑者又は被告人は、弁護人又は弁護人となろうとする者と立会人なくして接見し、又は書類若しくは物の授受をすることができる（39条）。

【捜査】

　警察官は、司法警察職員として職務を行い、司法警察職員は、犯罪があると思料するときは、犯人及び証拠を捜査する（189条）。検察官は、必要と認めるときは、自ら犯罪を捜査することができる（191条）。検察官と司法警察職員とは、捜査に関し、互いに協力しなければならない（192条）。

　捜査については、その目的を達するため必要な取調べをすることができる。但し、強制処分は、この法律に特別の定めのある場合でなければ、これをすることができない（197条）。

　検察官、検察事務官又は司法警察職員は、犯罪の捜査をするについて必要があるときは、被疑者の出頭を求め、これを取り調べることができる。但し、被疑者は、逮捕又は勾留されている場合を除いては、出頭を拒み、又は出頭後、何時でも退去することができる。取調べに際しては、被疑者に対し、あらかじめ、自己の意思に反して供述する必要がない旨を告げなければならない（198条。被疑者取調べと黙秘権の告知）。

205）昭和23年刑事訴訟法の制定史に関する文献としては、以下のものがある。刑事訴訟法制定過程研究会「刑事訴訟法の制定過程（1）〜（23）」法学協会雑誌91・82〜99・12（昭和49〜57年）等。

検察官，検察事務官又は司法警察職員は，被疑者が罪を犯したことを疑うに足りる相当な理由があるときは，裁判官のあらかじめ発する逮捕状により，これを逮捕することができる（199条。通常逮捕）。死刑又は無期若しくは長期3年以上の懲役若しくは禁錮にあたる罪を犯したことを疑うに足りる充分な理由がある場合で，急速を要し，裁判官の逮捕状を求めることができないときは，その理由を告げて被疑者を逮捕することができる。この場合には，直ちに裁判官の逮捕状を求める手続をしなければならない（210条。緊急逮捕）。現行犯人は，何人でも，逮捕状なくしてこれを逮捕することができる（213条。現行犯逮捕）。

　司法警察員は，逮捕状により被疑者を逮捕したときは，直ちに犯罪事実の要旨及び弁護人を選任することができる旨を告げた上，弁解の機会を与え，留置の必要がないと思料するときは直ちにこれを釈放し，留置の必要があると思料するときは被疑者が身体を拘束された時から48時間以内に書類及び証拠物とともにこれを検察官に送致する手続をしなければならない（203条。検察官への送致）。検察官は，司法警察員から送致された被疑者を受け取ったときは，弁解の機会を与え，留置の必要がないと思料するときは直ちにこれを釈放し，留置の必要があると思料するときは被疑者を受け取った時から24時間以内に裁判官に被疑者の勾留を請求しなければならない（205条。勾留請求等）。裁判官は，勾留の請求を受けたときは，速やかに勾留状を発付しなければならない。但し，勾留の理由がないと認めるとき，及び勾留状を発することができないときは，勾留状を発しないで，直ちに被疑者の釈放を命じなければならない（207条。勾留状の発付等）。検察官は，被疑者を勾留した事件につき，勾留の請求をした日から10日以内に公訴を提起しないときは，直ちに被疑者を釈放しなければならない（208条）。裁判官は，やむを得ない事由があると認めるときは，検察官の請求により，通じて10日を超えない範囲で，勾留期間を延長することができる（208条。勾留延長）。

　検察官，検察事務官又は司法警察職員は，犯罪の捜査をするについて必要があるときは，裁判官の発する令状により，差押え，捜索又は検証をすることができる（218条。捜索，差押え又は検証）。

【公訴】
　公訴は，検察官がこれを行う（247条。国家訴追主義）。
　起訴状には，公訴事実を記載しなければならない。公訴事実は，できる限り日時，場所及び方法を以て罪となるべき事実を特定し，訴因を明示しなければならない。起訴状には，裁判官に事件につき予断を生ぜしめる虞のある書類その他の物を添付し，又はその内容を引用してはならない（256条。訴因制度，予断排除の原則・起訴状一本主義）。

　　　第256条（第1項から第5項まで省略）
　　　　　　起訴状には，裁判官に事件につき予断を生ぜしめる虞のある書類
　　　　　その他の物を添付し，又はその内容を引用してはならない。

　検察官は，犯人の性格，年令及び境遇，犯罪の軽重及び情状並びに犯罪後の情況により訴追を必要としないときは，公訴を提起しないことができる（248条。起訴便宜主義）。
　検察官がなした不起訴処分に関しては，検察審査会法（昭和23年法律147号）が制定され，国民の中からくじで選ばれた検察審査員により組織される検察審査会において，不起訴処分の当否を審査する制度が創設された。但し，制定当初は，検察審査会が起訴相当又は不起訴不当という議決をしても，当該議決には，検察官に対する拘束力までは付与されていなかった。起訴議決に拘束力を認める法制度は，後の司法制度改革により創設されることになる。

【公判】
　裁判所は，公訴の提起があったときは，遅滞なく起訴状の謄本を被告人に送達しなければならない（271条）。
　公判期日には，被告人を召喚しなければならない（273条）。
　公判において，検察官は，起訴状を朗読しなければならない。裁判長は，起訴状の朗読が終わった後，被告人に対し，終始沈黙し，又は個々の質問に対し陳述を拒むことができる旨その他被告人の権利を保障するため必要な事項を告げた上，被告人及び弁護人に対し，被告事件について陳述する機会を与えなければならない（291条。起訴状の朗読と権利の告知）。
　検察官は，証拠調べのはじめに，証拠により証明すべき事実を明らかにしな

ければならない（296条。冒頭陳述）。検察官，被告人又は弁護人は，証拠調べを請求することができる（298条。証拠調べ請求）。被告人は，終始沈黙し，又は個々の質問に対し，供述を拒むことができる（311条。黙秘権）。検察官は，証拠調べが終わった後，事実及び法律の適用について意見を陳述しなければならない。被告人及び弁護人は，意見を陳述することができる（293条。論告，弁論及び意見陳述）。

【証拠】

事実の認定は，証拠による（317条。証拠裁判主義）。証拠の証明力は，裁判官の自由な判断に委ねる（318条。自由心証主義）。

強制，拷問又は脅迫による自白，不当に長く抑留又は拘禁された後の自白その他任意にされたものでない疑いのある自白は，これを証拠とすることができない。被告人は，公判廷における自白であると否とを問わず，その自白が自己に不利益な唯一の証拠である場合には，有罪とされない（319条。自白の証拠能力・証明力）。

原則として，公判期日における供述に代えて書面を証拠とし，又は公判期日外における他の者の供述を内容とする供述を証拠とすることはできない（320条。伝聞法則）。

但し，伝聞法則には，以下のような例外規定が明記され，参考人の検察官調書や，被告人の自白調書については，一定の要件の下に証拠能力が認められることとされ，その限りでは，大正11年刑事訴訟法における証拠法が継承されたことになる。

  第321条 被告人以外の者が作成した供述書又はその者の供述を録取した書面で供述者の署名若しくは押印のあるものは，次に掲げる場合に限り，これを証拠とすることができる。

    一 （省略）
    二 検察官の面前における供述を録取した書面については，その供述者が死亡，精神若しくは身体の故障，所在不明若しくは国外にいるため公判準備若しくは公判期日において供述することができないとき，又は公判準備若しくは公判期日において前の供述と相

反するか若しくは実質的に異なった供述をしたとき。
(以下省略)
第322条　被告人が作成した供述書又は被告人の供述を録取した書面で被告人の署名若しくは押印のあるものは，その供述が被告人に不利益な事実の承認を内容とするものであるとき，又は特に信用すべき情況の下にされたものであるときに限り，これを証拠とすることができる。但し，被告人に不利益な事実の承認を内容とする書面は，その承認が自白でない場合においても，第319条の規定に準じ，任意にされたものでない疑があると認めるときは，これを証拠とすることができない。
(以下省略)

【裁判】

　有罪の言渡しをするには，罪となるべき事実，証拠の標目及び法令の適用を示されなければならない（335条）。被告事件が罪とならないとき，又は被告事件について犯罪の証明がないときは，判決で無罪の言渡しをしなければならない（336条）。判決は，公判廷において，宣告によりこれを告知する（342条）。
　なお，無罪とは，無実が証明されたことではなく，無実ではないかとの合理的な疑いが生じていることをいう。逆にいうと，有罪とは，無実ではないかとの抽象的な可能性が完全に排除されていることをいうのではなく，無実ではないかとの合理的な疑いを容れない程度に有罪の心証が得られていることをいう。例えば，最高裁平成19年10月16日決定は，次のようにいう[206]。

　　「刑事裁判における有罪の認定に当たっては，合理的な疑いを差し挟む余地のない程度の立証が必要である。ここに合理的な疑いを差し挟む余地がないというのは，反対事実が存在する疑いを残さない場合をいうものではなく，抽象的な可能性としては反対事実が存在するとの疑いをいれる余地があっても，健全な社会常識に照らして，その疑いに合理性がないと一般的に判断される場合には，有罪認定を可能とする趣旨である。」

---

206) 最高裁平成19年10月16日決定・刑集61巻7号677頁

そして，刑事裁判において，原則として，検察官が全面的に挙証責任を負い，証拠調べの結果，裁判所において合理的な疑いを容れない程度に有罪の心証が得られないときは無罪が言い渡されるなど，被告人に有利に判断する考え方を，「疑わしきは被告人の利益に」の原則」というものと理解されている[207]。

【上訴】
　検察官又は被告人は，上訴（控訴・上告）をすることができる（351条）。
　控訴の申立は，法令の適用に誤りがあってその誤りが判決に影響を及ぼすことが明らかであるとき（380条），刑の量定が不当であるとき（381条），事実の誤認があってその誤認が判決に影響を及ぼすことが明らかであるとき（382条）等に，これをすることができる（384条）。
　上告の申立は，高等裁判所の判決に対し，憲法違反があること若しくは憲法の解釈に誤りがあること，最高裁の判例と相反する判断をしたこと等を理由として，これをすることができる（405条）。

　以上，概観した昭和23年刑事訴訟法は，アメリカ法系の強い影響を受けたものといわれており，その特色は，概ね，以下のとおりであると理解されている[208]。
　第1に，強制処分について人権保障の趣旨が徹底された。日本国憲法は，令状主義（憲法33条，35条）を規定しており，強制処分については，すべて裁判所又は裁判官の発する令状によらなければならないこととされ（刑訴法199条，207条，218条等），また，新たに勾留理由開示制度が創設された。
　第2に，刑訴応急措置法により，既に予審が廃止されていたところ，刑事訴訟法（昭和23年法律131号）により，改めて検察官による起訴独占主義（247条）

---

207) 河上和雄ほか「大コンメンタール刑事訴訟法　第2版　第7巻」（平成24年，青林書院）317～318頁［安廣文夫執筆部分］等
208) 本文の記載は，以下の文献などを参考にした。前掲8）の「裁判所百年史」（平成2年）248～頁250頁，前掲18）の中山善房（平成25年）11～15頁，前掲66）の植村立郎（平成23年）50～59頁，前掲17）の佐々波與佐次郎（昭和42年）81～91頁等

が明確化された。

　第3に，検察官による起訴独占主義の弊害を是正する制度が設けられた。すなわち，職権乱用罪については，告訴人らによる付審判請求権が認められ（262条以下。準起訴手続），また，国民による司法参加の制度として，検察審査会法（昭和23年法律147号）が設けられ，検察官による不起訴について，その当否を審査する途が開かれた。

　第4に，被疑者・被告人の弁護人選任権（30条）が強化され，被告人が貧困その他の事由により弁護人を選任できないときには，国選弁護人が付されることが明記され（36条），また，必要的弁護事件の範囲が拡張された。

　第5に，当事者主義構造が強化された。すなわち，戦前においては，起訴と同時にすべての捜査記録などが裁判所に引き継がれていたが，戦後は，予審制度が廃止され，検察官が公訴を提起する際，裁判所に予断を与えず公判で心証を形成してもらうという観点（予断排除の原則）から，捜査記録の引継制度が廃止されるとともに（256条。いわゆる起訴状一本主義），被告人側の反対尋問を経ていない供述調書など（伝聞証拠）の証拠能力が原則として否定された（320条。いわゆる伝聞法則）。これにより，裁判所は，証拠調べが始まるまでは証拠に触れる機会がなくなり，かつ，被告人・弁護人が同意しない書面の証拠能力が原則として否定された。この点については，戦後の刑訴法学会において，一般的には，公判中心主義・直接主義・口頭弁論主義を実現・徹底させるものであるという理解がなされたように思われる。

　第6に，被告人が当事者としての地位にあることを踏まえた証拠法則が明記された。すなわち，被告人には黙秘権があり（311条），被告人訊問の制度が廃止され，任意性のない自白はもとより，任意性に疑いのある自白も証拠能力を否定することとし（319条1項。自白法則），また，自白が被告人に不利益な唯一の証拠である場合には，有罪とされない，すなわち自白には補強証拠が必要であるとされた（同条2項。いわゆる補強法則）。

　第7に，控訴審は，従前のような覆審ではなく，事後審とされた。すなわち，控訴審は，第一審の事実認定を離れて独自の心証形成をするのではなく，第一審の事実認定に経験則違反・論理則違反がないか否かを事後的に審査すること

とされたのである[209]。また，最高裁は，憲法判断・法令解釈の統一を主たる任務とされた。

　第8に，不利益再審が廃止された。

　以上，一般的には，昭和23年刑事訴訟法は，ドイツ法系からアメリカ法系へ転換を果たし，捜査段階における適正手続と公判段階における当事者主義を推し進めたものと理解されてきた。

　しかし，事は単純ではない。

　例えば，平野龍一は，戦前から根強かった検察権限強化論が，戦後の昭和23年刑事訴訟法においてかえって実現された側面があるという[210]。

　「戦後，アメリカ法が摂取されたため，現行法は，司法機関による捜査手続（引用者注：予審制度）を廃した。しかし戦前の検察権強化論の影響が残っていたので，検察官に実質上かなりの強制権限が与えられた。裁判官の令状は許可状だという考え方もその一つのあらわれである。いわば『奇妙なめぐりあわせ』で，戦前の検察権強化論が新憲法の下で実現したといえなくはない。しかしこれでは，『捜査の司法化という安全装置』（引用者注：予審制度）のない糾問主義になってしまう。ここにわが国の刑事訴訟法の最も大きな問題があるといってよい。」

　ちなみに，大正11年刑事訴訟法が採用していた予審制度では，弁護人の選任・立会が制度化されていたが，昭和23年刑事訴訟法では，捜査段階において，弁護人の接見交通権は認められたものの，裁判手続ではないということで，取調べへの立会を認めない法制度を採用している。

　また，平野龍一は，その後の実務運用の中で，証拠調べ手続が書証中心となった現状を嘆く[211]。

　「旧法のもとでは，裁判所は，公判開始前に検察官・司法警察官の作成した調書を読み，いわばある程度の心証をもって公判廷に臨み，主として被

---

209) 最高裁平成24年2月13日判決・刑集66巻4号482頁
210) 前掲64) の平野龍一（昭和43年）13〜14頁
211) 前掲64) の平野龍一（昭和43年）140〜141頁

告人尋問によって，その心証に間違いがないかを確かめていった。弁護人も，……被告人に完全に不利益な調書を，公判廷でいくらか利益に，すなわちいくらかでも灰色にすることに努力していたといってよい。現行法は起訴状一本主義をとったけれども，証拠調の始めにこれらの調書がほとんど全部提出され，同意されて，その取調が行われることが多い。調書の内容についてまったく異議のない場合は別であるが，その内容を争うときでも，まず調書に同意し，その後，その証人を喚問して争うという方法がとられがちである。これでは，調書提出の時期が一段階おくれるだけで，旧法と実質的に同じになってしまう。現行法の趣旨に沿うならば，まず証人を尋問して，調書でこれを弾劾するという方法がとられなければならないであろう。」

松尾浩也も，日本の刑事司法を精密司法と呼んで，その実情を嘆く[212]。

「わが国の刑事手続は，捜査から公判に至るまで，アメリカの刑事手続とは著しく異なった様相を呈している。捜査は徹底して行われ，拘禁中の被疑者の取調べも，手続の適正と正面から抵触しない限度では最大限に実行される（略）。警察だけでなく検察官も捜査に深い関心を持ち，公訴の提起は，十分な証拠固めをした上で，確信をもってなされるのが常態である。公判では，相手方の同意によって，または証人の記憶喪失や供述の矛盾を理由に，捜査の過程で作成された供述調書が，きわめて頻繁に証拠とされる。多くの事件では，『口頭弁論』のかなりの部分が，証拠書類の朗読（ないし要旨の告知）に費やされている。この書証依存の傾向は，裁判所が一般に多数の事件を平行的に審理していることと密接に関係する。2回以上の開廷を要する事件では，その開廷間隔は長く，通常，週の単位，場合によっては月の単位ではかられる。

　このような特色をひとことで表現するとすれば，『精密司法』と呼ぶのが適当であろう。わが国の刑事手続は，良くも悪くも精密司法である。年々の有罪率99パーセント強という結果は，外国人研究者を驚嘆させる

---

212) 松尾浩也「刑事訴訟法（上）補正第四版」（平成8年，弘文堂）15〜16頁

数字であるが，それは一面において，確かに司法の精度の高さを示す。そして，その基礎には，すべての関係者の真実追究への熱意があることを認めてよいであろう。被告人でさえも，しばしば精密司法への選好を隠そうとはしないのである（『綿密な審理を受けて納得した』という述懐，『真実はただ一つである』ことを理由とする統一公判要求など）。」

　以上の指摘は，傾聴に値するところがあり，戦後の刑訴法学界においては，当事者主義・公判中心主義の理念が実務運用に定着することを期待してきたところである。

　しかし，論者らも認めるとおり，昭和23年刑事訴訟法は，伝聞証拠の排除の原則に大きな例外規定を明記するなど，アメリカ法系のみには依拠しておらず，また，被告人，弁護人らの側においても，とりわけ公安事件などでは徹底した法廷闘争をする中で，捜査経過の詳細を法廷に顕出することを目指したり，多くの書証を公判の俎上に乗せてこれを攻撃したり，緻密な真相の解明に精力を注いだりしてきたのである。大正11年刑事訴訟法において，起訴便宜主義が採用され，昭和23年刑事訴訟法でも，これが引き継がれているが，検察官としては，捜査が不十分であるとの批判に対しては，徹底した捜査で応えるしかなく，また，証拠不十分なまま公訴提起をしたために無罪判決が出たのではないのかとの批判に対しては，慎重な起訴で応えるしかなくなる。弁護人も，被疑者を不起訴にするよう求めてくる。捜査機関・公訴提起機関への批判・要求が強まれば強まるほど，捜査が緻密となり，起訴が慎重となり，その結果として有罪率が高まるのは，致し方ないことのように思えるのである。

　したがって，理論と現状との乖離を嘆くという立場もあるが，そもそも，かかる理論のよって立つ法的根拠や国民感情を率直に問い直すという視点も必要であろうと思う。

　書証の取扱いに関連して，平野龍一は，日本国憲法が伝聞証拠排除の原則を規定したものと解した上で（37条2項），ドイツ法系の直接主義とアメリカ法系の伝聞法則の立場とを対比させ，昭和23年刑事訴訟法における伝聞法則及びその例外について検討する[213]。

　「伝聞法則と直接主義の間には，実質的にもいくらかのちがいがある。

第一に，伝聞法則は当事者の反対尋問にさらされたかどうかが問題であるのに対し，直接主義は裁判所が直接に供述を聞いたかどうかが問題である。」
「第二に，直接主義によれば，証人を直接に尋問することができないときは，調書も許容される。しかし，伝聞法則の立場では，反対尋問の機会が与えられないかぎり，調書は許容されない。また，直接主義によれば，証人が公判廷で調書と違った証言をしたときは，調書に証拠能力が認められる。これに対して伝聞法則の下では，右のような場合，調書は証人の証言の証明力を争うために使うことができるが，調書自体を証拠とすることはできない。」
　要するに，昭和23年刑事訴訟法によれば，当事者による主尋問・反対尋問により裁判所が心証を得るという制度設計があり，供述調書は実質証拠として利用すべきではないのに，現状では，裁判所が公判で事件関係者（被告人，被害者，参考人など）から直接に供述を聞くとしても，捜査段階の供述調書の方が重視されている，これでは問題である，というのが平野龍一の指摘である。
　この指摘には，傾聴に値するところがある。
　しかし，昭和23年刑事訴訟法は，大正11年刑事訴訟法と連続した面を有しており，そこに単純な断絶を認めるのは難しい。
　すなわち，そもそも，明治以後の刑事法制では，被疑者の訊問については，当初は，判事がこれを行うこととされていたが，次第に，予審判事，検事，警察官等が取調べを行うように変化していったのであり，捜査機関の権限を強化した昭和23年刑事訴訟法は，そのような変遷の延長線上に位置づけられるのである。警察主体の捜査活動について，これを単純なアメリカ法系の継受としてのみ理解することはできないように思う。昭和23年刑事訴訟法は，伝聞証拠排除の原則に広範な例外を設けており，例えば，検察官調書（321条1項2号。いわゆる2号書面）の証拠能力について，大正11年刑事訴訟法を引き継ぎ，かつ，これを拡張した内容となっているが，これなども，両法の連続面を如実に

---

213) 前掲64) の平野龍一（昭和43年）164 〜 165 頁

示しているのである。

　したがって，平野龍一が指摘するような，アメリカ法系の全面的な導入という整理だけでは，昭和23年刑事訴訟法の全体構造を理解できないように思われる。

　渥美東洋は，あらゆる場面で伝聞法則を機械的に適用することには問題があるという[214]。

> 「現行法は，捜査機関が供述を入手する手続と方式を法定し（198条3項・4項・5項・223条2項），それを証拠『能力』の要件としている（321条1項本文・322条1項本文）かぎりは，職権主義の直接主義の伝統を引き継いでいる。……だが，他方，憲法37条2項は，被告人の証人喚問，対決・審問権を保障し，原則として，如何なる手続を問わずに，書面を証拠にしない（憲37条2項，法320条1項）。……これは，当事者の事実認定者の面前での証人審問の不可能な証拠を排除する論争・当事者主義，より直接的には伝聞法則の要請に由来する。ところで，公判での事実認定者の面前での反対尋問の保障が，およそ実効性のない場合があり，逆に体験記憶が新鮮で，不当な記憶への働きかけや影響のない証拠は反対尋問を伴わなくても，合理的推論の基礎にすべきことが判ってきている。ここに，あまりに伝統的な伝聞法則の機械的適用を是正すべきとする要求が出てくる。」

　昭和23年刑事訴訟法の制定後，刑訴法学界では，大陸法系と英米法系とがいかに異なっているか，これからは当事者主義・公判中心主義の方向へ大転換されるべきだ，などと喧伝され，法律実務家も，それに異議を唱えず，むしろ同様な理解をしたにもかかわらず，実際の現場においては，単純なアメリカ法系の実務運用が展開できず，長きにわたって理論と実務とが困難な道を歩むことになる。

　議論が混乱した背景には，大正11年刑事訴訟法と昭和23年刑事訴訟法との間に連続性がある点に目を向けなかったことと，当事者主義，公判中心主義などの諸概念が論者によって異なっていたにもかかわらず，これが一義的なもの

214）渥美東洋「刑事訴訟法［新版補訂］」（平成13年，有斐閣）222〜223頁

であるとの強いイメージのまま議論がなされたことが挙げられるかもしれない。

　私見では，当事者主義とは，検察官と被告人・弁護人とが，対立当事者としてそれぞれの主張・立証活動を行い，裁判所が，第三者的立場から双方の主張・立証活動を踏まえて審判するという考え方をいうものと考えている。この点，論者によって多義的な用語法が用いられることがあり，例えば，当事者主義のことを適正手続とほぼ同義に用いる者もいるようなので，注意が必要であろう。

　他方，公判中心主義とは，刑事事件の審理が裁判所の公判手続を主な舞台として行われるべきだとする考え方をいい，直接主義とは，刑事訴訟において，判決をする裁判官がその事件の法廷での弁論と証拠調べに自ら立ち会っていなければならないという原則をいう[215]。

　公判中心主義と直接主義は，戦後，いずれも当事者主義と関連付けて理解される向きが多かったように思うが，もともとは，大陸法系を継受した大正11年刑事訴訟法の下での考え方である。平野龍一が指摘するとおり，直接主義は，当事者主義と異なる考え方なのであるが，公判中心主義も，同様に当事者主義と異なる考え方なのである。

第3款　起訴状一本主義の導入とその試練

　昭和23年刑事訴訟法の実務運用が始まって以降，刑事裁判における長期係属未済事件の増加が顕著になっていった。最高裁刑事局の統計によれば，地裁係属が2年を超える事件の人員は，昭和29年に4441人，ピーク時の昭和48年には5030人を数えたという[216]。

　最高裁は，交互尋問に関する規則（昭和32年），速記等に関する規則（昭和35年），事前準備に関する規則（昭和36年）等を制定して，公判審理の迅速化を図った。

　しかし，昭和23年刑事訴訟法の運用を迅速なものとするためには，いわゆ

---

[215] 高橋和之ほか「法律学小辞典［第5版］」（平成28年，有斐閣）の「公判中心主義」，「直接主義」の項を参照されたい。

[216] 前掲18）の中山善房（平成25年）16頁以下

る公安事件への対応が大きな課題となった。

　すなわち，いわゆる公安事件においては，荒れる法廷と呼ばれる法廷闘争が繰り広げられたのである。例えば，必要的弁護事件において弁護人が出席しない，あるいは退廷するといった事態が少なくなかったほか，被告人・弁護人が，公訴事実等に対する求釈明，裁判官に対する忌避申立て，事件審理と直接関係のない意見の陳述，争点整理への非協力，争点と関係ない書証の不同意，過度に長い反対尋問権の行使等を繰り返すなどしたため，審理が空転したり，長期化していったのである。

　これら被告人・弁護人の行為は，権利行使の概観を呈していたとしても，それが権利の濫用・逸脱と認められる限り，裁判所ないし裁判長は，適正・迅速な対応をすることが求められたのであるが，被告人らを支援する法廷内・法廷外の団体行動等もあり，実務的には，相当困難な対応を強いられたようである。

　平野龍一は，連続的開廷がなされていない現状を嘆いた[217]。

　「欧米では，数回の公判期日は連続して開かれるのが通常である。とくに陪審制度のもとでは，陪審員が他から不当な影響を受けないように，審理中一定の場所に隔離することも行われるので，短期間に連続して審理を行う必要に迫られる。」

　「しかし，わが国では，公判期日はとびとびに1月に1回か2回くらい開かれるのが旧法時代からの慣行であった。それは，職業的裁判官だけで審理を行うため，陪審のような制約がなく，また書面が中心で，しかも公判期日にその書面を朗読して心証をとるのではなく自宅に持ち帰って心証をとり次の公判に臨むというやり方がとられていたからだといえよう。」

　「現行法になっても，訴訟関係人の準備が困難であり，公判廷で検察官の出した証拠を見てから準備をするほかはないという事情にもよるであろう。また，審理をおくらせることが場合によっては被告人に有利だという面があることも否定できない。犯行の時から日時が経てば，どうしても刑が軽くなる傾向があるからである。しかしまた，弁護士の仕事のやり方が当事

---

217) 前掲64) の平野龍一（昭和43年）121～122頁

者主義的な訴訟とマッチせず、その活動が不活発であることも、訴訟遅延の一つの理由であることも否定できない。」

　なお、戦前の五・一五事件や二・二六事件など複雑な重大事件においてすら、連続的開廷が実施されており、非連続の開廷が戦前からの慣行だったわけではない。この点、平野龍一には、誤解があるように思う。

　さて、私見によれば、裁判の迅速化が阻害されてきた原因のかなりの部分は、被告人・弁護人の法廷活動などにあったように思われ、この点については、次章以下において、個別具体的な事件を通じて検討したい。

　しかし、証拠を開示してほしいという被告人・弁護人らの主張には、相当な理由があったことも指摘しておきたい。昭和23年刑事訴訟法は、起訴状一本主義を採用したが、それに伴い、大正11年刑事訴訟法の下でのような証拠の閲覧が認められなくなったからである。

　以下、筆者の個人的経験・意見なども織り込みながら、昭和23年刑事訴訟法の下での実務運用の問題点について概観してみたい。

　第1に、起訴状一本主義は、早期の争点整理・証拠整理を困難にさせ、事実上、連続的開廷を不可能にさせた。

　大正11年刑事訴訟法の時代までは、捜査記録、予審調書等がすべて公判裁判所に引き継がれたため、裁判所も弁護人も、第1回公判期日前に、これらの一件記録をすべて読み込むことができた。裁判所・検察官・弁護人の法曹三者は、事前にすべての証拠に目を通すことができたから、裁判所・裁判長としては、第1回公判前に、争点整理・証拠整理の進め方に関する青写真を描くことが可能となり、連続的開廷が実現できたわけである。もちろん、書証があるとしても、証人尋問・被告人訊問は実施されたのであり、むしろ、大正11年刑事訴訟法の下での証拠調べは、公判中心主義が標榜され、書証よりも被告人訊問などの人証の取調べを中心としていたのである。

　これに対し、昭和23年刑事訴訟法では、捜査記録が公判裁判所に引き継がれないため、裁判所・裁判官としては、事前に進行計画を立てることが難しくなり、とりあえず第1回公判を開き、被告人の罪状認否を聴き、弁護人の意見を聴き、初めて具体的な弁解内容や証拠意見を知ることになった。そこから、

争点整理・証拠整理が始まるわけだから，訴訟進行が遅れるのは当然である。しかも，公安事件などでは，第1回公判期日を迎えても，罪状認否すらしないで終わるという事態もしばしばあった上，第2回公判期日以降も，主張・立証をめぐる問題が発生するたびに，当事者としては，次回までに検討します，などということになり，裁判所としては，連続的開廷をなし得る制度的環境になかったわけである。

　第2に，五月雨式の訴訟進行は，検察官に大きな業務負担を課した。

　昭和23年（1948年）刑事訴訟法の実務運用が始まった当初，まずは検察官側の主張・立証から始めるべきであり，その後で弁護人側の主張・立証が始まる，という理解があり，少なくない弁護人が，検察官の主張・立証活動が終わってから具体的な防御方針を示すというような受動的な姿勢を示すことがあった。弁護人側が，手続の早い段階で証明予定事実（具体的な主張内容）を明らかにすることが義務付けられるようになるには，公判前整理手続制度が導入される平成16年（2004年）司法制度改革を待たなければならなかった。

　時に，弁護人側は，不必要なまでに起訴状記載の犯罪事実の一々について釈明を求め，検察側の冒頭陳述の一々について釈明を求め，検察側が請求する書証の一部同意すら拒否し，揚げ足取りとも思えるような執ような反対尋問を試みることもないではなかった。

　しかも，裁判所は，検察官に対して書面による詳細な冒頭陳述を求めるなど，様々な注文を出すことになった。

　推察するに，裁判所としてみれば，事案の概要が分からなければ円滑な訴訟指揮，証拠決定などが出来ないのに，弁護人側が争点整理・証拠整理に非協力な態度をとるため，検察官に対しては，第1回公判期日において，書面による詳細な冒頭陳述を求め，それにより事案の概要を把握したかったのだろうと思う。

　裁判所は，証拠内容に関する情報が圧倒的に不足している中で，弁護人に対し，書証を全部不同意にするのではなく，一部でもいいから同意するように求めたくなる。検察官や弁護人が気付いていない証拠の不足などに気付けば，検察官に対し，証拠の補充を求めたくなる。裁判所としては，手元に何もないわ

けだから，検察官を使うしかない。

　人が変われば心証も変わるのが自然の理であるから，検察官が適切な証拠選別をしたと思っていても，裁判所としては，検察官に対し，証拠の過不足を指摘することになりがちであり，現場の検察官としては，裁判所からなされる五月雨式の要望に対応することになる。

　このような要望に応える検察官は，大きな業務負担を抱えていたように思う。

　しかも，被告人・弁護人からすると，裁判所と検察が癒着しているように見えたかもしれない。

　裁判所としては，検察との癒着を疑われるのを嫌悪するあまり，かえって検察に対して相当に厳しい態度で臨むようなこともあったように思われる。

　第3に，被告人・弁護人の証拠開示への要求は，強くなる一方となる。

　大正11年刑事訴訟法下では，陪審法（大正12年法律50号）が運用されており，陪審裁判において，陪審員は，公判での証拠調べだけで評決することとされ，捜査記録，予審調書等を読んだ上で評決をしたわけではないが，その一方で，公判裁判所は，捜査記録，予審調書等をすべて目にしていたわけである。そして，弁護人は，裁判官裁判であろうと，陪審員裁判であろうと，いずれにしても捜査記録，予審調書等をすべて閲覧することが可能であった。

　ところが，昭和23年刑事訴訟法は，予断排除の原則・起訴状一本主義の原則を立法化したため，公判裁判所は，捜査記録の引継を受けられないこととなり，弁護人も，これを目にすることが不可能となったわけである。すると，裁判所も弁護人も，検察官が証拠調べ請求した証拠を除けば，それ以外の証拠については，その存在すら把握できないという制度になった。

　これは，制度の問題である。検察官が証拠開示に消極的なのは，意地悪によるものではない。検察官は，昭和23年刑事訴訟法の下で，簡にして要を得た分かりやすい立証を求められ，証拠を数多く請求すればよいのではなく，むしろ最良証拠（ベスト・エビデンス）に絞って証拠調べ請求すべきであるとされていたのである。

　弁護人としては，検察官が証拠を絞り込めば絞り込むほど，被告人に有利な証拠を隠しているのではないかとの疑念を抱くことになりかねない。後から被

告人に有利な証拠の存在が判明した場合，検察批判は，極致に達する。検察としては，証拠能力・証明力のない証拠だから請求しなかったのだと主張しても，弁護人としては，当該証拠に証拠能力・証明力がないというのならば，検察としては当該証拠を開示した上でその手当をするのが本筋であろう，という主張を展開することになる。

　裁判所としても，被告人に有利な証拠が後から出てくれば，そのことが心証形成に何らかの影響を与え，勢い無罪判決を書きたくなるのではなかろうか。

　第4に，伝聞法則の例外規定が違和感をもって受け止められた感がある。

　例えば，検察官が請求した証人が捜査段階で被告人に不利益な事実を供述していたような場合，検察官としては，証人が公判でも同じ証言をしてほしいと願うが，逆に，弁護人としては，証言を撤回ないし変更してほしいと願うのも自然な話である。ところが，弁護人が反対尋問などにおいて，証人から捜査段階と異なる証言を引き出すことに成功した場合，かえって捜査段階における検察官調書の証拠能力が肯定される（321条1項2号）ということも起こり得たのである。

　証拠法上，法廷の証言よりも供述調書の方が重視され得る可能性があったわけである。

　昭和23年刑事訴訟法は，伝聞法則の例外規定を多数規定しており，そのことは，アメリカ法系の制度を導入しようという理念と相反しているのではないかとの疑念が生じやすく，刑訴法学界では，この例外規定の適用の範囲を狭める見解が出され，弁護人としても，例外規定の適用に強く反対することになる。学界でも実務界でも，昭和23年刑事訴訟法がドイツ法系からアメリカ法系への大転換を遂げたかのように理解していたため，伝聞法則の例外規定を適用することは，公判中心主義から書面中心主義への逆戻りであるかのような，何か悪いことをしているかのような錯覚を覚えかねなかった。

　これは，不幸な事態である。

　というのも，昭和23年刑事訴訟法は，大正11年刑事訴訟法の証拠法をかなり引き継いでいたのであり，アメリカ法系を単純に導入したわけではないからである。供述人が公判で捜査段階と相反する供述をしたとき，検察官調書に特

信情況が認められる限り，その証拠能力が肯定されるというのは，一つの立法政策であって何ら不合理なものではなく，そのような証拠法は，遡れば大審院の判例の上に形成されたものであった。

　それに，公判中心主義とは，大正 11 年刑事訴訟法の採用した原則の一つであり，アメリカ法系の概念ではない。

　アメリカ法系を継受したのだという理念だけが先走ると，現行法制に対する不必要な懐疑論が巻き起こりかねなかったのである。

　第 5 に，自白の任意性の有無をめぐる争いが水掛け論争に陥りかねなかった。

　被告人が自己に不利益な事実を承認し，あるいは端的に犯行を自白し，その旨の供述調書（自白調書）が作成されても，自白の任意性に疑いがあれば，その証拠能力は否定されることになる（319 条）。

　問題となるのは，任意性の有無を判断する手法の在り方である。

　取調官（警察官・検察官）による被疑者取調べは，常に必ず適正であるとまではいえないが，通常は，適正に取調べが実施されているはずであり，任意性に疑いがあるというのであれば，被告人・弁護人から具体的な主張がなされてしかるべきところである。

　しかし，被告人・弁護人の中には，任意性に疑いを容れる余地がある旨，抽象的な主張をしておきながら，具体的な事情を主張しないで，直ちに取調官の証人尋問を請求する事例も少なくなかったように思う。この点につき，刑訴法学界では，まず検察官が任意性に疑いなきことを立証すべきである旨の学説もあり，争点が抽象的なまま証拠調べを進めてしまい，裁判が紛糾したという事態も生じていたように思われる。

　任意性に疑いがあるか否かをめぐる争いは，取調室という密室内の問題であり，取調官と被疑者とは相対立する立場にあり，双方の主張が相反し水掛け論になりかねないことから，その審理はしばしば困難を伴ったのである。

　以上のような多くの問題が，起訴状一本主義の下で発生していた。しかも，公安事件などの荒れる法廷では，第 1 回公判期日において罪状認否にすら辿り着けないという実情があった。これでは，円滑な争点整理・証拠整理など困難であり，迅速な裁判など覚束ないということになる。

こうした課題は，昭和23年刑事訴訟法の制度に由来するものであった。戦前においては，五・一五事件や二・二六事件のような凶悪重大事件ですら，連続的開廷が実施されており，数年とかからずに裁判が結審していることを思えば，戦後は，裁判が異常に停滞していたといえよう。その制度的原因の中心となったのは，起訴状一本主義だったように思われる。

被告人・弁護人らの要望のうち，①　検察官手持ち証拠について，一定範囲の証拠開示を制度化できないか，②　密室内の取調べについて，検証可能性を高める制度を構築できないか，といった2点については，被告人・弁護人の立場からすれば，当然の要求であったろうと思う。自白供述に任意性があるか否かの争いについていえば，検察官と被告人との間で水掛け論争をするよりも，任意性の判断に有効な証拠が存在するのであれば，これを開示してほしいという要求が出るのも自然なことと思われた。

しかし，昭和23年刑事訴訟法は，起訴状一本主義を規定しており，同法の全体構造を総合的に見回してみても，当事者間における証拠開示が制度的に予定されているとは認め難かったように思う。

裁判所としては，被告人・弁護人らによる証拠開示の要求に理解を示しつつも，それを許容していないように見える実定法規との間で，困難な対応を迫られてきたものと理解してよいと思われる。

では，どうしたらよいのか。

アメリカ法系の陪審制度では，陪審員が捜査記録を見ることはなく，法廷での証拠調べのみによって心証を形成して評決をすることになる。弁護人の反対尋問を経ない自白調書などが有罪認定の核となることはない。

しかし，このような制度が，唯一絶対のものとも断定できないように思う。

フランス法系・ドイツ法系では，予審制度を運用し，公判裁判所は，捜査記録，予審調書等を見た上でなお，証人尋問や被告人訊問を実施することになる。

このような制度が，アメリカ法系よりも劣っているとは思えない。

立法論をいえば，様々な選択肢が考えられる。起訴状一本主義を廃止し，捜査記録をすべて公判裁判所に引き継ぐようにして，大正11年刑事訴訟法のような制度に戻せば，証拠開示をめぐる紛争もなくなろう。しかし，アメリカ法

系を継受することで日本の実務運用を刷新したのだという戦後理解の下では，今さら戦前の制度に戻すというのは，現実的な選択肢ではなくなっていたのである。

　伝聞法則を徹底させ，かつ，陪審制度を復活させ，一層アメリカ法系に近付けるという選択肢も考えられないではない。しかし，陪審制度を復活させれば，戦前の陪審制度問題が再燃して終わるだけの可能性もある。

　このような起訴状一本主義の導入に絡む様々な制度問題を背景として，裁判の長期化を食い止めることが長年の課題とされてきたが，抜本的な解決策は，見つからないでいた。

　最高裁は，刑事訴訟規則（昭和23年最高裁規則32号）の改正により，訴訟関係人に対し，裁判の迅速化のための努力を求めた。すなわち，昭和25年改正（昭和25年最高裁規則9号）により，訴訟関係人は，第1回公判期日前に，できる限り証拠の収集及び整理をし，審理が迅速に行われるように準備しなければならないとし（178条の2。訴訟関係人の事前準備），昭和36年改正（昭和36年最高裁規則6号）により，検察官は，第1回公判期日前に，被告人又は弁護人に対し，閲覧する機会を与えるべき証拠書類があるときは，公訴の提起後なるべくすみやかに，その機会を与えなければならない（178条の6），検察官及び弁護人は，証人として尋問を請求しようとする者で第1回公判期日において取り調べられる見込みのあるものについて，これを在廷させるように努めなければならない（178条の8），などの努力義務を課したのである。

　要するに，第1回公判期日前に，当事者間において，できる限り証拠開示をした上，争点整理・証拠整理をしてほしいという趣旨なのであろう。

　裁判所は，起訴状一本主義があるから，第1回公判期日前の段階では，争点整理・証拠整理に積極的に介入できないという立場を採るのだろうが，訴訟進行を管理すべき裁判所が争点整理・証拠整理を仕切らないでいて，それを争いのある当事者間に任せ，さらには，検察官に対して，第1回公判期日から証人尋問などの実質審理に入れるように準備しろというのは，相当に都合のよい要望のようにも見えた。

弁護人側は，迅速な裁判を実現するためには事前の全面的な証拠開示が必要であるという。この点につき，最高裁調査官の田尾勇は，証拠開示の問題が，昭和23年刑事訴訟法の運用20年で残された最大の問題であったという[218]。
　改めて問題の背景を整理すると，まず，検察官は，公判で分かりやすい立証をするため，最良証拠（ベスト・エビデンス）に絞って証拠調べ請求することが求められ，かつ，裁判所には書面よりも証人尋問などで直接心証を得てもらうことが推奨されたため，当初，例えば，公安労働事件，贈収賄事件，選挙違反事件，特殊な否認事件などの公判では，原則どおり，参考人の供述調書を証拠請求せずに最初から証人尋問で臨んだりもしてきた。弁護人から捜査段階の供述証拠の開示を求められたときは，検察官による主尋問の後，弁護人による反対尋問の前に当該供述調書を開示するなどの対応もしてきた。
　こうした法運用は，弁護人側からは不満であったろうが，昭和23年刑事訴訟法の下では，適法な運用だったといえよう。
　但し，上記以外の一般刑事事件では，検察官は，公訴提起後第1回公判前に，弁護人に対し，比較的緩やかに証拠開示（閲覧・謄写）に応じることも少なくなかった。これは，戦前の慣行を踏まえた，裁判所，検察庁及び弁護士会の間の話し合いによる慣行であったという。こうした証拠開示により，弁護人は，事件の内容を知り，防御方針を立てていたのである。このような証拠開示をしていては，弁護人の能力が向上せず，弁護活動が低調なままに止まらないか，との指摘がなくはなかったものの，大正11年刑事訴訟法以来の慣行として，検察官は，事実上，幅広の証拠開示に応じていたのである。検察官において，請求予定のない証拠であっても，任意の証拠開示に柔軟な対応をとることも少なくなかったように思う。
　問題は，公安労働事件等において，証拠開示の問題にどう対応するかである。
　昭和23年刑事訴訟法に証拠開示の規定がない以上，検察の実務運用は正論であるという意見がある一方，弁護側には手持ち証拠が乏しいのだから証拠開示の範囲を拡大していかなければ均衡を欠くではないかという意見もあり，学

218）最高裁判例解説・昭和44年度・刑事篇166頁以下［田尾勇執筆部分］

説や下級審判例は分かれた。

　この問題に関しては，最高裁昭和 44 年 4 月 25 日決定が一応の決着をつけた。事案は，公務執行妨害事件であり，被告人が税務調査に従事していた税務署職員に対して暴行を加えたというものである。同事件において，弁護人は，検察官に対し，被害者の供述調書及び公判前証人尋問調書の証拠開示を求めたが，検察官は，供述調書のみを開示し，証人尋問調書を開示しなかった。第一審及び原審は，証拠開示を許容し，最高裁昭和 44 年 4 月 25 日決定は，訴訟指揮権（294 条）に基いて証拠開示を命じることができる旨判示し，検察官の抗告を棄却した[219]。

　「裁判所は，その訴訟上の地位にかんがみ，法規の明文ないし訴訟の基本構造に違背しないかぎり，適切な裁量により公正な訴訟指揮を行い，訴訟の合目的的進行をはかるべき権限と職責を有するものであるから，本件のように証拠調の段階に入った後，弁護人から，具体的必要性を示して，一定の証拠を弁護人に閲覧させるよう検察官に命ぜられたい旨の申出がなされた場合，事案の性質，審理の状況，閲覧を求める証拠の種類および内容，閲覧の時期，程度および方法，その他諸般の事情を勘案し，その閲覧が被告人の防御のため特に重要であり，かつこれにより罪証隠滅，証人威迫等の弊害を招来するおそれがなく，相当と認めるときは，その訴訟指揮権に基づき，検察官に対し，その所持する証拠を弁護人に閲覧させるよう命ずることができるものと解すべきである。」

　同決定による証拠開示ルールは，起訴状一本主義を採用する昭和 23 年刑事訴訟法の下にあって，現実的に採り得る最大限の証拠開示を認めたものであろう。

　渥美東洋は，昭和 23 年刑事訴訟法の下では，証拠の全面開示は困難であり，個別開示で対応するしかないだろうという[220]。

　「証拠開示は一方で，……捜査の可視性の向上に役立つ。それはまた他方

---

[219] 最高裁昭和 44 年 4 月 25 日決定・刑集 23 巻 4 号 248 頁（公務執行妨害事件）
[220] 渥美東洋「捜査の原理」（昭和 54 年，有斐閣）336 〜 337 頁，344 頁，346 頁

で，……訴追機関の主張を徹底的に吟味するための基本的資料を被告人側に提供し，……誤って……刑罰を科すことのないように万全の構えをとるのに役立つからである。このように考えてくると，証拠開示の進むべき方向は，検察官手持証拠の事前の全面開示でなければなるまい。」

「広範な証拠開示を定める明文規定をもたない法制の下では，証拠開示を裁判所が命ずることは難しい。つまり，無差別的全面開示命令を現行法の下で認めることは，おそらく無理であろう。」

「わが国と米国の法状況の相違を考えると，弁護人の個別証拠の開示請求については，それが反対尋問の充実や弁護の充実に必要だという点について，強い推定をもって臨むべきだろうと思う。つまり，それらの必要が欠如している旨が訴追側によって証明されないかぎり，個別開示を肯定すべきだと思う。」

最高裁決定により，一定範囲の証拠開示ルールが形成されたとはいえ，証拠開示をめぐる紛争がなくなったわけではなく，また，荒れる法廷がなくなったわけでもない。その個別具体的な事件については，次章以下で論じることとする。

さて，裁判が極限的に長期化し，迅速な裁判の趣旨が没却されたと認められるとき，裁判所としては，どう対処すべきなのかが問われることになる。

この問題につき，最高裁昭和47年12月20日判決（高田事件）は，迅速な裁判の保障条項（憲法37条1項）に反する事態が生じた場合においては，判決で免訴（刑訴法337条）の言渡をするのが相当である旨判示した[221]。

「刑事事件が裁判所に係属している間に迅速な裁判の保障条項に反する事態が生じた場合において，その審理を打ち切る方法については現行法上よるべき具体的な明文の規定はないのであるが，前記のような審理経過をたどった本件においては，これ以上実体的審理を進めることは適当でないから，判決で免訴の言渡をするのが相当である。」

---

221) 最高裁昭和47年12月20日判決・刑集26巻10号631頁（高田事件）

高田事件とは，昭和 27 年，名古屋市内において，高田派出所に石塊，煉瓦等を投げつけ，火炎ビンで放火した事件のことをいう。被告人ら 31 名は，これに加え，大杉派出所への放火予備，アメリカ駐留軍宿舎への放火予備，大韓民国居留民団愛知県本部事務所への放火未遂などでも起訴された。被告人らのうち 20 名は，同じ頃発生した大須事件でも起訴されており，弁護人側は，大須事件の審理が終了するまで高田事件等の審理を中断してほしい旨の要望を出し，第一審は，それに応じて高田事件等の審理を中断していたものであるが，中断期間が 15 年以上に及び，審理が再開された公判において，弁護人らは，迅速な裁判を受ける権利を侵害されたとして裁判の打ち切りを求めたのである。
　この高田事件は，司法実務に大きな衝撃をもって受け取られたとみてよいであろう。被告人・弁護人側の要望により審理を中断していたのであるから，裁判所が被告人らの権利を侵害したとは考え難い。審理が長期化したという理由だけで裁判を打ち切るというのは，かなり過激な措置だったという印象を受ける。裏を返せば，最高裁が裁判の長期化を極めて問題視していたということでもある。
　最高裁は，高田事件判決以降，被告人らから，迅速な裁判を受ける権利を侵害された旨の上告があっても，これら上告をすべて棄却しており，高田事件が特異なケースであったという評価が定着したという見方がある[222]。
　迅速な裁判を実現するためには，争点整理・証拠整理が不可欠と思われ，その前提として，証拠開示が重要な課題となっていたことは事実だが，昭和 23 年刑事訴訟法の下では，全面的な証拠開示を許容することは出来ない。起訴状一本主義が採られている以上，裁判所としては，第 1 回公判期日を迎えるまでに十分な審理計画を立てることが困難であり，かつ，第 1 回公判期日以降も，被告人・弁護人らに対して場当たり的な対応をせざるを得ない制度的環境に置かれていたことが根本的な問題だったように思われる。

　ここで，雑誌ジュリストの特集記事から，昭和 23 年刑事訴訟の軌跡と展望

---

222) 前掲 212) の松尾浩也（平成 8 年）187 頁

を，判事，検事及び弁護士という法曹三者それぞれの立場から振り返った各論説を取り上げておきたい。

まず，昭和23年刑事訴訟法の施行後25年を振り返った時点での論説を取り上げよう。

判事の千葉裕は，東京地裁の一部で始められた集中審理方式を紹介し，裁判官の努力により，裁判の迅速化に輝かしい成果を挙げたという[223]。

「ここに岸盛一判事が登場して来ることになる。」

「岸判事や右の諸判事により，事前準備の徹底化だけではなく，検察官の冒頭陳述を励行させ，その内容を実質的なものにすること，証拠の立証趣旨を明確にすること，証拠調の際は書証等の朗読又は要旨の告知を必ず行うこと，証拠調は争点に合わせて集中的に行うこと，321条1項2号による検察官調書の採用を安易に行わないこと，証人に対する交互尋問は規則に従って適切に行わしめ，異議申立に対する裁定は迅速，適正にこれをすること，審理に相当の日数を要する事件については，関係者による事前の打合せ等により，計画的に，できるだけ継続して公判期日を指定することなどの諸方策が，公判審理の充実強化のために必要であり有効なものであるとして，とり入れられて行った。このようにして，昭和29年ごろから33，4年ごろにかけ，東京地裁の一部において形成されて行った一連の審理方式が集中審理と呼ばれるものである。」

「わが国の刑事訴訟の大多数を占める自白事件（昭和42年の統計では，地裁の既済事件のうち全部自白事件が83.8％を占めている）においては，情状証人を在廷させたりすることにより，1回で審理終結となることが多く，そうでなくともせいぜい3回以内で終結するのが通例である（昭和42年の統計では，地裁の既済事件のうち全部自白事件の平均開廷回数は2.8回である。なお，全部否認事件のそれは7.2回である）。」

「集中審理が輝かしい成果を挙げたのは，何といっても訴訟を主宰する裁

223）千葉裕「集中審理」ジュリスト「刑事訴訟法25年の軌跡と展望」551号125頁（昭和49年）

判官が熱意をもって，かつ周到にして計画的な配慮のもとに，積極的，能動的に訴訟を指揮し進行させた点にその第一の原動力が認められるのであり，長期係属事件の審理にあたっても，そのことを想起し，裁判官がより一層の熱意と工夫とをもって訴訟指揮にあたる必要があるといえるであろう。」

しかし，1回結審で終わるのは，自白事件ばかりである。千葉裕は，公安事件における裁判遅延の問題について多く語ろうとはしていない。

検事の金吉聰は，集中審理方式に理解を示し，検事としてこれに協力してきたというが，公安事件では苦労したという[224]。

「証拠開示前には，弁護人との間で争点に関する打合せをすることはほとんどできないので，検察官において整理検討の作業の結果，大体予測することができた争点ないし問題点に応じて仮に立てた立証方針に基づき開示の範囲を定めざるをえない。一般通常の事件においては，同意を得られる可能性が多く，大半は書証を申請する形をとるので開示の範囲をきめるのにさして問題はない。」

「問題は，公安労働関係事件と複雑で大規模な瀆職，知能犯等の事件である。……このような事件については，裁判所の関与する事前の打合せ会合が開かれるのがつねであったから，その場で双方が意見の応酬を交わし，裁判所が決着をつける形をとるのである。私はその席で，集中審理の法廷では書証を安易に裁判所に引き継ぐような気持ちはなく，書証にこだわった証人尋問をする気もない，書証の開示に弁護人が固執するのは古い訴訟の感覚であると前置きして，私の通常一般の事件でもとっていると同様の開示についての方針を説明し，本件も全く同じ運用で臨むと主張した。その運用というのは，書証として申請する意思のあるもの（略）については全面開示，人証として申請する方針のもの（略）については，二つの場合に分け，(イ) 後に書証を全く利用する意思のないもの（主として検察官側に

---

224) 金吉聰「法廷技術」ジュリスト「刑事訴訟法25年の軌跡と展望」551号130頁（昭和49年）

立つ警察官,管理者等の証人で所期どおりの証言が強く期待できるもの)については,後に書証の申請はしない旨を言明して全面的に拒否,(ロ),後に法321条1項2号または同条1項3号の記憶喪失の理由で申請する可能性が強いか,さほどではないが,証人尋問にあたり書証の記載内容を弾劾または誘導のため実質的に利用する可能性の強いものについては,証人に対する工作または威迫的不当な行動に利用されるおそれを個別的に考慮して開示時期を尋問期日に近接した時期に個々的にきめるが,とにかく検察官の主尋問前に開示するという運用である。……当時の検察官一般の運用は,主尋問終了後,反対尋問前に開示という大勢であったが,審理の迅速化の見地から,……主尋問前に開示してあったほうが便利であることを考慮したためのものである。」

「検察官の冒陳は集中審理においては裁判所に対しては,適切な証拠決定その他の訴訟指揮をなさしめ,一面弁護人に対しては効果的な防御策を講ずるについて不可欠のものとされる。……当時すでに事項式の簡単にすぎる冒陳の型は少なくなり,物語式が多くなりつつあったが,事案によっては事項式を加味したものとし,必要に応じ略面,系統表を添付することもあった。」

弁護士の上田誠吉は,民主主義のために,法廷の内と外で闘争を展開することの意義を強く訴える[225]。

「刑事訴訟は民主主義とともに進み,民主主義とともに退く。」

「1949年1月1日から施行された刑事訴訟法が,占領軍の全面占領のもとで揺籃期をすごしたことは,その不幸な生い立ちをものがたる。そして,この新しい法律の運用にあたった裁判官のなかで,だれひとりとして『追放』されるもののいなかったことが,この不幸な生い立ちを二重のものとしたといえよう。」

「松川裁判闘争が刑事訴訟の歴史に与えた画期的意義を語らなければなら

---

225) 上田誠吉「裁判闘争」ジュリスト「刑事訴訟法25年の軌跡と展望」551号138頁(昭和49年)

ないだろう。
　……

　この松川裁判15年の闘いのなかで，はじめて刑事裁判における民主主義はかろうじて蘇生しえたのであった。裁判闘争がそれとして成立しうる条件は，人民大衆の民主主義運動によって用意されえたのである。」
「こういうわけで，法廷のうちとそと，裁判所の壁のうちとそととに同一の論理をつらぬかせるための努力，これが大衆的裁判闘争の重要な側面である。その場合の論理とは，事物のもつ客観的な論理である。」
「メーデー事件一審の公判回数は，およそ1,800回，1カ月に11回もの開廷をおこなった期間だけでも数年に及ぶ。結審は1966年3月，判決は1970年1月28日であった。裁判に要する期間は，被告人にたえがたい苦痛を強要する。その主たる原因は，権力側のまちがった訴追にある。このことをぬきにして長期裁判を論ずることは有害である。」
　上田誠吉は，法廷闘争が大衆闘争の一環であると論じている。
　しかし，本来，裁判とは，真相を解明し，迅速・的確に法令を適用し，法的紛争を解決するための手続のはずである。千葉裕や金吉聰は，それぞれの立場から各意見を述べているのだが，いずれにしても刑事裁判の役割に関する認識は，共通の土俵に立っているといえよう。
　これに対し，上田誠吉だけは，別次元から裁判の意義をとらえているのである。公安事件において裁判が長期化したのは，裁判を闘争と見る，このような被告人・弁護人らの姿勢に大きな原因があったように思う。
　次に，昭和23年刑事訴訟法の施行後40年を振り返った時点での論説を取り上げよう。
　判事の鬼塚賢太郎は，公安事件における被告人・弁護人らによる荒れる法廷を嘆く[226]。
　「翌年（引用者注：昭和27年）東京のメーデー事件をはじめ，全国的に公安

---

226) 鬼塚賢太郎「刑事訴訟法と共に歩んだ40年」ジュリスト「刑事訴訟法40年の軌跡と展望」930号66頁（平成元年）

事件が発生し，H地裁でも，勾留理由開示の公判中満員の傍聴人が突如バーを押し倒し，被疑者全員を実力で奪取するという不祥事件が発生した。群衆の一部は刑事裁判官室になだれこみ，居合わせた裁判官は一時監禁状態にされた。

　以後同地裁は高裁と協議して，開廷のつど警察官の派遣を要請するとともに，高地裁一体となっての裁判所自衛組織を作り，内外にわたって厳重な警備体制を敷いた。私は法廷警備の班長を命ぜられ，公安事件の法廷には常に腕章を巻いて警備に当たったが，庁舎の外側では群衆が押し寄せ投石を繰り返すなど，極めて異常な事態が続いた。これがきっかけとなって法廷警備員の制度が創設され，今日に至っているのである。」
「45年1月メーデー事件の一審判決があった。被告人側の要求を容れて統一公判にしたため，担当裁判官の非常な努力にもかかわらず，事件発生以来17年余という長期裁判となった。特に多数の無罪被告人については，あたら青春時代を空しくさせたということで，強い非難があった。

　いわゆる70年代に多発した学生集団事件の大量起訴を受けた東京地裁は，前記の苦い経験にかんがみ，被告人側の強い統一公判の要求に応ぜず，一つの集団事件の被告人をいくつかのグループに分け，各部で分担審理することにした。被告人らは，これを不服として，いわゆる『荒れる法廷』のあらしが，東京地裁に吹きまくっていた。

　46年4月私が裁判長として着任した部には，たしか8グループ200名あまりの集団事件が係属しており，もちろん一般の事件も係属していた。1グループの最大数は，35名くらいであった。

　一般の事件と異なり，この種の事件では，被告人と弁護人との間に信頼関係が乏しく，特に国選弁護人の場合には，弁護人の努力にもかかわらず，被告人らはその訴訟活動を手ぬるいとして，全員が勝手に発言し，法規を無視した証人尋問を行い，絶えず異議を申し立てるなどし，しかも傍聴席の支援者がこれに呼応して騒然とした無法地帯が法廷内に現出する。」
「刑事裁判については陪審制の採用を真剣に検討すべき時期に来ているのではないであろうか。支援者で傍聴席が埋まっている公安事件などでは，

陪審員こそ公平な立場の一般傍聴人に等しい存在である。」

検事の臼井滋夫は，公安事件における裁判の長期化について，その法廷闘争の具体的な手法を列挙する[227]。

「その後，私が第一線の公判活動にふたたび関わるようになったのは，昭和47年初めから約2年間，東京地検公判部長としてであった。当時すでに，今日広く行われているような，極めて当事者主義化された審理方式が完全に定着するに至っていたことはもちろんであるが，法廷で活動する公判部員の検察官諸君は，悪戦苦闘の連続であった。複雑困難な事件を含む一般事件多数のほか，昭和40年代前半から多発したテロリスト・過激分子・無法学生らによる爆弾事件，ハイジャック事件，リンチ殺人事件，強盗事件，騒擾事件，街頭闘争事件，学園紛争事件など，ありとあらゆる種類の公安事件が東京地裁に係属し，この種公安事件の被告人数は2,000人にも上がっていたからである。

<u>審理に入る前の段階の問題として，審理方式，国選弁護人の選任・辞任，被告人・弁護人の恣意的な欠席・退廷，被告人の訴訟遅延目的による弁護人解任・裁判官に対する忌避申立，裁判長の法廷警察権の行使（法廷内外の警備，被告人の戒護，傍聴人に対する措置等）などをめぐって生じるもろもろのトラブルに適切に対処しなければならなかったし，審理に入ってからも，起訴状・冒陳に対する求釈明，証拠開示の要求，公訴権濫用の主張，証拠調をめぐる紛議等々，さまざまな難問に遭遇した。</u>しかも，既存の判例・学説でこれら諸問題の解決に役立つものは，乏しかった。一方，可罰的違法性・期待可能性の欠如，超法規的違法性阻却事由の存在その他の実体法にかかるむつかしい論議も，少なからずあった。」

弁護士の大野正男は，保釈率の減少を問題視し，また，検察官手持ち証拠のうち少なくとも客観的証拠の開示を認めるべきだという[228]。

---

227) 臼井滋夫「刑事訴訟法40年を顧みて」ジュリスト「刑事訴訟法40年の軌跡と展望」930号71頁（平成元年）
228) 大野正男「刑事司法40年の軌跡」ジュリスト「刑事訴訟法40年の軌跡と展望」930号76頁（平成元年）

「昭和50年代には，刑訴の分野においてかねて問題とされていた事項についても次々と重要な判決がなされた。……これらの判決を通覧すると一つの特色がある。それは，結論として，捜査の抑制をとったものは一例もないということである。」

「勾留率は，地裁・簡裁とも20年代から30年代半ばまではほぼ55～60％であるが，35，6年頃を境に減少傾向に転じ，40年代半ばには50％を切る。その後はほぼ安定して50年代初期に達するが，中期からは漸増に転じ52～55％となる。」

「保釈率は大幅に変動する。地裁は，その初期は50％をこえる高率であるがまもなく激減し，30年代初期には35％を割る。しかし34年以降，逐年上昇を続け，48年には58％に達する。しかし，<u>翌49年から急激に減少を続け，ここ数年25～26％と，15年間で半分以下となっている</u>。保釈率の変化は簡裁でも同様の変化を辿っている。」

「覚せい剤事件の増加や保釈請求件数の減少という現象の影響があるとしても，最近の傾向が，基本的に，裁判所による『罪証隠滅のおそれ』の拡大的適用，さらに被告人を訴訟当事者としてよりも，取調の対象とみる傾向の増大に由来していることは否定し難い。」

「<u>すべての検察官手持証拠の開示が困難であるとしても，少なくとも被告人の供述調書，検証調書，鑑定書及び証拠物の閲覧，謄写権を認めるべきである</u>。証拠開示への批判として『弁護人に魚釣りの旅をさせてはならない』といわれるが，弁護人には捜査段階の検証について立会権もなく，その結果を記載した書面（検証調書，鑑定書）の存在すら知らされないことがあり，弁護人がいかに努力しても，犯罪直後の非代替的な証拠を自らの手で収集することができない。それゆえ，実質的な弁護を期待するためには，少なくとも右の開示は不可欠であるし，それによって隠滅されたり変更されたりするおそれのある証拠でもない。」

次に，昭和23年刑事訴訟法の施行後50年を振り返った時点での論説を取り上げよう。

判事の中山善房は，裁判所が総力を挙げた結果，長期未済事件が減少して

いったという[229]。
　「(5)　昭和60年代以降の『安定期から再検討期へ』
　　……
　　すなわち，この時期は，前記『安定移行期』からの長期未済事件の処理等の成果を引き継いだ上，訴訟促進・審理充実に一層の努力が傾注され，長期係属人員は，昭和60年に746人，平成2年に570人，平成7年に383人（昭和48年当時に比し92.4パーセント減）と着実に減少傾向を示し続けている経緯が認められ，公判運営上の『安定期』としての実績を挙げているものとして，これを十分評価することができるものとおもわれる。」
　「『安定移行期』において，裁判所の総力を挙げて事件処理に取り組んだ結果，訴訟遅延の事態が解消されるに至り，そして『安定期から再検討期へ』においては，訴訟促進・審理充実の面で一層の努力が傾注されるとともに，さらに刑事裁判の活性化へ向けての検討が行われつつある状況が認められるところである。」
　「近時，『開かれた裁判所』『分かりやすい司法』という観点から，特に国民の司法への参加に対する関心度が高まりつつある状況等に照らしても，陪審制・参審制に関する問題が幅広く議論されるべきであろう。」
　確かに，公安事件における裁判の長期化を解消するため，裁判所は，筆舌に尽くし難い苦労をされたことと思う。長期係属未済事件は，昭和48年のピーク時には5030人を数えたものの，昭和58年には1050人にまで減少するに至ったのである。
　しかし，長期係属未済事件が減少したのは，訴訟関係者の努力に負うところも大きかったとは思うが，それにもまして，裁判が不当に長期化することに対する国民の厳しい目があり，また，国民が左翼過激派らによる兇悪重大事件を憎み，警察がこれら複雑困難な事件を検挙し，犯罪集団の潰滅・封じ込めに努め，兇悪重大な公安事件の発生自体が減少してきたことが最大の要因だったよ

---

229) 中山善房「刑事訴訟法50年と裁判実務」ジュリスト「特集・刑事訴訟法50年」1148号18頁（平成11年）

うに思う。
　その間，多くの公安事件により多くの国民や警察官が亡くなっていることを忘れてはならないと思う。
　検事の亀山継夫は，捜査の分野において，警察が第一次捜査機関としての役割を果たす中，検察の役割が問われているといい，また，立法の分野において，弁護士会の反対により法制審議会が機能しなくなっていることを嘆く[230]。
　「最も大きな問題点は，検察のアイデンティティの不明確化である。既に述べたように，新刑訴が司法警察を検察官の指揮下にある捜査補助機関から独立の捜査機関としたことは，ある意味では新刑訴体制における最も大きな変革であったといえる。
　……
　<u>実務的には，警察は第一次捜査機関として捜査の遂行の責任を負うが，検察も捜査を完成させる責任を負う（捜査権を有するものとして，また公訴官として）</u>というところに落ち着いてきた。しかし，これは，現実に激増する事件をスムースに処理するための現場における妥協ともいうべきものであって，問題の本質に解答を与えるものではなかった。」
　「刑事関係立法が不活発なまま推移していることについては，種々の原因があろうが，結果的には，実際の慣行上国会への法案提出の責務を担っている内閣，ひいては法務省に最大の責任があるといわざるを得ない。
　……
　刑法全面改正，少年法改正，監獄法改正等の一連の重要案件の審議において，弁護士会が法制審議会の結論に異を唱え，国会等に強力な反対運動を展開する事態となり，これらの改正案は結果的に成立しないまま今日に至っており，このような経過を経て，法制審議会は，弁護士会との関係で<u>合意形成機能を失い現在では，弁護士会との合意なしには法案が提出されないという奇妙な慣行があるような外観を呈するに至っているのである</u>。」

---

[230] 亀山継夫「刑事訴訟法50年と検察の課題」ジュリスト「特集・刑事訴訟法50年」1148号24頁（平成11年）

「国の行政にとって最近の課題は，情報開示ないし国民に対する説明責任の問題である。

……

国民一般への説明を徹底させる方策として効果的なのは，刑事司法システム自体に国民の参加を求めることであろう。陪審制度を導入するには，幾多の難問題があり，簡単に実現しそうにないが，検察の捜査・公訴の過程については，幸い検察審査会制度があり，既に相当の実績を上げている。」

弁護士の田邨正義は，従来，弁護士会において，身柄拘束下での被疑者取調べ自体に反対するなどしてきたが，最近では，当番弁護士制度の運用や，被疑者国選弁護制度の提案など，地道な人権保護活動も行われていることを紹介する[231]。

「いずれにしても刑事訴訟法50年を経過して，弁護士会（少なくとも刑事弁護に熱意のある弁護士層）の意見の主流が糾問的捜査観の徹底的な批判，換言すれば，現行法およびその運用が，被疑者の身柄を最長23日間も捜査官の支配下におき，密室で孤立した被疑者の徹底的取調べを可能としていることに対する批判にあることは明らかである。

これは，弁護士会ないし弁護士層にとって，かねてからの課題であったことは言うまでもないが，同時に，この10年間，<u>当番弁護士制度の実施，被疑者国選制度の実現に向けての具体的提案，日常の刑事弁護活動における現状打破のための地道な努力の要請等弁護士会の組織的な活動の展開が見られることは，新たな潮流として評価されて良いと思われる。</u>」

「法曹三者による『刑事被疑者弁護に関する意見交換会』が1998年8月にスタートしたと聞く。被疑者の地位や取調受忍義務をめぐる基本的な見解の相違は一気には埋めがたいとしても，被疑者国選弁護制度のほかにも，実務の運用上，手をつけられるところから，被疑者の人権保護に向けて改

---

231) 田邨正義「刑事訴訟法50年と刑事弁護実務」ジュリスト「特集・刑事訴訟法50年」1148号31頁（平成11年）

善をはかるべく，相互の接点を見出す努力を併せて望みたい。」

以上，裁判官，検察官及び弁護士において，立場の相違による意見対立も見られるものの，荒れる法廷が長きにわたって繰り返された，その果てに，現実的な司法制度改革に向けた，歩み寄りを模索する素地が出来つつあるかに見えた。

第4款　平成15～16年司法制度改革

結論を先にいえば，国会は，平成15年から16年までの間に，いわゆる司法制度改革関連法案を可決した。制定された法律は，具体的にいうと，「裁判の迅速化に関する法律」（平成15年法律107号），「刑事訴訟法等の一部を改正する法律」（平成16年法律62号。以下，これによる改正法を，「平成16年改正刑事訴訟法」，「平成16年改正検察審査会法」などという。），「裁判員の参加する刑事裁判に関する法律」（平成16年法律63号。以下，「裁判員法」という。）などである。

以下では，その改革の経緯及び成立した各法律について，見ていくこととする[232]。

司法制度改革審議会（会長は，京都大学名誉教授の佐藤幸治）は，平成13年（2001年）6月12日，内閣に対し，「司法制度改革審議会意見書―21世紀の日本を支える司法制度―」を提出した。その三つの柱は，①　国民の期待に応える司法制度，②　司法制度を支える法曹の在り方，及び③　国民的基盤の確立であった。

内閣総理大臣小泉純一郎は，平成14年7月5日，司法制度改革推進本部の顧問会議において，同本部長として，迅速な裁判の推進などを内容とした司法改革の意義を訴えた。

「司法を国民にとって頼りがいのあるものにするためには，迅速な判決，迅速な権利の実現を期待できる制度にしなければならない。

具体的な目標として，裁判の結果が必ず2年以内に出るように改革して

---

[232] 司法制度改革については，以下の文献などを参考にした。松永邦男「司法制度改革概説1　司法制度改革推進法／裁判の迅速化に関する法律」（平成16年，商事法務），辻裕教「司法制度改革概説6　裁判員法／刑事訴訟法」（平成17年，商事法務）

いきたい。刑事・民事とも，地裁の判決が出るまで5年，10年という時間が費やされる場合がある現状はひどすぎる。めまぐるしい時代の変化や人の寿命の長さから見て，我が国の司法は世の中の期待に応えているとは言えない。」

同推進本部では，事務局に法学者，有識者，法律実務家等をメンバーとする「裁判員制度・刑事検討会」（座長は，東京大学教授の井上正仁）及び「公的弁護制度検討会」を設け，立案作業を進めた。

成立した諸法のうち，「裁判の迅速化に関する法律」（平成15年法律107号）は，第一審の終結時期について2年という数値目標を掲げた。

> 第2条　裁判の迅速化は，第一審の訴訟手続については2年以内のできるだけ短い期間内にこれを終結させ……ることを目標として，充実した手続を実施すること並びにこれを支える制度及び体制の整備を図ることにより行われるものとする。
>
> （以下省略）。

そのために，同法は，裁判所に対し，その実現に努める義務を課したほか（6条），当事者に対しても，一定の責務を課した。

> 第7条　当事者，代理人，弁護人その他の裁判所における手続において手続上の行為を行う者（次項において「当事者等」という。）は，可能な限り裁判の迅速化に係る第2条第1項の目標が実現できるよう，手続上の権利は，誠実にこれを行使しなければならない。
> 　　　前項の規定は，当事者等の正当な権利の行使を妨げるものと解してはならない。

同法が制定された背景には，我が国の裁判の審理が長期間を要しているという現状があった。すなわち，平成13年当時，地方裁判所における第一審の刑事事件では，審理期間が2年を超えるものの割合が0.4％，平均審理期間が3.2か月であったものの，過激派集団や特定宗教団体らによる事件では，審理期間が相当に長期間に及んでおり，政治問題となっていたのである。

平成16年改正刑事訴訟法及び同年改正検察審査会法は，大きくいって三つの柱を内容とした。すなわち，①　刑事裁判の充実・迅速化を図るための方策

として，充実した争点及び証拠の整理のための公判前整理手続の創設及び証拠開示の拡充等，② 被疑者に対する国選弁護人の選任制度の導入をはじめとする国選弁護人制度の整備，及び③ 検察審査会の一定の議決に基づき公訴が提起される制度の導入等であった。

　裁判所による公判前整理手続，検察審査会による起訴議決等の各制度の概要は，以下のとおりである。

【公判前整理手続】（平成16年改正刑事訴訟法）

　　第316条の2　裁判所は，充実した公判の審理を継続的，計画的かつ迅速に行うため必要があると認めるときは，検察官及び被告人又は弁護人の意見を聴いて，第1回公判期日前に，決定で，事件の争点及び証拠を整理するための公判準備として，事件を公判前整理手続に付することができる。

　　（以下省略）

　　第316条の13　検察官は，事件が公判前整理手続に付されたときは，その証明予定事実（公判期日において証拠により証明しようとする事実をいう。以下同じ。）を記載した書面を，裁判所に提出し，及び被告人又は弁護人に送付しなければならない。（以下省略）

　　　検察官は，前項の証明予定事実を証明するために用いる証拠の取調べを請求しなければならない。

　　（以下省略）

　　第316条の14　検察官は，前条第2項の規定により取調べを請求した証拠（以下「検察官請求証拠」という。）については，速やかに，被告人又は弁護人に対し，次の各号に掲げる証拠の区分に応じ，当該各号に定める方法による開示をしなければならない。

　　（以下省略）

　　第316条の15　検察官は，前条の規定による開示をした証拠以外の証拠であって，次の各号に掲げる証拠の類型のいずれかに該当し，かつ，特定の検察官請求証拠の証明力を判断するために重要であると認められるもの（引用者注：いわゆる類型証拠）について，被告人又は弁

護人から開示の請求があった場合において，その重要性の程度その他の被告人の防御の準備のために当該開示をすることの必要性の程度並びに当該開示によって生じるおそれのある弊害の内容及び程度を考慮し，相当と認めるときは，速やかに，同条第1号に定める方法による開示をしなければならない。（以下省略）

一　証拠物

二　第321条第2項に規定する裁判所又は裁判官の検証の結果を記載した書面

三　第321条第3項に規定する書面又はこれに準ずる書面（引用者注：検察官，検察事務官又は司法警察職員の検証の結果を記載した書面）

四　第321条第4項に規定する書面又はこれに準ずる書面（引用者注：鑑定の経過及び結果を記載した書面）

五　次に掲げる者の供述録取書等

　イ　検察官が証人として尋問を請求した者

　ロ　（省略）

六　（省略）

七　被告人の供述録取書等

（以下省略）

第316条の20　検察官は，第316条の14（引用者注：検察官請求証拠）及び第316条の15第1項（引用者注：いわゆる類型証拠）の規定による開示をした証拠以外の証拠であって，第316条の17第1項の主張（引用者注：被告人又は弁護人による予定主張）に関連すると認められるもの（引用者注：いわゆる主張関連証拠）について，被告人又は弁護人から開示の請求があった場合において，その関連性の程度その他の被告人の防御の準備のために当該開示をすることの必要性の程度並びに当該開示によって生じるおそれのある弊害の内容及び程度を考慮し，相当と認めるときは，速やかに，第316条の14第1項に定める方法による開示をしなければならない。（以下省略）

第316条の24　裁判所は，公判前整理手続を終了するに当たり，検察官

及び被告人又は弁護人との間で，事件の争点及び証拠の整理の結果を確認しなければならない。

立案作業等を担当した一人である伊藤栄二は，以下のとおり，受訴裁判所が公判前整理手続において争点整理・証拠整理をしても，そのことが起訴状一本主義・予断排除の原則（刑事訴訟法256条6項）に抵触するものではないと整理する[233]。

「公判前整理手続において，裁判所は，当事者に，公判でする予定の主張を明らかにさせることになるが，これらは，公判審理が計画的かつ円滑に進行するよう準備するために行うものであり，あくまでも，当事者双方が等しく参加する場において，それぞれの主張に触れるにすぎない。また，裁判所は，証拠能力の判断や証拠開示の有無や証拠開示の要件の有無の判断のために証拠を確認するにすぎず，当該証拠の信用性を判断するわけではない。

このように，<u>公判前整理手続は，事件の実体についての心証形成を目的とするものではなく，また，実際に裁判所が心証を形成することもないので，受訴裁判所が公判前整理手続を主宰しても，予断排除の原則に抵触するものではない。</u>」

【連日的開廷の原則】（平成16年改正刑事訴訟法）

裁判所は，審理に2日以上を要する事件については，できる限り，連日開廷し，継続して審理を行わなければならない。

訴訟関係人は，期日を厳守し，審理に支障を来さないようにしなければならない（281条の6）。

【検察審査会による起訴議決】（平成16年改正検察審査会法）

検察審査会は，検察官の公訴を提起しない処分（不起訴処分）の当否に関し，

---

[233] 前掲232）の「司法制度改革概説6　裁判員法／刑事訴訟法」（平成17年）23～24頁［伊藤栄二執筆部分］

次のいずれかの議決をする（39条の5）。
　　一　起訴を相当とする議決
　　二　公訴を提起しない処分を不当とする議決（一の場合を除く。）
　　三　公訴を提起しない処分を相当とする議決
　起訴を相当とする議決（39条の5第1項第1号）をした検察審査会は，検察官から再度の不起訴処分をした旨の通知を受けたときは，当該処分の当否の審査を行わなければならない（41条の2）。
　検察審査会は，再度の審査を行った場合において，再び起訴を相当と認めるときは，起訴をすべき旨の議決（起訴議決）をするものとする（41条の6）。
　裁判所から指定された弁護士は，起訴議決に係る事件について公訴を提起しなければならない（41条の10）

　裁判員法によれば，新設された裁判員裁判制度の概要は，以下のとおりである。
【裁判員法の趣旨】
　この法律は，国民の中から選任された裁判員が裁判官と共に刑事訴訟手続に関与することが司法に対する国民の理解の増進とその信頼の向上に資することにかんがみ，裁判員の参加する刑事裁判に関し，裁判所法（昭和22年法律59号）及び刑事訴訟法（昭和23年法律131号）の特則その他の必要な事項を定めるものとする（1条）。
【対象事件】
　　第2条　地方裁判所は，次に掲げる事件については，（略）この法律の定めるところにより裁判員の参加する合議体が構成された後は，（略）裁判員の参加する合議体でこれを取り扱う。
　　　一　死刑又は無期の懲役若しくは禁錮に当たる罪に係る事件
　　　二　裁判所法第26条第2項第2号に掲げる事件（引用者注：死刑又は無期若しくは短期1年以上の懲役若しくは禁錮にあたる罪）であって，故意の犯罪行為により被害者を死亡させた罪に係るもの（前号に該当するものを除く。）

　　　　　前項の合議体の裁判官の員数は3人，裁判員の員数は6人とし，裁判官のうち一人を裁判長とする。(以下省略)
　　(第3項以下省略)
　第3条　地方裁判所は，前条第1項各号に掲げる事件について，被告人の言動，被告人がその構成員である団体の主張若しくは当該団体の他の構成員の言動又は現に裁判員候補者若しくは裁判員に対する加害若しくはその告知が行われたことその他の事情により，裁判員候補者，裁判員若しくは裁判員であった者若しくはその親族若しくはこれに準ずる者の生命，身体若しくは財産に危害が加えられるおそれ又はこれらの者の生活の平穏が著しく侵害されるおそれがあり，そのため裁判員候補者又は裁判員が畏怖し，裁判員候補者の出頭を確保することが困難な状況にあり又は裁判員の職務の遂行ができずこれに代わる裁判員の選任も困難であると認めるときは，検察官，被告人若しくは弁護人の請求により又は職権で，これを裁判官の合議体で取り扱う決定をしなければならない。
　　(第2項以下省略)

【裁判員の選任資格】
　裁判員は，衆議院議員の選挙権を有する者の中から，選任するものとする（13条）。

【公判前整理手続】
　裁判所は，対象事件については，第1回の公判期日前に，これを公判前整理手続に付さなければならない（49条）。

【評議】
　評議は，構成裁判官及び裁判員が行う（66条）。

【評決】
　評議における判断は，構成裁判官及び裁判員の双方の意見を含む合議体の員数の過半数の意見による。
　刑の量定について意見が分かれ，その説が各々，構成裁判官及び裁判員の双方の意見を含む合議体の員数の過半数の意見にならないときは，その合議体の

判断は，構成裁判官及び裁判員の双方の意見を含む合議体の員数の過半数の意見になるまで，被告人に最も不利な意見の数を順次利益な意見の数に加え，その中で最も利益な意見による（67条）。

　さて，平成15〜16年司法制度改革は，昭和23年刑事訴訟法の諸制度を大きく修正するものであり，内容は，多岐にわたる。
　その中心課題は，刑事裁判の迅速化であり，その方策の核心部分は，公判前整理手続制度を設け，①　証拠開示を充実させ，②　検察官と弁護人の双方に証明予定事実（主張内容）の明示を義務付けることにより，争点整理・証拠整理を促進することにあったと整理してよいように思われる。
　従前，検察官は，公判での冒頭陳述において，物語形式の詳細な事実主張をし，論告において，争点に即した詳細な立証構造を展開してきた。弁護人は，公判の冒頭では具体的な主張を展開せず，最終弁論において，争点に即した詳細な立証構造を展開するなどの主張活動をしてきた。
　これに対し，裁判員裁判の公判前整理手続では，検察官と弁護人の双方が，早期の段階からそれぞれの視点に立った物語を提示し，それぞれの立証構造を明らかにすることになった。これにより，第1回公判期日前に，適切な争点整理・証拠整理が可能となる。そして，公判手続では，検察官・弁護人の双方が，簡にして要を得た分かりやすい主張・立証活動をすることになり，冒頭陳述，論告，弁論などは比較的簡略な書面を用意するにとどまることが期待されたのである。
　最高検察庁公判部検事の田野尻猛は，証明予定事実記載書面の意義や，証拠の厳選の意義などを説く[234]。

>　「公判前整理手続の目的は，争点と証拠の整理を行うことにあるから，その出発点となる検察官の証明予定事実記載書面は，争点整理に適したものでなければならない。」

234）田野尻猛「裁判員裁判のこれから—検察官の視点」（平成26年，法律のひろば67巻4号19頁以下）

「公判前整理手続の当初の段階から論告を意識して証明予定事実を整理すれば，論告で触れない事実は証明予定事実記載書面に盛り込む必要がないか，仮に犯行経緯等を記述する上で触れざるを得ないとしても極力簡素な記載にとどめるなど，メリハリをつけた記載が可能となる。」

「証明予定事実記載書面の提出並びに証拠の取調請求及び同証拠の開示については，起訴後2週間を目処に行うこととしている。」

「類型証拠開示請求が十分に予想され，かつ，その場合には，当然開示することになるであろう一定の証拠，例えば検察官請求証拠以外の被疑者の供述調書，取調状況報告書，被害者の供述調書，実況見分調書などについては，検察官請求証拠を開示する際に，同時に任意開示する運用に努めている。」

「裁判員裁判における検察官の公判活動は，冒頭陳述により始まる。……ほとんどの裁判員は刑事裁判に関与するのは初めてのことであるから，審理の冒頭，いきなり詳細な説明を受けても，これを理解することは不可能であろう。……まずは，情報量を徹底的に削る必要がある。」

　司法制度改革推進本部事務局で裁判員制度の立案にも関与した判事の安東章は，争点整理・証拠整理のために弁護人の協力が重要であることなどを説く[235]。

「弁護人においても，証拠開示が得られるまで予定主張を明示しないという頑なな対応は大幅に減少し，後の変更があり得ることを前提に，起訴後早期の段階から暫定的な応訴方針を明らかにする弁護人が増えてきている。」

「特殊要因がない否認事件については検証報告書（引用者注：最高裁判所事務総局作成の平成24年12月付け「裁判員裁判実施状況の検証報告書」）13頁以下でも検討されており，『特に，弁護人の予定主張記載書面の提出，法曹三者の打合せについては，今後，合理化，短縮化に向けた努力』が必要と

---

[235] 安東章「裁判員裁判のこれから―裁判官の視点」（平成26年，法律のひろば67巻4号27頁以下）

されている」

「もとより将来的には，公判中心の審理のイメージが法曹三者間で共有されるに至り，裁判所の介入がなくても，当事者が各々の主体的な判断によって要点に絞ったメリハリのある主張，立証を行い，それによって裁判員が的確に心証をとれる公判準備が実現される，そうした当事者主義にふさわしい状況となることが期待される。」

以上要するに，起訴状一本主義があるため，第1回公判期日前に裁判所が証拠を目にするわけにはいかないが，その代替として，検察官・弁護人から詳細な予定主張をしてもらうことで，第1回公判期日前に争点整理・証拠整理をすることが可能になるということである。

但し，安東章は，争点整理・証拠整理が当事者である検察官と弁護人により主体的になされるべきものであり，裁判所は，それを「側面からサポートする」のだという。

これとは異なる方向性を示すのが，第1回公判期日後の審理についてである。

安東章は，公判中心主義の実現を重視するといい，書面裁判からの脱却をいう。

「検証報告書20頁も，裁判員裁判の公判審理につき，『何よりも重要なことは，裁判員の前で開かれる公判での主張，立証を通じて事件の実体が明らかにされ，量刑が可能になるような審理が行われなければならないということである。』として，公判中心主義の実現を最重要視している。」

「裁判所は，平成23年頃から，裁判員裁判の自白事件においても，罪体の重要部分等，審理のポイントとなる重要な事実については，人証での立証を検察官に求めるようになり，次第に当事者の理解・協力も得られるようになって，多くの自白事件で，証人の必要性や負担を勘案しつつ，被害者，共犯者，目撃者のほか，犯行の経緯を知る関係者や鑑定人等の重要証人が採用され，取り調べられた。」

これに対し，神戸大学大学院教授の池田公博は，検察官と弁護人の双方において人証より書証を選好したがる理由について，一定の理解を示す[236]。

「例えば被害状況の立証について，検察官は被害者の負担に配慮して供述

調書による立証を選択し，弁護側は被害状況が生々しく再現されることによる不利益な評価を回避するためにこれに同意するという事態は想定され得る。あるいは，書証については供述内容が確定しているため，予測可能性が担保されていて，主張方針の貫徹に資することも，当事者が書証による立証を選好する背景にあるものといえよう。」

「主張・立証の手段・方法の選択は，裁判所からみて不合理なものであるとしても，基本的には当事者の判断が尊重されるべき事項に当たるというべきであろう。」

さて，もともと昭和23年刑事訴訟法の下では，当事者双方が了解すれば，書面（伝聞証拠）であっても，同意書面（326条）・合意書面（327条）として，証拠能力が付与されることになっている。従来，裁判所としては，起訴状一本主義の下，圧倒的に少ない情報量を補うために，これらの書証を積極的に受け入れてきたように思われる。

ところが，公判前整理手続の制度が始まったことで，裁判所は，第1回公判期日前に，検察官・弁護人双方の予定主張記載書面により，具体的な証拠に基づく豊富な情報を入手することが可能となり，少ない情報を補うために可能な限り多くの書証を読み込むという過去の作業（書面中心主義）を捨て去り，反対に，法廷で多くの事件関係者（被告人のみならず，被害者，目撃者等の人証）を直接尋問したいという欲求（公判中心主義）が生じてきたようである。裁判所は，それが裁判員の意向でもあるという。確かに，裁判員としても，事件関係者から直接話を聞きたいかもしれない。

書証よりも人証を基礎にして心証を形成したいという裁判所の考え方は，自然な欲求として理解できるものである。検察官も弁護人も，自ら直接事件関係者から話を聞きたいはずであり，裁判員や裁判官も，同様であろう。

但し，これは，当事者主義ではなく，形を変えた職権主義の復活であると理解できる側面がある。大正11年刑事訴訟法では，捜査記録，予審調書等がすべて公判裁判所に引き継がれたが，それでも裁判所による直接主義・口頭主義

236）池田公博「裁判員制度の運用状況」（平成26年，法律のひろば67巻4号4頁以下）

の要請から，証人尋問や被告人訊問が実施されていた。直接主義・口頭主義というのは，当事者主義から導かれる原理ではない。裁判所が主体となる職権主義だからこそ，裁判所の面前における直接・口頭での供述が求められるのである。予審制度とは，公判中心主義を実効的にするための下調べであり，警察や検察官による聞き取りは，予審判事のための更なる下調べであった。本来，当事者主義を徹底すれば，司法取引も可能となり，また，当事者双方の同意・合意があれば，公判が書面審理で終わっても問題などないはずなのである。

公判前整理手続制度の創設は，今後，当事者主義と職権主義の奇妙な組み合わせにより，新たな法運用を生み出すことになるかもしれない。すなわち，争点整理・証拠整理は，刑事手続の主催者である裁判所ではなく，当事者が積極的に行うこととされ，逆に，公判審理は，当事者である検察官，被告人及び弁護人の意向よりも，裁判員・裁判官の意向が重視されるような公判構造が観念される可能性がないではないように思われるのである。

但し，この点については，次款で述べる合意制度，刑事免責制度などの運用如何にも影響されることになりそうである。

第5款　平成28年司法制度改革

後述するとおり，国会は，平成28年に刑事訴訟法等を一部改正し，逮捕・勾留中の被疑者の取調べの録音・録画制度を立法化した。

そこに至るまでの経緯を振り返りたい。

まず，これまで公判で大きく争われてきたのは，証拠開示の問題のほか，被告人の捜査段階における自白調書の任意性・信用性の判断に関する問題であった。取調べの状況については，取調官と被告人の主張が相対立し，両者の水掛論争になりがちなところ，自白の任意性の有無をどのように判断したらよいか，これが長年にわたる実務上の懸案事項の一つであった。それと関連して，取調室という密室で行われる取調べについて，透明化を図る措置を講じるべきではないかといった議論も繰り返されてきた。

平野龍一は，弾劾的捜査観という立場を採った上で，被疑者の取調べに否定的な見解を述べてきた[237]。

「被疑者は取調を受ける義務があり，ただその強制のために裁判官の令状（引用者注：逮捕状・勾留状）が必要なだけだとするのが実際の運用であるといってよい。しかし<u>アメリカでは，黙秘権を告げて裁判官が取調をすることでさえも憲法違反だという議論が強いのである</u>。黙秘権とは，答えない権利であるだけでなく，強制的な取調を受けない権利なのである。黙秘権を告知したとしても，取調の間，その面前にすわって質問を受けなければならないとすれば，黙秘権の実質的な保障はなくなってしまうからである。」

松尾浩也は，平野龍一流の純粋な弾劾的捜査観には否定的であり，被疑者取調べの意義を肯定する[238]。

「その二は，捜査における当事者対立構造を理由として，被疑者の『取調』を否定する考え方（引用者注：弾劾的捜査観）である。……とくに近年のアメリカでは，次々に画期的な判例（エスコビード，ミランダ等）が打ち出されて，有効な取調はほとんど封じられ去った観がある。」

「筆者は，このうちでとくに検察官の性格づけの問題に注意を払いたいと思う。それは，筆者も，この点に限っては『修正された糾問的捜査観』の論者と軌を一にし，検察官の司法官的性格を説くに傾くからである。」

「筆者は，右のような意味においてデュー・プロセスを基底とする技術的当事者構造を肯定したいが，その帰結として，<u>捜査機関による被疑者の取調は，論理的にはかならずしも排除されないことになる</u>。……もしこれを『第四の考え方』とすることが許されるならば，それは，『修正された弾劾的捜査観』というべきであろう。」

渥美東洋は，昭和23年刑事訴訟法の下では，身柄拘束下での取調べに弾劾主義を導入することはできないのであり，むしろ身柄拘束下での取調の適正条件を設定し，これを取調官に守らせることの方が重要であるという[239]。

「取調目的の身柄拘束を禁止しながら，現行法は逮捕・勾留の下での取調

---

237) 前掲64) の平野龍一（昭和43年）69〜70頁
238) 前掲65) の松尾浩也（昭和49年）258〜263頁
239) 前掲214) の渥美東洋（平成13年）45〜48頁

を認めて（198条1項），弾劾主義を修正している。ところが，身柄拘束下での取調という捜査は，密行性が高く，可視性が低いので多くの問題を伴っている。」

「対処する方法の第一に，弾劾主義の導入がある。……だが，例えば，公判と同様に弁護人の積極的な活動を認めると，取調が不可能となり，身柄拘束下での取調を法が認めているのに，結局はそれを否定する結果となるので，この方法には難点がある。」

「決定的証拠（引用者注：被疑者の自白）が真実に反しては困るので，証拠の真実性を保障する方策を導入する必要がある。さらに，供述合戦のもつ難点，身柄拘束下での取調の可視性の低さ，供述の自由への侵害の有無を決定する基準，取調官の取調をなすときの状況設定についての恣意性のもつ難点を解消しつつ，捜査の早い段階での<u>身柄拘束下の取調を肯定する条件と基準を定める必要がある</u>。身柄拘束のもつ供述の自由を害する強制の契機，それに先述の種々の難点を考えると，①黙秘権の告知，②黙秘権を放棄してなした供述が不利な証拠に用いられることの告知，③供述の自由を保障したうえで供述すべきことを決めるために弁護人の助力を受ける権利の告知，④それと憲法34条に定める弁護人との自由な接見を，取調に先立って保障すること等を身柄拘束下での取調の条件とすべきである。」

　身柄拘束下での被疑者取調べの在り方については，多くの議論が重ねられながら，立法による手当をなし得ず，長きにわたって，激しい法廷論争が繰り返されてきた。

　こうした中にあって，取調べの在り方，自白の任意性の判断手法等をめぐる実務の在り方に大きな影響を与えることになったのは，三つの再審無罪事件であろう。すなわち，免田事件（熊本地裁八代支部昭和58年7月15日判決），財田川事件（高松地裁昭和59年3月12日判決）及び松山事件（仙台地裁昭和59年7月11日判決）である[240]。

---

240) 熊本地裁八代支部昭和58年7月15日判決・判例時報1090号21頁（免田事件）
　　高松地裁昭和59年3月12日判決・判例タイムズ523号75頁（財田川事件）
　　仙台地裁昭和59年7月11日判決・判例タイムズ540号97頁（松山事件）

免田事件（強盗殺人事件）では，被告人のアリバイの成否が主たる争点であり，被告人の自白の任意性・信用性が主たる争点だったわけではないが，裁判所は，アリバイに関連する参考人供述の信用性を判断するに当たり，その警察官調書，検察官調書及び証人尋問調書の具体的内容を詳細に再検討し，被告人のアリバイ主張を認める結論を出した。

財田川事件（強盗殺人事件）では，被告人の自白を詳細に再検討し，その任意性は肯定したものの，信用性は否定した。

「なるほど，被告人の自白は，死罪にあたる重大な事実についての陳述であり，その内容は具体的かつ詳細をきわめ，たとえ捜査官の暗示や執拗な誘導に基づくものがあったとしても，現実に犯罪を実行しない者が果たしてかような自白をなしうるであろうかとの感を抱かせるものがある。」

「被告人のいわゆる二度突きに関する供述その他原第二判決が自白の真実性を保証する事由として説示するところによってもいまだ被告人の自白の信用性につき確たる心証を形成しがたいことは，以上それぞれの項において説明したとおりである。」

松山事件（強盗殺人・非現住建造物放火事件）でも，裁判所は，被告人の自白の信用性を否定している。

「被告人の自白は，客観的証拠に符合する事実が多く含まれているものの，容易に信用しがたく，また，本件犯行当時被告人が使用していたとされる掛け布団の襟当てに多数の斑痕が付着し，これらから……被害者家族に由来すると考えて矛盾のないA型人血が検出された事実が認められるが，……その付着状況は被告人の自白から窺われる付着経緯にそわず，むしろこれと矛盾していると思われ，これをもって本件犯行と被告人を結び付けることはでき（ない）」

要するに，三つの再審無罪事件の各判決は，被告人・参考人らの捜査段階から公判段階に至るまでのすべての供述内容を，事後的に徹底的に吟味するという手法を採ったのである。

三つの再審無罪事件を受け，最高検察庁は，その捜査・公判過程を検証し，① 被疑者の自白の信用性の吟味，② 物証（客観的証拠）の収集の重要性，

③ 捜査上の問題点，④ 公判立会上の問題点などを取り上げて反省し，とりわけ，自白の信用性については，以下の観点から適切に吟味すべきことを示した[241]。

① 自白内容の不自然，不合理，不十分性の吟味
② 客観的事実との不一致の有無
③ 裏付け捜査の徹底
④ 重要な事項についての供述の欠落の有無
⑤ 供述の変遷の有無・内容
⑥ いわゆる秘密の暴露の有無

この結果，警察・検察の取調べは，以前にも増して緻密なものとなり，その供述調書は，詳細を極めることになっていく。すなわち，被疑者の取調べに当たっては，犯人しか知らない事実を供述しているか（秘密の暴露），犯人なら知っているはずの事実を供述できていないのではないか（無知の暴露），被疑者供述が関係者供述や客観的証拠と矛盾していないか，被疑者の供述内容に変遷はないか。これらの諸点を徹底的に確認することになった。このため，以前にも増して取調時間が長時間となり，供述調書が長大なものとなっていくのは，自然の勢いである。

これが書面中心主義として批判されてきた実務の背景事情であろう。

但し，実際の否認事件において，書面審理だけで判決が言い渡された事件は一つとしてない。

取調官としては，取調べがいい加減であったと批判されれば，今後は，これまで以上に被疑者をじっくり取り調べ，詳細な供述調書を作成しようということになる。そして，弁護人は，取調べ過程の詳細を徹底的に吟味しようとして，ますます裁判の長期化を推し進めてしまうのである。裁判所としても，先の再審無罪判決などを目にすれば，自白の任意性・信用性について徹底的に審理しなければならないと思うはずである。

---

241) 誤判問題研究会「最高検察庁『再審無罪事件検討結果報告―免田・財田川・松山各事件』について」（法律時報 61 巻 8 号 85 頁）

このようにして，自白調書の任意性判断の問題は，裁判の長期化の原因の一つとなってきた感がある。

任意性の有無をめぐる取調官と被告人との水掛論争を抜本的に解決するには，どうしたらよいのか。

弁護士の前田裕司は，平成15～16年司法制度改革において，取調べの可視化が制度化されなかったとして嘆く[242]。

「当時の刑事弁護人の思いも，我が国の刑事手続における重要な改革の必要性は捜査にあるとする点で，ほぼ共通であった。刑事手続が余りにも『真相解明』に傾き，その結果，捜査過程での糾問的手続による厳しい取調べ（その過程での被疑者・被告人の防御権保障の軽視）が許容され，時として『虚偽自白』を生み，それが冤罪の要因となっていたからであった。」

「裁判員裁判に当たって初めてなされた重要な改革が，公判前整理手続における証拠開示であった。また，当番弁護士の実績の上に立った被疑者国選弁護の発足もあった。ただ，代用監獄の廃止も取調べの可視化（取調べ全過程の録画・録音）をはじめとする取調べに関わる制度改革も実現せず，伝聞証拠の例外もそのままにされた。」

こうした長年にわたる被疑者取調べの問題に，大きな転換を与えたのが，録音・録画制度の導入である。

国会は，平成28年5月24日，刑事訴訟法等の一部を改正する法律（平成28年法律54号。以下，これによる改正法を「平成28年改正刑事訴訟法」などという。）を制定した[243]。

同法は，刑事手続における証拠の収集方法の適正化・多様化及び公判審理の充実化を図るものであり，その内容は，以下のとおり多岐にわたる。

① 取調べの録音・録画制度の導入
② 証拠収集等への協力及び訴追に関する合意制度及び刑事免責制度の導入

---

[242] 前田裕司「裁判員裁判のこれから―弁護士の視点」（平成26年，法律のひろば67巻4号12頁以下）

[243] 吉田雅之「『刑事訴訟法等の一部を改正する法律』の概要について」（平成28年，法律のひろば69巻9号16頁以下所収）

③　通信傍受の合理化・効率化
④　裁量保釈の判断に当たっての考慮事情の明確化
⑤　弁護人による援助の充実化
⑥　証拠開示制度の拡充
⑦　犯罪被害者等及び証人を保護するための措置の導入
⑧　証拠隠滅等の罪等の法定刑の引上げ等
⑨　自白事件の簡易迅速な処理のための措置の導入

　同法が制定されるに至った直接の経緯であるが，法務大臣の下に設けられた「検察の在り方検討会議」は，平成23年3月，取調べ及び供述調書に過度に依存した捜査・公判の在り方を抜本的に見直し，新たな刑事司法制度を構築するための検討を行う必要がある旨提言し，これを受けた法制審議会が，平成26年9月，法務大臣に対し，被疑者取調べの録音・録画制度の導入などを内容とする答申をした。

　これを踏まえて，国会が，昭和28年改正刑事訴訟法を審議可決したのである。

　なお，取調べの録音・録画については，同法の成立前から，既に検察・警察において一部の試行がなされていた。すなわち，検察庁では，①　裁判員裁判の施行を控えた平成21年4月から，裁判員に分かりやすく自白の任意性を立証するため，裁判員裁判対象事件について，逮捕・勾留中の被疑者の取調べの録音・録画を実施することとし，②　平成23年3月から，東京地検，大阪地検及び名古屋地検の各特別捜査部が取り扱う独自捜査事件について，逮捕・勾留中の被疑者の取調べの録音・録画を実施することとし，③　同年4月から，知的障害によりコミュニケーション能力に問題がある被疑者等に係る事件，④　平成24年11月から，精神障害等により責任能力の減退・喪失が疑われる被疑者に係る事件についても，逮捕・勾留中の被疑者の取調べの録音・録画を試行することとし，平成26年10月から，これら4類型について，録音・録画の本格実施に移行するとともに，その他の事件についても，必要性等を勘案の上，録音・録画の試行をしてきたところである[244]。

　さて，平成28年改正刑事訴訟法によれば，録音・録画制度，合意制度，刑

事免責制度，証拠開示制度の拡充等の各制度の概要は，以下のとおりである。
【逮捕・勾留中の被疑者の取調べ等の録音・録画制度】
　検察官又は検察事務官が，①　裁判員制度対象事件又は②　検察官独自捜査事件について，逮捕・勾留中の被疑者の取調べ又は弁解録取手続を行うときは，原則として，その全過程を録音・録画しておかなければならず，司法警察員が，③　裁判員制度対象事件について，逮捕・勾留中の被疑者の取調べ又は弁解録取手続を行うときも，同様とする（301条の2第4項）。
　これら①ないし③の被疑事件の捜査において，検察官，検察事務官又は司法警察職員が，逮捕・勾留中の被疑者の取調べ又は弁解録取手続の際に供述調書，弁解録取書又は供述書を作成し，その被告事件の公判において，検察官が，被告人に不利益な事実の承認を内容とする被告人の供述調書，弁解録取書又は供述書の証拠調べ請求をした場合において，被告人又は弁護人がいわゆる任意性を争う旨の主張をしたときは，検察官は，任意性が争われた供述調書，弁解録取書又は供述書が作成された取調べ等の開始から終了に至るまでの全過程を記録した録音・録画の記録媒体の取調べを請求しなければならない（同第1項）。
　検察官が同記録媒体の取調べを請求しないときは，裁判所は，決定で，検察官請求に係る被告人の供述調書等の取調べ請求を却下しなければならない（同第2項）。
【合意制度】
　検察官と被疑者・被告人は，特定の財政経済犯罪及び薬物銃器犯罪について，弁護人の同意がある場合に，被疑者・被告人が共犯者等の他人の刑事事件の解明に資する協力行為を行い，検察官がこれを被疑者・被告人に有利に考慮して，その事件において不起訴処分や一定の軽い求刑等をすることを内容とする合意をすることができることとされた（350条の2等）。
【刑事免責制度】
　刑事免責制度とは，裁判所が，検察官の請求に基づいて，①　証人は，自己

244）山口貴亮「刑事訴訟法等改正と実務への影響―検察の立場から」35～36頁（平成28年，法律のひろば69巻9号35頁以下所収）

が刑事訴追を受け又は有罪判決を受けるおそれのある証言を拒否できない，②証言及びこれに基づいて得られた証拠は，証人の刑事事件において，証人に不利益な証拠とすることができない，という条件により，証人尋問を行う旨の決定をするものである（157条の2，157条の3）。

【証拠開示制度の拡充（証拠の一覧表の交付）】
　　第316条の14　（第1項省略）
　　　　検察官は，前項の規定による証拠（引用者注：検察官請求証拠）の開示をした後，被告人又は弁護人から請求があったときは，速やかに，被告人又は弁護人に対し，検察官が保管する証拠の一覧表の交付をしなければならない。
　　　　前項の一覧表には，次の各号に掲げる証拠の区分に応じ，証拠ごとに，当該各号に定める事項を記載しなければならない。
　　一　証拠物　品名及び数量
　　二　供述を録取した書面で供述者の署名又は押印のあるもの　当該書面の標目，作成の年月日及び供述者の氏名
　　三　証拠書類（前号に掲げるものを除く。）　当該証拠書類の標目，作成の年月日及び作成者の氏名
　　（第4項以下省略）

法務省刑事局参事官の吉田雅之は，証拠の一覧表の交付制度の趣旨について，以下のとおり解説する[245]。

「証拠の一覧表の交付手続は，公判前整理手続及び期日間整理手続（以下「整理手続」と総称する。）において，被告人側による類型証拠又は主張関連証拠の開示請求が円滑・迅速に行われるようにすることにより，整理手続の円滑・迅速な進行に資するようにするため，その開示請求の『手がかり』として，検察官がその保管する証拠の一覧表を被告人側に交付しなければならないこととするものである（316条の14第2項～5項）。」

平成28年司法制度改革は，平成15～16年司法制度改革に次いで，昭和23

---

245) 前掲243）の吉田雅之（平成28年）26頁

年刑事訴訟法の諸制度を大きく修正するものである。

その中心課題は，逮捕・勾留中の被疑者の取調べの録画・録音制度の立法化であるが，この録音・録画制度は，刑事手続においてどのような意義を有することになるのか。

第1に，取調べを録音・録画することは，取調べの適正さを保障することにつながり，第2に，録音・録画の記録媒体（ブルーレイディスクなど）は，自白の任意性・信用性を立証する補助証拠となり，第3に，この記録媒体自体が供述調書に取って代わる実質証拠になり得よう。

すなわち，供述調書を朗読するのではなく，録音・録画された記録媒体を公判で再生すれば，取調時の被疑者の表情，しぐさ，しゃべり方，声の大きさ，抑揚，流ちょうさ，身体の動き，落ち着き加減，感情の起伏等の様々な情報を比較的容易に看取することができる。何よりも，供述内容を臨場感そのままに把握することができ，微妙なニュアンスも伝わりやすい。供述内容に変遷があるのか否か，供述人が取調官に迎合的か否か，そうしたことも比較的容易に判断できることになる。

いっそのこと，公判で供述調書を朗読するのを止めて，記録媒体を実質証拠として採用すれば，これまでの問題の多くが解決されることになろう。

前記の吉田雅之は，録音・録画制度が被疑者供述の任意性等の立証に資するなどと解説する[246]。

> 「録音・録画制度は，被疑者の供述の任意性等の的確な立証を担保するとともに取調べの適正な実施に資することを通じて，より適正，円滑かつ迅速な刑事裁判の実現に資するため，政策的な見地から導入することとされたものである。」

吉田雅之は，被疑者供述の「任意性等」の立証に資するというが，ここでいう「等」とは，「信用性」の立証を含むという趣旨であろう。吉田雅之は明確に論じていないが，私見では，任意性・信用性を立証する補助証拠として利用するほかに，有罪・無罪の前提となる直接事実・間接事実を立証する実質証拠

---

246) 前掲243) の吉田雅之（平成28年）17頁

として利用することも考えてよいように思われる。
　この点につき，裁判所は，どう考えるのか。
　裁判所は，裁判員裁判における証拠調べについて，前款で述べたとおり，概ね，書証よりも人証を希望する傾向にあるようであるが，被告人供述の取扱いについては，複雑な様相を見せる。
　最高裁事務総局刑事局付きの関洋太は，記録媒体を実質証拠として利用することに慎重な意見を述べる[247]。

> 「なお，取調べの録音・録画媒体については，実質証拠又は信用性に関する補助証拠としての利用も問題となり得るところである。これについては，検討を要する種々の問題が指摘されているところであり，その採否に当たっては，慎重な吟味が必要となろう。」

　関洋太によれば，仮に，被疑者が捜査段階で自白していたのに公判段階で否認に転じたという事例において，捜査段階の自白を事実認定の証拠としたいとき，実質証拠として利用するのは，あくまでも供述調書の方であり，録音・録画の記録媒体は，自白調書の任意性を立証するための補助証拠として利用するに止めるということであろうか。
　もちろん，これまでに，裁判所が記録媒体を実質証拠として採用した事例も報告されてはいるが，裁判所全体としてみれば，記録媒体を実質証拠として採用することには慎重な姿勢が窺えるようである。
　何故，記録媒体よりも供述調書なのだろうか。
　逮捕直後，被疑者が興奮冷めやらぬ臨場感をもって犯行を赤裸々に自白した状況が録音・録画されていれば，その再生は，劇的な迫力を有しており，有罪・無罪を決める決定的な証拠とまでは言えなくても，事実認定をする上で重要な証拠となろう。
　裁判所は，このように強力な証拠を実質証拠として採用してしまうと，事実上，捜査段階で有罪・無罪の帰趨が決せられる事態になりかねないことを懸念

---

247) 関洋太「刑事訴訟法等改正と実務への影響—裁判所の立場から」32頁（平成28年，法律のひろば69巻9号31頁以下所収）

しているのであろうか。やはり，裁判官の面前で，被告人をはじめとした事件関係者を尋問し，公判において有罪・無罪の決着をつけたいということなのであろうか。

仮にそうだとすると，そこには，大正11年刑事訴訟法以前から続く公判中心主義の理念を看取することができよう。

さて，録音・録画については，以上とは別の視点から，参考になる意見がある。

弁護士の丸山和大は，録音・録画により取調べの適正さが保障されるとしても，被疑者が供述調書に署名・押印するという行為には，被疑者の手続保障という別の意義が認められるという[248]。

「被疑者の供述調書への署名・押印行為に，正確性の担保のほか，被疑者に対する手続保障を含めて解釈し（<u>調書への署名・押印を拒絶する機会を与えることは，被疑者に供述証拠の提出を拒む機会を保障するものである</u>，という考え方），署名・押印に代わる手続保障の機会が付与されない限り，証拠能力は認めることはできないとする考え方である。」

被疑者の立場からすれば，任意に自白したとしても，その自白を証拠として法廷に提出されたくないのであれば，供述調書への署名・押印を拒否するという姿勢を示すことが出来る。同様に，ビデオカメラの前で任意に自白した場合であっても，その自白を証拠として法廷に提出されたくない場合，署名・押印の拒否に代わる何らかの手順を踏ませてほしいということなのである。

要するに，ここでの問題の所在は，取調べを透明化・可視化してほしいという問題ではなくなっており，録音・録画の記録媒体を実質証拠として採用してほしくないという問題になっているのである。

もともと，自白は，任意性が認められれば，証拠能力が付与されてしかるべきものであり，戦後，弁護人による法廷闘争の大きな課題の一つは，自白の任意性・信用性の吟味であり，その前提として，取調べの可視化・透明化が求め

---

248) 丸山和大「取調べDVDの実質証拠化」54頁（平成27年，季刊刑事弁護82巻50頁）

られていたはずなのだが，いざ平成28年司法制度改革が実施されることになると，今度は，仮に，任意の自白であっても，自白の証拠採用には抵抗したいということなのである。

実は，それに類した意見は，平成28年司法制度改革の前から出ていた。

弁護士の後藤貞人は，黙秘権が被疑者の権利を守る最強の盾になるという[249]。

「基本は，依頼人に対して『取調官に何も話さず，どのような書面にも署名しないよう』に助言することである。」
「依頼人は，被疑事実とされる犯罪を犯していないと言うかもしれない。身に覚えがあるが助かりたいと言うかもしれない。身に覚えがあり，取調官の前で反省したいと言うかもしれない。そのような話は本当かもしれないし，嘘かもしれない。

はっきりしているのは，弁護人は依頼人のために最善を尽くさなければならないということである。……依頼人の話を聞いただけでは事実は正確にはわからないと考えなければならない。依頼人の主張していることにどれだけの裏づけがあるかわからない。依頼人の主張のどこが客観的な事実と齟齬しているかわからない。嘘をついているのか，勘違いをしているのかもわからない。

一言でいうと，情報が不足していて，正しいケース・セオリーを立てるには早すぎるのである。」

ここでいうケース・セオリーとは，弁護人の視点による「事件の筋道」のことをいうものと理解してよいと思う。

弁護士の神山啓史は，黙秘が最大の武器だという[250]。

「認めてはいるけれども微妙なものについては，僕だったら，その時点で確信が持てない限り，黙秘をさせますね。なぜかというと，ここで弁護人がしゃべらせるという選択をしてしまうことによって，被疑者本人に後戻

---

[249] 後藤貞人「黙秘権行使の戦略」（平成26年，季刊刑事弁護79号19頁以下）
[250] 座談会「黙秘をどのように活用するか　具体的設例から考える」64頁，69頁，72頁（平成26年，季刊刑事弁護79号60頁以下）〔神山啓史発言部分〕

りをさせる余地をなくしてしまうからです。われわれの思い込みで，本来は争うべき事件を争えなくしてしまう。それは，弁護としては一番避けるべきだと思いますよね。」

「僕の考え方としては，取調べをする捜査官側からすれば，その取調べ状況を録音・録画して残しておきたいと思うのは当然だと思うし，すべての取調べをする場合に，録音・録画をする義務を課すべきだ，それについて被疑者のほうに取捨選択権はないと考えています。その代わり，すべて録音・録画される状況なのだから，逆に黙秘はしやすくなる。」

「極端に言ってしまうと，黙秘というのは，事実を隠す権利でしょう。今，私は事実を知っている。しかし，それを相手方には隠してしまう。それによって，ひょっとしたら世間の人は，『真実が歪んでしまう』と言うかもしれないけれども，それは言う義務なんかないんだということですよね。」

確かに，黙秘権は，憲法上の権利である（38条）。自白した方が被疑者に有利なこともあろうが，とりあえず捜査段階では黙秘しておくという弁護方針も当然あり得る。被疑者に黙秘させるべきか否か，どちらが有利かを判断するのも，弁護人として腕の見せ所であろう。

しかし，被疑者の取調べそれ自体にも意義があるのであり，取調官としては，黙秘する被疑者に対しても取調べを試みることになる。

まず，被疑者が逮捕・勾留されるというのは，罪を犯したことを疑うに足りる相当な理由があるからなのだが（刑事訴訟法199条等），そのことを前提として，取調官は，被疑者から事情を聴き出し，本件が犯罪に該当するのか（事件性），被疑者は本当に犯人なのか（犯人性），仮に被疑者が犯人だとしたならば，量刑判断のために考慮すべき事情にはどのようなものがあるのか（情状事実）を解明しなければならない。被疑者が自白するにしろ，否認するにしろ，事件に関する事情を知っている可能性がある限り，取調官としては，被疑者取調べをしないわけにはいかない。

次に，刑罰権行使の目的は，犯人に対して犯罪に見合った刑罰を科すこと（応報刑論）だけではなく，例えば，自己の犯した罪と真摯に向き合ってもらい，真相を語って反省してもらうことを経て，改善更生に導くこと（教育刑論）な

ども，刑罰権行使の目的の一つである。矯正教育を経て立ち直ってもらい，人生をやり直してもらうためにも，被疑者取調べは重要である。

以上要するに，一方で，被疑者には黙秘権があり，他方で，被疑者の取調べには重要な役割がある。

被疑者が自白，否認又は黙秘のいずれの態度をとるのだとしても，取調べの適正化を確保するためには，録音・録画が重要な働きをする。また，被疑者が自白するのであれば，自白の任意性・信用性を立証する補助証拠として，録音・録画の記録媒体（ブルーレイディスクなど）は有効である。さらに，記録媒体の再生は，有罪・無罪を立証する実質証拠（直接証拠・間接証拠）としても有効である。捜査段階の供述は，公判段階の供述と比べると，事件発生から間近い時期に実施されるものであり，臨場感もあって，供述内容の信用性を判断しやすいから，録音・録画の記録媒体は，裁判員が見て分かりやすい実質証拠となり得るであろう。

そのため，弁護人としては，公判での弁護方針を決める前に被疑者が不用意な発言をしないよう黙秘を助言することも許容される。

但し，捜査段階で，被疑者が録音・録画に応じ，公判段階で，弁護人側が録音・録画の記録媒体を実質証拠として再生することに同意するのであれば，それを実質証拠として裁判員・裁判官に見てもらうという立証方法を回避すべき理由はないように見える。

将来的に，裁判官は，当事者の同意があれば記録媒体を実質証拠として採用することを普通に認めていくことになるのだろうか，あるいは，当事者の意向とは関係なく，直接主義・公判中心主義の理念から，記録媒体を実質証拠として採用することに消極的な対応をする方向に向かうのだろうか。

第 5 節　刑事実体法

第 1 款　明治 40 年刑法の一部改正

刑法（明治 40 年法律 46 号）は，連合国軍総司令部による占領下において，若干の改正をみたものの，犯罪及び刑罰に関して大きな改正はなされなかった。

すなわち、皇室に対する罪（73〜76条）、通謀利敵罪（83〜86条）、外国君主等に対する暴行・脅迫・侮辱罪（90条、91条）、皇居等侵入罪（130条）及び妻の姦通罪（183条）の各規定の削除等が行われた程度である（昭和22年法律124号）。

但し、矯正・保護の分野では、占領下において、犯罪者予防更生法（昭和24年法律142号）が制定され、占領終了後、保護観察制度（刑法25条の2）が設けられ（昭和28年法律195号、昭和29年法律57号）、執行猶予者保護観察法（昭和29年法律58号）が制定されるなどした。

教育刑論などの近代学派の思想に基づき、矯正教育・更生保護制度の充実拡大を図ったのである。

第2款　刑罰法規の必要性・相当性

罪刑法定主義の意義などについては、前編において論じたところである。

ここでは、その派生原則とも言われていた、犯罪構成要件の明確性、刑罰法規の適正さ（必要性・相当性）などについて論じることとする。

日本国憲法は、刑事手続について、その法定主義を明記しているが（31条）、同条は、その適正さをも保障し、さらには、刑事実体法について、その法定主義及びその適正さをも保障しているものと解されている。すなわち、犯罪と刑罰は、法律により定められていなければならず、刑罰法規は、犯罪構成要件の文言が明確に規定されていなければならず、かつ、刑罰法規は、その内容の適正さ（必要性・相当性）も確保されていなければならないと解される。また、「何人も、実行の時に適法であった行為又は既に無罪とされた行為については、刑事上の責任を問われない。又、同一の犯罪について、重ねて刑事上の責任を問われない。」（39条）。

これらの原則は、一般に、罪刑法定主義の派生原則などとも言われるが、厳密にいえば、司法権の行使を規制する類推解釈の禁止の原則などとは異なり、立法権の行使を規制する原則である。すなわち、法治主義の問題ではなく、立憲主義の問題、すなわち立法権行使の違法性（憲法違反）の問題だと思う。

裁判所は、裁判をするに当たり、法令審査権を有するから（81条）、当該刑

罰法規について，犯罪構成要件が明確性を欠いている場合，その内容が適正さ（必要性・相当性）を欠いている場合，あるいは，刑罰法規が遡及処罰を規定している場合，当該刑罰法規が憲法に違反して無効であることを宣言することになる（98条）。

刑罰法規が遡及処罰を定めているか否かについては，比較的容易に判断できるから，問題となる事態はあまり考えられない。

問題となりがちなのは，刑罰法規の明確性，そしてその適正さである。

公安事件では，左翼過激派メンバーらが検挙され，起訴された後，過激な法廷闘争を展開するが，争点の一つとして，刑罰法規が憲法に違反するなどと主張されてきた。すなわち，左翼過激派らは，自身らの行動を処罰する刑罰法規が，漠然不明確ゆえに無効（31条），あるいは，表現の自由（21条），労働基本権（28条）などを侵害するものだ，などと主張してきた。

まず，第1に，犯罪構成要件の明確性の問題を取り上げよう。

この点が問題となった事件としては，被告人が在日アメリカ軍基地等に反対して集団行進・集団示威運動をしたという徳島市公安条例違反事件がある。

この事案において，最高裁昭和50年9月10日判決は，当該条例が憲法31条に違反するような不明確なものとは認められない旨判示した[251]。

> 「およそ，刑罰法規の定める犯罪構成要件があいまい不明確のゆえに憲法31条に違反し無効であるとされるのは，その規定が通常の判断能力を有する一般人に対して，禁止される行為とそうでない行為とを識別するための基準を示すところがなく，そのため，その適用を受ける国民に対して刑罰の対象となる行為をあらかじめ告知する機能を果たさず，また，その運用がこれを適用する国又は地方公共団体の機関の主観的判断にゆだねられて恣意に流れる等，重大な弊害を生ずるからであると考えられる。しかし，一般に法規は，規定の文言の表現力に限界があるばかりでなく，その性質上多かれ少なかれ抽象性を有し，刑罰法規もその例外をなすものではない

---

[251] 最高裁昭和50年9月10日判決・刑集29巻8号489頁（徳島市公安条例違反事件）本件判決については，後掲304）を参照されたい。

から，禁止される行為とそうでない行為との識別を可能ならしめる基準といつても，必ずしも常に絶対的なそれを要求することはできず，合理的な判断を必要とする場合があることを免れない。それゆえ，ある刑罰法規があいまい不明確のゆえに憲法31条に違反するものと認めるべきかどうかは，通常の判断能力を有する一般人の理解において，具体的場合に当該行為がその適用を受けるものかどうかの判断を可能ならしめるような基準が読みとれるかどうかによつてこれを決定すべきである。」

国民は，事前に，いかなる行為が犯罪になるのかを知らされていなければ，自由な活動を展開することができなくなるから，犯罪構成要件の明確性の要請は，憲法31条が保障する適正手続の内容をなすものと解される。そして，犯罪構成要件が明確か不明確かの判断基準としては，一般国民の判断能力を基準にすべきであるということである。

第2に，一定の行為を犯罪として処罰する必要性の問題がある。

この点が問題となった事件としては，被告人（中核派全学連の中央執行委員会委員長）が沖縄返還協定の批准等に反対して暴動を起こしたという破壊活動防止法違反事件（いわゆる渋谷暴動事件）がある。

この事案において，最高裁平成2年9月28日判決は，権利行使の限界を逸脱して社会的な危険なものと認められる行為を犯罪として処罰することは憲法21条1項に違反しない旨判示した[252]。

「確かに，破壊活動防止法39条及び40条のせん動は，政治目的をもって，各条所定の犯罪を実行させる目的をもって，文書若しくは図画又は言動により，人に対し，その犯罪行為を実行する決意を生ぜしめ又は既に生じている決意を助長させるような勢のある刺激を与える行為をすることであるから（同法4条2項参照）表現活動としての性質を有している。しかしながら，表現活動といえども，絶対無制限に許容されるものではなく，公共の福祉に反し，表現の自由の限界を逸脱するときには，制限を受けるのはや

---

[252] 最高裁平成2年9月28日判決・刑集44巻6号463頁（渋谷暴動事件）
本件判決については，後掲291）を参照されたい。

むを得ないものであるところ，右のようなせん動は，公共の安全を脅かす現住建造物等放火罪，騒擾罪等の重大犯罪を引き起こす可能性のある社会的に危険な行為であるから，公共の福祉に反し，表現の自由の保護を受けるに値しないものとして，制限を受けるのはやむを得ないものというべきであり，右のようなせん動を処罰することが憲法 21 条 1 項に違反するものでないことは，当裁判所大法廷の判例（略）の趣旨に徴し明らかであり，所論は理由がない。」

　国会は，刑罰法令を制定するにつき裁量権をもつので，他人の生命，身体，自由，名誉，財産等の権利・利益を侵害する行為を，犯罪として処罰することが許されるだけでなく，これらの権利・利益を未だ侵害するに至っていなくても，そのような結果を惹起せしめる具体的な危険性のある行為を犯罪として処罰することも，さらには，抽象的危険性があるにとどまる行為を犯罪として処罰することも，原則として許される。いかなる行為に対して刑罰による規制の必要性を認めるかは，基本的には立法政策の問題である。

　仮に，問題となる行為が表現活動と評価され得るものであったとしても，それが表現の自由の限界を逸脱し，国民の権利及び利益を侵害する危険性を有するのであれば，もはや表現の自由として保護されるに値しないのであるから，これを犯罪として処罰する必要性は肯定できる。

　但し，一定の行為を犯罪として処罰する必要性が認められる場合であっても，当該必要性に見合った刑罰権の行使といえるのか，すなわち刑罰の内容（法定刑）が相当なものとなっているのかが別途検討されなければならない。

　すなわち，第 3 に，一定の犯罪行為に科すべき刑罰の相当性の問題がある。

　この点が問題となった事件としては，公務員であった被告人（某労働組合協議会事務局長）が日本社会党を支持する目的で作成した選挙用ポスターを掲示したり，配布したりして政治的行為をしたという国家公務員法違反事件（いわゆる猿払事件）がある。

　この事案において，最高裁昭和 49 年 11 月 6 日判決は，刑罰法規の法定刑は犯罪行為の違法性の大小と均衡するなど合理的なものでなければならない旨判示した[253]。

「およそ刑罰は，国権の作用による最も峻厳な制裁であるから，特に基本的人権に関連する事項につき罰則を設けるには，慎重な考慮を必要とすることはいうまでもなく，刑罰規定が罪刑の均衡その他種々の観点からして著しく不合理なものであって，とうてい許容し難いものであるときは，違憲の判断を受けなければならないのである。そして，刑罰規定は，保護法益の性質，行為の態様・結果，刑罰を必要とする理由，刑罰を法定することによりもたらされる積極的・消極的な効果・影響などの諸々の要因を考慮しつつ，国民の法意識の反映として，国民の代表機関である国会により，歴史的，現実的な社会的基盤に立って具体的に決定されるものであり，その法定刑は，違反行為が帯びる違法性の大小を考慮して定められるべきものである。

ところで，国公法102条1項及び規則による公務員の政治的行為の禁止は，上述したとおり，公務員の政治的中立性を維持することにより，行政の中立的運営とこれに対する国民の信頼を確保するという国民全体の重要な共同利益を擁護するためのものである。したがつて，右の禁止に違反して国民全体の共同利益を損う行為に出る公務員に対する制裁として刑罰をもつて臨むことを必要とするか否かは，右の国民全体の共同利益を擁護する見地からの立法政策の問題であつて，右の禁止が表現の自由に対する合理的で必要やむをえない制限であると解され，かつ，刑罰を違憲とする特別の事情がない限り，立法機関の裁量により決定されたところのものは，

---

253) 最高裁昭和49年11月6日判決・刑集28巻9号393頁（猿払事件）
　　本件判決については，以下のような評釈がある。警察学論集27巻12号1頁，警察研究48巻4号44頁，警察時報30巻1号57頁，公務員関係判例研究5号16頁，ジュリスト579号14頁，ジュリスト579号21頁，ジュリスト臨時増刊590号26頁，ジュリスト臨時増刊590号131頁，別冊ジュリスト88号142頁，別冊ジュリスト92号58頁，別冊ジュリスト95号22頁，別冊ジュリスト122号46頁，地方公務員月報138号47頁，日本労働法学会誌45号126頁，判例時報757号3頁，法学研究（慶応大）48巻9号84頁，法学セミナー233号2頁，法学セミナー233号15頁，法曹時報27巻11号86頁，法律のひろば28巻1号6頁，法律のひろば28巻1号13頁，法律のひろば28巻1号19頁，法律のひろば28巻1号26頁，竜谷法学7巻3〜4号94頁，労働判例212号27頁等

尊重されなければならない。」

刑罰権行使の目的としては，前編で論じたとおり，応報刑論，一般予防論，社会防衛論，特別予防論（教育刑論）など様々な目的が考えられる。

しかし，基本とすべきは，犯罪行為に見合った刑事責任を科すという考え方（応報刑論）であろう。すなわち，国会は，刑罰法規を制定する場合，犯行の罪質，犯行態様，犯行の目的，犯行の結果など，主として犯罪構成要件に密接に関連する事情を考慮し，それに見合った法定刑を定めるべきである。

もちろん，国会は，大きな立法裁量をもつので，犯罪構成要件を細かく類型化し，それぞれの法定刑の幅を狭く規定することにより，司法裁量の範囲を狭めることも可能であるし，逆に，細かな類型化をやめて犯罪構成要件を大雑把に類型化し，それぞれの法定刑の幅を広くし，司法裁量の範囲を広くすることも可能である。

いずれにしても，国会は，犯罪と刑罰との均衡など，刑罰権行使の必要性に見合った，相当性の認められる刑罰を定めなければならないのである。国民の自由を規制する必要性・相当性が認められないような刑罰法規を制定しても，そのような法律は，憲法に違反して無効ということになる。

逆に，一定の行為を犯罪として処罰する必要性があり，かつ，適用される刑罰が相当性を満たしているのであれば，仮に，当該行為が表現活動や労働運動の一環としてなされたものであったとしても，当該刑罰法規は，憲法違反にはならないということである。

公安事件では，しばしば荒れる法廷となり，争点の一つとして，被告人・弁護人らから憲法違反の主張がなされることがほとんどであったが，その個別具体的な事件については，次章以下で論じることとする。

第3款　超法規的違法性阻却事由の理論と司法実務の混乱

戦後の刑法学界において，超法規的違法性阻却事由の理論や可罰的違法性の理論が提唱され，多くの学者がこれに賛同した。

超法規的違法性阻却事由とは，正当防衛，緊急避難のように，刑法の規定する違法性阻却事由（刑法35条〜37条）のどれにも当たらないが，法秩序全体の

精神からみて違法性の阻却が認められる事情をいう，とのことである[254]。

また，可罰的違法性とは，個別の刑罰法規が予定する，処罰に値する程度の実質的違法性をいい，可罰的違法性論とは，この違法性を備えるに至らない軽微な行為の可罰性を否定する立場をいう，とのことである[255]。

戦後の公安事件・労働事件では，被告人・弁護人らが，しばしば超法規的違法性阻却事由の存在や可罰的違法性の不存在を主張した。

これらの理論に関連しそうな条文としては，明治40年刑法には，次のような規定がある。

> 第35条　法令又は<u>正当の業務によりなしたる行為は，これを罰せず</u>。

また，労働組合法（昭和24年法律174号）には，次のような規定がある。

> 第1条　この法律は，労働者が使用者との交渉において対等の立場に立つことを促進することにより労働者の地位を向上させること，労働者がその労働条件について交渉するために自ら代表者を選出することその他の団体行動を行うために自主的に労働組合を組織し，団結することを擁護すること並びに使用者と労働者との関係を規制する労働協約を締結するための団体交渉をすること及びその手続を助成することを目的とする。
>
> <u>刑法（明治40年法律第45号）第35条の規定は，労働組合の団体交渉その他の行為であって前項に掲げる目的を達成するためにした正当なものについて適用があるものとする</u>。但し，いかなる場合においても，暴力の行使は，労働組合の正当な行為と解釈されてはならない。

刑法35条は，法令に基づく行為や正当な業務行為が犯罪にならないことを明記した条文であり，超法規的違法性阻却事由や可罰的違法性の理論を明記した条文ではないが，これらの理論を肯定する立場によれば，同条は，刑法の違法性が実質的なものであり（実質的違法性），民事上は違法であっても，刑事上

---

254) 前掲1)の「超法規的違法阻却事由」の項を参照されたい。
255) 前掲1)の「可罰的違法性」の項を参照されたい。

は適法となることがある（違法性の相対性），というための一般的根拠条文になると主張されてきた。

また，労働組合法1条2項は，正当な団体交渉や争議行為が犯罪にならないことを明記した条文であり，超法規的違法性阻却事由や可罰的違法性の理論を明記した条文ではないが，これらの理論を肯定する立場によれば，同条は，刑罰法規の違法性が実質的なものであり（実質的違法性），民事上は違法な争議行為であっても，刑事上は適法な争議行為となることがある（違法性の相対性），ということを読み込める条文であるとされてきた。

刑法学者の福田平は，違法性の判断が本来的に超法規的なものであり，違法性阻却の判断も本来的に超法規的なものであるという[256]。

「違法性は，犯罪の一般的成立要件の一つとして，あらゆる犯罪にとって，その成立上不可欠の要素である。」

「違法性阻却事由は，構成要件該当性による違法性の推定をやぶる例外的事情で，本来，類型化になじまないものであって，35条ないし37条（引用者注：法令行為，正当業務行為，正当防衛及び緊急避難）の違法性阻却事由も，法的安定性と法律的明確性の要請から，違法性を阻却する典型的なものを類型化したものにすぎない。……すなわち，<u>違法性を阻却するかどうかは，結局のところ超法規的になされなければならないが</u>，これは，<u>違法性の判断が本来超法規的なものである</u>以上，当然のことであろう。」

「違法性を阻却するかどうかは，結局のところ，超法規的になされるものであるから，違法性阻却事由には，法令に規定されたもののほか，超法規的なもの（いわゆる超法規的違法性阻却事由）もみとめられる（略）。」

「ここで注意すべきことは，超法規的な違法性阻却は，刑法に規定された違法性阻却事由にあたらないばあいでも，法秩序全体の精神からみて実質的違法性がないと判断されたときにみとめられるものであって，このばあい違法性阻却の一般的原理として機能するものは，社会的相当性であると

---

256) 団藤重光「注釈刑法（2）のⅠ　総則（2）」（昭和43年，有斐閣）83〜84頁，90頁，130頁［福田平執筆部分］

いうことである(略)。すなわち,超法規的な違法性阻却においては,侵害された法益との関連における目的・手段の相当性を一般的基準として,具体的事情のもとで,その行態が社会的に相当かどうかが判断されるのであって,補充性も法益の権衡などと同様に具体的ばあいに考慮される事情の一つではあるが,これを形式化して,超法規的違法性阻却事由の絶対的要件と解すべきではなかろう。」

同じく刑法学者の藤木英雄は,争議行為の目的が違法でも,常に犯罪が成立するわけではなく,争議行為の態様が違法でも,常に犯罪が成立するわけではないという[257]。

「政治的要求の実現のための同盟罷業その他の争議行為は,争議行為によって利益を害される使用者と組合との団体交渉によって解決しえない事項を目的とするから,その損害を使用者が受忍すべき性格のものではなく,正当とは認められない(略)。

 もっとも,政治ストが違法であるといっても,その意味は,当該行為が労働基本権の行使としての法的保護を受けることがないというだけのことである。民事上の責任は別として,刑事上は,とくに特別の事業法などで職場放棄を違法とし犯罪とする趣旨のあきらかな規定が設けられている場合をのぞき,経済ストとしては正当と認められる範囲内の行為であっても,政治ストなるが故に当然に犯罪を構成するということになるわけではない。」

「特定の争議行為についてこれを制限・禁止する法律が存するとき,その規定に違反してなされた争議行為が違法であることはいうまでもない。しかし,当該違法争議行為についていかなる範囲において刑事上の責任が生ずるかは,また,別個の問題である。」

「公務員・公共企業体職員等については,国家公務員法98条2項・110条1項17号,地方公務員法37条1項・61条4号,公共企業体等労働関係

---

[257] 団藤重光「注釈刑法(2)のⅠ　総則(2)」(昭和43年,有斐閣)155頁,168頁,175〜176頁[藤木英雄執筆部分]。

法 17 条 1 項，地方公営企業体労働関係法 11 条 1 項などによって，<u>争議行為が全面的に禁止されている。</u>」

「要するに，同盟罷業を一般的に禁止するには，職務または業務の性質上その停廃が国民生活に重大な影響を及ぼすことについての抽象的危険が肯定されることで足りるが，<u>その違反に刑事罰を科するには，国民生活に対して顕著な障害を及ぼすことについての具体的危険が肯定されることを要するものとみるべきである。</u>例えば，公立学校の教職員の職場放棄についていえば，それが行われた時期（例えば，試験その他生徒の進学等に重大な関係のある時期），参加者の規模，時間的継続の程度等々により学校教育の実施に顕著な害悪を及ぼすおそれが現に存するものと認められるような態様のものについて，その遂行が可罰的程度に実質的違法性ありと認められ，したがって上述の意味において共謀者と認められるものについて刑事罰を科することが是認されると考うべきであろう。」

戦後，多くの刑法学者が，これら超法規的違法性阻却事由や可罰的違法性の理論に賛同したという事実は，驚くべきことのように思われる。

国民が国民を統治するという国家観の下では，国家が刑罰権を行使できたり，行使できなかったりする条件，すなわち犯罪の成否と刑罰の範囲について定めた法律（刑事実体法）は，国民の代表である国会が制定すべきものである。それが議会制民主主義・法治主義の原則から来る当然の帰結のはずである。

法律は，憲法に違反しない限り有効であり，法律の解釈適用は，罪刑法定主義の原則に則って行われるべきである。

ところが，超法規的違法性阻却事由や可罰的違法性の理論というのは，超法規的に，すなわち法律の条文を超えたところで刑事上の違法性の有無・程度を判断するという理論である。これでは，「法律あっても犯罪なし，法律あっても刑罰なし。」という事態が起こりかねない。

どうして，このような理論が生まれ，支持されたのか。

その点については，刑法学界から説明はない。

しかし，現実の裁判を見れば，これらの理論が，公安事件・労働事件において，被告人・弁護人らに援用され，共産主義者らを無罪にするために用いられ

てきたことは明白である。実際，少なくない下級審は，公安事件・労働事件の裁判において，超法規的違法性阻却事由や可罰的違法性の理論に基づいて，しばしば無罪判決を言い渡しており，実務への影響は大きかった。

　それでは，この点に関する最高裁判例は，どうだったのか。

　ここでは，民事上，争議行為が違法であると認定される場合であっても，刑事上，労働組合法1条2項が適用されることはあるのか，すなわち同条項を介し，刑法35条の正当業務行為として違法性が阻却され，犯罪が成立しないということはあるのか，という争点に関する最高裁判例を取り上げてみよう。

　結論を先にいえば，最高裁判例は，二転三転する。

　まず，最高裁昭和38年3月15日判決（国鉄檜山丸事件）は，労働法上の違法な争議行為に労組法1条2項が適用されることはなく，刑法35条は適用されないから，犯罪の違法性は阻却されない旨判示した。この事案は，鉄道管理局が青函連絡船の乗務員の勤務体制を変更したところ，国鉄労組において，これが労働条件の切り下げであるとして反対闘争に入り，被告人が船長らの制止を無視して同連絡船に乗り込み，出港を遅延させたというものである（艦船侵入）258)。

　「よって，検討すると，公労法17条1項によれば，公共企業体等の職員は，同盟罷業，怠業その他業務の正常な運営を阻害する一切の行為をすることができないと規定されている。そして，国家の経済と国民の福祉に対する

---

258) 最高裁昭和38年3月15日判決・刑集17巻2号23号（国鉄檜山丸事件）
　　本判決には，以下の評釈がある。エコノミスト41巻16号44頁，官公労働17巻5号29頁，季刊労働法13巻2号99頁，金融法務事情273号14頁，警察学論集16巻4号105頁，警察研究34巻6号93頁，警察研究36巻1号125頁，別冊ジュリスト1号190頁，政経論叢（国学院大）13巻2号111頁，政治経済論叢13巻1号95頁，捜査研究133号79頁，地方自治185号60頁，鉄鋼労務通信832号1頁，東洋法学7巻1号95頁，東洋法学8巻2号122頁，時の法令457号33頁，都市問題54巻7号41頁，日本労働協会雑誌50号26頁，判例評論59号63頁，一橋論叢50巻4号76頁，法学研究36巻9号81頁，法曹時報15巻6号132頁，法律時報35巻4号92頁，法律のひろば17巻9号48頁，郵政15巻7号58頁，労働経済旬報538号3頁，同538号12頁，同540号23頁，同642号39頁，労働経済判例速報14巻12号17頁，労働時報16巻5号29頁，労働法22号140頁等。

公共企業体等の企業の重要性にかんがみ，その職員が一般の勤労者と違って右のような争議行為禁止の制限を受けても，これが憲法28条に違反するものでないことは，すでに当裁判所の判例の趣旨とするところである（昭和26年（あ）第1688号同30年6月22日大法廷判決・刑集9巻8号1189頁参照）。かように<u>公共企業体等の職員は，争議行為を禁止され争議権自体を否定されている以上，その争議行為について正当性の限界如何を論ずる余地はなく，したがって労働組合法1条2項の適用はない</u>ものと解するのが相当である。」

同判決は，法律の文言に忠実なオーソドックスな法令解釈を示している。

すなわち，労働組合法1条2項は，労働組合の行為が同条1項の目的を達成するためにした「正当なもの」に限って刑法35条の規定が適用される旨規定しているのであり，文言上，労働法上の違法性と刑法上の違法性とはリンクしているのである。条文そのままに読めば，労働法上は違法でも刑法上は違法でないことがある，とは読めない条文なのである。

ところが，最高裁昭和41年10月26日判決（全逓東京中郵事件）は，先の判例（国鉄檜山丸事件）を変更し，労働法上の違法な争議行為にも労組法1条2項は適用され，犯罪の違法性が阻却される余地がある旨判示した。この事案は，全逓信労働組合の中央執行委員長らが，春季闘争を有利に展開するため，東京中央郵便局勤務の従業員らに対し，職場放棄をさせ，その間の郵便物の取扱業務をさせなかったというものである（郵便法違反教唆）[259]。

「もし争議行為が労組法1条1項の目的のためでなくして<u>政治的目的のために行われたような場合</u>であるとか，<u>暴力を伴う場合</u>であるとか，<u>社会の通念に照らして不当に長期に及ぶときのように国民生活に重大な障害をもたらす場合</u>には，憲法28条に保障された争議行為としての正当性の限界をこえるもので，刑事制裁を免れないといわなければならない。これと異なり，<u>公共企業体等の職員のする争議行為について労組法1条2項の適用を否定し，争議行為について正当性の限界のいかんを論ずる余地がないとした当裁判所の判例（昭和37年（あ）第1803号同38年3月15日第二小法廷判決・刑集17巻2号23頁）は，これを変更すべきものと認める。</u>」

「第一審判決は，公訴事実に基づいて，Aら38名の行為を郵便法79条1項前段違反の構成要件に該当すると認定した。原判決は，前述の第二小法廷の判決に従って，公共企業体等の職員は，公労法17条1項によって争議行為を禁止され，争議権自体を否定されているのであるから，もし右のような事実関係があるとすれば，その争議行為について正当性の限界いかんを論ずる余地はなく，労組法1条2項の適用はないとしている。

しかし，本件被告人らは，本件の行為を争議行為としてしたものであることは，第一審判決の認定しているとおりであるから，<u>Aらの行為については，さきに述べた憲法28条および公労法17条1項の合理的解釈に従い，労組法1条2項を適用して，はたして同条項にいう正当なものであるかいなかを具体的事実関係に照らして認定判断し，郵便法79条1項の罪責の有無を判断しなければならないところである。</u>」

同判決は，①政治目的の争議行為，②暴力を伴う争議行為，及び③不当に長期に及ぶ争議行為などの場合，労組法1条2項の適用はないが，それ以外の場合，違法な争議行為であっても刑事免責の余地があるという。

しかし，労組法1条2項によれば，「正当」でない争議行為は，刑事上の免責規定が適用されないはずである。労働法上，違法な争議行為は，前記①ないし③の場合には限られない。労組法1条2項は，これらの場合を除けば，違法な争議行為であっても刑事免責をする，とは書かれていないのである。要する

---

259) 最高裁昭和41年10月26日判決・刑集20巻8号901頁（全逓東京中郵事件）
　　本件には，以下の評釈がある。季刊労働法16巻4号86頁，警察学論集20巻1号85頁，月刊労働問題105号80頁，産業経済研究8巻1号37頁，ジュリスト359号63頁，同362号67頁，同363号92頁，同373号233頁，別冊ジュリスト13号14頁，同21号154頁，同27号28頁，同33号24頁，同44号188頁，同45号14頁，同69号242頁，同96号298頁，前衛262号191頁，捜査研究16巻5号46頁，地方公務員月報40号17頁，同志社法学18巻3号110頁，日労研資料20巻2号3頁，日本法学33巻1号56頁，判例評論67号15頁，同97号18頁，法学セミナー130号41頁，同244号121頁，法曹時報19巻3号178頁，法律時報39巻1号55頁，法律のひろば20巻1号33頁，労働経済判例速報17巻36号4頁，別冊労働法律旬報614号2頁，労働法律旬報629〜630号2頁，同615〜616号3頁，労働法令通信19巻29号1頁，労働問題104号89頁等。

に，最高裁の多数意見は，法律が明文で認めた以上に広い範囲の違法性阻却事由を認めたわけである。その一方で，多数意見は，公共企業体等の職員による争議行為を禁止した公労法17条が憲法28条に違反するものではないというのだが，これでは，労組法1条2項の文言以上に違法性阻却を広く認めることの理由が説明困難になってしまう。

多数意見8名に対し，裁判官4名が反対意見を述べた。

例えば，裁判官奥野健一らは，次のような反対意見を述べた。

「すなわち，公共企業体等の職員に対して一切の争議行為を禁止している所以は，前述の如く，公共企業体等の業務の正常な運営を阻害することは，国民経済に重大な影響を与えることにかんがみ，公共の福祉の要請上，その争議を全面的に禁止しているのであって，単に労使間における労務不提供という債務不履行を禁止しているのではなく，従って，刑法その他一般の法律秩序の上において，かかる争議を違法と評価しているものというべきである。」

「かように，公共企業体等の職員は，その争議行為が禁止され，争議権自体法律上否定されている以上，これに違反してなす争議行為につき，労組法1条2項の刑事上の免責規定の適用の余地はないものと解する。けだし，労組法1条2項の刑事上の免責規定は，争議行為についてみると，本来適法に争議権を認められている労働組合の争議行為において，その行為が労組法1条1項の目的を達成するためにした正当なものである場合に限って，たとえ，その行為が犯罪構成要件に該当していても，その違法性が阻却さるべきことを規定したものであって，当初より争議権を有しない者の違法，不当な争議行為については，その適用の余地はないものというべく，また当初より正当性のない争議行為につき，その正当性の限界如何を論ずる余地もないからである。」

要するに，4名の反対意見は，公労法17条，労組法1条2項及び刑法35条を条文の文言に忠実に解釈すれば，労働法上，違法な争議行為には，労組法1条2項の適用はなく，違法性は阻却されないというものであり，先の最高裁判例（国鉄檜山丸事件）を維持すべきだというのである。

もっともな意見である。反対意見の方が文理解釈に適っている。
　さて，最高裁昭和52年5月4日判決（全逓名古屋中郵事件）は，先の判例（全逓東京中郵事件）を再び変更し，労働法上の違法な争議行為に労組法1条2項が適用されることはない旨判示するに至った。この事案は，全通信労働組合の中央本部執行委員らが，名古屋中央郵便局勤務の従業員らに対し，職場放棄をさせ，その間の郵便物の取扱業務をさせなかった，などというものである（郵便法違反教唆，公務執行妨害，建造物侵入）[260]。

「公労法が制定された際の国会の審議において，政府当局者から，同法17条1項違反の争議行為については労組法1条2項の適用がなく，その刑事法上の違法性が阻却されない旨が答弁されており（略），公労法がそのことを前提として制定されている経過も，解釈上の参考とするに値しよう。」
「確かに，刑罰は国家が科する最も峻厳な制裁であるから，それにふさわしい違法性の存在が要求されることは当然であろう。しかし，その違法性の存否は，ここに繰り返すまでもなく，それぞれの罰則と行為に即して検討されるべきものであって，およそ争議行為として行われたときは公労法17条1項に違反する行為であっても刑事法上の違法性を帯びることがないと断定するのは，相当でない。特に，この条項は，前記のとおり，5現業及び3公社の職員に関する勤務条件の決定過程が歪められたり，国民が重大な生活上の支障を受けることを防止するために規定されたものであって，その禁止に違反する争議行為は，国民全体の共同利益を損なうおそれ

---

[260] 最高裁昭和52年5月4日判決・刑集31巻3号182頁（全逓名古屋中郵事件）
　　　本判決には，以下の評釈がある。季刊現代警察5巻1号104頁，教育委員会月報29巻5号14頁，警察研究49巻5号69頁，公企労研究33号122頁，公務員関係判例研究16号11頁，ジュリスト643号33頁，ジュリスト臨時増刊666号12頁，同666号151頁，別冊ジュリスト57号63頁，同69号248頁，同73号16頁，同82号58頁，同88号170頁，同88号182頁，同96号382頁，同101号14頁，同111号38頁，地方公務員月報168号42頁，地方自治359号56頁，日本労働法学会誌50号189頁，判例タイムズ359号109頁，法政研究45巻2号102頁，法曹時報32巻6号98頁，法と秩序7巻3号23頁，法令解説資料総覧1号310頁，労働判例276号4頁，労働法学研究会報28巻20号41頁，労働法令通信30巻14号2頁等。

のあるものというほかないのであるから，これが罰則に触れる場合にその違法性の阻却を認めえないとすることは，決して不合理ではないのである。」

「以上の理由により，公労法17条1項違反の争議行為についても労組法1条2項の適用があり，原則としてその刑事法上の違法性が阻却されるとした点において，東京中郵事件判決は，変更を免れないこととなるのである。」

「公労法17条1項に違反する争議行為が郵便法79条1項などの罰則の構成要件に該当する場合に労組法1条2項の適用がないことは，上述したとおりであるが，そのことから直ちに，原則としてその行為を処罰するのが法律秩序全体の趣旨であると結論づけるのは，早計に失する。すなわち，罰則の構成要件に該当し，違法性があり，責任もある行為は，これを処罰するのが刑事法上の原則であるが，公労法の制定に至る立法経過とそこに表れている立法意思を子細に検討するならば，たとい同法17条1項違反の争議行為が他の法規の罰則の構成要件を充たすことがあっても，それが同盟罷業，怠業その他単なる労務不提供のような不作為を内容とする争議行為である場合には，それを違法としながらも後に判示するような限度で単純参加者についてはこれを刑罰から解放して指導的行為に出た者のみを処罰する趣旨のものであると解するのが，相当である。」

同判決は，違法な争議行為に労組法1条2項が適用されることはない旨判示し，その限りでは，国鉄檜山丸事件の最高裁判決に戻ったといえる。

ところで，本件（全逓名古屋中郵事件）判決の多数意見は，単純な参加者については刑事罰が科せられないという。これは，新しい判断である。

しかし，労組法1条2項は，「正当」な争議行為であれば，違法性が阻却されるという条文なのであり，違法な争議行為であっても，単純な参加者の場合には刑事免責される，などと書かれているわけではない。正当でない争議行為は，指導的立場の者であるか，単純な参加者であるかを問わず，文言上，刑事上の免責規定が適用されないはずなのに，多数意見は，法律に書かれている以上の違法性阻却を認めたのである。

多数意見に対し，裁判官下田武三が意見を述べた。
「多数意見が，このように郵便不取扱行為の違法性阻却を否定しながら，それが争議行為の単純参加者によって行われる場合には，処罰を阻却されて罰せられないこととなる，とした点には，とうてい賛同することができないのである。すなわち，<u>多数意見は，郵便法79条1項の『郵便の業務に従事する者がことさらに郵便の取扱をせず，又はこれを遅延させたときは，これを1年以下の懲役又は2万円以下の罰金に処する。』との規定のあとに，『ただし，右の行為が争議行為の単純参加者によって行われた場合は，これを罰しない。』との趣旨の但書を付したのと同様の立法的解釈を行おうとするものである</u>が，わたくしは，このような解釈は，比較的重要性の少ない他の公共的業務の停廃の場合について行われるのならともかく，郵便不取扱の場合について行うことは相当でないと考えるのであって，その理由は次の通りである。」

「第一に，……

　……憲法21条1項は，言論，出版等表現の自由を保障するが，新聞，雑誌等への寄稿者が原稿郵送の過程に郵便不取扱に遇えば，右寄稿者にとって，表現の自由は画餅に帰することとなる。相思の男女間に交わされる恋文が郵送の途に不取扱行為によって阻害されるときは，折角の恋文の存在自体がおかされることとなるのである。また，近時わが国においても，『国民の知る権利』が，憲法レベルの問題として，あまねく唱道されるに至ったが，国民への情報媒介の主要手段たる新聞，雑誌の入手が郵便不取扱により妨害される場合は，国民はもはや『知る権利』を行使するに由なきに至るのである。

　このように憲法の保障する基本的人権の保障すらも，近代社会においては実際には郵便業務の円滑な遂行に依存するところが極めて大であり，郵便法79条1項の意図する保護法益の重要性は，文明の発達とともに評価し切れない程大なるものとなりつつあるのである。」

「第二に，……

　……多数意見が検討の対象とした立法経過，特に政令第201号及び改正

国公法の制定前後の期間においては，ほとんど数か月ごとに労働関係法令の改廃が行われ，真に朝令暮改，その内容も支離滅裂というほかなく，その間立法者の意思の統一と継続性が存したとは，とうていいうことのできないものであった。このような立法経過はもとより今日法令解釈上の参考に資するに足りないものであるが，多数意見は，……この不規則，例外的な立法経過を主要参考事項として採り上げた末，郵便法の明文の規定に反して，前記の如き恣意的ともいうべき立法的解釈を行おうとするものであって，この点重大な方法論的の誤りをおかすものといわなければならない。」

「第三に，わたくしは，郵便法の規定に関し多数意見のような立法的解釈を行うことは，裁判所として司法の謙抑にもとることとならないかをおそれるものである。

……

このような時期においては，裁判所としても労働案件の処理には最も慎重を要するものというべきであって，多数意見も指摘するとおり，従来の判例を改めた全農林事件，岩教組事件の両判決の指示する方向に，裁判所の見解が漸く統一せられつつある折り柄，最も重要な公共的業務たる郵便業務の不取扱に対する罰則規定についてまで，いま俄に，前述のような恣意的ともいうべき立法的解釈を行うことは，決して司法の謙抑の原則に適合するものということはできないのである。」

下田裁判官の意見は，もっともである。議会制民主主義・法治主義の下では，国会が立法権を行使するのであり，裁判所が立法権を行使するのではない。法律が定める以上の違法性阻却事由を認めることには，相当の慎重さが求められよう。

以上のとおり，最高裁判例は，揺れに揺れた。最高裁は，超法規的違法性阻却事由や可罰的違法性の理論を明確に肯定したことはないのだが，これらの理論の影響を強く受けているのではないかと推察する。

ここで問われているのは，議会制民主主義・法治主義の原則であり，罪刑法定主義の理念であろう。

思い出されるのは，戦前の刑法学界である。有力な学者は，罪刑法定主義に対して批判的な理論を提唱した。当時は，世界的に社会主義が隆盛を見た時代であり，日本でも同様であった。社会主義的思想を背景として，罪刑法定主義に対する否定論が提唱されたのであるが，これでは，「法律なくても犯罪あり。」ということになってしまう。

　これに対し，戦後の刑法学界はどうか。有力な学者は，超法規的違法性阻却事由の理論を提唱した。要するに，法規に定めのない事由により犯罪の成立を否定しようというのである。可罰的違法性の理論も，法律が定めた犯罪行為について，法律以上の絞り込みをかけようというのである。結果として，これらの理論は，共産主義を信奉する暴力革命主義者らの法廷闘争の武器となり，しばしば下級審における無罪を帰結した。これでは，「法律あっても犯罪なし。」ということになってしまう。

　一見すると，戦前と戦後では，刑法理論の在り方が180度，正反対のように見える。罪刑法定主義の否定は，刑罰権行使の範囲を拡大させ，超法規的違法性阻却事由などの理論は，刑罰権行使の範囲を縮小させるものである。逆ではないかと。

　しかし，議会制民主主義に対する姿勢には，似通ったところが看取できないだろうか。本来，国会が制定した刑罰法規は，罪刑法定主義の理念に則って厳格に解釈されるべきはずである。にもかかわらず，法律なくても犯罪あり（罪刑法定主義の否定）とか，法律あっても犯罪なし（超法規的違法性阻却事由などの理論）とか，法律を超えた刑法理論が提唱されるというのは，いかがなものであろうか。国民の代表が制定した法律に対し，これを尊重しようという姿勢が足りないのではなかろうか。

　次章以下では，日本国憲法の下で発生した個別具体的な公安事件について見ていくこととする。

　日本は，太平洋戦争終結後，連合国軍ないしアメリカ軍の占領下に置かれ，対外的な独立を果たすにしても，国内の経済復興を成し遂げるにしても，政治，経済，社会などあらゆる分野において，アメリカとの関係性が問われることに

なった。それは，サンフランシスコ平和条約を締結し，対外的な独立を果たしてからも，同様である。

　日本国内では，アメリカとソ連との対立を背景にして，激しいイデオロギー対立が起こり，とりわけ左翼過激派らによる兇悪重大事件が頻発することになる。

　このような事態に対し，刑事司法は，どのように運用されてきたのか。

第2章　いわゆる国鉄3大ミステリー事件
（電車転覆致死罪等）

第1節　緒　　論

　本章では，戦後間もなく発生したいわゆる国鉄3大ミステリー事件を取り上げる。

　いわゆる国鉄3大ミステリー事件とは，以下の事件のことである。

　　下山事件（昭和24年7月6日，東京都内の常磐線線路上において国鉄総裁下山定則の轢死体が発見された事件）

　　三鷹事件（同年7月15日，東京都内の中央線三鷹駅付近で発生した電車転覆致死事件）

　　松川事件（同年8月17日，福島県内の東北本線松川駅付近で発生した汽車顛覆致死事件）

　結論を先に言うと，これらの事件のうち，下山事件では，犯人を特定することができずに迷宮入りとなっている。三鷹事件は，被告人1名による単独犯行として判決が確定しており，松川事件では，被告人ら全員に無罪判決が言い渡されている。

　したがって，厳密に言うと，これらの事件が公安事件に該当するとは言い難いのであるが，法廷外では，マスコミなどがこれを大きく取り上げて報道し，事件の背景事情については様々な憶測が飛び交い，社会を騒然とさせることになった。そして，裁判になった三鷹事件・松川事件では，公安事件と同様に激しい法廷闘争が展開されたのである。

　三鷹事件・松川事件で刑事責任が問われた罪名は，電車顛覆致死罪・汽車顛覆致死罪などであった。

　明治40年刑法は，往来危険罪（125条），電車転覆罪等（126条），往来危険による電車転覆罪等（127条）につき，次のように規定している。

　　第125条　鉄道又はその標識を損壊し又はその他の方法を以て汽車又は電車の往来の危険を生ぜしめたる者は，2年以上の有期懲役に処す。

(第2項省略)

第126条　人の現在する汽車又は電車を顛覆又は破壊したる者は，無期又は3年以上の懲役に処す。

(第2項省略)

　　　前2項の罪を犯し，よって人を死に致したる者は，死刑又は無期懲役に処す。

第127条　第125条の罪を犯し，よって汽車又は電車の顛覆若しくは破壊又は艦船の覆没若しくは破壊を致したる者もまた前条に同じ。

　往来妨害罪等の保護法益は，公衆の交通の安全であると理解されている[261]。

　国は，国民の自由な活動を保障するため，その基盤整備をする必要があり，その一つが鉄道，道路，海路，空路などの交通・輸送体系の整備であって，多くの人や物を迅速，快適，安全に移動させるための基盤整備は，国家的事業である。

　こうした交通・輸送体系は，国民に多大なる福利を享受させることになるが，例えば，鉄道，駅，幹線道路，港，空港など多くの人や物が集中する場所は，暴力主義革命などを唱える過激派らの格好の標的にもなり得る。ある時には，こうした拠点を制圧することで交通・輸送体系の支配権を手に入れようとし，またある時には，こうした場所を通過する政府要人らの生命を直接狙うテロ行為もあり得る。さらには，こうした拠点に集まる不特定多数人の生命，身体，自由，財産等に危害を加えることにより，あるいはそうする旨告知して政府を脅迫することにより，特定の政治目的を実現しようとすることもあり得るのである。

　次節では，裁判所の事実認定に従い，三鷹事件及び松川事件について見ていくこととする。

---

[261] 大塚仁ほか「大コンメンタール刑法　第三版　第7巻」191頁（平成26年，青林書林）［渡邉一弘執筆部分］

第2節　三鷹事件及び松川事件の概要

三鷹事件（電車転覆致死）（昭和24年7月15日）[262]

【事案】

　事案は，昭和24年7月15日，東京都内の中央線三鷹駅付近で発生した無人電車の暴走顛覆事件（電車往来危険致死）であり，判決によれば，事実関係は，以下のとおりである。

　被告人Aは，昭和24年7月15日夜，三鷹電車区に入庫中の7両編成電車（無人）の運転室において，ハンドルを回して固定し，起動操作により同電車を三鷹駅方面へ発進させたことにより，同電車は，同日午後9時23分頃，同駅1番線の車止めを突破して脱線し，第1車両が付近アパート寸前で停止し，第2・第3車両が駅前広場に停止し，第4車両がその後部をホーム階段に乗せ，この間，同駅1番線の車止め付近にいた4名を轢断・轢圧して即死させ，2名に重傷を負わせて搬送先の病院で死亡させたものである。

【犯行に至る経緯，裁判経過等】

　城調査官の解説などを参考にすると，犯行に至る経緯及び裁判経過等は，以下のとおりである[263]。

　事件当時，国鉄労働組合中央委員会は，全国的に人員整理反対運動を展開して，いわゆる国電ストを敢行しており，三鷹電車区分会においても，共産党地区委員会等の指示を受け，また共産党細胞会議を通じ，国鉄防衛闘争に重点を

---

[262] 東京地裁昭和25年8月11日判決・刑集9巻8号1378頁（三鷹事件）
　　東京高裁昭和26年3月31日判決・刑集9巻8号1568頁（三鷹事件）
　　最高裁昭和30年6月22日判決・刑集9巻8号1189頁（三鷹事件）。本判決には，以下の評釈等がある。最高裁判例解説・刑事篇・昭和30年度・475頁［城執筆部分］，ジュリスト200号152頁，ジュリスト307の2号134頁，別冊ジュリスト1号162頁，別冊ジュリスト2号190頁，別冊ジュリスト27号152頁，別冊ジュリスト32号230頁，別冊ジュリスト51号240頁，別冊ジュリスト58号52頁，別冊ジュリスト83号156頁，別冊ジュリスト117号154頁，別冊ジュリスト190号182頁，法学新報64巻1号69頁等。

[263] 前掲262）の城（昭和30年度）475頁以下

置いた宣伝活動を展開し，昭和24年7月4日に第一次整理，同月14日に第二次整理が発表されるや，これら委員会らも態度を硬化させた。

そうした中にあって，同月15日，本件犯行が行われたのである。

検察は，本件犯行が組織的犯行であるとして，被告人Aら10名を電車往来危険致死罪で起訴した。

第一審では，被告人ら及び弁護人らが，検察官による起訴状の朗読に先立ち，本件起訴が共産党を弾圧するための政治的陰謀によるものであって違法であるから，公訴の取消を求める旨の陳述をするなど訴訟の進行を妨害し，荒れた法廷となった。また，被告人らは，法廷外において，証拠調べ手続によらずに証拠書類と目される上申書10通を提出し，裁判所がこれを受理して訴訟記録に編綴するという経緯も起きた。

第一審の東京地裁昭和25年8月11日判決は，被告人10名のうちAに無期懲役，残り9名に無罪を言い渡した。

これに対し，検察側・被告人側の双方が控訴した。

控訴審の東京高裁昭和26年3月31日判決は，被告人Aについては，その無罪主張を除き，検察側の主張の一部を容れて，被告人Aの無期懲役を破棄して死刑を言い渡したが，残り9名については，検察側の主張を除き，第一審の無罪判決を維持した。同判決は，本件犯行が被告人Aによる単独犯行である旨事実認定したわけである。その理由であるが，被告人Aは，捜査段階の当初において単独犯行を自白し，その後，他の被告人らとの共謀を自白するに至ったものの，公判では，再び単独犯行を主張するに至っているところ，そもそも，捜査段階の当初において単独犯行を自白した供述調書は17通に及ぶなど一貫性があって，その信用性が高い，などの諸点が挙げられた。

これに対し，検察側・被告人側の双方が上告した。

最高裁は，弁論を開くことなく，昭和29年12月22日を判決宣告期日に指定し，当日，上告棄却の判決書を用意して公判に臨んだが，弁護人らは，弁論を開かないまま判決が言い渡されることから，判決内容が上告棄却であろうと予測し，判決言渡直前に，弁論を要求した。最高裁は，合議の末，判決期日を延期して閉廷した。

最高裁は，改めて指定した昭和30年6月22日の判決宣告期日において，弁護人から，判決宣告期日の取消と弁論の申請がなされたので，これらをいずれも却下したところ，弁護人から，大法廷裁判官全員の忌避が申し立てられ，これも却下したところ，弁護人から，さらに特別抗告・異議申立がなされ，いずれも棄却した後，前年12月22日に用意した判決書により判決を言い渡した。内容は，検察側・被告人側の双方の上告を棄却するというものであった。
　城調査官は，「世人の重大関心を惹いている判決の言渡が一片の弁護人からの弁論要求に遭って阻止されたことについては，全く常識を以てしては不可解というの外はない。」と述懐する。
　本件では，往来危険による電車転覆致死の法解釈についても争われている。
　すなわち，弁護人は，往来危険行為（125条）をなし，電車を顛覆させた場合，電車転覆罪（127条・126条1項）が成立するとしても，さらに人を死亡させた場合，電車転覆致死罪（126条3項）が成立すると解すべきではなく，これを認めることは2段階の加重処理となり，罪刑法定主義に反する旨主張していた。
　しかし，最高裁は，文言どおりに解釈すれば2段階の加重処理は適法であり，憲法31条に違反するものではない旨判示した。
　「よって案ずるに，127条は，125条の罪を犯し，よって汽車電車の顛覆又は破壊の結果を発生せしめた場合，126条の例によって処断すべきことを規定している。この法意は，右の結果の発生した場合に126条1項2項の例によって処断すべしとするものであるばかりでなく，汽車電車の顛覆又は破壊によって致死の結果を生じた場合には，また3項の例によって処断すべきを定めたものと解するのを相当とする。」
　「それ故，所論憲法31条違反の主張はその前提を欠くものであり，論旨はすべて採用できない。」
　また，弁護人は，①　被告人Aが裁判の当事者であることから，被告人Aの捜査段階の供述はそもそも証拠能力がない，②　被告人Aの自白には任意性がない，③　被告人Aの犯行動機については補強証拠がない，などと主張した。

これに対し，最高裁は，いずれも理由がないとして弁護人の主張を排斥した。
「被告人の供述が証拠となり得るものであることは，憲法38条3項，刑訴319条からもたやすく窺われるところである。」
「右供述が所論のごとく同被告人の不任意に出でたものであるとのことは，これを認めるに足る資料がないのみならず，第一審判決並びに原判決もまた所論のごとき不法な供述強要の事実は認められないことを判示しているのである。」
「本件のごとき罪については，その犯行の動機目的は犯罪構成要件として示されていない事実に属するものであるから，その認定については証拠法上の厳格な制約を受けるものではないのであって，これを被告人の自白のみによって認めても，違憲違法ということはできないのである。」

さて，本件裁判では，事件が被告人Aによる単独犯行であり，背後の共犯関係は存在しなかったという事実認定がなされ，その旨の有罪判決が確定した。被告人Aは，捜査段階の途中で，他の被告人らとの共謀を自白するに至るが，公判段階で，再び単独犯であるとの供述に戻っており，裁判所は，その公判供述に信用性を認めたということである。

もちろん，共犯者供述を採用するに当たっては，その信用性を吟味しなければならない。

一般的に，共犯者には，自己の刑事責任を免れたり，軽減したりしようとの思惑から，無実の者を巻き込んだり，他の共犯者に責任を転嫁したり，虚偽供述をするおそれがある上，共犯者自身は，犯行体験を踏まえて真実と虚偽とを混合させて供述することが容易であるから，共犯者供述を採用するに当たっては，その信用性の吟味が必須とされている。

そのため，実務上，一般的に，共犯者供述の信用性を判断するに当たっては，① 供述内容が不自然・不合理ではないか，② 供述内容が具体性，迫真性をもっているか，③ 供述が客観的事実ないし客観的証拠と符合するか，④ 供述が一貫しているか，供述するに至った経緯，時期等，⑤ 供述の動機，原因等（虚偽自白の動機，原因の有無等を含む。）などの諸事情を総合的に判断すべきこととされているように思われる[264]。

ところで，本件のような無人電車の暴走顛覆事件は，一人の人間が愉快犯として単独で敢行するような犯行とは思えず，共犯者がいたのではないかと考えるのが自然であり，かかる推認には合理性がある。
　しかし，組織的犯罪にあっては，犯人による自白がないと，実行行為者の特定が困難であり，ましてや共謀関係の立証は一層困難なことが通常であろう。
　本件判決については，既に確定しており，その当否を軽々しく論ずべきではない。
　但し，結果として見れば，第一審は，自白した被告人Aだけを有罪にし，否認した被告人9名は無罪にしたということになる。被告人Aは，控訴審以降，無罪を主張することになるが，第一審の公判で自白しており，上訴（控訴・上告）は容れられなかった。
　ということであれば，今後，弁護人としては，捜査・公判を通じて，被疑者に対し，否認ないし黙秘を勧めた方がよいという判断に傾くのは自然な勢いであろう。
　また，左翼過激派らとしても，弁護人に言われるまでもなく，何らかの組織的犯行を実行に移そうとした場合，逮捕されないための証拠隠滅工作や，逮捕された後の黙秘戦術などについて，あらかじめ謀議しておくことになろう。
　警察・検察が公安事件の捜査に苦労することになる由縁の一つである。
　黙秘権は，憲法上の権利なのである。
　なお，一般的な被疑者であれば，取調官に対し，自白にせよ，否認にせよ，多くをしゃべりたがることが少なくない。罪の意識に苛まれれば自白したくなるし，罪を免れたければ弁解したくなる。黙秘を貫くことは，苦痛なのである。

松川事件（汽車顛覆致死）（昭和24年8月17日）[265]

【事案】
　事案は，昭和24年8月17日，福島県内の東北本線松川駅付近で発生した汽車顛覆致死事件である。

---

[264] 石井一正「刑事実務証拠法　第三版」（平成15年，判例タイムズ社）417頁等

すなわち，犯人は，昭和24年8月17日午前3時9分頃，東北本線の金谷川駅・松川駅間において，青森発・上野行きの14両編成412旅客列車（一般旅客約630名乗車）を脱線，顛覆，破壊し，機関士，機関助手等3名を死亡させたものである。

【裁判経過等】

竜岡調査官の解説などを参考にすると，裁判経過等は，以下のとおりである[266]。

警察は，事故発生当日の現場検証により，付近の田んぼ等から，バール1挺，犬釘38本，チョック12本，ボルト10本，同座金2枚，継目板4枚，チョック止釘2本，スパナ1挺等を発見した。

事件当時，国鉄労組福島支部・同福島分会は，国鉄予算の増額要求，人員整理反対の運動を展開しており，また，東芝松川労組は，東芝労働者の解雇反対闘争中であった。

検察は，本件が国鉄労働組合側と東芝労働組合側との共謀による犯行であるとして，国鉄側の10名及び東芝側の10名の合計20名を汽車顛覆致死罪で起訴した。

第一審の福島地裁昭和25年12月6日判決は，被告人のうち5名に死刑，5名に無期懲役，10名に有期懲役を言い渡した。なお，そのうち1名は，共同正犯とは認定されず，幇助犯に認定落ちしている。

これに対し，被告人側が控訴した。

---

265) 最高裁昭和34年8月10日判決・刑集13巻9号1419頁（松川事件）。本判決には，以下の評釈がある。最高裁判例解説・刑事篇・昭和34年度・312頁［竜岡執筆部分］，ジュリスト211の2号178頁，別冊ジュリスト3号188頁，判例時報194号2頁，法学セミナー45号74頁等。
仙台高裁昭和36年8月8日判決・刑集17巻7号1192頁（松川事件）
最高裁昭和38年9月12日判決・刑集17巻7号661頁（松川事件）。本判決には，以下の評釈がある。最高裁判例解説・刑事篇・昭和38年度・123頁［菅間英男執筆部分］，警察研究39巻5号103頁，別冊ジュリスト1号172頁，別冊ジュリスト32号234頁，別冊ジュリスト51号244頁，時の法令478号37頁，判例時報346号3頁，判例評論62号1頁，法曹時報15巻11号144頁等。
266) 前掲265）の竜岡（昭和34年度）312頁以下

控訴審（第一次控訴審）の仙台高裁昭和28年12月22日判決は，被告人側の主張の一部を容れ，第一審判決を破棄し，被告人のうち4名に死刑，2名に無期懲役，11名に有期懲役，3名に無罪を言い渡した。

これに対し，有罪を言い渡された被告人側が上告した。

上告審（第一次上告審）の最高裁昭和34年8月10日判決は，被告人側の主張の一部を容れ，原判決を破棄し，差し戻した。

第一次上告審の多数意見は，検察官が主張した具体的な日時・場所を特定した謀議の有無につき，主たる証拠である被告人Cの自白が信用できないとして，謀議に続く実行行為の点を判断するまでもなく，犯罪の成立を認めるわけにはいかない旨判示した。

「原判決の認定した本件連絡謀議は二つである。その一は，原判示第三（二）の前示被告人Aによる連絡謀議（引用者注：昭和24年8月15日の連絡謀議）であり，その二は，原判示第三（三）の前示被告人Bによる連絡謀議（引用者注：同月16日の連絡謀議）である。」

「そこで，原判決が本謀議（引用者注：被告人Aによる昭和24年8月15日の連絡謀議）を認定する証拠として挙示している右（45）ないし（47）の内容を点検すると，主たる証拠は，関係被告人の自白，自認であって，……右C自白をその最も有力な証拠とし，右B自認をもってこれを支える証拠としたものであることが明らかである。」

「しかしながら，C自白は，その内容を精査すれば，これが同一人の供述かと疑われる程で，供述変更の跡が目まぐるしく，中には原判決が明らかに虚偽，架空と断じた事項すら含んでおり，甚だ不合理な自白であることを否定することができない。」

「右のように，原判示第三（一）ないし（五）の各謀議のうち，前示第三（二）および（三）の二つとも，その存在に疑いがあるとすれば，国鉄側と東芝側との連絡は絶ちきられることにならざるを得ない。……従って，若しこれら二つの連絡謀議の存在に疑いがあるとすれば，それは，自然，他の謀議，ひいては実行行為，アリバイ工作，結局，本件事実全体の認定にまで影響を及ぼすものと考えざるを得ない。」

多数意見に対して，裁判官5名が反対意見を述べた。
田中耕太郎裁判官の反対意見の一部は，以下のとおりである。
　「多数意見が供述の信憑性を疑う理由は，同一人の供述内容相互の矛盾とくに度重なる変転に存する。しかしながら，<u>矛盾した供述が犯罪事実（共謀の事実をふくめて）全体に対して重要な意味をもたない場合においては不問に付しても差しつかえない。</u>」
　「共同意思は，ただ存在が確認されればよいのであり，その成立の過程は問題ではない。」
　「多数意見のように，原判示第三（二）と同（三）の<u>謀議が疑わしいものと仮定しても，……実行行為がなされたことが立証されるかぎり，……実行行為者としての，あるいはその幇助者としての責任を免れ得ないことはきわめて明瞭である。</u>多数意見のように連絡が断ち切られると見ると，国鉄側と東芝側とは，実行行為において偶然に競合したことになる。かような結論は，経験則上到底認めることはできない。」
垂水克已裁判官の反対意見の一部は，以下のとおりである。
　「共謀は，以心伝心意思を連絡すること等により黙示的になしうるか。右大法廷判決（引用者注：最高裁昭和33年5月28日判決（練馬事件））の触れないところであるが，私は積極に解する。すなわち，事情によりこれを認めることはできる。<u>数人が現場で犯罪を共同実行する場合につき</u>，判例が『共同正犯たるには，行為者双方の間に意思の連絡あることは必ずしも必要ではなく，<u>共同行為の認識があり，互いに一方の行為を利用し全員協力して犯罪事実を実現せしむれば足りるのである。</u>』（昭和23年12月14日集2巻13号1751頁，現場で全員犯罪共同実行の場合の判例）というのもこの観念から出ている。」
　「間接証拠もまた厳格証拠であること多言を要しない。……情況証拠，推理による事実認定が許されぬ法廷は世界に恐らくあるまい。……<u>場合により，結果から原因を推認し，実行の証拠が犯意や共謀の一証拠になることも許される。</u>」
　「原判決中A関与の右謀議連絡以外の謀議関係，道具盗み出し及び脱線作

業を認めた部分が是認できるか否かは，当審として必ず検討しなければならない問題である。しかるに，多数意見はこれを怠っている。……<u>われわれは，各被告人別に原審認定事実のいずれの部分が是認できるか否か，是認できる部分によれば当該被告人の罪責は肯定できるか否かの事後審査をすべきであり</u>，それには原判示の一切の共謀及び盗み出し，脱線作業，顚覆致死結果の全体を検討すべきであると信ずる。」

池田克裁判官，高橋潔裁判官及び下飯坂潤夫裁判官の反対意見も，田中裁判官及び垂水裁判官の意見と概ね同旨といえよう。

多数意見と反対意見との相違点は，どこか。

それは，多数意見においては，具体的な日時・場所を特定した事前の謀議行為が認定できなければ，その後の実行行為の有無を検討するまでもなく，無罪であるとするのに対し，少数意見においては，具体的な謀議行為を直接立証できていなくても，犯行の準備行為，実行行為，犯行後の行為等が認定できるのであれば，有罪であり，被告人らの客観的行為から主観的な故意・共謀を推認することもできる，としている点である。

竜岡調査官は，本件について，以下のような所感を述べている[267]。

「今日までに殆ど出尽くしたと思われる学者・識者の批判のあるものに対しては，調査官の一人として，感ずるところもあるので，その一端を述べることを許されたいと思うのである。もとより，それによって，どの意見を擁護しようとするものでもなく，所感に名を借り自己の意見を発表しようとするものでもない。唯だこれが本判決の解説に役立つ点があると思うからに過ぎない。」

「本件が決してイージー・ゴウできるような事件でもなければ，あっさりと割り切れるような事件でもない実に難件であることは，公平で自由・自律の立場に立たれる裁判官の意見が岐れたことによっても明らかである。もしある意見は筋が通らないということが，その意見に反対であるという意味であるならば，それはまた別の問題である。そして，それは，いつど

---

267) 前掲265) の竜岡（昭和34年度）329頁，331～332頁

こでいかに踏み切るかということでなければならない。私は，どの意見も安易な結論だとは思わないし，まして世論に流された結論などとは信じない。この判決自体がそのことを示している。私は，唯だ，一部の人々の度を過ぎたデモ行進や，不穏当な投書，その他を見て，その人達がもう少し大人になって貰いたいと思うだけである。」

同調査官の所感は，裁判官が事実認定をするに当たって，法廷内外から強い精神的プレッシャーを感じていることを示しているように聞こえる。

さて，差戻し後の控訴審（第二次控訴審）である仙台高裁昭和36年8月8日判決は，第一次上告審判決の判示に沿って第一審判決を破棄し，被告人ら全員に無罪を言い渡した。

これに対し，検察側が上告した。

上告審（第二次上告審）である最高裁昭和38年9月12日判決は，検察側の上告を棄却した。

第二次上告審の多数意見は，被告人らと実行行為とを結びつける証拠が自白のほかになく，その自白が客観的事実に反し，又は不合理な内容となっており，これをもって有罪の証拠とすることは許されない旨判示した。

「第四　実行行為についての事実誤認」

「その一　A1自白について

……

A1自白によれば，A1らの抜いた犬釘・チョックは，犬釘70数本，チョック約20個とみられることは，原判示のとおりである（略）。しかるに，本件現場において当時発見収集されたのは，右の約半数すなわち犬釘38本，チョック12個であることは，検察事務官検証調書により明らかである。……この点においても，A1自白は事実に反していると認められるのであり，ひいてA1自白全体の信用性に疑いを生ぜしめる一つの理由となる。

……

A1予言について考えてみるに，それは本件発生の前夜，すなわち16日夜，A1がB11らに対し，「今晩あたり列車脱線があるのではないかなあ」と

言ったとされている言葉である。……それが 16 日夜のことであったとしても，A1 の発言自体が，A1 自身らが列車を脱線させるという意味のものではないのであるから，A1 予言は，それ自体としては，A1 と本件犯行とを結びつけるものと認め難い。」

「その二　A2 自白について

……

結局，B6 と A2 とが当夜，犯行現場に向かって松川労組事務所を出たという抽象的なことだけは各供述が一致しているが，その具体的な事実および情況に関する供述ならびに右両名が帰ってきたということに関する供述は，ばらばらで，どれを信用してよいのか判断に苦しまざるを得ないのである。

……

B15 記者が『A2 君，今日の公判はどうだい，気分はどうだい』と話しかけると，A2 は，ちょっと間を置いて『私は，やったことについては本当のことを述べ，今日からは良心的にすっきりした気持ちになりたい』と言った，……B16 記者が……A2 に『どうだい』と言うと，A2 は，『とんでもないことをして済みません』といってうつむいていた，……A2 が事件に関係したと受け取ったというのである。……A2 の自白に幾多の疑いがあることなどを考えると，A2 のいったとされる言葉を採り上げてあれこれ詮索し，その趣旨を憶測することは，かえって事の真相を見誤るおそれなしとしない。」

斎藤朔郎裁判官の補足意見の一部は，以下のとおりである。

「公判廷の自白であるならば裁判所が直接にその自白をきくのであるから，もし自白の内容に矛盾を含んでいるときは，真実性に誤りないかをいろいろの角度から吟味することができる。しかし，捜査中だけの自白の内容に矛盾をふくんでいるときには，裁判所としてその真実性を吟味するのに十分な方法をもたない。……捜査官としては，かかる矛盾についていわゆる打診的発問などを行い，その矛盾の解明に意をそそいでおいて，そのことを調書上明らかにしておいてもらわないと，裁判所として心証のとりよう

がない。」

多数意見に対して、下飯坂潤夫裁判官が反対意見を述べている。その一部は、以下のとおりである。

「六　実行行為（列車脱線転覆作業）に関する A1 自白について

……

<u>叙上の各供述（引用者注：A1 自白）を全体的に展望し（原判決の用語を借りる）且つこれを比較検討すると、その細部に多少の食い違いや曲折はあるにはあるが、その大筋からはいささかも外れていず、供述の一貫性は保たれているのではなかろうか</u>。しかも、A1 自身が体験した事実でなければ到底述べ得ないような状景が随所に現れているのである。その顕著な点を挙げれば、松川の者の作業がまどろこくて見ていられないので自分でやったというが如きである。

……

原判決は、K 裁判官に対する A1 の供述もまた K 裁判官の暗示誘導に基づくものであるというのであろうか。

……

(二) 原判決は、A1 自白では A1 らが抜き取った区域の犬釘が合計 85、6 本、チョック 28 個であって、……後に発見収集されたものは、結局、犬釘 70 数本、チョック 12 個にすぎない。……このような客観的事実に反する点こそは、A1 自白の虚偽架空であることの一証左であると力説する。しかし、さきにも述べたとおり、深夜暗闇の中で大急ぎでかわるがわるやり、自分は見張りもやったという作業である。<u>A1 としては、自分以外の者が犬釘を何本、チョックを何本抜いたか、一々見ていたわけでもないのである</u>。……現に、原二審の検証の際にも、犬釘何本か発見された事実があるのである。

……

最後に、私は、もう一度原判決をふり返ってみてこれを大観したい。<u>原判決は、要するに、A3 被告（引用者注：国鉄労組福島支部長）のアリバイ確立の決定性、A1、B4 両被告各アリバイの高度の蓋然性が根幹となっていて、</u>

原判決を一貫しているのであり，ただ，これに尾鰭を付けているだけのことなのである。……そして，その証拠上の根拠としているものは，いわゆる新証拠に属する B117（引用者注：A1の祖母）に対する前示 T（引用者注：警察官）調書と，B138（引用者注：国鉄労組福島支部事務所の者）に対する前示 M（引用者注：警察官）調書だけなのである。
……
私の少数意見は，心ある人や後世の史家が正しく批判してくれるであろうことを信ずる。」

多数意見と反対意見との相違点は，どこなのか。

それは，例えば，① 被告人らが犬釘等を抜いたという事実についていえば，自白した数量より現場で発見された数量の方が少ない場合，被告人らの自白は，客観的証拠に反していると評価すべきなのか，むしろ，被告人らの自白は，客観的証拠により相当程度に裏付けられたと評価すべきなのか，② 被告人らが犯行後に第三者（新聞記者）に対して犯行を自認するような発言をしていた場合に，それを有罪の間接事実として評価してはいけないのか，③ 被告人らがアリバイを主張し，身内の者（祖母や労働組合の者）らがそれに沿う供述をした場合に，アリバイの成立を肯定しなければならないのか，などの諸点であろう。

菅間英男調査官は，本件について，次のような所感を述べている[268]。

「もとより，証拠の取捨判断は事実審（引用者注：原則として第一審，補完的に控訴審）の専権に属し，再上告審判決については事後審として行き過ぎであるとの批判がある。しかし，松川事件について，最高裁判所が二度にわたって自白の信用性が疑わしいという判断を示したことは，誠に意義深いことであると考えられるのである。14年間に5度の裁判がなされ，その判断内容に大きな動揺があったことについては，裁判官として反省すべき点が少なくはないであろう。また，捜査に多大の欠陥があったことは，検察官も認めているところである。しかし，もしも，捜査官に対する根強い不信感から証拠隠滅論等の抗争に重点をおいた弁護人側の法廷戦術，行

---

[268] 前掲265)の菅間（昭和38年度）132～133頁

き過ぎた裁判批判等が事実審裁判官をして，冷静に証拠の信用性を検討することを著しく困難にさせたばかりではなく，ひいては，より早い時期における無罪判決の確定を妨げる結果となったとするならば，その点について関係者の深い反省が必要であろう。同じ自白がある場合にはその信用性が肯定され，他の場合にはそれが否定されるというのも，ひっきょう，他に決定的証拠を欠く松川事件の自白に対する基本的態度の差異に由来するものと思われる。」

　同調査官の所感は，弁護人側の不適切な法廷戦術等がなければ，もっと早く無罪判決が確定したのではないかという内容である。

　これは，裏を返せば，有罪・無罪の判断が揺れた本件裁判において，裁判官に対し，法廷内外から強い精神的プレッシャーがかかっていたことを吐露するものであろう。本件をもって弁護方針の失敗と評価すべきなのか，成功と評価すべきなのかは，意見が分かれよう。

　本件では，既に無罪判決が確定していることであり，軽々に裁判批判をすべきではない。

　しかし，本件判決が実務に与えた影響については，触れないわけにはいかないと思う。

　本来，最高裁は，判例違反・憲法違反を判断し，法令解釈・憲法解釈の統一を図る役割を担っている国家機関のはずであるが，本件では，上告審とは思えないほどに，個別具体的な証拠を事細かに精査している。そして，斎藤朔郎裁判官の補足意見によれば，取調官としては，自白の内容に不合理な点がないか，詳細に矛盾点を追求し，詳細な供述調書を作成すべきであるというのである。

　そうなると，以後，取調官としては，被疑者に対し，長時間にわたる取調べを行い，微に入り細に入り慎重かつ詳細な事情聴取を積み重ね，聴取した内容を長く膨大な供述調書にとりまとめなければならないということになる。

　上告審において，供述調書を丹念に精査するということになれば，以後，第一審裁判所としては，これまで以上に供述調書の内容を慎重かつ詳細に吟味しなければならないということになる。

　これでは，その後の裁判がますます長期化していくことになるのは必至であ

る。本件当時の最高裁の姿勢は，実務が書面中心主義へ傾くことに拍車をかける要因の一つになった気がしてならない。

第3節　自白調書の徹底的な吟味と書面中心主義への傾き

　下山事件，三鷹事件及び松川事件は，俗に国鉄3大ミステリー事件と呼ばれている。三鷹事件では，第一審で自白していた被告人だけが有罪となり，一貫して否認していた被告人らは無罪となった。松川事件では，自白調書の信用性が徹底的に批判され，被告人ら全員が無罪となった。下山事件に至っては，犯人が特定されることもなく，迷宮入りとなっている。裁判外では，組織的な犯行ではないかとの憶測が飛び交ったものの，事件の全体像が解明されないままとなった感がある。ミステリー事件と呼ばれる由縁である。

　これらいわゆる国鉄3大ミステリー事件は，その後の実務にどのような影響を及ぼしたか。

　まず，ある種の刑事事件においては，被疑者は，捜査段階で黙秘権を行使した方が有利だということである。

　一般的には，黙秘を貫くことは大変である。人は，罪の重さに向き合えば自白したくなるし，刑罰から逃れようとすれば弁解を言い立てたくなる。いずれにしても，しゃべる方が楽なのであり，黙秘は苦痛である。しかも，一般人は，証拠を完全に隠滅することなど不可能に近いから，取調官からの追求をかわすことは容易ではない。

　しかし，一定の政治目的，宗教目的等を有する組織の構成員らは，黙秘を貫き通すことが少なくない。犯行を否認して弁解を述べるのではなく，黙秘するのである。しかも，取調官との雑談にも応じないことが通例である。すべてが組織的対応なのであろう。あらかじめ証拠隠滅工作までを念頭に入れて犯行の準備をしておけば，検挙されないで済むことが少なくないであろうし，仮に検挙されても黙秘を貫けば，起訴を免れ，あるいは無罪を勝ち取る確率が高まるという想定なのであろう。

　そして，犯人グループのうち一人でも捜査段階で犯行を自白したような場合，

法廷は，その自白調書の徹底的な弾劾の場となるわけである。

　本章で取り上げた裁判のうち，とりわけ松川事件の最高裁判決は，その後の実務が書面中心主義になっていくことに拍車をかける役割を果たしたように思われる。

　そのような実務は長く続き，それを本格的に改善するには，平成の時代を待たなければならなかったように思う。

　第1に，松川事件の最高裁判決は，上告審でありながら，まるで覆審であるかのごとく，個別具体的な証拠評価に踏み込んでいるが，後の最高裁平成24年2月13日判決は，このような上級審の在り方を否定し，控訴審が事後審であることを明確に判示している[269]。

　「刑訴法は，控訴審の性格を原則として事後審としており，控訴審は，第一審と同じ立場で事件そのものを審理するのではなく，当事者の訴訟活動を基礎として形成された第一審判決を対象とし，これに事後的な審査を加えるべきものである。……控訴審における事実誤認の審査は，第一審判決が行った証拠の信用性評価や証拠の総合判断が論理則，経験則等に照らして不合理といえるかという観点から行うべきものであって，刑訴法382条の事実誤認とは，第一審判決の事実認定が論理則，経験則等に照らして不合理であることをいうものと解するのが相当であ（る）」

　第2に，松川事件の最高裁判決は，共謀の成否を判断するに当たり，謀議の日時・場所等の具体的な事実の立証を求め，かつ，自白の信用性を徹底的に吟味するという判断手法を採っているが，その後の実務では，より合理的な手法が採用されていく。

　すなわち，まず，起訴状における犯罪事実の記載の仕方として，検察官は，例えば，捜査段階において，被疑者らから，共謀の日時，場所，内容等に関する具体的な供述が得られていたとしても，公訴提起の段階では，必ずしも被疑者供述に依拠せず，起訴状には単に「共謀の上」とだけ記載するようになった。

　次に，事実認定の在り方として，裁判所は，例えば，共謀の有無を判断する

---

[269] 最高裁平成24年2月13日判決・刑集66巻4号482頁

に当たり，被告人らの自白に過度に依拠するのではなく，① 被告人と実行行為者との関係，② 被告人と実行行為者との間の意思疎通の有無，③ 被告人の犯行動機の有無，内容等，④ 被告人が担当した役割ないし犯行への寄与の有無，内容等，⑤ その他の徴表行為（証拠隠滅，アリバイ工作，逃走援助，利益分配，共犯者との間の連絡・報告など）の有無等の間接事実を総合的に評価するという判断手法を採用するようになってきたように思われる[270]。

なお，自白の信用性判断に当たっても，① 自白の内容が不自然・不合理ではないか（論理則，経験則に反していないかを含む。），② 自白の内容が具体性，迫真性をもっているか，③ 自白が客観的事実ないし客観的証拠と符合するか（秘密の暴露の有無を含む。），④ 自白の経緯，時期，一貫性等，⑤ 自白の動機，原因等（虚偽自白の動機，原因等を含む。）などの諸事情を総合的に判断するという手法が一般化してきたように思われる[271]。

第3に，松川事件の最高裁判決は，例えば，実行行為の有無とは別次元で，共謀の有無だけを個別に立証することが「厳格な証明」であるかのごとく判示し，様々な事実関係を詳細に検討して無罪の可能性を判断するという手法を採ったように見える。

しかし，厳格な証明とは，刑事訴訟法の規定により証拠能力が認められ，かつ，公判廷における適法な証拠調べを経た証拠による証明を意味するものにすぎないことは，その後の実務において，共通の理解に至ったと思われる[272]。

また，最高裁平成19年10月16日決定により，有罪・無罪の意義についても明らかにされている[273]。

> 「刑事裁判における有罪の認定に当たっては，合理的な疑いを差し挟む余地のない程度の立証が必要である。ここに合理的な疑いを差し挟む余地が

---

[270] 石井一正・片岡博「共謀共同正犯」（小林充・香城敏麿「刑事事実認定―裁判例の総合的研究―（上）」（平成4年，判例タイムズ社）341頁所収）等
[271] 石井一正「刑事実務証拠法 第三版」（平成15年，判例タイムズ社）396頁等
[272] 河上和雄ほか「大コンメンタール刑事訴訟法 第二版 第7巻」（平成24年，青林書院）335頁［安廣文夫執筆部分］
[273] 最高裁平成19年10月16日決定・刑集61巻7号677頁

ないというのは，抽象的な可能性としては反対事実が存在するとの疑いをいれる余地があっても，健全な社会常識に照らして，その疑いに合理性がないと一般的に判断される場合には，有罪認定を可能とする趣旨である。そして，このことは，直接証拠によって事実認定をすべき場合と，情況証拠によって事実認定をすべき場合とで，何ら異なるところはないというべきである」

　以上のとおり，松川事件の最高裁判決は，共謀の成否に関する具体的事実関係を詳細に問い，供述調書の信用性を徹底的に吟味し，上級審がまるで覆審のごとく振る舞い，下級審の事実認定を覆すという態度を採ったのであるが，このことは，その後の裁判がいわゆる精密司法の度合いを強めていき，書面中心主義に一層傾いていくことに拍車をかけたように思われる。

　昭和23年刑事訴訟法の下では，起訴状一本主義が採用され，相対立する当事者双方による公判での主張・立証活動を踏まえて，第三者的な立場に立つ裁判所による事実認定がなされることが期待されたはずである。捜査機関の権限が強化される一方，弁護人にも活発な証拠収集などが求められたのである。

　しかし，実際には，弁護人が独自の証拠収集活動を展開して活躍するという場面はあまり見られなかった。裁判所及び弁護人は，いずれも捜査段階の一件記録を見ることができなくなったがために，供述調書とりわけ被告人の自白調書の任意性・信用性の有無に焦点を合わせることが一層強まった感がある。

　そのような流れになったのは，被告人・弁護人らの法廷戦術も大きく影響したように思われる。供述調書の信用性を争うときにおいても，証人に対して反対尋問を行うときにおいても，被告人・弁護人らの戦術は，微に入り細に入ったものとなりすぎた感がある。

　誤解してはいけないのは，争うことは権利である，ということである。

　裁判所としては，正当な権利行使を非難するいわれはなく，法廷闘争が権利の濫用・逸脱と認められるときには，それを規制すればよいだけの話である，とは言える。

　しかし，法廷内外における裁判批判も執拗であり，裁判官らの精神的プレッシャーは，大きかったように思う。特に，三鷹事件・松川事件については，

ジャーナリスト，小説家，歴史家なども含めて，裁判外における犯人捜しも騒がしく，それにつられて世論も喧々諤々の感があったように思う。社会の耳目を集める事件は，常に世人の注視するところとなる。これに加えて，荒れる法廷ともなれば，裁判官の負担は，極めて大きかったであろう。

　三鷹事件や松川事件なども，そのような流れの中に位置付けられるのではなかろうか。

　平成の司法制度改革がなされるのは，まだまだ後の話であり，それまでの長きにわたり，実務の改善に向けた関係者の懸命な努力が続けられることになる。

第3章　騒擾（騒乱）事件

第1節　緒　　論

　松本光雄の指摘によれば，戦後，騒擾（騒乱）事件の起訴件数が激減したという[274]。

　太平洋戦争の終結前は，暴力行為等に及ぶ労働争議や小作争議などに対して騒擾罪（騒乱罪）による検挙が数多く行われた。戦後，日本政府が，連合国軍総司令部の指示に基づき，3大経済改革（財閥解体，農地改革，労働改革）を進めたこともあり，労働運動や農民運動が盛んとなるが，捜査機関が，労働争議や小作争議などが暴力行為等に及んだ場合であっても，騒擾罪（騒乱罪）により検挙することは控えていったような感がある。

　戦前の騒擾（騒乱）罪については，前編第2章も参照されたい。

　戦後のいわゆる騒擾（騒乱）事件としては，次のような事件が著名である。

　　平事件（昭和24年6月30日，福島県平市で発生）

　　メーデー事件（昭和27年5月1日，東京都千代田区で発生）

　　吹田事件（同年6月25日，大阪府吹田市で発生）

　　大須事件（同年7月7日，名古屋市で発生）

　　新宿事件（昭和43年10月21日，東京都新宿区で発生）

　これらの事件で標的とされたのは，警察署（平事件），皇居周辺（メーデー事件），駅（吹田事件・新宿事件），大都市の繁華街（大須事件）といった公的な空間である。そこは，公権力の拠点であったり，不特定多数の国民が行き交う場所であったり，いずれにしても都市の中心部であった。特定の政治目的を遂行するため，その手段として有形力を行使するとき，狙われがちな場所である。

　一連の事件を通じて特徴的なことは，熾烈な法廷闘争により，裁判が極めて長期に及んだということである。

---

274) 大塚仁ほか「大コンメンタール刑法第二版第6巻」（平成11年，青林書院）351頁以下，358頁以下［松本光雄執筆部分］

なお，これらの事件のうち，メーデー事件及び吹田事件では，裁判で騒擾罪の成立が否定されたため，厳密にいうと騒擾事件という名称を用いるのは変なのであるが，歴史的に騒擾事件としての名称が広く用いられている。

次節では，裁判所の事実認定に従い，これらの騒擾（騒乱）事件を見ていくこととする。なお，次節で取り上げた事件の他にも著名ないし重大な事件があったことを否定するものではない。取り上げた事件の過不足については，ご容赦願いたい。

第2節　平事件，メーデー事件等の概要

平事件（騒擾，建造物侵入等）（昭和24年6月30日） [275]

【事案】

事案は，昭和24年6月30日，福島県平市で発生した大規模な騒擾事件である。

すなわち，Aは，平警察署長から，平市内の道路につき一時使用の許可を得，「日本共産党石城地区委員会」と書かれた掲示板を設置し，壁新聞により炭鉱争議などを報道したが，そのため，朝夕のラッシュアワー時には相当の人だかりとなって道路交通上の支障となり，同署長から，前記許可を取り消す旨通告され，同地区委員会は，同取消の撤回を求め，昭和24年6月27日，共産党員，労働組合員，朝連関係者ら約70～80名が，赤旗を立て労働歌を合唱して同署

---

275) 福島地裁平支部昭和30年8月18日～同年9月29日判決・判例時報62号1頁（平事件）

仙台高裁昭和33年6月30日～同年7月1日判決・判例時報166号5頁（平事件）

最高裁昭和35年12月8日判決・刑集14巻13号1818頁（平事件）。本判決には，以下の評釈がある。最高裁判例解説・刑事篇・昭和35年度・420頁［田原執筆部分］，警察学論集14巻2号1頁，警察学論集17巻10号167頁，ジュリスト218号24頁，ジュリスト219号6頁，ジュリスト307の2号130頁，別冊ジュリスト27号148頁，世界182号20頁，時の法令377号44頁，判例時報244号9頁，判例評論34号8頁，法学セミナー59号49頁，法曹時報14巻2号108頁，法律のひろば14巻2号19頁等

に赴き，そのうち約30～40名が署長室に入るなどし，前記掲示板の撤去を断念させた。同群衆中の約50～60名は，同日，内郷町警察署に入り，「平市警察署に応援警察官を出すな。」などと抗議し，同地区委員会の委員長Bは，翌28日，共産党員，労働組合員，朝連関係者ら約150～160名を指揮して湯本町警察署に押しかけ，同署長を小突き回し，蹴るなどの暴行を加え，「平市警察署に応援警察官を出すな。」などと抗議した。

同委員長Bは，翌29日，平市警察署において，同署長から，前記掲示板の強制撤去を申し渡されるや，「われわれの方でも若い者がいる。何事が起きても署長が責任を負うべきだ。」という趣旨を申し向けた。同地区委員会は，翌30日，「警察を葬れ。」などと書かれたビラを平市内の電柱等に掲示した。共産党員，労働組合員，朝連関係者ら約20名は，同日，赤旗を立て労働歌を合唱しながら，湯本町警察署に押しかけ，同署長に対し，「平市警察署に応援警察官を出すな。」などと要求し，湯本町警察署長にその旨約束させ，約140～150名は，同日，内郷町警察署に押しかけ，同署長に対し，「平市警察署へ応援警察官を出すな。」などと要求し，「武装解除するからけん銃と警棒をここに集めろ。」，「ギロチンだ。」などと怒号し，巡査部長に対しては，「袋だたきにしろ。頭をたたき割ってしまえ。」などと怒号して突き飛ばしたり，蹴ったりし，写真撮影していた別の巡査部長からカメラのフィルムを奪い取るなどした。

共産党員，労働組合員，朝連関係者ら約100名は，昭和24年6月30日，平市警察署に入ろうとし，先頭の数名が，制止しようとした警察官を棒で殴ったり，蹴ったりし，群衆約20～30名は，同署玄関口等に投石を始め，ガラスを割り，警察職員10名が負傷した。群衆の代表5名は，署長室に入り，同署長に対し，前記掲示板の撤去に応じられない旨を告げ，その後，約20～30名が，同署長室に侵入し，棒きれ，竹棒などで床を突いたり，土足で署長机の上に乗ったり，「この警察が人民のものになるのは1か月そこそこだ。」などと言ったりした。群衆らは，同署玄関の柱に赤旗を結びつけ，「人民警察ができた。」などと叫んだり，付近で自動車検問を始めたりし，そこに福島からの同志も加わり，同署内の群衆は，約300～400名となり，「9月に革命がある。おまえたちは死刑だ。」などと言ったり，警察官らを蹴ったり，けん銃を奪ったりし，

その後，解散したというものである（騒擾，建造物侵入等）。

【裁判経過等】

　裁判は，長期にわたる。

　事件の発生は昭和24年6月30日，第一審判決は昭和30年8月18日〜同年9月29日，控訴審判決は昭和33年6月30日〜同年7月1日，上告審判決は昭和35年12月8日である。

　第一審である福島地裁平支部昭和30年8月18日〜同年9月29日判決は，騒擾罪の成立を否定し，別罪（職務強要，建造物侵入など）により被告人36名を有罪にしたほか，大部分の被告人に無罪を言い渡した。騒擾罪の成立を否定した理由は，一部少数の者（約20〜30名）が暴行・脅迫に及んだとしても，それが他の大部分の者（約300〜400名）の意思とは無関係になされたものであれば，それは少数者による偶発的・散発的な暴行・脅迫に止まり，騒擾罪の成立に必要な共同意思の存在を認めることはできないというものであった。

　これに対し，検察側が控訴した。

　第二審の仙台高裁昭和33年6月30日〜同年7月1日判決は，検察側の主張を容れて騒擾罪の成立を認め，被告人151名に有罪を言い渡し（騒擾罪による有罪は149名），1名に無罪を言い渡した。同判決は，共同意思が確定的なものである必要はなく，未必的なものであってもよいなどの法解釈を示し，騒擾罪の成立を認めた。なお，同判決は，「被告人等が本件騒擾に際し，むしろ或いは確定的な共同意思があったことを看取するに難くはない」とも判示している。

　これに対し，被告人150名が上告した。上告理由の一つは，共同意思が未必的なもので足りるという原判決の法解釈が罪刑法定主義に反するというものであった。

　最高裁昭和35年12月8日判決は，騒擾罪の成立に必要な共同意思について，それが未必的なもので足りる旨判示して，被告人側の上告を棄却した。

　　「原判決が騒擾罪の成立要件として判示した『騒擾罪は多衆が集合して暴行又は脅迫をなすによって成立するが，その暴行又は脅迫は，集合した多衆の共同意思に出たものであり，いわば，集団そのものの暴行又は脅迫と認められる場合であることを要し，その多衆であるためには一地方におけ

る公共の平和，静謐を害するに足る暴行，脅迫をなすに適当な多人数であることを要する』旨の見解，並びに右の共同意思に関して判示した『騒擾罪は，群衆による集団犯罪であるから，その暴行又は脅迫は集合した多衆の共同意思に出たもの，いわば集団そのものの暴行又は脅迫と認められる場合であることを要するが，その多衆のすべての者が現実に暴行脅迫を行うことは必要でなく，群衆の集団として暴行脅迫を加えるという認識のあることが必要なのである。この共同意思は，多衆の合同力を恃んで自ら暴行又は脅迫をなす意思ないしは多衆をしてこれをなさしめる意思と，かかる暴行又は脅迫に同意を表し，その合同力に加わる意思とに分かたれ，集合した多衆が前者の意思を有する者と後者の意思を有する者とで構成されているときは，その多衆の共同意思があるものとなるのである。共同意思は，共謀ないし通謀と同意義でなく，すなわち，多衆全部間における意思の連絡ないし相互認識の交換までは必ずしもこれを必要とするものではない。事前の謀議，計画，一定の目的があることは必要でないし，又当初からこの共同意思のあることは必要でなく，平穏に合法的に集合した群衆が中途から，かかる共同意思を生じた場合においても本罪の成立を妨げない』旨の見解については，当裁判所は，いずれもこれを正当として是認する。」

「元来，騒擾罪の成立に必要な共同意思とは，多衆集合の結果惹起せられることのあり得べき多衆の合同力による暴行脅迫の事態の発生を予見しながら，あえて，騒擾行為に加担する意思があれば足りるのであって，必ずしも確定的に具体的な個々の暴行脅迫の認識を要するものではないのであるから，原判決の未必的共同意思の判示はこの趣旨において首肯できないことはない。」

「当裁判所は，騒擾罪における暴行なる観念は広義のものであって，物に対する有形力の行使をも含むものと解するを相当とし，従って原判決が建物の不法占拠又は不法侵入を騒擾罪における暴行に当たるものとした判断を是認する。」

本件最高裁判決の判断は，従来の法解釈を変えるようなものではなかった。

すなわち，騒擾罪を認定するに当たって共同目的の存在が不要であることや[276]，物に対する有形力の行使をもって騒擾罪にいう暴行と認定できること[277]などについては，従来から，判例・学説の採るところであり，本件最高裁判決の判断は，特段，変わったところはないように思われる。

また，本件控訴審の事実認定は，合理的なものであって，特段の問題点も窺えないように思われる。すなわち，本件では，多数の被告人らが警察署を占拠し，玄関のガラスを割り，柱に赤旗を結び付けて叫び声を上げ，周囲で勝手に自動車検問まで始めていたというのであるから，仮に，署長室に侵入したり，警察官らを蹴るなどの暴行を加えた者らが少数であったとしても，全員が有形力の行使を確定的に認識・認容していた旨の事実を認定することは比較的容易であったように思う。

それにもかかわらず，裁判は，長期化していた。本件事件が発生してから第一審判決がなされるまでに，6年余りが経過しているのである。事件が係属した裁判所がいわゆる地裁本庁ではなく支部であり，被告人らが150名を超えていたこともあり，裁判長が訴訟進行上で多くの困難な問題に直面していたことは容易に推察される。

その挙げ句，第一審判決では，騒擾罪の成立が否定されたのである。

ちなみに，本件事件（平事件）が第一審に係属していた時期は，三鷹事件・松川事件について第二審判決があり，被告人ごとに有罪・無罪の判断が分かれ，上告審の判断がなされ，あるいは待たれていた時期に重なっている。本件以外にも多くの公安事件が全国的に展開され，それぞれの裁判においても，徹底した法廷闘争がなされ，少なからぬ無罪判決が出始めており，相当に慎重な証拠評価・事実認定が求められていたように思われる。

本件事件（平事件）において，控訴審・上告審で有罪になったとはいえ，第一審で大多数の被告人らが騒擾罪について無罪を言い渡されたという事実は，被告人・弁護人による法廷闘争が有効であることを示した感があり，そのこと

---

276) 大審院明治45年6月4日判決・刑録18輯815頁
277) 前掲275) の田原（昭和35年度）438頁

は，他の裁判における法廷闘争の激化を勇気付けることにつながったように思われる。

メーデー事件（公務執行妨害・傷害・暴力行為等。但し，騒擾罪については無罪）（昭和27年5月1日）[278]

【事案】

事案は，昭和27年5月1日，神宮外苑におけるメーデー中央大会の終了後，中部第一群のデモ隊約3000人が使用禁止中の皇居前広場に乱入して警官隊と衝突し（第一次衝突），これに中部第二群のデモ隊，南部先頭集団等の数千人が加わり，桜田濠沿い道路・二重橋前十字路で警官隊と衝突し（第二次衝突），皇居前広場内の銀杏台上の島・楠公銅像島等及び同広場周辺の祝田橋・日比谷交差点・馬場先門付近等で警官隊と衝突したほか，車両を転覆，放火するなどしたというものである。

具体的には，以下のとおりである。

すなわち，中部第一群のデモ隊約3000人は，公安委員会が許可したデモコースの解散地点（日比谷公園）で解散せず，馬場先門から皇居前広場に入り，二重橋から中に入ろうとし，そこで警官隊と衝突して警察官を殴ったりして傷害を負わせ，警察官が催涙ガスやけん銃を使用したために，デモ隊は，楠公島に後退したものの，道路を挟んで警官隊と対峙する形となった（第一次衝突）。中部第二群のデモ隊，南部先頭集団等の数千人は，祝田橋から皇居前広場に入り，二重橋前砂利敷十字路に後退した警官隊との距離を縮め，桜田濠沿い砂利敷道路から銀杏台上の島にかけて集合し，警官隊と対峙した。

集団員は，警棒を手に前進してきた警官隊に対し，棒を振り上げ投石等をし

---

278) 東京地裁昭和45年1月28日判決・判例時報579号86頁（メーデー事件）
東京高裁昭和47年11月21日判決・高集25巻5号479頁・判例タイムズ287号173頁（メーデー事件）。本件判決については，以下の評釈がある。現代法ジャーナル9号51頁，ジュリスト524号93頁，ジュリスト臨時増刊535号125頁，別冊ジュリスト58号44頁，別冊ジュリスト147号70頁，別冊判例タイムズ6号151頁，判例評論179号31頁，法学セミナー207号20頁等。

ながら，警官隊を御森林島方向へ後退させた（第二次衝突）。

　警官隊が催涙ガスを使用し，けん銃による威嚇発砲をしたため，集団員は，中央自動車道路以東の楠公島方向へ移動したが，この間，祝田橋方面へ進出した警察官らに対し，暴行を加えて濠の中に投げ込むなどした。集団員は，中央自動車道路を挟んで警官隊と対峙し，警官隊や通行中の車両に投石するなどし，広場外では，祝田橋交差点・日比谷交差点間で，アメリカ軍関係車両等を転覆して放火するなどしたが，最終的には，警官隊に排除されたというものである。

【裁判経過等】

　裁判は，長期にわたる。事件発生は昭和27年5月1日，第一審判決は昭和45年1月28日，控訴審判決は昭和47年11月21日であり，同判決が確定した。

　第一審の東京地裁昭和45年1月28日判決は，第一次衝突及びそれに続く行為（第二次衝突に至る前の行為）については騒擾罪の成立を否定し，第二次衝突については騒擾罪の成立を認め，100名以上の被告人に無罪を言い渡した。起訴人員は216名に達していたものの，首魁としての起訴がなく，「首なし騒擾事件」などと呼ばれていた。第一審の公判は1800回以上を重ね，起訴後判決までに17年8か月余りが経過した。

　これに対し，検察側は控訴を断念したが，被告人側が控訴した。

　第二審の東京高裁昭和47年11月21日判決は，93名について被告人側の主張を容れて原判決を破棄し，第二次衝突以降の事実についても騒擾罪の成立を否定して無罪を言い渡し，検察側が上告しなかったため，同判決が確定した。なお，騒擾罪は無罪とされているが，公務執行妨害・傷害・暴力行為等については有罪とされているものがある。

　同判決が第二次衝突についても騒擾罪の成立を否定した理由は，個々の暴行・脅迫が連続して発生しているとはいえ，事前の計画もなく，特定の首謀者もおらず，共同意思のある同一の集団による暴行・脅迫とは認められないという点などにあった[279]。

---

279) 前掲278）の判例タイムズ287号179頁

「集団員の暴行，脅迫について騒擾罪の罪責を問うためには，これら各場面における集団員，なかんずく桜田濠沿い砂利敷道路及び二重橋前砂利敷十字路において警官隊と接触乱闘に及んだ集団員と，その後の各場面において暴行，脅迫に及んだ各集団員とが，<u>騒擾罪の主体たる『多衆』として，前後同一性を維持していたことが必要である</u>。ところで，本件において，原判示各場面における当該各集団員の暴行，脅迫は，社会的事象としては連続して起きているが，<u>それがあらかじめ定められた騒擾計画に基づくものであったとか，あるいは，特定の首謀者により画策され，支配されたものであったとかの事実は，原判決も毫も認定しなかったところである</u>。したがって，右集団の同一性を判断するためには，原判示各場面における当該集団の構成員の異動にかかわらず，その各集団の主たる構成員を共通にしていたとか，それらの各集団員が同一の統制集団に属していたとか等の理由により，質的に同一集団を構成し共通の集団意思が存するものと認められ，時間的，場所的に接着してそれぞれ暴行，脅迫が行われた場合，あるいは，一の集団による暴行，脅迫が行われている事実を認識認容し，これと合同力を形成する意思，または一の集団のした暴行，脅迫の事実を認識認容し，その意思を承継し，かつその集団のした暴行，脅迫の事態を利用する意思が存するものと認められる状況のもとに，いずれも，その集団による暴行，脅迫に時間的，場所的に接着して，他の集団による暴行，脅迫が行われた場合等の事情を勘案してこれをきめなければならない。」

従来の判例・学説によれば，条文上の要件である「多衆の集合」（106条）とは，多人数の者が時を同じくして一定の場所に集まり，集団を形成することをいい，解釈上の要件である「共同意思」とは，多衆が共同して暴行・脅迫を加える意思をいうものと解されてきた。従来の判例・学説によれば，騒擾罪の成立を認めるために，これらの要件は必要とされてきたが，多衆が組織化されていることや，共通の目的を持っていること，首魁が存在することなどは，必要とはされてこなかった[280]。

先に見た平事件では，第一審判決が，従来の判例・学説とは異なる法解釈に

より無罪判決を言い渡したが，控訴審・最高裁は，かかる法解釈を否定し，従来の判例・学説の立場から騒擾罪の成立を肯定した。

しかし，本件事件（メーデー事件）の控訴審判決は，実質的に，従来の判例・学説とは異なる法的アプローチをとることにより，無罪判決を導く道を切り開いたのである。すなわち，同判決は，「多衆の集合」，「共同意思」など従来から用いられてきた構成要件の概念を直接的に変更するのではなく，「集団の同一性」という新しい法概念を導入し，仮に，集団による連続して起きた一個の社会現象があったとしても，集団の組織化の有無，事前の謀議の有無，首謀者の有無などの諸事情を考慮した上，「集団の同一性」が認められないとして，騒擾罪の成立を否定したのである。これは，騒擾罪の成立を認めるためには，多衆が組織化されていることや，共通の目的を持っていること，首魁が存在することなどは不要である，としてきた従来の判例・学説を実質的に覆す法解釈アプローチである。

こうして，控訴審判決は，「集団の同一性」という概念を用いて無罪判決を導いたが，この概念が「多衆の集合」及び「共同意思」という概念とどのような関係にあるのかは明らかにされないままであった。

刑法学界は，概念相互の関係について様々な提案をしたものの，整理がつかず，それでも無罪を導いた控訴審判決の法解釈を歓迎したのである。

本件（メーデー事件）の裁判は，極めて長期に及んでおり，控訴審が係属していたこの時期は，後に触れる多くの騒擾事件が裁判係属中であった。

すなわち，この時期には，後に触れる吹田事件（大阪）の上告審が出た頃と重なり，その第一審及び控訴審ではそれぞれ有罪・無罪の認定が激しく分かれていた。同じく後に触れる大須事件（名古屋）の控訴審も係属中であり，その第一審では有罪・無罪の認定が激しく分かれていた。同じく後に触れる新宿事件（東京）の第一審は延々と裁判係属中であり，激しい法廷闘争が繰り広げられ，結審の目処が立っていなかった。

---

280) 大塚仁ほか「大コンメンタール刑法　第二版　第6巻」（平成11年，青林書院）363〜364頁，382頁［松本光雄執筆部分］

いずれの裁判所も，荒れる法廷に対し，想像を絶する苦労を抱えていたように思われる。特に，供述調書の任意性・信用性の吟味や，多数の証人に対する弁護人側からの反対尋問は，微に入り細に入ったものとなっており，しばしば事案の全体像よりも細部の事象が焦点化され，主観的構成要件要素の判断などは混迷を極めた感がある。

本件（メーデー事件）の裁判も同様であり，第一審から控訴審に至るまで，激しい法廷闘争が繰り広げられた。荒れる法廷という戦術は，弁護人の立場からすれば，効を奏したといえるかもしれない。

仮に，巨大な証拠群の中で迷路に迷い込まず，事案の全体像を俯瞰できたならば，昭和27年5月に東京で（本件メーデー事件），6月に大阪で（吹田事件），7月に名古屋で（大須事件）というように連続的に発生したいわゆる3大騒擾事件は，裁判所の認定とは異なった景色を見せた可能性がないではない。

更に巨視的に見れば，これら3大騒擾事件は，次章で論じるとおり，国会が破壊活動防止法案を審議・可決する過程と重なっており，左翼政党らが強硬な反対運動を展開していた時期である。昭和40年代に言い渡された判決群が被告人らに有利な事実認定・法令解釈を展開したことについては，多少なりとも違和感を覚えずにはいられない。

一般論としていえば，裁判は，法と証拠に基づいてなされるべきものであり，仮に，法廷外の社会運動の動きや世相などに流されるようなことがあったとしたら，それは問題である。ましてや，荒れる法廷での被告人・弁護人らの威勢に気押されるようなことがあってはならない。

以下では，本件と同様に騒擾罪の成立が否定された吹田事件を取り上げ，さらにその後で，昭和50年代に上告審が出される大須事件及び新宿事件を取り上げることとする。

吹田事件（威力業務妨害・暴力行為等。但し，騒擾罪については無罪）（昭和27年6月25日）[281]

【事案】

事案は，朝鮮動乱6・25記念日の前夜祭への参加者のうち群衆約900名が，

国鉄吹田操車場の襲撃を企て，昭和27年6月25日，約8時間にわたり，同操車場，吹田駅等において，警官隊に火炎ビン，石などを投げつけ，派出所を襲うなどしたというものである。
　事案の詳細は，以下のとおりである。
　すなわち，多数の者が，昭和27年6月24日夜，大阪府豊中市の大阪大学北校校庭で開かれた朝鮮動乱6・25記念日の前夜祭に集まったが，一部の者の扇動により，多衆が吹田操車場の襲撃を企て，そのうち約300名の集団は，竹槍等を所持して吹田操車場へ向かい，途中，石，ラムネ弾等を用いて民家2戸のガラス戸を破壊するなどした。さらに，約500名の別働隊が，前記校庭を出発し，阪急石橋駅から臨時電車を発進させて移動し，服部駅から吹田操車場へ向かい，途中，吹田市警察派出所に火炎ビン，石などを投げて窓ガラス等を破壊し，前記約300名の集団と合流した。
　集団は，北鮮旗・赤旗を立て，大多数が竹槍，棍棒，火炎ビン，硫酸ビン等を携え，太鼓を叩き，高唱しながら進み，途中，警官隊約130名に制止されるや，竹槍を構え，石，火炎ビン等を投げつけて警備線を突破した。
　集団は，途中の駅構内に侵入し，軍用品積載貨車を探索し，信号所に投石するなど，操車作業を妨害した後，吹田駅に向かい，途中，アメリカ軍人の自動車2台に硫酸ビンを投げつけるなどして同車両を損壊し，搭乗者に傷害を負わせ，さらに，吹田市警の派出所3か所を襲撃してガラス窓を破壊し，また，警察職員20数名が乗るウイポン車に火炎ビンを投げつけて警察職員に火傷を負わせ，同車から転落した警察職員を殴打してけん銃2丁及び実包を強取した。
　集団は，国鉄吹田駅に到着すると，停車中の列車に乗り込み，臨場した警察官に竹槍，棍棒をふるい，駅ホームに火炎ビンを投げるなどして，列車の進行を妨害するなどしたというものである。

281）大阪地裁昭和38年6月22日判決・判例時報339号5頁，同357号13頁（吹田事件）
　　大阪高裁昭和43年7月25日判決・判例タイムズ223号123頁（吹田事件）
　　最高裁昭和47年3月16日決定・裁判集刑事183号395頁，判例タイムズ275号190頁（吹田事件）

【裁判経過等】

　裁判は，長期にわたる。事件発生は昭和27年6月25日，第一審判決は昭和38年6月22日，控訴審判決は昭和43年7月25日，上告審決定は昭和47年3月16日である。

　第一審の大阪地裁昭和38年6月22日判決は，被告人95名のうち，15名に有罪を言い渡し（ただし，暴力行為等処罰に関する法律違反による有罪であり，騒擾罪・威力業務妨害罪については無罪），残り80名に全部無罪を言い渡した。

　騒擾罪の成立を否定した理由は，本件における暴行・脅迫が，集団の共同意思に出たものとは認められない，というものであり，威力業務妨害罪の成立を否定した理由は，列車の進行を妨害するなどした集団行動の実態が，朝鮮戦争に反対して軍需物資輸送に抗議するためのものであり，憲法が保障する表現の自由に属する正当な示威行進に当たる，というものであった。

　これに対し，検察側・被告人側の双方が控訴した。

　第二審である大阪高裁昭和43年7月25日判決は，被告人46名について，検察側の主張の一部を容れて原判決を破棄し，威力業務妨害罪の成立を認めたが，騒擾罪の成立は認めなかった[282]。

　「元来，<u>騒擾行為に加担する意思とは，多衆の合同力をたのんでする暴行脅迫の行為に同意を表し，その合同力に加わる意思，換言すれば，群衆の中の自らは暴行脅迫に出ない多衆が，自分たちも群衆の力のもとに暴行脅迫をしているのであるという意識を有することをいうのであって</u>，集団の大多数の者がこのような意思ないし意識を有していると認められるときに，そこで行われている暴行脅迫が集団の共同意思に出たもの，すなわち集団そのものの暴行といい得るのである。」

　「よって案ずるに，騒擾罪にいう暴行は広義のものであって物に対する有形力の行使をも含むものであり，最高裁判所判決が前記平騒擾事件に関し，建物の不法占拠または不法侵入を騒擾罪における暴行に当たるとしていることは所論のとおりであるけれども，<u>鉄道敷地への立ち入りが直ちに騒擾</u>

---

[282] 前掲281) の判例タイムズ223号126頁，136頁，138頁

罪にいう暴行に当たるとまでは解することができない。」

「結局，本件のすべての証拠を検討しても，公訴事実に記載の神社前での暴行脅迫が行われるよりも以前，すなわち警官隊と対峙した時点において，すでに，所論がいうような集団の大多数の者の間に警察官の職務行為を不法な実力をもって妨害しようとする明白にして確定的な共同意思が存し，攻撃的暴徒的性格が集団全体に顕在化していたもので，騒擾の共同意思をあらかじめ有していた集団であるとは到底認めることはできないのである。」

「神社前産業道路横断直前の集団全体に所論のような明白かつ確定的な暴行脅迫の共同意思が存していたと認められないことはすでに述べたところであり，……積極的にせよ消極的にせよ，警官隊に対して結束して暴行しようという意思を多数の集団員が持っていたとは到底認め難い。……従ってその間の一部の者の前示投石や火炎瓶の投擲などの暴行が，集団員の多数の意思とかかわりのあるものとは認めることができず，右暴行が集団の共同意思に基づくものであるとはいうをえない。」

　これに対し，検察側は上告しなかったが，被告人側が上告した。

　最高裁昭和47年3月16日決定は，被告人側の上告が単なる事実誤認・法令の解釈適用の誤りをいうものであって適法な上告理由に当たらないとして，被告人側の上告を棄却した。

　本件（吹田事件）については，先に論じたメーデー事件とほぼ平行して裁判が進行しており，騒擾罪の成立を否定した点も同様である。

　従来の判例・学説によれば，例えば，平事件のように，数百名の集団が警察署1か所を不法占拠するような行為について，騒擾罪の成立が認められており，本件のように，数百名の集団が駅1か所を不法占拠するような行為についても，騒擾罪の成立が肯定されてよさそうなのに，昭和40年代の裁判所とりわけ下級審は，これを否定していたのである。

　そして，本件の控訴審は，「明白にして確定的な共同意思」がないとか，「共同意思をあらかじめ有していた集団」ではないとか，従来の判例・学説とは異なる法概念・判断手法を展開して，無罪を導いているのである。

あまりにも長期化した本件裁判において，検察側が上告しなかったため，控訴審が示した騒擾罪をめぐる法解釈について，最高裁の判断を聴くことはできなかった。

なお，威力業務妨害罪については，控訴審で有罪となったものの，第一審では無罪判決が言い渡されていたことに留意しておきたい。

すなわち，被告人らは，駅構内に竹槍，棍棒，火炎ビンなどを持ち込み，火炎ビンを投げつけるなどし，現実に列車の進行を妨害しているにもかかわらず，それは表現の自由だ，などという理由で威力業務妨害の成立を否定した第一審判決の判断には，時代背景や裁判官の考え方にもよるのであろうが，違和感を覚えずにはいられない。

大須事件（騒擾・暴力行為等・放火未遂）（昭和27年7月7日）[283]

【事案】

事案は，昭和27年7月7日，訪ソ・訪中の国会議員らの帰国歓迎大会の終了後，聴衆の一部である学生，朝鮮人，自由労務者ら約1000〜1500名が，名古屋市中区大須球場周辺において，警察の放送車，警備の警察官，民間の乗用車，消防自動車，交通巡査の詰め所などに多数の火炎ビン，石などを投てきするなどして，名古屋市内随一の繁華街である大須地区一帯の静謐を害したというものである。

事案の詳細は，以下のとおりである。

すなわち，事前に，前記大会の開催計画が準備されていたところ，これとは別に，日本共産党名古屋市ビューローの軍事委員会が中心となり，祖国防衛愛

283）名古屋地裁昭和44年11月11日〜同年12月2日判決・判例時報584号3頁（大須事件）
　　名古屋高裁昭和50年3月27日判決・判例時報775号21頁（大須事件）
　　最高裁昭和53年9月4日決定・刑集32巻6号1077頁（大須事件）。本判決には，以下の評釈がある。最高裁判例解説・刑事篇・昭和53年度・339頁［岡次郎執筆部分］，警察研究58巻12号30頁，警察時報34巻1号111頁，ジュリスト臨時増刊693号171頁，別冊ジュリスト83号144頁，捜査研究37巻12号65頁，法曹時報33巻7号167頁，法律のひろば32巻1号19頁，LawSchool12巻3号117頁等。

知県委員会，同名古屋市委員会などが参画して，前記大会の終了後に，労働者階級の力の誇示と大衆の革命化の気運の高揚を目的として，アメリカ軍，吉田内閣，朝鮮戦争，単独講和，日中貿易阻害などに対する抗議デモを行い，警察署やアメリカ村を火炎ビンなどで攻撃する，という計画が立てられ，この計画内容が日本共産党及び祖国防衛委員会の下部組織に伝達された。

　前記大会が開催された会場である大須球場の内外には，「敵は警察の暴力だ」，「敵の正体はアメ公だ」，「武器は石ころだ」などと記載されたビラが大量に配布，散布され，同会場内には，かねての計画どおり，多数の旗，プラカード，竹棒，木棒，火炎ビン約90個などが持ち込まれた。

　前記大会の終了後，大学生が「警察は，アメリカの手先となって中日貿易を希望する国民の運動を弾圧している。」などと演説し，各所から「警官をやっちまえ。」，「アメリカ村へ行け。」などの叫び声が起こり，集団は，隊列を組んで前記球場内から外へ出て行った。

　当初の計画では，中警察署・アメリカ村へ向かう予定であったが，そこは警備が厳重であるとの情報が入り，前記名古屋市委員会のキャップが，デモの目的地を上前津方面へ変更する旨の指令を発したが，同指令の伝達が下部まで徹底しなかったため，上前津方面へ向かうこととなった集団のほか，当初の目的地である中警察署・アメリカ村へ向かうこととなった集団もあった。

　球場東門を出た集団デモ隊は，先頭付近に赤旗を立て，先頭よりやや後ろに北鮮旗を立て，火炎ビン約90個，木・竹の棒約100本などを分配所持して行進した。

　集団は，大須交差点を通過した後，解散の勧告を繰り返す警察の放送車の窓を棒で叩き割り，同車に火炎ビンや石を投げて車内を炎上させ，警察官5名に火傷を負わせ，そのほか道路や付近に駐車中の民間乗用車2台にも火炎ビンを投げつけ，棒でたたくなどして損壊し，1台を炎上させた。

　この間，警察官1名は，集団約50～60名に対峙し，孤立状態にあった自己及び乗用車への攻撃を鎮圧するにはけん銃を用いるしかないと判断し，弾丸5発を発射し，集団を後退させた。

　別の警官隊約87名は，大須交差点に到達したところ，多数の火炎ビン，石

を投てきされて、12名が負傷したため、弾丸6発を発射して、集団を後退させた。

そのほか、周辺において、多数の火炎ビン、石などの投てきが繰り返され、集団の一人は、上前津交差点交通巡査詰め所に火炎ビンを投げ入れてその壁などを焼損させ、また、門前町通りでは、火災消火中の消防車に火炎ビン、石を投げつけ、消防士ら3名が負傷した。

結局、本件により、警察官70名、消防職員2名、一般市民4名が骨折、火傷を含む傷害を負わされ、警察官の発射した弾丸により一般市民1名が死亡したほか、警察車両、民間乗用車、消防車が損傷し、交通巡査詰め所の壁、民家のガラスなどが多数損壊した。

【裁判経過等】

裁判は、長期にわたる。事件発生は昭和27年7月7日、第一審判決は昭和44年11月11日〜同年12月2日、控訴審判決は昭和50年3月27日、上告審決定は昭和53年9月4日である。

第一審の名古屋地裁昭和44年11月11日〜同年12月2日判決は、被告人150名のうち、別途終了した13名を除いて、116名に有罪を言い渡し、残り21名に無罪を言い渡した。第1回公判期日は、昭和27年9月16日であり、793回の公判を開き、105回の公判期日外の証拠調べ、62回の準備手続を行い、その間、延べ816名の証人を取り調べ、延べ156名の被告人質問を実施した。途中、審理は、いわゆる統一組と分離組に分離され、後に、分離組の事件は統一組に併合されるなどしている。

集団のうちの一部について騒擾罪（騒乱罪）の成立を否定した理由は、同人らがデモ行進に参加していたのが、警察の放送車に火炎ビンが投げつけられる前の段階に止まっていた、というものであった。同判決は、警察の放送車に火炎ビンが投げつけられて以降の段階で、公共の静謐が害されたとして、騒擾罪の成立を認めたのである。

これに対し、被告人側が控訴した。

第二審の名古屋高裁昭和50年3月27日判決は、控訴した被告人106名のうち、別途終了した13名を除いて、3名について、法令適用の誤りを指摘して

破棄自判したほか，残りの 90 名について，被告人側の控訴を棄却した。控訴審においても，統一組（104 名）と分離組（2 名）とに分かれて各別に審理が行われ，統一組については，判決言渡までに 105 回の公判を開き，延べ 100 名の証人を取り調べ，検証・鑑定を各 1 回ずつ実施し，延べ 37 名の被告人質問を実施している。分離組については，2 回の弁論期日が開かれた後，統一組と同一の日に判決が言い渡されている。事件が最高裁に係属した時点における記録冊数は，461 冊に及んでいた。

　第一審に引き続いて控訴審も騒擾罪の成立を肯定した理由は，集団員には未必的な共同意思が認められ，また，一地方の静謐が阻害された事実も認められる，というものであった。

　これに対し，被告人側が上告した。上告理由の一つは，騒擾罪が成立するためには確定的な共同意思が必要であり，未必的なもので足りるとした原判決の法解釈は誤っているというものであった。

　最高裁昭和 53 年 9 月 4 日決定は，騒擾罪の成立に必要な「共同意思」につき，それは確定的なものである必要はなく，事前の謀議も不要であり，一定の目的があることも不要である旨判示して，被告人側の上告を棄却した。

　「騒擾罪は，群集による集団犯罪であるから，その暴行又は脅迫は集合した多衆の共同意思に出たもの，いわば集団そのものの暴行又は脅迫と認められる場合であることを要するが，その多衆のすべての者が現実に暴行脅迫を行うことは必要でなく，多衆が群集の集団として暴行脅迫を加えるという認識のあることが必要であること，この共同意思は，多衆の合同力を恃んで自ら暴行又は脅迫をなす意思ないしは多衆をしてこれをなさしめる意思と，かかる暴行又は脅迫に同意を表し，その合同力に加わる意思とに分かれ，集合した多衆がこれらのいずれかの意思を有する者で構成されているときは，その多衆の共同意思があるものとなること，共同意思は，共謀ないし通謀と同意義でなく，すなわち，多衆全部間における意思の連絡ないし相互認識の交換までは必ずしもこれを必要とするものではなく，事前の謀議，計画，一定の目的があることは必要でなく，当初からこの共同意思のあることも必要でないこと，また，騒擾罪の成立に必要な共同意

思とは，多衆集合の結果惹起せられることのありうべき多衆の合同力による暴行脅迫の事態の発生を予見しながら，あえて騒擾行為に加担する意思があれば足りるのであって，必ずしも確定的に具体的な個々の暴行脅迫の認識を要するものではないこと，以上は当裁判所の判例（前掲昭和35年12月8日第一小法廷判決参照）の示すところである。」

「被告人らの本件審理期間は，第一審においては約16年ないし17年3か月の長期間を要しており，さらに控訴審判決まで約5年4か月を要したため，今日では最初の起訴から約26年もの期間が経過している。……本件の審理が右のごとく長期化したことの原因と理由を考えてみるに，まずその第一は，本件の主たる訴因が規模の大きい騒擾という犯罪であって，その内容が複雑困難な事案であり，取調を要する証拠も厖大で，しかも被告人が150名もの多数であったことである。……このような審理状況にかんがみると，本件においては相当程度の審理の長期化は肯認されるべきであるが，さらにそれに加えて，被告人らにおいて執拗ないわゆる法廷闘争を展開したことも審理長期化の一因をなしていると認められるのである。すなわち，被告人らは第一審において5回，原審において2回裁判官に対する忌避申立をしており，……また，被告人らは，意見陳述，釈明要求等を執拗にくり返し，……証人に対する尋問も詳細を極め，同一証人が何回にもわたって出廷し，幾人もの弁護人，被告人から尋問を受けている。……以上の諸事由によって審理が長期化した本件の場合について，迅速裁判の要請に反するものとして免訴の裁判をすべきであるとは到底考えられないところである。」

　本件最高裁判決は，騒擾罪の成否について，平事件判決（最高裁昭和35年12月8日判決）を踏襲すべきことを判示したものであり，その判示内容は，新しいものではない。

　しかし，本件（大須事件）に先立つメーデー事件及び吹田事件においては，下級審判決が「集団の同一性」などの新しい法概念を導入するなどして騒擾罪について無罪判決を宣告していただけに，昭和50年代に入って，改めて最高裁の態度を示したことは，大きな意義があったように思われる。

また，本件とも関連する高田事件判決（最高裁昭和47年12月20日判決）では，本編第1章第4節第3款（348頁）で論じたとおり，迅速な裁判の保障条項（憲法37条1項）に反する事態が生じているとして，免訴（刑訴法337条）により裁判を終結させるという過激な判断を示していたところである。

　本件（大須事件）の最高裁判決は，高田事件判決を覆したわけではないものの，実質的には同判例を変更したような感がある。というのは，高田事件判決においては，被告人・弁護人らの方針・姿勢などを考慮せずに免訴を言い渡したのに対し，本件判決においては，被告人・弁護人らの法廷闘争のありようが審理の長期化の一因になっていたことなどを考慮して，免訴を言い渡す理由がないと判断しているからである。

新宿事件（騒擾・威力業務妨害・公務執行妨害）（昭和43年10月21日） [284]

【事案】

　事案は，学生ら約3000人が，ベトナム戦争反対運動の一環として，アメリカ軍用ジェット燃料の輸送を阻止しようと企て，国鉄新宿駅の障壁を破壊して駅構内に侵入し，警官隊や電車に石を投げつけたり，駅舎や警察車両に放火するなどしたというものである。

　事案の詳細は，以下のとおりである。なお，関係する諸団体等については，後記第4章第3節を参照されたい。

　すなわち，全学連各派は，昭和43年10月21日のいわゆる国際反戦統一行

---

[284] 東京地裁昭和52年9月13日判決・刑裁月報9巻9＝10号681頁（新宿事件）
　　東京高裁昭和57年9月7日判決・高集35巻2号126頁（新宿事件）
　　最高裁昭和59年12月21日決定・刑集38巻12号3071頁（新宿事件）。本判決には，以下の評釈がある。最高裁判例解説・刑事篇・昭和59年度・568頁［高橋省吾執筆部分］，警察学論集38巻5号160頁，警察公論40巻4号73頁，警察時報40巻4号122頁，ジュリスト831号54頁，ジュリスト臨時増刊838号171頁，ジュリスト臨時増刊862号182頁，別冊ジュリスト89号202頁，別冊ジュリスト117号140頁，別冊ジュリスト119号180頁，時の法令1240号58頁，別冊判例タイムズ12号95頁，判例評論318号227頁，月刊法学教室55号146頁，法学新報93巻1〜2号217頁，法曹時報39巻2号175頁，法律のひろば38巻3号33頁等。

動日に備えて運動方針を模索していたが，ベトナム戦争反対運動の一環として，当時国鉄新宿駅を経由して行われていたアメリカ軍用ジェット燃料の輸送阻止を標榜し，駅構内を占拠して列車の運行を妨害するなどの方針を確立し，機関誌，ビラ等により同調者らにその趣旨を伝達していた。

中核派，ML派，国際主義派，革マル派などの全学連各派に所属ないし同調する学生ら多数は，同21日，明治大学旧学生会館前路上，中央大学及び東京大学構内等に逐次集結して決起集会を開き，ヘルメットを被り，角材等を携え，国鉄新宿駅東口広場に至った。

集団員は，「米タン阻止」などと叫びつつ，集団示威行為を行い，同駅周囲にめぐらされた鉄塀・看板などの障壁を角材等で破壊して同駅構内に侵入し，線路上，駅舎，ホームに進出してこれを占拠し，同人らの排除・検挙に当たった警備部隊の警察官に対し，激しく投石するなどの暴行をくり返して警察官多数に傷害を負わせ，警察官らを同駅南口付近に後退させ，同駅南口等に電車の座席シートなどを持ち出してバリケードを築き，同駅構内の列車・電車，信号扱い所，駅舎，ホーム事務室，各種掲示器，信号機等の施設に対しても手当たり次第に投石し，角材で叩くなどしてこれらを損壊し，階段に築いたバリケードに放火して付近の板壁を燃え上がらせるなどして，同駅を中心とする国鉄の列車・電車などによる輸送業務を広範囲にわたり著しく妨害した。

集団員は，同駅ステーションビル南側貨物線路付近に駐車してあった警視庁無線テレビ中継車を同ビル東側中央口前広場に押し出し，これを横転・放火して炎上させ，このほか，同駅東口広場付近，同駅南口改札口付近路上などの同駅周辺においても，警察官などに対し，投石をくり返し，同駅構内及びその周辺地域一帯を混乱に陥らしめ，多数の警察官，同駅職員，乗降客のみならず，同駅周辺の住民等に極度の不安と恐怖を生ぜしめた。

【裁判経過等】

裁判は，長期にわたる。事件発生は昭和43年10月21日，第一審判決は昭和52年9月13日，控訴審判決は昭和57年9月7日，上告審決定は昭和59年12月21日である。

第一審の東京地裁昭和52年9月13日判決は，被告人8名のうち，5名に騒

擾指揮罪，残り3名に騒擾助勢罪をそれぞれ認定し，有罪を言い渡している。
　これに対し，被告人側が控訴した。
　第二審の東京高裁昭和57年9月7日判決は，被告人らの主張を排斥し，騒擾罪の成立を肯定した。
　これに対し，被告人側が上告した。弁護人らは，①　いわゆる現場写真は，供述証拠であり，撮影の状況や現像の方法等について撮影者が証言しない限り，証拠能力は認められない，②　本件では，新宿駅東口の集団，線路内の集団，南口階段の集団，南口陸橋の集団及び中央口の集団などが複数存在しており，時・場所を異にする暴行等が発生しているから，これらの「集団の同一性」が認定されない限り，騒擾罪の成立を認めることはできない，③　駅1か所（新宿駅）は，騒擾罪にいう「一地方」に該当しない，などと主張し，これと異なる判断をした原判決には誤りがある旨主張した。
　最高裁昭和59年12月21日決定は，いわゆる現場写真の証拠能力や，騒擾罪にいう「共同意思」及び「一地方」の判断基準等について以下のとおり判示して，被告人側の上告を棄却した。
　　「犯行の状況等を撮影したいわゆる現場写真は，非供述証拠に属し，当該写真自体又はその他の証拠により事件との関連性を認めうる限り証拠能力を具備するものであって，これを証拠として採用するためには，必ずしも撮影者らに現場写真の作成過程ないし事件との関連性を証言させることを要するものではない。」
　　「同一地域内において，構成を異にする複数の集団により時間・場所を異にしてそれぞれ暴行・脅迫が行われた場合であっても，先行の集団による暴行脅迫に触発，刺激され，右暴行・脅迫の事実を認識認容しつつこれを承継する形態において，その集団による暴行・脅迫に時間的，場所的に近接して，後の集団による暴行・脅迫が順次継続的に行われたときには，各集団による暴行・脅迫は全体として同一の共同意思によるものというべきであって，……所論各集団暴行等につき，これらの暴行等は全体として同一の共同意思によるものと認められるから包括して一個の騒擾罪が成立するとした原判断は，記録及び証拠物に徴し正当として是認することができ

る。」

「騒擾罪を規定した刑法106条にいう暴行・脅迫は一地方における公共の平和，静謐を害するに足りるものでなければならないところ（最高裁昭和33年（あ）第2082号同35年12月8日第一小法廷判決・刑集14巻13号1818頁参照），右にいう『一地方』に該当するか否かについては，単に暴行・脅迫が行われた地域の広狭や居住者の多寡などといった静的，固定的要素のみによってこれを決めるべきものではなく，右地域（同所にある建物・諸施設，事業所などをも含む。）が社会生活において占める重要性や同所を利用する一般市民の動き，同所を職域として勤務する者らの活動状況などといった動的，機能的要素をも総合し，さらに，当該騒動の様相が右地域の人心にまで不安，動揺を与えるに足りる程度のものであったか否かといった観点からの考察も併せて行うべきであって，……本件集団暴力行動が『一地方』における公共の平和，静謐を害するに足りるものであるとした原判断は，記録及び証拠物に徴し正当として是認することができる。」

本件（新宿事件）最高裁判決も，騒擾罪の成否について，平事件判決を踏襲している。上告理由では，メーデー事件の控訴審判決が用いた「集団の同一性」という法概念が持ち出されているが，本件最高裁判決は，同概念を用いていない。

さて，本件では，いわゆる現場写真が証拠として取り調べられている。その入手先は，報道関係者，出版関係者，アマチュア・カメラマンらであったようである。警察は，同人らから多数の現場写真の任意提出を受けていたのである。

写真等に証拠能力を付与するための条件については，種々の議論があろうが，科学技術の応用発展により客観的証拠の収集が容易になっていくことは，客観的証拠による事実認定に大きく貢献していくことになる。本件で問題となったのは静止画（写真）であったが，これが動画（録画）等になれば，事件との関連性のみならず，そこから認定できる内容についても，比較的正確に裁判官の心証形成に用いることが可能となろう。これは，客観的証拠による事実認定に資するものであり，望ましい方向性である。

戦後，複雑困難な公安事件等が多数発生しているところ，警察は，その予

防・鎮圧に力を入れるのと同時に，公判を見据えた科学的捜査手法の開発にも力を注いできた。写真，録画等に限らず広く客観的証拠の収集方法が開発されることは，裁判所における迅速・的確な事実認定を支えることにもなる。

第3節　騒擾罪（騒乱罪）により検挙・起訴することの訴訟経済

　騒擾（騒乱）行為は，個別具体的な一つ一つの行為を立証しようとすると，絶えず立証上の困難がつきまとう。このような集団犯罪は，関係者が多いだけでなく，人・時・場所が絶えず流動的であるため，検察官において，その全体像を細部まで主張・立証することが事実上困難だからである。その立証上の隘路を乗り越える立法技術として，騒擾罪のような集団犯罪に即した構成要件が設けられたはずなのである。

　しかし，実際には，立証活動は容易ではない。まず，多数の被疑者らを逮捕・勾留して取り調べても，十分な自白が得られる保証はなく，むしろ黙秘・否認がほとんどであろうから，被疑者らの集団内の役割分担（首魁，指揮者等としての個々の言動など）を解明することには困難がつきまとう。それ故に，首魁なき事件が発生してしまうわけである。警察官らによる現認や，写真撮影，録音・録画等がなされれば，指揮行為・率先助勢行為などの立証は可能になりそうなものだが，そうした立証活動ですら，荒れる法廷の中ではしばしば立証上の困難に突き当たることがある。

　もちろん，被告人・弁護人としては，事細かな事実を微に入り細に入り問題とし，供述調書の隅々まで批判し，証人尋問を延々と行いたい，と考えるのも不自然な話ではなく，それが権利の行使である限り，何ら問題はない。

　裁判所としては，事実認定・量刑判断に必要な範囲で，当事者に主張・立証活動を許せばいいのであり，不必要な主張・立証活動や訴訟の進行を妨害する行為などがあれば，権利の濫用・逸脱として，これを制限すれば足りるという話ではある。

　しかし，裁判所としても，荒れる法廷に対して毅然たる態度で接するといっても，ある程度は被告人・弁護人の意向を汲んでやり，訴訟進行への協力を求

めたくなるというのが人情というものかもしれない。

　結果として，裁判は，長期化していくことになる。

　それにもかかわらず，騒擾罪の法定刑が格段に重いわけではない。騒擾罪の法定刑を見ると，首魁が1年以上10年以下の懲役・禁錮であり，指揮者・率先助勢者が6月以上7年以下の懲役・禁錮にすぎない。

　これに対し，傷害罪は，15年以下の懲役，公務執行妨害は，3年以下の懲役・禁錮，威力業務妨害は，3年以下の懲役である。現住建造物等放火ともなれば，法定刑の上限は死刑であり，同未遂でも，無期懲役が上限となる。

　こうして見てくると，騒擾罪による検挙・起訴というのは，訴訟経済に合わないということになりかねない。

　警察としては，騒擾罪を立件するとしても，訴訟経済を考えて，特に悪質な行為に絞り込んで検挙するという方法を選択し，検察官としても，特に悪質な行為に絞り込んで起訴するという方法を選択した方が，刑罰権の迅速・適正な実現に資するかもしれないのである。あるいは，そもそも騒擾罪による立件を諦め，個別具体的な暴行，脅迫，公務執行妨害，威力業務妨害，傷害，殺人，放火等による立件に絞り込んだ方がよいのかもしれない。

　こうした捜査方針・起訴方針は，ある意味では裁判の長期化等を回避するために，本来適用されるべき犯罪構成要件を適用しないというものであるから，問題がないではないが，それほどまでに，公安事件等では法廷が荒れ，裁判が長期化していたのである。

第4章　破壊活動防止法違反事件

第1節　緒　　論

　破壊活動防止法（昭和27年法律240号）は，戦前の治安維持法の復活であるとみる向きもあるが，かかる見方は，やや短絡的な面がないではないように思える。

　その点に触れる前に，まずは，戦前の治安維持法が念頭に置いていたと思われる日本共産党（コミンテルン日本支部）について，その戦後の動きから見ていきたい。

　まず，獄中にあった日本共産党の幹部らは，連合国軍の日本占領下，その総司令部の方針により釈放された。彼らは，党の再建にとりかかり，敗戦直後の国民生活の窮乏と社会不安を背景に党勢を拡大し，戦後数年で党員20万人を数え，一時は国会で39議席を獲得するに至った[285]。

　当時，東アジア地域における共産主義運動は高揚期にあった。すなわち，昭和24年（1949年），中華人民共和国が成立し，翌25年，朝鮮民主主義人民共和国（北朝鮮）が南へ進攻して朝鮮戦争が勃発する。

　日本共産党は，昭和26年（1951年），ソ連共産党の指導の下，「五一年綱領」をとりまとめ，武力革命方針を明らかにした[286]。

　　「新しい民族解放民主政府が，妨害なしに，平和的な方法で，自然に生まれると考えたり，あるいは，反動的な吉田政府が，新しい民主政府に自分の地位を譲るために，抵抗しないで，自ら進んで政権を投げ出すと考えるのは，重大な誤りである。このような予想は，根本的な誤りである。反対に，吉田政府は自分の権力を固守し，占領を存続させるため，かつ，国民をいつまでも奴隷状態にとどめておくために，全力を挙げて闘うであろう。そのために，吉田政府は，警察と軍隊を持ち，占領当局の援助を受け，地

---

[285] 平野和春（平成5年）457頁以下
[286] 日本共産党中央委員会「日本共産党綱領集」（昭和42年第14版，日本共産党中央委員会出版部）108～109頁

主，巨大資本家，さらに，天皇と，その周囲のものの援助を受けている。
……
　日本の解放と民主的変革を，平和な手段によって達成しうると考えるのは間違いである。」

このような情勢を受けて，政府は，昭和27年4月17日，破壊活動防止法案を国会に提出し，国会は，同年7月4日，同法（昭和27年法律240号）を成立させる。施行は，同年7月21日であった。

この昭和27年は，前章で取り上げたいわゆる3大騒擾事件が連続して発生した年である。すなわち，同年5月に東京でメーデー事件，6月に大阪で吹田事件，7月に名古屋で大須事件というように，破壊活動防止法案の国会審議と並行して，連続的に騒擾事件が発生したのである。国会は，このような中で法案を審議し，可決したわけである。

その後，日本共産党は，昭和30年の第6回全国協議会（いわゆる6全協）において，それまでの武装闘争戦術を自己批判して，戦術転換を図ることになる。

但し，日本共産党は，第7回党大会において，「綱領問題についての中央委員会の報告」の中で次のように述べている[287]。

　「マルクス・レーニン主義党としては，革命への移行が平和的な手段でおこなわれるように努力するが，それが平和的となるか非平和的となるかは結局敵の出方によるということは，国際共産主義運動の創造的成果としてマルクス・レーニン主義の革命論の重要原則の一つとなっている。」

さて，破壊活動防止法（昭和27年法律240号）は，次のように定める[288]。

（この法律の目的）
第1条　この法律は，団体の活動として暴力主義的破壊活動を行った団体

---

[287] 宮本顕治「日本革命の展望」（昭和55年第31刷，新日本出版社）315頁
[288] 破壊活動防止法の解説等としては，以下のものがある。青山春樹「破壊活動防止法について」（警察研究23巻8号69頁），滝川幹雄「破壊活動防止法罰則について」（捜査研究9号44頁），河井清信ほか「破壊活動防止法逐条解説」（別冊法律時報破壊活動防止法4頁），土屋正三「破防法論議」警察研究23巻8号29頁，真田秀夫「破壊活動防止法の解説，治安立法の動向」ジュリスト235号10頁等

に対する必要な規制措置を定めるとともに，暴力主義的破壊活動に関する刑罰規定を補整し，もって，公共の安全の確保に寄与することを目的とする。

（この法律の解釈適用）

第2条　この法律は，国民の基本的人権に重大な関係を有するものであるから，公共の安全の確保のために必要な最小限度においてのみ適用すべきであって，いやしくもこれを拡張して解釈するようなことがあってはならない。

（内乱，外患の罪の教唆等）

第38条　刑法第77条（引用者注：内乱罪），第81条（引用者注：外患誘致罪）若しくは第82条（引用者注：外患援助罪）の罪の教唆をなし，又はこれらの罪を実行させる目的をもってその罪のせん動をなした者は，7年以下の懲役又は禁こに処する。

（以下略）

（政治目的のための放火の罪の予備等）

第39条　政治上の主義若しくは施策を推進し，支持し，又はこれに反対する目的をもって，刑法第108条（引用者注：現住建造物等放火罪），第109条第1項（引用者注：非現住建造物等放火罪），第117条第1項前段（引用者注：激発物破裂罪），第126条第1項若しくは第2項（引用者注：電車転覆等罪），第199条（引用者注：殺人罪）若しくは第236条第1項（引用者注：強盗罪）の罪の予備，陰謀若しくは教唆をなし，又はこれらの罪を実行させる目的をもってするその罪のせん動をなした者は，5年以下の懲役又は禁こに処する。

（政治目的のための騒乱の罪の予備等）

第40条　政治上の主義若しくは施策を推進し，支持し，又はこれに反対する目的をもって，左の各号の罪の予備，陰謀若しくは教唆をなし，又はこれらの罪を実行させる目的をもってするその罪のせん動をなした者は，3年以下の懲役又は禁こに処する。

一　刑法第106条の罪（引用者注：騒擾罪）

二　刑法第125条の罪（引用者注：往来危険罪）

三　（以下略）

破壊活動防止法違反事件として著名なものには，以下のものがある。

　　三無主義事件（いわゆる右翼活動家が，昭和36年9月頃から12月頃までの間に東京都内等で騒擾罪・殺人罪の陰謀をしたもの）

　　渋谷暴動事件（いわゆる中核派全学連の中央執行委員会委員長らが，昭和46年10月21日に東京都内の日比谷公園で，同年11月10日に芝公園で，現住建造物等放火罪，殺人罪，騒擾罪及び公務執行妨害罪のせん動をしたというもの）

三無主義事件は，右翼活動家によるもの，渋谷暴動事件は，左翼過激派によるものである。前者は，破壊活動防止法39条・40条の罪の成立を最高裁が認めた最初の事件である。後者は，せん動行為を処罰する同法39条，40条の規定が憲法21条に違反しない旨を最高裁が明確に判示した最初の事件である。

次節では，裁判所の事実認定に従い，三無主義事件及び渋谷暴動事件を見ていくことにする。なお，ここで取り上げた事件の他にも著名又は重大な破壊活動防止法違反事件が存在することを否定するものではない。紹介する事件の過不足については，あらかじめご容赦願いたい。

第2節　三無主義事件・渋谷暴動事件の概要

三無主義事件（破壊活動防止法違反）（昭和36年9月頃〜12月頃）[289]

【事案】

事案は，昭和36年9月頃〜12月頃，東京都内等でなされた破壊活動防止法違反事件（陰謀）である。

すなわち，被告人ら3名は，いわゆる右翼活動をしていたものであるが，他の十数名と共謀の上，昭和36年9月頃〜12月頃，東京都内等において会合し，

---

[289] 最高裁昭和45年7月2日決定・刑集24巻7号412頁（三無主義事件）

　　本判決には，以下の評釈がある。最高裁判例解説・刑事篇・昭和45年度・136頁［坂本武志執筆部分］，警察研究51巻7号73頁，別冊ジュリスト33号136頁，法学研究（慶応義塾大学）46巻5号103頁，法曹時報22巻11号159頁等。

政府が左翼集団の暴力的動きに毅然とした態度を採っていないほか，多くの分野において無為無策であるとして，政府の施策に反対するとともに，彼らのいわゆる三無主義（永久無税・永久無失業・永久無戦争）を基本とした確固たる反共的施策を推進する目的をもって，昭和37年1月頃を期して武装した数百名で開会中の国会を急襲し，国会周辺を騒乱状態に陥れ，かつ，その間に抵抗する者は殺害することを合意し，国会周辺の見取り図をもとに急襲の時期，方法等を検討し，各自の分担を決め，実行担当者の養成確保，武器その他の装備品の準備，自衛隊への協力要請，明治神宮への参拝祈願などをし，もって，刑法106条の罪（騒擾罪）及び同法199条の罪（殺人罪）の陰謀をなしたものである。

【裁判経過等】

　第一審は東京地裁でなされ，控訴審判決は，東京高裁昭和42年6月5日判決である。

　有罪判決に対し，被告人側が上告した。弁護人らは，上告理由として，破壊活動防止法39条及び40条の犯罪構成要件が漠然としていて不明確であって，罪刑法定主義に反し，憲法31条・21条に違反するなどと主張した。

　最高裁昭和45年7月2日決定は，破壊活動防止法39条及び40条の犯罪構成要件が不明確なものであるとは認められない旨判示して，被告人側の上告を棄却した。

　「上告趣意第一点は，憲法31条，21条違反をいうが，行為は，一定の目的等の主観的意図にもとづくものであることによって，違法性を帯びあるいは違法性を加重することがありうるのであるから，その主観的意図の存在を犯罪の構成要件要素とすることは決して不合理なことではなく，また，破壊活動防止法39条および40条は，その所定の目的をもって，刑法199条，106条等の罪を実行するための具体的な準備をすることや，その実行のための具体的な協議をすることのような，社会的に危険な行為を処罰しようとするものであり，<u>その犯罪構成要件が不明確なものとは認められない</u>から，所論はいずれも前提を欠き，上告適法の理由にあたらない。」

　坂本武志調査官は，政治上の主義，政治上の施策，予備，陰謀等の意義につき，以下のとおり解説する[290]。

「破防法 39 条，40 条が構成要件要素の一つとしている『政治上の主義若しくは施策を推進し，支持し，又はこれに反対する目的』ということばは，次のように解釈されている。すなわち，『政治上の主義』とは，たとえば資本主義，社会主義，共産主義，無政府主義のように，政治によって実現しようとする比較的に基本的，一般的，恒常的な原則を意味し，『政治上の施策』とは，たとえば米作の調整，課税の公平化，公害の防止のように，特定の歴史的，社会的，経済的，文化的諸情況に即応して，政治によって実現しようとする比較的に具体的，個別的，臨時的な方策を意味し，『推進し』とは，みずから主義または施策を策定して，その実現のために努力することであり，『支持し』とは，すでに存在する主義または施策の実現に力をそえることであり，『反対する』とは，すでに存在する主義または施策が実現しないようにつとめることである。」

「予備，陰謀ということばは，古くから使用されているのであるが，その意義および両者の区別については，いまだ裁判例がなく，また学説上も厳密な検討が行われていないように思われる。しかし，予備は，特定の犯罪を実行するための物的な準備行為で，実行の着手に至らないものをいい，陰謀は，特定の犯罪を実行するための心理的ないし人的な準備行為，すなわち犯罪実行の協議をいうものとするのがおおかたの一致した見解ではないかと思われる。」

「<u>問題は，陰謀における犯罪実行の協議の意味内容である。</u>特定の犯罪の実行について『協議をすれば足りる』のか，それとも『協議の結果，合意に至ることを必要とする』のかということ，および右の協議ないし合意の対象は，『特定の犯罪を実行するか否かということ』なのか，それとも『実行することにした特定の犯罪の実行の具体的な方法等』なのかというようなことである。……<u>犯罪実行の具体的日時，場所，方法等について協議がなされれば，いまだ協議が完全に整わない前であっても，その合意がひとり立ちし，犯罪実行の方向へ歩み始めたものとして，危険性が具体化</u>

---

290) 前掲 289) の坂本武志（昭和 45 年度）140～142 頁

したものというべきではないかと思われる。……本決定は，はなはだ簡単な説明しかしていないが，犯罪を実行するための具体的な協議をすることをいうとしているのは，右のような考え方を採ったものとみてよいであろう。」

同解説内容は，相当と思われる。

渋谷暴動事件（破壊活動防止法違反）（昭和46年10月21日及び同年11月10日）291)

【事案】

事案は，昭和46年10月21日に東京都内の日比谷公園で，同年11月10日に芝公園で各なされた破壊活動防止法違反事件（せん動）である。

被告人は，中核派全学連の中央執行委員会委員長である。

第1に，被告人は，沖縄返還協定の批准等に反対する目的をもって，警備活動に従事する警察官に凶器を携え多数共同して暴行を加えて公務執行妨害罪を実行させる意図で，昭和46年10月21日，東京都内の日比谷公園において開催された「10・21沖縄返還協定批准阻止，自衛隊沖縄派兵阻止，入管法・外国人学校法案国会上程阻止全国総決起，中央総決起集会」（全国反戦，関東叛軍及び東京入管闘三団体共催）の席上，学生，労働者ら約6000名に対し，「我々に今や平和的な言辞は一切必要ないだろう。本集会に結集したすべての諸君，1

---

291) 東京高裁昭和63年10月12日判決・判例タイムズ685号268頁（渋谷暴動事件）
最高裁平成2年9月28日判決・刑集44巻6号463頁（渋谷暴動事件）。本判決には，以下の評釈がある。最高裁判例解説・刑事篇・平成2年度・131頁［吉本徹也執筆部分］，右崎正博「破壊活動防止法せん動罪規定の合憲性」ジュリスト980号22頁，山下威士「破壊活動防止法39条，40条の合憲性」法学教室126号別冊付録12頁，曽根威彦「破壊活動防止法のせん動罪処罰規定の合憲性」判例評論391号218頁，毛利晴光「『せん動』罪の合憲性について」法律のひろば44巻3号56頁，平川宗信「破壊活動防止法39条および40条のせん動を処罰する規定と憲法21条1項」警察研究63巻5号42頁，君塚正臣「煽動罪と破防法―いわゆる渋谷暴動事件最高裁判決」阪大法学1992年3月号501頁，松井幸夫「破防法39, 40条のせん動罪の合憲性」法学セミナー438号126頁，森英樹「破防法40条のせん動罪の合憲性」法学セミナー435号112頁等

万数千人を投入した厳戒体制なるものを断固として粉砕しようではないか。本集会に結集したすべての諸君が自らの攻撃性をいかんなく発揮し，自ら武装し，機動隊をせん滅せよ。これが本集会の一切の結論だろうと思います。結集したすべての諸君，直ちに国会に向かって機動隊，私服をせん滅して猛進撃しようではないか。」旨演説し，もって公務執行妨害罪のせん動をなした。

　第2に，被告人は，沖縄返還協定の批准等に反対する目的をもって，同年11月14日に同都渋谷区内で現住建造物等放火罪，殺人罪，騒擾罪及び公務執行妨害罪を実行させる意図で，同年11月10日，都内の芝公園において開催された「11・10沖縄全島ゼネスト連帯中央総決起集会」（前記三団体共催）の席上，学生，労働者ら約1600名に対し，「本日の沖縄ゼネスト暴動に応えて，来る14日渋谷に大暴動を実現するための方針と決意を明らかにしたいと思います。我々は人民大衆の14日渋谷の総決起を確信し，機動隊せん滅のみならず渋谷駅を断固として焼き払い，銀行をはじめとする独占資本主義を焼き払おうではないか。暴動的状態をつくり出すことこそが14日の闘いの鍵であるということをはっきり確認しようではないか。我々はすでに14日の闘いに向かって全国の警察官と私服刑事，自警団の諸君に対して警告を発してきた。にもかかわらず，彼らがなお警察官たることをやめず，あるいは反革命党員たることをやめずに，14日渋谷にやって来るならば，これは殺す対象以外の何ものでもないことを我々ははっきり確信しなければならない。武器を調達し，そこで自らを武装し，徹底的に機動隊をせん滅しようではないか。14日の大暴動をもって文字通り日本階級闘争の内乱への突入を勝ちとろうではないか。このことが本日機動隊員1名を殺した沖縄人民の闘いに応える道だろうと思います。我が全学連は，そして中核派は，一切の攻撃を粉砕して必ずや14日渋谷に登場し，渋谷の機動隊員を撃滅し，一切の建物を焼き尽くして渋谷大暴動を必ず実現するということをはっきりと決意表明したいと思います。」旨演説し，もって前記現住建造物等放火罪，殺人罪，騒擾罪及び公務執行妨害罪のせん動をなしたものである。

【裁判経過等】
　第一審判決は，東京地裁昭和60年10月16日判決，控訴審判決は，東京高

裁昭和63年10月12日判決である。

有罪判決に対し，被告人側が上告した。弁護人は，上告理由として，破壊活動防止法39条及び40条のせん動罪が憲法21条の保障する表現の自由を侵害する旨主張した。

最高裁平成2年9月28日判決は，破壊活動防止法39条及び40条が憲法21条1項に違反するものではない旨判示して，被告人側の上告を棄却した。

「同第二点は，破壊活動防止法39条及び40条は表現活動を処罰するものであり，憲法21条1項に違反すると主張する。確かに，破壊活動防止法39条及び40条のせん動は，政治目的をもって，各条所定の犯罪を実行させる目的をもって，文書若しくは図画又は言動により，人に対し，その犯罪行為を実行する決意を生ぜしめ又は既に生じている決意を助長させるような勢のある刺激を与える行為をすることであるから（同法4条2項参照），表現活動としての性質を有している。しかしながら，表現活動といえども，絶対無制限に許容されるものではなく，公共の福祉に反し，表現の自由の限界を逸脱するときには，制限を受けるのはやむを得ないものであるところ，右のようなせん動は，公共の安全を脅かす現住建造物等放火罪，騒擾罪等の重大犯罪をひき起こす可能性のある社会的に危険な行為であるから，公共の福祉に反し，表現の自由の保護を受けるに値しないものとして，制限を受けるのはやむを得ないものというべきであり，右のようなせん動を処罰することが憲法21条1項に違反するものでないことは，当裁判所大法廷の判例（略）の趣旨に徴し明らかであり，所論は理由がない。」

吉本徹也調査官は，以下のとおり解説する[292]。

「(一) 破防法の保護法益は，同法1条の目的規定から明らかなとおり，『公共の安全』であり，『せん動』罪の保護法益は『公共の安全』である。

本判決は，『公共の安全』の意義について説示していないが，沖縄デー破防法事件の控訴審判決は，『日本国憲法下における国家統治の基本組織及び基本的政治方式をはじめ国家社会の基本秩序が平穏に維持されている

---

292) 前掲291）の吉本徹也（平成2年度）138～141頁

状態』と解しており，本判決もこれと異なる見解をとるものではないと思われる。立法関係者の国会における答弁も右と同旨である。」

「(二)　破防法は，刑法によって犯罪とされている行為をもとにして，暴力主義的破壊活動の定義を定めている（同法4条1項）。

……したがって，破防法の『せん動』罪における『せん動』の対象となる行為は，『安寧秩序を紊乱する』とか，『違法行為一般』とかの漠然としたものではなく，同法38条ないし40条に規定された刑法上の特定の重大犯罪に限定されている。……本判決が，『せん動は，公共の安全を脅かす現住建造物等放火罪，騒擾罪等の重大犯罪をひき起こす可能性』がある旨説示しているのは，『せん動』罪規定の右のような構成について説示したものと考えられる。」

「(三)　『せん動』罪は，被せん動者による犯罪の実行行為はもちろん，被せん動者が現実に犯罪の実行を決意しなくとも成立する。『せん動』行為は，被せん動者が犯罪の実行行為にでた場合には法益侵害をもたらすが，それ自体法益を侵害する性質のものではないから，破防法39条，40条の『せん動』罪は公共の安全に対する危険犯である。

……破防法の『せん動』罪が具体的な法益侵害に至らない危険を処罰の対象とした理由について，本判決は特に説示するところはないが，本件の第一審判決は，『政治目的を有するせん動は，政治目的のないせん動に比して，被せん動者によってなされるところの実行行為が大規模かつ反復してなされる可能性が高く，更に政治目的達成のために暴力を行使することは，単なる暴力の行使の場合と異なり，憲法が前提とする民主主義秩序そのものに対する危険性，違法性も一段と強いと認められるのであり，政治目的を有するせん動のみを処罰することには十分な合理性がある』旨判示しており，右判断は，原判決も支持するところである。本判決の説示内容から推測して，本判決がこれと異なる見解に立つものではないと考えられる。」

「(四)　本判決は，『せん動』行為により，被せん動者が特定の重大犯罪の実行行為にでる危険性の程度について明示的な判断をしていないが，重大犯罪を『ひき起こす可能性のある社会的に危険な行為』と説示していると

ころからすれば，具体的な危険の発生まで要求するものではなかろう。」
同解説内容は，相当と思われる。

第3節　破壊活動防止法の制定後の左翼過激派らの動き

国会が，昭和27年に破壊活動防止法（昭和27年法律第240号）を制定し，日本共産党が，昭和30年の第6回全国協議会（いわゆる六全協）において，それまでの武装闘争戦術を自己批判して戦術転換を図った後，既成政党とは一線を画した過激派勢力（極左暴力集団）が生まれ，これが分裂と対立を繰り返していくこととなる[293]。

まず，ソ連共産党は，昭和31年の第20回大会において，スターリン批判を行ったが，これを契機として，スターリンと対立したトロツキーを再評価する機運が生じ，トロツキーを信奉する元日本共産党員らが，昭和32年，日本トロツキスト連盟を結成し，同年，これを革命的共産主義者同盟（以下，「革共同」という。）と改称し，次第に勢力を拡大していった。その後，革共同は，闘争路線をめぐる意見対立から分裂を繰り返し，昭和38年，「中核派」と「革マル派」に分裂し，そのほか，「第四インターナショナル日本支部」（以下，「第四インター」という。）なども生じた。

次に，全日本学生自治会総連合（以下，「全学連」という。）は，日本共産党の指導下にあったが，昭和33年，党中央が召集した全学連大会代議員グループ会議において，全学連主流派が，党の路線変更に不満を抱き，党中央委員全員の罷免を要求するなどしたため，全学連主流派の多くは，日本共産党から除名され，あるいは自ら離党し，同年，独自に共産主義者同盟（以下，「共産同」という。）を結成し，その後，共産同は，60年安保闘争などを展開するが，その沈静化により分裂，統合を繰り返し，共産同系から生まれた共産主義者同盟赤軍派（以下，「赤軍派」という。）の一部は，後にあさま山荘事件等を引き起こす

---

293) 以下本文の記載は，塩川実喜夫「極左暴力集団」499頁以下（河上和雄ほか「講座日本の警察　第四巻［防犯保安警察・警備警察］」（平成5年，立花書房）所収）等を参考にした。

「連合赤軍」を結成したり，後にドバイ事件，ダッカ事件，ハーグ事件，クアラルンプール事件等を引き起こす「日本赤軍」の母体となったりしている。そのほか，共産同系からは「戦旗派」なども生まれた。

日本社会主義青年同盟（以下，「社青同」という。）は，昭和35年，日本社会党の指導により結成されたが，その中に，共産同系の活動家がいわゆる「加入戦術」により潜入して勢力を伸ばし，昭和40年，内部から社青同解放派を組織し，さらに，昭和44年，革命的労働者協会（以下，「革労協」という。）を結成した。

日本共産党は，昭和41年，中国共産党との関係を断絶し，自主独立路線を採ることとしたが，この路線転換を批判して除名された元日本共産党員らは，同年以降，「親中共派」を結成し，この親中共派系から生まれた「日本共産党革命左派神奈川県委員会」は，後に共産同系の前記「赤軍派」と共に「連合赤軍」を結成することになる。

その他，昭和40年代に既成セクトが分裂と対立を繰り返す中で，組織に縛られることを嫌った少人数グループらが，無党派急進グループ（ノンセクト・黒ヘルグループ）を形成し，その中から，後に連続企業爆破事件等を引き起こす「東アジア反日武装戦線」も生まれている。

日本共産党が，破壊活動防止法の制定後に，急進的な暴力革命路線から路線変更したことは，それまでの左翼運動に大きな衝撃を与えたものといえよう。

その後，多数の過激派集団が生まれ，分裂，統合，対立を繰り返す中で，多くの悲惨な事件を引き起こし，多くの国民を犠牲にしてきた。

左翼過激派らによる公安事件といっても様々であるが，注目すべき事件としては，① いわゆる学生運動，② 連合赤軍による一連の事件，及び③ いわゆる成田事件などがある。第1に，いわゆる学生運動は，ほぼ同時期に，広範囲にわたって，多数発生した点に特色があり，警察による警備，予防，鎮圧，検挙等の負担は，極めて大きかったように思われる。第2に，連合赤軍による一連の事件は，いずれの事件も陰惨極まりなかった点に特色があるが，警察は，犯人らを死傷させずに逮捕する方針を堅持しており，職務遂行に当たっての人権保障への配慮は，世界に例を見ないほど細心のものであったと評価してよい

と思われる。第3に，いわゆる成田事件は，限られた地域において，極めて長期間にわたって，断続的に発生し続けた点に特色があり，警察による警備，予防，鎮圧，検挙等の負担は，これまた大きかったように思われる。

　警察関係者らの苦労は並大抵ではないが，中でも警視庁や千葉県警など現場警察官らの御尽力には敬意を表さずにはいられない。亡くなられた方も少なくない。

　破壊活動防止法の成立は，長期的に見て，国民の安全と安心を創り出すための基礎となったものと評価してよいと思われる。日本共産党が武装闘争路線から方針転換したことも大きい。もちろん，短期的にみれば，左翼過激派らによる公安事件が激化の様相を呈することにはなるのだが，長期的にみれば，やがて警察による組織潰滅・封じ込めが功を奏し，沈静化していくことになる。

　左翼思想であっても，右翼思想であっても，議会制民主主義の枠内で発言し，行動する限り，それは，憲法により保障される自由ないし権利であるが，それを逸脱して暴力・破壊活動等に及んでよいはずはない。

　次章以下では，破壊活動防止法違反事件以外の様々な公安事件について見ていくこととする。

第5章　公安条例違反事件等

第1節　緒　　論

　いわゆる公安条例とは，集会，集団行進及び集団示威運動の取締りに関する条例に対する通称である。その最初のものは，昭和23年の大阪市条例（昭和23年大阪市条例49号，同77号）であった。なお，古くは，少年の夜間外出の防止や，災害治安などに関する条例についても，これを公安条例と呼んだことがあったが，現在では，これらを公安条例と呼ぶことはなくなったようである[294]。

　さて，公安条例が制定されることになったのは，連合国軍総司令部の意向がきっかけである。

　まず，戦後の無秩序な示威運動・労働争議により，占領軍の車両交通に支障が生じていたため，占領軍当局は，昭和21年12月，大阪府知事に対し，500人以上の集会・集団運動，10台以上の車両の行進について，3日前までの報告を義務付けるよう指令を出した。これを受けて，大阪府は，大阪府告示（昭和23年大阪府告示623号）により，行列，デモ行進又は集会については，5日前までに届け出ることを義務付けた。

　次に，昭和23年4月，在日外国人の学校閉鎖に関して騒擾事件が発生すると，占領軍当局は，各府県に公安条例を作成させることを検討し始め，我が国の法務庁（後の法務省）に対し，公安条例の内容に関する意見を照会した。

　この照会に対し，法務庁は，当初，この許可制が憲法違反になる旨の回答をしている。すなわち，昭和23年7月22日法務庁意見では，府県条令により，一定規模以上の集会，デモ行進等を警察署等に届け出るように義務付けたり，官公署の職務執行の妨害となる場所での集会，デモ行進等を禁止したりすることは差し支えないが，集会・デモ行進を警察の許可にかからしめたり，集会・

---

[294] 以下本文の記載は，前掲187）の田上穣治（昭和58年）63頁，219頁以下等を参考にしている。

デモ行進の場所や人数，所持する旗の数等を著しく制限することは許されない旨回答したのである[295]。

しかし，総司令部は，許可制の公安条例案を作成し，昭和23年8月，各府県にこれを示した。

これにより，大阪市は，全国初の公安条例（昭和23年大阪市条例49号）を制定したのである。同条令は，規制対象が広く，罰則も地方自治法14条の許する最高限度に及ぶなどしていたため，占領軍当局は，その修正を申し入れ，大阪市は，規制対象から集会を除き，罰則を軽減するなどして，改めて公安条例（昭和23年大阪市条例77号）を制定した。

大阪市に続き，静岡県，宇都宮市，下関市，新潟県等も，同様の公安条例を制定していった。

占領軍当局は，さらに昭和24年4月，各府県及び市町村に対し，モデル公安条例を示してその制定を勧告した。

これを受けて，三重県・滋賀県より東では，原則として，都県単位で公安条例が制定され，これより西では，原則として，市町村単位で公安条例が制定されていった。

かかる情勢の中で，法務府（後の法務省）は，先の意見を改め，許可制であっても憲法違反にならない旨述べるに至る。すなわち，昭和25年6月29日法務府意見では，条令により，公共の場所における集会及び集団行進並びにすべての場所における集団示威運動を公安委員会の許可にかからしめることは，その対象をやむを得ない範囲のものに限定し，かつ，不許可事由を必要最小限度に制限し，その許可権の濫用を防止するに足りる措置が講じられる限り，憲法21条に違反するものではないとしたのである[296]。

東京都条例が届出制から許可制に改正されると，これが札幌市，京都市，神奈川県等の公安条例のモデルとなった。

これら公安条例の規定内容を概観すれば，一般的に，公安条例の目的は，公

---

295) 昭和23年7月22日法務庁意見（法制意見総覧1281頁）
296) 昭和25年6月29日法務府意見（法制意見総覧1321頁）

共の安寧を保持することにあり，規制対象は，集会，集団行進，集団示威運動等であり，これを許可制又は届出制とし，条例違反の行為に対する罰則としては，概ね，6月以下ないし1年以下の懲役若しくは禁錮，又は3万円以下ないし5万円以下の罰金などと規定することが多かったようである。

公安条例違反事件及び同条例違反に関連した事件は多数あるが，例えば，以下のようなものがある。

　　新潟県条例違反事件（昭和24年4月8日）
　　東京都条例違反事件（昭和33年9月15日・同年11月5日）
　　京都市条例違反事件（公務執行妨害・傷害）（昭和37年6月21日）
　　佐藤首相訪米阻止事件（東京都条例違反）（昭和42年11月12日）
　　エンタープライズ寄港阻止事件（凶器準備集合・公務執行妨害）（昭和43年1月15日）
　　徳島市条例違反事件（道路交通法違反・同市条例違反）（昭和43年12月10日）

次節では，裁判所の事実認定に従い，これらの公安条例違反事件及び同条例違反に関連した事件について見ていくこととする。なお，次節で取り上げた事件が公安条例違反事件等の代表的なものであることを意味するものではないし，また，ここで取り上げた事件の他にも著名又は重大な事件があったことを否定するものではない。ここで取り上げた事件の過不足については，あらかじめご容赦願いたい。

第2節　公安条例違反事件の概要

新潟県条例違反事件（昭和24年4月8日）[297]

【事案】

事案は，新潟県条例（昭和24年4号）違反事件（無許可の集団示威運動）である。

被告人Aは，日本共産党上越地区委員会書記，被告人Bは，元在日朝鮮人民主青年連盟長野支部副委員長であったが，共謀の上，昭和24年4月8日午後3時頃から同日午後6時頃までの間，新潟県高田市内の警察署前空き地及び医院前道路付近において，前日に酒類密造事件で逮捕された朝鮮人ら30数名

の即時釈放を求め，集まっていた朝鮮人ら約200～300名を指揮して，高田市公安委員会の許可を受けることなく，集団示威運動をした。

【裁判経過等】

事件があったのは，昭和24年4月8日である。第一審判決は，新潟地裁高田支部昭和24年12月6日判決，控訴審判決は，東京高裁昭和25年10月26日判決，上告審判決は，最高裁昭和29年11月24日判決である。

有罪判決に対し，被告人側が上告した。上告理由の一つは，行列行進・集団示威運動について許可制とする新潟県条例が憲法12条，21条，28条，98条に違反するというものであった。

最高裁は，許可制をとる同条例が憲法21条等に違反するものではない旨判示して，被告人側の上告を棄却した。

> 「行列行進又は公衆の集団示威運動（以下，単にこれらの行動という）は，公共の福祉に反するような不当な目的又は方法によらないかぎり，本来，国民の自由とするところであるから，条例においてこれらの行動につき単なる届出制を定めることは格別，そうでなく一般的な許可制を定めてこれを事前に抑制することは，憲法の趣旨に反し許されないと解するを相当とする。しかし，これらの行動といえども公共の秩序を保持し，又は公共の福祉が著しく侵されることを防止するため，特定の場所又は方法につき，合理的かつ明確な基準の下に，予め許可を受けしめ，又は届出をなさしめて，このような場合にはこれを禁止することができる旨の規定を条例に設けても，これをもって直ちに憲法の保障する国民の自由を不当に制限する

---

297) 新潟地方裁判所高田支部昭和24年12月6日判決・刑集8巻11号1884頁（新潟県条例違反事件）。結城光太郎「公安条例事件」215頁（田中二郎ほか「戦後政治裁判史録①」（昭和56年第4版，第一法規）197頁以下所収）

東京高裁昭和25年10月26日判決・刑集8巻11号1885頁（新潟県条例違反事件）

最高裁昭和29年11月24日判決・刑集8巻11号1866頁（新潟県条例違反事件）。本判決には，以下の評釈がある。ジュリスト79号32頁，ジュリスト200号150頁，別冊ジュリスト2号22頁，別冊ジュリスト71号44頁，別冊ジュリスト125号50頁，同志社法学9巻1号140頁等

ものと解することはできない。けだし，かかる条例の規定は，なんらこれらの行動を一般に制限するのでなく，前示の観点から単に特定の場所又は方法について制限する場合があることを認めるにすぎないからである。さらにまた，これらの行動が予見されるときは，これを許可せず又は禁止することができる旨の規定を設けることも，これをもって直ちに憲法の保障する国民の自由を不当に制限することにはならないと解すべきである。」
「されば，本件条例は，所論の憲法12条，同21条，同28条，同98条その他論旨の挙げる憲法のいずれの条項にも違反するものではなく，従って，原判決にも所論のような違法はなく，論旨は理由がない。」

東京都条例違反事件（昭和33年9月15日・同年11月5日）[298]

【事案】
　事案は，東京都条例（昭和25年44号）違反事件（許可条件に違反した集団行進の指導，並びに無許可の集会の主催及び集団行進の指導）である。
　すなわち，
① 被告人Aは，昭和33年9月15日，全日本学生自治会総連合（全学連）主催の下に学生約3000名が東京都千代田区内の清水谷公園から港区内の芝公園まで集団行進した際，東京都公安委員会から蛇行進，渦巻き行進，ことさらな停滞等交通秩序をみだす行為を行わないことという条件を付されていたのに，同条件に違反して，同日午後4時40分頃から午後5時10分頃までの

---

[298] 東京地裁昭和34年8月8日判決・刑集14巻9号1281号（東京都条例違反事件）
最高裁昭和35年7月20日判決・刑集14巻9号1243頁（東京都条例違反事件）。本判決には，以下の評釈がある。最高裁判例解説・刑事篇・昭和35年度・279頁［田原執筆部分］，大阪学院大学法学研究7巻1〜2号107頁，ジュリスト276の2号46頁，ジュリスト248の2号62頁，別冊ジュリスト21号52頁，別冊ジュリスト28号75頁，別冊ジュリスト44号74頁，別冊ジュリスト61号112頁，別冊ジュリスト68号88頁，別冊ジュリスト95号132頁，時の法令360号41頁，時の法令361号43頁，時の法令362号48頁，判例時報229号2頁，判例時報同号4頁，別冊判例タイムズ9号234頁，法学論叢67巻5号95頁，法政論集（名古屋大）29号98頁，法曹時報12巻9号143頁，法律時報32巻11号142頁等

間，同区虎の門交差点において，この集団行進の先頭に立ち，蛇行進及び渦巻き行進を誘導し，かつ，行進を停滞せしめ，前記条件に違反した集団行進を指導した。

② 被告人Bは，Nと共謀の上，同年11月5日午後3時頃から午後5時25分頃までの間，同都千代田区内の国会に通じる道路上において，学生約3000名が東京都公安委員会の許可を受けないで警察官職務執行法改正反対等のための集会を行った際，その主催者となり，同日午後5時30分頃から午後6時30分頃までの間，前記道路上から日比谷公会堂前まで，前記学生約3000名が同公安委員会の許可を受けないで集団行進を行った際，その主催者となり，この集団行進の先頭に立ち，その出発地点において隊伍を整えさせ，Nにおいて，笛を鳴らして蛇行進を誘導し，もって同集団行進を指導した。

③ 被告人Cは，同日午後9時頃から午後9時25分頃までの間，前記国会正門に通じる道路上において，学生約数百名が前記公安委員会の許可を受けないで警職法改悪反対夜間学生総決起大会を開催した際，右集会の主催者として，開会の挨拶，司会をした。

④ 被告人C及び同Dは，同日午後9時25分頃から午後10時15分頃までの間，前記国会正門に通じる道路上から有楽町駅に至る間，前記学生約数百名が前記公安委員会の許可を受けないで集団行進を行った際，その出発地点において，被告人Cにおいて，その主催者として，同学生らに対し，解散地，隊伍の組み方等を指示し，同日午後9時35分頃から午後9時40分頃までの間，警視庁正面玄関付近から桜田門外巡査派出所前に至る車道上において，前記学生らが蛇行進した際，その先頭に立ち，同行進を誘導し，被告人Dにおいて，前記出発地点から有楽町駅に至るまで，その先頭に立ち，同行進を誘導し，かつ，率先して掛け声をかけ，もってその指導をしたものである。

【裁判経過等】
事件があったのは昭和33年9月15日及び同年11月5日，第一審判決は，東京地裁昭和34年8月8日判決，控訴審が事件を最高裁に移送したのは昭和35年1月21日，上告審判決は，最高裁昭和35年7月20日判決である。

第一審の東京地裁昭和34年8月8日判決は，本件条例が憲法21条に違反するとして，被告人らに無罪を言い渡した。本件条例が憲法21条に違反すると判断した理由は，本件条例が集会，集団行進及び集団示威行為について一般的制限に近い許可制を採っており，その許可基準が抽象的・不明確である上，新潟県条例（最高裁判決昭和29年11月24日参照）が所定の期限までに不許可の意思表示をしない場合には許可があったものとする旨明記しているのと異なり，本件条例にはかかる救済規定が存在しないことなどであった。

　無罪判決に対し，検察官が控訴し，控訴審は，昭和35年1月21日，刑訴規則247条・248条により事件を最高裁に移送した。

　なお，最高裁判決が出る前の昭和35年5月19日深夜から翌20日未明にかけて，国会の参議院で日米安全保障条約改正案を審議しており，野党が反対する中で，自民党（岸総裁）が会期延長及び同条約改正案の単独採決を行ったため，その後約1か月の間，国会周辺では，同条約改正案の自然成立に抗議する激しいデモが取り巻き，騒然たる状況となっていた。

　さて，最高裁昭和35年7月20日判決（多数意見）は，検察側の主張を容れ，本件条例が憲法21条に違反するものではない旨判示して，第一審判決を破棄し，事件を第一審に差し戻した。

　「ところで，かような集団行動による思想等の表現は，単なる言論，出版等によるものとは異なって，現在する多数人の集合体自体の力，つまり潜在する一種の物理力によって支持されていることを特徴とする。かような潜在的な力は，あるいは予定された計画に従い，あるいは突発的に内外からの刺激，せん動等によって極めて容易に動員され得る性質のものである。この場合に平穏静粛な集団であっても，時に昂奮，激昂の渦中に巻きこまれ，甚だしい場合には一瞬にして暴徒と化し，勢いの赴くところ実力によって法と秩序を蹂躙し，集団行動の指揮者はもちろん警察力を以てしても如何ともし得ないような事態に発展する危険が存在するところ，群集心理の法則と現実の経験に徴して明らかである。従って，<u>地方公共団体が，……集団行動による表現の自由に関するかぎり，いわゆる『公安条例』を以て，地方的情況その他諸般の事情を十分考慮に入れ，不測の事態</u>

に備え，法と秩序を維持するに必要かつ最小限度の措置を事前に講ずることは，けだしやむを得ない次第である。」

「今，本条例を検討するに，集団行動に関しては，公安委員会の許可が要求されている（1条）。しかし，公安委員会は，集団行動の実施が『公共の安寧を保持する上に直接危険を及ぼすと明らかに認められる場合』の外はこれを許可しなければならない（3条）。すなわち，許可が義務づけられており，不許可の場合が厳格に制限されている。従って，本条例は，規定の文面上では許可制を採用しているが，この許可制はその実質において届出制と異なるところがない。」

「次に，規制の対象となる集団行動が行われる場所に関し，原判決は，本条例が集会若しくは集団行進については『道路その他公共の場所』，集団示威運動については『場所のいかんを問わず』というふうに，一般的に又は一般的に近い制限をなしているから，制限が具体性を欠き不明確であると批判する。しかし，いやしくも集団行動を法的に規制する必要があるとするなら，集団行動が行われ得るような場所をある程度包括的にかかげ，又はその行われる場所の如何を問わないものとすることはやむを得ない次第であり，他の条例において見受けられるような，本条例よりも幾分詳細な規準（例えば，『道路，公園その他公衆の自由に交通することができる場所』というごとき）を示していないからといって，これを以て本条例が違憲，無効である理由とすることはできない。」

田原調査官は，伊藤正己の意見を引用しつつ，表現の自由の重要性を訴え，多数意見に批判的な解説をする[299]。

「右多数意見を一読して先ず目につく点は，伊藤教授の指摘される（中央公論・昭和35年9月号48頁以下，ジュリスト208号2頁以下各参照）ように，集団行動が多数人の集合体そのものの力，つまり潜在する一種の物理的力によって支持されていることを特徴とし，それは極めて容易に暴力に発展する危険性があるという，いわば集団行動の病理面を強調していることで

---

[299] 前掲298) の田原（昭和35年度）285～286頁

ある。この病理面の重視が判文全体を支配し，条例の合憲性判断の基礎づけとなっている。……この公共の福祉優先の考え方は，最高裁の従来の判例に表れているところで格別目新しいことではないけれども，本件は表現の自由という他の自由，権利とは異なる高度に保障されるべき自由に関するものである。この点に関し，伊藤教授が『……基本権のうちでも，国民主権と直接に結びつく自由である表現の自由は，とくに高い地位を認められなければならない。表現の自由の失われたところでは，民主政治は破壊するほかはないからである。』（同上，中央公論52頁）と批判されているが，正に多数意見の欠陥をついたものというべきであろう。」

　しかし，多数意見は，集団示威運動等を全面禁止する条例を是認したのではない。あくまでも，時・場所・方法等を規制することを是認しているにすぎない。表現の自由が失われるとか，民主政治が破壊されるとか，多数意見に対する非難は，当たらないように思われる。

　実際に，本件では，国会，警視庁，有楽町駅，日比谷公会堂，芝公園等周辺の車道等において，数百名から3000名ほどの集団が集会したり，集団行進したりしている。無許可での集会や集団行進は，交通秩序を大きく乱すものであり，都内の交通利用者に大きな支障を及ぼし，さらには地域の平穏をも乱すものとなり得る。仮に，事前の許可を得ていても，その許可条件を無視して蛇行進，渦巻き行進等を行えば，同様である。

　警察による交通規制を無視し，車道において蛇行進，渦巻き行進，ことさらな停滞等を敢行する集団を規制する条例には，当該規制の必要性・相当性が認められると思う。逆に，このような逸脱した行動に出なければ表現活動ができないという主張の方が奇異に感じられる。集会，集団行進，集団示威運動等を実施したい場合には，許可条件に従って実施すればよいのである。

　論者によっては，本件判決が，新潟県条例違反事件判決（最高裁判決昭和29年11月24日）と異なる趣旨の判例であるという評価をするものもいるようだが，かかる意見は，相当とは思われない。

　というのは，両判決とも，当該公安条例の合憲性を判断する際，形式的に，許可制か届出制かといった語句によって判断しているのではなく，実質的に，

当該公安条例による規制が当該行動そのものを全面禁止しているのか，あるいはその場所・方法を規制しているにすぎないのかを判断すべきであるとしているのであって，その意味では，両判決は，実質的に同じ判断枠組みを採用したものと理解できるからである。

なお，本件東京都条例においては，集団示威運動につき，「場所のいかんを問わず」事前の許可にかからせる旨の規定振りとなっているが，集団示威運動を実施する場所といえば道路又はこれに準ずる場所以外には想定できないのであり，そのことは，一般国民にとっても容易に予測可能なことであるから，このような字句があるからといって，当該条例の有効性を否定する理由にはならないと思う。

京都市条例違反事件（公務執行妨害・傷害）（昭和37年6月21日）[300]

【事案】

事案は，警察官に対する公務執行妨害・傷害事件である。なお，本件事件の起訴罪名は，京都市条例（昭和29年10号）違反ではないが，被告人らが同条例違反の集団行進を実施したことに関し，警察官がこれを写真撮影しており，裁判では，警察官の職務行為の適法性が争点となっており，その意味で，本件事

---

[300] 京都地裁昭和39年7月4日判決・刑集23巻12号1655頁（京都市条例違反事件）
　　大阪高裁昭和40年4月27日判決・刑集23巻12号1660頁（京都市条例違反事件）
　　最高裁昭和44年12月24日判決・刑集23巻12号1625頁（京都市条例違反事件）。本判決には，以下の評釈がある。最高裁判例解説・刑事篇・昭和44年度・479頁［海老原震一執筆部分］，警察学論集23巻4号145頁，警察研究42巻4号135頁，ジュリスト444号84頁，同87頁，ジュリスト臨時増刊456号27頁，別冊ジュリスト9号37頁，同252頁，別冊ジュリスト31号150頁，別冊ジュリスト32号34頁，別冊ジュリスト33号130頁，別冊ジュリスト44号18頁，別冊ジュリスト51号38頁，別冊ジュリスト68号30頁，別冊ジュリスト74号22頁，別冊ジュリスト89号26頁，別冊ジュリスト95号32頁，別冊ジュリスト119号20頁，捜査研究19巻8号56頁，地方自治職員研修38巻81号26頁，日本法学37巻1号133頁，判例タイムズ243号14頁，別冊判例タイムズ9号37頁，法学研究（慶応大）45巻12号120頁，法学セミナー169号2頁，法曹時報22巻4号128頁，法律時報42巻9号122頁，法律のひろば23巻3号41頁等

件は，公安条例に関連したものといえるので，ここで取り上げることとしたものである。

被告人は，立命館大学法学部の学生で，同大学一部学友会の書記長であったが，昭和37年6月21日，京都府学生自治会連合主催の大学管理制度改悪反対・憲法改悪反対のための同大学学生らによる集団行進・集団示威運動に参加し，その先頭列外に位置して，その隊列を誘導していたが，京都府公安委員会に与えられた許可条件によれば，同行進のコースは，京都市上京区内の同大学正門を出発し，河原町通りを南下し，御池通りとの交差点で左折し，御池通りを東進し，更に右折して木屋町通りを通って円山公園に至ることとされていたが，実際に，河原町・御池の交差点で左折しようとした際，付近に自動車数台が停車していたため，御池通りの車道中央に進出しようとし，これが御池通りの北側を通行する旨の許可条件に違反したことから，これを規制しようとした機動隊と衝突して混乱状態となり，そのまま木屋町通りに進入したが，そのときには先頭付近が7～8列縦隊となったまま車道中央を行進しており，四列縦隊で車道の東側端を進行する旨の許可条件に違反したものである。

被告人は，その行進中，木屋町通りを南下しているとき，京都府山科警察署勤務の私服警察官に許可条件違反を現認され，集団の先頭部分の行進状況を写真撮影されたため，同警察官に対し，「どこのカメラマンか。」と抗議し，デモ隊員の持っていた旗竿を手に取り，その根元の方で同警察官の下顎部を一突きし，同警察官に加療約1週間を要する傷害を負わせたというものである（公務執行妨害罪・傷害罪）。

【裁判経過等】

事件があったのは昭和37年6月21日，第一審判決は，京都地裁昭和39年7月4日判決，控訴審判決は，大阪高裁昭和40年4月27日判決，上告審判決は，最高裁昭和44年12月24日判決である。

第一審判決の京都地裁昭和39年7月4日判決は，被告人に有罪判決（懲役1月・執行猶予1年）を言い渡し，控訴審判決の大阪高裁昭和40年4月27日判決は，被告人側の控訴を棄却した。

有罪判決に対し，被告人側が上告した。上告理由の一つは，何人も承諾なし

に自己の写真を撮影されないというプライバシーの権利があり，この権利は憲法13条によって保障されているところ，警察官による本件写真撮影は令状なき強制捜査であって，憲法13条，35条に違反するというものであった。

　最高裁昭和44年12月24日判決は，憲法13条の趣旨によれば人にはみだりに容ぼう等を写真撮影されない自由があるが，証拠保全の必要性・緊急性・相当性があれば，令状がなくても憲法13条，35条に違反するものではない旨判示して，被告人側の上告を棄却した。

　「個人の私生活上の自由の一つとして，何人も，その承諾なしに，みだりにその容ぼう・姿態（以下「容ぼう等」という。）を撮影されない自由を有するものというべきである。これを肖像権と称するかどうかは別として，少なくとも，警察官が，正当な理由もないのに，個人の容ぼう等を撮影することは，憲法13条の趣旨に反し，許されないものといわなければならない。」

　「そこで，その許容される限度について考察すると，身体の拘束を受けている被疑者の写真撮影を規定した刑訴法218条2項のような場合のほか，次のような場合には，撮影される本人の同意がなく，また裁判官の令状がなくても，警察官による個人の容ぼう等の撮影が許容されるものと解すべきである。すなわち，<u>現に犯罪が行われもしくは行われたのち間がないと認められる場合であって，しかも証拠保全の必要性および緊急性があり，かつその撮影が一般的に許容される限度をこえない相当な方法をもって行われるとき</u>である。このような場合に行われる警察官による写真撮影は，その対象の中に，犯人の容ぼう等のほか，犯人の身辺または被写体とされた物件の近くにいたためこれを除外できない状況にある第三者である個人の容ぼう等を含むことになっても，憲法13条，35条に違反しないものと解すべきである。」

　海老原震一調査官は，捜査の手段としての写真撮影が，強制処分か任意捜査かのいずれであるかを形式的に区分けして論ずるのは相当でないとして，本件

301）前掲300）の海老原震一（昭和44年度）493～494頁

最高裁判決の判示内容に賛成する[301]。

「みだりにその容ぼう等を撮影されない自由が憲法上保障されているとする限り，その承諾なしに行われた写真撮影を任意捜査であるから，令状は不要であるというわけにはいかない。しかし，また他面これを刑訴法197条1項にいう『強制の処分』であるといってしまうと，同法220条のように逮捕状を執行する場合か現行犯を逮捕する場合でなければ撮影ができないということになってしまう。この考え方は，刑訴法中撮影について規定した唯一の条文である218条2項を根拠として，その反対解釈から，身体の拘束を受けていない被疑者を令状なしで撮影することは許されないとする上告論旨のような主張にまで発展して行くおそれがある。」

「思うに，<u>捜査の手段としての写真撮影は，刑訴法の予想しなかったところであるから，これを強制処分であるとか任意捜査であるとか云い切ってしまうことなく，憲法の精神を勘案して，適当な基準を定めるのが相当であろう</u>（略）。」

「この基準は，現行犯の要件（刑訴法212条）あるいはこれに伴う捜索押収の規定（同法220条）の場合を意味しているように一見みえるが，そうではない。というのは，刑訴法220条の令状なしの捜索等は，犯人を『逮捕』することが要件になっているが（略），写真撮影の場合には，むしろ撮影して証拠を保全することにより逮捕は不必要になる場合があり，またそのほうが望ましいからである。また，写真撮影の場合には，逮捕や住居の捜索と異なって，その対象を厳格に被疑者に限ることが困難であり，犯人と関係のない第三者を撮影してその肖像権を侵害したときに，現行犯であるから受忍せよというのは，理由として十分でないであろう。ことに，本件のような公安条例違反では，処罰されるのは，主催者，指導者，煽動者だけであるが，許可条件に違反して隊列を乱したという状況を証拠保全するためには，刑事責任はない一般参加者を含めて撮影することがどうしても必要である。」

「公道上のデモ行進であるから，肖像権はあらかじめ放棄しているとみるべきであるとする見解（略）は，本判決のとらないところである。捜査の

必要性，緊急性の要件および手段の相当性の判断については，おそらく異論のないところであろう。」

以上が本件最高裁判決の内容及び海老原調査官の解説である。

しかし，その趣旨は，分かりにくい。

まず，本件最高裁判決は，被撮影者の承諾なしにみだりにその容ぼう等を撮影することが憲法13条の趣旨に反すると言っておきながら，それが人権侵害になるとは言わない。むしろ，みだりに撮影されないという利益が権利であるという明言を避けるような口振りである。海老原調査官は，肖像権が存在することを前提とするような口振りであるが，その一方で，本件最高裁判決に賛成し，本件写真撮影行為が人権侵害になるか否かを断定的に論ずることを避け，写真撮影が強制処分か任意処分かを区分けして論じる必然性はないとまでいう。これでは，論旨不明確と言わざるを得ない。

私見では，強制処分とは，権利（法律上保護される利益を含む。）侵害を伴う捜査活動のことをいうものと解するのが相当であると思料する。すると，仮に，公道上等で写真撮影されない利益が法律上保護される利益であるならば，当該撮影行為は強制処分ということになる。では，前記撮影行為は，権利侵害に該当するのか。海老原調査官は，公道上のデモ行進であるからといって肖像権が放棄されているものとみるのは早計であるというが，公道上であれば，人が他人から容ぼう等を観察されたとしても，それが社会通念上，受忍すべき範囲のものである限り，原則として，違法と評価される理由はなく，例え，その観察者が警察官らであったとしても，事情は変わらないはずである。そして，その観察の際に写真撮影が行われたとしても，被撮影者らにおいて格別の不利益を被るものとは思えない。

したがって，公道上の写真撮影行為それ自体が憲法13条の趣旨に反する旨の指摘には，にわかに賛成し難いものがある。

すると，次に検討すべきは，かかる捜査活動に必要性・相当性があるかということになる。

本件最高裁判決は，写真撮影が許容される要件について，①現行犯の場合であること，②必要性があること，③緊急性があること，④相当性があること，

という4点を挙げているように見える。

しかし，そこにも不明瞭さが残る。まず，①と③の要件は，実質的に一つの要件に収れんされるべきものであろう。というのは，例えば，逮捕は，原則として裁判官が発する逮捕状によらなければならないが（通常逮捕），現行犯逮捕の場合には令状を要しない。それは，目の前で犯行を現認していれば，誤認逮捕の危険が少ない上に，令状要件を求めようにも，逮捕状を請求するための時間的余裕がないからである。すなわち，緊急性があるということである。写真撮影の可否・当否をめぐり，判例・学説上，概念定義が曖昧なまま「緊急性」という用語法が用いられている感があるが，本来，緊急性とは，令状請求の時間的余裕がない場合を指していたはずである。目の前で行われているデモ行進を撮影しておかないとデモ行進が終わってしまい，後からでは証拠の収集が不可能になるので，直ちに写真撮影をしたいという要請は，捜査の「必要性」の中に含めて検討されるべき事情であり，必要性の判断から離れて「緊急性」という別個独立の要件を定立すべき理由はないように思う。

結局のところ，写真撮影の適法性は，①必要性及び②相当性によって判断すべきものと思う。これは，公権力の行使一般に通じるルールと同様である。仮に，写真撮影が権利侵害に当たるとすれば，それは強制処分ということになり，刑事手続のルールが適用されることになるから，③令状要件（又は緊急性）が必要ということになるが，私見では，公道上等における写真撮影は，原則として，権利侵害とならず，強制処分には当たらないから，令状要件（又は緊急性）は不要であると解するのが相当と思料する。

そうであれば，本件最高裁判決は，どのように読むべきなのか。

思うに，本件最高裁判決は，仮に，写真撮影が権利侵害になり得ると仮定しても，現行犯逮捕が可能な場合，すなわち令状請求をするための時間的余裕がない場合に該当するから（緊急性），令状がなくても問題はなく，必要性・相当性がある限り，写真撮影は許される，という念のための判断を示したものと理解すべきであろう。

ちなみに，公安事件ではないが，最高裁平成20年4月15日決定は，強盗殺人等事件において，警察官らが内偵捜査中に公道上やパチンコ店内において被

疑者の写真を撮影した行為の適法性が争点となり，同行為について，令状要件・緊急性を問うことなく，必要性・相当性ありとして，その適法性を認めている[302]。

鹿野伸二調査官は，同決定（強盗殺人等事件）を解説する中で，本件最高裁判決（京都市条例違反事件）について触れ，令状要件・緊急性を論じた本件最高裁判決の判示については，「事例としての判断にとどまると理解せざるを得ないものと思われる。」という[303]。

私見も，同調査官意見と同旨である。

徳島市条例違反事件（道路交通法違反・徳島市条例違反）（昭和43年12月10日）[304]

本件事件の発生は，後に述べる佐藤首相訪米阻止事件（東京都条例違反）（昭和42年11月12日）及びエンタープライズ寄港阻止事件（凶器準備集合・公務執行妨害）（昭和43年1月15日）よりも遅いが，これら事件よりも先に判決が確定しているので，便宜上，本件事件を先に取り上げる。

【事案】

事案は，道路交通法違反（道路使用許可条件違反）及び徳島市条例（昭和27年3号）違反（交通秩序維持違反行為のせん動）である。

すなわち，被告人は，昭和43年12月10日，徳島市内において，徳島県反戦青年委員会の主催の下に青年，学生ら約300名が「B五二，松茂・和田島基地撤去，騒乱罪粉砕，安保推進内閣打倒」を表明してなした集団示威行進に参加したものであるが，同集団行進の先頭集団数十名が，蛇行行進を行い交通秩序の維持に反する行為をした際，自らも蛇行行進を行い，先頭列外付近に位置

302）最高裁平成20年4月15日決定・刑集62巻5号1398頁（強盗殺人等事件）
　　本件判決には，以下の評釈がある。最高裁判例解説・刑事篇・平成20年度・289頁［鹿野伸二執筆部分］，警察公論63巻8号106頁，研修731号17頁，ジュリスト1371号99頁，法学セミナー53巻7号124頁，法曹時報63巻11号2773頁，法律時報81巻4号121頁，名城ロースクール・レビュー18号235頁等
303）前掲302）の鹿野伸二（平成20年度）307頁

して所携の笛を吹き，あるいは両手を上げて前後に振り，集団行進者に蛇行行進をさせるよう刺激を与え，もって集団行進者が交通秩序の維持に反する行為をするように扇動し，かつ，同行為を禁止した所轄警察署長の与えた道路使用許可条件に違反したというものである（道路交通法違反・徳島市条例違反）。

【裁判経過等】

事件があったのは昭和 43 年 12 月 10 日，第一審判決は，徳島地裁昭和 47 年 4 月 20 日判決，控訴審判決は，高松高裁昭和 48 年 2 月 19 日判決，上告審判決は，最高裁昭和 50 年 9 月 10 日判決である。

第一審判決の徳島地裁昭和 47 年 4 月 20 日判決は，道路交通法違反については有罪（罰金 5000 円）を言い渡したが，徳島市条例違反については無罪を言い渡した。無罪の理由は，徳島市条例による規制対象が，道路交通法による規制対象以外のものであると解したとき，いかなる行為が同条例による規制対象になるのか不明確であり，同条例の罰則規定が罪刑法定主義の原則に反し，憲法

---

304) 徳島地裁昭和 47 年 4 月 20 日判決・刑集 29 巻 8 号 551 頁（徳島市条例違反事件）
高松高裁昭和 48 年 2 月 19 日判決・刑集 29 巻 8 号 570 頁（徳島市条例違反事件）
最高裁昭和 50 年 9 月 10 日判決・刑集 29 巻 8 号 489 頁（徳島市条例違反事件）。
本判決には，以下の評釈がある。最高裁判所判例解説・刑事篇・昭和 50 年度・156 頁［小田健司執筆部分］，古川純「動きはじめた公安条例判決」法学セミナー 1975 年 11 月号 4 頁，松浦繁「公安条例に関する最高裁の新判断」警察学論集 28 巻 11 号 88 頁，Ｓ・Ｈ・Ｅ「『交通秩序を維持すること』ということをデモ行進の遵守事項として定めた公安条例はそれが抽象的にすぎるという理由で憲法 31 条に違反するか——徳島市公安条例最高裁判決（上）（下）」時の法令 908 号 52 頁，909 号 47 頁，土屋真一「徳島市公安条例三条三号，五条の犯罪構成要件としての明確性及び道路交通法七七条，一一九条一項一三号との関係」研修 329 号 57 頁，河上和雄「公安条例の憲法適合性に関する 50・9・10 最高裁大法廷判決」法律のひろば 28 巻 12 号 21 頁，松浦繁「公安条例に関する最近の最高裁判決」警察研究 47 巻 1 号 3 頁，河上和雄「公安条例に関する最高裁判例の発展」研修 331 号 61 頁，江橋崇「公安条例判決の動向」ジュリスト 605 号 14 頁，曾根威彦「公安条例最高裁判決の検討」判例タイムズ 330 号 2 頁，佐伯千仭「公安条例と抽象的危険犯」①ないし⑤法律時報昭和 52 年 3 月号 87 頁，4 月号 120 頁，5 月号 66 頁，7 月号 37 頁，8 月号 81 頁，石村善治「表現の自由と徳島市公安条例」ジュリスト 615 号昭和 50 年度重要判例解説 9 頁，竹内正「公安条例と道交法との関係」同ジュリスト 615 号 144 頁，長谷川正安「公安条例と道路交通法」ジュリスト増刊憲法の判例第三版 70 頁等

31条の趣旨に反するというものであった。

これに対し，検察官が控訴したが，控訴審の高松高裁昭和48年2月19日判決は，検察官の控訴を棄却した。

これに対し，検察官が上告した。

上告審である最高裁昭和50年9月10日判決は，検察側の上告を容れ，徳島市条例が道路交通法に違反して無効であるとはいえない，同条例の構成要件が明確性を欠き憲法31条に違反して無効であるとはいえない，などと判示して，第一審判決を破棄し，自判して被告人に有罪（罰金1万円）を言い渡した。

「地方自治法14条1項は，普通地方公共団体は法令に違反しない限りにおいて同法2条2項の事務に関し条例を制定することができる，と規定しているから，普通地方公共団体の制定する条例が国の法令に違反する場合には効力を有しないことは明らかであるが，<u>条例が法令に違反するかどうかは，両者の対象事項と規定文言を対比するのみでなく，それぞれの趣旨，目的，内容及び効果を比較し，両者の間に矛盾抵触があるかどうかによってこれを決しなければならない。</u>」

「そうすると，道路における集団行進等に対する道路交通秩序維持のための具体的規制が，道路交通法77条及びこれに基づく公安委員会規則と条例の双方において重複して施されている場合においても，両者の内容に矛盾抵触するところがなく，条例における重複規制がそれ自体としての特別の意義と効果を有し，かつ，その合理性が肯定される場合には，道路交通法による規制は，このような条例による規制を否定，排除する趣旨ではなく，条例の規制の及ばない範囲においてのみ適用される趣旨のものと解するのが相当であり，したがって，右条例をもって道路交通法に違反するものとすることはできない。」

「次に，本条例3条3号の『交通秩序を維持すること』という規定が犯罪構成要件の内容をなすものとして明確であるかどうかを検討する。」

「ある刑罰法規があいまい不明確のゆえ憲法31条に違反するものと認めるべきかどうかは，通常の判断能力を有する一般人の理解において，具体的場合に当該行為がその適用を受けるものかどうかの判断を可能ならしめる

ような基準が読みとれるかどうかによってこれを決定すべきである。」

「例えば各地における道路上の集団行進等に際して往々みられるだ行進，うず巻行進，すわり込み，道路一杯を占拠するいわゆるフランスデモ等の行為が，秩序正しく平穏な集団行進等に随伴する交通秩序阻害の程度を超えて，殊更な交通秩序の阻害をもたらすような行為にあたるものと容易に想到することができるというべきである。」

「このように見てくると，本条例3条3号の規定は，確かにその文言が抽象的であるとのそしりを免れないとはいえ，集団行進等における道路交通の秩序遵守についての基準を読みとることが可能であり，犯罪構成要件の内容をなすものとして明確性を欠き憲法31条に違反するものとはいえない」

本件最高裁判決は，公安条例の構成要件が明確性を備えているか否かの判断基準を示したものであるが，この判断基準は，公安条例以外の刑罰規定にも当てはまるものであり，その後の実務に対して指導的な判例となったものである。

なお，小田健司調査官は，道路交通法の制定経緯を紹介した上で，後から制定された道路交通法が以前から制定されていた公安条例に配慮する規定を設けており，一般的な優劣でいえば，法律が条例に優先するとはいうものの，具体的な優劣でいえば，公安条例が道路交通法に優先するように立法化された経緯がある旨解説する[305]。

「道路交通法は，昭和35年に制定された法律であるが，本条例をはじめ全国の公安条例の多くはこれよりずっと以前に制定されており，その多くのものが集団行動に対する交通秩序維持のための規制の条項を持っていた。」

「そして条例よりも上位の効力を持つ道路交通法としては，集団行動に対する交通秩序維持のための規制は全て道路交通法で行うよう定めることも，これを公安条例に委ねることも，また，公安条例を優先させこれによってカバー出来ない点だけを道路交通法によって規制することも，いずれも可能であった筈である。」

---

305) 前掲304) の小田健司（昭和50年度）184～185頁

「道路交通法の国会審議の際の参議院地方行政委員会における立案当局の説明（略）によると，道路交通法は道路交通秩序の維持を目的としこの目的以外には出ないものであるのに対し，公安条例は道路交通秩序の維持のみを目的とするものではなく一般社会生活の平穏・安全を主たる目的としているので両者はその目的が異なる，ただ重なる面がないかといわれれば重なる面もある，こういう場合にはたとえば道路交通法に基づく公安委員会規則で公安条例で許可を受けた集団行動は道路交通法による許可の対象から除外する等といった方法によって調整することが考えられる。公安条例と道路交通法が重複する場合には，一般法，特別法の関係で公安条例が優先する，大要このような説明がなされているのである。」

「従って，このような道路交通法77条1項4号の趣旨に従って，公安委員会の要許可事項の指定及び警察署長の許可条件の付与がなされるならば，道路交通法77条による規制と公安条例による規制とが重複するということは本来生じない筈である。ただ時として形式的には重複した規制がなされる場合も生じうるので，このような場合には，道路交通法77条1項4号の趣旨に従い，公安条例による規制を優先させ，道路交通法による規制は公安条例による規制の及ばない範囲においてのみ適用されるものとされたのである。」

小田調査官の指摘は，法律と条例との優先関係を論じるに当たり，具体的な法令の制定経緯を知ることの重要性を教えてくれるものである。

佐藤首相訪米阻止事件（東京都条例違反）（昭和42年11月12日）[306]

【事案】

事案は，東京都条例（昭和25年44号）違反（無許可の集団示威運動の指導）である。

すなわち，被告人Aは，日本中国友好協会（正統）中央本部の常任理事・教宣委員長，被告人Bは，日本国際貿易促進協会関西本部友好商社部会副委員長をしていたものであるが，昭和42年11月12日午後2時40分頃，東京国際空港（羽田空港）ターミナルビルディング2階国際線出発ロビーにおいて，被

告人Aが,「佐藤首相訪米阻止の目的で来た人は集まって下さい。」と呼びかけ,これに応じて集まった前記両団体の関係者らと共に,被告人らが音頭をとり,一同大声で,「佐藤訪米反対」,「蔣経国来日反対」,「毛沢東思想万歳」などのシュプレヒコールを行い,その間,被告人らは,「首相の訪米を阻止しよう。」,「蔣経国の来日に反対する。」などの演説を行い,同日午後3時4分頃,被告人Aが,「これから行動を開始する。」と宣言し,これに呼応した前記関係者ら約300名の中の一部の者らが,同ロビー北側中央案内所の前付近で西方を向きながら横に5〜6列,縦に十数列並び,先頭部分の者らが,スクラムを組んで走り出すとともに直ぐに向きを変え,同ロビーを半周するような形でロビーの

---

306) 東京地裁昭和44年12月18日判決・刑集29巻9号842頁(佐藤首相訪米阻止事件)

東京高裁昭和46年2月15日判決・刑集29巻9号848頁(佐藤首相訪米阻止事件・第一次控訴審)

最高裁昭和50年10月24日判決・刑集29巻9号777頁(佐藤首相訪米阻止事件・第一次上告審)。本判決には,以下の評釈がある。最高裁判例解説・刑事篇・昭和50年度・250頁[小田健司執筆部分],松浦繁「公安条例違反罪と可罰的違法性」法律のひろば29巻1号32頁,江藤孝「公安条例違反事件と可罰的違法性」ジュリスト605号24頁,S・H・E「公安条例違反事件について可罰的違法性がないとした原審判決を破棄した二つの最高裁判決」時の法令918号48頁,松浦繁「公安条例に関する最近の最高裁判決」警察研究47巻1号3頁,河上和雄「公安条例に関する最高裁判例の発展」研修331号61頁,江橋崇「公安条例判決の動向」ジュリスト605号14頁,曾根威彦「公安条例最高裁判決の検討」判例タイムズ330号2頁,米田泰邦「可罰的違法性と最近の最高裁判例」判例タイムズ337号15頁,佐伯千仭「公安条例と抽象的危険犯」①ないし⑤・法律時報昭和52年3月号87頁,4月号120頁,5月号66頁,7月号37頁,8月号81頁,臼井滋夫「最近の最高裁判例に見られる違法性の理論の新展開」その一ないしその五・研修1976年3月号51頁,4月号49頁,5月号47頁,6月号53頁,7月号57頁等

東京高裁昭和51年6月1日判決・高等裁判所刑事判例集29巻2号301頁(佐藤首相訪米阻止事件・第二次控訴審)

最高裁昭和53年6月29日判決・刑集32巻4号967頁(佐藤首相訪米阻止事件・第二次上告審)。本判決には,以下の評釈がある。最高裁判例解説・刑事篇・昭和53年度・268頁[佐藤文哉執筆部分],曾根威彦・判例タイムズ365号16頁,林修三・時の法令1022号52頁,下村康正・警察研究49巻10号3頁,前野育三・Law School 10号94頁,西垣道夫・警察研究52巻3号65頁等

南東角にある職員通路の方へ向かい、その他の者らも、大半がこれに続き、その際、「わっしょい、わっしょい。」、「訪米阻止」などと掛け声をかける者もおり、次いで、これら一団は、あっという間に同職員通路を駆け抜け、階段を降りて1階のレストラン前付近に至り、その場に待機していた警察官に行く手を阻止されるや、これと対峙して小競り合いを繰り返し、結局、規制されたというものである（無許可の集団示威運動の指導）。

【裁判経過等】

裁判は、長期にわたる。

事件があったのは昭和42年11月12日、第一審判決は、東京地裁昭和44年12月18日判決、第一次控訴審判決は、東京高裁昭和46年2月15日判決、第一次上告審判決は、最高裁昭和50年10月24日判決、第二次控訴審判決は、東京高裁昭和51年6月1日判決、第二次上告審判決は、最高裁昭和53年6月29日判決である。

第一審の東京地裁昭和44年12月18日判決は、被告人らに無罪を言い渡した。無罪を言い渡した理由は、本件集団行動が未だ集団示威運動の段階に至っておらず、その予備的段階に止まっていたというものであった。

これに対し、検察官が控訴した。

第一次控訴審の東京高裁昭和46年2月15日判決は、検察官の控訴を棄却し、無罪を維持した。その理由は、本件集団行動が無許可の集団示威運動に当たることは認められるものの、これまで空港ロビー内で無許可の集団示威運動が行われてきたのに起訴された前例がないこと、過去の集団示威運動と比較して本件集団示威運動が特に悪質であったとは認められないこと、本件集団示威運動がその態様・結果に照らして比較的犯情軽微であること、公共の安寧に対する直接かつ明白な危険があったものとは認められないことなどから、本件集団示威運動には可罰的違法性が明確にあるとはいえない、というものであった。

これに対し、検察官が上告した。

第一次上告審の最高裁昭和50年10月24日判決は、検察側の主張を容れ、本件集団示威運動が可罰的違法性を欠くとした原判決は法令の解釈適用を誤っている旨判示して、第一次控訴審判決を破棄し、事件を東京高裁に差し戻した。

「本条例の対象とする集団示威運動等の集団行動は，表現の一態様として憲法上保障されるべき要素を有するのであるが，他面，それは，単なる言論，出版等によるものと異なり，多数人の身体的行動を伴うものであって，多数人の集合体の力，つまり潜在する一種の物理的力によって支持されていることを特徴とし，時には本来秩序正しく平穏に行われるべき表現の自由の行使の範囲を逸脱し，地域の平穏を乱し暴力に発展する危険を内包しているものであるから，かかる危険に対処し法と秩序を維持するため，本条例のように許可を原則とし不許可の場合が厳格に限定された集団行動の許可制を設けても，なんら憲法に違反するものでないことは，当裁判所の判例とするところである（昭和35年（あ）第112号同年7月20日大法廷判決・刑集14巻9号1243頁）。」

「このように，集団行動に対する許可制が是認されるものである以上，これに違反して敢行された無許可の集団行動は，単に許可申請手続をしなかったという点で形式上違法であるにとどまらず，集団行動に内包する前叙のような特質にかんがみ，公共の利益保護の必要上，これに対し地方公共団体のとるべき事前の対応措置の機会を奪い，公共の安寧と秩序を妨げる危険を新たに招来させる点で，それ自体実質的違法性を有するものと解すべきことは，当裁判所の前記判例の趣旨に徴して明らかである（なお，最高裁昭和40年（あ）第1050号同41年3月3日第一小法廷判決・刑集20巻3号57頁参照）。」

第二次控訴審の東京高裁昭和51年6月1日判決は，本件集団行動が無許可の集団示威運動に当たり，かつ，実質的違法性を有するとしながらも，検察官の控訴を再び棄却した。

第二次控訴審判決が無罪を維持した理由は，①　過去に行われた他の集団行動等と比べると，本件集団示威運動は，規模・態様が悪質とまでは認められないこと，②　本件において，空港担当職員らから警告等はなく，警察官らからの警告・制止もなく，比較的平穏なものであったこと，③　無許可の集団示威運動については，可罰的違法性がない旨の下級審判例がかなり出ていること，④　「一応民意を代弁するものとみて不可ない朝日新聞及び毎日新聞がその社

説で，無許可集団示威運動の可罰的違法性をむやみに肯定するのは疑問であると批判していること」などに徴すると，被告人が本件集団示威運動について違法なものと考えなかったこと（違法性の錯誤）には相当な理由があり，本件集団示威運動は犯罪の成立が阻却されるというものであった。

これに対し，検察官が再び上告した。

第二次上告審の最高裁昭和 53 年 6 月 29 日判決は，検察側の主張を容れ，違法性の錯誤を認めた原判決には事実誤認がある旨判示して，第二次控訴審判決を破棄し，事件を東京高裁に差し戻した。

「原判決によれば，被告人は日本中国友好協会（正統）（以下，単に日中正統という。）中央本部の常任理事，教宣委員長をしていた者であること，日中正統と，これと姉妹関係にある日本国際貿易促進協会の両団体は，内閣総理大臣佐藤栄作がアメリカ合衆国政府首脳と会談するため昭和 42 年 11 月 12 日羽田空港から出発して訪米の途につくことを知るや，右訪米は日本と中国との友好関係を損なうものであるとして，同年 9 月上旬ころ，これに反対の態度を表明した上，……前記両団体の関係者などが昭和 42 年 11 月 12 日東京都大田区……東京国際空港ターミナル・ビルディング 2 階国際線出発ロビーに参集したが，被告人は，同日午後 2 時 40 分ころ，同ロビー内北西寄りにある人造大理石製灰皿の上に立ち，『首相訪米阻止に集まった日中友好の皆さんはお集まりください』と呼びかけ，これに応じて集まった約 300 名の右両団体の関係者らに対し，『首相訪米を阻止しよう』という趣旨の演説をした後みずから司会者となり，日中正統会長 A に演説を依頼し，これに応じた同人が同じような趣旨の演説をした後，同人と交替して前記灰皿の上に立ち，手拳を突き上げて『首相訪米反対』，『蔣来日阻止』，『毛沢東思想万歳』，『中国プロレタリア文化大革命万歳』などのシュプレヒコールの音頭をとり，これに従って前記集団は一斉に唱和したこと，……，被告人は，折からロビー内で制服警察官等が本件集団の動向を見ているのを認め，『警官の面前で首相訪米反対の意思を堂々と表示することができたのは偉大な力である』と述べて集団の士気を鼓舞した上，『これから抗議行動に移ることとするが，青年が先頭になり，他の人々は

その後についてくれ』と指示し，最後に，右手をあげて『行動を開始します』と宣言したこと，これに応じ，……先頭部の約5名がスクラムを組んだうえ，西向きにかけ出し，その後，右隊列は順次南方及び東方に方向を転換しながら同ロビー内を半周し……，空港ビルを管理している日本空港ビルディング株式会社は，同日午後2時40分ころから数回にわたり，場内マイク放送で『ロビー内での集会は直ちにおやめ下さい』などと繰り返し制止していたけれども，これを無視して前記演説やシュプレヒコールなどが行われ……ていたことなどの事実が認められるというのである。」

「これらの事実とくに右事実に現れている被告人の言動及び記録によって認められる被告人の経歴，知識，経験に照らすと，<u>被告人は東京都内において集団示威運動を行おうとするときは場所のいかんを問わず本条例に基づき東京都公安委員会の許可を受けなければならないことを知っていたことが明らかである</u>うえ，終始みずからの意思と行動で本件集団を指導，煽動していたことにより，本件集団の行動が示威運動の性質を帯びていることを認識していたことも明らかであるから，<u>被告人は行為当時本件集団示威運動が法律上許されないものであることを認識していたと認めるのが相当である。</u>」

　小田健司調査官は，第一次上告審判決を解説するに当たり，最高裁昭和29年11月24日判決（新潟県条例違反事件），最高裁昭和35年7月20日判決（東京都条例違反事件），最高裁判決昭和44年12月24日（京都市条例違反事件）等を引用し，これら一連の最高裁判決により，公安条例による許可制が適法であり，無許可又は許可条件違反に係る集団行動等が違法であることは確立された判例であるにもかかわらず，最近の下級審判例がこれら最高裁判例に違背する傾向にあることを指摘する[307]）。

　「集団示威運動等の集団行動につき許可が要求される実質的根拠は，地方公共の安寧と秩序の維持の責務を負う地方公共団体をして，当該集団行動が行われることをあらかじめ知らしめることにより，沿道の警備，当該集

307）前掲306）の小田健司（昭和50年度）254～255頁

団行動に対する許可条件の付与等の措置により，当該集団行動が公共の安寧と秩序を害することのないよう事前の対応措置をとることを可能ならしめるとともに，このような事前の対応措置によっても公共の安寧に対する直接かつ明瞭な危険を防ぐことができないときはこれを不許可とすることにより，公共の安寧に対する直接かつ明瞭な危険を除去することにあるのであって，集団行動が公共の安寧に対する直接かつ明白な危険をもたらした場合にこれを処罰すれば足りるというようなものではない。」

「最近の下級審判例の中には，本件原判決と同様，無許可の集団行動であっても公共の安寧に対する直接かつ明白な危険を生じない限り可罰的違法性を欠くとし，あるいは公安条例の無許可集団行動の罪を公共の安寧に対する具体的危険犯であるとするものがいくつか見られるのであるが，このような考え方は集団行動に対する許可制の実効性を担保する手段を失わせ，集団行動に対し許可制を設けることの意味を殆ど失わせるものであって，集団行動につき許可制を設けることが許されるとする確立した最高裁の判例に実質的に違背することは明らかであると思われる。」

佐藤文哉調査官は，第二次上告審判決を解説するに当たり，同判決の意義として，判例違反により第二次控訴審判決を破棄できるのに，あえて事実誤認によりこれを破棄したことなどを指摘する[308]。

「論旨引用の判例を含めて最高裁の判例は『違法性の意識全面不要説』に立つとみられており，この判例の見解は一貫していて，大審院の判例の主流とも合致している。そして，判例（14）（引用者注：最高裁判決昭和34年2月27日・刑集13巻2号250頁）に，法定犯については法の不知はこれを知らざるにつき相当の理由ある場合は犯罪の成立を阻却する旨の藤田裁判官の少数意見が付されているほかには，少数意見もみられず，大審院，最高裁を通じての確立した判例といってよいであろう。」

「原判決には事実誤認があるという右の判断は，被告人の経歴，知識，経験の点を除き，すべて原判決の認定したとおりの間接事実の上に立っての

---

308) 前掲306) の佐藤文哉（昭和53年度）275頁，280頁，282頁

ものであり，本判決で新たに付加されている被告人の経歴，知識，経験というのもそれほど大きなウェイトを占めているわけではないから，原判決の事実誤認は，主として，原判決みずからの認定した間接事実の評価の誤りに由来するものであり，経験則違反といえるほどの事実誤認であるということができると思われる。」

「事実誤認のみを理由に破棄差戻をした判決が判例集に登載されることはごくまれであるが，本判決は少なくとも次の二つの点で実務の参考になると考えられる。第一に，……本判決は，本件に現れた程度の事情があれば違法性の意識の存在を肯定すべきであることを示した先例として，意味があると考えられる。第二に，本判決は，上告趣意の主張する判例違反を理由に原判決を破棄することができたと考えられるのにあえて事実誤認を理由として破棄したものとしても，先例としての価値があると考えられる。」

思うに，少なくない下級審が無罪判決を繰り返していたことについては，かなり異様な感があると言わざるを得ない。

例えば，本件では，まず，第一審判決は，被告人らが集団示威運動をしたという事実そのものが認められないという（実行行為性の否定）。しかし，第一次控訴審がいうとおり，その事実認定には無理があるように思う。第一次控訴審判決は，集団示威運動をした事実は認められても，そこには可罰的違法性がないという（可罰的違法性の否定）。しかし，第一次上告審がいうとおり，許可を受けるべきなのに許可を受けずに集団示威運動に及んでいるのだから，これが違法でないという理屈は通らないように思う。第二次控訴審判決は，客観的には被告人らの行為は違法だが，主観的には被告人らに違法性の認識がなく，罪にならないという（違法性の錯誤）。しかし，第二次上告審判決がいうとおり，被告人らの経歴，知識，経験によれば，無許可の集団示威運動が違法であることは確定的に認識していたというほかないように思う。

本件最高裁判決があえて事実誤認により原判決を破棄したのも，こうした下級審の傾向に強い危機意識を抱いていたからであろう。

エンタープライズ寄港阻止事件（凶器準備集合・公務執行妨害）（昭和43年1月15日）[309]

【事案】

事案は，角材等を所持しての凶器準備集合と，警察官らに対する公務執行妨害である。なお，本件事件の起訴罪名は，東京都条例（昭和25年44号）違反ではないが，被告人らが同条例違反の集団示威運動を実施したことに関し，警察官らが阻止線を張ってその進行を阻止したため，被告人らが本件公務執行妨害に及んだものであり，本件事件は，公安条例に関連したものであることから，ここで取り上げることとしたものである。

すなわち，被告人らは，昭和43年1月14日夕方から，東京都千代田区内の法政大学構内において，アメリカ海軍の原子力航空母艦エンタープライズ号の長崎県佐世保港への寄港阻止を目的とする集会を開き，参加した学生らに対し，「あらゆる国家権力と弾圧をはねのけて佐世保に集まろう。エンタープライズ寄港阻止のために最後まで闘い抜こう。いかなる警察権力にも勝つ闘いをやろう。」などと演説した。これに先立つ同日昼頃，いわゆる中核派は，角材の柄付きプラカード二百数十本を準備していた。

学生らの一部は，翌15日早朝，都内の飯田橋駅付近に警視庁機動隊が出動していることを認め，その報告を聞いた学生らは，法政大学校庭において，石を割って段ボール箱に詰めるなどの準備をした。

被告人らは，同日，学生ら約200名とともに，白ヘルメットを被り，角材の柄付きプラカードを所持し，約5列の縦隊形をとり，「警察官の壁をぶち破っ

---

309) 東京地裁昭和46年3月19日判決・刑集31巻3号653頁（エンタープライズ寄港阻止事件）

　東京高裁昭和49年3月29日判決・高等裁判所刑事判例集27巻1号47頁（エンタープライズ寄港阻止事件）

　最高裁昭和52年5月6日判決・刑集31巻3号544頁（エンタープライズ寄港阻止事件）。本判決には，以下の評釈がある。最高裁判例解説・刑事篇・昭和52年度・190頁［高木典雄執筆部分］，江藤孝・判例評論227号41頁，竿山重良・警察学論集30巻7号34頁，吉村徳則・法律のひろば30巻9号47頁，林修三・時の法令986号51頁等

て佐世保へ行こう。」などの演説の後，メガホンを持った学生の音頭により，「エンプラ粉砕」などと叫びながら，ゆっくりした小刻みの駆け足で，道路の右半分を占め，東京都公安委員会の許可を受けないで，法政大学正門から国鉄飯田橋駅へ向け集団示威運動を行った。

　学生集団の後尾にいた者らは，当初，石を詰めた段ボール箱を運搬していたが，途中，機動隊に出会う前にこれを道端に放棄した。

　学生らは，警察官らから，メガホンで，「無届けデモは止めよ。」と警告されたが，この警告を無視し，駆け足から小走りに移り，その勢いで警察官らを後退させつつ，道幅一杯に広がって進行し，学生集団の先頭部分は，麹町警察署長らと接触する状況となった。

　被告人らを含む学生集団は，昭和43年1月15日午前8時半頃，同千代田区内の路上において，麹町警察署長から，「無許可の集団示威運動を止めるように。」と警告されるや，「何を言うんだ。邪魔だ。どけ。」などと罵声を発した。学生集団は，機動隊三個中隊合計158名の阻止線の手前で立ち止まり，同警察官らに対し，「道を開けろ。」，「駅に行かせろ。」などと叫び，前方にいた学生の一部は，プラカード（約4cm角，長さ約1.2m柄の付着したもの）及び角棒で，警察官らめがけて殴りかかり，あるいは突きかかるなどした。この間，被告人らは，いずれも学生集団の先頭部分に位置し，被告人ら6名のうち4名は，自らも角材で警察官を殴打した。残りの2名は，プラカードないし角材を振り上げたにとどまり，実際に殴打したとまでは認められていない（以上につき，凶器準備集合・公務執行妨害）。

【裁判経過等】

　裁判は，長期にわたる。

　事件があったのは昭和43年1月15日，第一審判決は，東京地裁昭和46年3月19日判決，控訴審判決は，東京高裁昭和49年3月29日判決，上告審判決は，最高裁昭和52年5月6日判決である。

　第一審の東京地裁昭和46年3月19日判決は，被告人ら全員に有罪（いずれも懲役4月・執行猶予1年）を言い渡した。

　有罪判決に対し，被告人らが控訴した。

控訴審の東京高裁昭和49年3月29日判決は，被告人らの主張を容れ，凶器準備集合及び公務執行妨害について，いずれの成立も否定し，被告人らのうち4名については，暴行の事実により有罪（いずれも罰金5000円）とし，残り2名については，全部無罪を言い渡した。

まず，凶器準備集合について無罪を言い渡した理由は，被告人ら学生集団が警察官らに対して暴行に及ぶことになったのは，機動隊が学生集団の集団示威運動を阻止したことが原因であり，本件は偶発的な犯行にすぎず，被告人らには，あらかじめ共同加害目的があったとは認められないから，凶器準備集合罪の成立は認められないというものであった。

次に，公務執行妨害について無罪を言い渡した理由は，機動隊らが阻止線を形成して本件集団示威運動を阻止した行為は，当初から公務執行妨害により学生らを逮捕することを意図してなされたものであり，その職務行為は違法であるから，これに対する暴行は公務執行妨害に該当しないというものであった。

これに対し，検察官が上告した。

最高裁昭和52年5月6日判決は，検察官の主張を容れ，① 警察官に対して暴行に及んだ者及び暴行に及ぼうとした者であっても共同加害目的は認められないとした原判決の事実認定は誤っている，② 無許可の集団示威運動に対してこれを阻止する行為は適法であり，これを違法とした原判決の限定解釈は誤っている旨判示して，原判決を破棄し，事件を東京高裁に差し戻した。

「凶器準備集合罪が成立するためには，二人以上の者が他人の生命，身体又は財産に対し共同して加害行為を実行しようとする目的をもって凶器を準備し集合したことをもって足り，集合者の全員又はその大多数の者の集団意思としての共同加害目的を必要とするものではないと解される」

「現実に，学生集団の先頭部分に位置していた一部の学生が，所携の『角材の柄付きプラカード』あるいは角材を振り上げて阻止線を形成している警察官をめがけて殴りかかっている事実を考え合わせると，学生集団の構成員の間に，警察官に対する暴行につき，明示の統一した意思連絡がなかったとしても，その先頭部分にいた学生らが警察官に対し『角材の柄付きプラカード』等を振り上げて加害行為に出た時点以後においては，これ

らの行動を相互に目撃し得る場所に近接して位置していた学生らのうち，少なくとも，直接警察官に対し暴行に及んだ者あるいは『角材の柄付きプラカード』等を振り上げて暴行に及ぼうとした学生らは，特段の事情がない限り，漸次波及的に警察官に対する共同加害意思を有するに至ったものと認定するのが相当である。」

「無許可の集団示威運動は，それが届出さえすれば許可される性質のものであったとしても，それ故に許可を受けたと同一の効果をもつものでないことはいうまでもないところであって，単に許可申請手続をしなかったという点で形式上違法であるばかりでなく，それ自体実質的違法性を有するものであることは当裁判所の累次の判例によって明らかにされているところであり（最高裁昭和40年（あ）第1050号同41年3月3日第一小法廷判決・刑集20巻3号57頁，同昭和46年（あ）第729号同50年10月24日第二小法廷判決・刑集29巻9号777頁），しかも，本条例4条が『……その違反行為を是正するにつき必要な限度において所要の措置をとることができる。』と規定しているのは，同条による是正措置が，違反行為の態様，公共の秩序に対する侵害の程度等に応じて必要な限度を超えてはならない趣旨であると解すべきではあるが，無許可の集団示威運動に対しても有効適切な是正措置を講じ得るとしたものであることはもちろんである。そうだとすれば，学生集団の行進を直ちに実力で阻止し解散させなければならないほど明白かつ切迫した事態にない限り，これを阻止することも許されないとする原判決の判断は，同条につき誤った限定解釈をしたものというほかはない。」

高木典雄調査官は，控訴審判決の事実認定・法令解釈が誤っている旨の本件最高裁判決について，これを相当とする[310]。

「本件で直接問題となっている『共同加害目的』の如き主観的要件の存在については，本人の供述がない以上，客観的な情況事実の積み重ねによって推認するほかないのであって，その意味において，多くの困難を伴うところである……本判決は，客観的な情況事実については原審での認定事実

---

[310] 前掲309）の高木典雄（昭和52年度）198～200頁，202～203頁

を基礎としながら，なお，原判決は経験則に違反して事実を誤認した疑いがあるとしている」

「本決定が，前示のような判示をしたのは，本件のような場合については，原判決の認定した具体的事実関係にしたがったとしても，加害行為実行開始後における凶器準備集合罪の成立を否定しない限り，藤木教授のいうように，相互に呼応して加害行為に及ぶことによって，順次共同加害意思が形成され，凶器準備集合罪が成立すると解するのが常識的であるとの判断に出たものといえよう。これに反して，原判決のように，学生集団の一部が阻止線の機動隊員に対して加えた暴行は，その機動隊によって誘発された結果であるというだけで，それ以上の合理的，具体的事情を示すことなく，右暴行が銘々各自の別個独立の意思発動に基づく行為であるとすることは，やはり，人を納得させるに足りないといえよう。」

「前掲東京地裁判決（引用者注：昭和44年10月8日東京地裁判決・判例時報597号114頁）のように，制止行為についてまで明白かつ現在の危険を要するとすることには疑問を抱かざるを得ない。けだし，無届の集団示威運動において，それが届出さえすれば許可される性質のものであったとしても，それ故に，これが許可を受けたと同一の効果をもつものでないことは理の当然であり，このような違反行為を是正することは警察の責務であるからこそ，東京都公安条例4条は違反行為に対応する措置を規定したものであるのにかかわらず，警告に従わない者に対しては制止以外の対応策は考えられないからである。……現実の具体的危険が生じない限り，警告に従わない者に対しても，なんら有効適切な是正措置をとりえず，なすがままに放置しなければならないとするものでないことは明らかといえよう。」

思うに，本件控訴審における事実認定は，本件最高裁がいうとおり経験則違反による事実誤認というほかないが，このような下級審における消極的な事実認定は，他事件の下級審でも少なからず見られたところである。

本件では，アメリカの原子力空母が日本に寄港することについて，日本政府とアメリカ政府との間で了解があり，与党である自由民主党が多数を占める国会もこれを受け入れていたのであるから，これは，議会制民主主義の過程を経

た国家の意思決定であった。

　被告人らは，原子力空母の寄港を阻止しようとして，本件犯行を含む行動に及ぼうとしたわけであるが，それは，議会制民主主義の過程によってはこれを阻止できないことが分かっていたからであろう。

　すなわち，被告人らは，自身らの政治目的を達成するために実力行使という手段を選択したというわけである。実際，中核派らは，本件集団示威運動に先立ち，あらかじめ角材やこれと同様に用いることができるプラカードを 200 本以上用意しており，学生らは，段ボールに詰めた石も用意の上，本件集団行動に及んでおり，本件集団示威運動の際には，「あらゆる国家権力と弾圧をはねのけて佐世保に集まろう。エンタープライズ寄港阻止のために最後まで闘い抜こう。いかなる警察権力にも勝つ闘いをやろう。」，「警察官の壁をぶち破って佐世保へ行こう。」，「エンプラ粉砕」などと叫んでおり，被告人ら 6 名は，それぞれ角材を手にし，うち 4 名は，警察官を実際に殴打し，残り 2 名も，殴打まではしなかったものの角材を振り上げたというのである。

　これらの間接事実を踏まえ，経験則に従えば，凶器準備集合罪の共同加害目的や，公務執行妨害罪の事前共謀については，これを容易に認定することができるように思う。

　本件最高裁判決は，原判決が認定した情況は「学生集団の潜在的加害意思を認めるに十分である」とした上で，直接警察官に対して暴行に及んだ者あるいは暴行に及ぼうとした者について「共同加害目的」の存在を認めない原判決の事実認定は，経験則に反している旨判示しているが，もっともな指摘だと思う。

　なお，本件最高裁判決は，共同加害目的が認定できるのは暴行が始まってからだ，と述べているわけではない。集団示威運動が開始される前から共同加害目的を認定するに「十分」である，と述べた上で，「少なくとも」暴行に関わった者については，共同加害目的や公務執行妨害の共謀の存在が明白であり，それに反する事実認定は，経験則違反だと述べているのである。

第3節　事実認定・法令適用の司法裁量

　第2章で取り上げたいわゆる国鉄3大ミステリー事件では，犯行が秘密裡に行われたため，事件性・犯人性の立証が容易ではなく，立件できなかった迷宮入り事件があったほか，起訴しても無罪になるなどの結果に終わっている。
　その判決では，取調べを含む捜査活動の粗さなどが批判された。その指摘自体には，捜査機関として反省すべき点が多々あったことは事実であろう。その結果，その後の捜査活動において，被疑者らに対する取調べは一層緻密なものとなっていき，供述調書も長大化していくことになった。
　弁護人が被疑者・被告人のために積極的に行動するのも，また，裁判所が捜査活動の適否・当否を吟味すべきことも，いずれも当然のことである。
　しかし，その結果，裁判は長期化した。弁護人の活動の中には，権利の逸脱・乱用と認められるものもあったろうし，下級審判決の中には，捜査活動への批判ばかりが目立つようなものもあったように思う。
　これに対し，本章で取り上げた公安条例違反事件においては，犯行が公然と行われたため，事件性・犯人性の立証は比較的容易なはずであった。特に，警察は，自白の獲得に偏重することのないよう，写真撮影や録音・録画などの新しい捜査手法を開発・導入する努力を続けてきた。新しい捜査手法が採り入れられる度に，その証拠能力の有無をめぐって激しい法廷闘争が繰り広げられ，裁判所は，相当に慎重な姿勢を示しつつも，概ね新しい捜査手法に対して理解を示してきたように思う。
　しかし，実際には，公安条例違反事件においても，裁判は長期化したのである。
　公安条例違反事件については，全国各地の裁判所で激しい法廷闘争があり，下級審の中には，被告人・弁護人の主張を容れるものが少なくなかった。例えば，公安条例自体が憲法に違反して無効である旨判示したり，集団示威運動の事実自体が認められない旨事実認定したり，集団示威運動があったとしても違法ではない，違法だとしても罪にならない，などの様々な法解釈を示したりして，無罪判決が繰り返されたのである。もちろん，第一審において有罪判決が

言い渡された事件も少なくないが，犯行が公然と行われ，警察官らが現認している事件においてすら，無罪判決が言い渡されることがあるということ自体，異様な感を覚えずにはいられない。

　本章で取り上げた一連の公安条例違反事件において，最高裁判決は，概ね穏当な判断を示していると思うが，個々の争点については，最高裁判例が法令解釈を示して決着が付いていたはずなのに，その後の下級審が最高裁判例を無視する判断を繰り返したことにも，驚かされる。

　事実認定・法令適用については，一定の司法裁量があることは当然であるが，本章で取り上げた一連の最高裁判決を読むにつけても，最高裁の危機意識が窺われる。

第6章　全学連による安保闘争

第1節　緒　論

　本章では，全日本学生自治会総連合（全学連）により敢行された次の事件を取り上げる。いわゆる安保闘争である。
　　一一・二七国会乱入事件（建造物侵入）（昭和 34 年 11 月 27 日）
　　羽田事件（建造物侵入・業務妨害）（昭和 35 年 1 月 16 日）
　　四・二六事件（東京都条例違反・公務執行妨害）（同年 4 月 26 日）
　　六・一五国会乱入事件（暴力行為等処罰に関する法律違反，公務執行妨害，建造物侵入）（同年 6 月 15 日）
　全学連は，当初，安保改定阻止国民会議（いわゆる国民会議）の統一行動に参加していたが，その後，国民会議の抗議活動が穏健すぎるとして別行動を計画し，本件の各実力行使に及んだものである。このうち，一一・二七事件及び六・一五事件は，いわゆる国会乱入事件として知られる。
　いわゆる学生運動は，同時期に広範囲の地域から多数の学生が瞬時に集結し，組織的に共同行動をとるところに特徴がある。警備に当たる警察の負担は，大きかった。
　全学連の幹部は，全国的である。すなわち，被告人 A（全学連中央執行委員長，北海道大学学生），被告人 B（同中央執行委員，九州大学学生），被告人 C（同中央執行委員。全学連の幹部らが次々に逮捕されていったため，後に，事実上の同中央執行委員長代理の職にあったもの。京都大学学生），被告人 D（同中央執行委員，東京大学学生），被告人 E（同副中央執行委員長，早稲田大学学生）らが幹部となっていた。
　全学連による前記各事件の第一審としては，まず，一一・二七国会乱入事件，羽田事件及び四・二六事件を審理した東京地裁昭和 36 年 12 月 22 日判決がある[311]。

---

[311] 東京地裁昭和 36 年 12 月 22 日判決・裁判所時報 345 号 1 頁・判例タイムズ 131 号 132 頁（全学連による一一・二七国会乱入事件等）

被告人Ａ，同Ｂらは，羽田事件及び四・二六事件により起訴され，第一審の東京地裁昭和36年12月22日判決は，被告人Ａに懲役10月（実刑判決），同Ｂに懲役8月（実刑判決）を各言い渡した。実刑判決といっても，同判決は，両名に対し，未決勾留日数中180日を各刑に算入したから，仮に保釈されなかったとしても，両名としては早期に釈放されることが期待できる判決内容であった。その余の被告人31名は，いずれも執行猶予付き判決を言い渡されている。被告人Ｄは，羽田事件により起訴され，懲役8月・執行猶予2年，同Ｅは，一一・二七事件により起訴され，懲役6月・執行猶予2年に各処せられた。

次に，六・一五国会乱入事件の第一審を審理した東京地裁昭和40年8月9日判決がある[312]。

同判決は，被告人ら23名全員に執行猶予付き判決を言い渡した。そのうち，被告人Ｃは，懲役1年6月・執行猶予3年，被告人Ｄ及び同Ｅは，いずれも懲役1年2月・執行猶予3年であった。被告人Ｄ及び同Ｅは，先の裁判審理中に本件六・一五国会乱入事件を犯したのであるが，再び執行猶予付き判決を言い渡されている。

次節では，東京地裁昭和36年12月22日判決及び同地裁昭和40年8月9日判決の各事実認定に従い，全学連により敢行された一連の安保闘争事件を見ることにする。

第2節　安保闘争の概要

日米安保条約の改定交渉の経過とこれに対する反対運動

重光外相は，日米安全保障条約（安保条約）の内容が日米対等になっていないことなどの諸点につき，昭和30年8月31日，アメリカ合衆国のダレス国務長官との共同声明を発表し，「日本がその国土の防衛のための第一次的責任を

---

[312] 東京地裁昭和40年8月9日判決・下級裁判所刑事裁判例集7巻8号1603頁（全学連による六・一五国会乱入事件）

とることができ，西太平洋における国際の平和と安全の維持に寄与することができるような諸条件が実現された場合には，現行の安保条約をより相互性の強い条約に置き代えるのが適当である。」旨述べ，岸首相は，昭和32年6月21日，アイゼンハワー大統領との共同コミュニケにおいて，「暫定的なものとして作成された安保条約を両国の国民の必要および願望に適合するように調整することを考慮する。」旨発表し，日米両国政府は，昭和33年9月11日，藤山外相とダレス国務長官との会談に基づき，日米両国政府が安保改定交渉を始めることに同意し，藤山外相とマッカーサー在日アメリカ大使は，安保改定交渉に入った。

　これに対し，全日本学生自治会総連合（全学連）の指導者らは，安保改定が日本の独占資本の要請に応えるものであり，それは，対内的には労働者に対する搾取の強化を推進し，対外的には東南アジア等に対する帝国主義的な進出につながり，日本の軍国主義化と戦争の危険の増大について決定的意義を有するものであるとして，あくまでも安保改定の実現を阻止すべきであるとの立場をとった。

　昭和34年3月28日，社会党，総評，中立労連，青年学生共闘会議等13団体を幹事団体，共産党をオブザーバーとして，安保改定阻止国民会議（以下，「国民会議」という。）が結成され，同年8月上旬から安保改定阻止統一行動（以下，「統一行動」という。）が展開されることになった。

　全学連は，青年学生共闘会議の一構成員として統一行動に参加したが，国民会議の行動方針が穏健すぎて飽き足らなく思うようになり，次第にそれを逸脱する行動に出るようになった。

一一・二七国会乱入事件（建造物侵入）（昭和34年11月27日）（被告人Ｅら）

　国民会議は，安保改定阻止第8次統一行動として，臨時国会会期中の昭和34年11月27日，衆参両院に対する大請願デモを実施する計画を立てて，学生らに動員をかけ，同日昼過ぎ頃以降，最高時には，国会議事堂周辺にあるチャペルセンター前に約1万1000名，特許庁前に約6500名，人事院前に約1万4～5000名が集まった。

警視庁は，衆参両院からの要請に基づき，人垣と車両阻止線により請願デモ隊の進出を押さえ，広報車から学生らに対し，解散するよう繰り返し促した。
　国民会議の動員した請願デモ隊は，警官隊らと対峙していたが，そのうちの請願代表団約 30 名が，同日午後 3 時 40 分頃，国会議員に引率され，衆議院議長に面会するため，衆議院に向かった。
　他方，被告人 F（全学連書記長），同 G（同中央執行委員）らは，学生，労組員等約 300 名とともに，同日午後 4 時 6 分頃，国会議事堂の正門から同構内に管理者の意思に反して侵入した（建造物侵入）。
　被告人 E（全学連副中央執行委員長）らは，学生約 200 名とともに，同日午後 4 時 25 分頃，衆議院南通用門と正門との間の外柵を乗り越えて国会議事堂構内に管理者の意思に反して侵入した（建造物侵入）。
　被告人 H は，学生約千数百名とともに，同日午後 4 時 50 分頃，国会議事堂の正門から同構内に管理者の意思に反して侵入した（建造物侵入）。

羽田事件（建造物侵入・業務妨害）（昭和 35 年 1 月 16 日）（被告人 A，同 B，同 D ら）

　岸首相以下全権団が昭和 35 年 1 月 19 日にワシントンで新安保条約の調印をするため，同月 16 日に羽田空港を出発する日程であることなどが報道された。
　これに対し，国民会議は，当初，大規模な羽田抗議デモを実施する予定であったが，その後，同デモを実施した際の秩序保持に不安があるという理由から，都心における抗議集会・集団示威運動の実施に方針を変更すべきであるという意見が大勢を占めるに至った。
　他の諸団体が羽田デモの中止に傾く中，全学連は，泊まり込みによる強力な羽田デモを組織し実力に訴えてでも全権団の渡米を阻止するとの方針を維持し，可能な限りの大量動員を要請したところ，共産主義者同盟（共産同），日本社会主義学生同盟（社学同）のほか，全国諸大学の自治会の一部等がこれに参加することになった。
　呼びかけに応じた多数の学生らは，同月 15 日午後 6 時過ぎ頃から，羽田空港ターミナルビルディング 2 階国際線ウェイティングロビー（以下，「ロビー」

という。)に参集し始め,同日午後10時30分頃には,その数約300名に達し,被告人Ⅰ(全学連中央執行委員)の司会で,その頃から翌16日午前0時40～50分頃までの間,ロビーにおいて,集会が開かれ,その間も,多数の学生が参集してきた。

被告人A(同中央執行委員長)は,同集会において,滑走路に座り込んででも全権団の出発を断固阻止すべき旨要請した。

空港の所有会社及び東京航空保安事務所の職員らは,同月15日午後10時50分頃から翌16日午前1時頃までの間,ロビー備え付けの拡声器により,学生らに対し,退去を要請した。

学生らは,同月16日午前1時頃,警官隊が配置された旨の報告を受け,警官隊の立ち入りを阻止するため,ロビー南側の階段,渡り廊下の付近に,ロビー備え付けの椅子約88脚を積み重ねてバリケードを築き,同所及びロビー東側・北東側付近において,警官隊と対峙し,スクラムを組み,シュプレヒコールを行うなどした。

被告人A(全学連中央執行委員長),同B(同中央執行委員)ら学生約600名は,昭和35年1月16日午前1時15分頃,ロビー西側に隣接する食堂(第1コーヒーショップ)に殺到し,施錠されて内側から食堂従業員6～7名が必死に押さえていた同食堂の扉を押したり,突いたりして無理矢理これを開けて同食堂内に侵入し,同食堂支配人から拡声器により退去要請を受けても,立ち去らず,同食堂内に配備されていた客用のテーブル,椅子等の備品を取り払い,これらを同食堂の出入口等に積み上げてバリケードを築き,同日午前4時40分頃,警官隊に強制排除されるまでの間,同食堂を占拠し,同食堂従業員らの業務を妨害した(建造物侵入・威力業務妨害)。

四・二六事件(東京都条例違反・公務執行妨害)(昭和35年4月26日)(被告人A,同Bら)

岸首相らは,昭和35年1月19日,ワシントンにおいて新安保条約に調印した上,同条約の承認を求めて,通常国会に同条約を提出した。衆議院安保等特別委員会は,同年2月19日,同条約の審議を開始したが,参議院の議決を経

ないでも同条約が自然成立するためには，会期の延長がない限り，同年4月26日までに衆議院の議決を必要とする日程であった。

これに対し，国民会議は，東京都公安委員会の許可を受けた集団示威運動を実施し，衆議院に対して安保改定反対の請願書を提出する計画を立てた。

全学連は，国民会議とは別途，闘争方針を立て，東京都公安委員会の許可を受けずに，一一・二七闘争を上回る国会包囲デモを計画し，諸団体に呼びかけ，共産同及び社学同も，これに同調した。

学生らは，同年4月26日午後0時30分頃には，国会議事堂の周辺にあるチャペルセンター側歩道上に約4〜500名が参集していたところ，被告人Aは，同日午後0時40分頃，学生約100名を引率して，同センター前車道を国会議事堂正門に向かって駆け上り，前記学生らがこれに合流した。

警官隊らは，学生らの前進を押しとどめようとしたが，これを阻止できず，広報車，輸送車等を並べた車両阻止線を設定し，後退しては第2次車両阻止線を設定し，後退しては第3次車両後退線を設定するといった対応を繰り返した。

学生らは，同日午後2時50分頃には，その数約5000名に達した。

被告人Bは，その間の同日午後1時30分頃，第1次車両阻止線の広報車の上で，演説を始め，同日午後2時頃，隊列の変更を指示するなどした。

被告人A（全学連中央執行委員長），同B（同中央執行委員）らは，同日午後2時40分頃から同日午後4時頃までの間，チャペルセンター前道路上において，学生ら約5000名が東京都公安委員会の許可を受けないで安保改定阻止のための集会を行った際，隊列の変更を指示し，演説をするなどして，同学生集団を指導した（東京都条例違反）。

被告人A，同Bらは，同集会の終わった後，同日午後4時15分頃，同学生集団に呼びかけ，車両阻止線を乗り越えて国会議事堂正門へ向かおうとし，これを阻止しようとした警官隊らに対し，突き当たり，押すなどの暴行を加え，もって公務執行妨害に及んだ（公務執行妨害）。

六・一五国会乱入事件（暴力行為等処罰に関する法律違反，公務執行妨害，建造物侵入）（昭和35年6月15日）（被告人C，同D，同Eら）

　全学連は，国民会議の採る合法的な抗議がいわゆる「お焼香請願デモ」であり，この戦術に飽き足らないとして，四・二六闘争に及んだものの，これにより全学連の指導者らが逮捕された上，青年学生共闘会議から除名されそうになった。

　衆議院は，昭和35年5月19日深夜から翌20日未明にかけて，50日間の会期延長と新安保条約案の承認を自民党の単独採決により可決したが，これに対し，知識人，労働者らは，これが強行採決であり，議会主義の原理を無視し，民主主義を危機に陥らしめるものであるとして，激しく非難した。

　全学連は，傘下の学生団体を動員し，全国的な授業放棄で学生らを街頭に繰り出し，「安保阻止」，「岸内閣打倒」，「衆議院解散」などのスローガンを掲げ，連日連夜，国会周辺，首相官邸，自民党本部等に抗議デモを敢行し，さらに，同年6月4日，統一行動ゼネストに及んだ。

　その後，全学連は，同年6月10日，羽田空港において，アイゼンハワー大統領の新聞係秘書ハガチーを取り囲むデモを敢行したところ（ハガチー事件），国内の抗議運動の流れが安保闘争から反米闘争に変化し，同年6月15日の統一行動が同年6月4日の統一行動を下回る気配となったため，全学連は，新安保条約の批准を断固阻止するため，国会突入を辞さない方針を立て，傘下大学自治会を通じて学生らに対し同年6月15日の統一行動への参加を呼びかけた。

　呼びかけに応じた90数校の大学の学生らは，同15日午後2時頃から，国会議事堂正門付近道路に集合し，被告人Cは，その頃，全学連の宣伝カーの上から，学生らに対し，総決起大会を開くことを宣言した。

　被告人Cは，同日午後4時過ぎ頃，学生らに指示して，6列縦隊で14集団を作り，スクラムを組みながら，国会議事堂を2周するデモ行進をさせたが，同日午後5時頃，衆議院南通用門前付近道路上において停滞してしまった。

　他方，警視庁は，衆参両議長から，内閣を介して国会警備の要請を受け，警官隊を国会議事堂構内などに配備して警備に当たらせた。

　被告人C（全学連中央執行委員で，事実上の同執行委員長代理），同D（同中央執

行委員），同E（同副執行委員長）らは，昭和35年6月15日午後5時頃，衆議院南通用門付近道路において，学生らに対し，マイクで「国会構内の抗議集会を目指して今日1日を闘おう。」，「明大，中大の学友諸君は，今日も先頭を切ってもらいたい。」，「国会構内における集会は，我々の権利だ。」などと演説し，学生ら数千名は，同日午後5時30分頃，スクラムを組んで一団となり，「わっしょい，わっしょい」の掛け声とともに，南通用門の扉に突き当たり，同扉の内側に角材を括りつけていた針金をペンチで切って角材を外し，同扉を前後に大きく揺り動かしてこれをもぎ取り，さらに，南通用門の内側に並べられていた警察車両にロープを結びつけてこれを引っ張り，同日午後6時過ぎ頃，同車両が引っかかった鉄筋コンクリート製門柱に電線コードを引っかけ，これを引っ張って同門柱を引き倒し，また，警察隊が設置した有刺鉄線のうち約10メートル部分を切断するなどして破壊し，もって，多衆の威力を示し，かつ，共同して器物を損壊した（暴力行為等処罰に関する法律違反）。

また，学生らは，同日午後5時30分頃から，南通用門内側の国会議事堂構内において，警察官らに対し，石，コンクリート破片等を投げつけ，また，竹竿，棒等で突くなどの暴行を加え，同日午後5時40分頃，南通用門の内側にあった警察車両を移動させようとしたが，その際，これを制止しようとしていた警察官らに対し，旗竿等で突きかかり，門外に出てきた警察官に対しても，竹竿，棒等で殴るなどの暴行を加え，その後，警察車両をロープで引っ張って門外に引き出して警察が設置した阻止車両線を除去し，同日午後6時過ぎ頃から，警察官らに対し，激しい投石，投棒等を繰り返し，学生ら400名は，同日午後6時45分頃，警察官らを排除しながら，外柵を乗り越えるなどして，国会議事堂構内に管理者の意思に反して侵入した（公務執行妨害・建造物侵入）。

学生デモ隊数百名は，同日午後7時5分過ぎ頃，警察部隊の実力行使により，国会議事堂の門外へ排除され，その多くが逮捕された。

この間，女子大生1名が死亡したほか，多数の学生が重軽傷を負った。

そこで，被告人C，同D，同Eらは，同女子大生の死亡に対する抗議の意志も合わせて表明するため，約3000名の学生デモ隊とともに，同日午後7時30分頃，南通用門付近から国会議事堂構内に侵入し，全学連の宣伝カーも入

れ，同日午後8時10分頃から同日午後10時頃までの間，国会議事堂構内において，座り込んだり，シュプレヒコールをしたりし，宣伝カーの上から，被告人Cの司会で，同D，同Eらが演説等をし，死亡した女子大生のための黙祷をしたりし，もって，国会議事堂構内に管理者の意思に反して侵入した（建造物侵入）。

　被告人C，同Dらは，同日午後10時過ぎ頃，宣伝カーの上から，学生デモ隊約3000名に対し，「国会正門の方へ行って，さらに抗議集会を開こう。」，「がっちりとスクラムを組んでもらいたい。」などと指示し，同学生デモ隊らは，警官隊に対し，突く，押すなどの暴行を加え，もって，公務執行妨害に及ぶとともに，警察官ら13名に対し，全治まで約1週間を要する傷害を負わせた（公務執行妨害・傷害）。

第3節　学生運動に対する量刑の軽さが その後の社会に与えた影響

　前節では，東京地裁昭和36年12月22日判決（一一・二七事件，羽田事件及び四・二六事件）及び東京地裁昭和40年8月9日判決（六・一五事件）により，全学連による安保闘争の概要を見た。

　いずれの事件も否認事件であり，被告人・弁護人らは，公判で徹底的に争い，前者の第一審判決が言い渡されたのは，事件発生から2年，後者の第一審判決が言い渡されたのは，事件発生から5年が経過してからであった。後に検討する連合赤軍やオウム真理教などによる各事件の裁判と比べれば，早い方の裁判であったといえるかもしれない。

　裁判が比較的迅速に進んだ理由としては，罪名が比較的軽く，重い刑罰が想定されていなかったこと，被告人らにおいて争ってはいるものの，自分たちが正しいことをしたのだという確信を抱いており，事実関係を徹底的に争おうとする姿勢が比較的小さかったからではないかと推察する。

　しかし，二つを比較すれば，前者の裁判の方が審理が早く進み，後者の裁判の方が審理が遅れている。

前者の裁判（東京地裁昭和36年12月22日判決）の被告人らは，最終陳述において，起訴罪名に対する違和感等を述べた。
「われわれは，安保改定を阻止することが正しいことであると確信し，安保改定を推進しようとする政府と政治的に真っ正面から対決したのである。われわれは，この政治的信念および行動が誤っているということで裁かれるのであるならば，幾らかでも争う自信がある。
　しかし，われわれは，建造物侵入とか威力業務妨害とか，公務執行妨害とかいう意外な罪名で起訴された。
　これは，政府が全学連という最も強力な反対勢力を倒すために，その権力を濫用した陰謀であるとしか思われない。
　われわれは，この裁判によって何ら裁かれているものでないような気がする。」
　これら被告人らの陳述は，自身らが裁かれる立場に置かれていることを忘れているかのようである。むしろ，この裁判すら政府と闘う舞台なのだ，という思いを吐露したものと理解できそうである。
　これに対し，同判決（裁判長横川敏雄）は，被告人・弁護人らの政治的主張に答えるのが裁判所の機能ではない旨説示した。
「裁判所は，具体的な事件を，審級制度を背景に，法的安定性をも顧慮しつつ裁判するところなので，理論的問題も，あくまで事件との関連において事実に即して判断する必要があるとともに，できるかぎり，判例，特に最高裁判所（略）の判例を尊重する義務があると考える。かような観点に立つ当然の結果として，問題の理論的解明については，弁護人の期待に十分こたえなかった点もあると思われる。」
「思想，言論の自由が認められている憲法のもとでは，政治的思想や信念自体の是非を裁くことが許されない反面，どういう政治的思想や信念の持ち主であろうとも，その行為が法にふれる場合には，法に照らして責任を問われなければならない。これらのけじめがはっきりつけられることによって，初めて思想，言論の自由も，これらを基本とする民主主義も守られるといえるのである。裁判所が，被告人等に起訴されたような行為が

あったかなかったか，それが法に照らして罪になるかどうか（違法阻却，責任阻却の事由をふくむ。）に審理の重点をおいたのは，このためである。」

この説示は，被告人ら若人を諭す，といった趣のある内容である。本来，刑事裁判は，犯罪事実の有無を判断し，有罪であれば量刑判断をして刑を宣告するという手続なのであり，被告人・弁護人らの政治的主張に答える義務はない。そうした刑事裁判の意義を判決で説明する必要すらない。しかし，同判決は，被告人・弁護人らの政治的主張に答える義務がない理由を丁寧に答えているのである。

後者の裁判（東京地裁昭和 40 年 8 月 9 日判決）がやや迅速さを欠いた感があるのには，被告人・弁護人の争い方が強く影響している。

この点について，同判決（裁判長山田鷹之助）は，被告人・弁護人の主張に対する判断を示す項の冒頭において，本件での争点整理の困難性などに言及した。

「被告人及び弁護人の主張について，以下検討するに当たり，予め注意しておきたいことは，右の主張がすこぶる多岐多様にわたることである。

すなわち，本件関係被告人 23 名のうち，被告人 G を除く被告人 22 名は，当初から併合審判を受けていたものであるところ，第 70 回，第 71 回公判において，弁護人らの弁護方針並びにその主張と対立したという理由で，被告人……が公判手続の分離を要求し，弁護人らと袂を分かつに至った結果，これら被告人並びにその後同被告人らについた各弁護人各自の主張は，右の弁護人らの主張と自ずからその内容を異にし，たとえ，内容が同一であっても，その論拠とする理由については，必ずしも同一ではなく，また，本件被告人 C ら 17 名の分離要求をしなかったもの相互の間にあっても，その意見として述べる主張は，まちまちであって統一されていない。

さらに，右弁護人らの主張にあっても，第 2 回公判に意見を開陳した弁護人らのうちから相当数のものが弁護を辞し，最終弁論として意見を述べた弁護人は，……の 5 弁護人にすぎなかったため，審理当初の主張と最終段階における主張とは，細かい点においては，必ずしも一致しているとはいえない上に，同一事項にあっても，いろいろな角度と観点から，種々の論拠を挙げて多彩で精緻な理論構成を展開させているという有様である。

それで，当裁判所は，分離した被告人ら及びその弁護人らの主張をもふ
くめて，これら多岐多様にわたる主張のうち，最高裁判所の判例としてす
でに判断が示されたものや，本件事実認定並びに本件事案の成否にさほど
重要でないと思われる点を整理し，事実上，法律上の問題について，以下
検討していくこととする」
　この判示は，裁判所が訴訟を進行させる上で多難ありしことを容易に推察さ
せるものである。
　すなわち，後者の裁判が長期化した理由としては，被告人23名という数の
多さ，否認事件で争点が多かったというだけでなく，公判の併合・分離の問題，
弁護人の選任・解任の問題，被告人と弁護人との意思疎通の問題など多岐にわ
たる事情があったのである。
　これらの問題は，他の公安事件にも共通する課題であり，かつ，実効的な改
善策が見出せないまま時代が流れていくのである。
　さて，両判決の量刑であるが，量刑判断の基本は，行為に見合った責任であ
り（応報刑），両判決の判断が不当とまでは思わない。
　但し，やや軽い感はある。
　前者の裁判では，被告人2名に対して実刑判決が言い渡されたものの，その
余の被告人ら31名は，全員執行猶予判決である。その実刑2名については，
懲役10月及び同8月で，いずれも未決勾留日数中180日を各刑に算入するこ
ととされたから，仮に身柄が拘束されていても，上訴して時間稼ぎをすれば早
期に釈放され，刑務所に行かないで済むことを期待できる内容であった。後者
の裁判では，被告人ら23名全員が執行猶予判決であった。そのうち2名は，
前者と後者で2回も執行猶予判決を受けている。つまり前者の犯行に及び，そ
の裁判係属中に，後者の犯行に及んでいながら，いずれも執行猶予判決をも
らっているわけである。
　前者の東京地裁昭和36年12月22日判決（裁判長横川敏雄）は，量刑の事情
の中で，以下のとおり述べる。
「（一）本件各事件は，年余にわたって行われた安保改定阻止運動の過程で
　　発生した一連の事件のうちの最初の段階のものである。これの事件に共通

していることは,（1）被告人等の大多数は,現に大学で勉強中の学生で,年令もわずか22, 3才であること,一番年長の者でも年令30才に満たず,大学を卒業して数年しか経ていないこと,（2）本件各事件は,それぞれ各関係被告人等の共同犯行と認められるが,ほぼ同様の行動に出たとみられる者は,他に,一一・二七事件において1万名以上（学生,労組員,その他の者をふくむ。）,羽田事件において約600名（少数の労組員をふくむほか全部学生）,四・二六事件において約5000名（前同）に及んでいること,（3）これら事件は,いずれも安保改定阻止という目的をもつ集団行動の過程で発生したものであるが,被告人等は,特にその中で過激な行動に出たもの,あるいは過激な行動に出た団体の指導的立場にあったものとして起訴されたこと等である。」

「（六）しかし,被告人等の刑責を定めるについては,……(3) 各事件に数千あるいは数百の学生が加わって積極的に行動している点をみると,これらの事件も,特定の過激な思想にもとづく行動の結果と割りきるよりも,その実体は,若い世代の,今日の政治や政治家に対する強い不信,虚偽に満ちたいわゆる『大人の世界』に対する押さえがたい憤まん,社会の矛盾に対する激しい憤り,原子戦争に対する危機感等が安保阻止闘争の過程において,爆発していったと解する方が一層適切でないかと思われること（略）,（4）被告人等が皆真面目な優秀な青年で,いまだ勉学中の身であること,そして今や大半は全学連等の指導部から身をひいていること,（5）本件で勾留され起訴されたことによって既に社会的に種々の不利益をうけていると思われること,（6）本件の各事件は,安保改定をめぐって国内が騒然としていた異常な政治情勢のもとで発生したもので,かような不幸な事態は,容易に二度と起こらないであろうと予想されること等の事情も十分斟酌しなければならない。」

後者の東京地裁昭和40年8月9日判決（裁判長山田鷹之助）は,情状の中で,以下のとおり述べる。

「(一) 六・一五事件の特質からみた情状

　……

しかして，六・一五事件は，全学連がそれまでに行動してきた安保改定阻止行動を集約し，その頂点に立つものとして行われたものであること，5月19，20日の国会における強行採決は，民主主義を危険におとし入れる暴挙であるとの強い非難，およびこれに随伴する絶望的な危機感によって行われたものであること，当時の社会上，政治上の諸情勢は，緊迫と混乱，混迷と空白の状況であって，帰一するところを知らなかったということ等，これらの事情は，まさにそのとおりに違いがなかったから，右の諸事情についての認識，評価なしには，六・一五事件の正当な判断をすることはできないし，仮にこれをしても，結局は，皮相のそしりをまぬがれることはできないであろうという点において，被告人らの右の不満は正当である。」

「しかしながら，……本件の特質としてまぎれもない確かなことは，第一に，判示認定のような暴力が行われたということである。これをさらに言及すると，まず，被告人らは，5月19，20日の強行採決は，政府与党の多数の名で行われた暴挙であって，民主主義の原理に違反することが明白であると，これに強い非難を浴びせているが，ひるがえって，被告人ら自体，数千ないしは万余にもおよぶ多数集団の勢いと力とを頼みに，強烈で大規模な暴力を強行し，民主主義の原理に背を向けたということである。このことは，被告人らないしは全学連の理論と実際に矛盾撞着があったことを明らかに示すものとして，強く非難されねばならない。次に，この暴力は，国会乱入という形態で国会議事堂に向けられたということである。……わが国の立法府である国会議事堂を指向して，かくも強烈，かくも大規模なデモ形式による暴力が行われたことは，わが国の歴史上未だかつてなかったところであって，このような暴力は，安保改定阻止行動として，一般市民，労働者，または文化人などが行ってきた，国民会議統一行動の『請願デモ』とも全然異質のものであり，全学連および被告人ら独自の行動であったということである。……第二の特質は，本件事件において，前途洋々たる女子学生1名が失われたほか，数百名にもおよぶ学生が負傷し，流血でいろどられ，社会に大きな不安と衝動を与えたということである。」

「(二) 警察部隊の実力行使からみた情状

以上のような情状の見方については，本件においては，被告人ら学生デモ隊だけが暴力をふるったのではなく，警察官も実力行使の際，暴力をふるい，その結果，女子学生が死亡したほか，多数の学生が負傷したのであるから，警察側こそ非難されるべきであるとの被告人ら，弁護人らの前記主張もある……

……

そこで，本件が安保阻止運動における他の諸事件と異なって，警察官による暴行が激しく行われ，かつ，多数の重軽傷者を出すに至った事情について調べると，第一には，被告人らの行動がきわめて激しく，数千人にもおよぶ大集団によって行われたため，その強度と規模に比例して警察官の暴行の手段，態様もまた激しく，大規模であった点を指摘することができる。……さらに第二の事情として付加して述べるならば警察部隊の各指揮官における状況判断の悪さと統率能力の低さにこれを求めることができる。

……

従って，警察官の暴行だけを云々して，自己の行為の責任を免れようとするのは，正当でない。流血という未曽有の不祥事件を惹起したことについては，警察側同様，被告人ら側にも一半の責めがあるというべきであって，この点は，被告人らの情状を重からしめる所以である。」

「(三) その他の情状

……

その他，被告人らの大多数は，本件当時，学業にいそしむ前途有為の学生であったこと，青年に有り勝ちな直情径行的傾向も多分に手伝って，本件犯行を犯すに至ったものと認められること，本件起訴後，約４年半，百十余回にもおよぶ長期の公判審理が開かれた間，被告人らは，学業，就職その他に関し，物心両面ともに決して軽くはない負担や，取扱上の不利益を受けたであろうと推測されること及び本件発生当時の社会情勢も今日では著しく変わっていることなど，以上はすべて被告人らのために有利に斟酌すべき事情である。」

両判決の視点・指摘は，必ずしも一致しているわけではないし，それぞれに論理が判然としないところもあるやに見えるが，両判決には，共通している点もある。
　すなわち，両判決とも，被告人ら全学連が選択した手段は誤っていたが，その意図した目的には一定の正当性があり，しかも，いずれの被告人も前途有望な大学生らであり，事件から年月が経つうちに時代も変わっているので，今さら重い刑を科すまでもない，という，いわば大人が子供に接するかのような寛大な視点で量刑判断をしている点である。
　なるほど，被告人らは，大学生であった（北海道大学，九州大学，京都大学，東京大学，早稲田大学，明治大学，中央大学など）。
　しかし，両判決の説示には多少の違和感がある。
　というのは，事件当時，国内が騒然としていたというが，国内を騒然とさせていたのは被告人ら自身だからである。国民会議などは比較的穏健な抗議行動を計画していたのに対し，過激な実力行使に及ばなければならないと決めたのは，被告人ら全学連である。国内を騒然とさせたのは，被告人ら自身なのであり，「時代」のせいではない。両判決とも，やや情緒的であり，やや論理性を欠いているように見える。
　刑罰権行使の目的については，様々な考え方がある。その中には，一般予防（抑止効）を唱えたり，社会防衛を唱えたりするものもある。特別予防を考えるに当たっては，保護観察や刑務所での矯正教育の要否・当否も考慮されなければならない。
　果たして，全学連による安保闘争に対する刑罰権の行使は，いかなる目的を達することになったのか。
　何度やっても実刑にならない，裁判を長期化させれば時代も変わり量刑も軽くなる，そのような思考法が後の世代に蔓延するおそれはなかったのか。
　また，本件一連の事件のうち，例えば，羽田事件では，施設内にバリケードを張り，立て籠もるという戦術をとっている。国会乱入事件等では，警察官らに向けた暴行などで石や角材などが用いられている。後の世代は，これらを手本として学習し，戦術・戦略を練り，一層悪質な犯罪に及ぶおそれがないとも

限らない。
　犯罪に及んでも軽い刑で済むという思いがあれば，犯罪の抑止や社会防衛などは目的を達せられないであろう。
　戦前の公安事件裁判については，「右翼に甘かった。」などと言われることがある。そのような社会の動きは，少なからぬ国民が是認していたものである。その結果，戦争の惨禍を見て終わった。
　それでは，戦後の公安事件裁判はどうなのか。本件事件を含む様々な事件において，多くの被告人・弁護人らは，警察，検察，裁判所などを批判し，少なからぬ国民が被告人らの言動に理解を示してきたように思う。
　未来から過去を振り返り，戦後の公安事件裁判では「左翼に甘かった。」，本件よりも更に兇悪重大な事件が起きて，初めて国民は目が覚めた，などと言われないようにするためには，どうすればよいのか。
　戦前は，右翼系の人たちの考えに一定の理解を示さなければ，赤（共産主義者）というレッテルを貼られかねなかったように思う。逆に，戦後は，左翼系の人たちの考えに一定の理解を示さなければ，人権感覚のない者というレッテルを貼られかねない風潮になってはいないか。それを恐れる。

第7章　全共闘による東大事件等

第1節　緒　　論

　本章では，全学闘争委員会（全学闘）及び全学共闘会議（全共闘）による以下の事件を取り上げる。
　　第一次安田講堂占拠事件（建造物侵入）（昭和43年6月15日）（全学闘）
　　秩父宮ラグビー場事件（凶器準備集合）（昭和44年1月10日）（全共闘）
　　第二次安田講堂占拠事件（いわゆる東大事件）（凶器準備集合，不退去，公務執行妨害）（昭和44年1月17日頃～同月19日）（全共闘）
　これらのいわゆる学生運動は，広範囲にわたる多数の大学学生らが同時的に犯行に及んだ点において極めて特異なものであり，それは，全学連による国会乱入事件等と比べても一層悪質さを増したものとなった。

　全学闘による第一次安田講堂占拠事件の第一審裁判は，東京地裁昭和45年5月15日判決（裁判長浦辺衛）である[313]。
　同判決は，被告人3名に対し，いずれも懲役6月・執行猶予2年を言い渡した。この裁判では，弁護人から，公訴権濫用論，超法規的違法性阻却事由などの主張がなされるなど，事実認定上・法令解釈上の争いが多岐にわたり，証拠開示の申立なども多数あったが，全共闘による事件と比べれば，比較的円滑に審理が進められたとも言える。
　ところで，本編第1章第3節第3款のところで論じたとおり，最高裁昭和44年4月25日決定は，訴訟指揮権（刑訴法294条）に基いて証拠開示を命じることができる旨判示していたところ，同判例ルールが具体的事件において初めて適用されたのが，この第一次安田講堂占拠事件であった。
　すなわち，同事件において，検察官が証人尋問を請求し，弁護人が証人の検

---

[313] 東京地裁昭和45年5月15日判決・判例タイムズ251号282頁（第一次安田講堂占拠事件）

察官調書の開示を要求したことから，裁判長は，検察官による主尋問の前に，検察官に命じて相当詳細な尋問事項書を提出させ，弁護人による反対尋問の段階において，同調書の開示を検察官に勧告したが，検察官がこれに応じなかったため，弁護人からの証拠開示申立書の提出を受け，昭和44年4月30日の第5回公判期日において，検察官に対し，同調書の開示を命じ，これに対して検察官から異議の申立はなく，検察官が直ちに同調書を弁護人に開示し，弁護人は，裁判所の指定した閲覧室において，裁判所書記官立会の上，約1時間，これを閲覧した後，反対尋問を実施したとのことである[314]。

　これに対し，いわゆる東大事件を中心とした全共闘による一連の事件は，徹底的な法廷闘争がなされた。
　全共闘による一連の事件は，当初，東京地裁の各刑事部に分散して係属しており，それらは，次のようなグループ分けが出来るが，例えば，法研グループや安田講堂グループの中にも，さらに複数のグループ分けが出来，それぞれが別々の法廷に事件係属していたのである。
　　秩父宮ラグビー場事件
　　法研グループ
　　安田講堂グループ
　　医学部中央館グループ
　　列品館MLグループ
　　列品館放火グループ
　　その他
　統一弁護団・被告人らは，いわゆる統一公判を求め，徹底した出廷拒否戦術や，出廷しても退廷命令やむなき状況を作り出して退廷してしまうなどの戦術を採り，その結果，大多数のグループにおいて，いわゆる欠席判決が出されることになる。
　初期の判決としては，次のようなものなどが代表的である。

---

314) 東京地裁昭和44年4月30日命令・判例タイムズ234号57頁（証拠開示命令）

東京地裁昭和44年11月28日判決（裁判長岡垣勲）[315]
（被告人ら7名に対し，懲役1年8月〜同1年4月を言い渡し，そのうち2名については，刑の執行を猶予した。）
同地裁同年12月5日判決（裁判長戸田弘）[316]
（被告人ら10名に対し，懲役8月〜同5月を言い渡し，いずれも刑の執行を猶予した。）
同地裁昭和45年1月16日判決（裁判長向井哲次郎）[317]
（被告人ら8名に対し，懲役2年6月〜同1年を言い渡し，そのうち2名については，刑の執行を猶予した。）

　これらの判決が順次出されるに至り，一部の被告人らは，自身らの主張を明確に展開して防御活動を尽くしたいと希望するようになり，ここに統一弁護団は，いわゆる統一公判貫徹組といわゆる防御組とに分裂することになる。
　いわゆる防御組に対する判決としては，次のものなどが代表的である。
東京地裁昭和47年4月25日判決（裁判長熊谷弘）[318]
（被告人ら24名に対し，懲役2年6月〜同1年を言い渡し，そのうち17名については，刑の執行を猶予した。）

　次節では，これらの裁判における事実認定に従い，全学闘による第一次安田講堂占拠事件，全共闘による第二次安田講堂占拠事件（東大事件）等を見ていく。

第2節　東大事件等の概要

第一次安田講堂占拠事件（建造物侵入）（昭和43年6月15日）（全学闘）

　医学生の全国組織であった医学部学生自治会連合会（以下，「医学連」という。）

---

315) 東京地裁昭和44年11月28日判決・判例タイムズ241号315頁（東大事件）
316) 東京地裁昭和44年12月5日判決・判例タイムズ242号121頁（秩父宮ラグビー場事件）
317) 東京地裁昭和45年1月16日判決・判例タイムズ244号118頁（東大事件）
318) 東京地裁昭和47年4月25日判決・刑事裁判月報4巻4号801頁・判例タイムズ279号151頁（東大事件）

は，我が国における戦後の医師養成制度であるインターン制度について，医学部を卒業したインターン生（研修生）が卒業後1年間の研修を無給とされ，その経済的地位が不安定であるなど種々の問題がある旨指摘していたが，昭和39年，同制度の完全廃止を求めることを決議し，昭和41年3月，同制度の完全廃止を目的として，インターン生（研修生）の全国組織である青年医師連合（以下，「青医連」という。）が結成された。

　これを受けて，厚生省は，昭和42年7月，インターン制度を廃止することとし，代わりに，医学部卒業生に卒業後直ちに医師国家試験の受験資格を与え，医師の資格を取得後2年間以上の臨床研修を受けた者を医籍に登録する制度（登録医制度）を設ける内容の医師法改正案を国会に提出した。

　医学連及び青医連は，インターン制度も登録医制度も無償の医療労働を義務付ける点では異ならないとして，同改正案に反対し，東大医学部学生自治会及び青医連東大支部も，同年12月，東大医学部附属病院当局に対し，研修先として大学病院を希望する研修生を全員受け入れることなどの要望を出した。

　同病院当局がこの要望を拒否したため，東大医学部学生自治会及び青医連東大支部は，昭和43年1月29日，「全学闘」を選出してストライキに入った。

　東大医学部当局は，学生及び研修生らが同年2月19日に東大病院構内において医局員らと摩擦を生じたとして（春見事件），学生及び研修生合計17名に対して退学4名を含む処分方針を決め，東大評議会にこれを諮って了承してもらい，学生らの抗議にもかかわらず，同処分を維持する態度を続けた。

　国会では，同年5月，医師法の前記改正案を法律として可決成立させた。

　全学闘は，同年6月，局面を打開するため，大学事務の中枢である東京大学大講堂（以下，「安田講堂」という。）を占拠して大学の機能を麻痺させ，紛争を全学に拡大して有利な展開を図るしかないとの方針を固め，同年6月9日，大河内一男総長及び豊川行平医学部長に対し，前記処分の白紙撤回などを要求し，これが容れられない場合には安田講堂の占拠を含むあらゆる手段をとる旨通告したところ，大学当局から，安田講堂占拠を容認しない旨の告示があった。

　東大医学部4学年の各クラスでは，全学闘の方針を否決していたが，全学闘は，これを無視し，他大学の学生の支援を受けてでも安田講堂を占拠する方針

を強行することとした。

　被告人らは，東京大学，東京医科大学，慈恵会医科大学等の学生らであったが，昭和 43 年 6 月 15 日早暁，学生ら約 80 名と共に，安田講堂正面玄関に押しかけ，同日午前 4 時 50 分頃，警備員の制止を排除し，施錠されていた玄関扉を押し開け，同講堂内に故なく侵入した（建造物侵入）。

全共闘の結成及びその行動

　大河内総長は，昭和 43 年 6 月 17 日，警視庁に願い出て，機動隊により学生らを安田講堂から排除してもらった。

　これに対し，学生らは，大河内総長が学生らの正当な要求を理解しこれを解決する努力を尽くさないまま強権的に学生らを排除したとして，大河内総長の採った警察導入措置に怒りを示し，機動隊の導入に抗議するための全学ストライキに入った。

　大河内総長は，同月 28 日，安田講堂において，学生らと大衆会見を行い，春見事件に関する処分の見直しなどを内容とする所信表明をしたが，学生らは，同総長からの一方的な表明を不満とし，同年 7 月 2 日，安田講堂から事務部局職員を排除し，同講堂を再封鎖して占拠し，同月 5 日，「全共闘」を結成し，入口にバリケードを構築し，占拠の恒久化を図ったため，大学の管理機能は麻痺状態となった。

　全共闘は，同月 15 日，大学当局に対し，春見事件に関する医学部による処分の撤回などのいわゆる 7 項目を要求し，全学無期限ストライキ・全学封鎖の闘争宣言をした。

　大学当局は，同年 8 月 10 日，親書の形式をもって，いわゆる八・一〇告示を発し，春見事件に関する医学部処分は発効以前に戻すこと，将来的に警察導入は極力避けたいことなどを示した。

　これに対し，全共闘は，八・一〇告示をはねつけ，駒場及び本郷の計 8 学部が逐次ストライキに突入した。

　そのため，同年 11 月 1 日，大河内総長は退陣し，法学部長加藤一郎が学長事務取扱（総長代行）に選任された。

加藤総長代行らは，全学集会を提唱し，同月18日には全共闘の学生らと，また，翌19日にはいわゆる代々木系（日本共産党系）の学生ら（以下，「民青」という。）と，それぞれ予備折衝を行った。
　しかし，全共闘は，加藤総長代行の提案を拒否し，同提案に賛意を示す民青系の学生らと激しく対立するようになり，同月末頃から，民青系の学生との間で，角材，石塊などを用いた主導権争いの絡んだ武力闘争（内ゲバ）まで行われるようになり，双方に100名を超える負傷者を出す事態となった。

秩父宮ラグビー場事件（凶器準備集合）（昭和44年1月10日）（全共闘）

　全共闘は，昭和44年度の東大入試を粉砕して東大闘争を勝利に導こうとし，入試復活及び授業再開を主張する民青との間で争いを続けた。
　加藤総長代行は，昭和44年1月10日に7学部集会を開くこととしたが，同月9日，これを阻止しようとした全共闘が民青と衝突し，機動隊により双方を排除したものの，学内での集会は開けないことから，東京都港区の国立秩父宮ラグビー場において，7学部集会を開催することとした。
　学生ら二百数十名は，東京大学が昭和44年1月10日に秩父宮ラグビー場で開催した7学部集会を実力で妨害するため，同集会の警備に当たる警察官及び同集会の参加者に対し共同して殴打，投石などの暴行を加える目的をもって，それぞれ樫棒，鉄パイプ，角材，石塊などを携えて，同日午後1時20分頃，国鉄千駄ヶ谷駅前に集まった上，隊列を組みながら前記ラグビー場に向かって行進し，同日午後1時40分頃，同都新宿区内の神宮第二球場付近路上に至った。
　被告人らは，樫棒，石塊，角材等を所持して，前記学生集団に加わった（凶器準備集合）。

第二次安田講堂占拠事件（いわゆる東大事件）（凶器準備集合，不退去，公務執行妨害）（昭和44年1月17日頃～同月19日）（全共闘）

　大学当局は，昭和44年1月10日，秩父宮ラグビー場で開催した7学部集会において，7学部学生代表との間で，10項目の確認書を取り交わし，春見事件

の医学部による処分の白紙撤回など，全共闘の提示した7項目の大部分を実質的に受け入れたため，民青系の学生らは，学生らの基本的要求が通ったとしてストライキの解除に動いた。

しかし，全共闘は，前記7項目の細部にわたるまで要求を貫徹することを方針とし，法文1，2号館などを再封鎖し，全国の他大学の学生らも加わって，民青との対立をエスカレートさせていった。

全共闘は，同月15日に東大構内において東大闘争勝利，全国学園闘争勝利，労学総決起集会を開催するため，全国動員をかけ，同15日，全共闘を支援する反代々木系の各セクトの同盟員，シンパなど在京及び地方の他大学の学生多数が東大構内に集結し，民青との内ゲバ，大学当局による機動隊導入に備え，安田講堂に泊まり込み，石塊，コンクリート塊を同講堂内に搬入し，内部にバリケードを構築し，角材，鉄パイプ，火炎ビン，硫酸等も準備し，同講堂は，さながら要塞と化した。

このため，加藤総長代行は，翌16日，警視庁本富士警察署長に対し，文書で警察官の出動を要請するとともに，翌17日午後11時を期して，学内者，学外者を問わず，大学構外への退去と構内への立入禁止の措置をとった。

民青は，構外に退去したものの，全共闘は，これを拒否して安田講堂に立てこもり，徹底抗戦を呼びかけた。

警視庁は，加藤総長代行の要請に基づき，機動隊，警備車，ヘリコプター，ガス銃，催涙弾等を準備した。

被告人ら全共闘の学生らは，反代々木系の学生であり，中には東大生もいたものの，その多くは俗に外人部隊と呼ばれた他大学生（明治大学，法政大学，早稲田大学，中央大学など）であり，同月15日に開催された前記労学総決起集会に参加した後，遅くとも同月17日夜までに，安田講堂に入り，全共闘に属する学生多数とともに，同講堂の占拠に加わり，それぞれのセクトで分担した部署に立てこもった。

そして，被告人らは，昭和44年1月17日頃から翌18日午前7時頃までの間，多数の学生らが，安田講堂において，同講堂の不法占拠者の排除にあたる警察官らに対し共同して投石，火炎ビン投てき，刺突などの暴行を加える目的

をもって，多数の石塊，コンクリート塊，鉄パイプ，角材，火炎ビン等を同講堂の屋上，各階の廊下，窓際，部屋，階段付近などの要所に配置して集結した際，同目的をもって，これら凶器の準備あることを知ってこれに加わった（凶器準備集合）。

被告人らは，加藤総長代行がすみやかに大学構外へ退去するよう要求していたにもかかわらず，多数の学生らと共謀して，その要求に応ぜず，同月19日午後に至るまで，同講堂内にとどまり，もって故なく退去しなかった（不退去）。

被告人らは，多数の学生らと共謀の上，同月18日午前7時過ぎ頃から翌19日午後3時過ぎ頃までの間，同講堂内の不法占拠者を排除，検挙する任務に従事中の機動隊警察官ら多数に対し，同講堂の4階，5階，時計台の各屋上及び内部階段付近において，多数の石，コンクリート塊，火炎ビン等を投げつけ，また，同講堂内の階段付近において，鉄パイプ，角材などで刺突するなどの暴行を加え，もって警察官らの公務執行を妨害した（公務執行妨害）。

第3節　機動隊の導入，長期化する裁判

全共闘による東大事件では，警視庁の機動隊が導入されている。

この機動隊は，左翼過激派らにとっては憎しみの対象であろうが，客観的に見ると，極めて抑制的で合理的な警備組織といえよう。

東大事件で警備に携わった佐々淳行は，機動隊が犯人らを死傷させないよう抑制的に行動する組織であり，そのために銃器などではなく放水車などを開発してきたことなどを語る[319]。

「一月九日の機動隊導入後にのりこんできた学園バリケード封鎖のプロ，悪名高き『日大工兵隊』の面々は，舞い戻ってきた東大全共闘に『こんなヤワなバリでは駄目だ』とハッパをかけ，腕によりをかけて出入口，階段などのバリケードを堅牢きわまるものに再構築したという。彼らは『日大では一人だろうが安田では少なくとも十人の機動隊員を殺してやる』と豪

---

319) 佐々淳行「東大落城」（平成8年，文春文庫）207頁，310～311頁

語する，幼児的な殺意を抱いた確信犯たちである。<u>それを『死者を出すな』との最高方針に従って生け捕りにしろというのだから大変だ。</u>」

「新生民主日本は，世界に例のない『機動隊』という特別警察を創設し，特殊な部隊訓練を施し，市民警察も軍隊も保有していない放水車だの，バリケード撤去車といった特殊な装備をさせて，戦後いくたびか起こった反体制集団不法行為をその全責任において処理させたのである。」

「<u>『汝殺スナカレ』を基本理念に，『忍耐』が美徳であるという精神教育を施し，騒擾や暴動を『規制』し，『排除』し，『解散』させ，それでも従わないときは『生け捕り』にする—これが『機動隊』の行動の基本原則である</u>。つまり『機動隊』とは，日本の独創的な警察制度であり，世界各国の趨勢を半世紀前から先取りした実にユニークな組織なのだ。その意味で，日本はまさに『治安警備先進国』なのである。」

「安田講堂事件においてこの機動隊の果たした歴史的役割を，警察に好意的な人も，警察嫌いの人も公平な立場で見直すことが必要だと思う。」

佐々淳行が語るように，機動隊は，世界に誇れる日本独自の組織であると思う。

さて，全共闘による一連の事件において，被告人・弁護人らは，統一公判を求めて徹底した法廷闘争を展開した。第一審ではいわゆる欠席裁判などが見られたものの，すべての裁判が終結して確定するまでには長期間を要した。

一連の事件について，東京地裁の裁定合議委員会は，各被告人らの逮捕歴，派閥，自白の有無などを調査した上で，各刑事部に各事件を配点していた。また，各事件の分離・併合を検討するとなれば，各刑事部相互において，連絡調整をすることになる。こうした事務は，司法行政事務として必要なものである。

しかし，第一審で有罪判決を受けた被告人・弁護人らは，かかる第1回公判期日前の事件調査などが「予断排除の原則」に違反しているとして，これを控訴理由・上告理由としてきた。

これに対し，例えば，最高裁昭和49年7月18日決定（法文3号館事件）は，裁定合議委員会による司法行政事務の情報が他の裁判官らの知るところとなっ

ても，そのことが直ちに予断排除の原則に違反することにはならない旨判示して，被告人側の上告を棄却している[320]。

「所論指摘の裁定合議委員会は，古く昭和27年以来，東京地方裁判所裁判官会議の決議によって，裁定合議事件の公正な事務分配を期するために設置されて現在に至っているものであるところ，裁判所における事務分配は，当該裁判所の固有の行政事務に属するものであって，同委員会がその責務を果たすうえには，所論の併合案の作成及びそれに必要な事前の調査は，同委員会の当然の職務とするところである。」

「所論が予断排除原則違反である旨非難する点については，もともと，司法行政事務がほかならぬ裁判官会議の議によって行われることとされている法制のもとでは，裁判官において事務分配その他の司法行政の運営上必要な関係資料を入手すべきことは当然予想されているのであるから，<u>それによって，係属中の事件につきその審判にあたる裁判官がたまたまなんらかの知識を得ることとなっても，なんら事件に関していわゆる予断を抱いたこととなるものではなく</u>，この理は本件の場合にも同様であり，所論非難はまったく理由がない。」

結局，一連の事件について，併合審理はされなかったのであるが，被告人・弁護人らは，各事件が「分割されたまま審理された」のは違法であるとして，このことも控訴・上告理由としてきた。

これに対し，例えば，東京高裁昭和50年2月13日判決（法文3号館事件）は，原審が併合審理をしなかったことが違法であるとは認められない旨判示して，被告人側の控訴を棄却している[321]。

---

[320] 最高裁昭和49年7月18日決定・最高裁裁判集刑事193号145頁・判例タイムズ312号188頁（法文3号館事件）

　本件判決については，以下のような評釈がある。研修317号43頁，ジュリスト臨時増刊590号161頁，別冊ジュリスト51号122頁，別冊ジュリスト68号174頁，別冊ジュリスト74号98頁，別冊ジュリスト89号110頁，別冊ジュリスト95号224頁等

[321] 東京高裁昭和50年2月13日判決・東京高裁判決時報刑事26巻2号49頁（法文3号館事件）

「以上証拠調の観点からやや分析的な考察を試みたところによれば，本件を含むいわゆる東大事件において，被告人ら及び弁護団の要求に従い，統一公判を希望する被告人全員につき，第一審公判の冒頭から併合審理を行うべき理論上ないし実際上の必要性は，未だ何処にも見出すことができない。

さらに，観点を拡げ，いわゆる安田第二グループ事件（略）に対する昭和 47 年 4 月 12 日当高等裁判所第 7 刑事部言渡の判決以来累次言い渡された同裁判所各部の判決中に指摘されているような，<u>被告人らの数</u>（控訴趣意書 17 丁裏の記載に従っても，安田講堂関係及び法文三号館関係のみで 356 名，その他の分も合わせると 456 名）・<u>裁判官の認識能力の限界・適切な訴訟指揮及び法廷内外の秩序維持の可能性等の諸要因を考え合わせると</u>，当審で取り調べた『東大関係事件の取扱に関する基本方針』写し等から窺われるとおり，東京地方裁判所（刑事部）が弁護団の意見をも聴取した上取り決めた右基本方針に従い，同裁判所裁定合議委員会により各グループに分割して配点された本件グループにつき，<u>原裁判所が他グループの事件と併合することなく審理を進め判決をしたのは，固より相当であって，これを不当とし或いは違憲・違法とすべき点は存しない。</u>」

第一審における統一公判貫徹組の被告人・弁護人らは，統一公判に固執し，裁判を拒否する態度を採ったので，自身らの主張・立証活動をほとんど放棄したに等しかった。そのため，初期段階におけるいわゆる欠席裁判においては，主として検察側の主張・立証活動を踏まえた判決が言い渡されたが，それも致し方ないところであった。

被告人・弁護人らは，第一審における「審理不尽」を理由として控訴・上告しているが，これに対し，例えば，東京高裁昭和 48 年 10 月 4 日判決（法文 3 号館事件）は，第一審において審理不尽があったとは認められない旨判示して，被告人側の控訴を棄却している[322]。

---

322) 東京高裁昭和 48 年 10 月 4 日・高等裁判所刑事判例集 26 巻 4 号 385 頁・判例タイムズ 304 号 263 頁（法文 3 号館事件）

「なお，被告人ら……の原審の審理が不十分かつ偏向しているとの主張について記録を調査しても，原判決に審理不尽の違法があるとは考えられない。

　現行の刑事裁判制度は，その背後に職権主義をひそめながらも当事者主義を前面に押し出した証拠による裁判の形態を採っているのであるから，当事者双方からの積極的な訴訟活動（主張と立証）が要請されるわけであるが，本件においては，被告人，弁護人らがかたくなにいわゆる統一公判の要求を固執しつづけて，裁判を拒否する態度に終始したため，被告人，弁護人の側から訴因事実について反証を提出するなどの積極的な訴訟活動をしなかったため，原裁判所としては，殆ど検察官の一方的な主張と立証とによって事実を認定し，刑を量刑せざるを得なかったわけであって，それによる不利益は遺憾ながら被告人らが甘受せざるを得ないところである。

　本件を含め，いわゆる東大裁判はあくまで裁判なのであって，東大闘争の延長であってはならないことを銘記すべきである。」

被告人・弁護人らの中から，自身らの主張をしっかり法廷で述べておきたいと希望する者が現れるのも当然のことであり，第一審段階の各刑事部において，徹底的に争う姿勢を堅持しつつも，欠席戦術をやめるグループ，いわゆる「防御組」と呼ばれるグループが生まれることになる。

　なお，「統一公判貫徹組」らに対する裁判は，被告人・弁護人らが欠席戦術を採ったため，いわゆる欠席裁判などと呼ばれるが，だからといって，裁判が短期間に確定していったわけではない。例えば，上記高裁判決を取り上げてみても，事件発生から控訴審判決までに4年8か月も経過しており，その後，被告人側が上告しているから，判決確定までにはさらに年月を要しているのである。

　統一公判貫徹組の被告人・弁護人らが欠席戦術を採る中，検察官による「証人尋問」などが進められたが，証人らは，捜査段階において被告人らの犯行を供述していたとしても，公判段階では証言を拒否することが少なくなかった。証言拒否は，証言不能と同様であるから，その検察官調書は，伝聞証拠の例外（刑訴法321条1項2号書面）として証拠採用された。

しかし，被告人・弁護人らは，証人及びその検察官調書について反対尋問の機会が与えられていないから，その者の検察官調書に証拠能力を認めることは許されないとして，有罪判決に対して控訴・上告した。

これに対し，例えば，東京高裁昭和49年7月8日判決は，被告人側の控訴を棄却している[323]。

「所論に鑑み検討すると，右甲は，右の事実の証人として原審に喚問されたが，被告人の本件行為については，刑事訴訟法上の証言拒否権に基づいて全面的に証言を拒否したことが記録上明らかである。そうすると，右の各調書の被告人の本件行為についての供述記載は，被告人及び弁護人の反対尋問のテストを実質的には受けていないものといわなければなら……ないことも明らかである。

しかし，<u>反対尋問のテストを受けない供述であっても，これを証拠とする必要性があり，かつ，反対尋問に代わる信用性の情況的保障があれば，これに証拠能力を認めることは，憲法第37条第2項の禁ずるところではない。</u>」

検察官が法廷で「書証」の証拠調べを請求した際，被告人・弁護人らが欠席戦術を採っていると，その証拠意見を聞くことができない。書証は，伝聞証拠であるが，被告人が同意すれば証拠能力が付与され（刑訴法326条1項。同意書面），あるいは「被告人が出頭しないでも証拠調を行うことができる場合において，被告人が出頭しないときは，前項の同意があったものとみなす。」（同条2項。同意の擬制）とされていたから，伝聞証拠の例外として書証が採用されることが可能であった。

これに関連して，被告人が自ら出頭を拒否したのではなく退廷を命ぜられた場合であっても刑訴法326条2項の適用があるのか，という点が争われた事件もあった。被告人・弁護人らは，このような場合にまで「書証への同意」を擬制することは許されないとして，控訴・上告している。

これに対し，例えば，最高裁昭和53年6月28日決定（東大事件）は，退廷

---

[323] 東京高裁昭和49年7月8日判決・判例時報766号124頁

命令により被告人が不在となった場合でも書証に対する同意があったものとみなすべきである旨判示して，被告人側の上告を棄却した[324]。

「刑訴法326条2項は，必ずしも被告人の同条1項の同意の意思が推定されることを根拠にこれを擬制しようというのではなく，被告人が出頭しないでも証拠調を行うことができる場合において被告人及び弁護人又は代理人も出頭しないときは，裁判所は，その同意の有無を確かめるに由なく，訴訟の進行が著しく阻害されるので，これを防止するため，被告人の真意のいかんにかかわらず，特にその同意があったものとみなす趣旨に出た規定と解すべきであり，同法341条が，被告人において秩序維持のため退廷させられたときには，被告人自らの責において反対尋問権を喪失し（略），この場合，被告人不在のまま当然判決の前提となるべき証拠調を含む審理を追行することができるとして，公判手続の円滑な進行を図ろうとしている法意を勘案すると，<u>同法326条2項は，被告人が秩序維持のため退廷を命ぜられ同法341条により審理を進める場合においても準用されると解すべきである。</u>」

被告人・弁護人らによる法廷闘争の在り方は多様であり，本書では，その全容を詳細に紹介することはできないが，以下では，それらの一端を示しておく。

例えば，弁護人らは，特別弁護人の許可申請もしている。申請理由としては，「東大闘争の真相を究明するためには，国家権力と大学当局の抑圧支配に対決し，闘い抜いて来た人々を特別弁護人に選任することが必要である」といった趣旨のものであった。かかる申請は，特別弁護人制度を曲解したものとしか思えないが，裁判所が同申請を却下する旨の決定を出すまでの間，それだけ裁判の遅延が生じた[325]。

---

324) 最高裁昭和53年6月28日決定・刑集32巻4号724頁・判例タイムズ365号87頁（東大事件）
　　本件判決については，以下の評釈がある。警察学論集31巻11号145頁，警察研究52巻9号84頁，ジュリスト臨時増刊693号207頁，別冊ジュリスト74号186頁，別冊ジュリスト89号198頁，別冊ジュリスト119号176頁，捜査研究467号128頁，判例評論241号163頁，法曹時報33巻6号151頁，法律のひろば31巻10号26頁，Law School 2巻4号117頁等

弁護人らは，多数の証人尋問を請求し，裁判所がその一部の証人を不必要なものとして却下すると，裁判官らが不公平な裁判をするとして，裁判官らの忌避を申し立てるといった戦術も採った。かかる申立は，訴訟遅延のためとしか考えられないが，裁判所が同申立を却下する旨の決定を出すまでに，それだけ裁判が遅延した[326)]。

　弁護人らが不規則発言を繰り返したり，着席命令に従わなかったりするため，裁判所は，時に，当該弁護人に対し，「法廷等の秩序維持に関する法律」を適用して，監置処分，過料処分に処したりもしているが，かかる手続を取る間にも，それだけ裁判が遅延した[327)]。

　被告人・弁護人らは，第一審と同様に，控訴審でも徹底的な法廷闘争を繰り返した。

　例えば，弁護人らは，控訴趣意書を提出しておきながら，控訴審において控訴趣意書に基づいた弁論をせず，かといって控訴を取り下げたり，控訴趣意書の主張を撤回したりするでもないといった態度を採った。これが争点整理の障害となり，高裁段階でも，裁判は長期化した。

　このような法廷闘争に対し，例えば，前掲の東京高裁昭和48年10月4日判決は，判決理由中で以下のとおり指摘した[328)]。

　「(なお，弁護人は，当審において10回もの公判を重ね，その間，裁判所がしばしば勧告したにもかかわらず，ついに控訴趣意書に基づいてする弁論を肯んじなかったのであるが，そうかといって控訴を取り下げ，もしく

---

325) 東京地裁昭和46年3月8日決定・判例タイムズ261号288頁（特別弁護人許可申請却下）など
326) 例えば，東京高裁昭和46年12月9日決定・東京高裁判決時報刑事22巻12号331頁・判例タイムズ276号364頁（裁判官忌避申立却下決定に対する即時抗告事件）など
327) 例えば，東京地裁昭和44年10月2日決定・刑事裁判月報1巻10号1039頁（弁護人に対する監置制裁），同地裁同年11月5日決定・裁判所時報534号12頁（同監置制裁），同地裁同日決定・裁判所時報534号12頁（弁護人に対する過料制裁）など
328) 前掲322)の東京高裁昭和48年10月4日判決（法文3号館事件）

は控訴趣意書の全部または一部を撤回する旨の明示の意思も表明しないので，当裁判所としては，法定の期間内に提出された前掲の控訴趣意書については，これを判断の対象とすることとした。)」
「本件を含め，いわゆる東大裁判は，あくまで裁判なのであって，東大闘争の延長であってはならないことを銘記すべきである。」
　被告人・弁護人らは，上告審においても，極めて多岐にわたる争点を提示した。
　全共闘による東大事件においては，被告人数も多く，多くの裁判部に分かれて審理がなされ，第一審から上告審に至るまでに，数多くの司法判断が示されてきた。その全体像は，相当に複雑な様相を見せている。

　全共闘による東大事件に関し，その量刑判断の一端を見てみよう。
　そのために，まずは，二つの第一審判決を見てみる。
　東京地裁昭和45年1月16日判決（裁判長向井哲次郎）は，被告人ら8名に対し，懲役2年6月～同1年を言い渡し，そのうち2名については，刑の執行を猶予しているが，量刑の理由の中で，以下のとおり述べる[329]。
　「本件は，社会の急速な進展に適応するに必要な諸改革を怠るなどのために累積した大学制度の諸問題点に対する自覚，ならびに，これをこれ以上一刻も放置できないという危機感から発し，その根本的改革を目指そうとしたことにも一部の動機があったとみられるが，本件行為そのものは，前掲（四）に示したとおり，違法なものであり，ことにその手段を選ばないという暴力的な点はとうてい何ぴとも許容しないところである。
　　被告人らは，本件の大学大講堂をあくまで占拠しようと考え，三百数十名の学生とともに，いわゆる『軍団』組織をつくって，警察官に対する頑強な反撃態勢を組み，大量の石塊，火炎びん，角材，鉄パイプ，さらには危険な劇薬等を準備し，他方，食糧，医療機材等の用意までして，徹底した抵抗を計画してこれを実行した。その結果，莫大な国家財産の損失を招

---

[329] 前掲317) の東京地裁昭和45年1月16日判決（東大事件）

来させたばかりでなく，多くの学友，後輩に回復することのできない勉学研究の機会を失わせることともなった。これに対する被告人らの責任はきわめて重大である。」

東京地裁判決昭和 47 年 4 月 25 日（裁判長熊谷弘）は，被告人ら 24 名に対し，懲役 2 年 6 月〜同 1 年を言い渡し，そのうち 17 名については，刑の執行を猶予しているが，量刑の理由の中で，以下のとおり述べる[330]。

「本件は，あらためていうまでもなく，学園闘争の頂点たる安田砦攻防戦として天下の耳目を一点に集めた事犯である。東京帝国主義大学の解体をめざす東大闘争の勝利，全国学園闘争勝利，国家権力機動隊粉砕を叫んで 1・18，19 の両日にわたり組織的，計画的におこなわれた本件集団犯行は，その規模の大きさ，兇暴危険な手段，態様からして，犯情まことに悪質で，特に多くの警察官に対する長時間，広範囲の激烈な攻撃，執ような抵抗，準備され，使用されたぼう大な量の兇器に着目するとき，これがいかような思想信条に基づく行動であったか，あるいは政治闘争なるや，個別大学改革運動なりやを詮索するまでもなく，また大学当局の学生，院生，研修生らに対する対応の適否の如何にかかわらず，学園紛争解決の手段としてはもとより，その他いかなる意味においても，法と秩序を重んずるわが民主主義社会体制にとって到底容認しえない所為というべきである。

……

申すまでもなく，凡そ社会には人の数ほどの多様な考え方があり，被告人らのいうが如き主張，なす行動に対し賛成するものもあれば，これを迷惑とし，もしくは反対する者も数多く存在するのであって，これらの平凡なしかしごく単純明快な真理に気がつかずに，<u>自らが主観的に正しいと信じたことは唯一絶対でありそれを貫徹するにはどのような手段をとっても正当化されるとか，唯物史観に従って頭の中で考えたことがいともたやすく明日にでも実現するものであるとか考えているとすれば，それは世間知らず，思い上がり，甘ったれに過ぎないものとして，強く反省を求めなけ</u>

---

330) 前掲 318) の東京地裁昭和 47 年 4 月 25 日判決（東大事件）

ればならない。」

　これら二つの判決は，第一審レベルにおける代表的な判決の一部である。その判示内容は，被告人らに対し，強くその行為責任を指摘するものであるが，誠に適切なものと評価してよいと思う。但し，両判決とも，やはり被告人らに対しては，大人が子供を諭すかのような優しさがにじみ出ている感がある。

　控訴審レベルでは，被告人側の控訴を棄却する判決がほとんどであったが，中には，量刑不当を理由として原判決を破棄した高裁判決もあった。

　例えば，東京高裁昭和47年4月12日判決は，原審において実刑判決を受けた被告人ら4名に対し，原判決を破棄し，被告人Aを懲役2年（未決勾留日数中270日を同刑に算入），被告人Bを懲役1年10月（同じく210日を算入），被告人C及び同Dを各懲役1年6月（同じく260日，210日を各算入）に各処し，いずれも3年間各刑の執行を猶予した331)。

　「以上，全体的，個別的見地から，それぞれ考察を加えてきたが，当裁判所の結論を一言にしていえば，刑の執行を猶予するか否かの判断においては，本件被告人ら4名と原審においてすでに刑の執行を猶予せられた相被告人ら5名とのあいだには，一方を実刑，他方を執行猶予とするだけの，説得力ある理由を見出しがたいということである。」

　「なお，さらにつけ加えれば，本件被告人らは，原判決において本刑に算入された各未決勾留日数をみるだけでも，Aは270日，Cは260日，B，Dはいずれも210日と，原審執行猶予組の相被告人らよりも長期にわたって未決の拘束状態に措かれていたことが明らかであって（もとより，かような事態を招いた原因としては，被告人側にも大いに責められるべきもののあることは認めねばならないが），その間，法廷においては統一公判を叫んで反省の態度がみられなかったとはいうものの，この勾留は，相当程度の刑事制裁が加えられたのと同じ結果になったともいえなくはないところである。」

　「かつまた，原審執行猶予組（いずれも，被告人らと在籍大学を同じくした友人

---

331) 東京高裁昭和47年4月12日判決・高等裁判所刑事判例集25巻2号167頁・判例タイムズ276号124頁（東大事件）

達である。)については，原審の寛大な処置により，あるいは復学し，さらには，卒業，就職，結婚して，社会人として正常な生活を営んでいる者が殆どであろうと想像されるのにひきかえ，本件被告人らは，原審の実刑判決によって，復学，卒業，就職，いずれも思うに任せず，すでに結婚している者もあるのに，将来の生活方針の樹立に行き悩んでいるであろうことは，推測するにかたくないのである。」

「原判決は量刑過重であって，破棄を免れない。」

判例タイムズの解説者は，同判決につき，量刑が軽いと思われる向きもないではないだろうが，共犯者間の量刑の難しさを示すものとして，参考事例になろうという[332]。

「その全体的考察中，東大事件を一応騒擾罪的性格をもつものとし，かつ被告人らが単なる附和随行者の立場を甚だしく超えるものではないとしている点については，議論の余地もあろう。東大事件において東大構内に参集した学生の犯行の決意の強固さ，犯行がきわめて組織的計画的であり，かつ執拗であること等は東大事件の各一審判決のほとんどが指摘するところであると思われ（たとえば，東京地判昭44.11.28本誌241・315，同45.1.16同244・118等），これを，いわば群集心理に駆られて行動する騒擾罪の単なる附和随行者と比較するのは当を得ていないとの見方も可能と思われるからである。なお，個別的考察について，やや被告人らに寛容にすぎないかと思われる向きもないではないであろう。」

確かに，上記高裁判決の量刑判断については，違和感を覚えずにはいられない。

まず，同判決は，被告人らのうち一部の者だけを実刑にし，他の者を執行猶予にするのは，忍びないという。

しかし，量刑判断において主として考慮すべき事情は，犯行態様，犯行の計画性，組織性，犯行の動機等である。犯行態様等と直接関係のないいわゆる一般情状は，従たる量刑事情と位置付けられるべきであり，例えば，被告人が

---

[332] 前掲331)の判例タイムズ276号125頁

「反省してます。」と述べても，それだけで単純に刑を軽くすべき理由とはなり難いはずであり，また，被告人が若年であっても，それだけで単純に刑を軽くする理由とはならないはずである。共犯者間の量刑の在り方についても，あくまで当該犯行における各人の役割や，関与の程度など，犯行態様等との関連の中で検討すべきものであり，そのことを検討することなく，単純に，被告人らのうち一部の者だけ実刑にするのは可愛そうだ，などという判断を下すのは，適切とは思われない[333]。

原審は，本件犯行の態様，計画性，組織性，犯行の動機等の事情や，被告人ら各人の果たした個別の役割や犯行への関与の程度，さらには各人の一般情状まで踏まえた上で，一部の者を実刑にし，他の者に執行猶予を付したのである。

それなのに，前記高裁判決は，共犯者間において果たした役割や犯行への関与の程度等にどのような差異があるかなどを十分に検討せず，被告人らの犯行後の生活設計の不安など自業自得ともいえる一般情状を重視しているのであり，量刑判断が適切とは思われない。

次に，同判決は，被告人らの未決勾留日数がいずれも長期間（210～270日）に及んでいることをもって，被告人らに有利な事情として評価している。

しかし，未決勾留日数が長期間に及んだとしても，それだけで単純に刑を軽くする理由にならないことは明らかである。勾留は，被疑者・被告人の逃走や証拠隠滅を防止するためにする身柄拘束なのであり，制裁的な意味を持つものではない。仮に，被告人らが，長期間の身柄拘束の中で真摯に反省したというのであれば，特別予防（教育刑論）の観点から，その心情を量刑事情として評価することはあり得るとしても，本件において，被告人らは，全く反省の態度を示していないのである。それどころか，裁判を闘争の場と位置付け，国家権力との闘争を叫び，自ら裁判の長期化を図っているのである。

それなのに，前記高裁判決は，未決勾留をもって「相当程度の刑事制裁が加えられたのと同じ結果になったともいえなくはない」などと判示しているので

---

[333] 司法研修所「裁判員裁判における量刑評議の在り方について」（平成24年, 法曹界）31～83頁，特に64頁以下，70頁以下，80頁以下等

あり，勾留制度の意義を正解しておらず，量刑事情の取捨選択・評価の在り方に適切さを欠いているように思われるのである。

さらに，同判決は，第一審で実刑判決を受けた被告人らが，復学，卒業，就職，結婚後の生活設計などに悩んでいることなどの事情をもって，被告人らに有利な事情として汲んでいる。

しかし，このような量刑判断も，適切なものとは思えない。無職・独身だからといって重く処罰してよいはずはなく，逆に，就職・結婚をしているとか，就職・結婚を控えているからといって，それだけで単純に刑を軽してよいはずもない。刑事責任は，まずもって犯罪行為に見合ったものであるべきである。反省の態度も見せない被告人らを社会復帰させるということは，行為に見合った責任を取らせずに済ませるということであり，刑事裁判の意義を没却しかねないように思う。

なお付け加えるならば，同判決のような考え方が1度でも示されれば，被告人・弁護人らとしては，長期の身柄拘束が有利な事情として汲んでもらえる，将来的な就職・結婚への不安も考慮してもらえる，というような発想法に傾き，法廷闘争がますます勇気づけられ，結果として，裁判の長期化を促進することにつながりかねないと思う。それを恐れる。

第8章　連合赤軍によるあさま山荘事件等

第1節　緒　　論

　本章では，日本共産党革命左派及び連合赤軍による一連の兇悪重大事件を取り上げる。

　日本共産党革命左派は，以下の事件当時，最高指導者らが別事件により勾留されており，被告人A（永田洋子）及び同B（坂口弘）が，獄外最高指導者の立場にあった。

　連合赤軍は，最高指導者が森恒夫，ナンバー2が被告人A，ナンバー3が被告人Bであった。

　日本共産党革命左派による事件としては，以下のものがある。

　　羽田空港突入事件（航空法違反，威力業務妨害）（昭和44年9月4日）（被告人B）

　　真岡猟銃強奪事件（窃盗，住居侵入，強盗致傷）（昭和46年2月16日〜17日）（被告人A，同B）

　　印旛沼殺人事件（殺人2件，死体遺棄）（昭和46年8月4日，同月10日）（被告人A，同B）

　連合赤軍による事件としては，以下のものがある。

　　山岳ベース殺人等事件（殺人11件，傷害致死1件，死体遺棄）（昭和46年12月27日〜昭和47年2月16日）（被告人A，同B）

　　森林法違反事件（昭和47年1月下旬頃〜同年2月上旬頃）（被告人A，同B）

　　爆発物・銃砲等所持事件（昭和47年2月10日頃〜同年2月28日）（被告人A，同B）

　　籠沢殺人未遂事件（殺人未遂1件，公務執行妨害）（昭和47年2月17日）（被告人A）

　　さつき山荘殺人未遂事件（殺人未遂1件，公務執行妨害）（昭和47年2月19日）（被告人B）

　　管理人妻監禁等事件（住居侵入，監禁）（昭和47年2月19日）（被告人B）

あさま山荘殺人等事件（殺人3件，殺人未遂16件，公務執行妨害）（昭和47年2月19日〜同月28日）（被告人B）

被告人Aは，37事件により公判請求され，そのうち殺傷に及んだものだけでも，殺人13件，傷害致死1件，殺人未遂1件，強盗致傷1件である。

被告人Bは，55事件により公判請求され，そのうち殺傷に及んだものだけでも，殺人16件，傷害致死1件，殺人未遂17件，強盗致傷1件である。

被告人両名に対する第一審判決は，東京地裁昭和57年6月18日判決（いずれも死刑），控訴審判決は，東京高裁昭和61年9月26日判決（いずれも控訴棄却），上告審判決は，最高裁平成5年2月19日判決（いずれも上告棄却）であった[334]。

なお，主犯の一人である森恒夫は，起訴後に自殺し，共犯者の坂東国男は，後にいわゆるクアラルンプール事件により超法規的に釈放されている。

次節では，裁判所の事実認定に従い，被告人A，同Bらにより敢行された一連の兇悪重大事件を見ていくこととする。

第2節　あさま山荘事件等の概要

日本共産党革命左派への参加

被告人Aは，東京都本郷区で生まれ，昭和38年4月，共立薬科大学に入学し，社会科学研究会に入って日韓条約反対の街頭デモに参加したり，ブントの下部組織である社学同ML派の一員となって反原潜闘争デモに参加したり，いわゆる新左翼の運動に傾斜していき，昭和42年3月，大学を卒業し，慶應義塾大学附属病院に薬剤師として勤務することとしたが，その後，プロレタリ

---

[334] 東京地裁昭和57年6月18日判決・刑事裁判資料246号389頁・判例時報1052号24頁（あさま山荘事件等）。
　東京高裁昭和61年9月26日判決・刑事裁判資料246号641頁・判例タイムズ623号229頁・判例時報1218号3頁（あさま山荘事件等）
　最高裁平成5年2月19日判決・最高裁判所判例集刑事262号39頁（あさま山荘事件等）

ア独裁権力の樹立を標榜する「警鐘」グループに参加し，昭和43年9月頃，「反戦平和婦人の会」の委員長となって，横田基地撤去闘争をし，昭和44年4月，日本共産党革命左派（以下，「革命左派」という。最高指導者川島豪）神奈川県委員会が結成されたのを機にこれに加わり，同年12月，同派の常任委員に選任され，同派の最高指導者である川島豪が逮捕された後，昭和45年9月，同派の委員長に抜擢され，獄外の最高指導者となった。

　被告人Bは，千葉県君津郡で生まれ，昭和40年4月，東京水産大学に入学し，同大学学生自治会（指導者川島豪）が行っていた学内の後援会費闘争や，日韓条約反対闘争の街頭デモに参加し，昭和41年4月，同大学学生自治会の委員長となり，さらに「警鐘」グループに参加し，昭和42年秋，日本共産党神奈川左派に参加し，王子野戦病院反対闘争，新宿の米タン阻止闘争等に参加し，昭和44年4月，革命左派神奈川県委員会が結成されるや，これに加わり，同派の大衆組織である京浜安保共闘の一員となり，その下部組織である青年共産同盟の議長となり，さらに反米愛国行動隊にも加盟し，同年9月，同隊を指揮して羽田空港突入事件を敢行し，逮捕起訴されたが，保釈後の昭和45年1月，革命左派の軍事委員長となって，米軍基地に対する爆弾闘争を指揮するなどし，被告人Aに次ぐ革命左派の指導者となった。

　被告人Aと同Bは，この間の昭和42年6月，「警鐘」グループを通じて互いに知り合っている。

羽田空港突入事件（航空法違反，威力業務妨害）（昭和44年9月4日）（被告人B）

　革命左派は，最高指導者を川島豪とし，マルクス・レーニン主義及び毛沢東思想を信奉し，反米愛国，日本独占資本打倒などをスローガンとして掲げ，民族解放及び人民暴力主義革命を目的とし，集会やデモ行進にとどまらず，暴力的，ゲリラ的武装闘争も重要な活動方針としていた。

　川島は，昭和44年8月頃，被告人Bらに対し，外務大臣愛知揆一の訪ソ・訪米に抗議し，これを妨害阻止するよう指示した。

　被告人Bは，実行隊員約10名を手配し，ガソリン缶，灯油缶などを準備し，昭和44年9月4日午前0時頃，昭和島から京浜埋立地まで海を泳いで渡り，

東京国際空港（羽田空港）滑走路において，ガソリンと灯油を用いて火炎ビン10数本を製造した。

　被告人Ｂらは，同日午前8時20分頃，愛知外相の出発予定時刻に合わせて，同空港Ｃ着陸帯に立ち入り，Ｃ滑走路上で「愛知訪ソ訪米実力阻止」などと記した赤旗を振りかざし，点火した火炎ビンを滑走路上に投げつけてこれを燃え上がらせるとともに，火炎ビンのガラス破片を散乱させ，同滑走路を使用する多数の航空機に対し，衝突，接触，失速，滑走路からの逸脱，火災等の事故発生のおそれのある状態を作り出し，もって航空の危険を生じさせるとともに，火炎ビンの消火，ガラス破片の除去等の措置が完了した同日午前8時40分頃までの間，同空港の全滑走路閉鎖の措置をとるのやむなきに至らせ，愛知外相が搭乗した航空機を含む合計17機の航空機の離着陸を遅延させ，もって威力を用いて東京国際空港及び日本航空等の業務を妨害した（航空法違反，威力業務妨害）。

真岡猟銃強奪事件（窃盗，住居侵入，強盗致傷）（昭和46年2月16日〜17日）（被告人Ａ，同Ｂ）

　被告人Ａ及び同Ｂは，昭和44年12月，川島が横田基地爆破事件で逮捕された後，川島の代行として革命左派を指導することになったが，これまでの火炎ビンやダイナマイトを使用しての実力行動を一段と強化することを方針とし，獄中の川島が公判出廷のため横浜拘置所から横浜地裁へ護送される途中を襲って川島を奪取する計画を立て，そのためには銃や弾丸を調達する必要があると考えた。

　被告人Ａ及び同Ｂは，栃木県真岡市内の銃砲店に狙いを定め，実行者6名を手配し，包丁，ロープ等を準備した上，実行者らに指示して，昭和46年2月16日午後9時頃から午後10時頃までの間，茨城県笠間市内の駐車場に駐車してあった普通貨物自動車（ライトバン）を窃取した（窃盗）。

　さらに，翌17日午前1時過ぎ頃，実行行為者らにおいて，出刃包丁を持って，前記銃砲店を営む家人方に押し入り，家人らを取り押さえ，その手足をロープで逆エビ型に緊縛し，目と口にガムテープを貼り付けて布団をかぶせる

などしてその反抗を抑圧し，散弾銃10丁，空気銃1丁，散弾銃用実包約2000発，ライフル銃用実包60発，曳光弾20発，散弾約1キログラム，雷管100個等を強取し，その際，家の主人に全治約2週間を要する傷害を負わせた（住居侵入，強盗致傷）。

印旛沼殺人事件（殺人，死体遺棄）（昭和46年8月4日，同月10日）（被告人A，同B）

　被告人A及び同Bは，真岡猟銃強奪事件の後に指名手配され，川島の奪還を断念するほかなくなったが，シンパや赤軍派のアジトを転々とした後，昭和46年5月20日頃，東京都西多摩郡奥多摩町の山林にアジト（小袖ベース）を設定し，奪った銃や弾丸を使って射撃訓練を行い，銃を軸にした人民革命軍を早急に建設することとし，同年6月頃，京浜安保共闘の活動家らを加え，同年6月9日及び10日，丹波ヒュッテで開かれた革命左派拡大党大会において，銃を軸とした武装闘争を方針として決定した。

　小袖ベースの入山者は，総勢14名になっていたが，同6月から翌7月にかけて，D及びEの2名が相次いで下山逃走したところ，被告人Aは，両名をこのまま放置しておいては革命左派の組織や活動状況を警察に察知されるおそれがあると考え，また，組織を代表する自己の自尊心が傷付けられた上，小袖ベースから丹沢ベースまでアジトの移動を余儀なくされたことに対する怒りを抑えがたく，同月下旬頃，新小岩アジトにおいて，被告人Bらと謀り，両名を殺害することに決め，実行者らを決めた。

　被告人A及び同Bは，実行者ら3名に指示して，昭和46年8月2日，東京都墨田区内のアパートにE（当時21年）を誘い出して一泊させ，翌3日夕方から，同女にウイスキーを飲ませて酔わせ，同日午後11時頃，車に乗せて発進し，翌4日未明，千葉県印旛郡印旛村の堤防に誘い出し，その腹部を右手拳で強打し，呻きながらしゃがみ込んだ同女の頸部を腕で絞め，さらに腹部を殴打し，同女の頸部を紐で絞め，よって，Eを窒息死により死亡させて殺害し，同村の山林に穴を掘り，全裸にした同女の死体を埋没させ，もって，死体を遺棄した（殺人，死体遺棄）。

被告人A及び同Bは，実行者らに指示して，昭和46年8月10日午後6時頃，東京都小平市内のアパートにおいて，D（当時20年）に対し，ウイスキーや睡眠薬粉末を塗布したスイカなどを勧めて眠らせようとしたが，同人が一向にこれらを飲食しないため，同日午後11時頃，予定を変更し，その場で羽交い締めにし，同人の腹部を手拳で強打したり蹴りつけたりした上，馬乗りになり，腕とタオルでその頸部を絞め，よって，Dを窒息死により死亡させて殺害し，同日午後11時過ぎ頃，同人の死体を自動車に運び入れ，これを車で印旛村の山林に運んだ上，翌11日午前1時頃，穴を掘り，全裸にした同人の死体を埋没させ，もって，死体を遺棄した（殺人，死体遺棄）。

連合赤軍の成立

赤軍派の最高指導者である森恒夫及び同幹部の板東国男は，革命左派による上赤塚交番襲撃闘争を高く評価し，昭和45年12月31日頃，革命左派の被告人A及び同Bと会談した。京浜安保共闘と赤軍派革命戦線は，昭和46年1月25日，「蜂起戦争武闘勝利政治集会」を開催して盟友の契りを結び，同年7月13日頃，革命左派人民革命軍と赤軍派中央軍を合体した統合司令部を設置して，これを「統一赤軍」と呼ぶことにしたが，革命左派の獄中指導者川島らの強い反対にあい，同年8月，名称を「連合赤軍」と改称した。

革命左派と赤軍派は，交番襲撃計画についての情報交換，黒ヘルグループをオルグしての爆弾闘争の検討，革命左派に対する鉄パイプ爆弾の製造教育，アジト（群馬県北群馬郡伊香保町の革命左派の榛名ベースと，山梨県南巨摩郡早川町の赤軍派の新倉ベース）の相互訪問，銃を使用しての共同軍事訓練などを行い，相互の関係を一層緊密化させていった。

被告人Aは，全体会議の席上で，赤軍派のFの髪型，指輪，化粧の仕方，会議での態度などが革命戦士としてふさわしくないと批判し，同女の総括ができるまでは同女の下山を禁止すべきであると要求し，これを容れた森は，同年12月6日，全体会議において，総括し切れるまでFを下山させないこと，下山しようとする者は殺すと言い放ち，FのほかGとHに対しても総括を要求した。

森らは，同月22日，全体会議で，共産主義化を勝ちとるという共通目的を確認し合い，銃によるざん滅戦を方針とし，ここに名実ともに両派を合体させた「連合赤軍」が成立し，森，被告人A，同B，I，板東，J及びKの7名（以上，ランク順）が臨時指導部を構成し，昭和47年1月3日，これら7名がそのまま中央委員（C・C）に移行し，同時に，森，被告人A及び同Bの3名は，常任委員の名称を与えられた。

山岳ベース殺人等事件（殺人，傷害致死，死体遺棄）（昭和46年12月27日～昭和47年2月16日）（被告人A，同B）

　被告人A，同B，森らは，昭和46年12月23日頃から，群馬県北群馬郡伊香保町の榛名ベースにおいて，同志のL（当時22年）に対し，同人が被告人Aらの行動を批判したこと，官憲に逮捕された際に抵抗・逃走しなかったのは日和見主義的であったこと，逮捕後完全黙秘していたといいながら実際には取調官との雑談に応じていたのが裏切り行為であること，弟らに対する態度が家父長的であることなどの理由を並べ，連日のように総括を要求し，同月26日，LがMとキスしていたことなどを問題視し，翌27日未明，榛名ベースにおいて，森ら全員で，Lの顔面，腹部を手拳で1時間以上殴打した上，同人を正座させて小屋内の柱にロープで後ろ手に縛り付け，総括に集中させるためと称して，以後，飲食物を与えず，用便にも立たせずに放置し，同月31日夜から昭和47年1月4日朝までの間，殺意をもって，Lを極寒の小屋の外へ引き出し，最初は立木に，次いで小屋の床下の柱に，さらに再び小屋内の柱に，順次縛り変えては放置し，同4日正午頃，森ら中央委員の全員で，Lの顔面を多数回殴打し，同日夕方頃，寒気・衰弱により同人を凍死させて殺害し，同月5日夜頃，榛名ベースにおいて，Lの死体から衣服をはぎ取り，車でこれを群馬県群馬郡倉淵村の山林に運び，その土中にこれを埋没し，もって，Lの死体を遺棄した（殺人，死体遺棄）。

　被告人A及び森は，昭和46年12月23日頃から，榛名ベースにおいて，同志のM（当時22年）に対し，同女はヒロイン意識が強く自己中心的であること，かつて逃亡を企てた行為が日和見主義的であること，自動車運転中によく事故

を起こすのは革命戦士として緊張感に欠けることなどを指摘して，総括を求めていたが，同月27日，LがMと肉体関係をもったことがあると告白したことを受け，被告人Aは，これに憤慨し，その責任の一端はMにもあると追求し，被告人BらがMの顔面等を多数回殴打し，ついで，被告人Aは，「男が殴ると気持ちよくなるから。」などと言って，女性メンバー数名にMを殴打させた後，同女を小屋内に正座させ，翌28日朝，下部メンバーに指示して，Mの両手足をロープで縛らせて小屋内の柱につなぎとめさせ，飲食物を与えず，用便にも立たせないまま放置し，森は，翌29日正午頃，被告人Bらに指示して，Mの両手足を逆エビ型に縛って床にうつ伏せにして放置し，被告人A，同B，森らは，同日夜から昭和47年1月1日夜までの間，殺意をもって，Mを極寒の小屋の外へ引き出し，最初は立木に，次いで小屋の床下に縛り変えては放置し，同日夜，寒気・衰弱により同女を凍死させて殺害し，同月3日未明頃，Mの死体を榛名ベースの東南方の雑木林内に運搬し，同女の死体から衣服をはぎ取り，これを土中に埋没し，もって，Mの死体を遺棄したが，同月5日夜，土中からMの死体を掘り出し，車でこれを運搬し，同月6日未明，群馬県群馬郡倉淵村の山林内に改めて埋没し，もって，Mの死体を遺棄した（殺人，死体遺棄）。

　被告人Aは，昭和46年12月23日頃から，榛名ベースにおいて，同志のN（当時21年）に対し，同人が武闘路線に批判的立場をとったこと，上赤塚交番襲撃事件に参加しなかったのは日和見主義の現れであること，銃の隠し場所を合法活動家に知らせたのは敗北主義であることなどを指摘して，総括を求めていたが，同月27日夜，Nが前記Lに対する総括の際に「よくも俺をプチブル主義者と呼んだな。」と言ったところ，森は，Nが私怨を晴らす趣旨の発言をしたとしてこれを問題視し，Nを正座させた。森は，被告人A及び同Bと謀り，同月29日夕方，Nに対し，被告人Bとの格闘を命じ，被告人Bは，格闘に名を借りて，約1時間にわたり，Nの顔面を手拳で数十回殴打し，さらに，森らも加わり，Nの顔面，腹部を十数回手拳で殴打した上，起立しているよう命じた。翌30日朝，Nが疲労のため寝込んだことから，森は，真剣に総括する態度がないとして，被告人Bらに指示して，Nの両手足をロープで縛って

小屋の入口の鴨居に吊し,翌31日午後4時頃,Nが倒れかかり,「すいとん……」などと呟いたことから,森は,Nの甘えを払拭する必要があると主張し,被告人A,同Bらとともに,Nの顔面を多数回手拳で殴打したり,膝蹴りしたりするなどの暴行を加え,同月31日夜頃,榛名ベースの小屋内において,暴行等により疲労衰弱し切ったNを凍死するに至らしめ,昭和47年1月1日未明頃,榛名ベースの北西方の雑木林内にNの死体を運搬し,衣服をはぎ取り,これを土中に埋没し,もって,Nの死体を遺棄したが,同月5日夜,土中からNの死体を掘り出し,車でこれを運搬し,同月6日未明,群馬県群馬郡倉淵村の山林内に改めて埋没し,もって,Nの死体を遺棄した(傷害致死,死体遺棄)。

　森は,昭和46年12月上旬以降,同志のH(当時21年)に対し,考え方が日和見主義的で行動も個人主義的であること,闘争経験が浅くいわゆるルンプロ的体質を身に付けていること,トロツキー主義を信奉しマルクス主義を理解していないことなどの問題点を指摘し,総括を求めていたが,同月31日夜,榛名ベースにおいて,Hが,緊縛されているL,M及びNの姿を見て,落ち着きのない態度を示したことから,森は,Hが逃亡を考えているものとみなし,昭和47年1月1日未明,Hに対し,逃亡を考えていたなどと激しく追求し,返答に窮したHが自ら「縛ってくれ。」と言い出すと,森は,これが追及回避の迎合であるとみなし,板東に指示して,Hを後ろ手に縛らせ,被告人A,同Bら十数名とともに,Hに対し,その顔面及び腹部を手拳で多数回殴打し,やがてHが失禁し,膝を震わせて崩れ落ちそうになるのを見たが,殺意をもって,引き続きHの顔面,胸腹部を多数回殴打した上,小屋の外の立木に簀の子巻きにして緊縛し,よって,同日正午頃,Hを肝臓破裂に基づく失血により死亡させて殺害し,同日夜,Hの死体を榛名ベースの東南方の雑木林内に運搬し,その死体から衣服をはぎ取り,土中に埋没し,もって,Hの死体を遺棄したが,同月5日夜,土中からHの死体を掘り出し,車でこれを運搬し,同月6日未明,群馬県群馬郡倉淵村の山林内に改めて埋没し,もって,Hの死体を遺棄した(殺人,死体遺棄)。

　被告人Aは,以前から,同志のF(当時25年)に対し,度を越した個人攻撃を加えていたが,被告人A及び森は,昭和47年1月2日夜,榛名ベースで

の全体会議の席上で，再び同女への攻撃を開始し，同女が革命戦士としての独立性，自立性，行動力に欠けていることは同女の服装，化粧，態度に表れていること，それは同女が絶えず男性に頼り甘えることの積み重ねの中で形成されてきたことなどを指摘し，激しく追求したところ，Ｆが答えるすべもなく，「死にたくない。」，「とにかく生きていきたい。」などと口走ったことから，死に対する恐怖心を払拭させるためと称して，翌３日未明，Ｆ一人に命じて，小屋の床下から付近の山中へ前記Ｍの死体を運搬させ，これを山中に埋没させたが，その最中，Ｆが「こん畜生」と言ってＭの死体を殴打したことから，森は，「これは憎悪に満ちた行為で問題である。Ｆは，重信房子と同じく女を誇示し，男を利用していくタイプである。このようなブルジョワ的プライドなどはぶち壊す必要がある。」と言い，全員が取り囲む中で，Ｆに対し，自分で自分の顔を殴るよう命じた上，下位メンバーらに指示して，Ｆの手足，大腿部及び胸部をロープで縛らせ，小屋内の柱につなぎとめさせ，飲食物を一切与えず，用便にも行かせずに放置した。同月６日夕方，一旦，Ｆのロープを解き，小屋の中央に正座させ，男女関係を追求したところ，Ｆが「森を好きだった。」などとつぶやいたため，森は，これに激怒し，Ｆに対する殴打，緊縛を命じ，森ら十数名は，殺意をもって，同日夜，榛名ベースにおいて，Ｆに対し，その肩甲部や大腿部を手拳や棒きれで殴打し，足蹴りし，ロープで逆エビ型に縛り，小屋内の柱につないで放置し，同月７日夜頃，暴行等により衰弱したＦを凍死させて殺害し，同月９日夜頃，榛名ベース付近において，Ｆの死体から衣服をはぎ取り，車で群馬県群馬郡倉淵村の山林内に運搬し，同日深夜頃，山林内に穴を掘って土中に埋没し，もって，Ｆの死体を遺棄した（殺人，死体遺棄）。

　森は，同志のＧ（当時22年）に対し，臆病で革命戦士としての資格が未だないなどとして，総括を求めていたが，昭和47年１月３日夜，榛名ベースにおいて，Ｇが闘争に当たって消極的であり，女性関係にも不誠実な点があったなどと追求し，Ｇが，「新倉から榛名に来る途中，自殺しようかと考えた。」と発言するや，森は，下位メンバーらに指示して，Ｇをロープで逆エビ型に縛らせ，そのロープを柱のかすがいにつながせ，目隠しや猿ぐつわをさせ，飲食物を一切与えず，用便にも行かせないまま厳寒の中で放置し，森は，同月６日夕方，

Gのロープを解いて起立させ，被告人A，同Bを含む全員で取り囲み，下位メンバーらが，Gの顔面等を殴打した上，さらに，森，被告人A，同Bら十数名は，殺意をもって，Gに対し，その肩甲骨，肩及び大腿部を多数回殴打し，足蹴にした上，Gを逆エビ型に緊縛して小屋内の柱につないで放置し，同月9日未明頃，暴行等により衰弱したGを凍死させて殺害し，同日夜頃，榛名ベース付近において，Gの死体から衣服をはぎ取り，車で群馬県群馬郡倉淵村の山林内に運搬し，同日深夜頃，山林内に穴を掘って土中に埋没し，もって，Gの死体を遺棄した（殺人，死体遺棄）。

　被告人A及び森は，中央委員のI（当時23年）に対し，かねてから夫婦関係にあった女性との清算がまだ出来ていないこと，前記Mを総括した際に同女を醜い者として下部メンバーに殴打させたこと，前記Fを緊縛した際に同女に侮辱的言辞を吐いたことなどを理由として，総括を求めていたが，さらに，森ら中央委員全員は，昭和47年1月17日夕方，榛名ベースにおいて，Iに対し，かつて指導部らを排して新しい組織を作ることを計画したこと，今もヘゲモニーを目指して策動していること，部下に対しては官僚的，女性に対しては蔑視的な態度をとっていることなどの問題点を追求し，Iが，森の誘導尋問に迎合して，「丹沢にいたころ，AとBが逮捕されれば，自分が最高指導者になれると考えた。」などと述べたことから，被告人Aは，同月18日未明，下部メンバー全員を呼び起こし，「Iはもう中央委員ではないから，みんなも思い当たる問題点があるはずだから，何でも言うように。」と指示し，森は，全員による総括を宣言し，被告人A，同Bら多数の者は，Iの顔面などを多数回手拳で殴打し，森は，正座しているIの左大腿部によろい通し（刃体の長さ約12.5cm）を突き刺し，板東は，Iの左上腕部にナイフを突き刺し，森は，Iの死刑を宣言し，「死ね。」と叫びながらアイスピックをIの心臓めがけて数回突き刺し，ついで他のメンバーら数名も，次々にアイスピックでIの胸腹部，後頸部を突き刺し，被告人Bらが，手やロープ様のものでIの頸部を絞め，Iを失血及び窒息により死亡させて殺害し，同日朝頃，榛名ベース付近において，Iの死体から衣服をはぎ取り，翌19日深夜頃，車で群馬県群馬郡倉淵村の山林内にこれを運搬し，翌20日未明，山林内に穴を掘り，土中にこれを埋没し，

もって，Ｉの死体を遺棄した（殺人，死体遺棄）。

　森は，昭和47年1月18日夜から翌19日午前にかけて，榛名ベースでの全体会議の席上，同志のＯ（当時21年）に対し，前記Ｉを処刑する際に後方に隠れていたこと，坊ちゃん育ちで遊び人的な体質が抜け切れていないこと，運転手の地位に甘んじて戦う姿勢を示さないことなどの問題点を指摘して，総括を要求し，同日夕方，Ｏが，涙声で「今は革命戦士になり切って生きていきたい。」と述べたことから，様子を見ることにして，下部メンバーに指示して，Ｏの手足をロープで緊縛させ，小屋内の柱につなぎ止めたが，Ｏに真剣に総括する態度が見られないとして，翌20日朝，小屋の中央の柱に両手を後ろ手にして縛り直し，被告人Ｂが，アイスピックでその左大腿部を突き刺し，全員による追求の中，Ｏが，「榛名ベースに来る途中，甲府駅で逃げようと思った。」，「逃亡中は赤軍の情報を週刊誌に売って生活するつもりだった。」などと述べたため，被告人Ｂらは，Ｏの顔面，腹部を殴打し，森が，「Ｏは反革命分子であることが明白になったから，死刑にする。」と宣言し，同日夕方頃，榛名ベースにおいて，森，板東らが，順次，Ｏの左胸部をアイスピックで突き刺し，さらに，Ｏの左胸部を登山ナイフで突き刺し，被告人Ｂらが，とどめにＯの頸部を布様のもので絞め，よって，Ｏを頸部圧迫に基づく窒息により死亡させて殺害し，同月23日夜，全裸のＯを車で群馬県群馬郡倉淵村の山林内に運搬し，翌24日未明，山林内に穴を掘り，その土中にこれを埋没し，もって，Ｏの死体を遺棄した（殺人，死体遺棄）。

　被告人Ｂは，昭和47年1月25日頃の夜，群馬県沼田市内に建設中の新たな山岳ベース（迦葉ベース）の脇に設営したテント内において，同志のＰ（当時28年）に対し，東京での任務を十分果たさないで名古屋に帰ったこと，しかも勝手に妻子を連れて榛名ベースに入山したこと，階級闘争への関わり方が第三者的，傍観者的であること，妻に対する態度が同志的でなく亭主的であることなどの問題点を指摘して追求したが，Ｐがこれに反発したことから，被告人Ｂは，翌26日，榛名ベースに帰山してから，森及び被告人Ａに対し，このことを報告した。森及び被告人Ａは，被告人Ｂに対し，Ｐの死亡を認識・認容しながら，同人に対する緊縛・殴打による断固たる総括をするよう指示し，被

告人Bは，同日夕方，前記テントに帰り，下位のメンバーら十数名とともに，Pに対し，その顔面，腹部を手拳で多数回殴打し，同人を逆エビ型に緊縛して，飲食物をほとんど与えず，厳寒のテント内に放置し，同月29日夜，建設した迦葉ベースにPを運搬し，小屋の床下の柱に縛り付け，同月30日未明頃，暴行等により衰弱したPを凍死させて殺害し，同年2月2日深夜頃，迦葉ベースにおいて，Pの死体から衣服をはぎ取り，そりと車で群馬県利根郡白沢村の山林内に運搬し，翌3日未明頃，山林内の土中にこれを埋没し，もって，Pの死体を遺棄した（殺人，死体遺棄）。

被告人Aは，昭和46年12月頃から，榛名ベースにおいて，同志のQ（当時23年）が組織の中で一番愛らしい女性で，頭も良かったことに嫉妬し，同女に対し，美容院で整髪している，組織の金でパンタロンを買っている，男性関係が多く女性を売り物にしているなどと指摘して，総括を要求していたが，昭和47年1月25日夜，森とともに，Qを正座させて追求を始め，翌26日午前，同女の手足を縛り，小屋内の柱につなぎ止め，水その他の飲食物をほとんど与えず，用便にも行かせず放置し，同月28日夜，森，被告人A，同Bらは，殺意をもって，縛ったままのQを寝袋に入れ，車で搬送し，翌29日夜，同女を迦葉ベースに運び入れ，小屋床下の柱に縛り付け，厳寒の中に放置し，翌30日夜頃，暴行等により衰弱したQを凍死させて殺害し，同年2月2日深夜頃，迦葉ベースにおいて，Qの死体から衣服をはぎ取り，そりや車で群馬県利根郡白沢村の山林内に運搬し，翌3日未明頃，山林内の土中にこれを埋没し，もって，Qの死体を遺棄した（殺人，死体遺棄）。

被告人A及び森は，昭和47年1月上旬頃から，榛名ベースにおいて，同志のR（当時23年）に対し，Sとの離婚を表明していながら生まれてくる子供について配慮していないこと，森に媚びを売って取り入り自分の地位を確保しようとしていること，会計係として食物や金を私物化していること，組織の主婦を気取り年下の者を子供扱いしていること，妊娠していることを盾に自己が総括を受けることはないと安心し胎児を私物化していることなどを理由として，総括を要求していたが，同月25日夜，Rを正座させて追求し，翌26日朝，同女の手足を縛り，小屋内の柱に縛り付け，飲食物をほとんど与えず，用便にも

行かせずに放置し，森，被告人A，同Bらは，殺意をもって，同月28日午後，Rに対し，その顔面を針金の輪や手拳・平手で多数回殴打し，同日夜，同女を緊縛したまま寝袋に入れ，榛名ベースから車で運び出し，翌29日，同女を迦葉ベースに運び入れ，小屋の床下の柱に縛り付け，同月31日夜，同女を小屋内に入れて中央の柱に縛り付け，同年2月3日午後頃，小屋内の土間の丸太敷きの上に手足を縛り付け，厳寒の中に放置し，翌4日朝頃，暴行等により衰弱したRを凍死させて殺害し，同日，迦葉ベースにおいて，Rの死体から衣服をはぎ取り，そりや車で，同女の死体を群馬県利根郡白沢村の山林内に運搬し，翌5日未明頃，山林内の土中にこれを埋没し，もって，Rの死体を遺棄した（殺人，死体遺棄）。

森は，昭和47年1月31日夜，迦葉ベースにおいて，中央委員のJ（当時27年）に対し，任務で下山中に公衆浴場で入浴したのは闘争放棄の表れであること，中央委員でありながら闘争心や指揮能力に欠けること，健康を理由に赤軍派からの戦線離脱を糊塗したことがあったこと，理論に走りすぎて実践を軽視していること，総じて官僚的で傲慢であることなどを指摘して，総括を要求し，同年2月1日夜，森，被告人A，同Bらは，Jを正座させて追求し，翌2日午後，同人を屋外の雪の上に正座させ，森が，Jに対し，「C・C（中央委員）を除名する。1日水1杯で，それにしがみついて，薪拾いをしろ。」と命じ，翌3日夜，森，被告人A，同Bら十数名は，Jの薪拾いには真剣な態度が見られなかったとして同人を小屋内に正座させ，その顔面を多数回殴打し，同人の手足をロープで逆エビ型に縛り，小屋内の丸太敷きの床上にうつ伏せにし，殺意をもって，翌4日，Jを小屋内の中央の柱に縛り付けて放置し，同月7日夜，同人を寝袋に入れ，そりで運搬し，翌8日夜，車で同人を運搬し，群馬県碓氷郡松井田町のテント内に放置し，同月10日未明，同人を別のテントに運んで厳寒の中に放置し，同月12日未明頃，暴行等により衰弱したJを凍死させて殺害し，同月15日夜頃，Jの死体から衣服をはぎ取り，寝袋に入れ，車で群馬県甘楽郡下仁田町の山林内に運搬し，翌16日朝，山林内の土中にこれを埋没し，もって，Jの死体を遺棄した（殺人，死体遺棄）。

森林法違反事件（昭和47年1月下旬頃〜同年2月上旬頃）（被告人A，同B）

　森，被告人A，同Bら十数名は，昭和47年1月下旬頃から同年2月上旬頃までの間，保安林の区域内である群馬県沼田市内の国有林内において，営林署長管理にかかる立木合計102本を伐採して窃取した（森林法違反）。

爆発物・銃砲等所持事件（昭和47年2月10日頃〜同年2月28日）（被告人A，同B）

　被告人A，同Bら多数の者は，昭和47年2月10日頃から同月16日までの間，群馬県碓氷郡松井田町の籠沢ベースにおいて，爆発物（手製爆弾8個及びダイナマイト20本），爆発物の使用に供すべき器具（導火線4本，電気雷管116個及び工業用雷管3個），銃砲11丁（散弾銃9丁，ライフル銃1丁及びけん銃1丁）並びに火薬類（黒色火薬約8キログラム，散弾銃用実包約818発，ライフル銃用実包37発及びけん銃用実包60発）を隠匿保管した。

　被告人Bら多数の者は，引き続き同月19日までの間，籠沢ベースから若草山付近に至るまで，前記爆発物，爆発物の使用に供すべき器具（ただし，導火線1本を除く。），銃砲11丁及び火薬類を携行し，さらに同日，若草山付近からさつき山荘に至るまで，手製爆弾6個，銃砲11丁，火薬類（散弾銃用実包719発，ライフル銃用実包37発及びけん銃用実包60発）を携行し，同日，さつき山荘からあさま山荘に至るまで，手製爆弾5個，銃砲6丁（散弾銃4丁，ライフル銃1丁及びけん銃1丁）並びに火薬類（散弾銃用実包661発，ライフル銃用実包33発及びけん銃用実包60発）を携行し，同日から同月28日までの間，あさま山荘において，これらを保管したものである（爆発物・銃砲等所持）。

籠沢殺人未遂等事件（殺人未遂，公務執行妨害）（昭和47年2月17日）（被告人A）

　森及び被告人Aは，昭和47年2月4日，籠沢ベースを下山して上京し，同月17日朝，同ベース付近まで戻ったが，この間に，被告人Bら全員が警察の追っ手から免れるために同ベースを引き払っており，目の前で検索活動中の警察官らを発見した。

　森及び被告人Aは，同ベース前の岩陰に身を潜めたが，巡査部長吉崎進（当

時24年）らに発見され，職務質問されそうになるや，同巡査部長らを殺害しようと決意し，共謀の上，森が登山ナイフを，被告人Aがよろい通しを，それぞれ手に持って構え，岩陰から踊り出し，同巡査部長から，「警察だ。武器を捨てろ。捨てないと撃つぞ。」と警告され，上空に1発威嚇発射されるも，これにひるむことなく，森は，「殺してやる。」などと言いながら，同巡査部長に体当たりし，転倒した同巡査部長の上に馬乗りになり，その胸部等を登山ナイフで突き刺し，公務執行妨害に及ぶとともに，同巡査部長を殺害しようとしたが，駆けつけた他の警察官らに逮捕されたため，同巡査部長に全治約2週間を要する傷害を負わせたにとどまり，殺害の目的を遂げなかった（殺人未遂，公務執行妨害）。

さつき山荘殺人未遂等事件（殺人未遂，公務執行妨害）（昭和47年2月19日）（被告人B）

被告人Bは，昭和47年2月19日朝，若草山付近において，ラジオニュースを聞き，同志らが国鉄軽井沢駅で逮捕されたことを知り，坂東，Kらとともに，トラックで，茨城県内の袋田の滝方面へ逃走しようとし，その途中，同日午後0時頃，長野県北佐久郡軽井沢町のさつき山荘に東側雨戸から侵入し，暗くなるまで同山荘に潜伏していようとしたが，同日午後3時5分頃，警察官らに発見されそうになり，同警察官らを殺害して逃走しようと決意し，大野耕司巡査（当時28年）ら3名の警察官に対し，けん銃及び散弾銃を乱射し，同巡査の顔面，左手，左右大腿部に散弾多数を命中させ，公務執行妨害に及ぶとともに，同巡査らを殺害しようとしたが，同巡査に全治約3週間を要する傷害を負わせるにとどまり，殺害の目的を遂げなかった（殺人未遂，公務執行妨害）。

管理人妻監禁等事件（住居侵入，監禁）（昭和47年2月19日～同月28日）（被告人B）

被告人Bは，坂東ら4名とともに，さつき山荘を脱出し，昭和47年2月19日午後3時30分頃，さつき山荘から約600メートル離れたあさま山荘に玄関口から侵入し，管理人の妻（当時31年）に対し，銃口を向け，「静かにしろ。」

などと申し向け，同女の反抗を抑圧し，同女を3階ベッドルームに連行し，同女の両手足を縛り，ハンカチを口に押し込み，ベッドにロープでくくりつけ，翌20日昼頃，ロープを解き，銃を構えながら監視を続け，その後，同女の手足をロープで縛ってベッドに寝かせるなどし，同月28日午後6時20分頃までの間，9日と3時間にわたり，あさま山荘から脱出することを不可能ならしめて同女を監禁した（住居侵入，監禁）。

あさま山荘殺人等事件（殺人，殺人未遂，公務執行妨害）（昭和47年2月19日～同月28日）（被告人B）

　被告人Bは，板東ら4名とともに，銃と手製爆弾により警察官らを殺害して徹底抗戦しようと決意し，あさま山荘の雨戸を閉め，各階出入口に施錠し，各所にバリケードを構築し，拠点となるベッドルームに食糧，暖房器具，テレビ等を運び込み，長期臨戦態勢を整えて，昭和47年2月19日から同月28日までの間，あさま山荘に立てこもった。

　板東は，同月19日午後4時頃，犯人検挙のために同山荘裏側まで追跡してきた巡査永瀬洋一郎（当時24年）ら6名の警察官に対し，ライフル銃で狙撃して同巡査の臀部に弾丸を命中させ，公務執行妨害に及ぶとともに，同巡査を殺害しようとしたが，同巡査に全治1週間を要する傷害を負わせるにとどまり，殺害の目的を遂げなかった（殺人未遂，公務執行妨害）。

　警視庁の警察官らは，同月20日，地元の長野県警を応援するために駆けつけ，以後，1000名を超える機動隊員により同山荘を包囲したが，人質の安全救出を第一，犯人逮捕を二の次とする基本方針を立て，武器の使用や強行突入などの実力行使は自制し，ひたすら犯人に対し，人質の安全確認と投降の説得を繰り返し，犯人の家族らにも呼びかけを依頼し，威嚇発砲の十数発を除けば，犯人らの生命に別状のないガス弾の発射と放水だけを手段とすることに決め，事件の解決策を模索した。

　被告人Bは，同月22日午後0時13分頃，民間人（当時30年）が自ら人質（管理人の妻）の身代わりになろうと考えて「赤軍さん，自分も左翼だから中に入れてくれ。」と言って近づいてきたのを認めるや，同人が私服警察官であろ

うと考え，同人をけん銃で狙撃し，その後頭部に弾丸を命中させ，同人を殺害した（殺人）。

Kは，同日午後2時40分頃，人質救出及び犯人検挙のために近づいてきた巡査部長三村哲司（当時30年）に対し，散弾銃で狙撃して同巡査部長の右膝部に鋼弾を命中させ，公務執行妨害に及ぶとともに，同巡査部長を殺害しようとしたが，同巡査部長に治療約1か月間を要する傷害を負わせるにとどまり，殺害の目的を遂げなかった（殺人未遂，公務執行妨害）。

板東は，同日時頃，負傷した前記巡査部長三村を救護しようとしていた巡査小林定雄（当時22年）に対し，ライフル銃で狙撃して同巡査の頸部に弾丸を命中させ，公務執行妨害に及ぶとともに，同巡査を殺害しようとしたが，同巡査に治療約10か月間を要する傷害を負わせたにとどまり，殺害の目的を遂げなかった（殺人未遂，公務執行妨害）。

K又は板東のいずれかは，同月28日午前11時27分頃，あさま山荘前に構築された土嚢の中で放水作業に従事していた警部高見繁光（当時42年）に対し，散弾銃で狙撃してその左上眼瞼部に改造鉛弾を命中させ，公務執行妨害に及ぶとともに，同警部を脳損傷等による外傷性脳機能障害により死亡させて殺害した（殺人，公務執行妨害）。

板東は，同日午前11時47分頃，人質救出及び犯人検挙のために同山荘前に構築された土嚢を乗り越えようとした巡査大津高幸（当時26年）に対し，散弾銃で狙撃して同巡査の左眼球に散弾を命中させ，公務執行妨害に及ぶとともに，同巡査を殺害しようとしたが，同巡査に全治不明の傷害（左眼失明）を負わせたにとどまり，殺害の目的を遂げなかった（殺人未遂，公務執行妨害）。

板東は，同日午前11時54分頃，同山荘前に構築された大楯囲いの中で指揮をとっていた警視内田尚孝（当時47年）に対し，ライフル銃で狙撃してその左上眼瞼部に弾丸を命中させ，公務執行妨害に及ぶとともに，同警視を脳損傷等による外傷性脳機能障害により死亡させて殺害した（殺人，公務執行妨害）。

Kらは，同日午前11時56分頃，人質救出及び犯人検挙のため同山荘3階調理室に突入して内部の状況を視察していた警部上原勉（当時38年）に対し，それぞれ散弾銃で銃撃してその顔面に散弾6発を命中させ，公務執行妨害に及

ぶとともに，同警部を殺害しようとしたが，同警部に治療約1か月間を要する傷害を負わせたにとどまり，殺害の目的を遂げなかった（殺人未遂，公務執行妨害）。

　被告人Bは，同日午後0時50分頃，同山荘の南方の山林内で取材中の信越放送記者小林忠治（当時36年）に対し，けん銃を発砲してその右膝部に弾丸を命中させ，同記者を殺害しようとしたが，同記者に治療約3週間を要する傷害を負わせるにとどまり，殺害の目的を遂げなかった（殺人未遂）。

　被告人Bは，同日午後2時50分頃，人質救出及び犯人検挙のために同山荘3階調理室に侵入した警察官ら多数を殺害するため，手製爆弾1個を点火投てきして爆発させ，もって爆発物を使用し，公務執行妨害に及ぶとともに，多数の警察官らを殺害しようとしたが，巡査部長中村欣正（当時30年），巡査部長牧嘉之（当時28年），巡査酒井誠（当時26年），巡査人見吉昭（当時23年）及び巡査平井益夫（当時25年）にそれぞれ治療約1年から全治3日間の各傷害を負わせたにとどまり，殺害の目的を遂げなかった（殺人未遂，公務執行妨害）。

　被告人B，板東又はKのいずれかは，同日午後3時58分頃，同山荘前に構築された土嚢内から同山荘を監視していた巡査三上博次（当時22年），巡査須藤秀雄（当時28年）らに対し，散弾銃で銃撃してその顔面，口唇部に散弾を命中させ，公務執行妨害に及ぶとともに，両巡査を殺害しようとしたが，両巡査に治療約2か月間又は全治約5日間を要する各傷害を負わせたにとどまり，殺害の目的を遂げなかった（殺人未遂，公務執行妨害）。

　被告人B及び板東は，同日午後5時20分頃，人質救出及び犯人検挙のために同山荘3階食堂兼談話室に侵入してベッドルーム内の動静を窺っていた巡査鬼沢貞夫（当時23年）に対し，散弾銃やライフル銃で銃撃してその左眼瞼部に散弾を命中させ，公務執行妨害に及ぶとともに，同巡査を殺害しようとしたが，同巡査に全治約5日間を要する傷害を負わせたにとどまり，殺害の目的を遂げなかった（殺人未遂，公務執行妨害）。

　被告人B，板東及びKは，同日午後5時55分頃，人質救出及び犯人検挙のために同山荘3階ベッドルーム入り口まで進出し犯人検挙の機会を窺っていた巡査部長目黒成行（当時29年）に対し，ライフル銃及び散弾銃を乱射してその

顔面に散弾を命中させ，公務執行妨害に及ぶとともに，同巡査部長を殺害しようとしたが，同巡査部長に全治約10日間を要する傷害を負わせたにとどまり，殺害の目的を遂げなかった（殺人未遂，公務執行妨害）。

　板東は，同日午後6時10分頃，人質救出及び犯人検挙のために同山荘3階ベッドルームに突入した巡査遠藤正裕（当時23年）に対し，至近距離からけん銃で銃撃してその眼部に弾丸を命中させ，公務執行妨害に及ぶとともに，同巡査を殺害しようとしたが，同巡査に全治不明の傷害（右眼失明）を負わせたにとどまり，殺害の目的を遂げなかった（殺人未遂，公務執行妨害）。

第3節　機動隊の導入，裁判の迅速化に向けた挑戦と挫折

　連合赤軍らによるあさま山荘事件でも，警視庁の機動隊が導入されている。
　同事件の警備を仕切った佐々淳行は，昭和47年2月27日，最後の大警備会議において，次のような警備方針を指示したという[335]。
　「この警備に自衛隊を出動させよという一部政治家の意見もあるときくが，本警備は長野県警を中心として警察だけの力でやり遂げる。オール警察軍の精神で小異を捨て大同に就き，各人割り当てられた任務を完遂せよ。
　　犯人たちは銃によってこそ革命が成就すると確信している。我らは彼らが革命の英雄でなく国民の敵であることを立証するのだ。それが本警備の大目的である。過去に多くの犠牲者を出した凶悪事件を犯した彼らに法的制裁を加えるのだが，警察庁の方針は彼らを生け捕りにし，国が公平な裁判を行って厳罰に処することだ。」
　犯人らがライフル銃や爆弾で警察官らを殺害しようとしているのに対し，警視庁の機動隊は，犯人らを死傷させないことを方針としていたのである。文字通り命がけの作戦であり，犠牲になった警察官は少なくない。

　さて，連合赤軍らによる一連の犯行の裁判につき，裁判所は，迅速な裁判の

---

335) 佐々淳行「連合赤軍『あさま山荘』事件」（平成11年，文春文庫）231頁

実現を目指して大変な苦労をしているが，それにもかかわらず，結果として，裁判は極めて長期間に及んでいる。

その間の経緯の一端は，東京地裁の裁判官3名に対する忌避申立事件の決定理由などからも窺える。

被告人A，同B，同坂東らの裁判において，弁護人らは，裁判官3名の忌避を申し立てたが，東京地裁昭和48年1月22日決定（裁判長山本卓）は，弁護人らの忌避申立てを却下した。弁護人らは抗告を申し立てたが，東京高裁昭和48年1月31日決定は，弁護人らの抗告を棄却した[336]。

これら忌避申立却下決定・抗告棄却決定，さらには東京地裁が公表した「公判期日についての当裁判所の見解」によれば，その間の事実経過等は，以下のとおりである。

日本共産党革命左派による羽田空港突入事件は，昭和44年9月の発生であり，連合赤軍によるあさま山荘殺人等事件は，昭和47年2月19日から同月28日までの犯行であり，多数の被告人らが，昭和47年3月から7月にかけて，順次，東京地裁，長野地裁，前橋地裁及び横浜地裁に起訴され，そのうち被告人森（その後，死亡），同A，同B，同坂東らの各事件は，同年9月22日から同年10月13日までに，東京地裁に併合された。

起訴された訴因の数は，被告人森が33，同Aが37，同Bが57，同坂東が54であり，その後，被告人森の死亡による公判分離，被告人Kの事件の併合などがあり，全体の訴因は，被告人らに共通する訴因で整理すると67となった。

東京地裁の刑事部（裁判長山本卓）は，検察官及び弁護人らと複数回の打ち合わせを重ね，審理計画を立てようとしたが，検察側は，昭和47年11月の第1回公判を主張し，弁護側は，年内の第1回公判期日は受けられるか否か分からないと申し入れるなどし，打合せはまとまらなかった。

この間，検察側は，東京地裁に起訴された事件の証拠は開示済みであり，長

---

336) 東京地裁昭和48年1月22日決定・判例タイムズ292号366頁（忌避申立事件）
東京高裁昭和48年1月31日決定・判例タイムズ292号377頁（忌避申立事件）

野・前橋に起訴された事件の証拠は同年10月20日までに開示できる旨回答していたことから，裁判所は，弁護人側の意見も聴いた上，昭和47年11月18日の打ち合わせにおいて，改めて検察官及び弁護人の双方から最終的な意見を聴き，第1回公判期日を昭和48年1月24日と指定した（後に，弁護人の都合により同月23日に変更）。

第2回公判期日以降の審理計画について，東京地裁は，「昨今メーデー事件あるいは辰野事件等で裁判の長期化に対する世論の批判が高まっていること等に鑑み，……訴訟関係人の協力を期待して，集中審理を進める方針をとった」（「公判期日についての当裁判所の見解」）。

検察側は，検察官立証に最低200開廷を要し，週2回の開廷数で2年半ないし3年かかるとの見通しを示し，裁判所は，検察官及び弁護人らに対し，週2回と週1回を交互に組み合わせた期日指定を提案した。

しかし，弁護人側は，月1回の開廷を強く主張した（忌避申立書・忌避申立理由補充書）。

「マスコミは30年以上かかるというのである。しかし，本件事件は裁判所においても，新聞等で知っておられるとおり，山のベースの事件は被害者はすでにいないのであるから共犯者しかいない。いんば沼の事件もまたしかりである。浅間山荘事件も甲さん以外は警察官と共犯者であり，真岡事件も被害者と共犯者しかいない。<u>共犯者は供述拒否権があり，特に公安事件の場合はこれを行使するものが多く，その際は1日に10人位済んでしまう。もし供述しても，すべての人が同じことをしゃべる必要はないのであるから，それにかかる時間はしれている。</u>したがって，ふつうの公安事件と余り時間数等考えてもかわるとは考えられない。」

「第1回以後99回の期日を弁護人の都合も考えず週1回と週2回交互に入れてきた。弁護人はこのような期日指定では，すでに受任している30数件の民事事件，10数件の刑事事件を全くすることができなくなり，依頼者の経済的利益，被告人の人権は護れないばかりか，<u>弁護人として営業し，生活してゆくことができなくなる</u>」

「弁護人は被告人森の死が右期日指定と無関係とは思えないこと，及び<u>森</u>

の死により弁護の方針の変更の可能性のあること，被告人らの意見の調整の必要のあること，森の死により第1回公判の準備どころではない種々のことを調査しなければならない事情のあること」

　裁判所は，検察官に対し，「最良証拠を厳選して，立証開廷数を減らすこと」を要求し，弁護人らに対し，「早急に弁護団の拡充を計ってもらいたい」旨及び「事件ごとに主任弁護人が交替する等具体的方策を検討して弁護団内部での弁護活動の分担を計ってもらいたい」旨を申し入れるなどし，昭和47年12月4日付けで，週2回と週1回を交互に組み合わせた第2回から第100回までの各公判期日を指定した。

　その後，同年12月28日，Kの事件が本件に併合され，森の死亡に伴い，昭和48年1月17日，森の事件が本件から分離された。

　弁護団は，公判期日の指定の仕方等について，山本裁判長が審理を急ぐあまり被告人の防御権・弁護権をはく奪するに等しい訴訟指揮をし，また，公判期日の指定等に関わった他の裁判官2名も同様であり，いずれも公平な裁判官ではないとして，裁判官3名の忌避を申し立てた。

　これに対し，東京地裁昭和48年1月22日決定は，弁護人らが第1回公判期日前から本件忌避申立をするのは訴訟を遅延させる目的のみでなされたものであることが明らかであるとして，本件忌避の申立を却下した。

　弁護人らは，忌避の申立を却下した地裁決定に対し，抗告した。

　これに対し，東京高裁昭和48年1月31日決定は，結論として，原審の棄却決定が違法とは認められないとして，弁護人らの抗告を棄却したのだが，原審の採った訴訟進行の方針には「いささか妥当性を疑わせる点が窺われないではない。」などと指摘した。

　　「かかる事件にあっては，裁判長は，両当事者の意見，希望を十分に聴取した上その同意をえて公判期日を指定するのが通常であり，かつ望ましいところであると考えられるが，弁護人等の職業活動の現実に対する配慮を欠く憾みのある昭和50年までの弁護人等の差支日の申出要求をなし，申出のないことなどを理由に前記裁判長が早々に本件公判期日の指定をしたのは，いまひとつ当事者との話合の努力に欠けるところがあったといえる

のではないか」

「弁護人等の本件以外の事件の受任状況などの弁護士活動の現実を重視する立場からは，本件の弁護活動を十分になしうるためには<u>各公判期日の間隔が短きに失する</u>と考えられ，この点再考の余地はないか」

「<u>訴訟の各段階</u>（冒頭手続，検察官の立証，被告人，弁護人の反証，終局手続等）に応じ，審理の実情をふまえた，より的確な見とおしの下に<u>公判期日の集中的指定をする</u>など，より妥当な方法が採りうるのではないか」

「被告人等の元相被告人森恒夫の死亡や被告人Kに対する被告事件の審理開始に比較的近い時期における併合による<u>弁護活動方針の再検討のための</u>，また指定された各公判期日における<u>各弁護人の具体的差支の実態に応じた</u>各別の公判期日の変更も考える余地があったのではないかなど，その方策は実務としては中々困難な措置ではあるけれども，いささか妥当性を疑わせる点が窺われないではない。」

　高裁決定の結論は，相当であるが，上記指摘には，やや問題があるように思われる。

　第1に，高裁決定は，原審において弁護人との「話合の努力」に欠けるところがあったという。

　しかし，このような指摘は，穏当さを欠いた失礼な物言いに聞こえる。

　すなわち，「話合」というのは，双方向性のある行為なのであり，検察側と弁護人側との間で，あるいは裁判所と弁護人側との間で意見対立があるのならば，双方の言い分を踏まえた上で歩み寄りが必要のはずである。この点につき，原審は，弁護人から意見を聴くことにつき，相当な配慮をしていたように思う。他方，弁護人らは，裁判所から「主任弁護人」の指定を求められても，一向に指定しようとせず，裁判所から期日差支日を連絡してほしいと求められても，1通を除いて回答しないという状況にあったのである。これでは，話し合いは進めようがない。仮に，話合いの努力に欠けるところがあったというのであれば，それは，裁判所の方ではなく，弁護人側の方だったように思う。

　第2に，高裁決定は，的確な見通しの下に「公判期日の集中的指定」をすべきだという。

しかし,「集中的指定」が何を意味するのか,判然としない。
　すなわち,週2回と週1回とを組み合わせた期日指定では「各公判期日の間隔が短きに失する」というのだから,それよりも間を空けろ,という趣旨なのであろうが,それでは,弁護人の主張するような「月1回の審理」を想定しているのか,あるいは「月2回程度の審理」を想定しているのか。あるいは,比較的長期の準備期間を挟んで,事件ごと,争点ごとに連続的開廷を実施するような期日指定を想定していたのだろうか。いずれにしても,同高裁決定は,趣旨がよく分からない。これでは,原審としても,どうしたらいいのか方針の立てように困ることになろう。
　第3に,高裁決定は,「訴訟の各段階（冒頭手続,検察官の立証,被告人,弁護人の反証,終局手続等）」に応じ,「審理の実情」を踏まえて,期日指定をすべきだという。
　しかし,訴訟の各段階に応じ,審理の実情を踏まえて期日指定をするというのはどういう意味なのか,これまたよく分からない。
　例えば,冒頭手続の段階に応じた,審理の実情を踏まえた期日指定とは,どのようなことを指すのか。この種の公安事件では,第1回公判期日を迎えても,争点整理・証拠整理の目処すら立たないことが少なくなく,本件事件でも,同様の事態となっている。そもそも,起訴状一本主義の下では,第1回公判期日を開くまで,裁判所は,被告人の罪状認否や弁護人の意見の具体的な内容を知ることが困難な環境に置かれているのだが,公安事件では,そのことが一層強く現れており,第1回公判期日において,冒頭手続すら順調に進行しないことが審理の実情となっていたのである。裁判所としては,とにかく第1回公判期日を開き,被告人の罪状認否や弁護人の意見だけでも述べてほしいと願うはずだが,それは,無理な要求とも思えない。審理の実情を踏まえた期日指定とは,冒頭手続を延々と数期日もかけて行うことなのだ,とでも言うのであろうか。
　また,例えば,検察官立証の段階に応じた,審理の実情を踏まえた期日指定とは,何を意味するのか。被告人・弁護人らが法廷を闘争の場と位置づけているとき,裁判所としては,早く証拠調べ手続に入り,検察官に冒頭陳述をしてもらい,少しでも早く実体審理に入りたいと願うはずだが,それは,自然な発

想であろう。被告人・弁護人らが訴訟進行に協力しないことが予想されるなか，裁判所としては，1か月に複数回の公判期日を指定し，検察官立証だけでも早く終わってもらい，早く弁護人側立証に入ってほしいと考えるのは，理由のあることだと思う。検察官立証で時間を要することといえば，検察側証人に対する弁護人側からの執拗な反対尋問が典型的であろう。公安事件において，弁護人側の反対尋問は，検察側の主尋問の何倍もの時間をかけることが審理の実情となっており，1日で終わることなどないといっても過言ではない。弁護人らの反対尋問は，しばしば「次回に続行をお願いします。」という繰り返しとなっていたが，そのような審理の実情は，本件でも同様である。審理の実情を踏まえた期日指定とは，反対尋問を不必要に延々と続けることなのだ，とでも言うのであろうか。

　原審は，こうした審理の実情を適切でないと考えていたからこそ，公判期日の一括指定を試みたのだと思う。戦後の公安事件では，戦前と比べて圧倒的に裁判が遅延しており，こうした審理の実情を改革しようとすれば，3年分ほどの一括指定は，それほど不当とは思われない。これまでの審理の実情を変えようとしないのでは，行き当たりばったりの訴訟進行になってしまい，結局，裁判の迅速化を図ることが困難だからである。

　第4に，高裁決定は，公判期日を指定するには「両当事者の同意を得」ることが通常であり，かつ望ましい上に，昭和50年までの3年分の期日指定が弁護人らの職業活動に配慮を欠いているという。

　しかし，その指摘は，理由があるとは思えない。

　裁判所は，通常，弁護人の都合に合わせて公判期日を指定しているが，本件でも，弁護人らの都合を聞いた上で第1回公判期日を指定しており，さらには，弁護人らの都合により第1回公判期日を変更までしているのである。第2回以降の公判期日については，弁護人らに差し支えがある日の有無を尋ねた上で一括指定しているのであって，原審としても，弁護人らの都合を無視していたのではない。むしろ，原審は，相当の配慮をしていたといえよう。これに対し，弁護人らは，将来的に差し支えのある日を回答しようとせず，訴訟進行に非協力な態度を示していたのであり，期日指定に関する合意が出来なかったのは，

裁判所に原因があったのではなく，弁護人らの態度にあったと考える方が公平な評価だろうと考える。

また，期日の一括指定が弁護人らの職業活動に配慮を欠いていたという指摘も，至当とは思われない。

公安事件は，しばしば政治，経済，社会，文化等に強い影響を残すような歴史的事件である。それだけ国民の関心を引くことになり，マスコミ報道に大きく取り上げられるところとなる。事件関係者も多く，事案も複雑ではあるが，それだけ一層迅速な裁判を実現し，迅速・的確な事件の決着が求められるのである。公安事件は，戦前にも発生しているが，いずれの裁判も連続的開廷がなされており，裁判の迅速化に努めていたのである。戦後になったら連続的開廷が出来なくなる，というような道理はないように思う。

一般的に，予定を組むのは早ければ早いほどよい。本件のように事件関係者も多く複雑重大な事件では，裁判が長期間に及ぶことが容易に想定されるところ，3年先なら弁護人らの予定も空いているであろうから，あらかじめ予定を組んでおく方が適切である。原審が提案したように月6回ほどのペースで3年分の公判期日を指定するというのは，自然な考え方のように思う。仮に，訴訟の各段階に応じて期日を指定しようとすれば，多くの弁護人らにおいて都合のつく日が限られてしまうから，適切な期日指定など覚束ないであろう。

結局，高裁決定の趣旨は判然としないところもあるが，事実上，弁護人らの要望に沿うことになろうから，裁判の長期化は避けられないことになる。

一般に，高裁の判断には重いものがあると思うが，本件の高裁決定は，原審だけでなく，全国各地の地裁に対して大きな影響を与えたものと推察する。

さて，結果として，本件裁判は，極めて長期間に及んだ。本件一連の事件が発生したのは，昭和44年9月から昭和47年2月28日までの間のことであるが，第一審判決は，起訴から約10年経過した昭和57年6月18日であり，控訴審判決は，第一審判決から約4年経過した昭和61年9月26日，最高裁判決は，控訴審判決から約7年経過した平成5年2月19日であった。

被告人・弁護人らは，個別具体的な各事件の全般にわたって故意・共謀などを争ったほか，事実認定上・法令解釈上，様々な点を争った。羽田空港突入事

件については，火炎ビンを滑走路上に投げつけて燃え上がらせ，ガラス破片を散乱させても，航空法違反にはならず，また，業務妨害の程度も小さく可罰的違法性がないなどと主張した。山岳ベース殺人等事件については，連合赤軍の同志ら（被害者）を緊縛して冬山に放置するなどしたが，それは被害者らが自ら総括するのを援助しただけのことであり，殺意はなかったなどと主張した。さつき山荘殺人未遂等事件については，警察官らに対して発砲したが，それは警察の包囲網を突破するのが目的であり，殺意はなかったなどと主張した。あさま山荘での小林記者に対する発砲については，威嚇射撃をしたにすぎないのであって，殺意はなかったなどと主張した。

これら被告人・弁護人らの主張は，第一審においていずれも排斥され，控訴審・上告審でも排斥された。

被告人・弁護人にとって，事実関係を争い，法令解釈を問い，量刑判断の意見を述べることは権利であり，権利の濫用・逸脱がない限り，何ら問題はない。

しかし，本件における弁護人らの法廷闘争の在り方については，問題なしとはいえないように思われる。

最後に，一連の兇悪重大事件に対する量刑判断について，見てみよう。

第一審である東京地裁昭和57年6月18日判決（裁判長中野武男）は，量刑の理由の中で，被告人A及び同Bに対して死刑を選択した理由を詳細に判示しているが，その中の一節で，次のとおり述べる。

「本件は1970年初頭の左翼陣営にあって，疾風迅雷のように翔けめぐり，瓦解，壊滅して行った一革命集団によるすさまじい掠奪，殺戮，破壊の爪跡であって，その傷痕は十年を経たいまなお深く癒やされることがない。犯行はその規模，回数については言うに及ばず，手段，態様の兇悪，残虐性については比類がなく，発生した損害の甚大性も特筆されなければならない。また動機，目的も権力の懺滅と，共産主義社会の実現を現行法秩序の容認しない銃と爆弾によって貫徹しようとする独善的，反社会的なものであって，全く酌量の余地がなく，なおまた革命と無縁な市民まで事件に巻き込み，あるいはこれを犠牲にするなど，社会各層に強い衝撃を与えた

ことも重視されなければならない。しかも被告人らははかりしれない有形・無形の損害を負わせながら，現在まで被害者及び遺族に対してなんらの謝罪，慰藉もしていない。被害者側が今日でもなお被告人らに対し，厳罰を望んでいるのも当然といわなければならない。」

控訴審である東京高裁昭和61年9月26日判決は，これまた詳細な理由を示して，被告人A及び同B側の控訴を棄却している。

「所論は被告人らの量刑につき，当時の時代の中で被告人らが抱いた強い革命志向が本件犯行の背景にあることを考慮すべきであるという。そしてこの点については原判決もその犯行に至る経緯の中で触れているところであり，<u>その意味で時代の影響や革命志向が背景としてあったことは窺い得るところであるが，しかしながら，それらがあるとしても犯行自体が正当化されるものでない</u>ことは既に指摘したとおりであり，またこれらを犯情としてみても，これまでに判示した如く，個々の犯行の態様からして，所論のいうところをもって酌量減軽を相当とする事情として採ることはできず，被告人らに対する原判決の量刑が時代の影響や革命志向の点を考慮して不当に重いものであるとは到底いえないところである。」

控訴審判決は，原審判決に比べると，やや遠慮がちに被告人・弁護人らの主張を斥けているようにも見える。

しかし，「時代の影響」や「革命志向」が背景にあった，などということは，そもそも被告人らに有利な事情として斟酌しようがないのではなかろうか。

というのは，被告人森，同A，同B，同坂東らは，武装闘争方針を捨てた日本共産党を批判し，暴力革命により議会制民主主義を破壊するため，銃などの武器を手に取った張本人だったからである。被告人らが「時代」の影響を受けたというよりも，被告人らが「時代」を生み出したというべきではなかろうか。「革命」とは，ロシア革命にも見られるように血を流すものであり，実際に，被告人らは，爆弾，ライフル銃，散弾銃などを用いて人殺しを重ねているのである。「革命志向」が何かしら汲むべき事情に関連しているかのように述べる控訴審の判示は，相当性を欠いているように思われる。

第9章　東アジア反日武装戦線による連続企業爆破事件等

第1節　緒　　論

　本章では，東アジア反日武装戦線（同名称を用いる前の犯行を含む。）による以下のような連続企業爆破事件等を取り上げる。

　　興亜観音等爆破事件（爆発物取締罰則違反）（昭和46年12月12日）
　　総持寺納骨堂爆破事件（爆発物取締罰則違反）（昭和47年4月6日）
　　北方文化研究施設・風雪の群像各爆破事件（爆発物取締罰則違反）（昭和47年10月23日）
　　天皇殺害予備・荒川鉄橋爆破共謀事件（殺人予備・爆発物取締罰則違反）（昭和49年8月12日～14日）
　　三菱重工爆破事件（爆発物取締罰則違反・殺人・同未遂・傷害）（昭和49年8月30日）
　　帝人中央研究所爆破事件（爆発物取締罰則違反）（昭和49年11月25日）
　　大成建設爆破事件（爆発物取締罰則違反）（昭和49年12月10日）
　　間組本社・同大宮工場各爆破事件（爆発物取締罰則違反・殺人未遂）（昭和50年2月28日）
　　韓国産業経済研究所・オリエンタルメタル各爆破事件（爆発物取締罰則違反）（昭和50年4月19日）
　　間組江戸川作業所爆破事件（爆発物取締罰則違反・殺人未遂）（昭和50年4月27日）

　一連の犯行の中心人物は，被告人A（大道寺將司），同B（益永利明（旧姓片岡））らである。

　被告人らは，自身らのグループを東アジア反日武装戦線「狼」と呼んだが，そう呼ぶようになった時期は，昭和48年夏から秋にかけての頃である。東アジア反日武装戦線には，「狼」のほか，「さそり」及び「大地の牙」という二つのグループが加わることになる。

被告人Aは，狼の中心人物であっただけでなく，東アジア反日武装戦線の傘下に他の二つのグループを結集させ，三つのグループが連携するための中核的役割を果たしていたものである。

被告人Bは，爆弾及び起爆装置に必要な雷管を製造するなど，狼の技術面における中心人物であっただけでなく，他の二つのグループが使用する雷管の製造を引き受けるなど，三つのグループ全体における技術面での中心人物であった。

東アジア反日武装戦線による一連の連続企業爆破事件等では，被害者8名が殺害され，百数十名が重軽傷を負っている。

被告人A及び同Bに対する第一審判決は，東京地裁昭和54年11月12日判決（いずれも死刑），控訴審判決は，東京高裁昭和57年10月29日判決（いずれも控訴棄却），上告審判決は，最高裁昭和62年3月24日判決（いずれも上告棄却）であった[337]。

共犯者のうち1名は，昭和50年5月の逮捕時に青酸カリを服用して自殺し，グループ関係者2名も，間もなく自殺を遂げている。

共犯者のうち他の2名は，後述する日本赤軍によるクアラルンプール事件（昭和50年8月発生）及びダッカ事件（昭和52年9月発生）により，それぞれ超法規的措置により釈放されて国外に逃亡している。

次節では，裁判所の事実認定に従い，被告人A，同Bらにより敢行された一連の連続企業爆破事件等を見ていくこととする。

---

[337] 東京地裁昭和54年11月12日判決・刑事裁判月報11巻11号1383頁・判例時報973号24頁（連続企業爆破事件等）
　東京高裁昭和57年10月29日判決・高裁刑事判例集35巻3号194頁・判例時報1062号30頁（連続企業爆破事件等）
　最高裁昭和62年3月24日判決・最高裁判集刑事245号745頁・判例タイムズ633号106頁（連続企業爆破事件等）。本件判決には，以下の評釈がある。ジュリスト臨時増刊910号178頁，判例評論345号214頁等

第2節　連続企業爆破事件等の概要

反日武装闘争の理論

　被告人Ａは，北海道釧路市で生まれ，高校卒業後，大阪の釜ケ崎近くのアパートに住んで日雇人夫などをするにうちに，在日朝鮮人問題等に強い関心を抱くようになり，昭和43年に上京後，王子闘争，三里塚闘争等の集会やデモに参加し，昭和44年4月，法政大学に入学した後は，反帝学評系の学生らと共に沖縄・安保闘争等に参加した。

　被告人Ｂは，東京都板橋区で生まれ，昭和44年4月，法政大学に入学した。

　被告人Ａ，同Ｂらは，10名くらいのグループで度々学習会を開き，マルクス・レーニン主義を研究するようになり，当時行われていた安保闘争のような大衆政治運動では勝利は望めない，学生らの先駆的役割を務めるという先駆性理論も誤りである，などとして，自ら革命の主体となって身を挺することを考えるようになり，昭和45年頃から昭和46年頃にかけて，相前後して法政大学を退学した。

　そして，被告人Ａらは，研究会を重ねて以下のような結論を出した。すなわち，日本は，戦前・戦中は，朝鮮，中国，インドシナなど東アジア諸国を軍事的に植民地として支配して利益を得，戦後は，企業侵略の方法で収奪している。従来の左翼運動は，日本の労働者階級による革命を目指しているが，日本の労働者らは，植民地支配・企業侵略の一端を担う帝国主義労働者であるから，真の革命を達成するためには，東アジア諸国の労働者・人民の立場に立たなければならず，その反日武装闘争に合流する必要があるが，その手段としては，攻撃側にとって損耗が少なく，効果の大きい爆弾闘争が適当であるというものであった。

　被告人Ａらは，昭和46年初め頃，北海道釧路市内の海岸で，爆発実験を行うなどしたが，同年2月，3月頃になると，安保闘争なども下火になり，前記グループ内で意見対立が生じたため，同グループを一時解散した。

興亜観音等爆破事件（爆発物取締罰則違反）（昭和46年12月12日）（被告人両名）

　被告人Ａらは，それぞれ日雇労働などに従事した後，昭和46年10月中旬頃，東京都内で再会し，数次の協議を重ねるうちに，静岡県熱海市伊豆山に建立されている興亜観音に目を付け，下見をした上，手製爆弾と時限装置を準備するなどし，昭和46年12月12日午後5時30分頃，興亜観音境内において，境内の興亜観音像，大東亜戦殉国刑死1088霊位供養碑及び七士之碑に，鉄パイプ爆弾2個，消火器爆弾1個及びニップル鉄パイプ爆弾1個，合計4個を固定し，これらに起爆装置を接続し，同日午後9時58分頃，そのうち2個を爆発させた。

総持寺納骨堂爆破事件（爆発物取締罰則違反）（昭和47年4月6日）（被告人両名）

　被告人らは，神奈川県横浜市鶴見区にある曹洞宗大本山総持寺境内の常照殿納骨堂に目を付け，昭和47年4月4日夜，同境内の墓地に爆弾を運び込み，翌5日午後10時頃，時限式起爆装置を接続し，翌6日午前0時頃，これを爆発させた。

北方文化研究施設・風雪の群像各爆破事件（爆発物取締罰則違反）（昭和47年10月23日）（被告人両名）

　被告人らは，札幌市内の北海道大学文学部内にある北方文化研究施設及び旭川市常盤公園内にある北海道開拓祈念碑風雪の群像に目を付け，昭和47年7月から同年10月にかけて，下見をした上，手製爆弾及び時限装置を準備し，同年10月23日午後5時頃，北方文化研究施設内の床上に，起爆装置を接続した手製爆弾を設置し，同日午後11時30分頃，これを爆発させ，さらに，同日午後4時30分頃，風雪の群像の台座上に，起爆装置を接続した時限式手製爆弾を設置し，同日午後11時33分頃，これを爆発させた。

天皇殺害予備・荒川鉄橋爆破共謀事件（殺人予備・爆発物取締罰則違反）（昭和49年8月12日～14日）（被告人両名）

　被告人らは，天皇が新旧帝国主義者の頂点にあるもの，すなわち，過去にお

いては侵略戦争の最高責任者であり，現在及び将来も，侵略イデオロギーの支柱となる存在であるとし，真に韓国その他の東アジア人民の解放と，日本帝国主義打倒の戦いに勝利するためには，天皇を暗殺しなければならないとの考えを抱いていた。

　被告人らは，天皇が搭乗する特別列車が昭和49年8月14日午前11時頃に東京都北区内の国鉄東北本線の荒川鉄橋を埼玉県内から東京都内へ向けて通過するものと予測し，同鉄橋を爆破して天皇を殺害しようと相謀り，下見調査をした上，発破器1個・手製爆弾2個を製造し，同月12日午後10時頃から翌13日未明にかけて，荒川鉄橋の下からその川下約600mにある新荒川大橋の下までの河川敷に，発破に使用する電線を敷設し，同13日午後11時頃，荒川鉄橋まで赴き，爆弾2個を設置しようとしたが，付近に人影を認めて作業を見合わせているうちに，翌14日午前2時ないし3時に至り，作業時間を失って，爆弾を設置することができなくなり，もって，殺人の予備をするとともに，爆発物を使用することを共謀した。

三菱重工爆破事件（爆発物取締罰則違反・殺人・同未遂・傷害）（昭和49年8月30日）（被告人両名）

　被告人らは，昭和49年8月中旬頃から同月20日頃にかけて，東京都内で協議を重ね，今後は，日本の新帝国主義の一つである経済的侵略行為を行っている海外進出企業を爆弾攻撃の対象とすることとし，中でも三菱企業グループは戦前・戦中を含めて海外侵略・植民地侵略の中枢であるとして，これを爆破攻撃の対象と決め，同月30日午後0時25分頃，東京都千代田区丸の内の三菱重工ビルヂング正面玄関前歩道まで，ペール缶爆弾2個を運び，これに起爆装置を接続し，玄関前フラワーポットの横に置いて設置し，同日午後0時45分頃，これを爆発させ，もって，爆発物を使用するとともに，同爆発により，同歩道上に居合わせた被害者8名を爆死させて殺害し，同じく死亡の可能性のある場所にいた164名に対しては傷害を負わせたものの殺害の目的を遂げず，死亡の可能性のない場所にいた1名に対して傷害を負わせた。

東アジア反日武装戦線

　被告人らは，昭和48年夏から秋にかけての頃，自身らのグループを東アジア反日武装戦線「狼」と呼ぶこととし，また，その思想的背景を明らかにし，同調者の参加を求めるため，ゲリラ兵士としての心構えや都市ゲリラ組織の基本形態，さらには爆弾製造の技術的部分などを記載した「腹腹時計」と題するパンフレットを作成して頒布した。

　同パンフレットには，いわゆる反日思想が記載されていた。すなわち，「日帝本国の労働者，市民は，植民地人民と日常不断に敵対する帝国主義者，侵略者である。」，「日帝の手足となって無自覚に侵略に荷担する日帝労働者が，自らの帝国主義的，反革命的，小市民的利害と生活を破壊，解体することなしに，『日本プロレタリアートの階級的独裁』とか『暴力革命』とかを，例えどれ程唱えても，それは全くのペテンである。」，「日本帝国に於いて唯一根底的に闘っているのは，流民＝日雇労働者である。」，「われわれに課せられているのは，日帝を打倒する闘いを開始することである。法的にも，市民社会からも許容される『闘い』ではなくして，法と市民社会からはみ出す闘い＝非合法の闘い，を武装闘争として実体化することである。」などと記載されていた。

　同パンフレットの技術篇には，武装闘争＝都市ゲリラ戦に必要な時限式手製爆弾の作り方の解説が記載されていた。

　同パンフレットを交付され，「東アジア反日武装戦線」への参加を勧誘された者たちの中から，これに賛同するものが現れ，昭和49年9月頃，「大地の牙」を名乗るグループが生まれた。

　同年末頃には，「さそり」グループも出来ていた。

帝人中央研究所爆破事件（爆発物取締罰則違反）（昭和49年11月25日）（被告人両名）

　被告人らは，昭和49年10月末頃，帝人株式会社が韓国に石油コンビナートを建設するなどして企業侵略を積極的に進めているとして，同社に打撃を与えるため，同社の東京支社を爆弾攻撃することを話し合ったが，同年11月初め頃，攻撃対象を変更し，同月24日午後7時25分頃，東京都日野市所在の帝人

中央研究所の中和槽操作盤室内に，時限式手製爆弾1個を設置し，翌25日午前3時10分頃，これを爆破させた。

大成建設爆破事件（爆発物取締罰則違反）（昭和49年12月10日）（被告人両名）

　被告人Aは，昭和49年12月初め頃，東京都内で，東アジア反日武装戦線「大地の牙」グループから，大成建設が戦前に大倉財閥として日本帝国主義による植民地支配の一翼を担い，戦後も韓国やインドネシアに対して企業侵略を行っているとして，同社の爆弾攻撃計画を告げられるとともに，起爆装置としての雷管の交付方を依頼されたため，ここに，狼グループと大地の牙グループは，同爆破について共謀を遂げ，被告人Bが，雷管を用意し，仲間を通じてこれを大地の牙グループに交付し，大地の牙の実行犯らは，同月10日午前6時30分頃，東京都中央区銀座の大成建設本社ビル1階駐車場の東南角付近路板鉄板下に時限式手製爆弾1個を設置し，同日午前11時02分頃，これを爆破させた。

間組本社・同大宮工場各爆破事件（爆発物取締罰則違反・殺人未遂）（昭和50年2月28日）（被告人両名）

　被告人Aは，昭和50年1月末頃以降，東京都内において，東アジア反日武装戦線「狼」の代表として，同「さそり」及び同「大地の牙」の各代表と三者会談を開き，海外進出企業への爆弾攻撃について協議を重ね，間組が戦時中に木曽谷ダム工事に朝鮮人や中国人捕虜を強制連行しこれを酷使して多数の死者を出し，現在もマレーシアのテメンゴールダム建設に関連して反動政権に協力して革命勢力に敵対しているとして，間組に対する共同作戦を実行することを決定した。

　東アジア反日武装戦線3グループによる共同作戦のもと，狼グループの実行犯らは，殺意をもって，昭和50年2月28日午後6時前頃，東京都港区北青山の株式会社間組本社ビル9階電算部パンチテレックス室内の棚に時限式手製爆弾1個を設置し，同日午後8時頃，これを爆発させ，もって，爆発物を使用するとともに，同爆発により，同室で残業中の社員（当時27年）に対し，加療4

か月を要する傷害を負わせたが，殺害の目的を遂げなかった。

さそりグループの実行犯らは，同日午後6時前頃，同ビル6階営業本部事務室内の書類キャビネット上に時限式手製爆弾1個を設置し，同日午後8時頃，これを爆発させた。

大地の牙グループの実行犯らは，同日午後7時頃，埼玉県与野市の間組大宮工場構内の北側変電所前に時限式手製爆弾1個を設置し，同日午後8時04分頃，これを爆発させた。

韓国産業経済研究所・オリエンタルメタル各爆破事件（爆発物取締罰則違反）（昭和50年4月19日）（被告人両名）

被告人Aらは，昭和50年3月中旬以降，東京都内において，東アジア反日武装戦線3グループによる三者会談を重ね，大地の牙グループから，オリエンタルメタル株式会社社長を団長とする韓国工業団地視察団の韓国派遣を阻止するため，同社を次の爆破対象とする計画である旨説明を受け，起爆装置となる雷管の用意方を依頼された上，さらに，韓国産業経済研究所が前記韓国視察の仲介などをしているとして，同研究所も爆破対象とすべきである旨説明を受け，同様に雷管の用意方を依頼されたため，ここに，東アジア反日武装戦線3グループは，同爆破について共謀を遂げ，同年4月18日午後8時頃，東京都中央区銀座の韓国産業経済研究所の入口ドアに時限式手製爆弾1個を設置し，翌19日午前1時頃，これを爆破させ，同月18日夜，兵庫県尼崎市のオリエンタルメタル株式会社のゼロックス室前廊下に時限式手製爆弾1個を設置し，翌19日午前1時頃，これを爆破させた。

間組江戸川作業所爆破事件（爆発物取締罰則違反・殺人未遂）（昭和50年4月27日）（被告人両名）

被告人Aらは，昭和50年3月25日以降，東京都内において，さそりグループから，間組江戸川作業所を爆弾攻撃する旨の計画を説明され，雷管の用意方を依頼され，狼グループ及びさそりグループは，同爆破について共謀を遂げ，実行犯のさそりグループにおいて，殺意をもって，同年4月27日午後8時頃，

千葉県市川市の間組江戸川作業所の宿直室床下に時限式手製爆弾1個を設置し，同日午後11時58分頃，これを爆発させ，もって，爆発物を使用するとともに，さそりグループの実行犯らは，同爆発により，同宿直室に就寝中の社員（当時25年）に対し，加療約1年3か月を要する傷害を負わせたが，殺害の目的を遂げなかった。

第3節　迅速・適正な訴訟進行を実現するための法曹三者の協議

　前節で見た東アジア反日武装戦線（同名称を用いる前の犯行を含む。）による一連の連続爆破事件等は，昭和46年12月から昭和50年4月までの長きにわたる爆弾テロ事件である。テロ攻撃の対象とされたのは，天皇，寺院，大企業等であった。被告人Aらは，反日思想及び爆弾製造方法などを記した「腹腹時計」と題するパンフレットを作成・頒布して，武装闘争への参加を呼びかけ，やがて「狼」，「大地の牙」及び「さそり」という3グループを形成した。

　その裁判は，長期化した。被告人A及び同Bに対する第一審の審理期間は，当初の起訴時点から4年5か月が経過している。第一審判決は，東京地裁昭和54年11月12日判決（いずれも死刑），控訴審判決は，東京高裁昭和57年10月29日判決（いずれも控訴棄却），上告審判決は，最高裁昭和62年3月24日判決（いずれも上告棄却）であった。

　裁判が長期化した理由は，被告人・弁護人らが徹底した法廷闘争を展開したことにある。弁護人らの主張は，多岐にわたっており，第一審においては，①　被告人・参考人らの検察官調書は，証拠能力を欠いている，②　三菱重工爆破事件等において，殺意はなかった，③　天皇殺害予備等事件については，公訴権の濫用がある，④　第3回公判期日において，弁護人ら不在のまま起訴状の朗読をさせた手続は違法である，⑤　第21回公判期日において，弁護人ら不在のまま審理を進めたのは違法である，⑥　本件一連の犯行には正当性がある，⑦　爆発物取締罰則は，憲法違反である（73条6号但し書き，31条，19条，21条等），⑧　死刑制度は，憲法違反である（36条等），などと主張した。

　第一審である東京地裁昭和54年11月12日判決（裁判長簑原茂廣）は，これ

ら弁護人らの主張をすべて排斥した。

　同判決は，弁護人らの主張のうち④第3回公判期日における弁護人の不在問題について，そもそも弁護人らの行状こそ権限の濫用である旨判示した。

　「右第3回公判期日における起訴状朗読の手続については，……全く適法な手続であり，弁護人らは退廷を命じられるような行為に出たり，在廷命令を無視して無断で退廷したものであって，右のような弁護人らの行状こそ，弁護人の権限を濫用するものであり，法曹倫理にも反するものというべきである。なお，弁護人に法廷在廷義務のあることは当然であって，弁護人らのこれに反する主張は，論ずるまでもなく失当である。」

　同判決は，⑤第21回公判期日における弁護人の不在問題についても，弁護人らに権利の濫用があった旨判示した。

　「当裁判所は，前記公判期日において弁護人ら不出頭のまま審理をなすにあたり，将来弁護人らより右期日で取り調べた証人に対する反対尋問のための再尋問の申出があれば，関連性・必要性があり，正当な理由なく重複しない限りこれを許す旨告知したとおり，弁護人らより反対尋問のための再尋問の申出を許可して反対尋問を行わせたのである。」

　「右期日の一週間後の第22回公判期日の前日，弁護人ら全員が辞任した後でさえ，当裁判所の在京3弁護士会に対する国選弁護人候補者の推薦方依頼及び数回にわたる催告にもかかわらず，右3弁護士会は右候補者を数か月にわたって推薦しなかった……また，その後，『刑事事件の公判の開廷についての暫定的特例を定める法律案』の国会提出をめぐって，昭和54年3月30日法曹三者間の合意事項の中で，弁護士会が裁判所より国選弁護人候補者の推薦依頼があった場合，必ずこれに応ずることを漸く確認するに至った」

　「本件の場合，第21回公判調書にその理由を記載したとおり，弁護人らはまだ辞任していたわけでもなく，しかも判事室まで来室していて公判廷に出頭しようと思えばたやすく出頭し得べき状況にあり，裁判所の数回にわたる出廷勧告にもかかわらず，ついに出廷しなかったものであって，その権利濫用は明白というべきであり，これにつき被告人らに帰責事由がある

ことも明らかである。」

同判決は，さらに次のような種々の指摘もしている。

「弁護人らの前記主張のうち，開廷前の法廷における被告人・弁護人間の1時間の打合せの廃止の件についても，当裁判所は，かかる打合せは原則として期日外になすべきものとして，漸次短縮して廃止しようとしたものであって，当然のことである。」

「必要性のない起訴状の求釈明が打ち切られるのも当然のことである。」

「なお，裁判所の訴訟指揮を強権と非難する弁護人らは，併合審理を要求して公判期日不出頭を繰り返しながら，裁判所がこれを容れて併合決定をするや，今度は併合決定を非難して第3回公判期日の審理を混乱させた被告人らと同調して裁判所の在廷命令に反し無断で退廷していること等からも明らかなように，被告人ら・弁護人らは，当時，審理進行をことごとに阻止していたものといって差し支えない。」

「本件において，裁判長は，冒頭手続終了の間近いことを見込み，本件の公訴事実の数・被告人数，予想される証拠量，被告人らの態度等を勘案し，必要とされる期日数を確保する必要から，第13回公判期日及び昭和51年11月15日の打合せにおいて，その方針を示したものであって，このように裁判所側は弁護人側に協力方を求めたにもかかわらず，弁護人らは1か月につき2期日以上は絶対に受けられないと主張するだけで何らの歩み寄りを見せなかったため，やむなく，同年12月3日の第17回公判期日において期日を指定したものである。」

「その後，弁護人らは，現に，検察官の千数百点にのぼる膨大な書証及び物証の申請に対し，書証につき全部不同意，物証につき全部取り調べに異議がある旨の認否意見を述べており，当裁判所の予測した必要期日数が正しかったことを裏書きしている。」

「なるほど裁判長は，弁護人らが辞任して再び弁護人に選任されて後，月2回の頻度の期日を指定して審理の進行をはかってきたが，右は，弁護人らにおいて，現実に1か月につき2期日以上の期日を受けようとしないためのやむを得ないものであったこと，弁護人ら・被告人らにおいて，検察

官申請の証拠を全部争う当初の態度を改め，争点を整理して審理に応ずる姿勢を示したため，自ずから審理に必要とされる期日数も減少したこと，さらに，いわゆるダッカのハイジャック事件によって当時の被告人大道寺あや子，同Cが国外において釈放される結果となり，同人らの事件を分離する結果に立ち至ったため，その分だけ審理期間が短縮されたことにもよるものである。これらの事情があってさえ，当初の起訴時点からすれば4年5か月もの長い審理期間を要したことから考えて，裁判長の昭和51年12月段階でなした1か月につき3ないし4開廷の頻度の期日指定の必要性は十分あり，これが客観的にも妥当であったことは明白である。」

　以上は，被告人・弁護人らの法廷闘争の一端を示すものである。

　本件裁判の審理と平行して，政府（法務省）は，過激派事件における裁判引き延ばしを防止する必要があるとして，昭和53年3月7日，「刑事事件の公判の開廷についての暫定的特例を定める法律案」を国会に提出した。

　そして，この法律案が提出されたことを契機にして，本件第一審判決が出される前の昭和54年3月30日，法曹三者の協議会において，訴訟進行の在り方等について協議がなされ，①　弁護士会は，裁判所から国選弁護人の推薦依頼を受けたときは，責任をもって速やかに推薦すること，そのためにも，弁護士会は，国選弁護人を受任する意思のある相当数の弁護士を登載した受任候補者名簿を作成すること，②　日本弁護士連合会及び各弁護士会は，弁護人が不当な訴訟活動を行ったときは，当該弁護士に対する懲戒を公正迅速に行うものとし，そのための会則等の規定を整備する等の措置をとることなどで意見の一致をみるに至った[338]。

　このように，法曹三者の協議会において事態の沈静化への努力がなされる中，前記特例法案は，同年6月，国会の解散により廃案となった。

　本件の第一審判決（死刑）に対し，被告人・弁護人らは，控訴・上告しているが，いずれも棄却されている。

　ところで，これまで，最高裁は，いわゆる死刑上告事件について，結論の見

---

338) 前掲8)の「裁判所百年史」（平成2年）351～352頁

込み如何を問わず，慎重を期すべく，すべての事件で弁論を開くという慣行を確立していたが，本件上告審では，この慣行が逆手にとられる結果となった。

　すなわち，本件上告審は，弁護人から，弁論の準備期間がほしい旨要望され，昭和61年11月7日に弁論期日を指定し，その後，さらに準備期間がほしい旨要望されたため，弁論期日を昭和62年2月3日に変更したが，間近に迫った同年1月24日及び同月26日，被告人らが弁護人らを解任してしまい，被告人Aは，弁論期日開廷直前に新しい弁護人の選任届を提出し，同弁護人が出頭したものの，共犯者である相被告人Dについては，新たな弁護人の選任がないまま弁論期日を迎えることになったのである。

　これに対し，最高裁は，毅然たる態度をとった。

　すなわち，裁判長伊藤正己は，同弁論期日において，開廷宣言に引き続き，以下のとおり告げた。

> 「被告人Dから弁護人全員についての解任届が1月24日に提出されておりますが，これは訴訟遅延を図る目的に出たものと認められますから，当裁判所は，訴訟遅延を避けるに必要な限度においてその効力を生じないものと解します。従って，本日は被告人4名全員の関係で，弁護人，検察官双方の弁論を伺います。」

　伊藤裁判長は，同弁論期日において，出頭している弁護人らに対し，共犯者の関係でも弁論をするよう促し，同弁護人らは，提出済みの上告趣意書を共犯者の関係でも陳述したということである[339]。

　最後に，量刑判断について見ておく。

　東京地裁昭和54年11月12日判決（裁判長簑原茂廣）は，量刑の事情の中で，被告人A及び同Bに対して死刑を選択した理由を詳細に判示しているが，その中の一節で，以下のとおり述べる。

> 「一　本件各犯行の動機・目的は，被告人らがその正当性の主張において述べるように，日本の過去における侵略ないし戦争の責任及び現在におけ

---

339) 前掲337)の判例タイムズ633号106頁以下，特に108頁，110頁

る新植民地主義による経済侵略等の責任を追及するものとして天皇及び判示各海外進出企業を爆弾によって攻撃し，ひいては現在の日本国家及び社会の体制を破壊して原始共産制を到来させる世界革命を目指すというものであり，現実の犯行をみると，被告人らは，反日武装闘争を提唱する過激な都市ゲリラグループを結成して，爆弾闘争の一環として，三菱重工をはじめとする海外進出企業等を連続的に爆破し，或いは天皇暗殺目的で天皇特別列車荒川鉄橋爆破の準備をし，或いは日本帝国主義の侵略を象徴するものとして銅像・施設等を爆破し，その結果，全国民の耳目を聳動させ社会に極めて強烈な衝撃と底知れぬ不安を与えたものであって，爆弾事件としては，わが国犯罪史上空前の残虐・兇悪・卑劣な犯行である。」

「4　本件各犯行の動機・目的は，被告人らが，その正当性の主張において述べるとおりであり，このような独善的な主義主張を，言論・出版・政治等合法的手段によらず，爆弾使用という最も兇悪な暴力を用いて貫徹し，現行憲法秩序や社会制度を暴力で覆そうとしたもので，<u>動機・目的・手段ともに，法治国家・議会制民主主義の国家では許されず，しかも，その際，目的を貫徹するためには無関係の一般市民まで巻き添えにして殺傷することを容認するなど卑劣極まりなく，酌量の余地が全くないこと。</u>
　……」

「8　<u>この種爆弾事件に対しては，一般予防・社会防衛の見地から厳罰が必要であること。</u>
　近時，手製爆弾は，暴力革命を標榜し爆弾闘争を呼号する過激派の武器として頻繁に用いられるに至っているところ，爆弾事件は，少人数での犯行が可能であり，しかも強大無差別な殺傷力があり，本件のように時限装置を用いれば犯行を現認されることも少なく，犯人自身は安全圏に退避できるし，爆発による証拠の滅失などから犯人検挙が極めて困難であると思われ，さらに追随者による連鎖反応を起こしやすい犯罪であるから，この種犯罪に対しては，社会防衛，一般予防の見地から厳罰が要求される。」

被告人・弁護人らは，控訴審・上告審において量刑不当を訴えているが，控訴審・上告審は，第一審の死刑判決を維持し，控訴・上告を各棄却している。

第10章　赤軍派によるよど号ハイジャック事件等

第1節　緒　　論

　本章では，共産主義者同盟赤軍派（赤軍派）による次の事件を取り上げる[340]。
　一〇・二一国際反戦デー事件（爆発物取締罰則違反・凶器準備結集）（昭和44年10月21日）
　大菩薩峠事件（破壊活動防止法違反・爆発物取締罰則違反・凶器準備結集）（昭和44年10月29日頃～11月5日）
　よど号ハイジャック事件（強盗致傷・国外移送略取・監禁）（昭和45年3月31日～4月3日）

　赤軍派は，昭和44年9月，東京都葛飾区内の公会堂で開催された結成大会において，約150名が集まって結成された集団である。当初は，爆弾を用いた国内での武装蜂起を目指していたが，その後，国内での革命が当面は困難であると判断し，まずは世界共産主義革命を成し遂げ，その上で改めて国内での革命を目指すことを方針とするに至る。

　赤軍派の最高指導者であった被告人に対する第一審判決は，東京地裁昭和55年1月30日判決（懲役18年）であり，控訴審判決は，東京高裁昭和58年7月27日判決（控訴棄却）である。なお，上告審については未把握である。ご容赦願いたい[341]。

　なお，被告人は，一連の事件を主導していた者であるが，よど号ハイジャック事件の計画段階において，一〇・二一国際反戦デー事件により検挙されてしまったため，よど号ハイジャック事件は，被告人が進めていた既定路線に従い，

340）よど号ハイジャック事件の警備対応等については，以下のような文献がある。佐々淳行「日本赤軍とのわが『七年戦争』」（平成25年，文春文庫）
341）東京地裁昭和55年1月30日判決・刑事裁判資料246号270頁・判例時報989号8頁（よど号ハイジャック事件等）
　　東京高裁昭和58年7月27日判決・東京高裁判決時報刑事34巻7～8号39頁・判例時報1088号3頁（よど号ハイジャック事件等）

残りの赤軍派メンバーらにより敢行されたものである。

次節では，裁判所の事実認定に従い，被告人らにより敢行された一連の犯行を見てみる。

第2節　よど号ハイジャック事件等の概要

赤軍派の結成

被告人は，昭和37年4月，京都大学に入学し，その後，共産主義同盟（ブント）の一員として活動し，やがて関西ブントの指導者的立場となった。

被告人は，現代が世界共産主義へ移行する過渡期にあると規定し，そのための世界革命戦争を唱え，同革命戦争の前段階として混乱状態を作り出すべきであるとの理論（前段階武装蜂起論）を展開し，同闘争のための革命軍の建設を提唱してブントを離脱した。

被告人は，同調者らとともに，京阪地区及び東京周辺を中心に各地で学生らを対象とした組織活動を行い，昭和44年8月下旬，神奈川県下において，各地区の代表者を集めて結成準備会を開き，政治局員らを選定した上，同年9月4日，東京都葛飾区内の公会堂において，約150名を集めて結成大会を開き，赤軍派を結成した。

赤軍派においては，最高議決機関として中央委員会が設けられ，その執行機関である政治局のもとに中央人民組織委員会と中央軍事組織委員会を置くなどし，政治局に諸権限を集中させていた。被告人は，中央委員会及び政治局の議長となり，赤軍派の最高指導者の地位に就き，政治局のもとに中央軍・地方軍と称する多数の学生らを擁する過激な闘争集団としての組織作りに努めるとともに，火焔ビン，鉄パイプ爆弾などの武器の準備を進めた。

被告人は，同年9月下旬頃から同年10月上旬頃までの間，大阪戦争，東京戦争と称して，大阪市内及び東京都内等において，交番等の襲撃を企てたが，見るべき成果をあげるに至らなかった。

一〇・二一国際反戦デー事件（爆発物取締罰則違反・凶器準備結集）（昭和44年10月21日）

　被告人は，昭和44年10月21日の国際反戦デーに臨み，警察官らを対象とした闘争を企て，同月18日頃，東京都内の事務所において，赤軍派幹部らに対し，「一〇・二一当日は，新宿周辺に集まり，火炎ビンや爆弾を使って機動隊をせん滅する。」旨の闘争方針及びその際の部隊編成を発表し，同月20日，同都新宿区内の病院内を闘争のための指揮所と定めた。

　赤軍派のメンバーらは，同20日，福島医科大学に赴き，同大学で製造中であった鉄パイプ爆弾のための未完成品（爆薬を充填した鉄パイプ27本，試験管数本，ウイスキー瓶に入れた濃硫酸など）を都内に搬入し，翌21日昼過ぎ頃，東京薬科大学構内において，別のメンバーにこれらを引き継いだ。

　被告人の指示により，赤軍派メンバーらは，同日午後2時過ぎ頃から同日午後4時頃までの間，東京薬科大学の教室内において，鉄パイプ爆弾十数本を完成させ，もって，爆発物を製造した（爆発物製造）。

　被告人の指示により，赤軍派メンバーらは，同日午後5時過ぎ頃，かねて製造保管していた火炎ビン約20本を東京薬科大学付近に運搬させ，同日午後10時過ぎ頃，中央軍・千葉地方軍・東京西部地区の実行部隊らを，同大学付近に集合させ，もって，凶器を準備して人を集合させた（凶器準備結集）。

　赤軍派メンバーらは，東京都中野区内等において，警察車両等に対して火炎ビンを投てきするなどしたが，同火炎ビンが発火しなかったことなどのため，さしたる実害は発生しなかったものの，これがその後の爆弾闘争の先駆けとなった。

大菩薩峠事件（破壊活動防止法違反・爆発物取締罰則違反・凶器準備結集）（昭和44年10月29日頃～11月5日）

　被告人は，沖縄返還及び日米安全保障条約改定に関する日本政府の施策が日米両帝国主義のアジア侵略政策・反革命戦争であると規定し，昭和44年11月中旬に予定されていた佐藤首相の訪米を阻止し，前段階武装蜂起を実現する目的のもとに，首相官邸を襲撃・占拠することを企て，同年10月下旬頃から，

赤軍派メンバーらとの協議を重ねた。

被告人は，同年10月27日頃，東京都文京区内の寺において，爆弾使用等の軍事訓練を行い，同年10月31日頃，山梨県塩山市の大菩薩峠において，軍事訓練を行った。

被告人は，同メンバーらに指示し，同年11月1日頃，兵庫県神戸市内から散弾銃1丁を持ち出させ，同月4日頃，これを都内に搬入保管させたほか，同月2日頃，岩手県水沢市内から猟銃1丁及び散弾68発を持ち出させ，これを秋田市内に携行保管させた。

被告人は，同メンバーらに指示し，同年10月29日頃，青森県弘前市内で製造していた鉄パイプ爆弾17本を持ち出させ，同年11月4日頃，これを大菩薩峠山中の福ちゃん荘に搬入保管させたほか，同月2日，弘前市内からさらに鉄パイプ爆弾約20本を持ち出させ，同月5日，これを都内に搬入保管させた（以下，殺人予備・公務執行妨害予備による破壊活動防止法違反）。

被告人は，同メンバーらに指示し，同年10月末までに，茨城大学において，火炎ビン約200本を製造準備させ，同年11月1日，これを千葉県松戸市内のアパート内に搬入保管させた。

被告人は，同メンバーらに指示し，同年11月1日頃，首相官邸襲撃に使用するための登山ナイフ34丁，斧5丁等を購入させ，これを松戸市内のアパート内に隠匿保管させ，同月4日，火炎ビンのうち5本を大菩薩峠山中の福ちゃん荘に搬入させた。

被告人は，同メンバーらに指示し，同年11月1日から同月4日にかけて，千葉県柏市内，神奈川県高座郡内及び東京都八王子市内において，部隊輸送に使用する普通貨物自動車3台を入手させ，これらを埼玉県川口市内，春日部市内及び千葉県内に隠匿保管させた。

被告人は，同年10月末から同年11月初めにかけて，神奈川地区，福島地区，茨城地区，千葉地区，関西地区，東京西部地区，東京北部地区及び中央軍に動員をかけ，同月3日午後，赤軍派メンバーら50数名を集結させた。

赤軍派メンバーらは，その他，ピース缶爆弾（たばこのピース缶内にダイナマイトを入れ，その周辺に小鉄球数個を詰めたもの）3個を大菩薩峠山中の福ちゃ

荘に保管させた。

　赤軍派メンバーらは，同年 11 月 3 日夜，福ちゃん荘において，佐藤首相訪米阻止闘争として首相官邸を襲撃し警備の警察官らを殺傷して官邸を占拠する旨のアジ演説を行うなどし，同月 4 日午前 9 時過ぎ頃，襲撃部隊約 50 名を山梨県塩山市内の避難小屋（通称無人小屋）付近山中に引率し，登山ナイフによる刺突訓練，石塊等を爆弾に見立てた投てき訓練，火炎ビン 5 本の投てき訓練などを行った（以上，殺人予備・公務執行妨害予備による破壊活動防止法違反）。

　被告人は，昭和 44 年 11 月 3 日から同月 5 日にかけて，山梨県塩山市内の大菩薩峠山中の福ちゃん荘において，ピース缶爆弾 3 個，鉄パイプ爆弾 17 本，登山ナイフ 34 丁，斧 5 丁等を搬入準備し，赤軍派メンバー襲撃部隊 50 数名を集結させた上（爆発物所持・凶器準備結集），福ちゃん荘及び避難小屋（通称無人小屋）において，同襲撃部隊 50 数名に対し，首相官邸を襲撃・占拠するため鉄パイプ爆弾及びピース缶爆弾多数を使用して警備の警察官らを攻撃する旨指示するとともに，それらの使用方法等を説明し，石塊等を爆弾に見立てた投てき訓練を行わせるなどした（爆発物使用の共謀）。

　しかしながら，赤軍派メンバーらが首相官邸を襲撃する直前に検挙されたため，本件計画は，実行に至らなかった。

よど号ハイジャック事件（強盗致傷・国外移送略取・監禁）（昭和 45 年 3 月 31 日～4 月 3 日）

　被告人は，一〇・二一国際反戦デー事件（昭和 44 年 10 月 21 日）及び大菩薩峠事件（同月 29 日頃～同年 11 月 5 日）がいずれも失敗に終わり，赤軍派の幹部，構成員ら多数が逮捕されたため，国内での闘争には限界があるとして，国外に活動拠点を求めることとし，世界共産主義革命を実現するには「労働者国家」を世界革命の根拠地とし，同根拠地において軍事訓練を行った革命軍を各国に派遣し，武装蜂起の世界性・永続性を図るべきであるという理論（国際根拠地論）を提唱し，赤軍派の闘争目標として国際根拠地の建設を掲げた。

　被告人は，昭和 45 年 1 月以降，政治局会議，拡大中央委員会等を開催し，国際根拠地を建設し軍事訓練を行った上で武装蜂起を行うという活動方針を発

表し，赤軍派を国際委員会と日本委員会に二分し，被告人が国際委員会の責任者となり，その下に調査委員会を設けることとした。また，将来海外に派遣する要員を選定するため，長征軍と称する部隊を組織し，当面はこれに全国各地でオルグ活動を行わせることとし，その隊員として，逮捕状が出ている者及びいわゆる東大事件で起訴され保釈中の者を当てることとした。以上の計画を「フェニックス作戦」と名付け，国際根拠地の建設地としては，キューバを想定した。

　赤軍派メンバーらは，朝鮮民主主義人民共和国（北朝鮮）を経由してキューバに渡航するためにはハイジャックの実行可能性を調査する必要があると考え，同年1月24，25日頃，羽田空港から千歳空港まで，全日空のボーイング727型機に搭乗し，機内の模様，空港ロビーの状況，周辺施設の有無などを調査するなどした。

　赤軍派メンバーらは，同年2月24日夜，都内自由が丘のアパートにおいて，暴力団関係者からけん銃，日本刀などを入手することを計画し，その資金を調達するため，郊外のスーパーマーケットを襲って現金を強取することを計画した（マフィア作戦）。

　赤軍派メンバーらは，同月24，25日頃，都内東十条のスナックにおいて，暴力団関係者に対し，けん銃，日本刀の入手方を依頼し，同年3月7日頃，代金30万円を交付した。

　被告人の指示により，赤軍派メンバーらは，同年3月13日昼頃，羽田空港から千歳空港まで，ボーイング727型機に搭乗し，客席の様子，スチュワーデスらの状況，操縦席のドアの施錠の有無，空港警備の状況などについて調査した。

　被告人は，赤軍派メンバーらとともに，同月13日及び14日，同都豊島区内の喫茶店において，フェニックス作戦の具体的な検討を行った。

　しかしながら，被告人は，同月15日，同都北区のマンションから豊島区の喫茶店に向かっている途中，警察官らに発見され，一〇・二一事件に係る逮捕状の執行を受けた。

　残された赤軍派メンバーらは，被告人らが逮捕されたことを知ったが，既定

方針どおりにフェニックス作戦を決行することとし，同月 16 日夜，同都台東区内の公園において，暴力団関係者から手製の日本刀 9 本，短刀 4 本を受け取り，同月 18 日，これらを同都文京区の東京大学工学部内のロッカー内に運び込み，同月 19 日，同都中央区内の区民会館において，フェニックス作戦の具体的手順を確認し合い，日本刀・短刀を用いて機内の制圧訓練を実施した。

　赤軍派メンバーらは，同月 31 日，羽田空港から，日本航空午前 7 時 10 分発福岡行きの定期旅客機第 351 便（ボーイング 727 型機，通称よど号）に搭乗し，富士山付近を飛行中の同日午前 7 時 30 分過ぎ頃，一斉に立ち上がり，搭乗のスチュワーデス 4 名及び乗客 122 名に対し，日本刀・短刀を振りかざし，あるいは突きつけるなどし，「手を上げろ。」，「静かにしろ。」などと怒号して脅迫し，さらに，操縦室に侵入し，機長ら 4 名に対し，日本刀・短刀を突きつけ，「静かにしろ。」，「赤軍派だ。ピョンヤンに行け。」，「客室の方は制圧したから，大人しくしろ。」などと告げて脅迫し，機関士の両手をロープで縛り上げ，機内アナウンスで，「我々は共産同赤軍派である。今からこの飛行機を乗っ取り，北朝鮮へ行く。乗客の者も一緒に行ってもらう。静かにしておれば危害は加えない。もし目的が達成できないときは，手製の爆弾で飛行機もろとも自爆する。そのときは不運と諦めてくれ。」などと放送して乗客，乗員らを脅迫し，幼児及びその母親を除く乗客並びにスチュワーデスらの両手をロープで縛り上げて機内を制圧し，機長らをして抵抗を断念させ，もって，同旅客機を強取し，その際，ロープによる緊縛などの暴行により，乗客・乗員ら 5 名に傷害を負わせるとともに，機長ら乗務員 7 名及び乗客ら 122 名をその実力支配のもとにおいて略取し，引き続き，日本刀，短刀及び手製の爆弾様のものなどを携えて機内を巡回し，乗客，乗員らを監視するなどし，機長から，燃料補給と朝鮮民主主義人民共和国への航空地図が必要である旨説明され，これらを入手するため，同日午前 8 時 55 分頃，福岡空港に着陸させ，燃料を補給させ航空地図を入手した上，同日午後 1 時 40 分頃，高齢者，幼児及びその保護者ら 23 名を解放し，機長ら乗員 7 名及び乗客 99 名を支配下においたまま，同日午後 2 時頃，福岡空港を離陸し，朝鮮民主主義人民共和国へ向けて航行させ，同日午後 3 時過ぎ頃，地上からの電波誘導により，ピョンヤンと誤信して大韓民国のソウル市近

郊の金浦飛行場に着陸させたが，機内マイクで，「我々はあくまでピョンヤンに行くことを要求する。もし要求が入れられなければ，乗客を道連れに自爆する。」旨繰り返し放送するなどして監禁を続け，同年4月3日午後3時過ぎ頃，運輸政務次官山村新治郎が身代わりとなって搭乗し，乗客99名及びスチュワーデス4名を解放し，同日午後6時過ぎ頃，機長ら3名の監禁を継続したまま，金浦飛行場を離陸させ，同日午後7時20分頃，朝鮮民主主義人民共和国のピョンヤン近郊の美林飛行場に着陸させた（強盗致傷・国外移送略取・監禁）。

本件は，我が国初のハイジャック事件となった。

第3節　航空機の強取等の処罰に関する法律の制定等

前節で見たよど号ハイジャック事件は，「航空機の強取等の処罰に関する法律」（昭和45年法律68号）を制定する直接の契機となった[342]。

ハイジャック，すなわち航空機乗っ取り事件は，昭和30年代後半から，世界的に急激に増加しており，その対策が国際的な課題として取り上げられるようになっていた。当初は，アメリカ在住者が，キューバ革命に同情的な心情となり，突発的にキューバへの亡命を志すといった単純な事件にとどまっていたが，昭和40年代に入ると，パレスチナ解放を目指すアラブの過激派らが，対イスラエル作戦の戦術としてハイジャックを敢行するようになった。

ハイジャックという犯罪は，多くの場合，銃砲，刀剣類，爆発物等で武装した多数の集団が，警察警護の及ばない無防備な航空機内に乗り込み，多数の乗客・乗員を人質にして，関係諸国や航空会社等に身代金の要求や拘束されている仲間の釈放などを要求するという犯罪であり，密室内に閉じ込められた乗客・乗員らは，逃げ出すこともできないまま，いつ爆弾が爆発するか，犯人らが感情にまかせて凶行に及んだりしないかと，生命，身体等への危険にさらされ続けるものであり，危険極まりない犯罪である。また，航空会社の被る業務

---

342) 伊藤榮樹ほか「注釈特別刑法　第二巻　準刑法編」（昭和57年，立花書房）371頁以下［佐藤道夫執筆部分］

への支障や財産への侵害も甚大であり，まさに凶悪重大事件というほかない。

　赤軍派による本件事件（よど号ハイジャック事件）も，戦術の一環としてハイジャックを敢行したものであり，前記法律の制定後に発生した日本赤軍によるドバイ事件・ダッカ事件も同様である。

　各国当局としては，乗員・乗客らが密室内に閉じ込められているため，外部からの救助活動にも限界がある上，航空機が国際的に遠隔地間を移動するものであるため，ハイジャックの予防，鎮圧，処罰等を効果的に実行するには国際的な協力体制を構築する必要があるなど，その対応には種々の困難がつきまとう。

　このようなハイジャックに対しては重い刑罰をもって処罰することが相当と考えられるが，日本の刑法では，業務妨害，監禁，強盗等の刑法各本条を適用しても，その犯行に見合った適切な刑罰権の行使には限界があることから，各国との協調体制のもと，実効的な刑罰権の行使を図るため，前記法律の制定に至ったわけである。

　このような立法をしたのも，我が国では，犯人らを死傷させずに逮捕，起訴し，裁判で適正な刑罰を課すべきであるという理念があるからである。

　ちなみに，昭和52年（1977年）10月に発生したルフトハンザ航空ランツフート号ハイジャック事件においては，ドイツ赤軍（RAF）が背景にいたと言われており，パレスチナ解放人民戦線（PFLP）が実行犯となり，同機をハイジャックした後，アラブ諸国を転々とし，最終的にソマリアのモガディシュ国際空港に着陸したが，西ドイツ社民党のシュミット首相の判断により，特殊部隊GSG－9（ドイツ国境警備隊第9大隊）が機内に突入して犯人ら3名を射殺し，人質を救出している。

　西ドイツによる強行解決の後，ハイジャック事件は，世界的に影をひそめることになる。

　このような犯人を射殺することによる解決は，日本では考えられない措置であろう。

　しかし，ルフトハンザ航空ハイジャック事件の解決に至る前，日航機がハイジャック事件の対象として狙われるなどしており，この間の日本政府の対応に

対しては，国際社会からの非難を含め，様々な意見があったところではある。

さて，本件における量刑判断を見てみよう。

第一審である東京地裁昭和55年1月30日判決（裁判長神垣英郎）は，被告人を懲役18年に処し，未決勾留日数中3000日を同刑に算入した。同判決は，量刑の理由の中で，以下のとおり述べる。

「赤軍派は，判示のとおり，世界共産主義革命を目的とした前段階武装蜂起を唱える被告人を理論的指導者として昭和44年9月上旬結成され，同年秋から翌45年3月までの僅か約半年の間に次々と判示の各闘争を展開したものである。いわゆる一〇・二一国際反戦デー事件は，……その後の爆弾闘争の先駆ともなった当時における最も過激な闘争であったと認められる。次に，いわゆる大菩薩峠事件は，……直前に検挙され，実行に至らなかったとはいえ，首相官邸襲撃，占拠という目的，その計画，準備した武器，動員した人員の規模等において，実行されれば警察官らの生命，身体が害され，重大な社会的混乱を生じたことが予想され，一般にも深刻な不安を与えたことが認められる。さらに，赤軍派は，これらの闘争の失敗から，国外に革命の拠点を作るため，被告人をはじめとする同派構成員が非合法手段を用いて海外に渡ろうとして，いわゆるハイジャックを計画し，……一部構成員らにおいてこれを実行したものである。……ハイジャックとしては，わが国における最初の犯行であって，国民に与えた衝撃と不安は極めて強いものがあったといわなければならない。

被告人は，右赤軍派の政治局議長で，同派の最高指導者として，前段階武装蜂起，国際根拠地論を唱えて同派の闘争方針を樹立したものであるが，右主張は，いずれも，独自の世界観にもとづき，革命のためと称して専ら平穏な秩序を破壊し，社会を混乱に陥れることを目的としたものにほかならず，過激な暴力集団としての赤軍派の性格を決定し，同派の構成員をして判示の各犯行に走らせる原動力となったのみならず，その後の同派ならびに同種のいわゆる過激派集団の闘争方針，戦術等にも強い影響を及ぼしたことが推測される。さらに，<u>被告人は，判示のとおり，右各犯行におい</u>

ても，計画を策定し，武器等の準備を指示し，戦術の討議，決定に関与するなど，いずれも主謀者及び計画の中心的推進者として関与したものと認められる。なるほど，『よど』号事件においては，被告人は犯行の約半月前に逮捕され，その後は専らＡ，Ｂらの指導のもとに最終的準備が進められ，実行行為がなされたことが認められるが，前記の諸事実に照らせば，本件各犯行を通じての被告人の刑責は，極めて重いものがあるといわなければならない。」

同判決に対しては，検察官側と被告人側の双方から控訴がなされた。検察官側の控訴理由は，量刑不当であり，被告人側の控訴理由は，有罪判決に対する事実誤認，法令違反及び量刑不当などであった。

控訴審である東京高裁昭和58年7月27日判決は，いずれの控訴も棄却した。被告人側の控訴が棄却された点については，詳細を省く。

問題は，検察官側の控訴が棄却された理由である。

検察官側の控訴理由は，第1に，被告人を無期懲役に処すべきところ，有期懲役（懲役18年）に処したのが寛刑すぎて不相当であること，第2に，懲役刑に算入した未決勾留日数（3000日）が余りにも長すぎて不相当であることであった。

第1の点であるが，高裁判決は，本件で無期懲役を選択しなければならない必然性はなく，懲役18年に処した原判決の量刑が不当に軽いとは認められない旨判示した。

「検察官は，本件ハイジャック事件の後に発生した他のハイジャック事件や，本件各犯行に関する共犯者らに対する量刑との対比上，被告人に対する原判決の量刑が不当に軽い旨主張している。

なるほど，……本件ハイジャック事件後，昭和45年8月19日から昭和54年11月までの間に国内において12件の，昭和48年7月と昭和52年9月の二度にわたり『日本赤軍』と名乗る丸岡修らによる国外での，それぞれハイジャック事件が発生しており，……昭和47年11月，Ｃによって惹起されたハイジャック事件については，同人に対し懲役20年が科せられ，確定している。しかしながら，右Ｃのハイジャック事件をはじめ，

検察官主張にかかるハイジャック事件は，前述した『航空機の強取等の処罰に関する法律』が制定・公布された後の事件であり，……右法律の規定を，本件ハイジャックについて……実質的に適用するようなことは出来ないところであり，……直ちに被告人に対して無期懲役を選択しなければならない必然性が導き出されると断定することは相当ではない。」

刑罰権の行使について，実質的に事後法が適用されたのと同様なことになるのは許されないことであり，この判示部分については，相当であろうと思う。

第2の点であるが，高裁判決は，未決勾留日数の算入につき，原審の判断が自由裁量の範囲を著しく逸脱したものとは認められない旨判示した。

「検察官は，被告人に対する原審未決勾留日数中3000日を原判決の本刑に算入した原判決には，未決勾留日数の算入に関する裁量の範囲を著しく逸脱し，実質的に刑期を不当に短縮した違法がある旨主張する。」

「ところで，本件は，いずれも共犯者が多数関与している事件であり，……いずれも，その共謀の事実の存在を証明するためには，被告人が事前に右多数の共犯者とされる者らとの間で，具体的にいかなる行為をしたかが明らかにされねばならないところ，本件各起訴状に記載された公訴事実は，『被告人は，……D，A，Bら十数名と共謀の上』……というものであって，被告人，弁護人らの防禦の観点からすると，弁護人らのなした釈明要求事項のうちには，右各共謀の具体的内容を明らかにするよう求める点をはじめ，相当と思料される事項も含まれており，前記弁護人らの釈明が被告人，弁護人らの責に帰すべき事由に基づくものとして，そのために費やされた期間を機械的に計算し，算入すべき未決勾留日数から控除するのは相当とは認められない。」

「確かに，本件各審理の開始当初，数回の公判が被告人，弁護人らの不要な意見陳述等により空転した点が認められることは検察官主張のとおりではあるが，被告人，弁護人が本件各犯行を全面的に争い，その後の証拠調べ手続において，検察官申請にかかる証拠中，書証の多くを不同意とすること自体は，法が被告人側の防御権の行使として是認しているところであり，前記各事案の性質，内容に鑑み，記録を検討しても右被告人らが本件

各公訴事実を争い，検察官申請の書証の多くを同意しなかったことが，本件審理を故意に長期化させるためになされたとは断定することができず，従って，右被告人らの検察官申請証拠に対する不同意意見により多数の証人が長期間にわたって取り調べられる結果となった点をすべて被告人，弁護人側の責に帰すべき事由に基づくものと決めつけることも相当ではない。」

高裁判決の事実認定によれば，その判断の前提となる第一審における裁判経過は，以下のとおりである。

すなわち，被告人は，昭和45年3月15日，一〇・二一国際反戦デー事件により通常逮捕され，同月18日，同被疑事実で勾留され，同年4月1日，東京地裁に起訴され，同月22日，よど号ハイジャック事件により再逮捕され，同月25日，同被疑事実で勾留され，同年5月1日，東京地裁に起訴され，同年10月6日，大菩薩峠事件により東京地裁に起訴された。

一〇・二一国際反戦デー事件及び大菩薩峠事件については，昭和46年11月4日，東京地裁刑事4部において，両事件を併合の上，第1回公判が開かれ，よど号ハイジャック事件については，同年7月1日，同地裁刑事5部において，共犯者3名に対する事件と併合の上，第1回公判が開かれ，その後，よど号ハイジャック事件については，昭和51年6月10日，同地裁刑事4部に係属中の一〇・二一国際反戦デー事件及び大菩薩峠事件に併合され，これら事件の第47回公判（同年9月20日）以降，全事件につき，同地裁刑事4部において審理がなされ，昭和55年1月30日の第91回公判において，一連の事件について，判決が言い渡された。

最初の起訴から判決言渡までの期間は，約9年9か月であり，この間の被告人の未決勾留日数は，3605日であり，開かれた公判回数は，合計138回を数えた。

一〇・二一国際反戦デー事件及び大菩薩峠事件については，第1回公判において，冒頭手続に先立ち，弁護人から『公判廷における録音装置使用許可』等の申請がなされるなどしたが，被告人の人定質問，一〇・二一事件についての起訴状朗読の手続まではなされた。第2回公判では，裁判長の訴訟指揮に関し

弁護人らの意見陳述がなされたものの，大菩薩峠事件についての起訴状朗読の手続がなされ，以後，第14回公判に至るまで，被告人らの所信表明，両事件に対する弁護人からの釈明要求，これに対する検察官による釈明，裁判所の検察官に対する釈明命令等が繰り返された。第15回公判から第19回公判までは，被告人，弁護人らの被告事件に対する陳述等が延々となされ，第19回公判において，ようやく検察官の冒頭陳述がなされた。第20回公判から，検察官の証拠申請及びこれに対する弁護人らの意見陳述が始まり，書証，証人等の証拠調手続が開始された。

一方，よど号事件については，第1回，第2回公判では，冒頭手続を除くと，傍聴人に対する所持品検査，被告人らの座席位置等をめぐる裁判所の措置に対する被告人，弁護人らの発言等のため訴訟が進行せず，第3回から第7回公判までは，起訴状記載の公訴事実に対する弁護人らの釈明要求等がなされたため，審理が滞り，ようやく第7回公判において共同被告人Eの，第8回公判に同Fの，第10回公判に同G及び被告人の各意見陳述がなされた。第11回公判において，ようやく検察官による冒頭陳述，証拠申請手続がなされ，以後，証拠調べ手続が開始された。

全事件併合後，第88回公判まで，証拠調べ手続がなされ，同期日において，検察官の論告がなされ，第89回公判において，弁護人の弁論，第90回公判において，被告人の最終陳述がそれぞれなされ，第91回公判において，原判決が宣告されたものである。

証拠調べ手続を振り返ると，検察官申請の書証の多くが不同意とされ，それにかわる証人や弁護人申請の証人など多数の証人尋問が行われ，共犯者とされる者の証言の多くは捜査段階の供述と異なるものとなっており，各人の検察官供述調書が刑訴法321条1項2号書面として多数取調べられるなど，証拠調べ手続を終わらせるまでには，多くの年月が費やされた。

以上の経緯を子細に見れば，高裁判決には，やや違和感があると言わざるを得ない。

まず，高裁判決は，被告人・弁護人らが釈明要求をしたり，検察官請求証拠を不同意にしたりしても，それは権利行使であって，問題はないという。

しかし，検察官としても，被告人・弁護人らが事実を争っていることや，重要な書証を不同意にしたこと自体を問題視しているわけではないと思う。

　問題なのは，最初の起訴から判決言渡までの間に，被告人の未決勾留日数が3605日であったところ，そのうちのほとんど（3000日）を刑に算入してしまうのは異常ではないのか，ということなのである。裁判が長期化した原因は，被告人・弁護人らの法廷闘争の在りように帰着するはずであり，それは，正当な権利の行使ではなく，権利の濫用・逸脱があったのではないのか，起訴から判決までに約9年9か月を費やすような裁判に問題はないのか，が問われていたはずである。

　次に，高裁判決は，起訴状の訴因の特定方法として，「共謀の上」という記載方法が曖昧であり，被告人・弁護人らの防御の観点からすれば，共謀の具体的な日時，場所，方法等を明示すべきであり，検察官がこれらを釈明すべきであるかのごとき口振りである。

　しかし，事実の存否をめぐる争点については，その攻撃・防御の観点からしても，常にその日時，場所，方法等を具体的に特定しなければならないものではないと思われる。

　というのは，立証構造というのは，事案に応じて様々だからである。

　例えば，仮に，共犯者らが捜査段階で自白し，具体的な共謀の日時，場所，方法等を供述していたとしても，検察官としては，直ちにその供述の細部にわたってまでこれを全面的に信頼して，これを有罪立証の核にするわけにはいかないと思う。

　一般的に，人は，歴史的事実を認識し，これを記憶し，後に記憶を喚起し，表現するという過程の中で，見間違い，聞き間違い，記憶違い，記憶の劣化・汚染，言い間違いなどを犯しがちなのであり，仮に，共犯者供述の核心部分が真実であっても，枝葉の部分では記憶違いなどがあるかもしれないのである。

　思うに，共謀の成否を認定するに当たっては，主観的な共犯者供述に偏重した判断手法をとるのではなく，客観的な間接事実による推認を基本とした判断手法をとることが重要であろう。すなわち，①　被告人と実行犯との人間関係，②　被告人と実行犯との意思疎通の有無・内容，③　被告人が犯行に加わる動

機の有無・内容,④　被告人の犯行への関与の有無,果たした役割等,⑤　犯行後の状況（罪証隠滅,逃亡等）などの間接事実を総合的に考慮して判断すべきだと思う。

したがって,検察官と被告人・弁護人らとの間において,共謀の成否をめぐる攻撃・防御を展開するとしても,これら間接事実の立証いかんを基本的な争点とすべきなのであり,共犯者の自白内容を前提にして,共謀の具体的な日時,場所,方法等を精密に争点化するのは相当とは思われない。

そうすると,起訴状における訴因の特定としては,「共謀の上」として特定すれば十分なはずであり,共謀の具体的な日時,場所,方法等について,当事者間で釈明をめぐる応酬をするとしても,それに多くの時間をかける理由はないように思われる。検察官としては,間接事実に即した立証構造を,証拠調べ手続の冒頭陳述（あるいは,後の裁判員裁判制度の下であれば,公判前整理手続の証明予定事実記載書面）により明らかにすれば,被告人・弁護人としても,防禦に支障はないはずであろうと思う。

そのほか,本件裁判において,第1回公判の冒頭手続から証拠調べ手続の終了までを概観すれば,本件裁判が長期化したのは,被告人・弁護人らによる不当な法廷闘争が原因だったことは比較的容易に認められるように思う。

以上のとおりであれば,未決勾留日数中3000日を刑に算入することを是認した高裁判決には,違和感があると言わざるを得ない。

高裁判例は,実務上,下級審に対して大きな影響力を有すると思うが,高裁判例において,被告人・弁護人らの法廷戦術に理解を示し,また,未決勾留日数のほとんどを懲役刑に算入するようなことを是認していては,裁判の迅速化を図るどころか,裁判を闘争の場と位置付ける被告人らを勇気付け,裁判の不当な遅延を助長しかねないように思われる。

第11章　日本赤軍によるドバイ事件・ダッカ事件

第1節　緒　　論

　前章第3節において，よど号ハイジャック事件を契機として，「航空機の強取等の処罰に関する法律」（昭和45年法律68号）が制定されたことに触れた。
　同法が適用された事件としては，日本赤軍により敢行された以下のようなハイジャック事件がある。
　　ドバイ事件（航空機の強取）（昭和48年7月20日～24日）
　　ダッカ事件（航空機の強取）（昭和52年9月28日～10月3日）
　日本赤軍のメンバーであり，ダッカ事件のリーダー格であった被告人（丸岡修）に対する第一審判決は，東京地裁平成5年12月7日判決（無期懲役）であり，控訴審判決は，東京高裁平成9年4月22日判決（控訴棄却）である。なお，上告審については未把握である。ご容赦願いたい[343]。
　次節では，裁判所の事実認定に従い，日本赤軍によるドバイ事件・ダッカ事件を見ることにする。

第2節　ドバイ事件・ダッカ事件の概要

ドバイ事件（航空機の強取）（昭和48年7月20日～24日）

　被告人は，ほか数名と共謀の上，3名と共に，パリ発アムステルダム，アンカレッジ経由羽田空港行き日本航空定期旅客404便旅客機（ボーイング747－200B型）に搭乗し，昭和48年7月20日午後11時39分頃（日本時間。以下同じ。），オランダ王国アムステルダム所在のスキポール空港を離陸し，北海上空を航行中の同日午後11時55分頃，操縦室内において，機長ら3名に対し，け

---

[343] 東京地裁平成5年12月7日判決・判例タイムズ849号246頁（ドバイ事件・ダッカ事件）
　　東京高裁平成9年4月22日判決・東京高裁判決時報刑事48巻1～12号37頁・判例タイムズ946号265頁（ドバイ事件・ダッカ事件）

ん銃を突きつけながら，「パンパス（アムステルダム近郊の無線標識局）へ戻れ。言うことを聞けば，乗務員，乗客の安全は保証する。」などと脅迫し，航空機関士の前額部をけん銃で殴打し，副操縦士を操縦室から客室へ立ち退かせ，客室内において，乗務員20名及び乗客118名に対し，けん銃を突きつけ，手榴弾を示しながら，「座れ。動くな。手を上げて頭の後ろへ回せ。」などと怒号して脅迫し，機内放送で，「我々は被占領地域の息子達と日本赤軍である。我々がこの飛行機を完全に支配している。我々の指示に従え。座席に座り，手を上げろ。動くな。指示に従わない者は処罰する。」などと脅迫し，乗務員・乗客の抵抗を不能にし，同旅客機の針路をパンパス方向へ変更させた上，その後も，前同様の暴行・脅迫を繰り返し，さらに，機内放送で，「ドアに爆弾を仕掛ける。危ないから近付くな。」などと威嚇し，同月21日午前7時10分頃，アラブ首長国連邦のドバイ国際空港に着陸させた。

被告人らは，その後も，同機内において，前同様の暴行・脅迫を繰り返し，乗務員・乗客らの抵抗を不能にし続けるとともに，操縦室内で，ドバイ国際空港の管制塔に対し，「誰も飛行機に近付くな。近付こうとすれば，飛行機を爆破する。」などと警告し，また，「アラブ首長国連邦に対する要求は何もない。指導部からの指令を待っている。」などと通告した。

他方，事件発生後，「被占領地域の息子たち」を差出人名義とする書簡が，東京中央郵便局昭和48年7月22日12時から18時の消印で，東京都千代田区内の日本航空東京支店に郵送された。同書簡には，「パリ発東京行き日航ジャンボジェット機404便は，現在，我がコマンドの完全な支配下にある。身代金合計39億9800万円を支払い，A及びBを釈放してドバイに移送しなければ，航空機を爆破する。」などと記載されており，その全文は，同月23日午後6時40分頃，ドバイ国際空港の管制塔に伝えられ，さらに被告人らに伝えられた。

被告人らは，この間，乗務員1名及び乗客2名を降機させたものの，機長らに命じて，同月24日午前5時05分頃，乗務員，乗客137名を乗せたまま，ドバイ国際空港を離陸させ，シリア・アラブ共和国のダマスカス国際空港を経由し，同日午後3時06分頃，リビア・アラブ共和国ベンガジ所在のベニナ国際空港（ベンガジ空港）に着陸させ，もって，航行中の旅客機を強取した。

被告人らは，ベンガジ空港への着陸に先立ち，機内放送により，「我々は，日本政府に同志の釈放と金を要求したが，日本政府は，二つとも拒否した。報復のため，着陸後，この飛行機を爆破する。これによる損害は，すべて日本政府に責任がある。」などと演説し，着陸後，乗客・乗務員らが全員脱出した直後，被告人らは，手榴弾を使用して爆破の準備をし，自らも機外に脱出した上，同機を爆破・炎上させた。

ダッカ事件（航空機の強取）（昭和52年9月28日〜10月3日）

　被告人は，ほか4名と共謀の上，パリ発アテネ，カイロ，カラチ，ボンベイ，バンコック経由羽田空港行き日本航空定期旅客472便旅客機（DC8－62型）に，インド国のボンベイ国際空港から搭乗し，昭和52年9月28日午前10時22分頃，ボンベイ国際空港を離陸し，その後十数分経った頃，航行中の客室内において，乗務員11名及び乗客137名に対し，けん銃を突きつけ，手榴弾を示しながら，「手を上げろ。顔を見るな。下を向け。動くな。」などと怒号して脅迫し，乗務員の顔面を手拳で殴打するなどの暴行を加え，操縦室内において，航空機関士の頭部を手拳で殴打する暴行を加え，機長ら3名に対し，けん銃を突きつけ，手榴弾を示しながら，「我々は日本赤軍だ。これだけの武器を用意している。我々の指示どおりにすれば，乗客，乗務員の安全は保証する。」などと脅迫し，機内放送により，「我々は日本赤軍日高隊である。この飛行機は我々がハイジャックした。我々の指示に従ってもらいたい。従わない者は厳重に処罰する。」などと脅迫し，乗務員，乗客らの抵抗を不能にし，同旅客機の針路をバングラデシュ人民共和国ダッカ方向へ変更させた上，その後も，前同様の暴行・脅迫を繰り返しながら，同日午後2時31分頃，ダッカ所在のテジュガオ国際空港（通称ダッカ空港）に強制着陸させた。

　被告人らは，引き続き，同機内において，機内放送により，「ドアに爆発物を設置した。危ないから近付かないように。」などと威嚇した上，前同様の暴行・脅迫を繰り返してその抵抗を不能にし続け，同日午後9時15分頃，操縦室から，ダッカ空港の管制塔を通じて，日本政府に対し，勾留又は受刑中のCら9名の釈放及び引渡し並びに身代金600万米ドルの引渡しを要求し，3時

間以内に承諾の返事がなければ，乗客を一人ずつ殺害すると通告し，その後，乗務員・乗客のパスポートを整理して「処刑リスト」を作成し，管制塔に対し，要求がいれられない場合には順番に処刑する旨通告した。

これに対し，日本政府は，身代金を用意し，前記9名らに対する出国意思の確認や東京拘置所への移監手続を進め，バングラデシュ政府を通じて，被告人らに対し，要求を受け入れることを伝えた。

被告人らは，同年10月1日，出国意思を表明したCら釈放犯6名及び現金600万米ドルと乗客55名及び乗務員5名とを交換した。なお，このときまでに，これとは別に乗客11名を解放していた。

被告人らは，その後，乗客42名及び乗務員5名を解放したものの，新たに搭乗させた乗務員3名に対し，前同様，けん銃を突きつけて脅迫し，その抵抗を不能にしつつ，同年10月3日午前0時13分頃，乗務員，乗客36名を乗せたまま，ダッカ空港を離陸させ，クウェイト国際空港，ダマスカス国際空港を経由し，この間，乗客17名を降機させながら，同日午後11時17分頃，アルジェリア民主人民共和国アルジェ所在のダル・エル・ベイダ空港に着陸させ，もって，航空中の旅客機を強取した。

被告人らは，ダル・エル・ベイダ空港に着陸後，機内マイクを用いて，日本の政治体制を批判するなどの演説を行い，釈放犯ら6名とともに同機を降りて立ち去った。

第3節　刑事司法秩序・行刑秩序の破壊（受刑者等の超法規的釈放）

被告人丸岡修は，昭和62年11月21日夜，成田空港からリムジンバスで東京都中央区所在の東京シティ・エア・ターミナルに移動し，同ターミナルビルを出てタクシー乗り場に向かう途中，警察官らの職務質問・所持品検査を受け，当初，別人を名乗っていたが，携行していた旅行バッグの中にあった戸籍謄本の本籍と旅券の本籍とが異なっていることなどを指摘され，さらには外国紙幣なども発見される中，警察官に対し，頭突きをしたことから，公務執行妨害により現行犯逮捕され，その後，指名手配中の丸岡修であることが発覚するに

至ったものである。

　本件裁判も，長期間に及んだ。被告人が起訴されたのは，昭和62年から昭和63年にかけてのことであり，第一審判決は平成5年12月7日，控訴審判決は平成9年4月22日になされた。なお，上告審については未把握である。

　被告人・弁護人らは，種々の主張をしているが，その主たるものは，被告人がドバイ事件・ダッカ事件のいずれについても実行行為に加担していないという主張であった。犯人性の否認である。そして，共謀の成立も否認している。

　被告人が犯人（実行犯）であったか否かに関する重要証拠は，乗務員・乗客らの目撃供述であり，その信用性が争点となった。

　東京地裁平成5年12月7日判決（裁判長大野市太郎）は，ドバイ事件につき，目撃証人とりわけ乗務員らが犯人を目撃した際の精神状況（冷静さ），視認回数（複数回），視認距離（至近距離），意識の強さ（犯人らの中で日本人は一人しかいないという認識からくる観察），自己の置かれた立場（乗務員）などを考慮した上，各証言内容が相互に一致しているとして，各目撃証言の信用性を認め，他の関係証拠をも併せ考慮して，被告人がドバイ事件の犯人の一人（実行犯）である旨判示した。

　「以上のように，乗務員として404便に乗務して，本件犯行に遭遇し，日本人犯人を目撃した6名のうち，甲，乙，丙，丁の日本人犯人に関する供述は，これを個別的に検討したところでも，いずれも信用するに足りるものであり，しかも，乗務員及び乗客の各供述によると，乗務員らは，ハイジャック発生後も比較的落ちついており，犯人に対しても冷静に対応していたことが認められること，ハイジャックされてから解放されるまで約87時間という長時間の中で，かつ，犯人の中で日本人は1名しかいないという状況の下で，日本人犯人を目撃している上，ハイジャックされた航空機の乗務員という立場で犯人を観察していたことを考慮すると，その記銘，記憶は相当程度信頼できる条件にあったと認められる。そして，これらの者は，日本人犯人をそれぞれ複数回，それも比較的至近距離から，顔を識別するのに十分な時間，全く独立に，かつ別個の位置から目撃しているところ，その供述の内容も，日本人犯人の容貌，すなわち，身長，体格，

眉毛，目，顔の形，顎，髪の毛などについて，詳細かつ具体的にその特徴を指摘しており，その特徴も，身長が160センチメートルから165センチメートルくらいである点，体格が痩せている点，眉毛が濃くて太い点，目が大きい点，顎が尖ってしゃくれている点，顔が逆三角形である点で，相互に概ね共通し，被告人を日本人犯人と指摘する各証人の印象は，一致かつ整合している。」

「なお，たしかに，本件では，事件発生時とこれら乗務員が公判廷で供述した時点では時間的間隔が大きいことが一つの問題ではあるが，本件では，前記のように，乗務員らが日本人犯人を目撃した回数は複数であり，その目撃時間も長く，何よりも乗務員らが日本人犯人を極めて意識的に観察していたことが認められ，これらの事情は，前記の時間的間隔が大きいとの信用性を阻害する事情を補って余りあるものと認められる。」

同判決は，ダッカ事件についても，同様に各目撃証言の信用性を吟味した上，他の関係証拠をも併せ考慮して，被告人がダッカ事件の犯人の一人（実行犯のうちのリーダー格）である旨判示した。

目撃証言の信用性について同判決が採った判断手法は，実務上，概ね確立されたものといえるところであり，相当と思われる。

東京高裁平成9年4月22日判決も，ほぼ同様の手法を採用し，第一審判決の事実認定を是認している。

但し，同判決の判断手法は，控訴審の在り方としてやや問題がないではないように思われる。というのは，本来，事後審である控訴審は，第一審判決の事実認定に経験則違反・論理則違反がなかったか否かを確認するという判断手法を採るべきなのに，同判決は，改めて関係証拠を吟味して詳細な事実認定をする，というような判断手法を採っているからである。このような判断手法を採っていては，控訴審における審理が長期化することは免れないように思われる。

第一審判決は，量刑事情の中で，被告人にに対して無期懲役を選択した理由を詳細に判示しているが，その中の一節で，以下のとおり述べる。

「二　ハイジャック事件，特に本件のような旅客機に対するそれは，多数の乗客，乗務員を航空機内に人質にとり，これらの者の安全を盾に自己の目的を遂げようとする悪質な犯行であり，重要な交通手段である航空輸送の秩序と安全に重大な脅威と侵害を与えるばかりか，乗客，乗務員の行動の自由，生命，身体の安全を著しく脅かし，航空会社等に対しても多大な負担を強いるものであって，このような犯行に対しては，強い非難が加えられなければならない。」

「財産的損害についてみても，ドバイ事件では，航空機が爆破され，そのため，日本航空では，同機の帳簿価格約60億円のほか多額の損害を受けたほか，航空機の爆破に伴い，乗客，乗務員の所持品が失われており，また，ダッカ事件では，日本政府から身代金として600万米ドルが支払われ，さらに，いずれの事件においても，事件解決のため，日本政府，日本航空等が出捐した費用は極めて多額であることや，関係諸国にも様々な負担を強いていることが窺え，その損害は極めて重大である。

このほか，ダッカ事件では，日本政府は，受刑者や勾留中の刑事被告人6名を釈放せざるを得ない結果となり，刑事司法秩序，行刑秩序の根幹に影響を与える結果をもたらしているなど，本件犯行の結果は極めて重大である。」

控訴審判決も，ほぼ同様の量刑事情を述べ，第一審判決の量刑を維持している。

両事件のうち特にダッカ事件は，判決が指摘するとおり，我が国における刑事司法秩序・行刑秩序の根幹に影響を与えるものであった。

刑罰権は，国家権力の中でも根幹をなすものの一つである。

すなわち，国民は，自由で平等な存在であり，自由な活動を展開しようとするが，国民は多様な意見・価値観を有し，しばしば意見対立・利害対立から紛争が生じ，時には生命，身体，自由，名誉，財産等に危害を及ぼす事態に至ることがある。国民の代表者によって構成される国会は，こうした紛争を解決するため，様々な規範を法律として制定し，民事制裁，行政処分などを可能にさせるが，その中で最も強い制裁が刑罰権の行使である。

刑罰権の行使は，強い公権力の行使であるため，刑罰法令（刑事組織法・刑事手続法・刑事実体法）は，厳格に定められており，権力分立も，徹底されている（捜査機関，公訴提起機関，司法機関，刑の執行機関など）。発動されるべき刑罰権の内容は，裁判所の判断に委ねられており，裁判所は，法と証拠に基づいて事実を認定し，法令を解釈適用し，量刑判断をする。裁判所が懲役刑を選択すれば，刑務所は，当該判決に従って刑を執行し，犯人を服役させることになる。

　このような刑罰権の行使は，国民の応報感情を一定程度満たし（応報刑論），社会を防衛するとともに（社会防衛），国民一般に対する抑止効となり（一般予防），被告人の矯正教育によりその社会復帰に資するものである（特別予防）。こうして，国民は，安全・安心を確保され，自由な活動を展開する基盤を与えられることになる。

　ところが，ドバイ事件・ダッカ事件は，このような刑罰権行使の在り方を根底から覆したのである。すなわち，被告人らは，法令に従って勾留又は受刑させられている者を釈放させるという違法な目的のために，航空機のハイジャック，すなわち乗客・乗員を人質に取って日本国政府を脅迫するという違法な手段を採用したわけである。ドバイ事件では，日本国政府が要求を拒否したところ，現実に航空機が爆破され，ダッカ事件では，被告人らの要求どおり勾留又は受刑している6名が超法規的に釈放されることになったのである。

　両事件は，議会制民主主義・法治主義に対する挑戦であり，国家による刑罰権行使を破壊するものである。被告人に無期懲役が言い渡されたのも当然と思われる。

第12章　日本赤軍によるハーグ事件・クアラルンプール事件

第1節　緒　　論

本章では，日本赤軍により敢行された以下の大使館占拠事件を取り上げる。

ハーグ事件（逮捕監禁11名・殺人未遂2件）（昭和49年9月13日〜17日）

クアラルンプール事件（逮捕監禁53名・殺人未遂3件）（昭和50年8月4日〜7日）

ここで取り上げる裁判は，日本赤軍のメンバーであり軍事委員会幹部であった被告人に対する東京地裁平成17年3月23日判決（無期懲役）である。控訴審・上告審については未把握である。ご容赦願いたい[344]。

次節では，裁判所の事実認定に従い，日本赤軍によるハーグ事件・クアラルンプール事件を見ることにする。

第2節　ハーグ事件・クアラルンプール事件の概要

日本赤軍への合流等

被告人は，日本赤軍によるロッド空港襲撃事件（以下，「リッダ闘争」という。）などの活動に共鳴し，昭和48年9月，本邦を出国して日本赤軍に合流した。

被告人は，B，C及びDらと共に，昭和49年6月頃，イエメン民主人民共和国（以下，「南イエメン」という。）のアデン郊外において，パレスチナ人民解放戦線（以下，「PFLP」という。）が主催する約2週間にわたる軍事訓練（小銃カラシニコフ及びけん銃を用いた初心者向けの実弾射撃訓練など）を受けた。

その後，Bは，在ヨーロッパの日本商社の支店長誘拐事件（以下，「翻訳作戦」という。）を計画してその準備を進め，Bの指示により，被告人及びCは，ド

---

[344] 東京地裁平成17年3月23日判決・判例時報1905号147頁（ハーグ事件・クアラルンプール事件）

イツ連邦共和国（以下，「西ドイツ」という。）に赴くなどして，翻訳作戦に関する調査活動を行った。

Dは，Bの指示文書，Gのトルコ人民解放軍宛ての手紙，偽造旅券，偽造紙幣などを持ってパリに赴いたところ，フランス当局に身柄を拘束された上，これら文書等を押収されてしまい，その後，ヨーロッパ在住の日本赤軍関係者に対する取締りが相次いだため，翻訳作戦は頓挫した。

被告人は，Dを奪還するため，昭和49年8月下旬頃から同年9月13日までの間に，ヨーロッパにおいて，PFLPの海外作戦部局のGと共闘関係にあったIらと数回にわたって接触し，襲撃対象であるハーグのフランス大使館や人質にとるフランス大使についての調査結果の説明を受けるとともに，フランスに対する要求事項が記載された紙片を渡され，また，Iらが調達した自動装填式けん銃2丁（22口径ロングライフル1丁及び38口径ベレッタA）及び手榴弾3個などを受け取った。

被告人らは，同年9月12日夜，アムステルダムで，B及びCと合流し，翌13日，フランス大使館を占拠するための手順などについて話し合った。

被告人は，列車でアムステルダムからハーグに移動し，ハーグ市内で，B及びCと合流し，Bにけん銃1丁を，Cに手榴弾2個をそれぞれ手渡した。

ハーグ事件（逮捕監禁・殺人未遂）（昭和49年9月13日～17日）

被告人は，ほか数名と共謀の上，フランス大使らを人質とし，これと交換にフランスの刑務所に拘置中のDを奪還しようと企て，昭和49年9月13日午後4時20分頃（現地時間。以下同じ。），大型けん銃1丁，小型けん銃1丁及び手榴弾3個を所持して，オランダ王国ハーグ市所在のフランス大使館に入り込み，1階に居合わせた大使館員5名及び来訪者1名の合計6名に対し，けん銃を突きつけ，手榴弾を示すなどして脅迫し，その行動の自由を制圧して同6名を1階エレベーター前に集合させ，さらに，折からエレベーターで同所に降りてきた来訪者4名に対し，前同様の方法で脅迫し，その行動の自由を制圧して同所に集合させ，その後，これら10名をエレベーター及び階段で大使室に連行しつつ，他方，大使室付近において，フランス大使に対し，けん銃を突きつ

けるなどして脅迫し，その行動の自由を制圧した上，同日午後4時25分頃，フランス大使及び前記10名を大使室に閉じ込め，その後，同室入り口内側に書棚等を置いて同室を閉鎖した上，再三にわたり，天井等に向けてけん銃を発射するなどして脅迫し，その行動の自由を奪い，フランス国内で拘置中のDの引渡し及び国外脱出用の航空機等の提供を要求し，同月16日午前3時30分頃，2名を解放し（59時間余りの逮捕監禁），同月17日午前8時30分頃，3名を解放し（100時間余りの逮捕監禁），フランス大使ら6名については，その後，同大使館から車両でハーレマーメール市スキポール空港まで連行し，同日午後10時頃，D及び航空機等との交換で解放するまで逮捕監禁した（101時間余りの逮捕監禁）。

　被告人らは，これらの行動を妨害し抵抗する者があれば殺害することもやむなしとの意思のもとに共謀していたところ，殺意をもって，この間の同月13日午後4時30分頃，フランス大使館5階エレベーターホール付近において，共犯者において，ハーグ市警察本部の警察官に対し，けん銃を発射し，その左腕に弾丸を命中させ，左腕貫通の銃創を負わせ，同日時場所において，同じく警察官（女性）に対し，けん銃を発射し，その背部に弾丸を命中させ，背部から右胸部を貫通する銃創を負わせたが，いずれも殺害するに至らなかった（殺人未遂）。

　被告人らは，同月17日午後10時頃，スキポール空港において，フランス大使らを解放した後，オランダ政府が提供した航空機で，Dとともに同空港を飛び立ち，南イエメンのアデンを経て，シリア・アラブ共和国のダマスカスに降り立った。

その後の活動等

　日本赤軍は，ハーグ事件後，総括会議を経て，3委員会体制をとることとし，被告人は，Nとともに軍事委員会の幹部として活動するようになった。
　C及びDは，Nの指示を受け，スウェーデン王国ストックホルムにおいて，レバノン大使館等の調査活動をしていたが，昭和50年3月5日，スウェーデン当局に身柄を拘束され，国外退去処分を受けて日本に送還され，両名とも，

日本の警察当局に対し，ハーグ事件等の事実関係について自供し，起訴された。

　日本赤軍は，C及びDが逮捕されたこと以上に，両名が警察で自供したことに大きな衝撃を受け，両名を奪還した上組織の再団結を図ることが必要であると判断し，そのための計画・準備を進めた。

　被告人らは，三木首相が訪米してフォード大統領と日米首脳会談をする機会に合わせ，アメリカ大使館の外交官らを人質にし，C及びDの引渡を日本政府に要求することとし，その後の調査活動により，マレーシア国クアラルンプール市所在のビルにアメリカ大使館領事部及びスウェーデン大使館があることを知り，ここを襲撃対象と定めた。

クアラルンプール事件（逮捕監禁・殺人未遂）（昭和50年8月4日～7日）

　被告人は，ほか数名と共謀の上，アメリカ大使館員らを人質とし，これと交換に日本国内で拘置中のCらを奪還しようと企て，昭和50年8月4日午前10時30分頃から同日午後1時過ぎ頃までの間，マレーシア国クアラルンプール市所在のビル内において，アメリカ合衆国領事，スウェーデン王国臨時代理大使ら53名に対し，けん銃を突きつけ，手榴弾を示すなどして脅迫し，その行動の自由を制圧した上，同ビル9階のアメリカ合衆国大使館領事部事務室内に閉じ込め，引き続き，けん銃・手榴弾を示しながらこれを監視し，その行動の自由を奪い，日本国内において拘置中のCら7名の引渡し及び国外脱出用の航空機等の提供を要求し，同月6日午前1時過ぎ頃，9名を解放し（約36時間余りの逮捕監禁），同日午前11時過ぎ頃，29名を解放し（約46時間余りの逮捕監禁），アメリカ合衆国領事，スウェーデン王国臨時代理大使及び15名については，同ビルから車両でマレーシア国スバン国際空港まで連行し，同空港に駐機中の日本航空の航空機内に閉じ込め，翌7日午後4時40分頃から午後5時30分頃までの間，Cら5名（釈放を希望しなかった2名を除く。）と交換で解放するまで逮捕監禁した（約75時間余りの逮捕監禁）。

　被告人らは，これらの行動を妨害し抵抗する者があれば殺害することもやむなしとの意思のもとに共謀していたところ，殺意をもって，この間の同月4日午前10時45分頃，アメリカ合衆国大使館領事部事務室入り口付近から，廊下

に現れたビル警備員に対し，けん銃を発射し，その顔面に弾丸を命中させ，右下瞼から左後頭部に貫通する銃創を負わせ，同日午前11時頃，同所において，クアラルンプール市警察本部の警察官に対し，けん銃を数回発射し，その下顎部に弾丸を命中させ，下顎部破砕等の銃創を負わせ，同日午後3時45分頃，同領事部窓から，ビル外側の路上を警備中の警察官に対し，けん銃を発射し，その左大腿部に弾丸を命中させ，銃創を負わせたが，いずれも殺害するに至らなかった（殺人未遂）。

被告人らは，Cらとともに，同月7日午後5時46分頃，日本航空の航空機で，スバン国際空港を離陸し，スリランカ国のコロンボバンドラナイケ空港を経由して，翌8日午前3時15分頃，リビア共和国のトリポリ国際空港に着陸して，同機から降り立った。

第3節　海外から本邦への被告人の身柄移送手続等

被告人は，その後，別件でレバノン共和国の刑務所に服役し，平成12年3月6日頃，その刑期が満了したが，政治亡命申請が却下されたことから，同月17日，国外退去処分を受け，ジョルダン・ハシェミット王国（ヨルダン）などを経由して，同月18日午後5時20分頃，本邦の成田空港に到着し，ハーグ事件により通常逮捕された。

本件ハーグ事件・クアラルンプール事件についても，裁判は長期化した。

被告人・弁護人らは，①　本邦への身柄移送は違法なものであり，起訴手続も違法となるから，公訴を棄却すべきである，②　ハーグ事件・クアラルンプール事件において，共謀の事実はなく，被告人は無罪である，などと主張し，事実認定・法令解釈などを争った。

第一審の東京地裁平成17年3月23日判決（裁判長高麗邦彦）は，被告人・弁護人らの主張を排斥し，被告人を無期懲役に処した。

本件公訴を棄却すべきであるとの被告人・弁護人らの主張に対し，同判決は，以下のとおり，レバノンからヨルダン等を経て本邦に強制送還されるまでの一連の経過に何ら違法な点はなかった旨判示した。

「二 (1) ア　前記一連の経過のうち，被告人がレバノンの刑務所から身体を拘束されてベイルート空港に連行され，中東航空機に搭乗させられた後，ヨルダンのアンマン空港に移送されて同空港で降ろされた点についてみると，これは，レバノン政府による国外退去強制処分として，その主権に基づいて行われたものである。同様に，被告人らがアンマン空港で駐機していたアエロフロート機に搭乗させられて客室内の席に座らされたことも，ヨルダン政府による入国拒否処分に伴う退去強制として，その主権に基づいて行われたものといえる。

　したがって，これらの措置は外国の主権に基づいて取られたものというほかはない。そうすると，日本政府が政府関係者やチャーターしたアエロフロート機をアンマン空港に待機させていたことなどからして，日本政府がレバノン，ヨルダン両国政府に対し，協力を要請するなどして，レバノン政府による被告人らの国外退去強制処分に便乗する形で被告人らの日本への移送が行われたものとみられることを考慮しても，これを日本の捜査官憲による逮捕と同視することはできない。したがって，それが被告人らの意思に反する形で行われたものであるとしても，日本の捜査官憲による逮捕・勾留手続に影響を及ぼすことはない。

　イ (ア)　また，アエロフロート機に着席させられてから成田空港で駐機中の同機内において逮捕手続を執られるまでの間，警察官を含む日本政府関係者の監視下にあり，一定程度行動の自由を制限された点も，例えば，被告人は，当裁判で問題となっているハーグ事件の実行犯人と目されていたところ，被告人を含む移送された4名の者は，いずれも日本赤軍の構成員であったとみられていたのであるから，航行中の不測の事態を防止する必要が高かったものといえ，前記の程度の行動の自由の制限は過度・不相当なものとはみられない。しかも，機内で取調べなどの捜査が行われたとの事情は全く認められないことも考慮すると，以上の自由の制限は，刑事訴訟法上問題としなければならない実質的な逮捕に当たるとみることはできない。」

　なお，本件第一審裁判の審理と並行して，平成15～16年司法制度改革が推

し進められた。

　政府（法務省）・国会は，本件に限らず，いわゆる兇悪重大事件における裁判のほとんどすべてが長期化している現状を問題視しており，第1章第3節第4款で見たとおり，「裁判の迅速化に関する法律」（平成15年法律107号），「刑事訴訟法等の一部を改正する法律」（平成16年法律62号）を可決成立させ，連続的開廷の原則を宣言し，また，裁判員裁判制度及び公判前整理手続制度などを創設したのである。

　これらの新制度は，遡ってハーグ事件・クアラルンプール事件に適用されるものではなかったが，将来に向かって裁判の迅速化を推し進めるための基盤整備と期待されたのである。

　さて，本件ハーグ事件・クアラルンプール事件の量刑判断について見てみる。

　東京地裁平成17年3月23日判決（裁判長高麗邦彦）は，量刑理由の中で，被告人に無期懲役を言い渡した理由を詳細に判示しているが，その中の一節で，以下のとおり述べる。

　「本件は，いずれも日本赤軍に所属していた被告人らが，自らの主義，主張に基づく目的を達成するため，様々な活動を行っていた中で，身体を拘束された仲間らの釈放等を実現するために，無関係の多数の人々を人質に取り，複数の国家を巻き込んで要求実現を果たそうとした組織的かつ計画的な犯行であり，目的のためには手段を選ばないという極めて大胆かつ自己中心的な論理による犯行であって，酌量の余地は皆無である。その要求内容も，ハーグ事件ではフランスが身柄拘束中の1名の者の釈放等，クアラルンプール事件では日本が身柄拘束中の7名の者の釈放等に加え，逃走用の飛行機の確保を要求するという，法制度を実力で踏みにじるもので，被告人らは，自らの生命・身体の安全と要求の実現を図りながら，監禁被害者を段階的に解放するなどして，首尾良く逃亡を遂げているのであるから，非常に巧妙で卑劣というほかない。

　<u>ハーグ事件では，フランスが，収監中の1名の者を釈放せざるを得ず，また，クアラルンプール事件では，日本が，同じく5名の者を釈放せざる</u>

を得なかったものであり，それらの中には，ハーグ事件の共犯者であるCや，いわゆるあさま山荘事件や連続企業爆破事件といった殺人等の重大事件の各被告人が含まれ，いまだ逃亡中の者もいるというのであるから，被告人らの行為が，複数の国家を巻き込んで，それらの刑事司法秩序，行刑秩序に大きな影響を与えたことも看過することはできない。さらには，この種事犯への対策が国際的な課題として取り上げられ，各国連帯の下に，国際的及び国内的な対応策の強力な推進を迫られる中で，我が国においても法律の制定・改正を余儀なくされるなど，本件各犯行の与えた影響は誠に重大である。」

以上，同判決は，被告人らが人質をとって身柄拘束中の者を超法規的に釈放させたことの悪質重大性を指摘するが，この点は，前章で見たドバイ事件・ダッカ事件と同様であり，同判決の指摘は，そのとおりであると思う。

第13章　過激派集団らによる成田事件

第1節　緒　　論

　本書では，新東京国際空港（以下,「成田空港」という。）の建設，開港，運行等への反対運動の中で展開された一連の公安事件のことを「成田事件」と呼ぶこととする。

　成田事件は，比較的限られた地域内において極めて長期間にわたって多くの犯行が繰り返された点において，史上，極めて特異なものであった。このため，成田事件は，複数の過激派グループ，異なる被告人らが時に連携し，時に対立し合いながら，長期にわたって断続的に犯行に及んでおり，検挙された事件も多いが，未検挙の事件も少なくない。

　成田空港は，東京の羽田空港が手狭になったことから，大規模な国際空港としての運行を期待されて計画されたものである。すなわち，佐藤内閣は，昭和41年7月4日，新東京国際空港（後の成田空港）を千葉県成田市三里塚に建設することを閣議決定し，同月30日，新東京国際空港公団（以下,「空港公団」という。）が発足し，昭和46年3月に一部を開港することが予定された。

　これに対し，地元農民の一部は，成田空港の建設に反対し，「三里塚国際空港反対同盟」及び「芝山町空港反対期成同盟」を結成させ，ほどなく両者を合体させて「三里塚芝山連合空港反対同盟」（以下,「反対同盟」という。）とし，成田空港の用地買収交渉に応じず，成田空港の建設を阻止するための反対運動を展開した。

　反対同盟は，当初，既成の左翼政党と結んで反対運動に取り組んでいたが，空港公団が昭和42年10月に外郭測量に着手した頃を境に，過激派である新左翼各派の支援を受け始め，次第に実力による抗争の度合いを強めたことから，反対同盟からは離脱者も出るようになった。

　なお，多くの地元農民は，成田空港の建設に協力し，用地買収に応じている。

　反対同盟を支援した過激派集団の諸セクトとしては，中核派のほか，革命的共産主義者同盟第四インターナショナル日本支部（第四インター），共産主義者

同盟戦旗派（戦旗派），プロレタリア青年同盟（プロ青同）などがあった。
　これら過激派集団らによる成田事件のうち，起訴された事件としては，以下のものなどがある。

　　下総御料牧場総駁会館乱入事件（建造物侵入・暴力行為等）（昭和44年8月18日）
　　千葉県収用委員会審理妨害事件（公務執行妨害）（昭和45年9月1日）
　　第三次立入調査妨害事件（往来妨害・威力業務妨害・暴行）（昭和45年9月30日及び同年10月1日）
　　二・一四千葉市内デモ行進事件（公務執行妨害）（昭和46年2月14日）
　　第一次代執行阻止闘争事件（凶器準備集合，公務執行妨害，威力業務妨害）（昭和46年2月25日，同年3月3日，同月5日，同月6日及び同月25日）
　　東峰十字路事件（凶器準備集合，公務執行妨害，傷害致死，傷害）（昭和46年9月16日）
　　第二次代執行報復闘争事件（現住建造物等放火）（昭和46年9月20日）
　　板塀撤去阻止闘争事件（公務執行妨害）（昭和51年2月25日）
　　第五ゲート突入事件（凶器準備集合・火炎ビン使用・公務執行妨害・傷害）（昭和52年5月8日）
　　（なお，東山薫死亡事件（付審判請求事件）（同日））
　　第一次横堀要塞鉄塔撤去阻止闘争事件（航空法違反，凶器準備集合，火炎ビン使用，公務執行妨害，傷害）（昭和53年2月4日及び同月6日）
　　成田空港管制塔占拠事件（凶器準備集合，火炎ビン使用，公務執行妨害，傷害，建造物侵入，暴力行為等，建造物損壊，威力業務妨害，航空危険）（昭和53年3月26日）
　　七・二一菱田現地闘争事件（公務執行妨害）（昭和60年7月21日）
　　一〇・二〇成田現地闘争事件（凶器準備集合，公務執行妨害，火炎ビン使用，傷害）（昭和60年10月20日）
　　木の根団結砦捜索妨害事件（凶器準備集合，火炎ビン使用，公務執行妨害，傷害）（昭和62年11月24日〜26日）
　　千葉県収用委員会会長襲撃事件（強盗傷害）（昭和63年9月21日）

大清水団結小屋死守戦事件（凶器準備集合，公務執行妨害，傷害）（平成2年8月24日及び同年10月15日）

　　横堀団結砦死守戦事件（凶器準備集合，火炎ビン使用，公務執行妨害）（平成2年11月27日～28日）

　未検挙事件としては，以下のものなどがある。

　　芝山町長宅警察官詰め所襲撃事件（昭和52年5月9日）[345]

　　京成スカイライナー放火事件（昭和53年5月5日）[346]

　　東鉄工業物井出張所放火事件（昭和58年6月7日）[347]

　　成田空港工事関連会社事務所等爆破事件（昭和62年3月14日）[348]

　　日本飛行機専務宅放火事件（平成2年4月12日）[349]

　次節では，裁判所の事実認定に従い，起訴された事件を見ていくこととする。次節で取り上げた事件の他にも著名ないし重大な事件があったことを否定するものではない。取り上げる事件の過不足については，ご容赦願いたい。

　なお，各事件の概要を記すに当たり，「被告人」という用語を用いているが，これは，起訴された人物であることを示すものにすぎず，各事件を通じた同一人物を意味するものではない。

---

345) 芝山町長宅警察官詰め所襲撃事件とは，赤ヘル集団約30名が，昭和52年5月9日，同警察官詰め所に火炎ビン約50本を投げつけ，警察官1名を全身火傷により死亡させ，警察官5名に重軽傷を負わせた事件である。

346) 京成スカイライナー放火事件とは，昭和53年5月5日，千葉県酒々井町所在の京成電鉄津田沼検車区宗吾支区に格納中の電車に，時限式発火物を仕掛けて炎上させ，車両4台を全焼させたという事件である。中核派が犯行を自認している。

347) 東鉄工業物井出張所放火事件とは，昭和58年6月7日，千葉県四街道市所在の同出張所に仕掛けられた時限式発火物が炎上して同出張所が全焼し，宿泊中の従業員2名が死亡した事件である。中核派が犯行を自認している。

348) 成田空港工事関連会社事務所等爆破事件は，昭和62年3月14日，千葉県富津市内，同県佐倉市内，埼玉県三郷市内，茨城県東村内及び東京都府中市内の5か所において，時限式爆発物が爆発し，同社事務所，宿舎等を損壊した事件である。中核派が犯行を自認している。

349) 日本飛行機専務宅放火事件とは，平成2年4月12日，神奈川県鎌倉市所在の同専務宅に仕掛けられた時限式発火物が炎上し，同専務宅が全焼し，同専務夫人が焼死したという事件である。中核派が犯行を自認している。

第2節　東峰十字路事件，成田空港管制塔占拠事件等の概要

下総御料牧場総駿会館乱入事件（建造物侵入・暴力行為等）（昭和44年8月18日）[350]

【事案】

東京高裁昭和56年3月31日判決によれば，事実関係は，以下のとおりである。

千葉県成田市三里塚所在の宮内庁下総御料牧場は，成田空港用地に転用されることとなり，昭和44年8月18日午前11時，同牧場の総駿会館において，来賓約100名その他関係者列席のもとに，閉場式典が挙行されることとなった。

反対同盟及びその支援者ら約80名は，同牧場の閉場が成田空港の建設につながるとして，同式典の挙行を阻止するため，同日午前10時40分頃，「閉場式反対」などと叫びながら，同市内の三里塚第二公園から同牧場内道路を経て総駿会館の東側芝生までデモ行進して同所に座り込み，反対同盟委員長らは，宣伝カーの拡声器により，閉場式典の挙行に抗議する旨の演説をした。

被告人ら十数名は，反対同盟の青年行動隊員であったが，同日午前11時20分頃，総駿会館の表出入口から館内に侵入し（建造物侵入），同日午前11時20分頃から同日午前11時25分頃までの間，同閉場式典会場において，「やっちまえ。」，「ぶっ壊せ。」などと怒号しながら，演壇を占拠し，演壇両脇に取り付けてあった装飾幕2枚を引きちぎり，演壇上のマイクを土間に突き落とし，もって，多数の威力を示し，共同して器物損壊をした（暴力行為等）。

【判決結果】

主文は，出典に掲載されていない。また，第一審・上告審については，未把握である。ご容赦願いたい。

---

350) 東京高裁昭和56年3月31日判決・高裁刑事裁判速報集昭和56年度150頁・判例タイムズ454号164頁（下総御料牧場・総駿会館乱入事件）

千葉県収用委員会審理妨害事件（公務執行妨害）（昭和 45 年 9 月 1 日） [351]

【事案】

千葉地裁昭和 56 年 3 月 11 日判決によれば，事実関係は，以下のとおりである。

空港公団は，昭和 46 年 3 月の一部開港に向け，成田空港の 4000m 滑走路及び関連施設の建設（いわゆる一期工事）の予定地について，土地収用法に基づく強制収容を企図し，昭和 44 年 12 月 16 日，建設大臣から事業認定処分を受け，昭和 45 年 2 月 19 日，当該土地に関して立入調査を実施し，同年 3 月 3 日，千葉県収用委員会に対し，いわゆる一坪運動共有地について権利取得裁決の申請及び明渡裁決の申立をなした。

千葉県収用委員会は，同年 9 月 1 日，千葉県総合運動場体育館において，第 2 回公開審理を開催したが，同日午後 5 時前頃，土地所有者及び関係人らが，演壇上の収用委員会会長ら 7 名に罵声を浴びせながら，収用委員会事務局長らの制止を無視して着席用椅子を演壇直近まで移動させてきた。

収用委員らが，審理の開始，進行等について別室で協議しようとして演壇から立ち上がると，土地所有者及び関係人ら約 30 名は，同日午後 5 時頃，同会場において，喊声を上げながら演壇上に駆け上がり，収用委員らを取り囲んでその身体を押さえ，引っ張るなどした。被告人らは，その際，収用委員会事務局職員らの身体に抱きつき，これを押さえるなどの暴行を加え，もって公務執行妨害に及んだ（公務執行妨害）。

【判決結果】

後記第一次代執行阻止闘争事件を参照されたい。

---

351) 千葉地裁昭和 56 年 3 月 11 日判決・刑事裁判月報 13 巻 3 号 197 頁（千葉県収用委員会審理妨害事件）
　　最高裁昭和 61 年 4 月 15 日決定・最高裁判集刑事 242 号 363 頁（千葉県収容委員会審理妨害事件）

第三次立入調査妨害事件（往来妨害・威力業務妨害・暴行）（昭和45年9月30日及び同年10月1日）[352]

【事案】

 前掲の千葉地裁昭和56年3月11日判決によれば，事実関係は，以下のとおりである。

 空港公団は，成田空港の3200m滑走路及び2500m滑走路並びに関連施設の建設（いわゆる二期工事）の予定地について，土地収用法に基づく強制収容を企図し，昭和45年9月30日から同年10月2日までの間，当該土地に関して立入調査を実施した。

 被告人らは，同立入調査を阻止するため，空港建設反対派約70名と共謀の上，同年9月30日午前8時14分頃から同日午前9時50分頃までの間，調査対象地付近路上において，道路一面に糞尿を散布し，道路一杯に自動車の古タイヤ及び木の枝を積み上げてこれに放火し，かつ，道路の道幅を超えて構築した杉丸太や鉄線によるバリケードの内側に集結して立ち塞がり，同所における車両等の通行を不可能にするとともに，空港公団の立入調査員に対し，「帰れ。」などと怒声を浴びせ，もって，陸路を閉塞して往来の妨害を生じさせるとともに，威力業務妨害に及んだ（往来妨害・威力業務妨害）。

 被告人らは，同年10月1日午前7時10分頃から同日午前8時頃までの間，調査対象地付近路上において，空港公団の立入調査員に対し，その進路に立ち塞がり，「公団，帰れ。この馬鹿野郎。」などと怒号し，角材，竹槍，竹竿などを突きつけ，あるいは振り上げて威迫した上，空港公団の立入調査員が掲示した「立入り調査を妨害しないで下さい」旨記載された字幕を角材で突き破り，炎上させた自動車の古タイヤを投げつけるなどして，立入調査を不可能にし，もって，威力業務妨害に及んだ（威力業務妨害）。

 被告人らは，同日午後1時55分頃及び同日午後3時07分頃，成田市内の畑において，空港公団の立入調査員に対し，糞尿の入ったビニール袋を投げつけ

---

352) 前掲351) の千葉地裁昭和56年3月11日判決，最高裁昭和61年4月15日決定（第3次立入調査妨害事件）

る暴行を加えた（暴行）。
【判決結果】
　後記第一次代執行阻止闘争事件を参照されたい。

二・一四千葉市内デモ行進事件（公務執行妨害）（昭和46年2月14日）[353]
【事案】
　前掲の千葉地裁昭和56年3月11日判決によれば，事実関係は，以下のとおりである。
　空港公団は，昭和45年12月28日，建設大臣から，公共用地の取得に関する特別措置法に基づく特定公共事業の認定を受けた。
　いわゆる二・一四集会実行委員会は，昭和46年2月14日，千葉市内において，成田空港の建設に反対し，土地収用法による強制収用に抗議するため，示威行進を実施した。
　被告人らは，同示威行進に参加し，同日午後3時43分頃，千葉市内の交差点において，予め千葉県公安委員会に届け出ていた予定進路を無断で変更し，同交差点を右折東進した上，警備中の千葉県警の機動隊警察官ら多数に対し，腰を低く構えたまま一団となって駆け足で体当たりし，公務執行妨害に及んだ（公務執行妨害）。
【判決結果】
　後記第一次代執行阻止闘争事件を参照されたい。

第一次代執行阻止闘争事件（凶器準備集合，公務執行妨害，威力業務妨害）（昭和46年2月25日，同年3月3日，同月5日，同月6日及び同月25日）[354]
【事案】
　前掲の千葉地裁昭和56年3月11日判決によれば，事実関係は，以下のとお

---
353) 前掲351) の千葉地裁昭和56年3月11日判決，最高裁昭和61年4月15日決定（二・一四千葉市内デモ事件）
354) 前掲351) の千葉地裁昭和56年3月11日判決・最高裁昭和61年4月15日決定（第一次代執行阻止闘争事件）

りである。

　空港公団は，昭和46年2月1日，千葉県知事に対し，土地収用法に基づき，成田市内の一坪運動共有地の引渡及び物件移転について代執行を請求し，これを受けた同知事は，代執行を実施する旨決定し，同月22日から，順次，代執行に着手した（第一次代執行）。

　被告人らは，多数の学生らと共謀の上，同月25日午前9時15分頃から同日午前9時23分頃までの間，代執行対象地であった成田市駒井野付近において，竹槍，竹竿等の凶器を準備して集合し（凶器準備集合），同日午前9時23分頃，千葉県警の警察官らに対し，竹槍，竹竿で突きかかり，あるいは殴打するなどの暴行を加え，公務執行妨害に及んだ（公務執行妨害）。

　被告人らは，学生ら約200名と共謀の上，同日午後2時36分頃，成田市駒井野付近（いわゆる工事用資材道路1号線）において，千葉県警へ応援のため派遣されていた埼玉県警の機動隊警察官ら多数に対し，投石し，竹竿で殴打し，竹竿を投げつけるなどの暴行を加え，もって，公務執行妨害に及んだ（公務執行妨害）。

　被告人らは，いわゆる工事用資材道路1号線から代執行対象地に至るまでの作業用道路の建設工事を妨害しようと企て，学生ら約300名と共謀の上，同日午後3時頃から同日午後4時50分頃までの間，いわゆる工事用資材道路1号線付近において，ブルドーザーを運転操作していた建設作業員らに対し，投石を繰り返し，その前面等に立ち塞がり，「帰れ。」などと怒号し，腕を組んで座り込むなどして，その作業を不可能ならしめ，もって，威力業務妨害に及んだ（威力業務妨害）。

　被告人らは，学生ら約20名ないし30名と共謀の上，同年3月3日午後2時22分頃，同日午後3時40分頃及び同日午後4時40分頃，いずれも成田市駒井野付近において，代執行の警備に当たっていた千葉県警の警察官らに対し，石塊を投げつけ，棒で突き殴り，角材で腹部を突き，頭部を殴打するなどの暴行を加え，もって，公務執行妨害に及んだ（公務執行妨害）。

　被告人らは，学生ら約30名と共謀の上，同日午後3時頃から同日午後3時14分頃までの間，成田市駒井野付近において，物件移転作業に従事していた

空港公団職員及び移転作業員らに対し,「公団,帰れ。土地泥棒。」などと怒声を浴びせ,その前に立ち塞がり,泥塊を投げつけ,竹竿等を突きつけ,さらに足蹴りするなどして,同作業を不可能ならしめ,もって,威力業務妨害に及んだ(威力業務妨害)。

　被告人らは,多数の学生らと共謀の上の上,同月5日午前7時10分頃から同日午前9時16分頃までの間,成田市駒井野に築造された砦内において,竹竿,石塊などの凶器を準備して集合し(凶器準備集合),この間,同砦内に立て籠もり,同砦の周囲に築かれたバリケードの隙間から,物件移転作業に従事していた空港公団職員及び移転作業員らに対し,竹竿で突きかかり,同移転作業員らが同バリケードの丸太にロープをかけて引き倒そうとするや,このロープを外し,あるいは鉈等でロープを切りつけ,同作業を不可能ならしめるとともに(威力業務妨害),同日午前8時50分頃から同日午前9時16分頃までの間,同所において,警備中の千葉県警の警察官らに対し,竹竿で突きかかるなどの暴行を加え,もって,公務執行妨害に及んだ(公務執行妨害)。

　被告人らは,学生ら約180名と共謀の上,同日午前8時32分頃から同日午後0時28分頃までの間,同砦内に立て籠もり,空港公団職員及び移転作業員らに対し,同砦内の松の木に架設された架設小屋内又は枝上から石塊を投げつけたり,水をかけたりした上,同松の木を伐採するためハシゴをかけて同架設小屋に接近した作業会社社長に対し,竹竿を突きつけ,「登ってきたら殺してしまうぞ。火炎ビンがあるんだ。」などと申し向け,もって,同作業を不可能ならしめた(威力業務妨害)。

　被告人らは,学生ら約50名と共謀の上,同日午前7時05分頃から同日午前11時20分頃までの間,成田市駒井野に築造された別の砦内に立て籠もり,空港公団職員及び移転作業員らに対し,石塊などを投てきしたり,竹竿で突きかかったりした上,同移転作業員らが同砦の周囲に築かれたバリケードの丸太にロープをかけて引き倒そうとするや,そのロープを外すなどし,同作業を不可能ならしめるとともに(威力業務妨害),警備中の千葉県警の警察官らに対し,同様の暴行を加え,もって公務執行妨害に及んだ(公務執行妨害)。

　被告人らは,学生ら約150名と共謀の上,同月6日午前6時過ぎ頃から同日

午前7時40分過ぎ頃までの間，成田市駒井野において，竹槍，竹竿，石塊などの凶器を準備して集合し（凶器準備集合），同日午前6時40分過ぎ頃から同日午前7時40分過ぎ頃までの間，同所において，警備中の千葉県警の警察官らに対し，竹槍及び竹竿で突いたり，殴打したり，投石したりするなどの暴行を加え，もって，公務執行妨害に及んだ（公務執行妨害）。

　被告人らは，多数の学生らと共謀の上，同日午前6時頃から同日午前9時30分頃までの間，成田市駒井野において，竹槍，竹竿，石塊などの凶器を準備して集合し（凶器準備集合），同日午前7時50分頃から同日午前9時30分頃までの間，同所において，警備中の千葉県警の警察官らに対し，竹槍及び竹竿で突いたり，石塊を投げつけたりするなどの暴行を加え，もって，公務執行妨害に及んだ（公務執行妨害）。

　被告人らは，学生ら約40名と共謀の上，同日午前7時頃から同日午後2時頃までの間，成田市駒井野に築造された別の砦内に立て籠もり，同砦内の松の木に架設された小屋内から，物件移転作業をしようとした空港公団職員及び移転作業員らに対し，石塊を投げつけ，汲みおいた糞尿を柄杓で撒き散らし，さらにビニール袋入りの人糞を投げつけた上，松の木から降りるよう説得に向かった建設会社社長に対し，棒を突きつけながら，「上がって来ると殺すぞ。」などと申し向け，同人が再度接近するや，竹棒で突きかかるなどの暴行を加え，もって，移転作業を不可能ならしめた（威力業務妨害）。

　空港公団は，同日，千葉県知事から，成田市駒井野の代執行対象地の引渡を受け，同地に立入禁止の立札を立て，有刺鉄線の柵をめぐらせるなどした。

　これに対し，成田空港建設反対派の農民，学生らは，同柵を破壊し，同土地上にテント小屋を建てるなどして同土地を再び占拠し，同土地に隣接して従前から築造されていた横穴内に食料，鉄パイプ等を搬入して立て籠もった。

　空港公団は，同月25日早朝から，同横穴の掘り崩し作業等を開始した。

　被告人らは，同日午後1時30分頃から同日午後1時38分頃までの間，同横穴内に立て籠もり，警備中の千葉県警の警察官らに対し，鉄パイプ，ビニールパイプ，竹竿で突きかかるなどの暴行を加え，公務執行妨害に及んだ（公務執行妨害）。

【判決結果】

　千葉地裁昭和56年3月11日判決（裁判長近藤暁）は，前述の千葉県収用委員会審理妨害事件，第三次立入調査妨害事件，二・一四千葉市内デモ事件及び本件（第一次代執行阻止闘争事件）を併合審理し，被告人ら51名に対し，それぞれ懲役1年6月ないし懲役8月に処し，いずれも刑の執行を猶予した。

　同判決は，量刑事情につき，以下のとおり判示する。

　「固より新空港の建設に反対し，これに関する自己の意見を標榜すること自体何ら責められるべきことではなく，また，新空港の建設過程においてはその計画決定の当初から本件第一次代執行及びその後の整地作業に至るまでの間，その手続，実行手段・方法などの諸点において完全に妥当であったか否かについて若干の疑問を挟む余地が存したことは否めず，被告人らにおいてこれを批難し，これに対する反対行動に参加すること自体は憲法の保障する思想，表現の自由に属するものである」

　「被告人らの本件各犯行は，その大半が私利・私欲に出たものとは認められない上，この種事案としては，その後頻発した同種事犯と対比するとき，その態様・程度において攻撃的な反抗は少なく，防衛的なものを主とした行動であったこと，本件当時，被告人らの大半が若年の学生であって，自らの意見や反対派農民らの心情に対する共感の下に，一途に行動に走ったとみられる節も窺われること，また犯行後既に10年の歳月が経過し，新空港も開港の暁をみるに及び，被告人らを厳罰に処する社会的要請も相当程度低減していることなどの点も考慮し，更に被告人ら各自の個別的・具体的事情をも併せ考えた上，被告人らをそれぞれ主文掲記の刑に処することとする。」

　同判決の判示には，やや違和感がある。

　まず，同判決は，成田空港の建設過程に疑問を呈し，被告人らの心情に同情を示している。

　しかし，成田空港の開設は，国民の代表（国会）及びそれに責任を負う内閣が決定したことであり，その決定に対して暴力により反対しようとする被告人らに正当性がないことは明白ではなかろうか。

次に，同判決は，被告人らの犯行が防衛を主としたものであったという。

しかし，被告人らは，空港公団職員や警察官らに対し，石塊を投げつけたり，角材や鉄パイプで突きかかったり，極めて危険な暴力行為を繰り返しているのであり，被告人らの犯行が防衛を主としたものであるという同判決の認定は，相当とは思われない。一部の農民らが反対運動に身を投じているとはいっても，多くの農民らは，過激な運動方針に賛成していないのである。

さらに，同判決は，犯行後10年が経過したことなどをもって，被告人らに有利な事情として斟酌している。

しかし，成田空港が開港にこぎ着けたのは，被告人らのお陰ではない。この間，空港関係者，行政担当者，警備に当たった警察官らは，過激な成田闘争に対処するため筆舌に尽くしがたい困難，苦労の連続であり，その努力の結果，ようやく開港にこぎ着けたというのに，開港にこぎ着けたから被告人らを厳罰に処すべき要請が低減したなどという同判決の判断には，合理的な理由があるようには思えない。同判決は，犯行から判決までに10年が経過したというが，それは，被告人らが徹底的な法廷闘争をして裁判が長期化したからにすぎないのであって，歳月の経過をもって被告人らの刑罰を軽くするというのでは，荒れる法廷を勇気づけ，裁判の長期化を助長することになりかねない。しかも，10年が経過してなお，後述するような過激な現地闘争は終わりを見せておらず，過激派集団らのいわゆる砦は健在であり，事件が風化するどころか，将来的に成田闘争がいつ解決するとも分からない状況に置かれていたのである。

したがって，被告人らを厳罰に処する要請が低減したなどという同判決の判示については，考慮すべき量刑事情の取捨選択，評価，その判断過程において，問題があるように思う。

控訴審については，未把握である。

上告審である最高裁昭和61年4月15日決定は，被告人側の上告を棄却している。

東峰十字路事件（凶器準備集合，公務執行妨害，傷害致死，傷害）（昭和46年9月16日）[355]

【事案】

千葉地裁昭和61年10月4日判決によれば，事実関係は，以下のとおりである。

空港公団は，昭和46年6月12日，千葉県収用委員会から，成田市駒井野の第一期工事区域内にあるいわゆる駒井野団結小屋（駒井野砦）等の土地を収用することなどを内容とする緊急裁決を得た。

空港公団は，対象土地の所有者らが明け渡しに応じないため，同年8月13日，千葉県知事に対し，対象土地の代執行を請求し，これを受けた千葉県知事は，同年9月11日，対象土地の代執行を実施する旨決定した（第二次代執行）。

被告人らは，反対同盟の岩山地区，菱田地区及び三里塚地区の各青年行動隊に所属する者並びに三里塚高校生協議会（以下，「三高協」という。），共産主義者同盟「叛旗」編集委員会派（以下，「叛旗派」又は「ブント叛旗派」という。），日本マルクス・レーニン主義者同盟（以下，「ML派」という。），宇都宮大学全学共闘会議（以下，「宇大全共闘」という。），日本共産主義人民連帯（以下，「人民連帯」という。），共産主義者同盟再建準備委員会（以下，「情況派」又は「ブント情況派」という。），プロレタリア学生同盟（以下，「プロ学同」という。），全国反帝学生評議会連合（以下，「反帝学評」という。）及び日本中国友好協会（正統）（以下，「日中」という。）に所属するものである。

被告人らは，いずれも第二次代執行を実力で阻止する旨呼号していたところ，同年9月上旬頃から同月15日までの間，各種会議等を経て共同方針を決め，第二次代執行の際，駒井野砦には入らず，丸棒，竹竿，火炎ビン等の凶器を各青年行動隊及び各セクトが各自で準備し，駒井野に向かうことなどを決定し，各青年行動隊及び各セクトは，その方針に従い，それぞれ火炎ビンを製造したり，丸棒，竹竿等の武器を準備したりした。

---

355) 千葉地裁昭和61年10月4日判決・刑事裁判資料246号90頁・判例時報1253号3頁（東峰十字路事件）

被告人らは，総勢約600名以上で，第二次代執行が実施される同月16日の午前2時頃から同日午前4時頃までの間に，千葉県山武郡芝山町の通称小屋場台の被告人A方付近に集結した。
　他方，千葉県警は，千葉県知事及び空港公団総裁からの出動要請を受け，同日早朝から，代執行の対象地及びその周辺に多数の警察官を配置し，東峰十字路及びその付近に神奈川県警から派遣された多数の警察官が配置された。
　被告人らは，同日午前3時頃から同日午前11時頃までの間，小屋場台付近において，多数の丸棒，竹竿，火炎ビンなどの凶器を準備して集合し，同所からいわゆる東峰十字路付近を経て千葉県香取郡多古町付近の山林内に至る間を集合移動した（凶器準備集合）。
　被告人らの一部は，この間の同日午前6時50分頃から同日午前7時40分頃までの間，いわゆる東峰十字路付近において，警備中の神奈川県警の警察官らに対し，丸棒及び竹竿で突き，殴打するとともに，多数の石塊，火炎ビンを投げつけるなどの暴行を加え，もって，公務執行妨害に及んだ（公務執行妨害）。
　被告人らの残部は，この間，東峰十字路北方の路上等において，神奈川県警の警察官らを取り囲み，火炎ビンを投げつけ，全身を丸棒で突き殴打し，足蹴にするなどの暴行を加えて傷害を負わせ，そのうち警察官柏村信治ら3名を脳挫傷等により死亡するに至らせた（公務執行妨害・傷害致死・傷害）。

【判決結果】
　千葉地裁昭和61年10月4日判決（裁判長石田恒良）は，本件（東峰十字路事件）及び後述する第二次代執行報復闘争事件を併合審理し，被告人55名のうち52名に対し，それぞれ懲役3年ないし懲役10月に処し，いずれの刑の執行も猶予し，残り3名に対し，無罪を言い渡した。
　同判決は，量刑理由の中で，有罪を言い渡した被告人全員につき刑の執行を猶予した理由について，以下のとおり述べる。
　「確かに，新空港の建設については，その位置決定の当初から問題をはらんでおり，とりわけ，当時推進されていた農業振興策を反古にして，突然，現在地に決定した経緯には，地元農民の理解と協力を求めようとする姿勢が必ずしも十分であったとは思われず，また，その後，本件当時までの建

設過程における公団等関係諸機関の対応も，反対同盟やこれを支援する諸セクトの激しい抵抗があったにせよ，ほぼ同様といわざるを得ず，このような観点からすれば，事情の判らないまま，突然の決定により農地を失い，或いは生活に重大な影響を受けることとなる地元農民らが，新空港の建設に反対するに至った心情には，当裁判所としても理解しえないわけではないが，そうだからといって，如何なる反対行動も許されるわけではない。ことに，本件のように実力阻止を標榜して現行法秩序に挑み，手段を選ばず，過激な犯罪にも及び実力行動を犯すに至っては，法治国家において到底許されるものではなく，被告人らの罪責は重いといわざるを得ない。

　ことに，福島小隊に対する被告人らの集団暴行は，単に兇器を所持した多人数による熾烈なものというばかりでなく，被告人らの急襲を受けて隊列を崩し，北方へ逃れる福島小隊を追いかけ，つまづいて転倒したり，被告人らの集団の暴行によって転倒し，ほとんど抵抗することもできなくなっている警察官を大勢で取り囲み，それぞれ手にした丸棒や竹竿で滅多打ちにして暴虐の限りを尽くし，３名の警察官を死亡させるとともに，多数の警察官に重軽傷を負わせるという非人間的，冷酷，残虐な集団暴力犯罪といわざるを得ないものである。そして，本件によって死亡した３名の警察官は，いずれも神奈川県下の各警察署に勤務していたもので，本件当日，偶々応援派遣され，東峰十字路付近において警戒警備，不審者の検問等の任務に従事中，被告人らの凶手によって，いわば撲殺されたものであって，被害者及びその遺族の無念さ，悲嘆さは察するに余りあるものがある。加えて，本件犯行の社会に与えた衝撃，影響も重大であったことなどにかんがみると，右犯行に及んだ被告人らの罪責は甚だ重いといわざるを得ない。」

「しかしながら，右福島小隊の攻撃に加わったとして傷害，傷害致死事件で起訴された被告人らについては，同被告人らが福島小隊員に対する暴行行為に直接加わったと認めるに足りる証拠はなく，共謀責任を負うに止まると認められる上，同被告人らの本件関与の状況，程度が，凶準，公妨，傷害致死事件で，福島小隊に対する攻撃に加わったことが認められない者

を凶準,公妨事件で起訴したというものであることなどに鑑みると,たとえ,判示のとおり傷害,傷害致死についての共謀責任を負うとしても,科刑上,凶準,公妨事件のみで起訴された被告人と大きな差異をつけるのは,刑の権衡の面からしても相当でないと認められるものがある。」

「特に,被告人B,同Cについては,凶準,公妨事件のほか,判示のように現住建造物等放火事件をも犯し,しかも,同被告人らの叛旗派内での地位,果たした役割等に鑑みると,犯情悪質であって,実刑に処するのが相当とも認められるところであるが,前述のように,事件発生後既に15年もの歳月を経ていること,被告人Cには何らの前科もないこと,被告人Bには前科はあるものの,昭和50年4月以降11年間処罰されていないこと,現在では,被告人Bは税理士,被告人Cは予備校講師としてそれぞれ平穏な生活をしていること,そして,前述のような諸事情,更に,15年もの歳月を経た今日,今後なお被告人の座に留まらせることは余りにも酷に過ぎると思われることなどを考慮すると,主文のとおり量刑した上,その刑の執行を猶予するのが相当であると判断した。」

同判決には,違和感がある。

まず,同判決は,凶器準備集合・公務執行妨害だけで起訴されている被告人らと,これに加えて傷害致死等でも起訴されている被告人らとを比較したとき,両者に差異をつけるのは「相当でない」という。

しかし,同判決の理由は,およそ理解困難である。傷害致死の責任を負うべきものは,傷害致死の責任を負わない者より重く罰せられて当然ではなかろうか。傷害致死で起訴されていない被告人らを軽く処罰するので,傷害致死で起訴された被告人らも同様に軽く処罰するというのは,理屈になっていないと思う。しかも,執行猶予を付された被告人らの中には,現住建造物等放火(後述の第二次代執行報復闘争事件)に及んだものも含まれているのである。

次に,同判決は,事件発生後15年が経過していることなどをもって,被告人らに有利な事情として斟酌するという。

しかし,被害者の遺族らにすれば,そのような判示はおよそ納得できるものではなかろう。亡くなられた警察官らは,多勢に無勢,武装した被告人らに取

り囲まれて逃げることもできず，火炎ビンを投げつけられ，丸棒などで滅多打ちにされ，足蹴にされ，正に「撲殺された」のである。なるほど，裁判の係属中に，被告人らは，保釈されて就職し，平穏な暮らしを送るようになっていたかもしれない。しかし，15 年の経過によって遺族らの心情が癒やされることはない。しかも，事件発生から判決まで 15 年という長期間を要したのは，被告人らが徹底的な法廷闘争を展開して裁判を長期化させたからにほかならない。時の経過をもって被告人らに有利な事情として斟酌することには，納得しがたいものがある。このような量刑判断をされては，法廷闘争を勇気づけ，裁判の長期化を助長するだけであろう。

　控訴審・上告審については，未把握である。

第二次代執行報復闘争事件（現住建造物等放火）（昭和 46 年 9 月 20 日）[356]

【事案】

　前記千葉地裁昭和 61 年 10 月 4 日判決によれば，事実関係は，以下のとおりである。

　被告人らは，昭和 46 年 9 月 20 日正午頃，成田市内の D 方（第 18 地点）の代執行が執行されたことを知るや，これに対する報復を企て，ブント叛旗派約 100 名及び反中核派系の諸セクトの者ら多数と共謀の上，同日午後 8 時 45 分頃，千葉県山武郡芝山町のフジタ工業や西松・飛島建設共同企業体の各事務所，作業所及び宿舎に火炎ビン多数を投げつけ，よって，各従業員ら 24 名が現に住居に使用している宿舎等合計 5 棟を全焼させ，各従業員ら 20 名が現に住居に使用している宿舎等 2 棟を一部焼損させた（現住建造物等放火）。

【判決結果】

　前記東峰十字路事件を参照されたい。

---

[356] 前掲 355）の千葉地裁昭和 61 年 10 月 4 日判決（第二次代執行報復闘争事件）

板塀撤去阻止闘争事件（公務執行妨害）（昭和 51 年 2 月 25 日）[357]

【事案】

千葉地裁昭和 53 年 12 月 15 日判決によれば，事実関係は，以下のとおりである。

空港公団は，昭和 47 年 3 月までに，成田空港において管理棟などの施設を完成させ，同年 11 月，国際対空通信局を羽田空港から成田空港へ移転させ，国際対空通信業務を開始した。

反対同盟及びその支援者らは，第二次代執行を阻止できなかったものの，成田空港 4000m 滑走路の南側に未だ買収が完了していない航空保安施設設置予定区域があり，同付近に航空機発着の障害となる鉄塔 2 基（高さ 30.82m のものと，高さ 62.26m のもの）を建設し，その死守を呼号して徹底抗戦の構えをみせた。

空港公団は，第一期工事をほぼ終えたものの，同鉄塔 2 基を除去しない限り航空機の離着陸ができない状況であったため，昭和 49 年 2 月頃，成田空港敷地内の旧三里塚ゴルフ場から千葉県山武郡芝山町の里道（いわゆる産土参道）までの約 300m の区間を A・B 工区とし，産土参道から町道大袋台宿線に至るまでの約 200m の区間を C 工区として，道路の建設を策定し，同年 6 月 17 日，建設省所管国有財産部局長千葉県知事から，同道路敷等について公共用財産使用許可を受け，同年 6 月から同年 9 月にかけて，A・B 工区の工事をほぼ完成させたが，C 工区については，隣接する私有地の買収に手間取り，工事を一時中止していた。

空港反対派は，この道路建設が鉄塔 2 基を撤去するための準備行動であると理解し，同工事の再開を阻止するため，昭和 51 年 2 月 18 日，A・B 工区と C 工区を遮断する形で，鉄パイプを支柱にしたベニヤ板塀を構築した。

空港公団は，この板塀がある限り道路工事を再開できないため，千葉県及び関係省庁と協議し，これを受けた千葉県知事は，同月 24 日，同板塀が里道の不法占拠物件であるとして，撤去勧告を行い，翌日の撤去作業を期して，千葉

---

[357] 千葉地裁昭和 53 年 12 月 15 日判決・刑事裁判月報 10 巻 11〜12 号 1463 頁（妨害板塀撤去阻止闘争事件）

県警に警備出動を要請し，空港公団においても，同様に警備出動を要請した。

被告人らは，総勢約200名で，同月25日午前6時前から，同板塀付近に集まっていたが，同日午前6時17分頃から同日午前6時40分頃までの間，産土参道，水田等において，警備中の千葉県警警察官らに対し，竹竿で突き，殴り，あるいは石や土塊を投げつけるなどの暴行を加え，もって公務執行妨害に及んだ（公務執行妨害）。

【判決結果】

千葉地裁昭和53年12月15日判決は，被告人ら10名に対し，それぞれ懲役10月に処し，いずれも刑の執行を猶予した。

控訴審・上告審については，未把握である。

第五ゲート突入事件（凶器準備集合・火炎ビン使用・公務執行妨害・傷害）東山薫死亡事件（付審判請求事件）（昭和52年5月8日）[358]

千葉地裁昭和57年6月26日決定によれば，東山薫死亡事件（付審判請求事件）及びその背景事件（第五ゲート突入事件）の事実関係は，以下のとおりである。

【第五ゲート突入事件】

空港公団は，昭和52年5月4日，千葉地裁から，反対同盟が建設した鉄塔2基を仮に適当な方法で除去することができる旨の仮処分決定を得た。そして，同地裁執行官は，空港公団の申立てにより，同月6日，同鉄塔2基を除去した。

同執行官は，これに先立ち，反対同盟やその支援者らから妨害・抵抗を受けるおそれがあると考え，千葉県警に協力を要請していた。

千葉県警の警察官らは，同6日及び同日以降も，仮処分執行地周辺において，警備を実施したが，同月6日及び翌7日，中核派，第四インター等から，石や火炎瓶を投てきされたり，竹竿等で突かれたりするなどの攻撃を受けた。

千葉県警の警察官らは，反対同盟が同月8日に成田市内の三里塚第一公園及

---

[358] 千葉地裁昭和57年6月26日決定・判例時報1068号131頁（第5ゲート突入事件・東山薫死亡事件）

び芝山町内の山武農協千代田支所脇の広場（成田空港第五ゲートから東方約 50m）において大規模な抗議集会を開催する旨の情報を得たが，実際には，反対派らは，同日，三里塚第一公園にはほとんど集まらなかった。

他方，第五ゲートに近い山武農協千代田支所脇の広場には，続々と人が集まり始め，一部の者らは，警備中の警察官らに対し，石や火炎ビンを投てきしたり，無届けのデモをしたりした。

そのため，千葉県警の警察官らは，急遽，第五ゲート付近の警備についた。

ベ平連系ノンセクトグループ約 50 ないし 70 名は，同日午前 10 時 25 分頃，黒色ないし赤色ヘルメットを着用し，赤旗を付けた竹竿を持ち，第五ゲート東方約 420m の地点（千代田観光車庫）に集まった。第四インター派集団約 400 ないし 500 名は，同日午前 10 時 50 分頃，横宮十字路付近において，貨物自動車 1 台及び乗用車 2 台から火炎ビン，鉄パイプ，投石用砕石の入った袋等を持ち出し，後の投石のために砕石を路上にばらまきながら，前記千代田観光車庫前を通過し，第五ゲートに向かった。

千葉県警の警察官らは，同日午前 11 時頃までに，第五ゲートの東方約 250m の位置に阻止線を張り，放水車を配置した。

第四インター派集団は，同日午前 11 時 04 分頃，警察の阻止線付近において，対峙する千葉県警の警察官らに対し，ガソリン入りポリ容器を積載した無人の乗用車 2 台を発進させるとともに，これに多数の火炎ビンを投てきし，炎上した乗用車 2 台を警察官らに向けて突入させ，また，投石や鉄パイプによる殴打，刺突などの攻撃を開始した。

千葉県警の警察官らは，放水やガス筒（ガス弾）の発射により第四インター派集団の攻撃を規制しようとしたが，火炎ビンによる攻撃を受けて放水車のボンネットは燃え上がり，投てきされた劇薬により多数の警察官らが呼吸困難に陥るなどした。

ベ平連系ノンセクトグループ約 150 ないし 200 名も，第五ゲートに向かって進行しつつあり，近畿管区機動隊の警察官らがガス筒を発射してこれを規制しようとしたが，かえって激しい攻撃を受け，警察官らの生命，身体が危殆に瀕する状態に立ち至り，千葉県警のガス筒発射部隊に応援を要請する事態となっ

た。

　次いで，埼玉県警の警察官らは，第四インター派集団の側面からこれを規制し始め，千葉県警の警察官らも，ガス筒を発射してこれを支援した。

　第四インター派集団は，後退を始めたものの，警察官らに対し，火炎ビンや劇薬を投てきし，鉄パイプで刺突，殴打を繰り返し，多数の石を投げつけ，苛烈な攻撃をやめなかった。

　千葉県警，近畿管区及び埼玉県警の各警察官らは，同日午前11時40分頃，ようやく第四インター派集団及びベ平連系グループを追いやった。

【東山薫死亡事件】

　東山薫は，成田空港の建設等に反対の立場をとり，第四インター派集団及びベ平連系グループらが同日午前10時25分頃から同日午前11時40分頃までの間に第五ゲート突入事件（凶器準備集合・火炎ビン使用・公務執行妨害・傷害）に及んだ際，この集団に加わり，その最中，脳挫傷等の傷害を負い，同月10日，病院で死亡した。

　請求人らは，警察官らが殺意をもってガス筒（ガス弾）を東山薫に向けて水平発射し，同人を殺害したものであるとして，警察庁長官，関東管区警察局長，千葉県警本部長らを殺人罪により付審判請求した。

　これに対し，千葉地裁昭和57年6月26日決定は，東山薫の死因となった脳挫傷等の成傷原因につき，過激派集団らが用いた石塊によるものであった可能性を否定できず，警察官らが用いたガス筒（ガス弾）によるものであったとは断定できないから，付審判請求には理由がないとして，付審判請求を棄却した。

　但し，東山薫の両親が起こした民事訴訟では，県に対する損害賠償請求が認容されている。

第一次横堀要塞鉄塔撤去阻止闘争事件（航空法違反，凶器準備集合，火炎ビン使用，公務執行妨害，傷害）（昭和53年2月4日～同月6日）[359]

【事案】

　千葉地裁昭和59年2月15日判決によれば，事実関係は，以下のとおりである。

空港公団は，既に国際対空通信業務を開始していたが，さらに，昭和52年12月20日，成田空港事務所を発足させ，飛行場管制業務の運用を開始するなどし，昭和53年3月30日の開港（供用開始）を目指して準備作業を進めた。

　第四インターらは，空港建設反対闘争の拠点であった鉄塔2基を失っていたため，成田空港の第二期工事区域内の着陸帯Bの進入区域内に新たな反対闘争の拠点を建設しようと企て，同区域内に位置する農地に，鉄筋コンクリート造り地下1階・地上2階建ての建造物（高さ約6.4m。以下，「横堀要塞」という。）を構築して徹底抗戦の構えをみせた。

　被告人らは，反対同盟，第四インター等に所属するものであるが，多数の者と共謀の上，昭和53年2月4日午後8時30分頃から翌5日午後2時頃までの間，成田空港着陸帯Bの進入区域内にある横堀要塞の上に，航空機の進入の障害となる鉄骨組立の3階・4階部分（高さ約5.83m）及びさらにその上に鉄塔1基（高さ約20.3m）を設置した（航空法違反）。

　被告人らは，同月6日午前6時頃から同日午後10時30分頃までの間，横堀要塞において，多数の火炎ビン，石塊，鉄パイプなどの凶器を準備して集合し（凶器準備集合），同日時頃，同所において，警察官らに対し，多数の火炎ビン，石塊などを投げつけるなどの暴行を加え，もって，火炎ビンを使用して警察官らの生命，身体に危険を生じさせるとともに，公務執行妨害に及び，同暴行により警察官13名に傷害を負わせた（火炎ビン使用，公務執行妨害，傷害）。

【判決結果】
　千葉地裁昭和59年2月15日判決（裁判長石田恒良）は，被告人らに対し，懲役2年6月ないし懲役1年6月（いずれも刑の執行を猶予）又は罰金2万円に各処した。

　同判決は，量刑事情につき，次のように説示する。
　　「被告人らの大部分が長期間勾留されていること，<u>事件から6年余りの歳月を経</u>，この間，それぞれに有形無形の社会生活上の不利益を受け，ある

359）千葉地裁昭和59年2月15日判決・刑事裁判資料246号1077頁・判例時報1129号158頁（第一次横堀要塞鉄塔撤去阻止闘争事件）

いは生活に変化を来していること，その他判明した限りでの各被告人らの個別的行為の内容，集団内での地位，役割，その後の生活状況等諸般の情状を考慮すると，主文のとおり量刑した上，懲役刑についてはその刑の執行を猶予するのが相当であると判断した。」

同判決には，違和感がある。

人に向かって火炎ビンなどを投げつけた被告人らに対し，情状酌量の上，執行猶予を付してよいものなのか。

同判決は，事件発生から6年余りが経過したことなどをもって，被告人らに有利な事情として斟酌しているが，身柄勾留が長期間に及んだのは，被告人らが法廷闘争をしたからにすぎない。裁判が長期化したことで，被告人らが有形無形の不利益を受けたというが，身柄勾留は刑罰ではないのであり，これをもって被告人らに有利な事情とするのは問題であろう。

なお，控訴審・上告審については，未把握である。

成田空港管制塔占拠事件（凶器準備集合，火炎ビン使用，公務執行妨害，傷害，建造物侵入，暴力行為等，建造物損壊，威力業務妨害，航空危険）（昭和53年3月26日）[360]

【事案】

東京地裁昭和56年2月12日判決によれば，事実関係は，以下のとおりである。

被告人らは，第四インター，戦旗派及びプロ青同に所属し，成田空港の包囲，突入，占拠を合言葉に，開港を実力で阻止する構えをみせ，具体的な闘争日程を組んでいた。

被告人らのうち，第四インター派は，昭和53年3月25日午後6時頃，千葉県山武郡芝山町の第四インター朝倉団結小屋（いわゆる女部屋）において，「闘

---

[360] 東京地裁昭和56年2月12日判決・刑事裁判月報13巻1～2号101頁・判例時報998号25頁（成田空港管制塔占拠事件）
東京高裁昭和58年7月8日判決・高裁刑事裁判速報集昭和58年度154頁（成田空港管制塔占拠事件）

争は明日が山場だ。明日負ければ，後の闘争が苦しくなる。成田の開港を大衆的実力闘争で阻止することは，今後の闘争の展開に重要な影響を与え，ここ数年の階級情勢をも決定するものだ。」などとし，成田空港近辺の航空写真，地下排水溝の図面等を確認しながら，第四インター，戦旗派及びプロ青同の3派が共同して，3つのグループ（管制塔突入グループ，警察官らの阻止行動を排除するグループ及び管制塔突入グループを援護するグループ）に分かれて事を起こすことを謀議し，火炎ビン，鉄パイプ，ハンマー，ガスカッター等を持って，横堀の農家に赴いた。

戦旗派は，同日午後6時頃，同芝山町の戦旗派横堀団結小屋において，第四インター及びプロ青同との共同作戦について謀議するなどし，横堀の農家に赴いた。

プロ青同は，同日午後5時頃，同芝山町のプロ青同団結小屋において，謀議の上，火炎ビン，鉄パイプ等を持って，横堀の農家に赴いた。

被告人ら3派合計約20名は，同日午後8時頃までに，横堀の農家に集合し，翌26日に成田空港に突入して管制塔を占拠し，管制塔の機械を破壊して開港を阻止する作戦を謀議し，作戦遂行上の細部の留意点などを確認し合った。

被告人ら約20名は，その後，火炎ビン，鉄パイプ，ハンマー，ガスカッター等を分担して所持し，横堀の農家を出発し，成田市木ノ根の成田空港に通ずる地下排水溝内に入り，被告人らのうち15名が，同排水溝内を徒歩で進み，成田空港内の集水口真下付近で一夜を明かした。なお，残りの数名は，同排水溝内に進入する前に，警察官らに発見されて脱落している。

被告人ら15名は，同月26日午後1時10分頃から同日午後11時15分頃までの間，地下排水溝の集水口付近から成田空港管理棟の玄関ロビーに至るまでの間において，警備中の千葉県警の警察官らの生命，身体等及び空港公団管理に係る管理棟建物等の財産に対して共同して危害を加える目的をもって，多数の火炎ビン，鉄パイプ，ハンマー，バールを準備し，もって凶器を準備して集合した（凶器準備集合）。

被告人ら15名は，同日午後1時10分頃，前記集水口から成田空港敷地内に忍び入った上，一団となって管理棟玄関から棟内に押し入り（建造物侵入），同

日午後1時10分頃から同日午後1時15分頃までの間，不法侵入した被告人らを逮捕しようとした千葉県警の警察官ら十数名に対し，火炎ビンを投げつけて炎上させる暴行を加え，もって，公務執行妨害に及ぶとともに，その際，同暴行により，警察官1名に加療約2週間を要する手足の火傷等の傷害を負わせた（公務執行妨害・火炎ビン使用・傷害）。

さらに，被告人らのうち10名は，管理棟のエレベーターや階段を利用して階上に上がり，同日午後1時20分頃から同日午後3時30分頃までの間，管理棟14階のベランダ及びマイクロ通信室において，中継所向けのパラボラアンテナ，導波管，マイクロウエーブ送受信装置等を，鉄パイプ等で叩き壊し，火炎ビンを投げつけて炎上させるなどして損壊し，よって，東京飛行情報区（東京FIR）内を航行中の航空機と運輸省東京航空交通管制部（東京ACC）との交信中継などの業務（国際対空通信業務）を著しく困難にさせ，さらに，管理棟16階の管制室入口扉を鉄パイプ等で叩き，同所付近に火炎ビンを投げつけて炎上させるなどした上，さらに，管制室の外側から，ハンマー等で空港事務所長室のガラスを叩き破って同室内に立ち入り，管制機器類をハンマー，鉄パイプ，バールなどで叩いて徹底的に破壊し，よって，成田管制圏内を航行中の航空機に対する通信連絡などの業務（飛行場管制業務）を不可能ならしめ，もって，火炎ビンを使用し，数人共同して器物を損壊し，建造物を損壊し，威力業務妨害に及び，航空の危険を生じさせた（火炎ビン使用・暴力行為・建造物損壊・威力業務妨害・航空危険）。

【判決結果】

第一審である東京地裁昭和56年2月12日判決（裁判長花尻尚）は，被告人14名に対し，懲役10年ないし懲役4年に各処した（いずれも実刑判決）。

同判決は，量刑事情について，以下のとおり説示する。

「被告人らの個別的情状を見ると，<u>被告人Aは</u>，本件当日同時多発した一連の，いわゆる三・二六成田事件全体を掌握した上，主力部隊である第四インター所属の被告人らに本件犯行を実行するように指示したのであるから，本件における刑事責任を論ずるに当たっては，Aが共犯者中最も重い責任を負うべき立場にあることは明らかであり，<u>同種の累犯前科がある</u>

こ␣とも看過できない。被告人Ｂは，三派共同作戦の一翼を担った戦旗派の幹部として，犯行に必要な品物の調達，実行部隊のメンバーの選択，確保，そのリーダーの指名など，本件犯行計画の準備及び遂行において重要な役割を果たしたものであり，同種事犯により執行猶予中の身でありながら本件犯行に加わったものであることを考慮すると，その責任は，被告人Ａに次いで重いといわざるを得ない。被告人Ｃは，第四インターのみならず，戦旗派及びプロ青同の実行部隊全員に対し，事前に犯行の具体的方法を指示説明した上，行動隊長として，終始実行部隊15名の行動全般を陣頭指揮し，自ら管制室の破壊行為を率先してなし，本件犯行を完遂させたものであって，同種事案で千葉地方裁判所に公判が係属中に本件犯行を犯したものであることをも併せ考えると，その責任はＡに次いで重く，Ｂと並ぶものと言わなければならない。」

同判決は，相当と思う。

ところで，同判決の中でも指摘されているが，被告人らの中には，再犯を繰り返すものが少なくない。

過激派集団のメンバーらは，確信犯なのであり，現地闘争・法廷闘争を通じて公権力と正に闘っているのである。検挙されても，自らの非を認めず，起訴されても，徹底的な法廷闘争を展開して刑事責任を免れようとし，保釈されれば，再び現地闘争に加わるのである。有罪判決を受けても，執行猶予により釈放されれば，再び現地闘争に加わり，実刑判決により服役しても，出獄すれば，再び砦に帰って現地闘争なのである。

裁判で事実を争うことは権利である。

しかし，裁判所としては，法と証拠により，犯罪行為に見合った適正な刑事責任を課すべきであり，組織的・計画的・確信的に犯行に及ぶ過激派集団らに対しては，安易な寛刑処分を言い渡すべきではないと思う。

控訴審については，出典からは主文が判明しない。

上告審については，未把握である。

七・二一菱田現地闘争事件（公務執行妨害）（昭和 60 年 7 月 21 日）[361]

【事案】

千葉地裁昭和 62 年 2 月 23 日判決によれば，事実関係は，以下のとおりである。

被告人らは，いずれも中核派に所属しているものであるが，昭和 60 年 7 月 21 日，千葉県山武郡芝山町の空き地において，反対同盟（北原派）主催の「七・二一菱田現地総決起集会」の終了後，中核派約 250 名らとともに，同日午後 3 時 35 分頃から行われたデモ行進に加わったが，予め届出をしてあったデモコースを外れてジグザグ行進・渦巻きデモ行進などをした後，同日午後 3 時 49 分頃から同日午後 3 時 57 分頃までの間，同町内の路上において，警備中の千葉県警の警察官らに対し，竹棒を横にし，スクラムを組み，一団となって突入して体当たりし，押す，蹴る，楯を引っ張るなどの暴行を加え，公務執行妨害に及んだ（公務執行妨害）。

【判決結果】

千葉地裁昭和 62 年 2 月 23 日判決（裁判長石田恒良）は，被告人 6 名に対し，それぞれ懲役 6 月に処し，そのうち 5 名については各刑の執行を猶予した（1 名だけ実刑判決）。

同判決は，量刑事情につき，以下のとおり説示する。

「被告人 6 名は，いずれも集団の一員として本件犯行に加わり，現実に警察官らに対し暴行を加えているのであって，被告人らの責任は軽視することはできない。特に，<u>被告人 A については，本件が，前掲確定裁判欄記載の住居侵入罪についての上告審係属中に行われたものであること</u>等を考慮すると，その責任は重いといわなければならない。」

控訴審・上告審については，未把握である。

361）千葉地裁昭和 62 年 2 月 23 日判決・刑事裁判資料 263 号 7 頁（七・二一菱田現地闘争事件）

一〇・二〇成田現地闘争事件（凶器準備集合，公務執行妨害，火炎ビン使用，傷害）（昭和60年10月20日） [362]

【事案】
　千葉地裁平成元年10月24日判決によれば，事実関係は，以下のとおりである。
　反対同盟（北原派）は，昭和60年10月20日，成田市内の三里塚第一公園において，「二期工事阻止・不法収用法弾劾・東峰十字路裁判闘争勝利・動労千葉支援」などをスローガンとして，全国総決起集会を開催した。
　中核派の代表は，同集会において，拡声器を用いて，「本日，全学連は，断固として武装し，戦後日本の労働者階級人民がかつて成し遂げることがなかった最大の武装闘争に総決起する。我々の本日の目標は，成田空港への突入だ。全学連は，武装し，機動隊をせん滅する。」，「すさまじい鉄の破壊力をもって機動隊の肉を裂き骨を断ち切ってこれをぶち折って，勝利の血路を切り開こうではありませんか。」などと大声で演説し，戦旗派の代表も，拡声器を用いて，「わが戦旗派は，本日一〇・二〇決戦に重大な決意をもって空港に突入し，解体することを宣言します。」，「全ての革命的人民の皆さん，我が戦列とともに，第三ゲートに向かって進撃しようではありませんか。」などと演説した。
　被告人らは，同集会に参加していたが，多数の者らと共謀の上，白ヘルメット，赤ヘルメットを被るなどし，赤旗を高く掲げ，同日午後4時14分頃から同日午後5時40分頃までの間，三里塚第一公園から成田市内の路上を移動する間において，多数の火炎ビン，鉄パイプ，角材，竹竿，棍棒，丸太，石塊などの凶器を準備して集合し（凶器準備集合），同日午後4時23分頃から同日午後5時40分頃までの間，成田市内の路上等において，警備中の千葉県警の警察官らに対し，丸太を抱えて突き当たり，鉄パイプ，角材，竹竿，棍棒などで突き，殴打し，多数の石塊を投げつけるなどの暴行を加え，もって公務執行妨害に及び，その際，同暴行により，警察官25名に傷害を負わせた（公務執行妨

---

[362] 千葉地裁平成元年10月24日判決・刑事裁判資料263号237頁（一〇・二〇成田現地闘争事件）

害・傷害)。

【判決結果】

　千葉地裁平成元年10月24日判決は，被告人ら19名に対し，それぞれ懲役3年ないし懲役1年6月に各処した（執行猶予の付与の有無については，未把握）。

　控訴審・上告審については，未把握である。

木の根団結砦捜索妨害事件（凶器準備集合，火炎ビン使用，公務執行妨害，傷害）（昭和62年11月24日～26日）[363]

【事案】

　千葉地裁平成2年3月22日判決によれば，事実関係は，以下のとおりである。

　千葉県警の警察官らは，昭和62年11月16日，成田市内のいわゆる木の根団結砦付近において警備中に，同砦の櫓上の青色ヘルメットを被った3，4名の者から，約1時間半にわたり，パチンコ投石器を用いるなどして多数の石塊，ボトル等を投てきされ，公務執行妨害を受けた。

　千葉県警の警察官らは，同事件の犯人を特定するなどの捜査を遂げるため，翌17日，裁判官から同砦の捜索差押え令状の発付を得たが，同砦の捜索差押えを実施するためにはその門扉などを開けるしかないところ，その間にも激しい抵抗があるものと予想し，クレーン車，箱形ゴンドラ，放水車，ガス筒（ガス弾）発射器などの準備を整え，同月24日午前7時02分頃から，同砦付近において，拡声器により，捜索を開始する旨の通告を繰り返した。

　これに対し，被告人らは，同24日午前7時04分頃から同月26日午後1時35分頃までの間，木の根団結砦において，多数の火炎ビン，石塊，火炎放射器（消火器を改造したもの），パチンコ投石器などの凶器を準備して集合し（凶器準備集合），この間，同砦における捜索差押えの実施に当たった千葉県警の警察

---

363) 千葉地裁平成2年3月22日判決・刑事裁判資料263号473頁（木の根団結砦捜索妨害事件）
　　東京高裁平成4年1月13日判決・刑事裁判資料282号371頁・判例タイムズ774号277頁（木の根団結砦捜索妨害事件）

官らに対し，多数の火炎ビン，石塊等を投げつけ，パチンコ投石器を用いて石塊等を発射し，火炎放射器により火炎を噴射させるなどの暴行を加え，もって，公務執行妨害に及び，その際，同暴行により，警察官13名に傷害を負わせた（火炎ビン使用・公務執行妨害・傷害）。

　この間，千葉県警の警察官らは，同月24日，エンジンカッターを用いて同砦の門扉を切断し，クレーン車で同砦のトタン塀を壊し，障害となる古タイヤ等を除去するなどしたが，激しい抵抗を受け，一部の警察官らが負傷したため，方針を変更し，クレーン車に取り付けた鉄製ゴンドラを3番櫓にぶつけて取り壊し，バックホーを用いて5番櫓の手すり部分を一部取り壊すなどしたが，引き続き激しい抵抗を受け，さらに警察官らが負傷したため，同日夕刻，一旦，捜索差押えのための作業を中止した。

　千葉県警の警察官らは，翌25日，大型クレーン車やバックホーを用いて5番櫓の手すり部分や同櫓上の小屋を取り壊し，大型クレーン車に取り付けたゴンドラで2番櫓を引き倒し，バックホーを用いて5番櫓及びプレハブ2階建て建物等を取り壊すなどしたが，激しい抵抗を受け，被告人らが4番櫓や最大の6番櫓に立て籠もるなどしたため，同日午後5時前に，一旦，捜索差押えのための作業を中止した。

　千葉県警の警察官らは，翌26日，作業を再開し，同日午後1時59分頃までに，被告人らを全員逮捕し，ようやく捜索差押えを実施できた。

【判決結果】

　第一審である千葉地裁平成2年3月22日判決（裁判長渡邉一弘）は，被告人ら7名に対し，それぞれ懲役2年6月ないし懲役2年4月に処した（いずれも実刑判決）。

　同判決は，実刑判決を言い渡した理由につき，次のように説示する。

　　「右の犯行態様を通じてみるに，あらかじめ，多数の石塊は言うに及ばず，発火力の強い火炎ビンのほか，消火器を改造して中に速燃性の液体を詰め，最長で約4.5メートルから約7メートルの距離に約20数秒の間火炎を発し得る能力を有する火炎放射器，かなりの大きさの石塊を飛ばすことのできるパチンコ型の飛び道具などをいくつも用意しておき，これらを用いて

櫓の上という高所から，近付く警察官に対し，狙いを定め，2日ないし3日の間にわたり暴行を加えるという，執拗にして，かつ全く容赦する気配のみられない攻撃を続けており，これら兇器の使用による攻撃が，これに対する防御方法をひとつ誤れば生命に対する危険さえ生じさせかねないものであることを考え合わせると，<u>態様自体まことに悪質である</u>といわざるを得ない。」

「しかも<u>被告人らは，いずれも右の実行犯人そのものであることを終始現認されていて，各判示した範囲の犯行につき全ての直接的な罪責を追及されて然るべき者らである。</u>」

「更に，本件審理の経過に鑑みれば，被告人らに対する勾留が右の期間にわたったからといって，これをもって今あらためて刑の執行を直ちにする必要のないような事態に立ち至ったとまで言いうるものではなく，また，被告人らそれぞれの主義，主張は問うところではないにしても，自らの暴力に依拠した所為そのものについては，その兇器が相手方に対して生命の危険さえ生じさせかねないものでありながら，全く容赦のない方法で，かつ執拗に，生身の人間に対し，凶悪な態様で攻撃の用に供しているのに鑑みるとき，人間としての惻隠の情があるならば，明らかに言葉に出さないながらも，<u>こうした自己の行為態様それ自体に対する忸怩たる思いから，少なくともその悪質さそのものに対する反省がいささかでも垣間見られる状況のあって然るべきであると考えられるのに，本件審理の全過程を通じてその片鱗さえ窺うことのできないこと</u>もまた，情状を考えるに当たって軽視できないところである。」

　同判決の説示は，誠にそのとおりであると思う。

　これに対し，被告人側が控訴した。

　控訴審である東京高裁平成4年1月13日判決（裁判長新谷一信）は，被告人らの控訴を容れ，原判決を破棄した（いずれも執行猶予）。

　同判決は，原判決を破棄して執行猶予を付した理由につき，次のように説示する。

　「所論にかんがみさらに検討すると，<u>被告人Cは</u>，犯行当時被告人らの中

では34歳の最年長で，かつこの種運動歴が最も長く，昭和55年中に住居侵入，威力業務妨害の罪で罰金刑に処せられた前科の外，昭和53年から同56年までの間に，住居侵入，火炎びんの使用等の処罰に関する法律違反，公務執行妨害等の罪により3回逮捕された前歴があり，その余の被告人らについては，被告人Bが昭和60年に公務執行妨害罪により1回逮捕された前歴を有するのみで，その他の被告人らには前科，前歴が全くない）」

「もとより刑の量定は，具体的事件により千差万別であり，また，その際考慮すべき事項は多岐にわたるから，所論の主張するような同種事件との比較のみでただちに決せられるものではないが，本件を含むこれら事件は，概ね同一の動機による警察官らに対する攻撃に起因する外，被告人らの年齢が若く，学業半ばで前科等に乏しい者が多いこと等をはじめ，その罪質，犯行態様，被害結果等の点で類似するものが多く，ことに，集団公安事件としての特質から，被告人らの個別的情状につき精密に認定することが困難であることも加わり，各般の情状に関する事実が類型化され，酷似している分野の一つと考えられる。したがって，被告人らについて認められる前記の情状に，右同種事件の量刑の傾向などを併せて考慮するときは，被告人らに対しそれぞれ前記各実刑をもって臨んだ原判決の量刑は，刑の執行を猶予しなかった点において重きに過ぎて不当であると認められるから，論旨は結局理由があり，原判決は破棄を免れない。」

同判決には，違和感がある。

まず，同判決は，同種事件の量刑傾向を考慮すべきだという。

確かに，一般的にいえば，同様の犯罪行為には同様の刑罰を言い渡すのが相当である。罪と罰との権衡は，刑罰権を行使する上での一つの要請といえよう。その意味で，過去の量刑判断は，その後の量刑判断の参考になる。

しかし，そのことは，本件事件の被告人らの刑事責任を軽くする理由にはならないように思う。これまで見てきた成田事件において，少なくない裁判所が，成田空港の建設等のための手続の適法性・妥当性に疑問を抱いているようであり，そのせいか，各事件を通じて全般的に刑が軽いように思われる。仮に，過

去の量刑判断が，当該犯罪行為に照らして軽すぎて不適切であるというのであれば，過去の量刑判断は，将来的に参考にすべきではないと思う。

本件事件を具体的にみても，被告人らは，警察官らに対して火炎ビンを投げつけ，パチンコ型の道具で高所から警察官めがけて石塊を投げつけ，また，火炎放射攻撃をしてきた者たちであり，その犯罪行為に照らし，その刑事責任は極めて重いと思われる。いわゆる成田事件だから刑を軽くするのが相場だ，などという考え方は，適切とは思えない。むしろ，悪しき過去の量刑傾向から脱却すべきであろう。

次に，同判決は，前科前歴のない被告人らだけでなく，同種の前科・前歴を有する被告人らについても，刑の執行を猶予している。

しかし，同種犯罪を繰り返す被告人らに執行猶予の恩典を与える理由があるようには思えない。そもそも，被告人らは，過激派集団のメンバーであり，組織的，計画的，確信的に罪を犯す者たちなのである。被告人らは，あらかじめ火炎ビン，石塊，パチンコ型の投石器，火炎放射器などの凶器を準備して犯行を繰り返している者たちなのである。それだけで刑事責任は重いというのに，前科・前歴のない者だけでなく，前科・前歴のある者についても，執行猶予に付するというのは，逆の意味で公平さを欠くことになると思う。

上告審については，未把握である。

千葉県収用委員会会長襲撃事件（強盗傷害）（昭和63年9月21日）[364]

【事案】

東京地裁平成7年9月29日判決によれば，事実関係は，以下のとおりである。

被告人は，数名の者と共謀の上，昭和63年9月21日午後7時頃，千葉市内の路上において，千葉県収用委員会会長に対し，その身体を路上に押さえ付け，

---

364) 東京地裁平成7年9月29日判決・刑事裁判資料282号1042頁・判例タイムズ920号259頁（千葉県収用委員会会長襲撃事件）
東京高裁平成10年7月7日判決・刑事裁判資料282号1089頁（千葉県収容委員会会長襲撃事件）

鉄パイプ等でその両腕，両下腿部，顔面等を殴打する暴行を加え，その反抗を抑圧した上，同人所有の現金約46万円及び手提げ鞄等を強取し，その際，同暴行により，同人に入院加療1年余及び通院加療約6か月間を要し，両膝可動域制限，左足関節可動域制限等の後遺症を伴う両下腿骨骨折等の傷害を負わせた（強盗致傷）。

【判決結果】
　第一審である東京地裁平成7年9月29日判決（裁判長竹﨑博允）は，被告人に無罪を言い渡した。
　同判決は，無罪判決の理由につき，次のように判示する。
　「右T（引用者注：取調べ検察官）証言に含まれるM（引用者注：共犯者）供述の信用性について検討する。」
　「Mの供述によれば，同人は丙（引用者注：犯人の一人）と約1年以上もの間にわたり，2件の対人闘争計画について行動を共にしていることが認められるところであり，丙について，その記憶が不明確であるとは考えにくい。」
　「しかし，右丙が被告人であるという点については，前記のとおりK警部補及びT検事の最終の取調べにおいて，写真により特定したのみであり，他の犯行状況に対する供述とは明らかに供述の程度が異なっており，これが特に信用すべき情況のもとでされたもので証拠能力を有するとしても，なお，その信用性については，慎重な検討を要するものと思われる。」
　「そこで，検察官が，M供述を裏付けるものとして主張する筆跡の同一性につき検討する。」
　「しかし，それにもかかわらず，前記の4か所からの宿帳等が提出されたほかは，被告人が丙であることを窺わせる証拠は全く提出されていない。」
　「被告人は，本件犯行につき，全く関与していないと供述するが，自己が中核派革命軍の一員であることは，被告人自身も特に争わず，その公判廷における供述に照らせば，Mが関係者の一人として指摘するNを同志と呼び，本件犯行の背景をなすと認められる成田闘争の正当性を主張するなど，本件犯行の実行者と心情において同調するものがあると窺われ，また，

自己にアリバイがあると主張しつつもその具体的な内容を提示しないなど，公判廷での言動を通じても，被告人が本件犯行に関与したのではないかとの疑いがないわけではない。」

「しかし，前述したとおりの証拠関係に照らせば，<u>Mの供述にある共犯者丙が被告人であると断定するには合理的な疑いが残る</u>というほかはない。」

これに対し，検察側が控訴した。

控訴審である東京高裁平成10年7月7日判決（裁判長松本時夫）は，検察官の控訴を容れ，原判決を破棄して有罪を認定し，被告人を懲役6年に処した。

同控訴審判決は，有罪判決の理由につき，次のように判示する。

「以上検討した結果に照らせば，M（引用者注：共犯者）は，本件に関し捜査官らから取調べを受けた際，他人を偽らず，正直に生きることを信条としたいという気持ちから，自分のこれまでの人生を清算して再出発するために，自らの関与した事件について，嘘はつかずに明らかにしていきたい，しかし，その一方で，これまで一緒に闘争してきた仲間を裏切ることはしたくない，また，組織の報復も心配であるという思いが交錯していたものと窺われるのである。……さらに，Mは，原審公判準備期日において，被告人が丙（引用者注：犯人の一人）であることを実質的に認める供述をしている。そして，T（引用者注：取調べ検察官）証言中の，『これが丙です』と言って被告人を写真により特定した旨のMの供述部分は，これを直接的に補強する証拠はないものの，<u>これと一体となるMの他の一連の供述は，多くの部分において客観的な証拠によって補強され，その信用性が極めて高いものである</u>。加えて，Mは，前記1（二）でみたように，かなりの期間にわたって，丙と緊密に行動を共にしていたのであるから，記憶が不明確であったり，混乱したりして，丙の特定を誤るということも考え難いというべきである。

したがって，<u>Mの一連の供述態度やその供述内容その他，右にみたような種々の事情に照らせば，Mの右供述部分についても，十分に信用することができる</u>というべきである。」

「原判決は，Mが丙とともに宿泊した民宿『（略）』等4か所から押収され

た宿帳等の宿泊者の氏名，住所等の記載が，被告人の筆跡であるとの警視庁科学捜査研究所文書鑑定科主事のBらの筆跡鑑定の結果をもって，右記載が被告人によってなされたものであるとまで断ずることはできない旨説示している。」

「以上のような筆跡鑑定の手法は，大学の統計学者等からの批判のあった以前の異同比率法に代わって，昭和53年ころ，警察庁科学警察研究所が全国の科学捜査研究所に提唱し，現在まで実施されているものである。」

「もとより，筆跡鑑定の性質上，指紋のような厳格な同一性の判定ができるものではないので，筆跡鑑定の結果のみをもって，被告人と丙との同一性を認めることはできず，原判決の判断は，その限度においては正当である。しかしながら，<u>本件のように，他の証拠によって被告人と丙との同一性が認められる場合に，それを裏付ける一証拠として，合理性を有するBの筆跡鑑定の結果を用いることは許される</u>というべきである。」

また，同判決は，量刑事情につき，次のように説示する。

「本件は，被告人を始めとする中核派革命軍の構成員らによる千葉県収用委員会会長に対する強盗傷人の事案である。

　被告人らは，千葉県収用委員会が新東京国際空港の建設事業に関する明渡裁決手続を行うことを阻止するために，同委員会会長である被害者を襲撃し，被害者に再起不能となるような怪我を負わせ，その所持品を強取しようと企て，本件犯行に及んだものである。……本件は，用意周到な準備の上敢行された極めて計画的かつ組織的な犯行である。

　また，犯行の態様をみると，被告人を含む実行部隊5人は，犯行現場近くで被害者を待ち伏せした上，夜間，一人で歩いて帰宅途中の被害者に対し，一斉に襲い掛かり，被害者を路上に押し倒してその身体を押さえ付け，鉄パイプ等の凶器で被害者の両腕，両下腿部，顔面の5か所を殴打したものであって，被告人らが5点セットと称してあらかじめ訓練していたとおりの攻撃を加えているのである。……このように，被害者の受けた肉体的，精神的苦痛は，大なるものがあり，さらに，本件受傷のため長期間にわたって弁護士業務を休業せざるを得なくなった……

さらに，本件犯行がきっかけとなって，千葉県収用委員会の被害者を始めとする委員は，第二，第三の犠牲者の出現を懸念して，不本意ながら，昭和63年10月24日付けで全員が辞任し，その結果，同委員会は，後任者も選任されず，全く機能しない状態となったのである。被告人らは，自らの主義主張を貫徹するため，いかなる暴力に及ぶことも辞さないという態度で本件犯行に及んだものであり，<u>このような卑劣なテロ行為は，民主主義を暴力主義で破壊するものとして，法治国家では到底容認されないものであるといわなければならない。</u>」
同判決の事実認定及び量刑判断は，誠にそのとおりであると思う。
上告審については，未把握である。

大清水団結小屋死守戦事件（凶器準備集合，公務執行妨害，傷害）（平成2年8月24日及び同年10月15日）[365]

【事案】
　千葉地裁平成6年4月20日判決によれば，事実関係は，以下のとおりである。
　反対同盟は，昭和42年12月頃，成田空港の開設に反対する運動の現地連絡所として，成田市大清水の畑に，鉄骨プレハブ2階建ての建築物（いわゆる大清水団結小屋）を建設したが，これは，緊急措置法（新東京国際空港の安全確保に関する緊急措置法）にいう規制区域に含まれていた。
　大清水団結小屋は，その後，増改築が繰り返され，周囲を鉄板塀で囲い，一見して要塞と見える外観を備えるに至り，革労協解放派がこれを拠点とするようになっていた。
　運輸大臣は，平成元年9月19日，緊急措置法に基づき，大清水団結小屋を対象として，1回目の使用禁止命令を発したが，これに対し，革労協解放派は，機関誌で，「敵が，わが解放派が22年間にわたって堅持してきた拠点―大清水

---

[365] 千葉地裁平成6年4月20日判決・刑事裁判資料282号288頁（大清水団結小屋死守戦事件）

団結小屋に手をかけようものなら，現闘本部破壊への怒りの報復と一体となった猛火が，日帝運輸省・機動隊に襲いかかるであろう」などと表明した。

　運輸大臣は，平成2年8月24日，運輸省職員らを大清水団結小屋に派遣し，2回目の使用禁止命令を通告させた。

　被告人らは，多数の者らと共謀の上，同日午前11時04分頃から同日午前11時07分頃までの間，大清水団結小屋において，多数のブロック片等の凶器を準備して集合し（凶器準備集合），同団結小屋の使用禁止を通告中の運輸省職員ら及びその警備に当たっていた千葉県警の警察官らに対し，ブロック片等を投てきする暴行を加え，もって，公務執行妨害に及び，その際，同暴行により，警察官2名に対し，全治約1週間の傷害を負わせた（公務執行妨害・傷害）。

　被告人らは，同年10月15日午前6時頃から同日午後1時頃までの間，同団結小屋において，多数のブロック片及びコンクリート片等の凶器を準備して集合し（凶器準備集合），同団結小屋の除却処分を実施中の運輸省職員ら及びその警備に当たっていた千葉県警の警察官らに対し，ブロック片及びコンクリート片等を投てきするなどの暴行を加え，もって，公務執行妨害に及んだ（公務執行妨害）。

【判決結果】

　第一審である千葉地裁平成6年4月20日判決（裁判長神作良二）は，被告人2名をそれぞれ懲役2年6月に処し，いずれもその刑の執行を猶予した。

　同判決は，刑の執行を猶予した理由につき，次のように説示した。

　「その犯行態様は前記のとおりであって，<u>被告人両名が投てきしたブロック片，コンクリート片等が大量であり</u>，とりわけ判示第三，第四の犯行においては，<u>押収されたその数量が優に300キログラムを超えているばかりでなく</u>，被告人両名の逮捕後に行われた<u>右団結小屋の捜索差押えにおいても，ブロック片やブロック片様の物等が発見，押収されている</u>ことからみて，本件は組織的で計画的な犯行であることが窺知できるとともに，被告人両名において，係官や警察官らが臨場した直後からこれらを投てきし続けて執拗に公務の執行を妨害したこと，判示第二の場合には，2名の警察官に傷害まで負わせていることを考え併せるならば，その責任を軽く考え

ることは到底できない。」

「しかしながら、本件除却処分は、被告人らの妨害があったものの、結局は執行が完了したこと、本件各犯行により、現実に2名の警察官が傷害を負ってはいるが、幸いその傷害の程度も比較的軽微であったこと、被告人両名に前科はなく、本件に関して既に1年半余りにわたって未決勾留されていること、被告人両名とも未だ若年であることなど、被告人両名にとって有利な、あるいは酌むべき事情もあるので、これらを総合考慮して、被告人両名に対して、主文掲記の刑を科した上、その刑の執行を特に猶予することとした。」

同判決には、違和感がある。

まず、同判決は、除却処分が既に完了していることを指摘し、それをもって、被告人らに有利な事情として考慮する。

しかし、本件除却処分が完了したのは、関係者らが、被告人らの妨害行為にも屈せず、多くの困難と苦労を乗り越えて努力した結果なのであって、これをもって、被告人らに有利な事情として考慮するのは、相当とは思えない。

次に、同判決は、刑の執行を猶予した上、未決勾留日数のほとんどである約400日を懲役2年6月の刑に算入している。

しかし、一般的な量刑傾向に照らせば、執行猶予判決において、未決勾留日数を刑に算入するのは異例であり、しかも、本件では、その算入日数が多すぎるのである。そもそも、人に向かって大量のブロック片、コンクリート片などを投げつけた者たちに対し、刑の執行を猶予すべきか否かについては、相当に慎重であるべきように思う。

控訴審・上告審については、未把握である。

横堀団結砦死守戦事件（凶器準備集合、火炎ビン使用、公務執行妨害）（平成2年11月27日〜28日）[366)]

【事案】

千葉地裁平成5年3月25日判決によれば、事実関係は、以下のとおりである。

反対同盟は，昭和51年頃，千葉県山武郡芝山町の土地に，プレハブ3階建ての小屋を建て，同小屋は，その後，一度建て直された後，昭和63年12月，全て解体され，平成元年3月，新たに鉄骨造り4階建ての建築物（いわゆる横堀団結砦）が完成し，その隣には，横堀団結砦よりやや高い櫓1基も建築された。
　横堀団結砦は，緊急措置法の規制区域内に存在しており，戦旗派が拠点として使用していた。
　運輸大臣は，平成元年8月29日，緊急措置法に基づき，横堀団結砦を対象として，1回目の使用禁止命令を発し，平成2年8月28日，2回目の使用禁止命令を発した。
　これに対し，戦旗派は，機関誌で，横堀団結砦の防衛こそが徹底抗戦を貫く道である旨表明し，同年11月11日頃からは，4階建ての横堀団結砦の屋上に鉄塔を建てたり，航空法に違反してアドバルーンを上げたり，さらには，外部に向けて火炎ビン，石塊等を投げつけたり，同月12日には，ロケット弾を発射して成田空港の2期工事区域内に着弾させたりした。
　運輸省職員らは，同月27日午前6時頃，運輸大臣の命を受けて現地に赴き，再三にわたり退去通告を繰り返しながら，横堀団結砦の除却処分に着手し，同日午後4時30分頃まで，除却作業を続け，翌28日午前6時16分頃から同日午後5時頃まで，除却作業を続け，翌29日午後5時頃をもって，横堀団結砦の除却処分をすべて終了した。
　被告人らは，この間の同月27日午前6時04分頃から同月28日午後0時06分頃までの間，横堀団結砦において，多数の火炎ビン，火炎ビン発射機，消火器，火炎放射器（ガスボンベを改造したもの），パチンコ器具，石塊等の凶器を準備して集合し（凶器準備集合），この間，同所において，同砦の除却処分を実施中の運輸省職員ら及びその警備に当たっていた千葉県警の警察官らに対し，火炎ビン，石塊等を投てきし，さらに，火炎放射器を用いて火炎（長さ約20m）を放射するなどの暴行を加え，もって，公務執行妨害に及んだ（火炎ビン使用・

366）千葉地裁平成5年3月25日判決・刑事裁判資料282号1534頁（横堀団結砦死守戦事件）

公務執行妨害)。

なお，これに対し，警察官らは，同月 27 日午前 7 時頃から，放水車を用いた放水を行うなどして妨害行為を排除しようとした。

【判決結果】

第一審である千葉地裁平成 5 年 3 月 25 日判決（裁判長松本昭徳）は，被告人らをそれぞれ懲役 3 年に処し，いずれもその刑の執行を猶予した。

同判決は，刑の執行を猶予した理由につき，次のように説示する。

「本件は，新東京国際空港の建設及びその拡張工事に対する反対運動に関連して敢行されたものである点でやや特殊な背景を有しているので，この点につき以下付言すれば，被告人らは，新東京国際空港の建設及び拡張等に反対する地域農民からなる三里塚芝山連合空港反対同盟の空港反対運動に連携して本件各犯行に及んだものと解され，もとより被告人らがいかなる思想信条を持とうと自由であり，しかも，新東京国際空港の建設及び拡張等の是非に関する運輸省及び空港公団の施策を言説により批判することは，憲法によって被告人らに認められた当然の権利と言うことができる。」

「被告人らが私利私欲にかられ，恥ずべき動機から本件各犯行に及んだのではないことは既述のとおりである。しかも，被告人らの本件各犯行は，前記のとおり，極めて危険なものではあったが，幸い，前記の各公務に従事した運輸省職員，空港公団職員及び警察官の誰一人として現実に傷害を負っておらず，しかも財産上の損害もほとんど発生していないこと，かえって被告人らは，警察官から強力な放水等を受け，特に被告人Ｃが右の放水によって砦建物の屋上から転落して怪我をするなど，自ら招いたものであるとはいえ，彼ら自身も危険に直面していること，被告人らは本件に関して既に 1 年 1 か月余り未決勾留されていたこと（略）をも併せ考えれば，さらにこの上被告人らを実刑に処するのは被告人らにとっていささか酷に過ぎると思われる。」

同判決には，違和感がある。

まず，同判決は，犯行の動機が恥ずべきものではないという。

しかし，一般的に，目的と手段は，相互に関連するものである。本件におい

て，被告人らは，成田空港の開港を実力で阻止するために本件砦を築き，法令に準拠した除却処分を実力で阻止するために本件犯行に及んだのである。それは，議会制民主主義・法治主義を否定し，目的のためには手段を選ばない，暴力主義なのである。本件の犯行動機・犯行態様は，到底容認できるようなものではない，というほかないように思われる。

次に，同判決は，被告人らが警察官らから放水等を受け，被告人らのうち一名が砦の上から転落したことなどをもって，被告人らに有利な事情として斟酌している。

しかし，警察官らは，被告人らに怪我を負わせないようにとの配慮から，あえて銃器などを使用せずに放水しているのである。被告人らは，銃器などを使用しない警察官らに対し，自らは安全な場所に身を置き，高所から警察官らを狙って火炎ビンや石塊を投げつけたりしているのであって，卑劣極まりないとしか言いようがない。被告人の一人が転落したとしても，それは，同判決が指摘するとおり「自ら招いた」ことなのであり，これを以て被告人に有利な事情として斟酌するのは相当とは思えない。

さらに，同判決は，懲役3年の刑の執行を猶予した上，未決勾留日数の大半である240日を同刑に算入している。

しかし，執行猶予判決で未決勾留日数を算入するのは異例であり，その算入日数も多過ぎるように思う。人に向けて火炎ビンを投げつけたり，火炎放射器を噴射したりする者たちに刑の執行を猶予すべき理由があるようには思えない。

控訴審・上告審については，未把握である。

第3節　終わりの見えない成田闘争と緊急措置法の制定

成田事件は，過激派集団らにより，昭和40年代前半から平成に至るまで，極めて長期間にわたって断続的に繰り返された一連の公安事件である。その中には，検挙された事件もあるが，未検挙で迷宮入りになった事件も少なくない。

成田事件で検挙された者の中には，再犯を繰り返している者もいる。過激派集団に所属する者たちは，確信犯なのであるから，それも当然のことである。

成田闘争が長期間にわたって断続的に繰り返されてきた背景事情については，ここで詳細に取り上げることはしない。それは，政治的，経済的，社会的，その他，様々な原因が複雑に絡まっており，それを総合的に検討し考察することは，刑事法の分野をはるかに超えるものである。
　ここでは，成田事件の裁判が長期化した原因等について検討したい。
　何故，裁判は，かくも長期化したのだろうか。
　その原因の大半は，被告人・弁護人らによる徹底した法廷闘争にあると思う。
　但し，これに加えて，ほとんどの裁判で量刑判断が被告人らに寛大であったために，刑罰による抑止効がほとんど働かず，過激派集団の活動がエスカレートしていったことにも原因があるのではなかろうか，という疑問点を指摘しておきたい。もちろん，過激派集団のメンバーは，確信犯であり，厳罰を科しても犯行は繰り返されたかもしれない。しかし，寛大な判決しか言い渡されないと分かれば，犯行を繰り返すことに躊躇することがなくなり，再犯に及ぶハードルが一層下がるように思うのである。
　第5章では，公安条例違反事件を取り上げたが，多くの下級審は，昭和40年代まで，最高裁判例に反した法令解釈を展開し，被告人・弁護人らの主張を容れることが多かったが，昭和50年代くらいから，ようやく最高裁判例を受け入れるようになってきた感があった。
　公安条例違反事件は，全国でばらばらに検挙され，相互の関連性がなかったため，下級審は，起訴された事件に対して個別具体的な対応をするという姿勢をとっており，時代の流れの中で，方向転換が可能になったように思う。
　これに対し，成田事件の場合，過激派集団や被告人らが入れ替わり立ち替わりしつつも，いずれも一連の成田闘争の一貫として理解される向きがあったように思う。
　そのために，一旦，被告人・弁護人らの主張に共感を示す下級審判決が出ると，これが他事件の裁判にも影響し，事実上，過去の量刑感覚が後の裁判を拘束し，成田事件は寛刑が一般的な相場だ，という雰囲気が醸成されたまま，方向転換の機会を失した，ということであろうか。
　象徴的なのは，東峰十字路事件の第一審判決（千葉地裁昭和61年10月4日判

決）と木の根団結砦捜索妨害事件の控訴審判決（東京高裁平成4年1月13日判決）である。

東峰十字路事件の第一審判決は，警察官らが被告人らに「撲殺された」とまで指摘しておきながら，有罪を言い渡した被告人ら52名の各刑の執行をすべて猶予したのだが，その理由として，凶器準備集合・公務執行妨害のみで起訴された者と，これに加えて傷害致死でも起訴された者とを比べたとき，両者に差異を設けるのは相当ではないので，傷害致死の刑事責任を負う者についても，同責任を負わない者と同程度の刑に処したというのである。

しかし，起訴された被告人らのうち，傷害致死の責任を負うべき者と，これを負わない者とがいるとき，両者に差異を設ける方が公平な量刑判断だと思う。多くの罪名で起訴された者を少ない罪名で起訴された者と同様に寛大に処すという判断過程には，合理性を見出せないように思う。しかも，執行猶予を付された被告人らの中には，現住建造物等放火（第二次代執行報復闘争事件）に及んだものも含まれていたのである。

また，木の根団結砦捜索妨害事件の控訴審判決は，被告人らを実刑に処した原判決を破棄し，被告人ら全員に対し，その刑の執行を猶予したのであるが，その理由については，同種事件の量刑傾向を考慮したのだという。

しかし，人に向けて火炎ビンを投げつけたり，火炎放射器を噴射したりする行為に対し，安易に刑の執行を猶予することは，避けるべきであろう。ましてや，同判決も認めるとおり，被告人らの中には，再犯を繰り返している者もいたのである。過去に寛大な量刑判断をした同種事例が複数あったとしても，悪しき先例は，参考にするに値しないというべきではなかろうか。

両判決は，共犯者の刑との権衡，過去の先例との比較，というように視点は異なるものの，いずれも刑罰を軽い方へ，軽い方へと合わせる思考法を採っている点では，似たような発想法をとっているように感じられる。

成田事件は刑を軽くするのが相場だ，などという流れは，相当とは思えないのであって，どこかで断ち切る必要があったように思う。事実認定の手法でも，法令解釈の在り方でも，量刑判断でも，より妥当で適切なものがあるのならば，適宜，改めるべきなのであり，改めるに遅すぎることはないはずである。

しかし，現実には，寛大な過去の判決群がその後の寛大な判決群を再生産していき，その方向転換ができなくなっていったようである。

さて，終わりの見えない成田闘争に関連して，国会は，「新東京国際空港の安全確保に関する緊急措置法」（昭和53年5月13日に公布，施行。以下，「緊急措置法」という。）を制定した[367]。

同法の目的は，成田空港及びその周辺において暴力主義的破壊活動が行われている最近の異常な事態に鑑み，当分の間，同空港若しくはその機能に関連する施設の管理等を阻害し，又は同空港若しくはその周辺における航空機の航行を妨害する暴力主義的破壊活動を防止するため，その活動の用に供される工作物の使用の禁止等の措置を定め，もって同空港及びその機能に関連する施設の管理等の安全の確保を図るとともに，航空の安全に資することである（1条）。

同法は，自民党，公明党，民社党及び新自由クラブの4党共同提案による議員立法であった。同法案を提出した背景には，昭和53年に限ってみても，同年2月には，第一次横堀要塞の鉄塔を撤去しようとしたところ，火炎ビンを用いるなどの阻止闘争（航空法違反，凶器準備集合，火炎ビン使用，公務執行妨害，傷害）があり，同年3月26日には，成田空港管制塔占拠事件（凶器準備集合，火炎ビン使用，公務執行妨害，傷害，建造物侵入，暴力行為等，建造物損壊，威力業務妨害，航空危険）があるなどしたため，成田空港の開港予定日を間近にして，これを延期せざるを得なくなるという異常事態が発生していたことなどの事実経過がある。過激派集団の取締り強化の一環として，その出撃拠点となっていた団結小屋ないし砦を撤去する必要があり，そのためには，特別法を制定し，その使用を規制しようという結論になったのである。

同法案に対し，社会党及び共産党がこれに反対した。社会党の反対意見は，① 同法案は治安対策的色彩が濃い，② 同法案は憲法違反の疑いが濃い，③ 力による対応は成田問題の根本的解決にならない，などというものであった。

367）内田正文「新東京国際空港の安全確保に関する緊急措置法」（昭和53年，法律のひろば31巻9号4頁）

また,共産党の反対意見は,同法案は憲法違反の疑いが濃い,現行法でも十分対処できる,などというものであった。

同法の施行後,運輸大臣は,昭和54年2月以降,毎年2月に,三里塚芝山連合空港反対同盟(反対同盟)に対し,同法3条1項に基づき,成田空港の規制区域内に所在する反対同盟所有の建物を,1年の期間,多数の暴力主義的破壊活動者の集合の用,又は火炎ビン等の製造・保管の用に供することを禁止する旨の処分(使用禁止命令)を行った。

反対同盟は,運輸大臣に対し,昭和54年ないし昭和58年及び昭和60年に出された各使用禁止命令の取消を求める民事訴訟を提起し,各使用禁止命令の根拠となった同法3条が憲法31条,35条等に違反する旨主張した(工作物使用禁止命令取消訴訟事件)。

これに対し,最高裁平成4年7月1日判決は,行政手続にも憲法31条,35条の法意が及ぶことを認めた上で,緊急措置法3条が憲法に違反しない旨判示し,反対同盟側の上告を棄却した[368]。

「憲法31条の定める法定手続の保障は,直接には刑事手続に関するものであるが,行政手続については,それが刑事手続ではないとの理由のみで,そのすべてが当然に同条による保障の枠外にあると判断することは相当ではない。」

「しかしながら,同条による保障が及ぶと解すべき場合であっても,一般に,行政手続は,刑事手続とその性質においておのずから差異があり,また,行政目的に応じて多種多様であるから,<u>行政処分の相手方に事前の告</u>

---

[368] 最高裁平成4年7月1日判決・民集46巻5号437頁(工作物使用禁止命令取消訴訟事件)。

本件判決には,以下の評釈がある。警察学論集45巻9号96頁,ジュリスト1009号27頁,ジュリスト1009号33頁,ジュリスト臨時増刊1024号51頁,別冊ジュリスト123号242頁,別冊ジュリスト131号240頁,訟務月報39巻5号861頁,訟務月報39巻5号863頁,新聞研究494号56頁,摂南法学10号143頁,地方自治職員研修38巻81号98頁,判例タイムズ臨時増刊821号290頁,判例評論411号2頁,法学教室148号108頁,法曹時報45巻3号187頁,法律時報65巻2号6頁,法律のひろば45巻12号32頁,民商法雑誌108巻4~5号234頁等

知,弁解,防御の機会を与えるかどうかは,行政処分により制限を受ける権利利益の内容,制限の程度,行政処分により達成しようとする公益の内容,程度,緊急性等を総合較量して決定されれるべきものであって,<u>常に必ずそのような機会を与えることを必要とするものではない</u>と解するのが相当である。」

「憲法35条の規定は,本来,主として刑事手続における強制につき,それが司法権による事前の抑制の下に置かれるべきことを保障した趣旨のものであるが,当該手続が刑事責任追及を目的とするものではないとの理由のみで,その手続における一切の強制が当然に右規定による保障の枠外にあると判断することは相当ではない(略)。」

「しかしながら,行政手続は,刑事手続とその性質においておのずから差異があり,また,行政目的に応じて多種多様であるから,<u>行政手続における強制の一種である立入りにすべて裁判官の令状を要すると解するのは相当ではなく</u>,当該立入りが,公共の福祉の維持という行政目的を達成するため欠くべからざるものであるかどうか,刑事責任追及のための資料収集に直接結び付くものであるかどうか,また,強制の程度,態様が直接的なものであるかどうかなどを総合判断して,裁判官の令状の要否を決めるべきである。」

　緊急措置法は,反対同盟らの要塞ないし砦を,その暴力主義的破壊活動の拠点として使用させないことなどを目的として制定されたものであった。

　民事裁判では,同法の合憲性を認め,成田空港の開港に向けた関係者らの努力を後押ししたわけである。

　しかし,刑事裁判では,過激派集団メンバーらに対する寛大な刑が繰り返し言い渡されており,刑罰による抑止効・社会防衛機能が十分には働いていなかったのではなかろうか,と危惧する。裁判は,長期化し,過激な成田闘争は,平成の時代まで繰り返されたのである。

第14章　オウム真理教教団による地下鉄サリン事件等

第1節　緒　　論

　オウム真理教教団（後に「アレフ」と名称を変更している。）の教祖である被告人（麻原彰晃こと松本智津夫）は，平成7年5月16日，地下鉄サリン事件により逮捕され，その後，様々な事件により公判請求された。

　被告人に対する当初の審判対象は，17事件あり，それは，平成元年2月上旬頃から平成7年3月20日までの間に敢行された殺人，殺人未遂，死体損壊，逮捕監禁致死，武器等製造法違反，殺人予備等であった。しかし，平成12年10月，薬物密造関連の4事件について公訴が取り消されたため，最終的な審判対象は，以下の13事件に絞られた（死亡被害者27名，負傷被害者21名）。

　　田口事件（殺人）（平成元年2月上旬頃）
　　坂本弁護士一家事件（殺人）（平成元年11月4日）
　　サリンプラント事件（殺人予備）（平成5年11月頃～平成6年12月下旬頃）
　　滝本弁護士サリン事件（殺人未遂）（平成6年5月9日）
　　松本サリン事件（殺人，殺人未遂）（同年6月27日）
　　小銃等製造等事件（武器等製造法違反）（平成6年6月下旬頃～平成7年3月21日頃）
　　落田事件（殺人，死体損壊）（平成6年1月30日）
　　冨田事件（殺人，死体損壊）（同年7月10日頃）
　　水野VX事件（殺人未遂）（同年12月2日）
　　濱口VX事件（殺人）（同年12月12日）
　　永岡VX事件（殺人未遂）（平成7年1月4日）
　　假谷事件（逮捕監禁致死，死体損壊）（同年2月28日～同年3月4日頃）
　　地下鉄サリン事件（殺人，殺人未遂）（同年3月20日）

　第一審である東京地裁平成16年2月27日判決は，弁護人らの無罪主張を排斥し，公訴事実をすべて有罪と認定し，被告人に死刑を言い渡した[369]。

これに対し，弁護人が控訴したものの，提出期限までに控訴趣意書を提出しなかったため，東京高裁平成 18 年 3 月 27 日決定は，弁護人の控訴を棄却した[370]。

　これに対し，弁護人が異議を申し立てたが，東京高裁同年 5 月 29 日決定は，原審決定を是認して，弁護人の異議申立を棄却した[371]。

　弁護人は，最高裁に特別抗告し，① 被告人には訴訟能力がなかったのに公判手続を停止せずに控訴を棄却した原々決定及びこれを是認した原決定には憲法違反，刑訴法違反，判例違反がある，② 控訴趣意書の提出期限は事実上延長されていた，仮に延長されていなかったとしても，提出期限までに提出しなかったのは，弁護人と被告人との間で意思疎通ができなかったことなどによるものであるから，「やむを得ない事情」（刑訴規則 238 条）があったといえるのに，控訴趣意書の不提出を理由に控訴を棄却した元々決定及びこれを是認した原決定には憲法違反，刑訴法違反等があるなどと主張した。

　これに対し，最高裁平成 18 年 9 月 15 日決定は，弁護人の主張を排斥して特別抗告を棄却し，これにより死刑判決が確定した[372]。

　次節では，東京地裁平成 16 年 2 月 27 日判決の事実認定に従い，教団教祖である被告人により敢行された一連の犯行を見ることにする。

　なお，同判決が言い渡されるより前に，既に，教団幹部のうち 11 名は，第一審で死刑を言い渡されており，別の 6 名は，第一審で無期懲役刑を言い渡されていた。そして，無期懲役刑を言い渡されたうちの 1 名は，控訴審で死刑を言い渡されている。

---

369) 東京地裁平成 16 年 2 月 27 日判決・判例タイムズ 1151 号 138 頁（地下鉄サリン事件等）
370) 東京高裁平成 18 年 3 月 27 日決定・判例タイムズ 1232 号 141 頁（地下鉄サリン事件等）
371) 東京高裁平成 18 年 5 月 29 日決定・判例タイムズ 1232 号 139 頁（地下鉄サリン事件等）
372) 最高裁平成 18 年 9 月 15 日決定・最高裁判所裁判集刑事 290 号 367 頁・判例タイムズ 1232 号 134 頁（地下鉄サリン事件等）。本件判決には，以下の評釈がある。法律時報 80 巻 4 号 135 頁，刑事法ジャーナル 9 号 173 頁等。

第2節　地下鉄サリン事件等の概要

教団の設立

　被告人は，昭和30年3月，熊本県八代郡金剛村で生まれ，目が不自由であったことから，熊本県立盲学校の高等部（普通科・専攻科）を卒業し，昭和52年頃，上京し，その後，仙道，仏教，ヨーガ等に傾倒し，昭和59年頃，「オウム神仙の会」を発足させ，昭和61年3月頃，書籍「ザ・超能力秘密の開発法」を発行し，霊的エネルギーを授ける儀式（イニシエーション）の一つとして，超能力を身に付けさせる儀式（シャクティパット）をさせるセミナーを開催し始め，同年夏頃，出家制度を作り，出家者に対し，親族との縁を絶たせ，財産を寄付させ，東京都内などで共同生活を送らせ，課題である奉仕活動（バクティ。後のワーク）をさせるようになった。

　被告人は，昭和61年12月，著書「生死を超える」を発行し，その後，様々な場所でセミナーを開催し，「グルのためだったら死ねる，グルのためだったら殺しだってやるよ，というタイプの人は，クンダリニー・ヨーガに向いているということになる。」，「例えば，グルがそれを殺せと言うときは，例えば，相手はもう死ぬ時期に来てる。そして，弟子に殺させることによって，その相手をポアさせるというね，一番いい時期に殺させるわけだね。」などと説法し，グル（信者を解脱に導くことのできる宗教上の指導者）の指示に従ってポアする（人を殺す）ことで，高い世界に上昇し，功徳を積むことができるなどと説明した。

　被告人は，昭和62年6月頃，会の名称を「オウム真理教」に変更し，出家者に対し，ステージ（例えば，大師など）やホーリーネーム（例えば，マハー・ケイマなど）を付与した。

　被告人は，昭和62年頃から，小乗（ヒナヤーナ）の教え（自分個人の解脱に至る教え）から大乗（マハーヤーナ）の教え（自己のみならず他の人をも救済し解脱に導く教え）に重点を移し，同年8月，著書「イニシエーション」を発行し，同書中で，「核戦争を回避するためには，オウムの教えを世界に広めていかなければならない。支部を各国に作っていかなければならない。」などと説いた。

　被告人は，昭和62年12月，世田谷道場で，また，昭和63年1月，福岡支

部で，大乗の教えからタントラヤーナ（密教）の教えに重点を移し，同年2月，著書「マハーヤーナ・スートラ　大乗ヨーガ経典」を発行した。

　被告人は，昭和63年3月頃，100万円以上の募金をした信者に対し，被告人の血を飲ませるイニシエーションを施し，シャンバラ（理想郷）を建設するという計画を進め，さらに，30万円以上の布施をした信者に対し，特別のイニシエーションを施すなどし，同年8月，静岡県富士宮市に「富士山総本部道場」を開設し，隣接して第1サティアンを竣工し，千葉県から同所に引っ越した。

　被告人は，布教活動を通じて，シャンバラ化計画や人類救済計画を説き，社会に不安や不満を持つ若者らを入信させ，出家信者は約100ないし200名，在家信徒は約3000ないし4000名に達した。

　被告人は，平成元年2月，著書「滅亡の日」を発行し，同書中で，「神は人工的な火を使ってカルマ落としをさせるだろう。それがハルマゲドン（人類最終戦争）だ。」などと説き，同年5月，著書「滅亡から虚空へ」を発行し，同書中で，「ハルマゲドンは回避できない。しかし，オウムが頑張って多くの成就者を出すことができれば，その被害を少なくすることができる。」などと説いた。

　被告人は，平成元年8月16日，「真理党」として，政治資金規正法による政治団体設立届を提出し，また，同月下旬頃，オウム真理教の宗教法人登録手続をした。

田口事件（殺人）（平成元年2月上旬頃）

　被告人は，昭和63年9月下旬頃，富士山総本部道場において，大師のBらに対し，異常行動を始めた在家信徒の真島に水をかけるなどするよう指示していたところ，Bらが，真島を死亡させてしまったことから，Bらに対し，真島の遺体を護摩壇で焼却させた（真島事件）。

　田口は，出家者として，真島の遺体の焼却に関与していたが，やがて，書籍出版の営業活動などに不満を抱き，家に帰りたいなどと口にするようになった。

　被告人は，真島事件のことを知りまた被告人に反抗的となった田口について

はポアするしかないと決意し，Ｂらに指示し，平成元年２月上旬頃，静岡県富士宮市内のコンテナ内において，田口（当時21歳）に対し，その頸部をロープで絞めるなどして，田口を殺害した。

坂本弁護士一家事件（殺人）（平成元年11月４日）

　坂本弁護士は，横浜弁護士会に所属し，平成元年５月頃から，信者の親たちから依頼を受け，信者となった子供たちとの面会を求めたり，子供たちを帰宅させようとしたりして，教団と交渉するようになった。

　サンデー毎日編集部は，同年10月から，同紙において，「オウム真理教の狂気」と題する特集の連載を始めた。

　坂本弁護士は，同年10月16日，文化放送のラジオ番組に電話で生出演し，教団に批判的な意見を述べ，また，同月21日に永岡会長が「オウム真理教被害者の会」を結成するのを支援した。

　ＴＢＳは，同月26日，教団を取材し，長時間水中に潜るという修行（水中クンバカ）のテレビ放映を予定したが，教団からの働きかけにより，テレビ放映を中止した。

　被告人は，坂本弁護士が被害者の会の実質的指導者であると考え，Ｃら６名の実行犯に指示し，平成元年11月４日午前３時過ぎ頃，横浜市内の同弁護士方において，同弁護士（当時33歳）に対し，その頸部に腕を巻き付けて絞め，窒息死させて殺害し，その妻（当時29歳）に対し，その頸部を締め付け，窒息死させて殺害し，さらに，その子（当時１歳２か月）に対し，その鼻口部を閉塞させ，窒息死させて殺害した。

教団の武装化

　被告人は，平成２年２月３日公示，同月18日施行の衆議院議員総選挙に，真理党として教団幹部ら24名とともに出馬したが，いずれも落選した。

　被告人は，同年４月頃，教団幹部らに対し，「現代人は生きながらにして悪業を積むから，全世界にボツリヌス菌をまいてポアする。中世では，フリーメーソンがペスト菌をまいた。それでヨーロッパの人口は３分の１か４分の１

になった。今回まくものは，白死病と呼ばれるだろう。」などと説き，無差別大量殺りくの実行を指示し，Ｃの指示に基づき，大学院で医学を専攻していたＮ及び医師資格を有するＪらが，山梨県西八代郡上九一色村所在のプラントで，ボツリヌス菌の大量培養計画を進めたが，殺害の実行には至らなかった。

　被告人は，同年９月頃，ホスゲン爆弾による無差別大量殺りくを企て，Ｃに指示して，第１サティアン及び熊本県波野村において，ホスゲンや硝酸を製造するためのプラントを建設しようとしたが，プラントの建設に至らずに終わった。

　被告人は，その後，スリランカ支部やモスクワ支部を開設し，また，筑波大学大学院で有機化合物の研究をしていたＲや，東京大学大学院で物理学を専攻していたＳらを出家させた。

　被告人は，平成５年２月，Ｃらに指示して，ロシア連邦の軍事施設，大学，研究室等を訪問させ，銃やロケットに関する講義を受けさせたほか，自動小銃アブドマット・カラシニコフ1974年式（AK－74）等を日本へ持ち帰らせ，Ｔに指示して，自動小銃の製造作業を進めさせた。

　被告人は，同年春頃，広報技術部のＱらに対し，強力なマイクロ波により物質を焼き溶かすプラズマ兵器の開発製造を指示したが，その完成には至らなかった。

　被告人は，同年５月頃，Ｎ，Ｊ，Ｑ，Ｏらに指示して，東京都内の亀戸道場において，猛毒の炭疽菌を大量に培養させ，同年６，７月頃，周辺に炭疽菌を噴霧したが，異臭騒ぎを起こすにとどまった。

　被告人は，核兵器の開発を企て，同年９月，Ｃらを連れてオーストラリアに赴き，ウラン鉱石の採掘調査をしたが，十分なウランを確認できなかった。

　被告人は，同年６月頃，化学兵器としてサリンを大量に製造しようと企て，Ｒらに対し，サリンの生成を指示し，同年９月，第７サティアンを完成させ，ここにサリンプラントを造ることとした。

　被告人は，かねてから，創価学会を批判し，池田大作会長を敵対視していたところ，サリン大量生成の目処が付いたことから，同年11月中旬頃，池田会長が滞在しているとの情報を得た東京都八王子市内の創価学会施設の周辺にお

いて，Ｃらに指示して，サリン溶液600グラムを噴霧させたが，池田会長の殺害には至らなかった（第１次池田事件）。

　被告人は，同年12月中旬頃，池田会長が滞在しているとの情報を得た前記施設の前において，Ｃらに指示して，サリン溶液３キログラムを噴霧させたが，創価学会の警備員に気付かれ，その場から逃走して終わった（第２次池田事件）。

　被告人は，Ｃらに対し，サリン50キログラムを製造するよう指示し，Ｊは，平成６年２月中旬頃，第７サティアンにおいて，青色サリン溶液30キログラムを生成した。

　被告人は，同年２月28日頃，真理科学技術研究所メンバーのＴ，Ｓ，Ｑらに対し，自動小銃（AK－74）1000丁の製造を指示した。

　被告人は，同年３月中旬頃，Ｄをリーダーとして，自衛隊出身者や武道経験者らに軍事訓練の沖縄キャンプをさせ，同年４月６日頃，そのうち約10名をロシア連邦の軍施設に送り，自動小銃の射撃訓練を受けさせた。

　被告人は，同年６月頃には，日本国の壊滅後を想定し，神聖法皇である被告人が主権者である旨の憲法草案を起草させており，同月26日から27日にかけて，省庁制の発足式を行い，法皇官房（責任者Ｗ），科学技術省（大臣Ｃ），自治省（大臣Ｄ），厚生省（大臣Ｎ），治療省（大臣Ｖ），諜報省（大臣Ｕ），法皇内庁（長官Ｊ）などの役職を任命した。

サリンプラント事件（殺人予備）（平成５年11月頃～平成６年12月下旬頃）

　被告人は，Ｃらと共謀の上，サリンを生成し，これを発散させて不特定多数の者を殺害する目的で，平成５年11月頃から平成６年12月下旬頃までの間，山梨県西八代郡上九一色村所在の第７サティアン等において，サリン生成化学プラントを完成させ，サリン原料を調達して生成工程に投入し，これを作動させてサリンの生成を企て，もって，殺人の予備をしたものである。

滝本弁護士サリン事件（殺人未遂）（平成６年５月９日）

　滝本弁護士は，横浜弁護士会に所属し，坂本弁護士一家が所在不明となった平成元年11月，オウム真理教被害対策弁護団に入り，上九一色村での教団を

めぐるトラブルの担当者となり，オウム真理教被害者の会らと協力して，平成6年5月頃までに，教団信者約12名を脱会させ，また，教団に対し，信者が支払った金員の返還を求めるなどしたほか，教団が住民を相手に訴えた損害賠償請求訴訟において，被告住民側の代理人として，甲府地裁での口頭弁論に出席するなどしていた。

　被告人は，滝本弁護士をこのまま放置していては，教団活動の妨げになると考え，滝本弁護士の殺害を決意し，Gらに指示して，平成6年5月9日午後1時15分頃，甲府地方裁判所駐車場において，滝本弁護士所有の乗用車のフロントウインドーアンダーパネルの溝付近に，サリン溶液30ないし40ccを滴下し，サリンを気化発散させて同車両内に流入させるなどし，同日午後1時30分頃，同地裁での口頭弁論を終えて同車両内に戻り同車両を発進させた滝本弁護士にサリンガスを吸入させたが，滝本弁護士にサリン中毒症の傷害を負わせたにとどまり，殺害の目的を遂げなかったものである。

松本サリン事件（殺人，殺人未遂）（平成6年6月27日）

　被告人は，長野県松本市内に教団松本支部及び食品工場を建設することを計画し，平成3年6月，株式会社オウムとして，一部の土地を購入し，残部の土地を賃借する旨の契約を締結したが，地元住民の反対運動が起こり，土地の賃貸人が賃貸借契約の取消・無効を主張したことから，教団は，同年12月9日，長野地裁松本支部に対し，同地区の町会長を債務者として事務所・工場の建築を妨害しないことを求める仮処分命令を申し立てた。これに対し，地主は，同月10日，同裁判所に対し，教団等を債務者として同建築をしないことを求める仮処分命令を申し立てた。

　長野地裁松本支部は，平成4年1月17日，地主の主張を容れ，前記賃貸借契約の取消を認める旨の決定をし，東京高裁は，同年3月13日，教団側の抗告を棄却する旨の決定を出した。

　さらに，土地の売渡人は，同年4月3日，長野地裁松本支部に対し，前記売買契約の取消を主張し，前記建築をしないことを求める仮処分命令を申し立てたが，同裁判所は，同年5月20日，売買契約が詐欺によるものとは認められ

ないとして，申立てを却下する旨の決定をした。

　土地の売渡人は，同月27日，同裁判所に対し，教団等を被告として所有権移転登記の抹消登記手続，明け渡し等を求める訴えを提起した。

　被告人は，同民事訴訟の係属中である同年12月18日，松本支部の開設式を挙行し，その席上，「ノストラダムスの予言詩の中にこのような詩がある。それは『司法官が乱れ，そして宗教家が乱れる。』と。この『司法官が乱れ』とは，例えば，裁判が正あるいは邪というものの判定を正しくできなくなり，世の中に迎合し，そして力の強いものに巻かれる時代，それと同時に宗教が本来持っている，宗教の特性である，人々を真に苦悩から解放するという役割を果たさないという意味である。」などと説き，長野地裁松本支部の裁判官や地主・住民らを敵対視する内容の説法をした。

　長野地裁松本支部は，平成6年5月10日，前記民事事件の弁論を終結し，判決言い渡し期日を同年7月19日と指定した。

　被告人は，同民事訴訟において教団に不利な判決が出ないとも限らないと考え，以前から敵対視していた同裁判所裁判官や周辺住民の殺害を決意し，Cらに指示し，同年6月27日午後10時30分過ぎ頃，裁判所宿舎の西方約30数メートルに位置する駐車場において，サリン噴霧車の噴霧装置を遠隔操作し，青色サリン溶液を加熱して気化させた上，大型送風扇を用いてこれを周辺に発散させ，周辺住民にサリンガスを吸入させ，7名をサリン中毒症により死亡させて殺害し，4名にはサリン中毒症の傷害を負わせたにとどまり，殺害の目的を遂げなかったものである。

小銃等製造等事件（武器等製造法違反）（平成6年6月下旬頃～平成7年3月21日頃）

　被告人は，T，Qらと共謀の上，通商産業大臣の許可を受けず，かつ，法定の除外事由がないのに，平成6年6月下旬頃から平成7年3月21日頃までの間，山梨県西八代郡上九一色村所在の第11サティアン，第9サティアン，第12サティアン等において，ロシア製自動小銃AK－74を模倣した自動小銃1000丁を製造しようとし，同自動小銃1丁を製造したが，同月22日，警察官

による捜索を受けたため，同自動小銃1000丁を製造するという目的を遂げなかったものである。

落田事件（殺人，死体損壊）（平成6年1月30日）

　落田は，薬科大学を卒業して薬剤師の免許を取得した後，出家して，教団附属医院で薬剤師の業務に従事していたところ，平成3年11月頃，同医院に入院した信者のb2と親しくなった。

　被告人は，平成5年12月頃，b2と落田が性欲の破戒をしたとして，b2を上九一色村の第6サティアンに移し，ヘッドギアを被らせて頭部に電流を流す修行（PSI）を受けさせた。

　落田は，b2を助け出そうと決意し，平成6年1月30日午前3時頃，b2の実子であるb1とともに，第6サティアンに侵入し，b2を連れ出そうとしたが，教団側に取り押さえられ，手錠をかけられた。

　被告人は，教団に敵対的な行動をとった落田をこのまま放置するわけにはいかないと考え，b1に対し，「落田は，教団にいるときに，母親（b2）にイニシエーションだと偽って性的関係を持ったり，精液を飲まそうとしていたんだ。落田は，母親を連れ出して結婚しようと目論んでたんだ。もし，おまえや私がその結婚を止めるようなことがあったら，落田は，おまえや私を殺すつもりでいたんだ。おまえは，落田に騙されて，ものすごい悪業を犯した。間違いなく地獄に落ちるぞ。おまえは帰してやるから安心しろ。ただし，条件がある。それは，おまえが落田を殺すことだ。それができなければ，おまえもここで殺す。」などと指示し，平成6年1月30日未明，第2サティアンの尊師の部屋において，b1において，ロープで落田の頸部を絞めさせ，落田を窒息死させて殺害したものである。

　被告人は，Cに指示し，落田の死体を第2サティアン地下室に運ばせ，同日，同地下室において，マイクロ波加熱装置によりマイクロ波を落田の死体に照射して，これを加熱焼却し，もって，同人の死体を損壊したものである。

冨田事件（殺人，死体損壊）（平成6年7月10日頃）

　被告人は，サリン，VXなどの神経ガスのほか，イペリットなどのびらん性ガスの生成作業も進めていたところ，平成6年7月8日，第6サティアンにおいて，女性信者が浴室内で熱傷を負って意識を失い，同浴室内からイペリット関連物質が検出されるという事件が生じた（女性信者熱傷事件）。

　被告人は，信者らに対し，教団による毒ガス生成の事実を隠蔽するとともに，教団防衛庁を通じて，女性信者熱傷事件は公安警察による教団に対する攻撃であり，教団内に警察のスパイが侵入しているなどと吹聴し，信者らの不安をあおりつつ，国家権力への敵がい心をあおった。

　冨田は，教団の車両省に所属し，タンクローリーで生活用水を外部から搬入する業務に従事していたところ，スパイとして名指しされた。

　被告人は，Vに指示して，冨田にポリグラフ検査やイソミタールインタビューを実施させたところ，ポリグラフ検査で陽性反応が出たという報告を受け，同月10日頃，自治省大臣Dに指示して，冨田を自白させようとし，Dは，第2サティアン地下室において，冨田にヒンズースクワット300回をさせ，息が上がっている冨田を，手錠やベルトでパイプ椅子に固定し，ガムテープで目隠しをし，Y2らとともに，冨田の背中，肩，腕，足等を竹刀で滅多打ちし，自白を強要したが，冨田がスパイであることを認めないので，冨田の足の爪の間に待ち針を何本も刺したり，バーナーで熱した火かき棒を冨田の腕や背中に押し当てるなどの拷問を続けた。

　被告人は，自白しない冨田をこのまま生かしておくわけにはいかないと考え，Dらに指示して，平成6年7月10日頃，第2サティアン地下室において，冨田の頸部をロープで巻いて締め付け，冨田を窒息死させて殺害した上，同所において，マイクロ波加熱装置によりマイクロ波を冨田の遺体に照射して加熱焼却し，もって，同人の死体を損壊したものである。

水野VX事件（殺人未遂）（平成6年12月2日）

　被告人は，松本サリン事件の後である平成6年8月頃，Rに対し，毒性がサリンの100倍とも1000倍ともいわれる最も殺傷力の強い神経剤VXの生成を

指示した。

　被告人は、かねて滝本弁護士の殺害に失敗していたところ、その後、VX生成の報告を受けたことから、Dらに指示して、同年9月中旬頃、滝本弁護士方において、その使用車両のドアの取っ手にVXを付着させ、VXの効果を確かめようとしたが、これに失敗し、VXの効果を確認することはできなかった（第1次滝本VX事件）。

　被告人は、再び滝本弁護士を狙うこととし、Uに指示して、同年10月中旬頃、前同様の行動をとらせようとしたが、滝本弁護士方付近に警察官がいたことから、実行できなかった（第2次滝本VX事件）。

　水野は、平成6年8月中旬頃、かねてからの知り合いであるc1が教団の施設から逃げ出した際、c1を匿い、同年11月4日、c1が教団に拠出した数千万円を取り戻すために教団を相手に民事訴訟を提起した際、その弁護士費用を立て替えてやるなどした。

　被告人は、c1を教団に引き戻すには水野を殺害するしかないと考え、Rに対し、VXの生成を指示し、Dらに指示して、同月26日夕方、水野方付近において、水野に対し、注射器でVXを掛けさせようとしたが、タイミングを失して失敗した（第1次水野事件）。

　被告人は、引き続きUらに指示して、同月28日午前8時30分過ぎ頃、水野方付近において、水野に対し、その後頭部に注射器でVXを掛けようとしたが、Rの生成した物質がVXではなく、毒性のないVX塩酸塩であったため、殺害の目的を遂げなかった（第2次水野事件）。

　被告人は、Rの生成した物質がVX塩酸塩だと分かり、改めてRに対し、VXの生成を指示し、Dらに指示して、平成6年12月2日午前8時30分頃、東京都中野区内の路上において、注射器内のVXを水野の後頭部に掛けてこれを体内に浸透させたが、同人に加療61日間を要するVX中毒症の傷害を負わせたにとどまり、殺害の目的を遂げなかった（水野VX事件）。

濱口VX事件（殺人）（平成6年12月12日）

　濱口は、超能力等に興味を持ち、教団が信徒拡大のために企画したミステ

リーツアー「ヴァジラクマーラの会」に参加し，LSD を使用しての神秘体験などを経験したが，それ以上の関わりは持たずにいた。

被告人は，在家信徒の d1 が自分の一派を作ろうとしているとの情報を得たが，その背後に濱口がいるものと決めつけ，濱口を VX で殺害しようと決意し，D らに指示して，平成 6 年 12 月 12 日午前 7 時過ぎ頃，大阪市淀川区内の路上において，注射器内の VX を濱口の後頭部に掛けてこれを体内に浸透させ，同人を VX 中毒により死亡させて殺害したものである（濱口 VX 事件）。

永岡 VX 事件（殺人未遂）（平成 7 年 1 月 4 日）

永岡は，平成元年 8 月頃，その長男が出家してしまったため，同年 10 月頃，紹介された坂本弁護士の提案で，「被害者の会」を結成してその会長となり，平成 2 年 1 月頃，長男を説得して教団との関係を断ち切らせ，その後は，他の信者に呼びかけて教団からの脱会を促すなどの活動をし，平成 5 年 7 月頃からは，滝本弁護士らと協力するようになり，平成 6 年 12 月頃までの間，信者約 25 名を脱会させた。

被告人は，かねてから敵対視していた永岡を放ってはおけないと考え，永岡の殺害を決意し，D らに指示して，平成 7 年 1 月 4 日午前 10 時 30 分頃，東京都港区内の路上において，注射器内の VX を永岡の後頭部に掛けてこれを体内に浸透させたが，同人に加療 69 日間を要する VX 中毒症の傷害を負わせたにとどまり，殺害の目的を遂げなかったものである（永岡 VX 事件）。

假谷事件（逮捕監禁致死，死体損壊）（平成 7 年 2 月 28 日～同年 3 月 4 日頃）

假谷の妹である e1 は，平成 5 年 10 月頃から，教団東京総本部道場に通うようになり，平成 7 年 1 月 20 日頃までに，教団に対して合計約 6000 万円の布施をし，同年 2 月中旬頃，出家することを承諾させられ，同道場に寝泊まりするようになったが，このままでは全財産を教団に取り上げられてしまうと危惧し，同月 24 日，同道場から逃げ出した。

被告人は，多額の布施をするはずだった e1 がいなくなったことに怒り，e1 を匿っているはずの假谷を拉致し，麻酔薬を投与して半覚せい状態（ナルコ）

にし，e1の居場所を聞き出そうと考え，Uらに指示して，同月28日午後4時30分頃，東京都品川区内の路上において，假谷をワゴン車に押し込んで逮捕した上，直ちに同車を発進させ，同車内において，假谷に全身麻酔薬を投与して意識喪失状態に陥らせ，同日午後8時頃，東京都世田谷区内の路上において，假谷を乗用車に移し替え，假谷に全身麻酔薬を投与して意識喪失状態を継続させながら，同日午後10時頃，山梨県西八代郡上九一色村所在の第2サティアンに同人を連れ込み，その頃から同年3月1日午前11時頃までの間，同サティアン1階の瞑想室において，假谷に全身麻酔薬を投与して意識喪失状態を継続させるなどして假谷を同所から脱出不能な状態におき，もって，同人を不法に逮捕監禁し，同日午前11時頃，同所において，大量投与した全身麻酔薬の副作用である呼吸抑制，循環抑制等による心不全により同人を死亡させたものである。

被告人は，Uらに指示して，同年3月1日頃から同月4日頃までの間，第2サティアン地下室において，マイクロ波加熱装置により假谷の死体にマイクロ波を照射して加熱焼却し，もって，同人の死体を損壊したものである。

地下鉄サリン事件（殺人，殺人未遂）（平成7年3月20日）

読売新聞は，平成7年1月1日，松本サリン事件のことや，同事件の12日後に上九一色村で悪臭騒ぎがあり土壌からサリン残留物が検出されたことのほか，警察当局がサリン生成に使う薬品の購入ルートを中心に捜査を急いでいる旨の記事を掲載した。

被告人は，同年1月17日に発生した阪神淡路大震災の影響により，警察による強制捜査は立ち消えになったものとも考えたが，假谷事件が教団による犯行と疑われるに至り，警視庁による強制捜査の可能性がにわかに現実味を帯びてきたことから，これを避けるため，営団地下鉄霞ヶ関駅構内にボツリヌストキシンを噴霧して混乱を起こそうと考え，Uらに指示して，同年3月15日，同駅にアタッシュケース型噴霧装置を置き，ボツリヌストキシン様の液体を噴霧させたが，人を殺傷することができず，計画は失敗に終わった（アタッシュケース事件）。

読売新聞は，同月16日，假谷事件に使用されたワゴン車から事件関係者の指紋が検出された旨の記事を掲載した。

被告人は，教団幹部らと協議し，強制捜査を回避するためには，阪神大震災に匹敵するほどの事件を起こす必要がある，首都を走る地下鉄電車内にサリンを散布するという無差別テロを実行すれば，阪神大震災に匹敵する大惨事となり，教団に対する強制捜査どころではなくなるだろうと考えて，Cに総指揮を命じ，その後，Nにサリン生成を指示し，実行役として，X，S，Q，T及びVを人選し，現場までの運転手役として，D，Y2，Y25，Y16及びY19を人選するなどし，平成7年3月20日午前8時頃，営団地下鉄の5ルートに分かれ，各電車内において，サリン入りビニール袋合計11袋を，先端を尖らせた傘で突き刺し，サリンを流出気化させて各電車内等に発散させ，日比谷線秋葉原駅から築地駅に至る間の電車内，同線恵比寿駅から霞ヶ関に至る間の電車内，丸の内線御茶ノ水駅から中野坂上駅に至る間の電車内，同線四ッ谷駅から池袋駅で折り返して霞ヶ関駅に至る間の電車内及び千代田線新御茶ノ水駅から国会議事堂前駅に至る間の電車内並びに各停車駅構内において，乗客，駅員ら不特定多数の者に対し，サリンガスを吸入させるなどし，12名をサリン中毒により死亡させて殺害し，14名にはサリン中毒症の傷害を負わせるにとどまり，殺害の目的を遂げなかったものである。

第3節　裁判の長期化と団体規制法の制定

オウム真理教教団による一連の凶悪重大事件の裁判は，いずれも公判が長期化した。

本章で取り上げた第一審の裁判は，第1回公判（平成8年4月24日）から判決宣告（平成16年2月27日）までに，約7年10か月が経過している。公判回数は257回，証人の数は171名（検察側証人163名，弁護側証人12名，重複4名），総尋問時間数は1258時間（そのうち弁護側の尋問時間は1052時間）である。

裁判が長期化した原因は，審判対象となった事件が13事件（当初は17事件）と多かったからだけではない。

弁護人らは，一連の事件について，徹底的に争った。まず，すべての事件につき，被告人が実行犯らと共謀した事実はない旨主張した。次に，松本サリン事件，地下鉄サリン事件等で使用された物質がサリンであったことや，水野VX事件，濱口VX事件及び永岡VX事件で使用された物質がVXであったことに疑問を呈し，また，それらの殺傷能力について，被告人が認識していなかった旨主張し，さらには，鑑定に供された現場資料や生体資料等が違法収集証拠である旨も主張した。そして，假谷事件については，逮捕監禁行為と被害者死亡との因果関係も争った。
　被告人・弁護人らが争うこと自体は，権利であって問題はない。
　問題は，弁護人らの争い方である。例えば，証人尋問一つをとって見ても，検察官による主尋問と比べ，弁護人らの反対尋問は，圧倒的に長時間を要しているが，概して，必要性に疑問を抱かざるを得ないほどに執拗な尋問を繰り返しているような感がある。
　この間，検察官は，審理の迅速化のために異例の措置を講じている。すなわち，当初，被告人に対し，17事件で公判請求していたが，裁判に要する日数を可能な限り短縮させるために，平成9年12月，松本サリン事件及び地下鉄サリン事件の負傷者3938名を18名に絞り込み，3920名分を審判対象から外すための訴因変更を請求し，さらに，平成12年10月，薬物密造関連4事件の公訴を取り消したのである。
　これら異例な措置が講じられたにもかかわらず，裁判の長期化は避けられなかった。
　しかも，問題は，第一審に限らない。
　弁護人らは，第一審判決があったその日（平成16年2月27日）のうちに控訴を申し立てた。
　控訴審は，平成16年6月30日，弁護人らに対し，控訴趣意書の提出期限を平成17年1月11日と指定したが，平成16年12月31日，弁護人らから同提出期限を平成17年8月末日まで延長されたい旨の申し出があったため，平成17年1月6日，弁護人らに対し，同提出期限を同年8月末日まで延長した。
　しかし，弁護人らは，同年7月29日，被告人に訴訟能力がないなどと主張

し，公判手続の停止と控訴趣意書の提出期限の延長ないし取消を求める申立をした。

控訴審は，同年8月19日，弁護人らに対し，公判手続を停止しないこと，提出期限を延長しないことを伝えた。

弁護人らは，同年8月31日，第16回打合せの席上，裁判所に対し，次のように述べ，打合せの席から退出した。

　「控訴趣意書は完成しているが，本日は提出しない。裁判所が行おうとしている鑑定の方式がはっきりしない限り，控訴趣意書は提出しない。」

控訴審は，その後も複数回，主任弁護人に対し，控訴趣意書の即時提出を求めたが，弁護人らから控訴趣意書の提出がないまま時間が経過し，平成18年3月27日，控訴棄却決定を出すに至ったものである。

第一審判決に不服があるとして控訴を申し立てたのは，弁護人側なのであり，その弁護人側が控訴理由を明らかにしないというのは，訴訟手続上，異常といわざるを得ないのではなかろうか。

控訴棄却決定を受けて，弁護人らは，翌28日，控訴趣意書を提出した上，控訴棄却決定に対する異議を申し立てたが，異議審である東京高裁平成18年5月29日決定は，弁護人らの異議の申立を棄却した。

これに対し，弁護人側は，最高裁に特別抗告を申し立てた。

最高裁平成18年9月15日決定は，弁護人らが控訴趣意書を期限までに提出しなかったことについて，やむを得ない事情があったとは認められず，原々審が控訴を棄却したのは正当である旨判示して，弁護人らの特別抗告を棄却した。

　「所論は，控訴趣意書の提出が平成18年3月28日になったことについては，刑訴規則238条にいう『やむを得ない事情』があると主張する。しかし，控訴趣意書の提出期限は平成17年8月31日であり，同期限が延長された事実はないばかりか，同日の裁判所と弁護人との打合せの席上，弁護人は，控訴趣意書は作成したと明言しながら，原々審の再三にわたる同趣意書の提出勧告に対し，裁判所が行おうとしている精神鑑定の方法に問題があるなどとして同趣意書を提出しなかったものであり，同趣意書の提出の遅延について，同条にいう『やむを得ない事情』があるとは到底認めら

れない。弁護人が申立人（引用者注：被告人のことを指す。）と意思疎通ができなかったことは，本件においては，同趣意書の提出の遅延を正当化する理由とはなり得ない。」

「さらに，所論は，弁護人の行為の結果として申立人の裁判を受ける権利を奪うことになるのは不当である旨主張する。しかし，私選弁護人の行為による効果が，被告人の不利益となる場合であっても被告人に及ぶことは法規の定めるところであり，本件において弁護人が控訴趣意書を期限までに提出しなかった効果は，当然申立人に及ぶものである。また，これを実質的にみても，申立人は，自ら弁護人と意思疎通を図ろうとせず，それがこのような事態に至った大きな原因になったといえるのであり，その責任は弁護人のみならず申立人にもあるというべきである。」

こうして，長くかかった本件事件も，有罪判決がようやく確定することになったのである。

東京地裁平成16年2月27日判決（裁判長小川正持）は，量刑の理由の中で，被告人に対して死刑を選択した理由を詳細に判示しているが，その中の一節で，以下のとおり述べる。

「本件は，これまでみてきたとおり，その被害が誠に膨大で悲惨極まりないこと，犯行の態様が人命の重さや人間の尊厳を一顧だにしない無慈悲かつ冷酷非情で残虐極まりないこと，長期間にわたって多数の犯罪を繰り返しついには無差別大量殺人に至るまで止めどなく暴走を続けたこと，多数の配下の者を統制して組織的・計画的に敢行し更に一層大掛かりなものへとその規模を拡大させたこと，宗教団体の装いを隠れ蓑として被告人に都合のいいようにねじ曲げあるいは短絡化させた宗教の解釈によって犯行を正当化しつつ更に凶悪化させていったこと，犯行により被害者，その家族近親者ら及び被害を生じさせた地域の人々はもとより広く我が国や諸外国の人々を極度の恐怖に陥れたもので人間社会に与えた影響が甚大かつ深刻で広範に及ぶことにおいて，これまで我々が知ることのなかった誠に凶悪かつ重大な一連の犯罪である。」

「そうであるのに，被告人は，かつて弟子として自分に傾倒していた配下の者らにことごとくその責任を転嫁し，自分の刑事責任を免れようとする態度に終始しているのであり，今ではその現実からも目を背け，閉じこもって隠れているのである。被告人からは，被害者及び遺族らに対する一片の謝罪の言葉も聞くことができない。しかも，被告人は，自分を信じて付き従ったかつての弟子たちを犯罪に巻き込みながら，その責任を語ることもなく，今なおその悪しき影響を残している。」

「これまで述べてきた本件罪質，犯行の回数・規模，その動機・目的，経緯，態様，結果の重大性，社会に与えた影響，被害感情等からすると，本件一連の犯行の淵源であり主謀者である被告人の刑事責任は極めて重大であり，被告人のために酌むべき上記の事情その他一切の事情をできる限り考慮し，かつ，極刑の選択に当たっては最大限慎重な態度で臨むべきであることを考慮しても，被告人に対しては死刑をもって臨む以外に途はない。」

同判決の指摘するとおりであると思う。

さて，本件第一審の第1回公判（平成8年4月24日）から判決宣告（平成16年2月27日）までの間に，裁判の迅速化等に向けた立法の動きがあった。

すなわち，平成15〜16年司法制度改革である。

本編第1章第3節第4款で論じたように，国会は，「裁判の迅速化に関する法律」（平成15年法律107号），平成16年刑事訴訟法改正，裁判員法（平成16年法律63号）などの法律を制定したのである。

先に見たとおり，これら一連の法律により，第一審の訴訟手続については2年以内のできるだけ短い期間内にこれを終結させるものとされ，また，公判前整理手続において，争点整理・証拠整理をなし，裁判員裁判の対象事件については，国民の中から選ばれた裁判員が裁判官と共に刑事裁判の審理に関与することとされ，その審理は，出来る限り連続的開廷をするものとされた。

本章で取り上げたオウム真理教教団による一連の凶悪重大事件の後，これほど大きな公安事件は発生していないが，仮に，大きな公安事件が発生したとき

には，裁判の迅速化等を実現できるか否かが問われることになる。

　最後に，オウム真理教（後のアレフ）に対する行政の動きなどについて，見ておきたい[373]。
　まず，一連の刑事事件についてであるが，警視庁を中心とする警察は，平成7年3月，警察官ら約2500名による体制で，山梨県上旬一色村の教団施設等20数か所の強制捜査に着手し，平成11年末までに，信者486名を逮捕した。
　被告人に係る裁判経過等は，既に述べたとおりである。
　次に，東京地検及び東京都は，平成7年6月，東京地裁に対し，宗教法人オウム真理教の解散命令を請求し，同裁判所は，同年10月，同解散命令を出した。

　「サリン生成による殺人予備行為は，教祖である松本智津夫の指示あるいは承認の下に，組織的行為として実行されたものであり，宗教法人法第81条第1項に定める『法令に違反して著しく公共の福祉を害すると明らかに認められる行為』をし，かつ，『宗教団体の目的を著しく逸脱した行為』をしたものであって，もはや宗教法人としての保護を受けるべき宗教団体とは認められない」

　これに対し，オウム真理教教団が即時抗告したが，東京高裁は，同年12月，同即時抗告を棄却し，最高裁も，平成8年1月，教団からの特別抗告を棄却した。
　松本サリン事件，地下鉄サリン事件等の各事件の遺族及び被害者は，平成7年12月11日，東京地裁に対し，オウム真理教を債務者として破産宣告の申立をし，同月12日，国も，同各事件で交付した犯罪被害者等給付金，労働者災害補償保険給付金等の求償権をもとに破産宣告の申立をした。
　同裁判所は，平成8年3月28日，オウム真理教の破産宣告をなし（同年5月確定），その後，破産管財人により，教団資産総額約10億4100万円に対する

---

373) 以下本文については，次のような文献などを参考にした。治安制度研究会「オウム真理教の実態と『無差別大量殺人行為を行った団体の規制に関する法律』の解説」（平成12年，立花書房）

負債額約51億9900万円が確定し，平成10年10月，約2100人の債権者に総額約9億6000万円の中間配当をなした。これにより，教団活動は，大きな打撃を受けることになる。

　公安調査庁は，平成8年1月から6月までの間，6回にわたり，オウム真理教教団の弁明手続を行った上，公安審査委員会に対し，破壊活動防止法に基づき，同教団を解散指定処分に付する旨の請求を行った。

　しかし，公安審査委員会は，平成9年1月，公安調査庁の請求を棄却した。

　「現在の教団の組織としての人的，物的，資金的能力は，松本サリン事件や地下鉄サリン事件等を敢行した当時と比較すると格段に低下し」

　「教団が，今後ある程度近接した時期に，継続又は反復して暴力主義的破壊活動に及ぶ明らかなおそれがあると認めるに足りるだけの十分な理由があると認めることはできない」

　公安審査委員会は，相当に慎重な態度を示したといえよう。

　オウム真理教教団は，破壊活動防止法に基づく解散指定処分の請求が棄却された後，組織の再建を図った。平成11年4月のゴールデンウイーク期間には，東京都内の繁華街で復活アピールのパフォーマンスを繰り広げた。さらに，同教団は，事業活動も活発化させ，同年末現在，全国に関連企業約40社を展開しており，パソコン，書籍の販売等により収益を上げ，都内のコンピュータ関連3店舗だけで年間60億円近い売り上げを出したとされている。

　地元住民・自治体は，オウム真理教教団が施設を進出させることに強い拒否反応を示した。平成11年中では，長野県，山梨県，栃木県，群馬県，東京都足立区，豊島区等の各地で，オウム真理教進出阻止に向けた集会，デモ行進等が行われ，教団関連施設を抱える地方自治体は，同年4月，「オウム真理教対策関係市町村連絡会」を結成し，国や関係省庁に対し，同教団の取締り強化と解散のための法整備を陳情した。

　政府は，オウム真理教に対して破壊活動防止法に基づく規制ができない中，各地の地元住民・自治体からの陳情もあり，同教団を規制するための新規立法の必要性を痛感し，そのための法案を国会に提出した。

　これを受けて，国会は，平成11年12月3日，「無差別大量殺人行為を行っ

た団体の規制に関する法律」（平成 11 年法律 147 号。以下，「団体規制法」という。）を成立させたのである。

　この法律は，団体の活動として役職員又は構成員が無差別大量殺人行為を行った団体につき，その活動状況を明らかにし又は当該行為の再発を防止するために必要な規制措置を定め，もって国民の生活の平穏を含む公共の安全の確保に寄与することを目的とする（1 条）。

　オウム真理教教団は，平成 12 年 1 月，名称を「アレフ」（ヘブライ語で「1」を意味する。）へ変更し，あらゆる法令を遵守する旨表明した。同教団は，同月末現在，全国 11 都府県 26 か所に活動拠点・施設，そして全国約 100 か所に出家信者の分散居住施設を有しているものとみられている。同教団が同年 3 月に団体規制法に基づいて公安調査庁に対してなした報告では，その信者数は，約 1000 人ということであった。

　公安調査庁は，団体規制法の施行日である平成 11 年 12 月 27 日，同法に基づき，公安審査委員会に対し，教団を観察処分に付する旨の請求を行い，公安審査委員会は，平成 12 年 1 月 28 日，① 同教団を 3 年間公安調査庁長官の観察に付する，② その出家信徒及び在家信徒の別並びに出家信徒の位階等の事項を公安調査庁長官に報告しなければならない旨の決定を出した。

　これに対し，教団アレフは，公安審査委員会による同決定の取消を求めて，東京地裁に対し，民事訴訟（行政訴訟）を提起した。同教団は，同民事裁判において，団体規制法及びこれに基づく公安審査委員会の前記決定が憲法 14 条，20 条，13 条，31 条，35 条，39 条に違反するなどと主張した。

　東京地裁平成 13 年 6 月 13 日判決は，団体規制法及びこれに基づく公安審査委員会による決定が憲法に違反するものではない旨判示して，教団アレフの請求を棄却した[374]。

　「無差別大量殺人行為は，それが実行された場合には重大な結果をもたら

---

374) 東京地裁平成 13 年 6 月 13 日判決・訟務月報 48 巻 12 号 2916 頁・判例タイムズ 1069 号 245 頁（アレフ団体規制処分取消訴訟）
　　本件判決については，以下の評釈がある。ジュリスト臨時増刊 1224 号 18 頁，訟務月報 48 巻 12 号 96 頁，法令解説資料総覧 239 号 108 頁等

し，社会全体に著しい悪影響を及ぼすものであるが，その準備は，秘密裡に行われ，しかも迅速に実行されることもあるから，準備行為が開始された段階でこれを発見し対策を講じなければ，犯行を確実に防止することは困難である。また，無差別大量殺人行為は，それが一定の目的を達成する手段として行われた場合には，反復して行われ得るという可能性も大きい。したがって，かつて無差別大量殺人行為を行った団体が，当該行為後も従前の組織を実質的に維持しつつ引き続き活動を継続している場合において，再び同様の行為の準備を開始するおそれがあるときは，前記の法益を保護する必要から，これを準備行為の段階で発見するために，当該団体の活動状況を明らかにするという処分の目的自体については，合理性があるというべきである。

　しかしながら，かつて無差別大量殺人行為を行った団体及びその構成員といえども，そのような行為に再び及ぶおそれがない限り，通常の宗教団体は一般市民として信教の自由等を保障されるべきであるから，その信教の自由等の制限が許されるためには，当該団体が再び無差別大量殺人行為の準備行為を開始するという一般的，抽象的な危険があるというだけでは足りず，その具体的な危険があることが必要であり，かつ，その場合においても，観察処分による制限の程度は，右の危険の発生の防止のために必要かつ合理的な範囲にとどまるべきものとするのが相当である。

　そして，右制限を正当化するに足りる具体的な危険が存在するか否かについては，当該団体が再び無差別大量殺人行為の準備行為を開始する恐れが常に存在すると通常人をして思料せしめるに足りる状態が存在するか否かについて，当該団体の組織，構成員，綱領，教義，活動状況などの具体的な事情を基礎として客観的に判断すべきものと解される。」

　同判決は，結論として，公安審査委員会の決定を是認した。

　しかし，同判決は，団体規制法による規制につき，必要性・相当性の判断基準を相当厳しく解釈しているように見える。団体が再び無差別大量殺人行為の準備行為を開始することについて，抽象的危険では足りず，具体的危険があることを要するという法解釈は，同法の立法経緯からすると，要件を絞り込みす

ぎている感がないではない。抽象的危険があれば報告義務を課し，観察処分に付することができる，という法解釈が成立しそうなところである。

　裁判所や公安審査委員会は，破壊活動防止法及び団体規制法の各運用について，相当に慎重な姿勢をとっているといえよう。

第 5 編

日本近現代刑事法の歴史を振り返る

【刑事組織法】

　刑事組織法の歴史は，江戸時代までの地方分権（幕藩体制）を改め，中央集権（国家による統治）を目指し，かつ，議会制民主主義・権力分立主義・司法の独立を確立していく歴史であったといえよう。その要点は，刑事法を制定する国家機関として，国民の代表で構成される国会を開設し，刑事法を運用する国家機関として，法律の専門家である裁判所を整備することにあった，と理解してよいと思う。また，それに付随して，公訴提起官である検察制度，捜査機関である警察制度を整備することであった。警察は，太平洋戦争の終結前，行政警察活動を担当してきたが，戦後は，司法警察活動を中心とすることになる。

　さて，議会制民主主義の出発点は，明治天皇が，慶応4年＝明治元年，広く会議を興し，万機公論に決すべし，という五箇条の御誓文を発せられたことに遡るが，議会制民主主義への道は遠いものであった。新政府は，同年，政体書を発布して，太政官の権力を三権（立法・行政・司法）に分けることとしたが，それは机上の理論に終わっている。

　司法制度改革の環境が整っていくのは，明治4年，司法省を設置してからである。明治8年，大審院が設置され，全国に4か所の上等裁判所が置かれた（東京，大阪，長崎，福島。明治8年8月，福島にあった上等裁判所は，宮城に移る。）。

　その後，明治13年，フランス法系の治罪法（明治13年太政官布告37号）が制定され，本格的な三審制が目指されることになる。第一審裁判所は，犯罪の3区分（違警罪・軽罪・重罪）に対応して，3区分された（違警罪裁判所・軽罪裁判所・重罪裁判所）。控訴裁判所は，上等裁判所に代わって全国に7か所設置されたが（東京，大阪，名古屋，広島，長崎，宮城，函館），太政官布告により控訴が規制されるなどし，三審制の運用は，なかなか軌道に乗らなかった。

　そして，明治22年，君権を制限し，臣民（国民）の権利を保障するために，大日本帝国憲法（明治22年2月11日公布，明治23年11月29日施行）が制定されるに及び，議会制民主主義・三権分立主義の制度的基盤が整うことになる。

　しかし，大審院は，依然として政府よりも下位の国家機関と見られており，憲法が制定されたからといって直ちに司法の独立が確立したわけではなく，大津事件（大審院明治24年5月27日判決）において，児島大審院長が，総理大臣，

法務大臣，外務大臣らの干渉を排除したことにより，司法の独立が現実的なものになったわけである。

明治憲法の制定に伴い，治罪法が廃止され，裁判所構成法（明治23年2月10日公布，同年11月1日施行）が制定された。同法により，裁判所は，4種（区裁判所，地方裁判所，控訴院及び大審院）とされ，三審制度が採用されることとなった。また，判事・検事になるためには，高等試験司法科試験・実務修習・考試を経るという制度となる。

弁護士の前身である代言人は，代言人規則（明治9年2月22日司法省布達甲1号）により資格要件などが定められ，地方官による免許制度とされ，当初は，民事事件を中心に活動していたが，やがて，司法省・裁判所の許可を受けて刑事弁護を担当するようになる。そして，治罪法により，刑事弁護人が制度化され，弁護士法（明治26年3月4日法律7号）が制定されると，代言人制度は廃止され，ドイツ法系と類似した弁護人登録制度となった。弁護士試験は，当初，判事・検事とは別の試験制度であったが，その後，高等試験令により司法科試験に統合され，さらに，弁護士試補にも実務修習が導入されることになる。

太平洋戦争が終結し，日本国憲法（昭和21年11月3日公布，昭和22年5月3日施行）が制定された。

我が国の統治制度は，それ以前から，議会制民主主義・三権分立主義の原理を基調としており，その点に変更はなかったが，日本国憲法の成立により，裁判所に法令審査権があることが明記され，裁判所は，国会や政府に対して大きな抑制機能を果たすことが期待されることになる。

新しい憲法の下で，組織法としての裁判所法（昭和22年法律59号）及び検察庁法（昭和22年法律61号）が制定され，判事と検事との分離が強調された。戦前も，裁判官と検察官とは独立して職務を遂行するものとされていたが，戦後は，裁判所が，司法大臣の行政監督権から離れて独立し，検察も，裁判所検事局から独立して検察庁という組織となり，相互の分離独立が強化されることになったのである。裁判所の予算は，独立して予算計上されることになり，また，最高裁は，独立した規則制定権を認められることになった。

裁判所は，4種とされ，最高裁判所（東京），高等裁判所（全国に8か所。東京，

大阪，名古屋，広島，福岡，仙台，札幌，高松），地方裁判所（全国に50か所。都府県に各一つ，北海道に四つ），家庭裁判所（同50か所）及び簡易裁判所が設置された。

検察庁は，裁判所に対応して4種（最高検察庁，高等検察庁，地方検察庁及び区検察庁）が設置されることになった。

検察官は，戦後，司法機関ではなく，公判における一方当事者（公訴官）であることが強調されることになった。法律上，検察官の捜査権限は強化されたが，警察が第一次捜査機関として位置付けられたため，事実上，捜査活動の主役は，検察から警察へと代わることになる。

戦後，最も激しい組織改革を迫られたのが，警察であった。

連合国軍総司令部民政局は，戦前の我が国を軍国主義と規定し，戦前の警察がその一端を担ったものとの認識を有しており，我が国の警察組織を弱体化させるため，中央集権型から地方分権型へと大転換することを迫ったのである。

その意向を受けて政府・国会が成立させたのが警察法（昭和22年法律196号）であった。戦後の警察は，検察官から独立した第一次捜査機関として位置づけられ，司法警察活動において活躍することが期待された反面，国家警察ではなくなり，自治体警察（市警察・町警察）になったため，組織力が弱体化し，戦後の過激な公安事件に対処する職務遂行能力に欠けるところがあった上，各自治体は，その財政負担にも苦しんだのである。

そのため，警察の民主化と地方分権の趣旨を維持しながらも，昭和29年の警察法改正により，市町村警察を都道府県警察に統合し，その幹部を国家公務員とし，政府が広域的な犯罪に対して道府県警察を指揮監督できることを図ったのである。

我が国における戦後の刑事裁判では，公安事件を中心として熾烈な法廷闘争が展開され，裁判の長期化が大きな問題として指摘されてきたが，そのような長期裁判事件が次第に大きく減少していったのは，訴訟関係者の努力に負うところもあるが，それにもまして，裁判が不当に長期化することに対する国民の厳しい目があり，また，国民が左翼過激派らによる兇悪重大事件などを憎み，警察がこれら事件の犯人を検挙して犯罪集団の潰滅・封じ込めに努め，兇悪重

大な公安事件等の発生それ自体が減少してきたことによるのだと思う。

　現在の日本が世界で最も安全・安心を感じられる国であると評価されるようになるまでには，それを支えた国民と警察の大きな努力があったこと，また，公安事件により多くの国民や警察官が犠牲になっていることをここに指摘するとともに，多くの犠牲者には哀悼の意を表せずにはいられない。

　以上の諸改革とともに，大きく生まれ変わったのが弁護士制度である。

　日本国憲法の制定に伴い，弁護士法（昭和24年法律205号）が制定され，各弁護士会及び日本弁護士連合会が創設されたが，いずれも行政機関・司法機関による監督権を排除し，強大な自治権を付与されることになった。このような制度は，世界に例をみない日本独自のものである。

　また，弁護士資格については，判事補及び検事と共通の資格試験（司法試験）に合格することとされ，また，判事補，検事及び弁護士のいずれを将来の希望にするかにかかわらず，共通の実務修習（司法修習）を実施することになった。これにより，弁護士の地位は，格段に向上したのである。

【刑事手続法の歴史】

　刑事手続法の歴史は，真相を解明しつつ，刑罰法令を迅速・適正に適用実現するに当たり，いかに法治主義・法の支配の原則を実現していくか，具体的にいえば，刑事手続法定主義，適正手続の保障，令状主義，公判中心主義ないし直接審理主義などの諸原則をいかに実現していくか，という歴史であったといえよう。

　江戸時代までは，被疑者と被告人との区別もなかった。すなわち，捜査機関，公訴提起官及び司法機関といった権力分立がなかったのである。町奉行側は，下手人を取り調べ，自白がなければ本来適用されるべき罰を科すことができないこととされていたため（証拠法定主義），否認している下手人から自白を得るために拷問を実施することもあった。

　これに対し，明治維新後しばらくしてから，拷問は廃止され，自白がなくても有罪と認定できることになる（自由心証主義）。

　明治13年に制定された治罪法（明治13年太政官布告37号）は，我が国におけ

る本格的な刑事手続法であり，フランス法系を継受したものである。同法は，検察官による公訴提起を制度化するほか，予審制度を設け，予審判事（司法機関）による強制的な証拠収集を制度化したものである。これは，検察官・警察官（行政機関）による第一次的な強制捜査を念頭に置かないものであった。予審判事は，司法機関として証拠の収集に当たり，収集された捜査記録，予審調書などは，すべて公判裁判所に引き継ぐこととされていた。公判では，裁判長が中心となり，直接・口頭で，被告人訊問や証人尋問が実施された（公判中心主義・直接審理主義・口頭主義）。陪席判事や検察官は，裁判長の許可を受けて訊問することができたが，弁護人には訊問権がなく，裁判長は，正に裁判の主宰者だったのである。

　大日本帝国憲法の制定を受け，新たに制定されたのが，明治23年刑事訴訟法（明治23年法律96号）である。同法は，基本的にフランス法系の治罪法を継承したものであり，ドイツ法系は参考にとどまった。

　その後制定された大正11年刑事訴訟法（大正11年法律75号）は，我が国の刑事手続法がフランス法系からドイツ法系へ転換を遂げたことを示すものである。同法は，検事の捜査権限を強化した。また，検事及び司法警察官が作成した「聴取書」については，一定の要件の下で証拠能力が認められることになった。

　以上までの流れを整理するに当たり，被疑者取調べや被告人訊問の意義について注目する必要があると思う。

　被疑者からの事情聴取は，重要な証拠収集活動と位置づけられているが，当初は，下調べ制度から始まり，やがて，糾問判事制度，予審判事制度が設けられていく。これらの諸制度は，いずれも司法機関（判事）によるものであった。やがて，検事及び司法警察官による事情聴取結果である「聴取書」の証拠能力が認められるに及び，事実上，行政機関による被疑者取調べが制度化される端緒が開かれる。検事及び司法警察官による取調べ制度は，一見すると，公訴提起官・捜査機関側に大きな権限を付与したかのようにも見えるが，実際は，そう単純な話ではない。捜査機関側が被疑者の取調べをしても，それは，あくまで予審判事のための下調べにすぎなかった。そして，予審判事が作成する予審

調書ですら，公判裁判長のための下調べにすぎなかった。捜査記録，予審調書等の一件記録は，すべて公判裁判所に引き継がれるが，公判手続は書証を読んで終わり，ということにはならなかった。むしろ，そこから，裁判長による詳細な被疑者訊問・証人尋問が始まるのである。被告人訊問などは，当事者間に争いがなくても，詳細になされるのであった。

　要するに，戦前の刑事手続の中核は，裁判長による訊問などであり，ここには，公判中心主義・直接主義・口頭主義の原則と呼ばれる考え方があったのである。

　このような刑事法の展開があったところ，太平洋戦争の終結後，アメリカ法系の継受があり，昭和23年刑事訴訟法（昭和23年法律131号）が制定されたのである。同法が導入されたことにより，当事者主義が大きく喧伝された。法学界や法律実務家らは，戦前との断絶を念頭に同法を理解しようとしたのである。具体的に導入された制度としては，起訴状一本主義や，伝聞法則などがあった。

　しかし，起訴状一本主義は，訴訟関係者に多くの困難を課した。裁判官らは，事前に一件記録を読み込むことが出来なくなり，事件の全体像を把握できないまま第1回公判期日を迎えることから，迅速・的確な訴訟指揮をすることが困難となり，また，争点整理・証拠整理を円滑に行うことが出来なくなったのである。そのため，裁判官らは，検察官に対し，簡にして要を得た証拠の絞り込みを求める一方で，詳細な物語式の冒頭陳述を求めるなどし，検察官は，しばしば大きな業務負担を強いられてきた。他方，弁護人らは，起訴状一本主義の下，手持ち証拠の不足から，証拠開示を強く求めるようになるが，昭和23年刑事訴訟法が証拠開示を予定していなかったため，裁判所としても，事前の全面開示を認めるわけにもいかず，証拠開示をめぐる紛糾が続くことになった。

　こうして，当事者主義の原則は，当初から困難な道を歩むことになったのである。

　特に，公安事件では，いわゆる荒れる法廷となり，裁判は長期化の一途を辿った。被告人・弁護人らの主張には，権利行使と認められるものもあったが，権利の濫用・逸脱と目されるものもあった。公安事件は，組織的・継続的に敢行される犯罪であることが多く，関係者も多いことから，ただでさえ裁判が長

期化する条件が揃っているのに，被告人・弁護人らは，法廷を闘争の場であると宣言し，統一公判を求め，不規則発言を繰り返すなどしたのであるから，裁判の迅速化は，絶望的な状況にあったと言わざるを得ない。戦前は，公安事件でも，連日的開廷が実現できていたが，戦後は，連日的開廷など不可能となった。

問題があるのならば，立法によって解決するというのが，議会制民主主義・法治主義・刑事手続法定主義ではある。

しかし，刑事法に関する新たな法律を制定することは，極めて困難であった。法制審議会は，調整機能を失い，弁護士会の同意がなければ，新たな立法などできないような慣行が生まれていた。

最高裁は，昭和40年代に，訟指揮権に基づく一定範囲の証拠開示を認めるに至ったが，昭和23年刑事訴訟法自体が証拠開示を制度として予定していなかったため，判例法による証拠開示ルール作りには限界があった。

この間，凶悪重大な公安事件が続いたが，オウム真理教教団による一連の凶悪重大事件の第一審裁判が長期係属する中，ようやく平成15〜16年司法制度改革に向けた法案審議が行われ，裁判員裁判制度の導入，その争点整理・証拠整理を円滑にするための公判前整理手続制度の新設，同手続内での証拠開示制度の拡充（検察官請求証拠，いわゆる類型証拠及び主張関連証拠）などが制度化されるに至り，第一審の訴訟手続を出来る限り2年以内に終結させることを目標としたわけである。

裁判所は，公判前整理手続の中で，検察官と弁護人の双方から詳細な事実主張（証明予定事実記載書面の提出）を受け，事前に事案の全体像に関する豊富な情報を入手できることになったため，逆に，公判では，検察官と弁護人に対し，事実主張（冒頭陳述）を簡略にするよう求めるようになった感がある。

他方，裁判所は，当事者双方が供述調書の取調べでよいといっても，証人尋問をさせたがる姿勢に変わってきた感がある。これは，戦前における公判中心主義・直接主義・口頭主義の形を変えた復活のようにも見える。

さて，否認事件では，被告人の自白調書の採否，すなわち自白の任意性・信用性いかんが有罪・無罪の分岐点となることも少なくなかった。

弁護人側は，長きにわたり，警察官・検察官らによる被疑者取調べの在り方を問題視していたが，運動方針としては，大きくいって二つの方向性があったように思う。一つは，取調べを可視化すべきであるという制度論であり，もう一つは，被疑者に黙秘を勧めるという戦術論である。

　平成28年司法制度改革は，裁判員裁判対象事件における逮捕・勾留中の被疑者の取調べについて，その録音・録画を義務化した。これは，前記の可視化論を制度的に実現したものである。これにより，自白の任意性・信用性の有無・程度について，比較的容易に判断できるようになった。録音・録画の記録媒体を法廷で上映すれば，取調べで何があったのか，明らかになるからである。むしろ，供述調書に代えて，録音・録画の記録媒体を法廷で上映するという手法を一般化すれば，被告人の捜査段階での供述態度・供述内容が微妙なニュアンスまで明らかになり，事案の真相解明に役立つように見える。

　しかし，裁判所は，公判中心主義に傾いているかのように見える。捜査段階の自白調書があっても，その採否を直ちに判断するのではなく，自白調書の採否を後回しにして，まずは，被告人質問の実施を先行させる運用を採っている。そして，捜査段階の自白を証拠として採用するとしても，原則として，記録媒体ではなく，供述調書の方を採用する傾向にあるようである。

　どうして，裁判所は，記録媒体の採用に消極的な姿勢を見せるのか。

　記録媒体は，事件後それほど時間が経っていないとき，逮捕された被疑者（後の被告人）が赤裸々に供述したところを録音・録画したものであり，供述内容だけでなく，供述態度も含め，臨場感や迫真さをそのまま伝えるものである。被告人があらかじめ用意してきた言葉を公判で語るのを聞くよりも，逮捕後間もないころの被告人の生の声を聞く方が，はるかに心証を得やすいはずである。

　裁判所は，一方で，自白調書よりも被告人質問を優先するといい，他方で，取調べの録音・録画記録媒体の採用よりも自白調書の採用を優先するという。

　その選好基準は，何なのか。

　結局のところ，裁判所としては，有罪・無罪を判断するに当たり，捜査段階で得られた証拠が決定的なものになるのを嫌っているということであろうか。これは，戦前の公判中心主義が形を変えて復活したものと見ることもできそう

である。

　しかし，証拠とは，裁判所が事実認定するための基礎となるものをいい，捜査活動は，法廷に顕出する証拠を収集するために実施されるものであるから，捜査機関による取調べの録音・録画が良質な証拠であるならば，それを利用することに何ら問題はないのではなかろうか。

【刑事実体法の歴史】
　刑事実体法の歴史は，議会制民主主義・法治主義・罪刑法定主義の確立に向けた歴史であり，同時にまた，刑罰の寛刑化への歩みであったといえよう。
　江戸時代には，武家諸法度や公事方御定書があったが，その刑事実体法は，法治主義・罪刑法定主義（制定法主義）に則ったものではなく，基本的には，判例法主義に則ったものであった。また，その刑罰は，現代から見ると厳しい内容となっており，人を一人殺害すれば死刑を免れることはなかった。しかも，死刑そのものにも軽重の諸段階があったのである。
　明治新政府も，当初は，江戸時代の遺風を引き継いでいたが，やがて，フランス法系などを積極的に継受することになる。犯罪と刑罰とは，あらかじめ法律で定めておくこととされ，事後法が禁止されたのである（罪刑法定主義）。また，人を一人殺害しても，それだけでは死刑にならない時代になったわけである。
　犯罪行為に見合った刑罰を科すべきだ（応報刑論），とはよく言われるが，明治新政府は，同一害悪に対しては同一害悪による報復を実現すべきだ，というような純粋な応報刑論を理想とは考えなかった。応報刑論を基軸としつつも，教育刑論など様々な刑罰理論があることを踏まえ，フランス法系を導入したのである。
　最初の本格的な刑事実体法は，フランス法系を継受した明治13年刑法（明治13年太政官布告36号）であり，同法は，罪刑法定主義を明記し，多くの犯罪類型を用意するとともに，それに見合った刑罰を定めた。例えば，殺人といっても，謀殺罪（292条），毒殺罪（293条），故殺罪（294条），惨刻殺罪（295条），便利殺罪（296条），誘導殺罪（297条），誤殺罪（298条）などと細かく区分され，

それぞれに見合った刑罰を定めていた。これは，量刑判断につき，司法裁量の幅を狭くするものであった。未だ帝国議会が開かれてはいなかったものの，法治主義の理念を採り入れたものであった。

　本来，法治主義・罪刑法定主義の原則を徹底するならば，犯罪の構成要件と刑罰の範囲については，法律で細かく定め，司法裁量の幅を狭くする方が論理的であろう。裁判所に対してあまりに広範な裁量権を付与してしまうと，法律により刑罰権行使の要件・効果を定める意義が小さくなってしまうからである。

　もともと，国民は，自由で平等な存在であるが，国民が自由な活動を展開すると，様々な価値観から意見対立・利害対立が生まれ，紛争が生じてしまう。こうしたことを想定したとき，紛争解決の一手段として刑罰権の行使が求められるのである。その出発点には，自由主義があり，国民が国民を統治するという国家観の下，議会制民主主義・法治主義・罪刑法定主義が標榜されることになるのである。

　しかし，大日本帝国憲法が制定された後，帝国議会は，ドイツ法系を継受して明治40年刑法（明治40年法律45号）を制定するが，同法では，罪刑法定主義を明記した条項が削除されてしまうのである。また，同法は，明治13年刑法と比べて，犯罪類型を包括的に規定し，法定刑の幅を広くした。例えば，殺人についていえば，条文が一つしかなく（199条），明治13年刑法のような細かな犯罪の類型化はない。しかも，殺人の法定刑は，「死刑又は無期若しくは3年以上の懲役」というように極めて幅が広いものとなった。要するに，殺人犯に対し，実刑ではなく，執行猶予を付すことも可能となったのである（25条）。これは，犯罪と刑罰との権衡につき，立法機関（国会）が主導するのではなく，司法機関（裁判所）の裁量判断に大きく委ねることを意味した。

　明治40年（1907年）頃といえば，ヨーロッパにおいて，社会民主主義が広がりを見せた頃であった。ドイツの刑法学界では，刑罰の目的について，応報刑論よりも教育刑論が強まった頃であり，民事法や行政法の分野でも，あるいは政治学・経済学の分野でも，社会民主主義的な見解が主流となってきた時代である。

　日本の刑法学界は，そのような時代のドイツ刑法学を輸入し，有力な刑法学

者は，罪刑法定主義を否定する論陣を張ったのである。本来，罪刑法定主義は，「法律なければ，犯罪なし。」という原則だが，その学説に従えば，「法律なくても，犯罪あり。」ということになってしまう。

もっとも，明治40年刑法から罪刑法定主義の条文が消えても，大日本帝国憲法は，罪刑法定主義を明記していたため（23条），裁判所は，罪刑法定主義を否定する理論に左右されることはなかったといえよう。

他方，刑罰の寛刑化への流れは，進んだように見える。寛刑化それ自体は，良いとも悪いとも直ちには判断し難いところがあるが，問題がなかったわけではない。

例えば，太平洋戦争の終結前，右翼過激派らが公安事件を犯したとき，多くの国民がこれに同情し，裁判が寛大だったように見える。

確かに，農村が窮乏していても，時の政府が実効的な政策を打ち出せないでいたのだから，農村出身の軍人や農村の窮乏に同情的な知識人らがクーデタなどを起こそうとしたとき，それは私利私欲のためではなく，国のためであったなどと言われれば，多くの国民が右翼過激派らに同情したのにも，それなりの理由はある。

しかし，いくら行動の目的（犯行動機）に一定の理由があるように見えても，その手段（犯行態様）が暴力主義的破壊活動であるならば，それは，議会制民主主義・法治主義の否定につながるのである。左翼から言わせれば，「戦前は，左翼に厳しく，右翼に甘かった。」というところであろうが，そのようなイデオロギー的な仕分けに有意性はない。暴力主義的破壊活動は，右翼であろうと，左翼であろうと，許されるべきではないのである。

そのような量刑判断の傾向は，日本が太平洋戦争に負け，連合国軍総司令部（アメリカ軍）に国土を占領されるに及んで終結を迎えた。非合法だったコミンテルン日本支部（日本共産党）が合法化されたのである。

戦後においては，左翼過激派が，人民のためと称して犯罪を犯したとき，やはり寛刑化の傾向が生まれたという印象がある。騒擾事件，公安条例違反事件，学生運動などが多発した時代において，少なくない国民がこれらの行動に理解を示しているが，裁判所も同様だったように思う。

確かに，都市労働者が生活に苦しんでいるとき，連合国軍総司令部において，共産主義に一定の理解を示す方針が示され，財閥の解体，農地改革，労働改革が推し進められたのだから，マルクス主義を信奉した者らが暴力主義的革命運動に突き進んだとしても，それは私利私欲のためではなく，人民のためであったなどと言われれば，多くの国民が左翼過激派らに同情したのにも，それなりの理由はある。

　しかし，いくら行動の目的（犯行動機）に一定の理由があるように見えても，その手段（犯行態様）が暴力主義的破壊活動であるならば，それは，議会制民主主義・法治主義の否定につながるのである。「昔，陸軍，今，総評。」などという言葉もある。これは，戦前・戦後の強力な圧力団体を指す言葉だそうだが，議会制民主主義を離れ，実力により政治，経済，社会等を動かそうというのは，問題である。

　戦後の刑法学界では，超法規的違法性阻却事由の理論も盛んに提唱された。結果として，同理論は，下級審が，公安事件において，左翼過激派らに無罪判決を言い渡すための理論的根拠の一つとなった。

　しかし，犯罪の成否に関する一般的ルールは，本来，国会が決めるべきことである。それが議会制民主主義・法治主義の理念である。超法規的に犯罪の成否を決めるという発想は，議会軽視も甚だしいように思う。罪刑法定主義は，「法律なければ，犯罪なし。」という原則だが，超法規的違法性阻却事由の理論では，「法律あっても，犯罪なし。」ということになってしまう。最高裁がこれまでに超法規的違法性阻却事由を明確に認めていないのは，相当な態度といえよう。

　戦後しばらくの間，公安事件の裁判では，寛刑化の流れがあったように思うが，全共闘，全学連，連合赤軍ら左翼過激派による犯罪がテレビ報道されたことは，国民に対して意識変革を促す契機となり，また，裁判所において，寛刑化の流れを見直す契機となったように思う。オウム真理教による蛮行が社会を震撼させたときも，同様である。但し，成田事件では，その特異な歴史的経過もあり，寛刑化の流れがなかなか止まらないまま進行してきた感がある。

　思うに，右翼思想が優勢な時代にそれを批判するには勇気が必要である。同

様に，左翼思想が優勢な時代にそれを批判するにも勇気が必要である。いずれにせよ，大切なことは，議会制民主主義の理念を破壊しようとする過激思想に与しないことであろう。

さて，平成16年司法制度改革により創設された裁判員裁判制度は，刑罰権行使の目的や量刑判断の在り方について，改めて考え直す契機となった。裁判所は，評議の席で，一般国民である裁判員から，罪と罰について質問されれば，それを分かりやすく説明する立場に置かれたのである。

刑罰が犯罪行為に見合ったものであるべきこと，それを絶えず確認することが重要であろう。

【日本法としての刑事法の歴史】
　日本近現代刑事法（組織法・手続法・実体法）の歴史を振り返って思うことは，多々ある。
　第1に，国内における法体系の変革を促した契機が，外交関係に起因するものだった点が挙げられる。我が国は，幕末に，イギリスなどと不平等条約（治外法権など）を締結するのやむなきに陥り，新政府は，不平等条約を撤廃するため，列強と対等な地位に立とうとして，富国強兵を目指し，ヨーロッパ法の継受に踏み切ったのである。そして，太平洋戦争でアメリカに敗れて国土を占領されたため，早く独立を回復して国際社会に復帰することを目指し，アメリカ法を継受することになった。いずれにしても，政治，経済，文化等，様々な分野において世界を圧していた欧米のルールに合わせることで，我が国は，国家運営をしてきたのである。
　第2に，外国法の継受が円滑に行われた点が挙げられる。我が国は，明治維新を期に，江戸時代までの法体系を捨て，まずは，フランス法系を継受し，次いで，ドイツ法系を継受し，さらに太平洋戦争の終結後，アメリカ法系を継受したが，いずれの場合にも，法を体系として継受しており，しかも，継受元の学問体系ごと導入するという本格的なものであった。言葉の壁を乗り越え，文化の違いを乗り越え，また，国内での様々な論争・紛議を乗り越えてのものである。法体系が変わることにより，その都度，大きな混乱が生じたが，実務

家・学者らの努力により，全体として見れば，円滑な継受であったと評価してよいと思う。日本人の知的レベルの高さを証明して余りあるように思う。

　第3に，外国法を継受する中にも，日本人らしさが見られる点が挙げられる。

　古くは，犯罪といえば，これを穢れとして観念していた時代があるが，近代的な法制度が整備された現代においても，その影が残存しているかのような印象を覚えることがある。合理的に考えれば，犯罪とは，国民の生命，身体，自由，名誉，財産等を侵害し，社会の安全・安心を損なうもののうち，国会が法律により犯罪として規定したものをいうのだ，と理解はできるのだが，そのような理屈とは別に，犯罪とは，とにかく関わり合いになりたくないものだ，という意識が残っているような気がする。被害者や目撃者などの参考人は，しばしば自ら見聞きした事実を語るのを嫌がり，欧米人のように雄弁でないことが多いが，それは，刑事手続に関わることによる精神的苦痛や，煩わしさ，羞恥心などだけでは説明ができないような面もある。

　その一方で，多くの国民は，法廷で真実が明らかになることを期待している。被疑者・被告人には黙秘権がある，と分かってはいるのだが，被疑者・被告人が犯行動機を含めた事案の真相をすべて語るのを期待してしまうのである。何故，身内が殺されなければならなかったのか，納得できるような答えはないのかもしれないが，それでも犯人の口から真相を聞き出したいというのが遺族の心情であろうし，国民の多くも，同様の気持ちを持つように思う。

　日本の裁判官も，昔から，被告人から直接，口頭で，事案の真相を語ってもらいたいように見える。江戸時代においては，有罪判決を言い渡すために自白が要件とされていたという制度上の問題もあったが，近代に入り，拷問が禁止されて，自由心証主義が採り入れられてからも，さらには，当事者主義が標榜され，裁判員裁判制度が導入された現代においても，やはり被告人に質問することが重要な手続となっている。当事者主義を徹底するのであれば，当事者間に争いがない事実については，証拠による事実認定を不要としても良さそうであり，また，当事者間で同意された書証があるのならば，人証は不要としても良さそうなのだが，日本の風土は，そうした法制度の運用を嫌っているようにも見える。

そして，戦前・戦後を通じて，国民の警察官に対する視線には厳しいものがあり，警察は，戦前から，犯人に対する銃器の使用について謙抑的な運用に努めてきた。海外では，人質をとった立て籠もり事件などが発生した場合，当局において，正当防衛・緊急避難の名の下に犯人らを現場で射殺する事態が間々見られる。しかし，日本の警察は，凶悪重大事件が発生しても，武器の使用を極力抑制し，犯人を死傷させずに逮捕し，通常の刑事手続に乗せ，刑に服させることを目指して取り組んできた。東京で大規模な騒擾事件などが発生しても，陸軍や自衛隊ではなく，警視庁が中心となって実効的な警備活動が行われてきた歴史がある。
　このような日本の風土のようなものは，是非の問題ではなく，日本人の国民性に由来しているのかもしれない。多くの国民は，真相が法廷で明らかにされることを願っているようであり，刑事事件に関わる者は，みな職人気質となりがちである。時代が大きく移り変わっても，日本独特の誠実な仕事ぶりは変わらないのかもしれない。
　現在，日本の刑事裁判制度は，日本独自のものとなっている。起訴状一本主義の原則を維持したまま，公判前整理手続を実施し，広範な証拠開示を当事者間で行わせた上で，争点整理・証拠整理を行い，司法判断に国民の視点を加味するという裁判員裁判制度は，我が国における長きにわたる刑事法運用の中で生まれたものであり，これは，世界に例を見ない日本独自の制度といえよう。
　日本の刑事法は，長い年月のうちに多くの司法制度改革を重ね，その内容を改善してきた。その契機となった一つに凶悪重大な公安事件があり，荒れる法廷をなくし，裁判の迅速化を図り，適正な刑罰法令の実現を目指してきた。過激な法廷闘争は，刑事法の在り方を見直す重要な契機となってきた。権利とは何か，権利の濫用・逸脱はないのか，それが問われてきた。今後も，司法制度改革は続くのであろう。
　ところで，戦前・戦後を通じて，日本の知識人らは，外国文化を導入するに当たり，理論をラジカルに追求しすぎる向きがあるような気がする。戦前，世界的な社会主義の隆盛の中，ドイツの学問が優勢となるや，我が国の知識人層は，競ってドイツの学問を導入した。法学界は，ドイツ刑事法学を積極的に輸

入し，さらには，自由主義を排して罪刑法定主義を否定するような理論まで飛び出した。戦後は，連合国軍総司令部が共産主義を合法化するや，マルクス主義が国内の知識人層を席巻した。法学界では，超法規的に左翼過激派らを無罪にする違法性阻却事由の理論が考案されもした。日本の学者らは，極端に走ることが間々見られるのである。

　戦前・戦後を通じて，弁護士は，次第にその地位を向上させ，被疑者・被告人のために熱意をもって弁護活動を続けてきた。それにより，法治主義・法の支配の理念は，より強靱なものへと鍛えられてきたといえよう。

　日本は，明治維新から150年の時をかけ，欧米の法体系から大きな恩恵を受けながらも，我が国の政治，経済，社会，文化等の歴史を踏まえ，日本独自の刑事法を展開してきたといえよう。まだまだ改善の余地はあるとしても，我が国の刑事法は，世界に誇れるだけのものを持っていると評価してよいと思う。日本語の壁により，日本刑事法の良さを海外に情報発信することがそれほど容易でないのが残念である。

主要参考文献

青山春樹「破壊活動防止法について」（警察研究 23 巻 8 号 69 頁）
飛鳥井雅道「明治大帝」（平成 14 年，講談社学術文庫）
渥美東洋「刑事訴訟法［新版補訂］」（平成 13 年，有斐閣）
渥美東洋「捜査の原理」（昭和 54 年，有斐閣）
阿部照哉「比較憲法入門」（平成 6 年，有斐閣）
有松英義「行政執行法講義」
安東章「裁判員裁判のこれから―裁判官の視点」（平成 26 年，法律のひろば 67 巻 4 号 27 頁）
池田公博「裁判員制度の運用状況」（平成 26 年，法律のひろば 67 巻 4 号 4 頁）
石井一正「刑事実務証拠法　第三版」（平成 15 年，判例タイムズ社）
市川正一「日本共産党闘争小史」（昭和 51 年第 31 刷，大月書店，国民文庫）
伊藤榮樹「新版検察庁法逐条解説」（昭和 61 年，良書普及会）
伊藤榮樹ほか「注釈特別刑法　第二巻　準刑法編」（昭和 57 年，立花書房）
伊藤榮樹ほか「注釈特別刑法　第七巻　公害法・危険物法編」（昭和 62 年，立花書房）
伊藤博文著（宮沢俊義校註）「憲法義解」（昭和 15 年，岩波文庫）
伊東勝「五訂検察庁法精義」（昭和 49 年 7 版，令文社）
今谷明「信長と天皇」（平成 14 年，講談社学術文庫）
上田誠吉「裁判闘争」ジュリスト「刑事訴訟法 25 年の軌跡と展望」551 号 138 頁（昭和 49 年）
上原誠一郎「警察官職務執行法解説」（昭和 23 年，立花書房）
臼井滋夫「刑事訴訟法 40 年を顧みて」ジュリスト「刑事訴訟法 40 年の軌跡と展望」930 号 71 頁（平成元年）
内田正文「新東京国際空港の安全確保に関する緊急措置法」（昭和 53 年，法律のひろば 31 巻 9 号 4 頁）
大石眞「日本憲法史［第 2 版］」（平成 17 年，有斐閣）
大塚仁ほか「大コンメンタール刑法　第二版　第 1 巻」（平成 16 年，青林書院）
大塚仁ほか「大コンメンタール刑法　第二版　第 6 巻」（平成 11 年，青林書院）
大塚仁ほか「大コンメンタール刑法　第三版　第 7 巻」（平成 26 年，青林書院）
大野平吉ほか「総合判例研究叢書　刑法（18）」（昭和 38 年，有斐閣）
大野正男「刑事司法 40 年の軌跡」ジュリスト「刑事訴訟法 40 年の軌跡と展望」930 号 76 頁（平成元年）
鬼塚賢太郎「刑事訴訟法と共に歩んだ 40 年」ジュリスト「刑事訴訟法 40 年の軌跡と展望」930 号 66 頁（平成元年）

小野清一郎「刑事訴訟法講義」（昭和8年全訂第3版，有斐閣）
小野清一郎「刑法講義」（昭和7年，有斐閣）
金吉聡「法廷技術」ジュリスト「刑事訴訟法25年の軌跡と展望」551号130頁（昭和49年）
神山啓史ほか・座談会「黙秘をどのように活用するか　具体的設例から考える」（平成26年，季刊刑事弁護79号60頁以下）
亀山継夫「刑事訴訟法50年と検察の課題」ジュリスト「特集・刑事訴訟法50年」1148号24頁（平成11年）
河井清信ほか「破壊活動防止法逐条解説」（別冊法律時報破壊活動防止法4頁）
河上和雄ほか「講座　日本の警察　第一巻［警察総論］」（平成5年，立花書房）
河上和雄ほか「講座　日本の警察　第四巻［防犯保安警察・警備警察］」（平成5年，立花書房）
河上和雄ほか「大コンメンタール刑事訴訟法　第二版　第1巻」（平成25年，青林書院）
河上和雄ほか「大コンメンタール刑事訴訟法　第二版　第7巻」（平成24年，青林書院）
河上和雄ほか「注釈刑事訴訟法［第3版］第1巻」（平成23年，立花書房）
清宮四郎「法律学全集3　憲法Ⅰ［第三版］」（昭和54年第三版，有斐閣）
警察庁警察史編さん委員会「戦後警察史」（昭和52年）
刑事訴訟法制定過程研究会「刑事訴訟法の制定過程（1）～（23）」法学協会雑誌91・82～99・12（昭和49～57年）
後藤貞人「黙秘権行使の戦略」（平成26年，季刊刑事弁護79号19頁以下）
小林五郎「特高警察秘録」（昭和27年，生活新社）
小林充・香城敏麿「刑事事実認定―裁判例の総合的研究―（上）（下）」（平成4年，判例タイムズ社）
誤判問題研究会「最高検察庁『再審無罪事件検討結果報告―免田・財田川・松山各事件』について」（法律時報61巻8号85頁）
最高裁判所事務総局「裁判所百年史」（平成2年）
最高裁判所事務総局「我が国で行われた陪審裁判」（平成7年）
佐々淳行「東大落城」（平成8年，文春文庫）
佐々淳行「連合赤軍『あさま山荘』事件」（平成11年，文春文庫）
佐々淳行「日本赤軍とのわが『七年戦争』」（平成25年，文春文庫）
佐々波與佐次郎「日本刑事法制史」（昭和42年，有斐閣）
佐藤功「日本国憲法概説〈全訂新版〉」（昭和49年全訂新版，学陽書房）
真田秀夫「破壊活動防止法の解説，治安立法の動向」ジュリスト235号10頁
産経新聞政治部「日本共産党研究　―絶対に誤りを認めない政党」（平成28年，産経新聞出版）

司法研修所「裁判員裁判における量刑評議の在り方について」(平成24年，法曹界)
司法研修所検察教官室「検察講義案(平成27年版)」
関洋太「刑事訴訟法等改正と実務への影響―裁判所の立場から」32頁(平成28年，法律のひろば69巻9号31頁以下所収)
総司令部民政局編纂「日本警察制度の再編成」(警察研究25巻3・4号参照)
髙中正彦「弁護士法概説[第2版]」(平成15年，三省堂)
高橋和之ほか編「法律学小辞典[第5版]」(平成28年，有斐閣)
高橋治俊・小谷二郎「刑法沿革綜覧」(大正12年，清水書店)
高橋正衛「二・二六事件」(平成6年増補改版，中公新書)
田上穣治「法律学全集12-Ⅰ警察法[新版]」20頁(昭和58年，有斐閣)
滝川幹雄「破壊活動防止法罰則について」(捜査研究9号44頁)
立花隆「日本共産党の研究(一)～(三)」(昭和58年，講談社学術文庫)
田野尻猛「裁判員裁判のこれから―検察官の視点」(平成26年，法律のひろば67巻4号19頁以下)
田宮裕ほか「大コンメンタール警察官職務執行法」(平成5年，青林書院)
田村正博「三訂版　警察行政法解説」(平成8年，東京法令出版)
田邨正義「刑事訴訟法50年と刑事弁護実務」ジュリスト「特集・刑事訴訟法50年」1148号31頁(平成11年)
団藤重光「注釈刑法(2)のⅠ　総則(2)」(昭和43年，有斐閣)
団藤重光「注釈刑法(3)各則(1)」(昭和40年，有斐閣)
治安制度研究会「オウム真理教の実態と『無差別大量殺人行為を行った団体の規制に関する法律』の解説」(平成12年，立花書房)
千葉裕「集中審理」ジュリスト「刑事訴訟法25年の軌跡と展望」551号125頁(昭和49年)
辻裕教「司法制度改革概説6　裁判員法／刑事訴訟法」(平成17年，商事法務)
土屋正三「破防法論義」警察研究23巻8号29頁
中澤俊輔「治安維持法」(平成24年，中公新書)
中山善房「刑事訴訟法50年と裁判実務」ジュリスト「特集・刑事訴訟法50年」1148号18頁(平成11年)
ナショナル・ロイヤーズ・ギルド著(小田成光・入倉卓志訳)「We Shall Overcome　―アメリカ法曹　人権擁護の五〇年―」(平成3年，日本評論社)
日本共産党中央委員会「日本共産党綱領集」(昭和42年第14版，日本共産党中央委員会出版部)
日本共産党中央委員会「日本共産党の六十五年(上)(下)」(昭和63年，日本共産党中央委員会出版局)

日本近代刑事法令集上巻・下巻・司法資料別冊 17 号
日本弁護士連合会調査室「条解弁護士法［第 3 版］」（平成 15 年，弘文堂）
野呂栄太郎「初版　日本資本主義発達史（上）（下）」（昭和 58 年，岩波文庫）
平野和春（平成 5 年）
平野龍一「刑事訴訟法概説」（昭和 43 年，東京大学出版会）
平野龍一ほか「注解特別刑法　第 6 巻　危険物編」（昭和 61 年，青林書院）
福原忠男「特別法コンメンタール　弁護士法」（昭和 51 年，第一法規）
法制意見総覧
前田雅英「刑法総論講義第 4 版」（平成 18 年，東京大学出版会）
前田裕司「裁判員裁判のこれから―弁護士の視点」（平成 26 年，法律のひろば 67 巻 4 号 12 頁）
牧野英一「刑事訴訟法」（昭和 3 年重訂，有斐閣）
牧野英一「刑法総論」（昭和 15 年，有斐閣）
松尾浩也「刑事訴訟の原理」（昭和 49 年，東京大学出版会）
松尾浩也「刑事訴訟法（上）（下）補正第四版」（平成 8 年，弘文堂）
松永邦男「司法制度改革概説 1　司法制度改革推進法／裁判の迅速化に関する法律」（平成 16 年，商事法務）
丸山和大「取調べ DVD の実質証拠化」（平成 27 年，季刊刑事弁護 82 巻 50 頁）
美濃部達吉「憲法撮要」（昭和元年訂正 4 版，有斐閣）
宮澤俊義「法律学全集 4　憲法 II［新版］」（昭和 49 年新版再販（改訂），有斐閣）
宮澤俊義＝芦部信喜「全訂　日本国憲法」（昭和 53 年第 2 版（全訂版），日本評論社）
宮本顕治「日本革命の展望」（昭和 55 年第 31 刷，新日本出版社）
村上重良「日本史の中の天皇」（平成 15 年，講談社学術文庫）
泉二新熊「刑法大要」（昭和 9 年全訂増補 30 版，有斐閣）
山口貴亮「刑事訴訟法等改正と実務への影響―検察の立場から」（平成 28 年，法律のひろば 69 巻 9 号 35 頁）
山田盛太郎「日本資本主義分析」（昭和 52 年，岩波文庫）
結城光太郎「公安条例事件」（田中二郎ほか「戦後政治裁判史録①」（昭和 56 年第 4 版，第一法規）197 頁以下所収）
吉田雅之「『刑事訴訟法等の一部を改正する法律』の概要について」（平成 28 年，法律のひろば 69 巻 9 号 16 頁）
レーニン「国家と革命」（昭和 32 年，岩波文庫）
我妻栄編「日本政治裁判史録　明治・前」・「同　明治・後」・「同　大正」・「同　昭和・前」・「同　昭和・後」（昭和 43 年～明治 46 年，第一法規）

事件・人名・事項索引

[あ]

あさま山荘殺人等事件 ……………………………………… 539, 554, 558
足尾鉱山暴動事件 …………………………………… 120, 131, 134, 168
足尾鉱毒兇徒聚衆事件 ……………………………………… 120-123, 202
荒川鉄橋爆破共謀事件 ……………………………………………… 567, 570
アレフ ……………………………………………………………… 660, 679, 681
安保条約 …………………………………………… 471, 501-504, 506, 508, 583
安保闘争 …………………………………… 462, 500, 501, 506, 508, 515, 569

[い]

飯田事件 ………………………………………………………………………… 51
イギリス公使パークス襲撃事件 …………………………………… 34, 35, 76
違警罪 …………………………………………… 26, 29-31, 77, 97, 107, 128, 686
違警罪即決例 ……………………………………………………………………… 26
違憲審査権　→　法令審査権
板垣退助 ……………………………………… 43, 44, 51, 54, 59, 65, 66, 184
板塀撤去阻止闘争事件 …………………………………………………… 614, 630
一一・二七国会乱入事件 ………………………………………………… 500, 502
一般予防論 ……………………………………………… 99, 100, 103, 391
伊藤博文 ……………………………………………………………… 59, 72, 177
井上準之助邸爆破事件 …………………………………………………………… 187
違法性の相対性 ……………………………………………………………………… 393
印旛沼殺人事件 …………………………………………………………… 538, 542

[う]

疑わしきは被告人の利益にの原則 ……………………………………………… 330
右翼 ……………………………… 180, 184, 191, 214, 250, 252, 259, 263, 265, 266,
　　　　　　　　　　　 279, 282, 298-301, 320, 455, 464, 516, 696, 697

[え]

江藤新平 ………………………………………………………………… 16, 43, 44, 51
エンタープライズ寄港阻止事件 …………………………………… 467, 480, 492

[お]

王政復古の大号令	12, 176
王勅部隊	19, 20
応報刑論	99, 100, 102-106, 110, 384, 391, 604, 694, 695
オウム真理教	508, 660, 662-664, 666, 667, 674, 678-681, 692, 697
大井憲太郎	64-67
大川周明	180, 269-271, 274, 275, 279, 299
大久保利通襲撃事件	43
大久保利通	43, 51
大隈重信首相暗殺未遂事件	182, 185, 190
大阪共産党事件	209, 210, 212
大阪事件	51, 64-66
大阪労働争議騒擾事件	154
大清水団結小屋死守戦事件	615, 649
大杉栄殺害事件	250, 252, 253
大須事件	349, 427, 436, 437, 441, 445, 446, 453
大津事件	74-76, 686
大村益次郎襲撃事件	34
落田事件	660, 669
オリエンタルメタル爆破事件	567, 574

[か]

改正刑法仮案	98
改定律例	18, 24, 25
解放派	463, 649
拡張解釈	108
革共同	462
学派の争い	98, 100, 105, 106, 117
革マル派	447, 462
革命的共産主義者同盟	462, 613
革命的労働者協会	463
学連	209, 210, 212, 229
革労協	463, 649
籠沢殺人未遂事件	538, 552

加波山事件 ……………………………………… 51, 53, 56, 58, 60, 65, 68, 69, 182
可罰的違法性 ………………………… 355, 391-393, 395, 396, 403, 404, 485-488, 490, 491, 565
神風隊事件 ………………………………………………………………… 250, 294
仮刑律 ……………………………………………………………………… 14, 15
假谷事件 ………………………………………………………………… 660, 672-675
川崎第百銀行大森支店襲撃事件 …………………………………………… 219
川路利良 …………………………………………………………………… 19
韓国産業経済研究所爆破事件 ……………………………………………… 567, 574
カント ……………………………………………………………………… 98

[き]

議院内閣制 ………………………………………………………… 6, 192, 202
議会制民主主義 ………… 6, 8, 9, 13, 44, 51, 52, 65, 73, 74, 108, 112, 114-116, 118, 119, 180,
　　　　　　　　　　190-192, 202, 207, 209, 231-233, 256, 265, 266, 279, 282, 294, 300,
　　　　　　　　　　301, 305, 307, 308, 324, 395, 403, 404, 464, 496, 497, 566, 580, 604,
　　　　　　　　　　654, 686, 687, 692, 694-698
起訴議決 ………………………………………………………… 327, 362, 364, 365
起訴状一本主義 ………………………… 327, 331, 333, 337, 339, 341, 343-345, 347,
　　　　　　　　　　349, 364, 369, 370, 425, 562, 691, 700
起訴独占主義 ……………………………………………… 28, 30, 330, 331
起訴便宜主義 ……………………………………………… 84, 128, 314, 327, 334
起訴法定主義 ……………………………………………………… 28, 84, 128
北一輝 ………………………………………… 180, 279, 283, 288, 289, 291, 299
木の根団結砦捜索妨害事件 ………………………………………… 614, 641, 656
極左暴力主義 ……………………………………………………… 175, 177, 179
糾問的捜査観 ……………………………………………………………… 359, 372
糺問判事 …………………………………………………………………… 25
糺問判事職務仮規則 …………………………………………………… 25
教育刑論 ……………………… 97-100, 102, 104-106, 110, 384, 386, 391, 536, 694, 695
共産主義 ……………… 81, 108, 109, 165, 166, 170-172, 177-179, 204, 211, 213, 217, 219,
　　　　　　　　　　223, 229, 234, 235, 257, 262, 299, 395, 404, 452, 453, 457, 462,
　　　　　　　　　　503, 516, 544, 565, 581, 582, 585, 590, 613, 625, 697, 701
共産主義者同盟 ……………………………………………… 462, 503, 581, 613, 625
共産主義者同盟赤軍派 ……………………………………………………… 462, 581
共産同 ………………………………………………… 462, 463, 503, 505, 540, 587

行政警察 ……………………………………………… 19, 21, 22, 95, 96, 319, 686
行政警察規則 ……………………………………………… 19, 21, 319
行政事件 ……………………………………………………… 2, 78, 312
行政執行法 ……………………………………………… 95, 96, 128, 319, 320
強制処分 ……………………………… 4, 84, 86, 91, 128, 325, 330, 476-479, 610
京都学連事件 ……………………………………………… 209, 210, 212, 229
京都市条例違反事件 ……………………………………… 467, 474, 480, 489
兇徒聚衆罪 ……………………………………… 53, 55, 119, 122-124, 161-163
刑部省 …………………………………………………………………… 15, 16
共和国の代官 …………………………………………………………………… 17
極右暴力主義 ……………………………………………………………… 179
緊急措置法 ………………………………………………… 649, 652, 654, 657-659
緊急逮捕 …………………………………………………………………… 326
近代学派 ………………………………………… 98-100, 105, 112, 117, 118, 386
金禄公債条令 ……………………………………………………………… 14

[く]

クアラルンプール事件 ………………………… 463, 539, 568, 605, 608, 609, 611
黒ヘル ……………………………………………………………… 463, 543
軍法会議 ……………………… 27, 49, 82, 250, 252, 253, 255, 256, 267, 270-272,
274, 275, 282, 289, 291-293, 312
群馬事件 ……………………………………………………………………… 51

[け]

刑 → 刑罰
軽罪 …………………………………… 26-31, 48, 52, 55, 77, 82, 83, 85, 97, 107, 686
警察 …… 4, 7, 8, 13, 16, 19-23, 26-28, 30, 44, 55, 57, 59, 61-63, 69, 77, 80-86, 91, 92, 95, 96,
120-122, 124-129, 133, 135, 137, 138, 141-144, 149, 151-153, 159, 165, 168, 170,
172, 173, 178, 188, 189, 196-198, 215, 248, 253, 255, 280, 284, 286, 298, 304-306,
310, 313, 315-326, 332, 333, 335, 343, 352, 354, 355, 357, 358, 363, 371, 374, 375,
377, 378, 390, 396, 398, 400, 412, 413, 420, 427-429, 432-434, 438, 440-443, 446,
447, 449, 450-453, 455, 458, 459, 462-465, 467, 470, 471, 473-476, 478-481, 484-488,
492-500, 507, 508, 514-516, 521-525, 530, 532, 533, 542, 552-557, 559, 565, 583,
585, 586, 588, 590, 600, 607-610, 615, 619-622, 624, 626-628, 631-634, 636, 637,
639-645, 648, 650-654, 656, 658, 668, 670, 671, 673, 679, 686, 688, 689, 690, 693, 700

警察法	316, 317
警察官職務執行法	318
刑事事件	2, 7-9, 15, 22-24, 88, 306, 310, 313, 324, 325, 337, 346, 348, 361, 378, 379, 422, 559, 576, 578, 679, 700
刑事実体法	4, 7, 14, 15, 18, 25, 31, 32, 52, 76, 97, 116, 306, 310, 385, 386, 395, 604, 694
刑事組織法	4, 7, 14, 16, 22, 25, 30, 32, 76, 77, 80, 306, 310, 311, 604, 686
刑事訴訟法	4, 5, 7, 13, 30, 49, 56, 78, 82-84, 86-93, 96, 128, 212, 304, 305, 310, 323-325, 328, 330, 332-337, 339, 340-344, 346, 347, 349-353, 355-362, 364, 365, 367, 370-372, 376-378, 380-382, 384, 424, 425, 529, 610, 611, 678, 690-692
警視庁	8, 19, 20, 80, 127, 128, 144, 171, 173, 268, 272, 274, 280, 284, 286, 287, 291, 447, 464, 470, 473, 492, 503, 506, 521, 523, 524, 554, 557, 648, 673, 679, 700
刑事手続法	4, 7, 14-18, 24, 25, 28, 31, 32, 52, 76, 77, 82, 306, 309, 310, 318, 324, 604, 689, 690, 692
刑事法	2, 4, 6, 7, 9, 10, 12, 22, 28, 31, 37, 68, 72, 95, 114, 118, 181, 304, 335, 400, 401, 655, 661, 686, 691, 692, 698, 700, 701
刑事免責制度	378
京成スカイライナー放火事件	615
刑罰	2-10, 12-19, 22-32, 35-37, 39-41, 46-49, 52, 53, 56, 60, 64, 67-70, 72, 75-78, 80-84, 86-93, 95-120, 123, 124, 127-130, 134, 135, 137-139, 141, 142, 144-150, 152, 154-156, 158, 160-164, 169, 172, 174, 180, 181, 184-195, 197, 199-203, 207, 208, 210, 212, 213, 216, 219, 223-225, 229, 231-239, 241, 243, 245, 246, 247, 250-252, 254-257, 259, 260, 264, 265, 270-276, 278, 279, 281, 289, 292-294, 298, 300, 304-306, 308-311, 313, 314, 318, 321-326, 328-362, 364-372, 376-401, 403-414, 422-425, 427-430, 432, 436, 438, 441, 446, 449-451, 454-456, 458, 459, 461, 468, 469, 471, 474, 476, 477, 479-483, 485, 487, 490, 492, 495, 501, 508, 510-512, 515-519, 525-537, 539, 548, 549, 558, 559, 565, 566, 568, 570, 575, 576, 578-581, 588-597, 599, 600, 602-604, 606, 609-612, 616, 617, 623-626, 628-631, 634, 635, 637-645, 648-656, 658-661, 676-679, 686-692, 694-701
刑罰法令	2, 99, 105, 108, 111, 117, 325, 389, 604, 689, 700
刑法	2-4, 6-8, 13-15, 26, 28, 31, 32, 35-37, 39-41, 52, 56, 68, 69, 80, 81, 97, 98, 100-103, 105-120, 124, 129, 130, 134, 135, 138, 139, 141, 142, 146, 147, 149, 154, 155, 161-164, 180, 184, 192, 193, 195, 199-203, 224, 232, 236-238, 243, 245, 250, 251, 255, 270-274, 278, 292, 298, 311, 358, 385, 386, 391-397, 399, 403, 404, 406, 407, 410, 427, 430, 436, 449, 454-456, 461, 481, 588, 589, 694-697, 701

刑法改正の綱領 …………………………………………………… 97
刑法官 ……………………………………………… 14, 15, 39-41
刑法事務課 ………………………………………………… 14
刑法事務局 ……………………………………………… 14, 35, 36
刑法論争 → 学派の争い
ゲシュタポ ……………………………………………… 80, 81
血盟団事件 …………………… 250, 261, 263-267, 274, 276, 279, 280, 282, 283, 293
現行犯逮捕 ……………………………………………… 326, 479, 600
検察官請求証拠 …………………………………… 362, 363, 368, 379, 594, 692
検察審査会 …………………………………… 327, 331, 359-362, 364, 365
検察審査会法 …………………………………… 327, 331, 360, 361, 364
検察方法 ……………………………………………………… 313
検事 …………… 16-18, 23, 25-29, 75, 77-79, 83-87, 89, 92, 95, 123, 127, 128, 171, 277, 278,
　　　　　　280-282, 311-313, 315, 335, 350, 351, 355, 358, 367, 646, 687, 689, 690
憲政会 …………………………………………… 192, 194, 195, 197, 206
権力分立主義 ……………………………………………… 6, 686

[こ]

五・一五事件 ………… 250, 265, 267, 270, 271, 274, 276, 279, 280, 283, 290, 293, 339, 344
興亜観音等爆破事件 ……………………………………………… 567, 570
公安 … 7-10, 32, 96, 278, 316, 317, 319, 320, 334, 338, 340, 343, 346, 351, 353-355, 357, 358,
　　　　387, 391, 392, 395, 396, 404, 406, 412, 432, 433, 449, 451, 463, 464-475, 477, 479,
　　　　481-485, 489, 490, 492, 493, 496, 498, 499, 505, 511, 516, 559, 562-564, 613, 619,
　　　　644, 654, 655, 670, 678, 680-683, 688, 689, 691, 692, 696, 697, 700
公安事件 ……………… 7-10, 32, 334, 338, 340, 343, 351, 353-355, 357, 358, 387, 391, 392,
　　　　　　　　395, 396, 404, 406, 412, 432, 449, 451, 463, 464, 479, 511, 516, 559,
　　　　　　　　562-564, 613, 644, 654, 678, 688, 689, 691, 692, 696, 697, 700
公安条例 ……………………… 8, 387, 465-468, 471, 473-475, 477, 481, 483-485,
　　　　　　　　　　　　　　　489, 490, 492, 496, 498, 499, 655, 696
合意制度 ………………………………………………………… 378
航空機の強取等の処罰に関する法律 …………………………… 588, 592, 597
工作物使用禁止命令取消訴訟事件 …………………………………… 658
皇室に対する罪の規定 ……………………………………… 180, 181
公訴 ………… 4, 5, 16, 17, 23, 28-30, 66, 78, 84, 85, 87, 89, 93, 123, 127, 196, 212, 280, 313,
　　　　　　326, 327, 331, 333, 334, 338, 345, 346, 355, 358, 359, 362, 364, 365, 398, 409,

事件・人名・事項索引 | 713

| 控訴 | …………… | 423, 440, 517, 575, 577, 592-594, 604, 609, 660, 675, 686, 688-690
5, 23, 26, 27, 30, 49, 77, 79, 83, 86, 94, 122-124, 127-130, 133, 138, 140, 141, 145-147, 149, 151, 153, 155, 157, 159, 161, 184, 187, 188, 194, 196, 198, 200, 212, 215, 218, 221, 224, 227, 230, 240, 243, 248, 259, 264, 265, 270, 275, 311, 330, 331, 409, 412-414, 417, 420, 423, 430, 432, 434, 436, 437, 439, 440, 441, 443-445, 447-449, 456, 459, 460, 468, 470, 471, 475, 481, 482, 485-488, 490, 491, 493-496, 525-529, 531, 532, 534, 539, 564-566, 568, 575, 578, 580, 581, 591, 597, 601-603, 605, 624, 629, 631, 635, 638, 639, 641, 643, 647, 651, 654, 656, 661, 675-677, 686, 687 |

幸徳事件 ………………………………………………… 164, 165, 169, 170
河野広中 ………………………………………………………… 53, 54
公判 ……… 4, 5, 9, 24, 29, 30, 60, 66, 67, 82, 83, 85, 87-91, 93, 115, 122, 127-129, 144, 163, 169, 171, 174, 230, 255, 263-265, 275, 277, 280, 281, 292, 327-329, 331-347, 349, 350, 353-355, 357, 362-364, 366-371, 373-382, 385, 409, 411, 412, 418, 424, 425, 434, 443, 444, 450, 508, 510, 511, 514, 518, 519, 525, 527, 528, 530, 531, 534, 539, 541, 558-564, 575-578, 592-594, 596, 602, 611, 638, 646, 647, 660, 661, 674-676, 678, 688-693, 700
公判前整理手続 ……… 340, 362-364, 366-368, 370, 371, 376, 379, 596, 611, 678, 692, 700
公判中心主義 ……… 88, 90, 331, 334, 336, 337, 339, 342, 343, 369-371, 382, 385, 689-693
神戸事件 …………………………………………………………… 33, 34
拷問 ………………… 15, 18, 24, 25, 28, 44, 48, 81, 82, 310, 328, 670, 689, 699
勾留 ……… 4, 25, 29, 84, 85, 163, 316, 325, 326, 330, 354, 356, 371, 372, 377, 378, 380, 384, 450, 501, 511, 512, 534, 536, 537, 538, 590-593, 595, 596, 599, 603, 604, 610, 634, 635, 643, 651, 653, 654, 693
五箇条の御誓文 ………………………………………… 6, 8, 13, 14, 51, 686
国王の代官 ……………………………………………………………… 17
国事犯 ……………………………………… 15, 23, 45, 47-49, 56, 60, 66
獄庭規則 ………………………………………………………………… 15
国鉄3大ミステリー事件 …………………………………… 406, 422, 498
国鉄檜山丸事件 ………………………………………………………… 396
小作争議 ………………… 120, 123, 156, 158, 236-239, 241, 243, 245-249, 299, 427
児島惟謙 ………………………………………………………………… 75
国会乱入事件 ……………………………………… 500-502, 506, 515, 517
国家憲兵隊 ……………………………………………………………… 19
国家訴追主義 ……………………………………………… 28, 30, 84, 327

古典学派 …………………………………………………… 98-100, 105, 113
米騒動 ……………………………………… 120, 135, 142, 144-148, 150, 202, 204, 299

[さ]

罪刑法定主義 ……………………… 2, 3, 6, 15, 31, 37, 80, 81, 100, 107-116, 118, 386,
　　　　　　　　　　　　　　　　　　 395, 403, 404, 410, 430, 456, 481, 694-697, 701
罪刑法定主義の動的意義 ………………………………………………………… 116
西郷隆盛 ……………………………………………………… 40, 43, 44, 47, 51
財田川事件 ……………………………………………………………… 373, 374
裁判員 …… 94, 360, 361, 364-371, 376-378, 381, 385, 536, 596, 611, 678, 692, 693, 698-700
裁判員の参加する刑事裁判に関する法律 ………………………………………… 360
裁判員法 …………………………………………………………… 360, 364, 365, 678
裁判所 ……… 2, 4-7, 9, 13, 14, 16, 17, 22-29, 35, 44-49, 53, 55, 56, 60, 62, 64-67, 73-79, 82,
　　　　　　 84-90, 92-94, 97, 107, 114-118, 120, 122, 124, 125, 127, 129-131, 133, 137,
　　　　　　 140-142, 145-147, 149, 151, 153, 155, 157-159, 161, 164, 169, 171, 182, 184,
　　　　　　 187, 188, 191, 193, 194, 196, 198, 200, 209, 212, 215, 218, 221, 224, 227, 230,
　　　　　　 236, 237, 240, 242-244, 247, 248, 250, 252, 257, 259, 261, 264-267, 270-275,
　　　　　　 296, 300, 304, 306-314, 316, 320, 324, 325, 327, 330-333, 335, 337-342,
　　　　　　 344-349, 351-354, 356, 357, 361-366, 368-371, 374, 375, 378, 381, 386, 389,
　　　　　　 397, 403, 407, 409, 411, 418, 420-423, 425, 428, 431, 432, 437, 439, 440, 445,
　　　　　　 450, 455, 460, 467, 468, 485, 487, 492, 495, 498, 500, 501, 509, 511, 516, 518,
　　　　　　 526-528, 530-532, 534, 539, 557-564, 568, 576-579, 582, 594, 597, 604, 605,
　　　　　　 615, 627, 638, 644, 661, 667, 668, 676, 679, 683, 686-688, 690-698
裁判所構成法 ……………………………… 7, 49, 56, 77, 78, 82, 164, 169, 311, 687
裁判所法 …………………………………………………………………………… 311
裁判の迅速化に関する法律 ……………………………………… 360, 361, 611, 678
堺事件 ………………………………………………………………………… 33, 34
佐賀小作争議事件 ………………………………………………………………… 156
佐賀の乱 ………………………………………………………… 23, 43, 44, 51
坂本弁護士一家事件 ……………………………………………………… 660, 664
桜田門外事件 …………………………………………………………… 164, 172
さつき山荘殺人未遂事件 ………………………………………………… 538, 553
佐藤首相訪米阻止事件 ……………………………………… 467, 480, 484, 485
サリンプラント事件 ……………………………………………………… 660, 666
山岳ベース殺人等事件 …………………………………………… 538, 544, 565

三審制 ……………………………………	5, 22, 23, 27, 30, 77, 686, 687
三無主義事件 …………………………………………	455
三里塚芝山連合空港反対同盟 …………………	613, 653, 658

[し]

事後審 …………………………………………	331, 416, 420, 423, 602
私訴 ………………………………………………………	28, 30, 84
実質的違法性 ………………………………………	392, 393, 395, 487, 495
実体法 ………………………………………	4, 7, 14, 15, 18, 25, 31, 32, 52, 76, 97, 116, 306, 310, 355, 385, 386, 395, 604, 694, 698
自白法則 ………………………………………………………	331
芝山町長宅警察官詰め所襲撃事件 …………………………	615
渋谷暴動事件 ………………………………………………	388, 455, 458
司法警察 ………………………………	16, 19, 21, 22, 23, 27, 28, 83-86, 95, 128, 317, 325, 326, 332, 358, 363, 378, 686, 688, 690
司法警察規則 …………………………………………………	16, 19, 21
司法権の独立 …………………………………	36, 47, 49, 74, 76, 209, 312
司法事務 ………………………………………………………	16, 312
司法省 ………………………………	16, 18, 23, 24, 27, 45, 47, 48, 79, 97, 233, 234, 314, 686, 687
司法職制章程 …………………………………………………………	16
司法職務定制 ……………………………………………………	16-18, 24, 48
司法制度改革 ………………………………	327, 340, 360, 364, 367, 368, 371, 376, 379, 383, 426, 610, 678, 686, 692, 693, 698, 700
司法制度改革関連法案 ………………………………………	360
下総御料牧場総駿会館乱入事件 ………………………	614, 616
下山事件 ………………………………………………………	406
社会防衛論 …………………………………………	98, 99, 104, 106, 391
社学同 ………………………………………………………	503, 505, 539
社青同 ………………………………………………………	463
上海事件 ………………………………………………………	174
上海爆弾事件 …………………………………………………	174
重罪 …………………	24-26, 28-31, 48, 52, 55, 56, 60, 64-67, 69, 82, 83, 85, 97, 107, 686
自由心証主義 ………………………………………	30, 87, 328, 689, 699
修正された弾劾的捜査観 ………………………………………	372
自由党 ………………………………	14, 51, 53-55, 58, 59, 64-66, 68, 119, 182, 184

一〇・二一国際反戦デー事件 …………………………………… 581, 583, 585, 590, 593
一〇・二〇成田現地闘争事件 …………………………………… 614, 640
縮小解釈 ……………………………………………………………… 108
主張関連証拠 ………………………………………………… 363, 379, 692
攘夷事件 ……………………………………………………… 14, 33, 35
証拠開示 …………………………………… 341, 344-348, 362-364, 377, 379
上告 ……… 5, 16, 23, 26, 30, 49, 60, 67, 77, 83, 86, 91, 94, 116, 122, 124, 129, 131, 134, 138, 140-142, 145-149, 151-153, 155, 157, 159-161, 184, 185, 187, 188, 194, 196, 198-201, 215, 218, 222, 224, 227, 228, 230, 238, 240, 243, 245, 247, 248, 260, 270, 296, 297, 311, 330, 349, 409, 410, 412, 414, 417, 420, 421, 423, 430, 432, 434, 436, 437, 439-441, 443, 444, 447-449, 456, 460, 468, 470, 475-477, 481, 482, 485, 486, 488-491, 493, 494, 525-530, 532, 539, 565, 568, 575, 578-581, 597, 601, 605, 616, 624, 629, 631, 635, 638, 639, 641, 645, 649, 651, 654, 658
証拠裁判主義 ………………………………………………………… 328
上訴 ………………………… 26, 27, 30, 49, 83, 86, 274, 275, 292, 293, 330, 412, 511
証明予定事実 ………………………………………………………… 340
昭和天皇 ……………………………………………………… 180, 304, 307
職権主義 ……………………………………………… 29, 85-90, 336, 370, 371, 528
書面中心主義 ………………………………………… 342, 370, 375, 422, 423, 425
新宿事件 …………………………………………………… 427, 436, 437, 446, 449
親中共派 ……………………………………………………………… 463
新東京国際空港の安全確保に関する緊急措置法 → 緊急措置法
神兵隊事件 ………………………………… 250, 263, 264, 275, 276, 279-281, 293
新律綱領 ……………………………………………………… 15, 18, 25, 37

[す]

吹田事件 ……………………………………… 427, 428, 436-438, 440, 445, 453
スターリン …………………………………………………… 109, 234, 462
スパイ査問事件 ……………………………………………………… 223, 229

[せ]

政体書 ………………………………………………………… 14, 36, 686
西南戦争 ……………………………………………… 23, 42-48, 51, 119, 292, 298
精密司法 ……………………………………………………… 333, 334, 425
政友会 ……………………… 128, 136, 137, 144, 152, 153, 168, 183, 184, 192, 194,

事件・人名・事項索引 | 717

　　　　　　　　　　　　　　　　195, 197, 206, 257, 259, 262, 263, 268, 276, 290
赤軍派 ……………………………… 462, 463, 542, 543, 551, 581-587, 589, 590
全学共闘会議　→　全共闘
全学闘 ………………………………………………………… 517, 519, 520
全学闘争委員会　→　全学闘
全学連 ……… 388, 446, 447, 455, 458, 459, 462, 469, 500-509, 512, 513, 515, 517, 640, 697
戦旗派 …………………………………… 463, 614, 635, 636, 638, 640, 652
全共闘 …………………………… 517-519, 521-525, 532, 625, 697
選挙騒擾事件 ……………………………………… 192-195, 197, 199, 201
全逓東京中郵事件 …………………………………………………… 397
全逓名古屋中郵事件 ………………………………………………… 400
全日本学生自治会総連合　→　全学連

[そ]

訴因 …………………………………… 327, 445, 528, 558, 595, 596, 675
捜査 ……… 4, 5, 9, 21, 27-29, 59, 67, 83-85, 91, 92, 94, 95, 127-129, 163, 168, 313, 315-317,
　　　　325, 326, 331-336, 339, 341, 342, 344, 346, 347, 356, 358, 359, 370-378, 381, 384,
　　　　385, 396, 398, 409-412, 418, 420, 422, 423, 425, 427, 441, 450, 451, 453, 474,
　　　　476-479, 498, 528, 530, 594, 595, 604, 610, 641, 647, 648, 673, 674, 679, 686,
　　　　　　　　　　　　　　　　　　　　　　　　　　　688-691, 693, 694
総持寺納骨堂爆破事件 ………………………………………… 567, 570
騒擾罪 ………… 93, 119, 138-142, 144-146, 149, 150, 153, 155-157, 160, 192-196, 198-203,
　　　　270-272, 389, 427, 428, 430-437, 439-441, 443-445, 448-451, 454-456,
　　　　　　　　　　　　　　　　　　　　　　　　　　　　　459-461, 535
騒乱罪 …………………………………… 8, 119, 138, 427, 443, 450, 480
ソヴィエト・ロシア ……………………………………… 109, 118, 169, 205
組織法 ……………… 4, 7, 14, 16, 22, 25, 30, 32, 76, 77, 80, 306, 310, 311, 604, 686, 687, 698

[た]

第一次憲政擁護騒擾事件 ……………………………… 120, 135, 137, 184, 202
第一次代執行阻止闘争事件 ……………………………… 614, 617, 619, 623
第一次安田講堂占拠事件 ………………………………………… 517, 519
第一次横堀要塞鉄塔撤去阻止闘争事件 ………………………… 614, 633, 634
大逆事件 …………………………………………… 164, 173, 175, 264
第五ゲート突入事件 ……………………………………… 614, 631, 633

代言人 …………………………………………………… 17, 24, 27, 29, 78, 79, 687
代言人規則 ……………………………………………………………… 24, 27, 687
代言人組合 ……………………………………………………………………… 27
第三次立入調査妨害事件 ………………………………………… 614, 618, 623
大審院 ………… 16, 22-26, 30, 46-49, 56, 60, 67, 74-77, 79, 86, 120, 123, 124, 129-131, 134,
　　　　135, 138-142, 145-150, 152-162, 164, 165, 168, 169, 171, 172, 174, 184-188,
　　　　191, 193-197, 199, 201, 202, 207-210, 212, 213, 215, 216, 218, 219, 222-225,
　　　　228-230, 232, 236-239, 241, 243, 245-247, 249, 254, 260, 271, 275-277, 280,
　　　　　　　　　294, 297, 309, 312, 343, 432, 490, 686, 687
大成建設爆破事件 ………………………………………………………… 567, 573
大政奉還 ………………………………………………………………………… 12, 14
第二次代執行報復闘争事件 ……………………………… 614, 626, 628, 629, 656
第二次安田講堂占拠事件 ………………………………………… 517, 519, 522
大日本帝国憲法 ………… 6, 8, 21, 25, 70, 72-74, 76-78, 81, 82, 97, 107, 108, 110, 112, 115,
　　　　　　119, 162, 177, 180, 182, 202, 231, 265, 266, 270, 282, 294, 300, 305,
　　　　　　　　　　307-309, 312, 686, 687, 690, 695, 696
逮捕 ……… 4, 21, 35, 44, 55, 57, 58, 63-65, 73, 81, 92, 107, 151, 163, 171, 174, 215, 217, 221,
　　　　280, 309, 316, 320, 325, 326, 371, 372, 377, 378, 380, 381, 384, 412, 450, 463, 467,
　　　　477, 479, 494, 500, 506, 507, 525, 540, 541, 544, 548, 553, 554, 568, 585, 586, 589,
　　　　591, 593, 600, 605-610, 637, 642, 644, 650, 660, 672, 673, 675, 679, 693, 700
大菩薩峠事件 ……………………………………………… 581, 583, 585, 590, 593, 594
第四インターナショナル ………………………………………………… 462, 613
平事件 ……………………………………………… 427, 428, 432, 435, 440, 445, 449
高田事件 ……………………………………………………………………… 348, 349
滝本弁護士サリン事件 …………………………………………………… 660, 666
田口事件 ……………………………………………………………………… 660, 663
太政官 ………………………………… 7, 14-17, 19, 21, 23-29, 31, 46, 48, 52, 55, 56,
　　　　　　　　　　59, 66-70, 77, 97, 107, 119, 686, 689, 694
ダッカ事件 ………………………………… 463, 568, 589, 597, 599, 601-604, 612
田中正造 ……………………………………………………………………… 122, 168
弾劾主義 …………………………………………………………………… 29, 372, 373
弾劾的捜査観 ………………………………………………………………… 371, 372
断獄順序 ……………………………………………………………………………… 17
断獄則例 ……………………………………………………………………… 18, 24
弾正台 ………………………………………………………………………… 15, 16

団体規制法 …………………………………………………………… 674, 679, 681-683

[ち]

治安維持法 ……………………… 93, 204, 206-209, 212, 214-221, 223-235, 452
地下鉄サリン事件 ……………………………………… 660-662, 673, 675, 679, 680
治罪法 ………………… 7, 18, 22, 24, 25, 27-31, 48, 52, 56, 66, 77, 82, 83, 686, 687, 689, 690
秩父事件 …………………………………………………………… 51, 60, 63, 64, 66
秩父宮ラグビー場事件 …………………………………………………… 517-519, 522
千葉県収用委員会会長襲撃事件 ………………………………………………… 614, 645
千葉県収用委員会審理妨害事件 ………………………………………… 614, 617, 623
中核派 ……… 388, 447, 455, 458, 459, 462, 492, 497, 613, 615, 629, 631, 639, 640, 646, 648
聴取書 ………………………………………………………………… 85, 86, 128, 690
朝鮮人殺傷目的ダイナマイト譲与事件 ………………………………………… 186
徴兵令 …………………………………………………………………… 14, 45, 51
超法規的違法性阻却事由 ……………………… 355, 391-396, 403, 404, 517, 697
超法規的釈放 …………………………………………………………………… 600
直接主義 ……………………… 86-90, 331, 334-337, 370, 371, 385, 689-692
直接審理主義　→　直接主義

[つ]

通常逮捕 ……………………………………………………… 326, 479, 593, 609

[て]

帝人中央研究所爆破事件 ………………………………………………… 567, 572
手続法 ……………………… 4, 7, 14-18, 24, 25, 28, 31, 32, 52, 76, 77, 82, 306, 309, 310, 318, 319, 324, 604, 689, 690, 692, 698
天皇 ………… 12, 13, 19, 35, 39-41, 51, 72, 73, 75, 81, 164, 165, 171, 173-180, 207, 209, 213, 226, 227, 232-234, 259, 261, 265, 266, 269, 270, 276, 280-282, 290, 294, 298, 300, 304, 307, 308, 311, 453, 567, 570, 571, 575, 580, 686
天皇制 ………………………… 175-177, 179, 180, 207, 209, 232-234, 265, 300, 307, 308
伝聞法則 ………………………………………… 328, 331, 334-336, 342, 345, 691
天理本道事件 ………………………………………………………………… 225

[と]

東京都条例違反事件 ……………………………………………… 467, 469, 489

当事者主義 ……………………… 87, 88, 90, 331, 332, 334, 336-338, 355, 369-371, 528, 691, 699
東大事件 ………………………………… 517-519, 522, 524, 527, 529, 530, 532-535, 586
東鉄工業物井出張所放火事件 ………………………………………………… 615
東峰十字路事件 ……………………………… 614, 616, 625, 626, 629, 655, 656
東北戦争 ……………………………………… 38, 39, 41, 42, 45, 51, 52, 119, 298
徳島市条例違反事件 …………………………………………………… 467, 480, 481
特別高等警察 ………………………………………………………………………… 80
特別予防論 ……………………………………………………… 99, 100, 103, 391
ドバイ事件 ……………………………………… 463, 589, 597, 601, 603, 604, 612
冨田事件 …………………………………………………………………… 660, 670
虎ノ門事件 ……………………………………………………… 164, 169, 171, 206

[な]

内務省 ……………………………………………… 19, 44, 95, 233, 234, 247, 255
永岡VX事件 ………………………………………………………… 660, 672, 675
永田鉄山殺害事件 …………………………………………………………… 250, 283
名古屋事件 ………………………………………………………………………… 51, 66
ナチス・ドイツ ……………………………………… 80, 81, 109, 112, 118, 233
七・二一菱田現地闘争事件 ……………………………………………………… 614, 639
成田空港管制塔占拠事件 ……………………………………… 614, 616, 635, 657
成田空港工事関連会社事務所等爆破事件 ……………………………………… 615
成田事件 ……………………………… 463, 464, 613, 614, 637, 644, 645, 654-656, 697

[に]

新潟県条例違反事件 …………………………………………… 467, 468, 473, 489
新潟小作争議事件 ………………………………………………………………… 158
二・一四千葉市内デモ行進事件 ………………………………………………… 614, 619
二審制 ……………………………………………………………… 22, 30, 208, 235
日米安全保障条約 → 安保条約
日露戦争 ………………………………………………… 110, 126, 167, 179, 306
二・二六事件 ……………………………… 250, 252, 282, 289, 291-294, 339, 344
日本学生社会科学連合会 ………………………………………………………… 209
日本共産党 …… 81, 172, 177, 204-206, 209, 211-213, 215-221, 223, 224, 227, 229, 234, 299,
300, 428, 441, 442, 452, 453, 462-464, 467, 522, 538-540, 558, 566, 696
日本共産党革命左派 …………………………………………… 463, 538-540, 558

日本共産党革命左派神奈川県委員会	463
日本国憲法	3-6, 8, 72, 118, 162, 180, 181, 207, 306-312, 314, 316, 319, 324, 330, 334, 386, 404, 460, 687, 689
日本社会主義学生同盟	503
日本社会主義青年同盟	463
日本赤軍	463, 568, 581, 589, 591, 597-599, 605-608, 610, 611
日本飛行機専務宅放火事件	615

[は]

ハーグ事件	463, 605-612
陪審法	90, 92, 93, 94, 341
陪審法の停止に関する法律	94
廃刀令	14
廃藩置県	12, 14, 16
破壊活動防止法	235, 388, 437, 452, 453, 455, 456, 458, 460, 462-464, 581, 583, 584, 585, 680, 683
爆発物取締罰則	67, 182, 186, 187, 190, 567-580, 581-585
函館戦争	38, 40, 41, 42, 52, 298
間組爆破事件	567, 573, 574
羽田空港突入事件	538, 540, 558, 564
羽田事件	500, 501, 503, 508, 512, 515
浜口雄幸襲撃事件	250, 257
濱口VX事件	660, 671, 672, 675
原敬首相私邸及び政友会本部向けデモ行進騒擾事件	152
犯罪	2, 4, 5, 7-9, 12, 17, 18, 21, 22, 24, 26, 28-31, 37, 56, 58, 60, 68, 69, 81, 83, 84, 86, 90, 93, 97, 99-108, 111, 114-120, 123,-125, 129, 138, 139, 147, 151, 157, 162, 187, 189, 190, 192, 199, 201, 203, 208, 218-220, 222, 233, 236, 238, 243, 245, 256, 257, 260, 267, 270, 272, 282, 300, 306, 309, 310, 313, 316-321, 323, 325-327, 329, 340, 356, 357, 365, 374, 377, 378, 383-389, 391-397, 399, 404, 411, 412, 414, 415, 423, 431, 444, 445, 450, 451, 456-458, 460, 461, 476, 481-483, 488, 490, 510, 515, 516, 537, 580, 588, 627, 638, 644, 645, 677-679, 686, 688, 691, 694-699
判事	15-18, 22-26, 28-30, 45-49, 56, 75-79, 84-87, 89-91, 95, 128, 264, 265, 311-313, 315, 335, 350, 353, 356, 368, 371, 576, 687-690
判事職制通則	24
版籍奉還	12

[ひ]

東アジア反日武装戦線 …………………………………… 463, 567, 568, 572-575
東山薫死亡事件 ……………………………………………… 614, 631, 633
ヒトラー ……………………………………………………………………… 109
日比谷焼き打ち事件 …………………………………………… 120, 125, 144, 168
ビルクマイヤー ………………………………………………………………… 99
広島憲政擁護騒擾事件 ……………………………………………………… 139
ビンディング ……………………………………………………………… 99, 100

[ふ]

風雪の群像爆破事件 ………………………………………………… 567, 570
フェリー …………………………………………………………………………… 99
フォイエルバッハ ………………………………………………………… 98, 100
福岡県川村小作争議事件 ………………………………………………… 123
福岡検米反対騒擾事件 …………………………………………………… 141
福島事件 ………………………………………………… 48, 51-54, 56, 58, 60, 65
覆審 ……………………………………………………………… 86, 331, 423, 425
不告不理の原則 …………………………………………………………… 29, 91
附帯犯 …………………………………………………………………………… 29
不平等条約 ……………………………………………………… 12, 37, 76, 698
プロ青同 ……………………………………………………… 614, 635, 636, 638
プロレタリア青年同盟　→　プロ青同

[へ]

ヘーゲル ………………………………………………………………………… 99
弁護官 …………………………………………………………………………… 24
弁護士 …… 17, 24, 27, 78-80, 116, 126, 128, 168, 190, 276, 310, 312, 314, 315, 338, 346, 350, 352, 355, 358-360, 365, 376, 382, 383, 561, 576, 578, 648, 660, 664, 666, 667, 671, 672, 687, 689, 692, 701
弁護士法 …………………………………………… 78, 79, 310, 314, 315, 687, 689
弁護人 … 4, 5, 9, 27, 29, 30, 49, 66, 70, 83, 85, 87, 91, 124, 134, 138, 151, 153, 155, 157, 159, 161, 169, 184, 187, 188, 190, 193, 195, 200-202, 215, 222, 224, 227, 230, 238, 240, 241, 243, 245, 247-249, 259, 260, 263, 264, 270-273, 277, 278, 280, 281, 291-293, 296, 309, 310, 325-328, 331-334, 337-349, 351-356, 361-364, 366-371, 373,

| | 375-379, 382-385, 391, 392, 395, 409-412, 420, 421, 425, 432, 437, 445, 446, 448, 450, 456, 460, 498, 508, 509-511, 514, 516-518, 525-532, 537, 558-566, 575-579, 580, 592-596, 601, 609, 655, 660, 661, 675-677, 687, 690-693 |
| 弁論 | 29, 30, 66, 87-90, 93, 169, 255, 265, 275, 281, 328, 331, 333, 337, 367, 409, 410, 444, 510, 531, 579, 594, 667, 668 |

[ほ]

法治主義	3, 4, 6, 13, 74, 108, 112, 114-116, 118, 256, 266, 282, 305, 386, 395, 403, 604, 654, 689, 692, 694-697, 701
法定証拠主義	18, 24, 25
冒頭陳述	328, 340, 350, 367, 368, 562, 594, 596, 691, 692
法の支配	5, 6, 13, 41, 74, 114, 124, 305, 689, 701
暴力行為等処罰に関する法律	236, 238, 243, 245, 249, 439, 500, 506, 507
法令審査権	5, 6, 118, 304, 308, 309, 386, 687
補強法則	331
戊辰戦争	12, 38
ポツダム宣言	180, 304, 308
北方文化研究施設爆破事件	567, 570
ボワソナード	25, 31, 32

[ま]

松川事件	352, 406, 412
松本サリン事件	660, 667, 670, 673, 675, 679, 680
松山事件	373, 374
マルクス	108, 110, 170, 175, 177, 179, 180, 204, 205, 210, 211, 217, 229, 299, 300, 453, 540, 546, 569, 625, 697, 701

[み]

水野VX事件	660, 670, 671, 675
三鷹事件	406-408, 422, 423, 426, 432
三菱重工爆破事件	567, 571
民事事件	2, 23, 559, 668, 687
民撰議院設立建白書	44, 51
民団	141, 172, 174, 349

[む]

無罪 … 5, 25, 30, 46, 64, 65, 67, 83, 94, 122, 123, 127, 128, 133, 134, 138, 189, 191, 226, 255, 256, 277, 278, 292, 293, 310, 329, 330, 334, 342, 354, 373-375, 380-382, 385, 386, 395, 396, 404, 406, 409, 412, 414, 416, 417, 421, 422, 424, 430, 432-434, 436, 437, 439-441, 443, 445, 471, 481, 486, 487, 491, 494, 498, 499, 609, 626, 646, 660, 692, 693, 697, 701

無差別大量殺人行為を行った団体の規制に関する法律　→　団体規制法
陸奥宗光 …………………………………………………………………… 76

[め]

明治憲法　→　大日本帝国憲法
メーデー事件 ………… 212, 213, 353, 354, 427, 428, 433, 436, 437, 440, 445, 449, 453, 559
免田事件 …………………………………………………………… 373, 374

[も]

真岡猟銃強奪事件 ……………………………………………… 538, 541, 542
黙秘権 ………………… 91, 310, 325, 328, 331, 372, 373, 383-385, 412, 422, 699

[や]

安田講堂占拠事件 ……………………………………………… 517, 519, 522
安田善次郎殺害事件 …………………………………………………… 250
山口藩兵騒擾事件 ……………………………………………………… 42, 43
山梨県南都留郡税務署兇徒聚衆事件 ………………………………… 130

[ゆ]

有罪 ……… 5, 18, 25, 65, 67, 86, 91, 94, 115, 122, 124, 127-129, 131, 133, 134, 138, 140, 141, 144-146, 149, 151, 153, 155, 157, 159, 161, 165, 169, 194, 196, 198, 200, 215, 218, 222, 224, 227, 230, 238, 240, 243, 245, 247, 248, 259, 292, 293, 296, 310, 314, 328-331, 333, 334, 344, 379-382, 385, 411, 412, 414, 416, 417, 420-422, 424, 425, 430, 432, 434, 436, 439, 441, 443, 448, 456, 460, 468, 475, 481, 482, 493, 494, 498, 510, 525, 529, 591, 595, 626, 638, 647, 656, 660, 677, 689, 692, 693, 699

[よ]

要急事件 ………………………………………………………………… 84, 86

横井小楠暗殺事件 …………………………………………………… 34
横浜暴動事件 ………………………………………………………… 129
横浜労働争議事件 …………………………………………………… 160
横堀団結砦死守戦事件 ………………………………… 615, 651, 652
予審 ………………… 25, 28-30, 55, 56, 66, 67, 75, 82-87, 91-94, 120, 123, 127, 128, 144,
　　　　　　　　　　151, 168, 171, 174, 330-332, 335, 339, 341, 344, 370, 371, 690, 691
予審判事 ……………………………… 25, 28-30, 56, 75, 84-86, 91, 128, 335, 371, 690
予断排除の原則 ……………………………………… 327, 331, 341, 364, 525, 526
よど号ハイジャック事件 ………………………… 581, 582, 585, 588, 589, 593, 597
四・二六事件 ………………………………………… 500, 501, 504, 508, 512

[り]

リスト ……… 99, 100, 170, 171, 174, 191, 349-353, 355, 357-59, 390, 396, 398, 400, 408, 413,
　　　　　　　426, 428, 433, 441, 446, 453, 455, 458, 468, 469, 472, 474, 480, 481, 485, 526, 530,
　　　　　　　　　　　　　　　　　　　　　　　　　　　　　　568, 600, 658, 681

[る]

類型証拠 ……………………………………………………… 362, 363, 368, 379, 692
類推解釈 ………………………………………… 107, 108, 111, 112, 117, 118, 386
類推解釈の禁止 ……………………………………………… 107, 108, 118, 386

[れ]

令状主義 …………………………………………………… 4, 6, 309, 310, 330, 689
連合国軍最高司令部 ………………………………………………………… 180
連合赤軍 ………………………………… 463, 508, 538, 543, 544, 557, 558, 565, 697
連日的開廷の原則 …………………………………………………………… 364
連続企業爆破事件 …………………………………………… 463, 567-569, 612

[ろ]

労働争議 ……………………………… 120, 144, 152, 154, 158, 248, 259, 295, 299, 427, 465
六・一五国会乱入事件 ………………………………………………… 500, 501, 506
六全協 ………………………………………………………………………… 462
ロシア革命 ……………………………… 143, 144, 175, 177, 179, 204, 299, 300, 566
論告 ………………………………… 169, 255, 265, 274, 275, 281, 328, 367, 368, 594

[わ]

和歌山隠れ家事件……………………………………………………………… 216

判 例 索 引

九州臨時裁判所明治 10 年 9 月 30 日判決
　　(「日本政治裁判史録　明治・前」418 頁)（西南戦争）……………… 47
東京高等法院明治 16 年 9 月 1 日判決
　　(「日本政治裁判史録　明治・後」36 頁)（福島事件）………………… 53
浦和重罪裁判所明治 18 年 2 月 19 日判決
　　(「日本政治裁判史録　明治・後」82 頁)（秩父事件）………………… 60
栃木重罪裁判所明治 19 年 7 月 3 日判決
　　(「日本政治裁判史録　明治・後」62 頁以下)（加波山事件）………… 56
第二期臨時大阪重罪裁判所明治 20 年 9 月 24 日判決
　　(「日本政治裁判史録　明治・後」109 頁)（大阪事件）………………… 64
大審院明治 24 年 5 月 27 日判決
　　(「日本政治裁判史録　明治・後」174 頁)（大津事件）………… 74, 75, 686
大審院明治 25 年 6 月 30 日判決
　　法律新聞 1875 号 4 頁 ………………………………………………… 86
大審院明治 25 年 7 月 12 日判決
　　(「日本政治裁判史録　明治・後」193 頁)……………………………… 86
東京控訴院明治 35 年 3 月 15 日判決
　　(「日本政治裁判史録　明治・後」319 頁)（足尾鉱毒兇徒聚衆事件）… 122
大審院明治 35 年 5 月 12 日判決
　　刑事判決録 8 輯 5 巻 105 頁（足尾鉱毒兇徒聚衆事件）……… 120, 123
宮城控訴院明治 35 年 12 月 25 日判決
　　(「日本政治裁判史録　明治・後」332 頁)（足尾鉱毒兇徒聚衆事件）… 123
大審院判決明治 37 年 5 月 31 日
　　刑事判決録 10 輯 1225 頁（福岡県川會村小作争議事件）…………… 123
大審院明治 39 年 7 月 2 日判決
　　刑事判決録 12 輯 800 頁（横浜暴動事件）…………………………… 129
東京地方裁判所明治 39 年 7 月 10 日判決
　　(「日本政治裁判史録　明治・後」413 頁)（日比谷焼き討ち事件）… 125, 127
大審院明治 40 年 3 月 15 日判決
　　刑事判決録 13 輯 257 頁（山梨県南都留郡税務署兇徒聚衆事件）… 130, 131
宇都宮地方裁判所明治 40 年 9 月 7 日判決
　　(「日本政治裁判史録　明治・後」445 頁)（足尾鉱山暴動事件）… 131, 133
大審院明治 41 年 4 月 14 日判決

刑事判決録 14 輯 396 頁（足尾鉱山暴動事件） …………………………　134
大審院明治 44 年 1 月 18 日判決
　　　（「日本政治裁判史録　明治・後」559 頁）（幸徳事件） ………………　165
大審院大正 3 年 4 月 1 日判決
　　　刑事判決録 20 輯 417 頁（第一次憲政擁護騒擾事件） ……………　135, 138
大審院大正 3 年 10 月 19 日判決
　　　刑事判決録 20 輯 1884 頁（広島憲政擁護騒擾事件） ………………　139, 140
大審院大正 4 年 11 月 2 日判決
　　　刑事判決録 21 輯 1831 頁（福岡検米反対騒擾事件） ………………　141, 142
大審院大正 7 年 5 月 24 日判決
　　　刑事判決録 24 輯 613 頁（大隈重信首相暗殺未遂事件） ……………　184, 185
大審院大正 8 年 5 月 17 日判決
　　　刑事判決録 25 輯 644 頁（奈良米騒動事件） ……………………………　145
大審院大正 8 年 5 月 19 日判決
　　　刑事判決録 25 輯 657 頁（安濃津米騒動事件） ………………………　146, 147
大審院大正 8 年 5 月 23 日判決
　　　刑事判決録 25 輯 673 頁（和歌山米騒動事件） …………………………　147
大審院大正 8 年 6 月 23 日判決
　　　刑事判決録 25 輯 800 頁（新潟米騒動事件） …………………………　148, 149
大審院大正 9 年 3 月 2 日判決
　　　刑事判決録 26 輯 118 頁（福岡米騒動事件） …………………………　150, 152
大審院大正 9 年 10 月 2 日判決
　　　刑事判決録 26 輯 687 頁（朝鮮人殺傷目的ダイナマイト譲与事件） ………　186, 187
大審院大正 10 年 9 月 26 日判決
　　　刑事判決録 27 輯 602 頁（富山県衆議院議員選挙騒擾事件） …………　193, 194, 195
大審院大正 11 年 12 月 11 日判決
　　　刑集 1 巻 11 号 741 頁（秋田県衆議院議員選挙騒擾事件） ……………　195, 196
大審院大正 12 年 4 月 7 日判決
　　　刑集 2 巻 4 号 318 頁（原敬首相私邸及び政友会本部向けデモ行進騒擾事件）
　　　　　　　　　　　　　　　　　　　　　　　　　　　　　……………　152, 153
軍法会議大正 12 年 12 月 8 日判決
　　　（「日本政治裁判史録　大正」433 頁）（大杉栄殺害事件） …………　252, 253, 255
大審院大正 13 年 6 月 5 日判決
　　　刑集 3 巻 6 号 462 頁（福島県県会議員選挙騒擾事件） ……………　197, 199
大審院大正 13 年 7 月 10 日判決

刑集 3 巻 8 号 564 頁（大阪労働争議騒擾事件） ……………………………… 154
大審院大正 13 年 11 月 13 日判決
　　　（「日本政治裁判史録　大正」478 頁）（虎ノ門事件） ……………… 169
大審院大正 14 年 12 月 4 日判決
　　　刑集 4 巻 12 号 719 頁（静岡県衆議院議員選挙騒擾事件） ………… 199, 201
大審院昭和 2 年 4 月 5 日判決
　　　刑集 6 巻 3 号 128 頁（佐賀小作争議事件） …………………………… 156, 157
大審院昭和 2 年 12 月 20 日判決
　　　刑集 6 巻 12 号 533 頁（新潟小作争議事件） ………………………… 158, 159
行政裁判所昭和 2 年 12 月 27 日判決
　　　行録 38 輯 1330 頁 ……………………………………………………………… 309
大審院昭和 4 年 5 月 31 日判決
　　　刑集 8 巻 7 号 317 頁 …………………………………………………………… 207
大審院昭和 5 年 4 月 24 日判決
　　　刑集 9 巻 4 号 265 頁（横浜労働争議事件） …………………………… 160, 161
大審院昭和 5 年 5 月 27 日判決決定
　　　刑集 9 巻 6 号 369 頁（京都学連事件・大阪共産党事件） ……… 209, 210, 212
大審院昭和 6 年 12 月 21 日判決
　　　刑集 10 巻 12 号 819 頁（千葉小作争議事件） ……………………… 236, 237, 238
大審院昭和 7 年 3 月 18 日判決
　　　刑集 11 巻 3 号 190 頁（秋田小作争議事件） ………………………… 239, 241
東京地方裁判所昭和 7 年 4 月 22 日判決
　　　（「日本政治裁判史録　昭和・前」379 頁）（浜口雄幸襲撃事件） …… 257, 259
大審院昭和 7 年 4 月 25 日判決
　　　刑集 11 巻 7 号 494 頁（山形小作争議事件） ………………………… 241, 243
大審院昭和 7 年 4 月 28 日判決
　　　刑集 11 巻 8 号 530 頁（メーデー事件等） ……………………… 212, 213, 215
大審院昭和 7 年 6 月 15 日判決
　　　刑集 11 巻 11 号 848 頁（新潟（三條）小作争議事件） ……………… 243, 245
大審院昭和 7 年 9 月 30 日判決
　　　（「日本政治裁判史録　昭和・前」396 頁）（桜田門外事件） ……………… 172
大審院昭和 7 年 12 月 17 日判決
　　　刑集 11 巻 22 号 1888 頁（新潟（高田）小作争議事件） ……………… 245-247
大審院昭和 8 年 5 月 17 日判決
　　　刑集 12 巻 7 号 579 頁（栃木小作争議事件） ………………………… 247, 249

大審院昭和 8 年 6 月 5 日判決
　　刑集 12 巻 9 号 726 頁（井上準之助邸爆破事件）……………………… 187, 188
大審院昭和 8 年 7 月 6 日判決
　　刑集 12 巻 13 号 1154 頁（和歌山隠れ家事件等）……………………… 216, 218
東京地方裁判所昭和 9 年 2 月 3 日判決
　　（「日本政治裁判史録　昭和・前」530 頁）（五・一五事件）………………… 267
東京地方裁判所昭和 9 年 11 月 22 日判決
　　（「日本政治裁判史録　昭和・前」440 頁）（血盟団事件）………………… 261
大審院昭和 10 年 10 月 24 日判決
　　刑集 14 巻 22 号 1267 頁（五・一五事件）……………………………………… 271
大審院昭和 11 年 5 月 28 日判決
　　刑集 15 巻 11 号 715 頁（川崎第百銀行大森支店襲撃事件等）……………… 219, 222
東京陸軍軍法会議昭和 11 年 7 月 5 日判決
　　（「日本政治裁判史録　昭和・後」202 頁）（二・二六事件）……… 282, 289, 292
大審院昭和 12 年 3 月 3 日判決
　　刑集 16 巻 193 頁 ………………………………………………………………… 309
大審院昭和 12 年 9 月 13 日判決
　　刑集 16 巻 15 号 1257 頁（スパイ査問事件）………………………………… 223, 224
大審院昭和 16 年 3 月 15 日判決
　　刑集 20 巻 9 号 263 頁（「日本政治裁判史録　昭和・後」43 頁）（神兵隊事件）
　　　　　　　　　　　　　　　　　　　　　　　　　　　　　　　　　……… 275-277
大審院昭和 16 年 7 月 22 日判決
　　刑集 20 巻 16 号 447 頁（天理本道事件）……………………………………… 225, 228
大審院昭和 17 年 12 月 23 日判決
　　刑集 21 巻 24 号 615 頁（スパイ査問事件）…………………………………… 229, 230
大審院昭和 21 年 3 月 25 日判決
　　刑集 25 巻 1 号 3 頁（神風隊事件）…………………………………………… 294, 297

新潟地方裁判所高田支部昭和 24 年 12 月 6 日判決
　　刑集 8 巻 11 号 1884 頁（新潟県条例違反事件）……………………………… 468
最高裁昭和 25 年 2 月 1 日判決
　　刑集 4 巻 2 号 73 頁 ……………………………………………………………… 309
東京地裁昭和 25 年 8 月 11 日判決
　　刑集 9 巻 8 号 1378 頁（三鷹事件）…………………………………………… 408, 409

東京高裁昭和 25 年 10 月 26 日判決
　　刑集 8 巻 11 号 1885 頁（新潟県条例違反事件）……………………………… 468
東京高裁昭和 26 年 3 月 31 日判決
　　刑集 9 巻 8 号 1568 頁（三鷹事件）………………………………………… 408, 409
最高裁昭和 29 年 11 月 24 日判決
　　刑集 8 巻 11 号 1866 頁（新潟県条例違反事件）……………………………… 468, 489
最高裁昭和 30 年 6 月 22 日判決
　　刑集 9 巻 8 号 1189 頁（三鷹事件）………………………………………………… 408
福島地裁平支部昭和 30 年 8 月 18 日〜同年 9 月 29 日判決
　　判例時報 62 号 1 頁（平事件）……………………………………………………… 428, 430
仙台高裁昭和 33 年 6 月 30 日〜同年 7 月 1 日判決
　　判例時報 166 号 5 頁（平事件）…………………………………………………… 428, 430
東京地裁昭和 34 年 8 月 8 日判決
　　刑集 14 巻 9 号 1281 号（東京都条例違反事件）………………………………… 469-471
最高裁昭和 34 年 8 月 10 日判決
　　刑集 13 巻 9 号 1419 頁（松川事件）……………………………………………… 413, 414
最高裁昭和 35 年 7 月 20 日判決
　　刑集 14 巻 9 号 1243 頁（東京都条例違反事件）……………………………… 469-471, 489
最高裁昭和 35 年 12 月 8 日判決
　　刑集 14 巻 13 号 1818 頁（平事件）…………………………………………… 428, 430, 445
仙台高裁昭和 36 年 8 月 8 日判決
　　刑集 17 巻 7 号 1192 頁（松川事件）……………………………………………… 413, 417
東京地裁昭和 36 年 12 月 22 日判決
　　判例タイムズ 131 号 132 頁（全学連による一一・二七国会乱入事件等）
　　　　　　　　　　　　　　　　　　　　　………………… 500, 501, 508, 509, 511
最高裁昭和 38 年 3 月 15 日判決
　　刑集 17 巻 2 号 23 号（国鉄檜山丸事件）………………………………………… 396
最高裁昭和 38 年 5 月 22 日判決
　　刑集 17 巻 4 号 370 頁（東大ポポロ劇団事件）…………………………………… 324
大阪地裁昭和 38 年 6 月 22 日判決
　　判例時報 339 号 5 頁，同 357 号 13 頁（吹田事件）……………………………… 438, 439
最高裁昭和 38 年 9 月 12 日判決
　　刑集 17 巻 7 号 661 頁（松川事件）………………………………………………… 413, 417
京都地裁昭和 39 年 7 月 4 日判決
　　刑集 23 巻 12 号 1655 頁（京都市条例違反事件）………………………………… 474, 475

大阪高裁昭和 40 年 4 月 27 日判決
　　刑集 23 巻 12 号 1660 頁（京都市条例違反事件）……………………………… 474
東京地裁昭和 40 年 8 月 9 日判決
　　下級裁判所刑事裁判例集 7 巻 8 号 1603 頁（全学連による六・一五国会乱入事件）
　　　　　　　　　　　　　　　　　　　　　　　　…………… 501, 508, 510, 512
最高裁昭和 41 年 10 月 26 日判決
　　刑集 20 巻 8 号 901 頁（全逓東京中郵事件）………………………………… 397, 398
大阪高裁昭和 43 年 7 月 25 日判決
　　判例タイムズ 223 号 123 頁（吹田事件）……………………………………… 438, 439
最高裁昭和 44 年 4 月 25 日決定
　　刑集 23 巻 4 号 248 頁（公務執行妨害事件）………………………………… 347, 517
東京地裁昭和 44 年 4 月 30 日命令
　　判例タイムズ 234 号 57 頁（証拠開示命令）……………………………………… 518
東京地裁昭和 44 年 10 月 2 日決定
　　刑事裁判月報 1 巻 10 号 1039 頁（弁護人に対する監置制裁）………………… 531
東京地裁昭和 44 年 11 月 5 日決定
　　裁判所時報 534 号 12 頁（弁護人に対する監置制裁）…………………………… 531
名古屋地裁昭和 44 年 11 月 11 日〜同年 12 月 2 日判決
　　判例時報 584 号 3 頁（大須事件）……………………………………………… 441, 443
東京地裁昭和 44 年 11 月 28 日判決
　　判例タイムズ 241 号 315 頁（東大事件）………………………………………… 519
東京地裁昭和 44 年 12 月 5 日判決
　　判例タイムズ 242 号 121 頁（秩父宮ラグビー場事件）………………………… 519
東京地裁昭和 44 年 12 月 18 日判決
　　刑集 29 巻 9 号 842 頁（佐藤首相訪米阻止事件）…………………………… 485, 486
最高裁昭和 44 年 12 月 24 日判決
　　刑集 23 巻 12 号 1625 頁（京都市条例違反事件）…………………………… 474, 489
東京地裁昭和 45 年 1 月 16 日判決
　　判例タイムズ 244 号 118 頁（東大事件）…………………………………… 519, 532
東京地裁昭和 45 年 1 月 28 日判決
　　判例時報 579 号 86 頁（メーデー事件）……………………………………… 433, 434
東京地裁昭和 45 年 5 月 15 日判決
　　判例タイムズ 251 号 282 頁（第一次安田講堂占拠事件）……………………… 517
最高裁昭和 45 年 7 月 2 日決定
　　刑集 24 巻 7 号 412 頁（三無主義事件）……………………………………… 455, 456

東京高裁昭和 46 年 2 月 15 日判決
　　刑集 29 巻 9 号 848 頁（佐藤首相訪米阻止事件・第一次控訴審） ………… 485, 486
東京地裁昭和 46 年 3 月 8 日決定
　　判例タイムズ 261 号 288 頁（特別弁護人許可申請却下） ……………………… 531
東京地裁昭和 46 年 3 月 19 日判決
　　刑集 31 巻 3 号 653 頁（エンタープライズ寄港阻止事件） ………………… 492, 493
東京高裁昭和 46 年 12 月 9 日決定
　　判例タイムズ 276 号 364 頁（裁判官忌避申立却下決定に対する即時抗告事件）
　　　　　　　　　　　　　　　　　　　　　　　　　　　　　　　　　…………… 531
最高裁昭和 47 年 3 月 16 日決定
　　裁判集刑事 183 号 395 頁（吹田事件） …………………………………… 438, 440
東京高裁昭和 47 年 4 月 12 日判決
　　判例タイムズ 276 号 124 頁（東大事件） ……………………………………… 534
徳島地裁昭和 47 年 4 月 20 日判決
　　刑集 29 巻 8 号 551 頁（徳島市条例違反事件） ……………………………… 481
東京地裁昭和 47 年 4 月 25 日判決
　　判例タイムズ 279 号 151 頁（東大事件） ………………………………… 519, 533
東京高裁昭和 47 年 11 月 21 日判決
　　判例タイムズ 287 号 173 頁（メーデー事件） …………………………… 433, 434
最高裁昭和 47 年 12 月 20 日判決
　　刑集 26 巻 10 号 631 頁（高田事件） ……………………………………… 348, 446
東京地裁昭和 48 年 1 月 22 日決定
　　判例タイムズ 292 号 366 頁（忌避申立事件） …………………………… 558, 560
東京高裁昭和 48 年 1 月 31 日決定
　　判例タイムズ 292 号 377 頁（忌避申立事件） …………………………… 558, 560
高松高裁昭和 48 年 2 月 19 日判決
　　刑集 29 巻 8 号 570 頁（徳島市条例違反事件） …………………………… 481, 482
東京高裁昭和 48 年 10 月 4 日
　　判例タイムズ 304 号 263 頁（法文 3 号館事件） ………………………… 527, 531
東京高裁昭和 49 年 3 月 29 日判決
　　高等裁判所刑事判例集 27 巻 1 号 47 頁（エンタープライズ寄港阻止事件）… 492-494
東京高裁昭和 49 年 7 月 8 日判決
　　判例時報 766 号 124 頁 ………………………………………………………… 529
最高裁昭和 49 年 7 月 18 日決定
　　最高裁裁判集刑事 193 号 145 頁・判例タイムズ 312 号 188 頁（法文 3 号館事件）

　　　　　　　　　　　　　　　　　　　　　　　　　　………………　525, 526
最高裁昭和 49 年 11 月 6 日判決
　　刑集 28 巻 9 号 393 頁（猿払事件）………………………………　389, 390
東京高裁昭和 50 年 2 月 13 日判決
　　東京高裁判決時報刑事 26 巻 2 号 49 頁（法文 3 号館事件）……………　526
名古屋高裁昭和 50 年 3 月 27 日判決
　　判例時報 775 号 21 頁（大須事件）………………………………　441, 443
最高裁昭和 50 年 9 月 10 日判決
　　刑集 29 巻 8 号 489 頁（徳島市条例違反事件）……………　387, 481, 482
最高裁昭和 50 年 10 月 24 日判決
　　刑集 29 巻 9 号 777 頁（佐藤首相訪米阻止事件・第一次上告審）…………　485, 486
東京高裁昭和 51 年 6 月 1 日判決
　　高等裁判所刑事判例集 29 巻 2 号 301 頁（佐藤首相訪米阻止事件・第二次控訴審）
　　　　　　　　　　　　　　　　　　　　　　　　　　………………　485-487
最高裁昭和 52 年 5 月 4 日判決
　　刑集 31 巻 3 号 182 頁（全逓名古屋中郵事件）………………………　400
最高裁昭和 52 年 5 月 6 日判決
　　刑集 31 巻 3 号 544 頁（エンタープライズ寄港阻止事件）……………　492-494
東京地裁昭和 52 年 9 月 13 日判決
　　刑裁月報 9 巻 9＝10 号 681 頁（新宿事件）……………………　446, 447
最高裁昭和 53 年 6 月 20 日判決
　　刑集 32 巻 4 号 670 頁（米子銀行強盗事件）……………………　322, 323
最高裁昭和 53 年 6 月 28 日決定
　　刑集 32 巻 4 号 724 頁（東大事件）………………………………　529, 530
最高裁昭和 53 年 6 月 29 日判決
　　刑集 32 巻 4 号 967 頁（佐藤首相訪米阻止事件・第二次上告審）……　485, 486, 488
最高裁昭和 53 年 9 月 4 日決定
　　刑集 32 巻 6 号 1077 頁（大須事件）………………………………　441, 444
千葉地裁昭和 53 年 12 月 15 日判決
　　刑事裁判月報 10 巻 11〜12 号 1463 頁（妨害板塀撤去阻止闘争事件）……　630, 631
東京地裁昭和 54 年 11 月 12 日判決
　　判例時報 973 号 24 頁（連続企業爆破事件等）………………　568, 575, 579
東京地裁昭和 55 年 1 月 30 日判決
　　判例時報 989 号 8 頁（よど号ハイジャック事件等）……………………　581, 590
最高裁昭和 55 年 9 月 22 日決定

刑集 34 巻 5 号 272 頁（酒気帯び運転事件） ……………………………………… 322
東京地裁昭和 56 年 2 月 12 日判決
　　　判例時報 998 号 25 頁（成田空港管制塔占拠事件） ……………………… 635, 637
千葉地裁昭和 56 年 3 月 11 日判決
　　　刑事裁判月報 13 巻 3 号 197 頁（千葉県収用委員会審理妨害事件）（第三次立入調査妨
　　　害事件）（二・一四千葉市内デモ事件）（第一次代執行阻止闘争事件）… 617-619, 623
東京高裁昭和 56 年 3 月 31 日判決
　　　判例タイムズ 454 号 164 頁（下総御料牧場・総駿会館乱入事件） ……………… 616
東京地裁昭和 57 年 6 月 18 日判決
　　　判例時報 1052 号 24 頁（あさま山荘事件等） ……………………………… 539, 565
千葉地裁昭和 57 年 6 月 26 日決定
　　　判例時報 1068 号 131 頁（第五ゲート突入事件・東山薫死亡事件） ……… 631, 633
東京高裁昭和 57 年 9 月 7 日判決
　　　高裁刑事判例集 35 巻 2 号 126 頁（新宿事件） ……………………………… 446, 448
東京高裁昭和 57 年 10 月 29 日判決
　　　判例時報 1062 号 30 頁（連続企業爆破事件等） …………………………… 568, 575
東京高裁昭和 58 年 7 月 8 日判決
　　　高裁刑事裁判速報集昭和 58 年度 154 頁（成田空港管制塔占拠事件） …………… 635
熊本地裁八代支部昭和 58 年 7 月 15 日判決
　　　判例時報 1090 号 21 頁（免田事件） ……………………………………………… 373
東京高裁昭和 58 年 7 月 27 日判決
　　　判例時報 1088 号 3 頁（よど号ハイジャック事件等） ……………………… 581, 591
千葉地裁昭和 59 年 2 月 15 日判決
　　　判例時報 1129 号 158 頁（第一次横堀要塞鉄塔撤去阻止闘争事件） ……… 633, 634
高松地裁昭和 59 年 3 月 12 日判決
　　　判例タイムズ 523 号 75 頁（財田川事件） ……………………………………… 373
仙台地裁昭和 59 年 7 月 11 日判決
　　　判例タイムズ 540 号 97 頁（松山事件） ………………………………………… 373
最高裁昭和 59 年 12 月 21 日決定
　　　刑集 38 巻 12 号 3071 頁（新宿事件） ………………………………………… 446, 448
最高裁昭和 61 年 4 月 15 日決定
　　　裁判集刑事 242 号 363 頁（千葉県収容委員会審理妨害事件）（第三次立入調査妨害事
　　　件）（二・一四千葉市内デモ事件）（第一次代執行阻止闘争事件）…… 617-619, 624
東京高裁昭和 61 年 9 月 26 日判決
　　　判例タイムズ 623 号 229 頁（あさま山荘事件等） ………………………… 539, 566

千葉地裁昭和 61 年 10 月 4 日判決
　　判例時報 1253 号 3 頁（東峰十字路事件）（第二次代執行報復闘争事件）
　　　　　　　　　　　　　　　　　　　　　　　……………　625, 626, 629, 655
千葉地裁昭和 62 年 2 月 23 日判決
　　刑事裁判資料 263 号 7 頁（七・二一菱田現地闘争事件）………………………　639
最高裁昭和 62 年 3 月 24 日判決
　　裁判集刑事 245 号 745 頁（連続企業爆破事件等）………………………　568, 575
東京高裁昭和 63 年 10 月 12 日判決
　　判例タイムズ 685 号 268 頁（渋谷暴動事件）……………………………　458, 459
千葉地裁平成元年 10 月 24 日判決
　　刑事裁判資料 263 号 237 頁（一〇・二〇成田現地闘争事件）……………　640, 641
千葉地裁平成 2 年 3 月 22 日判決
　　刑事裁判資料 263 号 473 頁（木の根団結砦捜索妨害事件）………………　641, 642
最高裁平成 2 年 9 月 28 日判決
　　刑集 44 巻 6 号 463 頁（渋谷暴動事件）………………………………　388, 458, 460
東京高裁平成 4 年 1 月 13 日判決
　　判例タイムズ 774 号 277 頁（木の根団結砦捜索妨害事件）………　641, 643, 656
最高裁平成 4 年 7 月 1 日判決
　　民集 46 巻 5 号 437 頁（工作物使用禁止命令取消訴訟事件）………………………　658
最高裁平成 5 年 2 月 19 日判決
　　裁判集刑事 262 号 39 頁（あさま山荘事件等）……………………………………　539
千葉地裁平成 5 年 3 月 25 日判決
　　刑事裁判資料 282 号 1534 頁（横堀団結砦死守戦事件）……………………　651-653
東京地裁平成 5 年 12 月 7 日判決
　　判例タイムズ 849 号 246 頁（ドバイ事件・ダッカ事件）………………………　597, 601
千葉地裁平成 6 年 4 月 20 日判決
　　刑事裁判資料 282 号 288 頁（大清水団結小屋死守戦事件）………………　649, 650
東京地裁平成 7 年 9 月 29 日判決
　　判例タイムズ 920 号 259 頁（千葉県収用委員会会長襲撃事件）…………　645, 646
東京高裁平成 9 年 4 月 22 日判決
　　判例タイムズ 946 号 265 頁（ドバイ事件・ダッカ事件）………………………　597, 602
東京高裁平成 10 年 7 月 7 日判決
　　刑事裁判資料 282 号 1089 頁（千葉県収容委員会会長襲撃事件）…………　645, 647
東京地裁平成 13 年 6 月 13 日判決
　　判例タイムズ 1069 号 245 頁（アレフ団体規制処分取消訴訟）……………………　681

東京地裁平成 16 年 2 月 27 日判決
　　判例タイムズ 1151 号 138 頁（地下鉄サリン事件等） ………… 660, 661, 677
東京地裁平成 17 年 3 月 23 日判決
　　判例時報 1905 号 147 頁（ハーグ事件・クアラルンプール事件） …… 605, 609, 611
東京高裁平成 18 年 3 月 27 日決定
　　判例タイムズ 1232 号 141 頁（地下鉄サリン事件等） ………………………… 661
東京高裁平成 18 年 5 月 29 日決定
　　判例タイムズ 1232 号 139 頁（地下鉄サリン事件等） ………………… 661, 676
最高裁平成 18 年 9 月 15 日決定
　　裁判集刑事 290 号 367 頁（地下鉄サリン事件等） ……………………… 661, 676
最高裁平成 19 年 10 月 16 日決定
　　刑集 61 巻 7 号 677 頁 ……………………………………………………… 329, 424
最高裁平成 20 年 4 月 15 日決定
　　刑集 62 巻 5 号 1398 頁（強盗殺人等事件） …………………………… 479, 480
最高裁平成 24 年 2 月 13 日判決
　　刑集 66 巻 4 号 482 頁 ……………………………………………………… 332, 423

福島　弘（ふくしま ひろし）

出身	東京
学歴	中央大学法学部卒業
職業	検事
	公安事件関係では以下の経歴がある。
	千葉地方検察庁特別刑事部公安労働係検事
	名古屋高等検察庁公安部長
著書	『日本国憲法の理論』（2008 年，中央大学出版部）
	『再審制度の研究』（2015 年，同出版部）

公安事件でたどる日本近現代刑事法史

2018年7月30日　初版第1刷発行

著　者　　福島　弘

発行者　　間島進吾

発行所　　中央大学出版部
　　　　　東京都八王子市東中野742-1　〒192-0393
　　　　　電話 042(674)2351　　FAX 042(674)2354
　　　　　http://www2.chuo-u.ac.jp/up/

印刷・製本　藤原印刷株式会社

©Hiroshi Fukushima 2018, Printed in Japan
ISBN978-4-8057-0737-1

＊本書の無断複写は，著作権上での例外を除き禁じられています。
　本書を複写される場合は，その都度当発行所の許諾を得てください。